中文版《克尔凯郭尔文集》由哥本哈根大学克尔凯郭尔研究中心和中国社会科学院哲学研究所合作完成。

本书出版受到中国社会科学院创新工程资助。

The Chinese edition of Kierkegaard Anthology is a Cooperation between the Institute of Philosophy at the Chinese Academy of Social Sciences and the Søren Kierkegaard Research Center at Copenhagen University.

This Volume has been funded by Chinese Academy of Social Sciences

克尔凯郭尔文集

5

SØREN KIERKEGAARDS SKRIFTER

Afsluttende uvidenskabelig Efterskrift
最后的、非科学性的附言

[丹] 克尔凯郭尔 著
王齐 译

中国社会科学出版社

## 图书在版编目(CIP)数据

最后的、非科学性的附言／(丹)克尔凯郭尔著；王齐译．—北京：中国社会科学出版社，2017.8（2021.3 重印）

ISBN 978-7-5203-0980-6

Ⅰ.①最… Ⅱ.①克…②王… Ⅲ.①克尔凯郭尔（Kierkegaard, Soeren 1813-1855）—哲学思想—文集　Ⅳ.①B534-53

中国版本图书馆 CIP 数据核字（2017）第 221641 号

| | |
|---|---|
| 出 版 人 | 赵剑英 |
| 责任编辑 | 冯春凤 |
| 责任校对 | 张爱华 |
| 责任印制 | 张雪娇 |
| 出　　版 | 中国社会科学出版社 |
| 社　　址 | 北京鼓楼西大街甲 158 号 |
| 邮　　编 | 100720 |
| 网　　址 | http://www.csspw.cn |
| 发 行 部 | 010-84083685 |
| 门 市 部 | 010-84029450 |
| 经　　销 | 新华书店及其他书店 |
| 印　　刷 | 北京君升印刷有限公司 |
| 装　　订 | 廊坊市广阳区广增装订厂 |
| 版　　次 | 2017 年 8 月第 1 版 |
| 印　　次 | 2021 年 3 月第 2 次印刷 |
| 开　　本 | 710×1000　1/16 |
| 印　　张 | 36.5 |
| 插　　页 | 2 |
| 字　　数 | 615 千字 |
| 定　　价 | 148.00 元 |

凡购买中国社会科学出版社图书，如有质量问题请与本社营销中心联系调换
电话：010-84083683
版权所有　侵权必究

# 《克尔凯郭尔文集》编委会

主　　　编：汝　信　Niels-Jørgen Cappelørn
编委会成员：叶秀山　李鹏程　卓新平
　　　　　　Anne Wedell-Wedellsborg
秘　　　书：王　齐

# 《克尔凯郭尔文集》中文版序

## 汝 信

《克尔凯郭尔文集》（10卷本）中文版即将与读者见面了。这部选集是由中国社会科学院哲学研究所和丹麦哥本哈根大学克尔凯郭尔研究中心共同合作编选和组织翻译的，由中国社会科学出版社负责出版。选集收录了克尔凯郭尔的主要著作，并直接译自近年来出版的经过精心校勘的丹麦文《克尔凯郭尔全集》，内容准确可靠，尽可能保持原汁原味，这对于中国读者正确理解这位丹麦哲学家的思想将会有所补益。

在西方哲学史上，克尔凯郭尔可以说是一个特殊的人物。他生前默默无闻，其著作也很少有人问津，但过了半个世纪，人们又"重新发现了"他，特别是在第一次世界大战之后，随着存在主义哲学的兴起和发展，他对西方国家思想界的影响越来越大。雅斯贝尔斯曾经这样说："目前哲学状况是以下面这个事实为特征的，即克尔凯郭尔和尼采这两位哲学家在他们生前受到忽视，以后长时期内一直在哲学史上受人轻视，而现在他们的重要性则越来越不断地突出。黑格尔以后的其他一切哲学家正越来越失势而引退，而今天这两个人则不容争辩地作为他们时代的真正伟大思想家而站了出来。"（《理性与存在》）他甚至说，是克尔凯郭尔和尼采"使我们睁开了眼睛"。雅斯贝尔斯的这些话不仅是他个人的看法，而且反映了当时人们的一般意见。克尔凯郭尔和尼采确实代表了在黑格尔之后兴起的另一种以突出个人为特征的西方社会思潮，而与强调精神的普遍性的黑格尔主义相对立。如果说，在黑格尔那里，"存在"只不过是绝对精神自身发展过程中的一个抽象的环节，那么从个人的角度去深入地探索和反思"存在"（"生存"）的意义则是从克尔凯郭尔开始的。

克尔凯郭尔哲学是极其个性化的，他个人的生活经历、性格、情感、心理、理想和追求都深深地渗透在他的哲学思想里，因此我们在阅读他的著作时需要用一种与通常不同的诠释方式。黑格尔曾在《哲学史讲演录》

"导言"中说,"哲学史上的事实和活动有这样的特点,即:人格和个人的性格并不十分渗入它的内容和实质"。这种看法可以适用于像康德那样的哲学家,我们几乎可以完全不去了解他的个人生活经历而照样能够读懂他的著作,因为机械般的有秩序的书斋生活似乎没有给他的思想增添什么个性色彩,正如海涅所说,"康德的生活是难以叙述的。因为他既没有生活,又没有历史"(《论德国宗教和哲学的历史》)。但是,对于克尔凯郭尔来说,黑格尔的看法则是完全不适用的。克尔凯郭尔的全部思想都和他的个人生活和体验紧密相连,他的许多著作实际上都在不同程度上带有精神自传的性质,从中我们可以聆听到他在各种生活境况下的内心的独白和生命的呼唤。他自己曾坦率地承认,"我所写的一切,其论题都仅仅是而且完全是我自己"。因此,要理解他的哲学,首先需要弄清楚他究竟是个什么样的人,在他短暂的生命中究竟发生过一些什么样的事,对他的思想和性格的形成和发展又产生了什么样的影响。

关于克尔凯郭尔个人生活的传记材料,应该说是相当丰富的。西方学者在这方面已经写过不少著作,而且至今仍然是研究的热门题目。克尔凯郭尔本人仿佛早已预见到这一点,他在《日记》中说过,不仅他的著作,而且连同他的生活,都将成为许多研究者的主题。在他生前出版的大量著作中有不少是以个人生活经历和体验为背景的,此外他还留下了卷帙浩繁的日记和札记,这些资料不仅是他生活的真实记录,而且是他心灵的展示。他虽然生活在拿破仑后欧洲发生剧变的时代,却一直藏身于自己的小天地里,很少参与社会活动,不过用他自己的话来说,"在别人看来也许是区区小事,对我来说却是具有重要意义的大事"。他孤独地生活,却不断地和周围的人们和环境发生尖锐的矛盾,在他的生活中激起一阵阵的波涛。对他的思想发展和著述活动影响最大的有四件事:作为儿子与父亲的紧张关系,从猜疑到最后和解;作为恋人与未婚妻关系的破裂;作为作家与报刊的论争以及作为反叛的基督徒与教会的冲突。

1813年克尔凯郭尔出生于哥本哈根的一个富商之家,他从小娇生惯养,过着优裕的生活,却从来没有感到童年的欢乐,他是作为一个不幸的儿童而成长起来的。这一方面,是由于他生来就有生理上的缺陷,使他自己不能像别人一样参加各种活动而深感痛苦,用他自己的话来说,痛苦的原因就在于"我的灵魂和我的肉体之间的不平衡";另一方面,更重要的是由于他从父亲那里所受的家庭教育。他的父亲马可·克尔凯郭尔出身贫寒，没有受过多少教育，依靠个人奋斗和机遇，由一名羊倌而经商致富，成为首都颇有名气的暴发户。这位老人以旧式家长的方式治家甚严，他笃信宗教，对子女们从小进行严格的宗教教育，教他们要敬畏上帝，向他们灌输人生来有罪，而耶稣的慈悲就在于为人们承担罪恶，而被钉上十字架来人为赎罪这一套基督教思想。这在未来哲学家幼小的心灵上打下了不可磨灭的深刻烙印，既使他终身成为虔信的基督徒，又在他的内心深处播下了叛逆的种子。克尔凯郭尔后来批评他父亲的这种宗教教育方式是"疯狂的""残酷的"，他常说，他是没有真正的童年的，当他生下来的时候就已经是一个老人了。他回忆说，"从孩子的时候起，我就处于一种巨大的忧郁的威力之下……没有一个人能够知道我感到自己多么不幸"。"作为一个孩子，我是严格地按基督教精神受教育的：以人来说，这是疯狂地进行教育……一个孩子疯狂地扮演一个忧郁的老头儿。真可怕啊！"问题还不在于严格的宗教灌输，而在于他这个早熟的儿童以特有的敏感觉察到在他父亲表面的宗教虔诚底下掩盖着什么见不得人的秘密，一种有罪的负疚感在折磨着父亲，使之长期处于某种不可名状的忧郁之中。他说，他父亲是他见过的世上"最忧郁的人"，又把这全部巨大的忧郁作为遗产传给了他这个儿子。他曾在《日记》中写道，有一次父亲站在儿子面前，瞧着他，感到他处于很大的苦恼之中，就说："可怜的孩子，你是生活在无言的绝望中啊。"父亲的隐私究竟是什么，克尔凯郭尔始终没有明说，但有一次从他父亲醉酒后吐露的真言中知道了事情的真相，他对父亲的道德行为和宗教信仰之间的矛盾深感困惑和痛苦，这种对父亲的猜疑和不信任造成了他的沉重的精神负担，使他的一生蒙上了阴影。他自己这样说过，"我的出生是犯罪的产物，我是违反上帝的意志而出现于世的"。

克尔凯郭尔一家从1832年起接二连三地发生不幸事件，在两年多的时间内家庭主妇和三个儿女陆续去世，只剩下年迈的父亲和两个儿子。这对这位老人来说自然是莫大的精神打击，过去他一直认为自己是幸运儿，上帝保佑他发财致富并拥有一个舒适的幸福家庭，现在则认为无论财富、名望或自己的高龄，都是上帝借以惩罚他的有意安排，要他眼看着妻子儿女一个个地先他而死去，落得他孤零零地一个人留在世上受折磨。他觉得自己是盛怒的上帝手心里的一个罪人，成天生活在恐惧中，并预感到他的还活着的两个儿子也将遭到不幸。家庭的变故和父亲的悲伤心情也同样使克尔凯郭尔蒙受了严重的精神创伤，他把这称为"大地震"。在他的《日记》中记述说，那里发生了大地震，"于是我怀疑我父亲的高龄并非上帝的恩赐，倒像是上帝的诅咒"，"我感到死的寂静正在我周围逼近，我在父亲身上看到一个死在我们所有子女之后的不幸者，看到埋藏他的全部希望的坟墓上的十字架墓碑。整个家庭必定是犯了什么罪，而上帝的惩罚必定降临全家；上帝的强有力的手必然会把全家作为一次不成功的试验而扫除掉"。他相信父亲的预言，就是所有的子女都至多活三十三岁，连他自己也不例外。实际上他虽然照样享受着愉快的生活，内心的痛苦和折磨却使他甚至起过自杀的念头。在《日记》里有这样一段话："我刚从一个晚会回家，在那里我是晚会的生命和灵魂；我妙语连珠，脱口而出，每个人都哈哈大笑并称赞我，可是我却跑掉了……我真想开枪自杀。"克尔凯郭尔父子之间的紧张关系曾导致父子分居，但父亲作了很大努力去改善关系，向儿子作了坦诚的忏悔，儿子深受感动，与父亲重新和解，并更加坚信上帝确实存在。双方和解后不久，父亲就去世了。克尔凯郭尔在《日记》中写道："我的父亲在星期三（9日）凌晨2时去世。我多么希望他能再多活几年呀，我把他的死看作他为了爱我而做出的最后牺牲；因为他不是离我而死去，而是为我而死的，为的是如果可能的话使我能成为一个重要的人。"

他说，从父亲那里继承来的所有东西中，对父亲的追忆是最可珍爱的，他一定要把它秘密保存在自己的心里。我们在他的许多著作中都能发现这种特殊的父子关系所留下的深深的痕迹，这是解读他的哲学思想时必须密切注意的。

除了父亲以外，对克尔凯郭尔的一生发生重大影响的是一位姑娘——雷吉娜·奥尔森，他们之间短暂而不幸的恋爱，在哲学家脆弱的心灵上造成了永远不能愈合的创伤。他初次邂逅雷吉娜是在1837年，当时他正处于自我负罪感的精神痛苦中，结识这位少女给了他重新获得幸福的希望。据他自己说，他一开始就感到"我和她有无限大的区别"，然而在结识她之后的半年内，"我在自己心里充满着的诗情比世界上所有小说中的诗情加在一起还多"。父亲死后，他下定决心向她求婚并得到同意，他感到自己无比幸福，后来他写道："生活中再没有比恋爱初期更美好的时光了，那时每一次会面、每看一眼都把某种新东西带回家去而感到快乐。"但这种幸福感很快就消逝了，他说，在订婚后的第二天，"我内心里就感到我犯了一个错误"，悔恨不已，"在那个时期内，我的痛苦是笔墨难以形容的"。

克尔凯郭尔究竟为什么刚订婚就反悔，他自己并没有说得很清楚，看来这主要是由于心理上的原因。经过短暂的幸福，他又陷入不可克服的忧郁之中。雷吉娜对此也有所察觉，常对他说："你从来没有快乐过，不管我是否同你在一起，你总是这个样子。"但她确实爱上了他，甚至几乎是"崇拜"他，这使他深为感动。他认为，如果他不是一个忏悔者，不是这样忧郁，那么同她结合就是梦寐以求的无比幸福的事了。可是这样就必须对她隐瞒许多事情，把婚姻建立在虚伪的基础上，这不可能使他心爱的人幸福。因此他竭力设法解除婚约，雷吉娜却不愿与他分手，再三恳求他不要离开她。他却克制内心的痛苦，不为所动，坚决退回了订婚戒指，并写信请求她"宽恕这样一个男人，他虽然也许能做某些事，却不可能使一个姑娘获得幸福"。后来他自己说，"这真是一个可怕的痛苦时期：不得不表现得如此残酷，同时又像我那样去爱"。据他在《日记》里的记述，在分手后他哭了整整一夜，但第二天却又装作若无其事。他时刻想念雷吉娜，每天为她祈祷。后来雷吉娜另嫁别人，而克尔凯郭尔始终独身，对她一直不能忘怀。他说："我爱她，我从来没有爱过别人，我也永远不会再爱别人"，"对我来说，只有两个人有如此重要的意义，那就是我已故的父亲和我们亲爱的小雷吉娜，在某种意义上，她对我来说也已经死了"。直到他们解除婚约五年后，他还在《日记》中写道："没有一天我不是从早到晚思念着她。"三年后他又说："是的，你是我的爱，我唯一的爱，当我不得不离开你时，我爱你超过一切。"其间，他也曾试图与雷吉娜恢复关系，但未能成功，终于他意识到他已永远失去了她。他说："我失去了什么？我失去了唯一的爱。"于是他才倾全力于著作活动，他在《日记》中明确指出自己写作的目的就是为雷吉娜："我的存在将绝对地为她的生活加上重音符号，我作为一个作家的工作也可以被看作为了尊敬和赞美她而竖立的纪念碑。我把她和我一起带进了历史。"他说，抛弃了雷吉娜，他不仅选择了"死亡"，而且选择了文学生涯，"是她使我成为一个诗人"，他的遗愿就是死后把他的著作献给雷吉娜以及他已故的父亲。他抱着这样的心情拼命写作，有的著作实际上是为了向雷吉娜倾诉衷肠，是给她的"暗码通信"，如果不了解其背景，别人是难以充分理解的。

前面我们着重叙述了克尔凯郭尔和父亲的关系以及他的爱情悲剧，因为这对于理解这位哲学家其人及其著作是至关重要的，也正是因为他有了这样的生活经历和生存体验才使他成为黑格尔所说的"这一个"，而具有与众不同的独特的个性。他说："如果有人问我，我是怎样被教育成一个作家的，且不说我和上帝的关系，我就应该回答说，这要归功于我最感激的一位老人和我欠情最多的一位年轻姑娘……前者以他的高尚智慧来教育我，后者则以她那种缺乏理解的爱来教育我。"他还特别强调，他之所以能成为一个作家，正因为他失去了雷吉娜，如果他和她结了婚，他就永远不会成为他自己了。他注定不能享受家庭幸福，他是一个正如他自己所说的"最不幸的人"。

在克尔凯郭尔失恋以后，他的创作活动达到了高潮，在短短的几年内完成并出版了十几部著作。由于他继承了巨额遗产，可以自费出版自己的著作，使他的思想成果得以留传于世。但是，当时他的著作却没有多少读者，有的重要代表作仅销售数十册，社会影响也微不足道。克尔凯郭尔自己曾提到，《哲学片断》一书出版后，始终无人注意，没有一处发表评论或提到它。他为得不到人们的理解而深感痛苦，他说，"本来我写这些东西似乎应该使顽石哭泣，但它们却只是使我的同时代人发笑"。但他一向自视甚高，认为自己富有天才，曾这样写道，"我作为一个作家，当然使丹麦增光，这是确定无疑的"，"虽然在我的时代无人理解我，我终将属于历史"。

克尔凯郭尔原以为自己只能活到三十三岁，因此他把出版于1846年的《〈哲学片断〉一书的最后的非学术性附言》当作自己"最后的"著作而倾注了全部心血。他感谢上帝让他说出了自己需要说的话，觉得在哲学方面已经不需要再写什么别的了。他本打算就此搁笔，隐退乡村当一个牧师了此一生。结果却出乎他自己的预料多活了九年，而且又重新拿起了笔，原因是他同报刊发生冲突，进行了一场论战，即所谓的"《海盗报》事件"，这对他的晚年生活起了相当大的影响。

在当时的丹麦，《海盗报》是由青年诗人哥尔德施米特创办的一家周刊。就其政治倾向来说，《海盗报》站在自由主义立场上用嘲笑和讽刺的方法抨击专制保守和落后的社会现象，但刊物的格调不高，经常利用社会上的流言蜚语，揭发个人隐私，进行人身攻击。这份周刊在一般公众中很受欢迎，发行量相当大。哥尔德施米特在该刊上发表了一篇赞扬克尔凯郭尔的文章，却引起后者极度不满。克尔凯郭尔认为《海盗报》是专门迎合低级趣味的刊物，受到它的赞扬是无异于对他的莫大侮辱，于是他公开在报上发表文章尖锐地批评和揭露《海盗报》，由此引发了该报的全面反击。差不多在1846年整整一年内，《海盗报》连篇累牍地发表攻击克尔凯郭尔的文字，对他的为人极尽揶揄讥讽之能事，甚至就他的生理缺陷、服饰、家产、生活习惯等大做文章，并配以漫画。那时漫画还是颇为新鲜的东西，上了漫画也就成为公众的笑料。这深深地伤害了克尔凯郭尔的自尊心，甚至他在街上也成为顽童们奚落嘲弄的对象。他原先以为在笔战中会得到一些人的支持，但无情的现实却使他极度失望。他不仅没有获得人们的同情，反而感到人们因他受嘲弄而幸灾乐祸。他在《日记》中说，"我是受嘲笑的牺牲者"。他觉得自己处于极端孤立的境地，面对广大的怀有敌意的公众，他说，"如果哥本哈根曾有过关于某人的一致意见，那么我必须说对我是意见一致的，即认为我是一个寄生虫、一个懒汉、一个游手好闲之徒、一个零"。又说，"对于全体居民来说，我实际上是作为一种半疯癫的人而存在的"。在这种情况下，他不愿与人来往，性情也更孤僻了，当他每天上街例行散步时，唯一"忠实的朋友"就是他随身携带的一把雨伞。

"《海盗报》事件"使克尔凯郭尔得出结论，认为一般人都没有独立的主见，在所谓舆论、报刊的影响下，人人就被完全湮没在"公众"之中了。在他看来，多数人总是错的，真理只是在少数人手里。因此，他因自己的孤独而感到骄傲。正如他自己所描写的那样，"我就像一株孤独的松树，自私地与世隔绝，向上成长，站在那里，甚至没有一个投影，只有孤单的野鸽在我的树枝上筑巢"。不过这一事件也使他改变了想隐退去当乡村牧师的想法。"一个人让自己被群鹅活活地踩死是一种缓慢的死亡方式"，他不愿意这样去死，他觉得他的任务还没有完成，还得"留在岗位上"继续写作。不过从1847年起，他的著作的性质发生了很大变化，由前一时期主要探讨美学的、伦理的和哲学的问题完全转向了宗教的领域。

1847年5月5日，克尔凯郭尔过了34岁生日，当天他写信给哥哥，对自己居然还活着表示惊讶，甚至怀疑自己的出生日期是否登记错了。过去他从未认真考虑过33岁以后应该做什么，现在他活了下来，怎么办？这是他面临的新问题。他感到上帝可能有意赋予他特殊使命，让他为了真理而蒙受痛苦，同时作为真理的见证人而向他的同时代人阐明什么是基督教信仰的真义。怀着这样的使命感，他写了一系列"宗教著作"。他在说明自己作为一个作家的观点时说，他"从来也没有放弃过基督教"。这确实是真的，不过他对基督教和怎样做一个基督徒有他自己独特的理解，不

## 最后的、非科学性的附言

仅和官方教会的正统观点不同，有时甚至公开唱反调。随着他的"宗教著作"的陆续出版，他和教会的分歧及矛盾就越来越尖锐化，终于爆发为公开的冲突。他激烈地批评丹麦教会，要求教会当局公开承认自己违背了基督教的崇高理想并进行忏悔。他指责教会已不再能代表《新约》中的基督教，认为他们的布道不符合真正的基督教精神。他觉得对这种情况再也不能保持沉默，必须予以无情的揭露，同时要向公众阐明怎样才能做一个真正的，而不是口头上的基督徒。这就导致他和教会关系的彻底破裂。

克尔凯郭尔生命的最后一年是在同教会的激烈对抗中度过的。过去他写的大部头宗教著作，很少有人认真阅读，因此一般公众并不十分了解他在思想上与教会的严重分歧。于是他改变方式，在短短几个月内接连在报刊上发表了21篇文章，还出版了一系列小册子，并一反以往喜欢用笔名的习惯做法，都署自己的真名发表。这些文章和小册子短小精悍，通俗易懂，没有多少高深的理论，但批判性和揭露性很强。他公然向教会的权威挑战，指名批判自己过去的老师、新任丹麦大主教马腾森，对教会进行的宗教活动以及教士们的生活、家庭和宗教职务都极尽讽刺挖苦之能事，甚至公开号召人们停止参加官方的公共礼拜，退出教会。但是，克尔凯郭尔并未达到预期的目的，他全力发动攻击，马腾森和教会当局却始终保持沉默，轻蔑地置之不理，他企图唤起人们反对教会也徒劳无功，除了得到少数年轻人同情外，遇到的只是公众的冷漠和敌意。他大失所望，再次陷入孤立的困境，在这个时期内他拒不见客，与外界断绝往来。他的唯一在世的哥哥彼得那时在教会中已身居要职，他们之间的最后一点儿兄弟情谊也就此终结了。

1855年10月2日，克尔凯郭尔在外出散步时发病被送往医院救治，他自己意识到末日将临，说"我是到这里来死的"。在医院里，他拒绝了哥哥彼得的探视，拒绝从神职人员那里领受圣餐。他同意童年时期的朋友波森来探望，波森问他还有什么话想说，他起初说"没有"，后来又说："请替我向每一个人致意，我爱他们所有的人。请告诉他们，我的一生是一个巨大的痛苦，这种痛苦是别人不知道和不能理解的。看起来我的一生像是骄傲自大和虚荣的，实际上却并非如此。我不比别人好。我过去这样说，而且总是这样说的。我在肉中扎了刺，因此我没有结婚，也不能担任公职。"在去世前，他还向人表示，他对自己所完成的工作感到幸福和满足，唯一感到悲哀的是他不能和任何人分享他的幸福。他就这样离开了人世，终年 42 岁。这个反叛的基督徒的葬礼还为教会制造了最后一次麻烦，他的外甥带领一批青年学生抗议教会违背死者的意愿，擅自决定由牧师主持葬礼。葬礼只得草草结束，他被安葬于家庭墓地，但却没有设立墓碑。过去他在《日记》里曾写道，在英国某地，有一块墓碑上只刻着"最不幸的人"这几个字，可以想象并没有人埋藏在那里，"因为这墓穴是注定为我而准备的"。结果却是他死后墓地上连这样的一块墓碑也没有。他的遗嘱指定把他所剩无几的遗产赠给他念念不忘的雷吉娜，也遭到她的拒绝。直到半个世纪以后，年迈的雷吉娜才说出了真心话："他把我作为牺牲献给了上帝。"

综观克尔凯郭尔短暂的一生，他的生活经历虽然没有戏剧性的情节，其内在的精神发展却充满矛盾、冲突、痛苦，有着无比丰富复杂的刻骨铭心的人生体验，迫使他深入地思考和探索在这个世界上生存的意义和个人的价值，这些都体现在他的哲学和宗教思想里。他虽然总是从他个人的视角和以他个人的独特方式去对待这些问题，而这些问题是现代社会里的人普遍关心和感兴趣的，因此具有现代的意义。这也就是我们今天仍然需要认真研究克尔凯郭尔的原因。

本选集的出版得到了丹麦克尔凯郭尔研究中心的资助，特此致谢。

# 天才释放出的尖利的闪电

## ——克尔凯郭尔简介

尼尔斯·扬·凯普伦

"天才犹如暴风雨：他们顶风而行；令人生畏；使空气清洁。"这是索伦·克尔凯郭尔在1849年的一则日记中所写下的句子。他自视为天才，而且将自己的天才运用到"做少数派"的事业之上。他总是顶风而行，与社会的统治力量及其教育体制相对抗，因为他认为"真理只在少数人的掌握之中"。为了与抽象的"公众"概念相对，他提出了具体的"单一者"（den Enkelte）的概念。

索伦·克尔凯郭尔是丹麦神学家、哲学家和作家，他出生于1813年5月5日，是家中7个孩子当中最小的一个。他在位于哥本哈根市新广场的家中度过的特殊的青少年时期受到了其父浓厚的虔敬主义和忧郁心理的影响。1830年他完成了中等教育，旋即被哥本哈根大学神学系录取。很快地，神学学习就让位给文学、戏剧、政治和哲学，让位给一种放荡的生活，而后者部分的是出于他对家中严苛而阴暗的基督教观念的反抗。但是，1838年5月他经历过一次宗教觉醒之后，加之他的父亲于同年8月辞世，克尔凯郭尔返归神学学习之中，并于1840年7月以最佳成绩完成了他的神学课程考试。

两个月之后，克尔凯郭尔与一位小他9岁的女孩雷吉娜·奥尔森订婚。但是，随后"从宗教的角度出发，他早在孩提时起就已经与上帝订婚"，因此他无法与雷吉娜完婚。经过了激烈的暴风雨式的13个月之后，1841年10月，他解除了婚约。这次不幸的爱情在克尔凯郭尔日后的生活道路中留下了深刻的痕迹，同时它也促使克尔凯郭尔以1843年《非此即彼》和《两则启示性训导文》两本书的出版而成为一名作家。

其实，早在1838年，克尔凯郭尔就出版了自己的第一本书《一个仍然活着的人的作品》。这是针对安徒生的小说《仅仅是个提琴手》的文学评论。丹麦作家安徒生（1805—1875）曾创作了少量的几部小说、一些游记作品、歌剧脚本、舞台剧本以及大量的诗歌，但他最终以童话作家的身份享誉世界。克尔凯郭尔认为，《仅仅是个提琴手》在艺术上是失败的，因为它缺乏了某种"生活观"（Livs-Anskuelse）。在其处女作发表几年之后，1841 年，克尔凯郭尔以题为"论反讽的概念"的论文获得了哲学博士学位（magistergrad）①，论文对"反讽"进行了概念化的分析，其中"反讽"既得到了描述，又得到了应用。

克尔凯郭尔就哲学、心理学、宗教学以及基督教所发表的作品大致由 40 本书以及数量可观的报刊文章组成，这些作品可以被划分为两大阶段：1843—1846 年和 1847—1851 年。除《非此即彼》以及合计共 18 则启示性训导文之外，第一阶段写作出版的作品还有《反复》、《恐惧与颤栗》、《哲学片断》、《忧惧的概念》、《人生道路诸阶段》和《对〈哲学片断〉所做的最后的、非学术性的附言》；其中出版于 1846 年的《附言》一书成为区分两阶段的分水岭。所有的启示性训导文是克尔凯郭尔用真名发表的，其余作品则以笔名发表，如 Constantin Constantius, Johannes de silentio, Vigilius Haufniensis, Johannes Climacus。克尔凯郭尔写作的第二阶段即基督教时期发表有如下作品：《爱的作为》、《不同情境下的启示性训导文》、《基督教训导文》、《致死之疾病》、《基督教的训练》。这一阶段的作品除了后两部以 Johannes Climacus 的反对者 Anti-Climacus 发表之外，其余作品均以克尔凯郭尔的真名发表。

此外，克尔凯郭尔还写有大约充满 60 个笔记本和活页夹的日记。这些写于 1833—1855 年的日记带有一种与日俱增的意识，即它们终将被公之于众，而这些日记使我们得以窥见克尔凯郭尔所演练的"在幕后练习台词"的试验。与其发表的作品一样，克尔凯郭尔的日记在 1846 年前后也出现了一个变化。写于 1846 年之前的日记表现的是在其发表作品背后的一种文学暗流。这些日记无所拘束、坦白、充满试验性，折射出那个年轻且充满活力的作家的洞察力。那些简短的描述和纲要、观察笔记、释义段落，它们充斥着前后彼此的不一致，它们相互之间以及与作者的生活之

---

① 在现代丹麦的学位制度当中，magister 对应于 Master's Degree（硕士学位），但是在历史上，magistergrad 却是哥本哈根大学哲学系的最高学位，自 1824 年以来它对应于其他系科的 doktorgrad（博士学位），1854 年该学位被废除。（译者注）

间存在着或合或离的关系。而写于1846年之后的日记——它们由36个同样的笔记本、共计5700个手写页组成，其内容则成为内向性的自我萦绕和一种自我申辩。其间，克尔凯郭尔一直在诠释着和讨论着他已发表的作品，反思这些作品及其作者在现时代的命运。

在克尔凯郭尔的写作当中，在很大范围内也在其日记当中，他描述了生存的诸种可能性，尤其是三种主要阶段，对此他称为"生存的诸境界"（Existents-Sphærer），即审美的、伦理的和宗教的境界。他的基本观点在于说，每个人首先必须或者说应该——因为并非每个人都能做到这一点——使自身从被给定的环境当中、从其父母和家庭当中、从其所出生和成长的社会环境当中分离出来。然后，他必须开始历经生存的各个阶段（Eksistensstadier），在此进程之中他将获得其永恒的有效性，成为一个独立的个体（individ）。这个个体将成为其自身行动的主体，进而将成长为一个独特的、负有伦理责任的人。直到最终，在负罪感的驱使之下，伦理的人将步入宗教境界。克尔凯郭尔年仅22岁的时候就已经对此主题发表了自己的看法，首先是涉及他自己，同时也关涉所有的人。他试图明白，生活对他而言意味着什么。在1835年的一则日记中他这样写道：

"一个孩子要花些时间才能学会把自己与周围的对象区分开，在很长一段时间内他都无法把自己与其身处的环境区别开来，因此，他会强调其被动的一面而说出，例如，'马打我'（mig slaaer Hesten）这样的句子来。同样，这种现象将在更高的精神境界当中重现。为此我相信，通过掌握另一个专业，通过把我的力量对准另外一个目标，我很可能会获得更多的心灵安宁。在一段时间内这样做可能会起作用，我可能会成功地将不安驱赶出去，但是毫无疑问，这不安仍将卷土重来，甚至更为强烈，如同在享受了一通冷水之后迎来的是高烧一样。我真正缺乏的是要让我自己明白，我应该做些什么，而非我应该知道些什么，尽管知识显然应该先于行动。重要的是寻找到我的目标，明确神意真正希望我所做的；关键在于找到一种真理，一种为我的真理，找到那种我将为之生、为之死的观念。"（日记AA：12）而当一个人找到了这样的真理的时候，这真理只为那个具体的人而存在，这人也就获得了内在的经验。"但是"，克尔凯郭尔提醒说，"对于多少人而言，生活中诸种不同的印迹不是像那些图像，大海在沙滩上把它们画出就是为了旋即将它们冲刷得无影无踪"。

这个真理，这个我作为一个独特的人应该寻找并且使之成为为我的真理，它在这个意义上来说是主观的，即我是作为主体的我在选择它。再进一步说，它还在这个意义上来说是主观的，即我应该以它为根据改造我的主体性和我的人格，应该根据它去行动。根据克尔凯郭尔，真理永远是处于行动中的，因此他还强调我应该做什么。在上述背景之下，很多年之后，克尔凯郭尔在他的主要哲学著作《附言》当中提出了"主观性即真理"的命题。这个命题不应该被理解成在独断的或者相对的意义上说真理是主观的，似乎此真理能够与彼真理同样好。恰恰相反在克尔凯郭尔看来，生存中存在着一种绝对的真理，一种永恒有效的真理，正是这种真理才是作为主体的我、作为个体的我要去参与的；当我选择的时候，它就应该成为为我而存在的真理。不仅如此，当我选择那个永恒有效的真理的时候，我要占有这真理，根据它改造作为主体的我，把它作为我的所有行动的绝对准则。

假如这一切并未发生，假如我的生活纠缠在诸多独断的真理之中并且远离了我的规定性的话，那么只有一种可能性，就是沿着我曾经向前走过的同一条路倒着走回去。克尔凯郭尔曾运用了一个取自古老传说中的意象。传说中有一个人着了一支乐曲的魅惑，为了摆脱音乐的魔力，他必须将整支曲子倒着演奏一遍。"一个人必须沿着他所由来的同一条道路倒行，犹如当把乐曲准确地倒着演奏的时候魔力就被破除了的情形一样（倒退的）。"（日记 AA：51）

假如我并未返回出发点以便找到那条通往真理的正确道路，而是使我的生活纠缠在那些独断的真理之中的话，那么我将陷入沮丧之中。有这样一种情形：我有一种强烈的愿望，但我并不知道我所希望的到底是什么，也没有准备好调动我的力量去发现之，因为那将意味着我必须使自己从那种我曾经纠缠其中的生活当中挣脱出来，于是我便无法去希望。克尔凯郭尔把这样的一种情形称为"忧郁"（tungsind）。

"什么是忧郁？忧郁就是精神的歇斯底里。在一个人的生活中会出现一个瞬间，当此之时，直接性成熟了，精神要求一种更高的形式，其中精神将把自身视为精神。作为直接性的精神而存在的人是与整个世俗生活联系在一起的，但是现在，精神将使自身从那种疏离状态中走出来，精神将在自身当中明白自己；他的人格将会在其永恒有效性内对自身有所意识。假如这一切并未发生，运动就会终止，它将被阻止，而忧郁也由此介入。人们可以做很多事情以试图忘掉它，人们可以工作……但是，忧郁仍然在那里。

"在忧郁当中有着某种无可解说的东西。一个悲伤或者担忧的人是知道他为什么悲伤或者担忧的。但是倘若你询问一个忧郁的人,问他为什么会忧郁,是什么压在他的身上,他将会回答你说,我不知道,我无法解释。忧郁的无限性就在这里。这个问答是完全正确的,因为他一旦知道他因何而忧郁,忧郁就被驱除了;可是那个悲伤者的悲伤绝不会因为他知道自己因何悲伤而被驱除。但是,忧郁是罪(Synd)……它是那种没有深刻地、内在性地去希望的罪,因此它是众罪之母……可是一旦运动开始了,忧郁就会被彻底驱除,同时就同一个个体而言,他的生活仍然可能带给他悲伤和担忧。"

在《非此即彼》当中,克尔凯郭尔曾这样写道:"很多医生认为忧郁存在于肉体之中,这一点真够奇怪的,因为医生们无法将忧郁驱除。只有精神才能驱除忧郁,因为忧郁存在于精神当中。当精神找寻到自身的时候,所有微不足道的悲伤都消失了,据很多人说产生忧郁的根源也消失了——这根源在于说,他无法在这个世界上立足,他来到这个世界太早或者太晚了,他无法在生活中找到自己的位置。那个永恒地拥有自身的人,他来到这个世界既不太早也不太晚;那个居于其永恒当中的人,他将会在生活当中发现自己的意义。"(SKS 3,pp. 183—184)

有了对忧郁的如是理解,克尔凯郭尔提出了另一个重要的概念:忧惧(angst),在其心理学著作《忧惧的概念》当中他对这个概念做出了阐发。在书中,假名作者 Vigilius Haufniensis 描述了忧惧的诸种现象并且发问道,忧惧或者毋宁说一个人会变得忧惧的事实会揭示出人是什么呢?对此他回答说:人是一个与成为他自己这一任务密不可分的自我。这位假名作者还描述了这项任务失败的原因,因为个体不仅仅在因善而且也在因恶的忧惧当中受到了束缚,最终,他陷入了妖魔式的内敛当中。

而忧惧又引发出了另一个新的概念:绝望(Fortvivlelse),对此克尔凯郭尔让其身为基督徒的假名作者 Anti-Climacus 在《致死之疾病》一书中做出了分析,该书与《忧惧的概念》相呼应。正是 Anti-Climacus 表达了克尔凯郭尔关于人的最终的观念:人是一个综合体,是一个在诸多不同种的尺度(Størrelse;对应于德文 Grösse)之间的关系,例如时间性与永恒性、必然性与可能性,但是它却是一种与自身发生关联的关系。在书的第一部分中,Anti-Climacus 通过对绝望的不同形式的描述展开了这一观念，在此绝望被理解为人不愿成为自我。在书的第二部分中，作者深入阐明了他对绝望的理解，他认为绝望是罪，以此，他与《忧惧的概念》一书中关于罪的理论相呼应。于是，绝望成了经强化的沮丧，或者是以上帝为背景而思想时的沮丧，也就是说，一个人不愿意成为如上帝所创造的那样的自我，不愿去意愿着或者执行上帝的意志。"心的纯洁性在于意愿一（件事）"，而这个"一"最终就是上帝。

那个意愿着上帝并且因此也意愿着成为如上帝所创造的自我一样的人；那个不再与上帝和其自身相疏离的人——处于这种疏离状态的人或者处于在罪过（Skyld）的封闭的禁锢当中，或者处于关于自我的梦想的非现实的理想图景当中；那个人将真正地走向自我，他将与自我和自我同一性共在，因此，他将在场于生活的实在的场中。克尔凯郭尔在其成文于1849年的三则审美性的、关于上帝的训导书《田野的百合与空中的飞鸟》中这样写道："什么是快乐，或者说快乐是什么？快乐也就是真正地与自我同在，而真正地与自我同在指的就是那个'今天'；在（være）今天，其实就是指在今天。它与说'你在今天'，与说'你与你自身就在今天同在'，说'不幸的明天不会降临到你的头上'同样正确。快乐指的就是同在的时间，它所着力强调的是同在的时间（den nærværende Tid）。因此上帝是幸福的，作为永恒的存在他这样说：今天；作为永恒的和无限的存在，他自身与今天同在。"（SV14，160）

克尔凯郭尔在第一阶段的写作中完成了对三种人性的"生存境界"的描述之后，在第二阶段中他指出了在与基督教的关系之下这三种境界的不足之处。一个人要成为一个真实的自我，首先要通过作为上帝所创造的产物而与上帝建立关联。一个人要成为真正的自我，他首先要认识基督并且使他的罪过得到宽恕。但是，在认识之前同样需要行动。因此，真理总是在行动中的真理，正如信仰总是在作为（Gjerninger）中的信仰一样。

在第二阶段的写作当中，对人性的和基督性的理解同时得到了强化。克尔凯郭尔进一步强调，那个决定性的范畴即在于单个的人，即"那个单一者"（hiin Enkelte）；但是与此同时，他也越来越强调一种以宗教为根基的对于人与人之间的平等关系的把握。这一点与他对于所处时代的不断成熟的批评是并行的。1846年，克尔凯郭尔发表了题名为"文学评论"的作品，对一位年长于他的同时代丹麦作家托马西娜·伦堡夫人（1773—1856）的小说《两个时代》做出了评论。其间，克尔凯郭尔赋有洞见地总结了那个日益进步的现代社会的特征，表达了他的政治和社会思想，指出当今时代呈现出一种平均化和缺乏激情的倾向。

克尔凯郭尔自视自己是一位以"诠释基督教"为己任的宗教作家。他将"清洁空气"，他将把所有的幻象和所有的虚伪都剥除净尽，并且返回"新约的基督教"。在此背景之下，他在自己生命的最后几年当中对丹麦的官方所宣称的基督教以及基督教权威机构展开了攻击。1854年年底，克尔凯郭尔以在名为"祖国"的报纸上所发表的一系列文章开始了他针对教会的战斗。继而，这场战斗又继续在更强烈、更激进的新闻性小册子《瞬间》（共计9册）当中进行。

1855年10月，克尔凯郭尔在街头摔倒了，他病入膏肓，精力耗尽。他被送往了弗里德里克医院（地址即今天的哥本哈根市工艺美术博物馆），11月11日，他在那里告别了人世。

克尔凯郭尔在19世纪末20世纪初之际被重新发现，并且在第一次世界大战之后获得了广泛的国际声誉。他成为辩证神学、存在哲学以及存在神学的巨大的灵感源泉。自20世纪60年代至80年代中期这段时间里，克尔凯郭尔（研究）一度处于低潮。自那以后，克尔凯郭尔获得了巨大的复兴，不仅在学者和研究者中间，而且还在一个更为广泛的公众当中；这种复兴不仅发生在丹麦国内，而且还发生在国际上，包括很多东欧社会主义国家。

这种重新焕发的对于克尔凯郭尔的兴趣反映了一种崭新的对生存进行全面理解的愿望，人们希望在当今众多相对的、划时代的，以及由文化决定的真理之外寻求到一种可能的永恒真理。这种探求不仅仅在知识—哲学的层面之上，而且还应落实到伦理—生存的层面之上。这种寻求还与寻找对个体的意义、伦理学的基础以及宗教与社会的关系这些根本性问题的新的解答联系在一起。

"有两种类型的天才。第一种类型以雷声见长，但却稀有闪电。而另一种类型的天才则具有一种反思的规定性，借此他们向前推进……雷鸣声回来了，闪电也非常强烈。以闪电的速度和准确性，他们将击中那些可见的每一个点，而且是致命的一击。"毫无疑问，克尔凯郭尔属于后一种类型的天才。

（王　齐译）

# 译者的话

《最后的、非科学性的附言》终于译完了。找出电脑中完整保存的校改前文件,发现开始翻译这本书的时间居然是 2012 年 2 月,初稿完成时间为 2014 年 6 月。我不是一个快手,但光阴飞逝如斯,怎不令人唏嘘感叹。从 2015 年起至 2016 年 6 月,我断断续续花了一年半时间对译稿进行了修订。先是对照原文和普林斯顿大学出版的英译本进行校改,参考英译本是因为每一种翻译都是一种理解,在对比过程中,我明显感觉到自己与英译者在理解上的契合与分歧。然后,我抛开原文,只就中文稿进行润色。每当我在译稿中发现一处误译或者有歧义性的语句,或者从英译本中找到明显错误之时,我都会惶惑不安,忍不住把已经校改过的译稿再看一遍……即便如此,时至今日,不尽如人意之处比比皆是。但是我知道,倘若一味追求完美,这部书永远不会完成。聊以自慰的是,我的翻译是研究性的翻译,呈现在这里的是我目前对克尔凯郭尔文本的理解,疏漏、误解、误读一定存在,我对此全权负责。我无意缔造翻译上的所谓"定本",若假以时日,我自己也定会突破今天的理解。

克尔凯郭尔写作时并不刻意在概念术语的使用方面保持一致,他喜欢在丹麦本土语源的词汇和拉丁语源的词汇之间进行自由转换,若在翻译的过程中一味追求概念的一致性,势必会以牺牲译文的流畅为代价,我觉得国际学界公认的英译本中的尴尬语句在不少情况下可归之于此。我在翻译过程中依据的是《丹麦语—英语词典》,以及 28 卷本的《丹麦语词典》,但有时根据丹麦文词语的构成,我能找到比英语对应词更恰当的汉语对应词。每逢此时,欣喜之情溢于言表,不禁惊叹语言表达之间的相通性。我曾在《哲学片断》"译者的话"中表达过对老一辈翻译家的思慕之心,虽然自知因时代和环境的差异,我不太可能写出那样雅致的文字,毕竟我的小学第一堂语文课是"我爱北京天安门"。一代人有一代人的学问,也有一代人的文风。当这一切最终进入历史长河之后,一定会是有趣的现象吧。

翻译是一项艰苦的劳作。在两种不同的语言之中游走，在不同的思维方式和表达方式之间苦苦追寻，其间既有因言不尽意而无限苦恼的时刻，也有创造带来的喜悦瞬间。译者是文本的决定者和创造者。我坚信，让西方哲学经典说汉语的行为本身就是创造性劳动，是我们从事西方哲学研究的第一步。

我是个幸运的人，师友和家人对我一直关怀备至。有时，说感谢是客套话，但有时却是发自内心的必要。我的导师汝信先生是汉语克尔凯郭尔研究的先驱，没有他的学术洞见和开创性工作，就没有今天中国的克尔凯郭尔研究，更没有这套《克尔凯郭尔文集》的出版。1982年，汝信先生撰写了《克尔凯郭尔》一文，此文后被收录于《西方著名哲学家评传》第8卷，1985年由山东人民出版社出版，成为中国第一篇专论克尔凯郭尔哲学思想的长文。2005年，我受哥本哈根大学"克尔凯郭尔研究中心"之邀，参与其大型项目"Kierkegaard Research: Sources, Reception and Resources"的写作，撰写了题为"The Chinese Reception of Kierkegaard"的英文报告，回顾了自1908年克尔凯郭尔的名字出现在鲁迅《文化偏至论》一文以来的中国克尔凯郭尔接受史。我首次注意到了汝信先生这篇文章在汉语克尔凯郭尔研究史上的地位和价值。2013年，我再次应邀为汉语克尔凯郭尔研究论著撰写书评，为此我重读了先生于2008年出版的《看哪，克尔凯郭尔这个人》这本书，书中收录了先生多年于繁重的行政工作之余撰写的克尔凯郭尔研究论文。这次，我更加明确地以新中国学术史的视野考察这本书，第一次自觉地意识到了学术史的意义——如果我们不了解历史，就无法更好地面对今天的问题，更无法面对未来。读这本书的时候，我的脑海里还不断回响起汝信先生在审阅我提交的博士论文第一章初稿时提醒我的话——治学必须要有"批判的视角"。正是这个提醒把我从对克尔凯郭尔的"迷恋"之中唤醒，从此开始步入一个新的境界。在我毕业留所工作的二十年间，每逢我在工作中遇到难解的困境之时，先生都会慷慨地助我渡过难关，令我感动。

中国社会科学出版社的冯春凤女士长期以来对《克尔凯郭尔文集》不遗余力地表示支持，我感谢她对我的理解和宽容。在翻译和校改本书的过程中，我曾与哲学所在西方经典著作翻译方面成就卓著的田时纲先生交流过经验和心得，得到了他的鼓励，在此表示衷心感谢。北京大学赵敦华教授很早就关注这本书的出版，他的信任和催促一直是我克服诸种困难的动力之一。

2016年9月8日上午，正当我审阅本书一校第94页的时候，惊闻敬爱的叶秀山老师在书房不幸辞世。叶老师一直重视翻译工作，就是他亲口告诉我贺麟先生关于翻译的名言——翻译了一本书，你就征服了它——尽管他本人并未在翻译实践方面投入时间和精力。《克尔凯郭尔文集》每出版一卷，叶老师都会带回家阅读。《哲学片断》在2013年出版后，叶老师不仅欣然阅读，而且随后写出两篇文章，其中一篇《从"理智—理性"到"信仰"——克尔凯郭尔思路历程》作为"纪念克尔凯郭尔诞辰两百周年"专稿发表在《世界哲学》上；另一篇《"神性"，太"神性"了——克尔凯郭尔的"神"》发表于《宗教与哲学》上，标题是我最后敲定的，取与尼采《人性，太人性了》相比照之意。在《附言》翻译过程中，我曾就Overenstemmelse和Identitet的异同以及在德国古典哲学诸家中的不同理解求教于叶老师。《附言》是叶老师一直想读的书，相信他读后定会为学界奉献新作，然而我最终也没能让他读到这本书。现在，我只能把这本书献给叶秀山老师，带着心头永远的痛，带着叶老师对我多年的教导和期许，在哲学的园地里耕耘，完成叶老师"托付"给我们的工作。

2016年11月15日
写于马勒第四交响曲的乐音之中

# 对《哲学片断》所做的最后的、非科学性的附言

一本模仿的——充满情致的——辩证的文稿合集
生存的文稿

作者　约翰尼斯·克利马克斯
出版者　S. 克尔凯郭尔

哥本哈根　1846年

但是我必须问你，苏格拉底，你看这一番讨论结果怎样？正如我刚才所说的，这种讨论只是支离破碎的咬文嚼字。

大希庇阿斯篇，304 a[1]

# 序　言

或许鲜有文字作品像我的《哲学片断》那样如其所愿地受到命运的眷顾。我对任何私人意见和自我批评都保持怀疑和沉默，但毫无疑问，我敢于坦率地就这本小册子的命运道出：它没有引起丝毫轰动，根本没有。[2]遵从那句格言（"宁可好好地吊死也不结坏的婚姻"）而上吊的作家没有受到干扰，实际上那个好好地被吊死的作家保持着上吊的状态；甚至没有人像在游戏中那样开玩笑地问一句，他因谁上吊。[3]但是，这一切正如其所愿：宁可好好地吊死，也不因一桩不幸的婚姻被拽进整个世界体系化的姻亲关系之中。根据我这本小册子的性质，我曾希望这一切发生，但是考虑到这个时代的喧哗的躁动不安，考虑到预言、幻觉、思辨思想不断发出的不祥预兆，我担心我的愿望会因某个错误被扰乱。即使一个无足轻重的旅行者也会碰到这样的危险，他在某一时刻到达某座城市，那里所有的人激动万分但却怀着各自不同的期待。有人架好了大炮、点燃了引信，焰火和横幅准备好了；有人把市政厅装点得如节日般喜庆，代表团衣冠楚楚，讲演准备就绪；还有人受体系的驱动让笔饱蘸墨水，笔记本打开，期待着那位曾许诺前来的人的化名出访。[4]错误总是可能的，而这类性质的错误在文学界是家常便饭。

这一切并未发生，因此命运将受到赞美。没有任何骚动，没有流血流墨，这本小册子一直未被注意，没有书评，没在任何地方被提及。没有关于它的叽叽喳喳的文字以增加骚动，没有学术界的抗议之声误导充满期待的人群，没有来自边远地区的呼声把读者世界吸引过来。正如这事业本身并无任何魔力一样，命运也免除了所有的虚惊。[5]由此作者仍然处于幸福的状态，作为作者他不欠任何人任何东西，我指的是评论家、书评撰写人、中间人、评估人等，他们在文学界就像市民社会中"塑造着人"的裁缝——他们为作家制定时尚，为读者制定观点，借助他们的帮助和技

## 最后的、非科学性的附言

艺，一本书成了重要的东西。可是，这些恩人的情况如同贝格森说裁缝的话，"他们用塑造花费的账单把人杀死了"。[6]一切都将归功于他们，再写一本新书也无法将这份儿人情债还掉，因为这本新书的意义，假如它有意义的话，仍将归功于这些恩人的技艺和帮助。

受这种命运眷顾的鼓励，我将继续前行。不受任何东西的妨碍，或者与时代要求的匆忙关联的妨碍，我只依从我内心的冲动，并且一如既往地，用我的概念来说，揉捏我的思想直到面团恰到好处为止。亚里士多德曾在某个地方说，当时的人为叙述设定了一条可笑的规则，认为叙述速度应该放快。他接着说，"答案适用于一个揉面团的人问该揉得硬还是软，'难道就不可能把面揉得恰到好处吗？'"[7]我唯一害怕的就是轰动，尤其是那种广泛认同的轰动。尽管这个时代是开放的、自由的、思辨的，尽管由众多可贵的倡导者所捍卫的个人权利的神圣要求得到了热烈的赞同，我还是认为，人们并没有辩证地理解此事；否则，人们就不会用吵闹的欢庆活动、午夜时分的九次欢呼、火把游行以及其他恼人的对个人权利的干涉活动来回报那些特选子民的努力了。每个人都应该在许可的范围内做他想做的事情，这一点看上去是合理的。只有当一个人的所作所为将迫使另一个人必须有所行动的时候，这才算干涉。因此，任何一种对不快的表达都是被允许的，因为它并没有以义务的方式干涉他人的生活。因而，假如民众向某人提出来了"让他死"，这丝毫没有干涉此人的自由。[8]他没有被要求做什么，没有向他提出任何要求，他可以不受干扰地待在起居室里，抽他的雪茄，沉浸于思考之中，与他的爱人嬉戏，舒适地穿着他的长袍，美美地睡上一觉。的确，他甚至可以离开，因为他本人的在场并非必须。但是火把游行则是另外一回事了。假如被庆贺的人外出了，他得马上回家；假如他刚点燃了一支散发着香气的雪茄，他必须立即把它放在一边；假如他已上床，他必须立刻起身，几乎没时间穿裤子，然后就得光着头冲到露天发表演说。[9]就民众的表现而言，适用于杰出之士的东西同样适用于我们这些小人物，只是程度稍逊。举个例子，文字上的攻击并不是对作家个人自由的干涉；为什么不允许每个人表达自己的意见，而被攻击的一方仍然能够不受干扰地做自己的工作、装他的烟斗、不去理会那攻击呢？反之，认同却可疑得多。一则将某人引到文学界之外的评论算不得干涉，但一旦将某人指派到文学界内的某个位置的评论就需要引起警觉了。一个嘲笑他人的过路人无法迫使那人做出任何举动，相反，毋宁说他欠了那人点儿什么：因为那人给了他发笑的机会。每个人都管好自己的事，而非彼此干涉或者彼此强迫。一个过路人反抗性地看着另一个人，其目光显示出，他不认为此人值得他脱帽致意。这一点无法迫使那人采取任何行动，相反，他使那人免予行动，免除了他脱帽的不便。但是，一个崇拜者就没那么容易摆脱了。他温柔的谦恭很容易成为可怜的被崇拜者的多重义务，在他还没回过神来之前，他已终身背负着重税和债务，尽管他本应是所有人当中最独立自主的。假如一个作家从另一个作家那里借用了一个观念但却未提及此人的姓名，假如他误用了他所借用的东西，他并没有干涉那人的个人权利。反之，假如他提到了那人的名字，或许还怀着某种崇拜之情把自己的误用归诸此人，那他就极大地干涉了他人。因此，在辩证的理解之下，干涉不是否定，而是肯定。多么奇怪啊！就像那个热爱自由的北美民族发明了最为残酷的刑罚——沉默一样，一个自由的、开放的时代却发明出了最不自由的骗术：针对大人物所进行的夜间火把游行、白天的三次喝彩和九次欢呼，以及针对小人物的类似但规模较小的骗术。[10] 社交原则恰恰是不自由的。

这里提供的仍然只是个小册子，"我亲笔所写，代表自己，一切后果自负"。[11] 就其身为哪怕是微不足道的东西的自有者而言，作家是有产者，不过，就像他本人不愿做佃农一样，他根本不想拥有佃农。他希望命运再次眷顾这部作品，尤其是避开那种悲喜剧式的结局：某位先知极其严肃地、或者某个骗子恶作剧式地上前使这个时代相信，这本书是有些内容的；然后，他们跑开，把作者晾在那里，像那个被典当的年轻农夫。[12]

约翰尼斯·克利马克斯[13]

**注释：**

（1）原文为希腊文。

（2）《哲学片断》1844 年 6 月 13 日面世，1846 年 5 月，哥本哈根《神学杂志》上才出现首篇丹麦语书评，作者为哈根（J. F. Hagen）。1845 年，有匿名书评出现在一份德国杂志上，对此克尔凯郭尔完全知情。在题为"论两位当代哲学家的相似性"（*En Parallel mellem to af den nyere Tids Philosopher*）一文中，作者克里斯腾斯（C. F. Christens）将《哲学片断》的化名作者与费尔巴哈进行比较，该文发表于《文学与批评》（*Literatur og Kritik*）1845 年第 3 期。

（3）"宁可好好地吊死也不结坏的婚姻"出现在《哲学片断》的扉页，为莎士比亚喜剧《第十二夜》第一幕第五场的台词。

"为谁上吊"指一个游戏，其中一个玩家假装要上吊，他靠墙站着说："我要上吊，我要上吊！"其他的玩家则要问："你为谁上吊？"回答中提到的人就要用一个吻来解救上吊者。

（4）指海伯格（J. L. Heiberg）写于1825年的闹剧《撒罗门王和制帽商扬》（*Kong Salomon og Jørgen Hattemager*）的剧情。剧中富有的男爵格尔德卡布（Goldkalb）从法兰克福到哥本哈根，哥本哈根的市民做好了充分的接待工作。而一个来自汉堡的与男爵同姓的破产犹太商人撒罗门的衣服被偷，于是他索性穿起闪着银光的狂欢节服装、戴着睡帽扮作男爵，结果受到了哥本哈根市民的热烈欢迎。剧名已成为一个固定短语，意为"真的有所差别"。《哲学片断》的"序言"当中曾用此典。

（5）语出贺伯格（Ludvig Holberg）喜剧的标题"魔法或一场虚惊"（*Hexerie eller Blind Allarm*）。

（6）语出丹麦作家延斯·贝格森（Jens Baggesen，1764 – 1826）的作品《托马斯·莫尔或友情战胜爱情》（*Thomas Moore eller Venskab Seier over Kiærlighed*）。

（7）语出亚里士多德《修辞学》。克尔凯郭尔阅读的是 K. L. Roth 翻译的德语版（斯图加特1833年）。

（8）"让他死"原文为拉丁语 Pereat。

（9）在克尔凯郭尔生活的年代，不戴帽子上街活动是难以想象的。

（10）"沉默的刑罚"指1823年在美国纽约州的奥本（Auburn）施行的一种刑罚，犯人在夜晚和休息时间被单独监禁，劳动时则被严密监视，不得与他人沟通，违者将处以鞭刑。

（11）"我亲笔所写，代表自己，一切后果自负"对应于拉丁文短语 proprio Marte, propriis auspiciis, proprio stipendio，该短语曾出现在《哲学片断》"序言"的开首处。

（12）"被典当的年轻农夫"即对应于贺伯格喜剧的标题 *Den pantsatte Bonde – Dreng*。

（13）原文写为 J. C.，即化名作者 Johannes Climacus 的缩写。

# 目　录

导论 ································································ （1）

## 第一部　关于基督教真理的客观问题

第一章　历史的考察 ············································ （12）
　　§1 圣经 ················································· （12）
　　§2 教会 ················································· （20）
　　§3 数百年来对基督教真理的证明 ························· （28）
第二章　思辨的考察 ············································ （31）

## 第二部　主体问题，主体与基督教真理的关系，或成为基督教徒

第一册　关于莱辛 ·············································· （47）
第一章　致谢莱辛 ·············································· （47）
第二章　莱辛可能或真正提出的命题 ························· （53）
　　1. 主体性的生存思想家意识到了沟通的辩证法　2. 在与真理的生存关系之中，生存性的主体思想家既否定又肯定，他所拥有的喜剧性与他本质上拥有的情致同样多，他持续地处于生成进程之中，也就是说，在奋斗中　3. 莱辛说过，偶然性的历史真理永远都不可能成为永恒的理性真理的证据；还说过，在历史陈述的基础上向永恒真理的过渡是一个跳跃　4. 莱辛说，假如上帝把全部真理握于其右手，而把对真理持续不懈的追求置于其左手，他将选择后者。甲）一个逻辑

的体系是可能的；乙）一个生存的体系是不可能的。

## 第二册　主体问题，或主体性应当如何构成才能使难题向主体开显 ········· （103）

### 第一章　成为主体 ········· （103）
如果成为主体不是赋予人的最高任务的话，伦理学应该做出何种评判；对这个任务做进一步理解的时候应该忽略什么；在成为主体的思想方面的例证

### 第二章　主体性真理，内心性；真理即主体性 ········· （155）

### 附　录　当代丹麦文学之努力一瞥 ········· （209）

### 第三章　现实的主体性；伦理的主体性；主体思想家 ········· （255）
§1　生存的意义；现实性 ········· （255）

§2　可能性高于现实性；现实性高于可能性；诗的理想和理智理想；伦理理想 ········· （267）

§3　主体性之具体环节在生存主体身上的同时共在性；作为思辨进程对立面的同时共在性 ········· （288）

§4　主体思想家；他的任务；他的形式，即他的风格 ········· （292）

### 第四章　《哲学片断》的问题：永恒福祉何以能建立在历史知识之上？········· （310）

#### 第一部分　以《哲学片断》的方案为目标 ········· （310）
§1　以异教思想为出发点及其原因 ········· （310）

§2　在有可能调和基督教与思辨思想之前，就何谓基督教保持初步的一致意见的重要性；这种一致意见的缺失对调和有利，尽管它的缺失使调和成为幻象；一致意见的介入阻止了调和的出现 ········· （315）

§3　《哲学片断》的问题作为导论性问题，不是针对基督教，而是针对成为基督教徒 ········· （324）

#### 第二部分　问题本身 ········· （326）
个体的永恒福祉通过与某种历史性的东西相关联而在时间中被决定，这种历史性的构成包括了根据其本质不能成为历史、结果必须依靠荒谬才能成为历史的东西

A. 情致 ………………………………………………………… (328)

§1 对生存情致的初始表达，在生存的转化过程中通过行动表现出的面向绝对目的的绝对方向（方面）——感性情致——调和的虚幻性——中世纪修道院运动——同时与绝对目的建立绝对的关系，与相对目的建立相对的关系 ………… (328)

§2 生存情致的本质性表现——痛苦；作为感性人生观的幸福和不幸，与作为宗教人生观的痛苦（在宗教演说中被揭示）之间的对立；痛苦的现实性（幽默）；在后一种情况下的痛苦的现实性之为生存者与永恒福祉的关系的标记；宗教幻象；内心冲突；在前一种情况下的痛苦的根源及意义——离弃直接性、但仍停留在有限性之中；一个建设性的娱乐；幽默作为宗教的伪装 ……………………………………… (358)

§3 对生存情致的决定性表达就是罪过——我们的考察是向后退的而非向前进的——对罪过的永恒回忆是对罪过意识与永恒福祉的关系的最高表达——对罪过意识及其相应的补罪形式的低级表达——自惩——幽默——隐蔽内心性的宗教感 ………… (423)

在 A 与 B 之间 ………………………………………………… (444)

B 辩证性 ……………………………………………………… (448)

§1 辩证的矛盾，即断裂：通过与在时间中的其他东西建立关系的方式，而在时间中期待着永恒福祉 ………………… (454)

§2 辩证的矛盾：永恒福祉建基在与某种历史性的关联之上 ………… (457)

§3 辩证的矛盾：这里所说的历史不是单纯的历史，而是从只有与自己的本性相反对时才能成为历史的东西当中演化而来，也就是借助荒谬产生的历史 ………………………… (460)

对 B 的补充 …………………………………………………… (462)

辩证性对情致的反向作用增强了情致以及与之同时共在的诸要素 …… (462)

（1）罪的意识 ……………………………………………… (463)

（2）冒犯的可能性 ………………………………………… (464)

（3）因同情而滋生的痛楚 ………………………………… (465)

第五章 结论 …………………………………………………… (497)

附录 与读者达成的共识 ……………………………………… (523)

# 导　论

　　亲爱的读者，你或许会想起，在《哲学片断》的结尾处有一个说法，一个看似撰写续篇的许诺。作为许诺，这说法（"假如我真会写下这一部分的话"）极其随意，与一个庄严的承诺相去甚远。[1]因此我并没有受那个许诺的束缚，尽管从一开始我有意实现它，并且与之相关的必需品已准备齐全。许诺本应是高度庄严的，以最佳的形式，但是如此一来，出版一本无法且无意引起轰动的小册子和做出一个庄严的许诺之间就存在着不一致，假如是真的话，后者定会引起轰动，而且是极大的轰动。[2]你很清楚这类事情。有作家出版了一部巨著，在著作刚刚问世八天之际，他碰巧与一位读者谈天，那位读者怀着期待的热情彬彬有礼地问他是否很快就要写一本新书。这位作家上当了：这样一位读者，以这么快的速度阅读了一部巨著，尽管付出了艰苦的劳动但仍保持着阅读的愿望。唉，可怜的上当的人！在谈话的进程当中，那位对新书表现出赞许的兴趣的读者，那位期待着新作问世的读者承认，他承认自己根本就没有读过那本书，或许永远都没时间去读。他只是在一次聚会上听人说起这位作家的一部新作，而证实这一点对他来说无比重要。

　　一位作家发表了一部作品，他会这样想：如今我有一个月的时间放松放松，直到那些评论家先生们读完该书。发生了什么呢？作品发表后第三天，一则匆忙写就的书刊公告出现了，在结尾处许诺要写一篇书评。[3]这个公告引发了巨大的轰动。渐渐地，那本书被人遗忘了，而书评压根儿就没出现。两年后，在一个圈子里有人议论起那部作品，一位消息灵通人士提醒那些健忘者，说某某曾为那部作品写过书评。一个许诺就这样满足了时代的要求。首先它引起了巨大的轰动，两年后，那个许诺人仍然享有诺言兑现的荣幸。许诺引发人的兴趣；假如诺言兑现，兑现者只会损害自身，因为兑现是无趣的。

　　就我所做出的许诺而言，其随意的形式并非偶然。这许诺根本不是什么许诺，因为客观地讲，这许诺是由一本小册子完成的。如果人们可以把一桩事情分成最容易和最难的部分，那么做出许诺的作家就应该这样行事：他从最容易的部分开始，而许诺把最难的部分作为续篇。这样的诺言是郑重的，在各个方面都值得接受。反之，如果他先完成最难的部分，然后承诺写一个续篇，他就是漫不经心的，尤其那是每个仔细阅读过第一部分的人自己就能轻易完成的续篇，假如他受过必要的教育，假如他认为这一切值得他费劲的话。

关于《哲学片断》就是如此：如其所言，这个续篇只是为所讨论的问题披上历史的外衣。所讨论的问题是困难之所在，假如这一切有难度的话；而历史的外衣则相当容易。我无意冒犯任何人，我认为并非所有神学系毕业生都能以小册子表现出的那种辩证的节奏来讨论该问题；在阅读过那本小册子后，也不是所有神学系毕业生都能将之抛在一旁，随后自己用小册子清楚展开的辩证的明晰性来讨论问题。但是就本续篇而言，我坚信、但却并不知道这是否是在恭维某人，每个神学系毕业生都有能力完成续篇的写作——如果他真有能力去仿效那些辩证性的、无畏的姿态和运动的话。——这就是续篇写作的许诺的性质。因此，它以附言的形式出现就是正常的，而作家本人也可以远离被指责为女性化，因为他把重要的东西放在附言当中说，假如此处的论题真有重要性的话。从本质上说不存在什么续篇。而在另一种意义上，就为该论题披上历史外衣所需的学识和学问而言，这个续篇可以是无穷无尽的。荣耀归于学识和知识，赞美将给予以知识的确定性和亲历的可靠性来掌控素材的人。但是，辩证性才是这个论题的生命力。假如论题并非辩证性地清晰，而是把罕见的学识和高度的敏锐用于论题的特殊面向之上，那么对于有着辩证兴趣的人来说，论题只会被弄得愈加困难。无可否认地，关于这个论题有杰作问世，就这些作者的学识、批判性的敏锐和组织艺术而言，本书作者怀有深深的敬意，在学生时代即希望自己能够以超出实际所有的才能去追随其指导，直到他怀着对这些杰出之士的崇拜、怀着被遗弃的沮丧以及怀疑的痛苦这些混杂的情感发现，尽管曾经付出了超凡的努力，该论题并没有向前推进，反而被推后了。于是，假如赤裸裸的辩证考量显示出，不存在什么近似值，沿着这条道路想量化地步入信仰是一种误解，一个幻象。对于信仰者而言，关切这种考量是一种诱惑，一种他在信仰的激情之中应该竭力加以抗拒的诱惑，以免一切这样结束（请注意，通过对诱惑的屈服，也就是通过极度的不幸），即他成功地把信仰转变成了别的东西，转变成了另一种确定性，它替代了那种在他本人开始实现从不信到信仰的质的跳跃之时恰恰摒弃了的或然性和保证。若果如此，每一个并非不熟悉渊博的科学研究、并非没有求知的愿望以做出如是理解的人，当面对那些因学识、敏锐性和名望而出类拔萃的人物之时，都会感觉到自身被挤压的状态，他在崇拜之中学会了把自己看得微不足道，结果他在从自己身上挑错的时候，一再求助于那些人物，而当他陷入沮丧之时，他不得不承认自己是对的。辩证的无畏并非唾手可得，其转折点就在于被遗弃的感觉——尽管他认为自己是对的，以及对那些可信赖的教师的崇拜的消退。[4] 以导论形式写就的东西与辩证法之间的关系堪比演说家和辩证法家之间的关系。演说家要求允许他讲话，展开一篇具有内在一致性的演说；辩证法家也希望如此，因为他希望向对方学习。但是演说家拥有罕见的才能，他们熟知人类的激情，具有生动描绘的想象力，能够控制在决断的瞬间所生的可怕感觉。于是，他开讲了，他使人失去控制。听众迷失在他生动的描绘之中，对于杰出之士的崇拜使他们像妇人似的屈从，他感到自己的心在狂跳，整个灵魂受到了触动。现在，演说家把严肃和恐惧集中到自己的举止之上，他命令所有的反对意见沉默不语，他把问题移交在全知者的手中。他发问，有谁敢真诚地当着上帝的面，拒绝那只有最无知的、最不幸的迷失者才敢拒绝的东西。在受到了轻微的触动之后，他补充说，劝众人不要屈从于这种怀疑，说唯一可怕的就是陷入这种诱惑之中。他使忧虑者精神振作，把他从恐惧中拽出，就像母亲用温柔的爱抚使自己的孩子感到慰藉那样。于是，可怜的辩证法家垂头丧气地回家了。他清楚地看到，论题压根儿就没有提出，更不用说解决了，但是他无力与雄辩的力量对阵。怀着崇拜所有的不幸之爱他明白了，雄辩一定有着某种巨大的合法性。——辩证法家刚刚摆脱了演说家的控制，体系论者登场了，他带着思辨思想的重心说道：只有当一切结束之时，事情才会清楚。这里的关键是，在有可能提出辩证的怀疑之前，一个人要有持久的耐力。辩证法家怀着惊讶清楚地听到这位体系论者说：体系尚未完成。[5] 唉，当一切结束时事情会清楚，只是这个结束尚未出现。辩证法家目前尚未赢得那种辩证的无畏，否则它很快就能教会他嘲讽地冲着这样的说法发笑——变戏法的早已在那里准备好了出路；因为视一切已完成、但在结束时又说结论尚未得出，这实在荒谬。换言之，假如结束时结论缺失，那么开始时结

## 最后的、非科学性的附言

论也是缺失的。这一点本该在开始的时候就说清楚。可是，如果开始的时候结论缺失，那就可以说体系根本不存在。一座房子建成了却没装门铃是可以的，但是对一座科学大厦而言，结论的缺失反过来会使其开端成为可疑的和假设性的，也就是说，非体系的。辩证的无畏就是如此，只是辩证法家尚未获得之。结果呢，考虑到结论的缺乏，他以年轻人得体的礼节禁止得出一切结论，并且充满希望地开始工作。于是他读书，感到惊异，被崇拜之情所俘获，他屈服于更高的力量。他读呀读呀，明白了点儿什么，尤其是，他希望结论能够解释一切、穿透一切。书读完了，可他并没有发现那个论题被提出。不过，年轻的辩证法家拥有青年人对名流的迷狂式信赖。像一个唯一的愿望就是被爱的女子那样，他唯一的愿望是成为一名思想家。唉，这位名人竟然有力量决定年轻人的命运，因为假如他不理解这名人，他就会被抛弃，他唯一的愿望也会搁浅。因此，他不敢将自身托付给他人，不敢把他人引入自己的不幸和耻辱之中——他并不理解那位名人。于是他重新开始。他把所有较重要的段落译成了母语，以确保他理解了全部内容，确保他没有忽略什么，其中可能就有关于那个论题的东西（因为他绝对无法理解，有关论题的东西根本就找不到）。他把很多东西牢记在心，他记录下思想的历程；他把这些笔记随身携带，埋头思考。他把笔记撕碎，然后重写。为了自己唯一的心愿，还有什么是不能做的呢？于是，他再一次读完全书，可是并没有靠近论题。于是，为了不受令人沮丧的记忆的干扰，他重新买了本同样的书，跑到一个陌生的地方以便以崭新的干劲开始。结果呢？他一直这样坚持着，直到最终学会了辩证的无畏。然后呢？他学会了把凯撒的东西给该撒：他把自己的崇拜给了那名人，但却牢牢地抓住他的论题，而不去理会那些名人。[6]

学术性的导论以其学识分散了人们的注意力，看起来好像论题就在学识渊博的研究者达到顶峰的瞬间被提出来似的，也就是说，好像趋于完美的学术的和批判的努力同趋向论题的努力是一回事似的；辞藻华丽的演说用吓唬辩证法家的方法分散了人们的注意力；体系的进程允诺了一切，但却无一兑现。沿着这三条道路，论题根本无法显现出来，尤其是体系的道路。体系把信仰设定为给定的（一个根本没有前提的体系）；接下来设定，信仰更感兴趣的是以其他的方式理解自身，而非停留在信仰的激情当中，而这是一个前提（一个根本就没有前提的体系的前提!），一个对信仰的侮辱性的前提，一个恰好揭示出信仰从来都不是被给予的前提。[7] 体系的前提——信仰是被给予的——在想象中被消解了，其间体系自以为自己知道信仰为何物。

那本小册子提出的问题是这样的，它并未假装要解决它，因为一本小册子只想提出问题："永恒意识能否拥有一个历史的出发点？这样的出发点如何能够超出历史的兴趣之外？一个人能否将永恒福祉建立在历史知识之上？"（参见《哲学片断》扉页）。在小册子当中曾这样写道："众所周知，基督教其实就是唯一一个这样的历史现象，尽管它是历史事件，而且正因为它是历史事件，它才会成为单一者的永恒意识的出发点，才会不仅仅在历史的方面令人关切，也才会将他的至福建立在他与某种历史事件之间的关联之上。"[8] 于是，在"历史的外衣"之下，这里的论题就是基督教；论题与基督教相关。在论文的形式下，论题可以不那么困难地这样表述——关于信仰的护教论式的前提；通往信仰的接近式的过渡和前奏；做出信仰的决断的量化导论。因此，这里将要面对的是众多的反复考察研究，它们在现在和过去的神学家们的导论科学、教义导论以及护教论当中被讨论过。[9]

不过，为了不引起混淆，我们必须铭记在心，这里的论题不是关于基督教的真理，而是个体与基督教的关系。因此，论题并非关于漠不关心的个体怀着对体系的热切之情而对基督教真理进行条分缕析，而是一个无限关切的个体与基督教义的关系。尽可能简单地说吧（我试验性地以我自己为例）："我，约翰尼斯·克利马克斯，在这个城市出生、成长，现年30岁，一个跟绝大多数人一样的平凡之辈。我假设，有一种至高的善——它被称为'永恒福祉'——在等待着我，就像它等待着一个女仆和一位教授一样。我听说，基督教将为我决定这善。于是我要问，我将如何与这种教义建立关联。""简直是无与伦比的放肆！"我听到一位思想家说，"何等可怖的虚荣，在我们这个关切世界历史的、神正中心论的、思辨性的19世纪，有人竟然敢给予渺小的'我'以如此的重要性！"[10] 我的内心在颤抖。假如我不是早已坚强面对各种恐惧，我该夹着尾巴逃走了。不过，我知道在这个方面我毫无罪过；因为我不是自愿地如此放肆，而是基督教本身迫使我为之。基督教赋予了渺小的"我"以及所有其他同样渺小的"我"以一种完全另类的意义，因为基督教欲使"我"获得永福，如果"我"幸运地步入其中的话。在没有真正理解基督教的前提下，因为我只是提出论题，我所理解的只是这么多，即基督教欲使单一者获得永福，而且正是在单一者身内，那种对其永福的无限关切才被设定为"不可或缺的条件"，被设定为一种关切，以至他会恨他的父亲和母亲，或许还会以此对那些体系和世界历史的考察不以为然。[11] 尽管我是一个局外人，我至少理解了这一点，即基督教唯一不可原谅的重罪就是个体把自己与基督教的关系视为理所当然。以此方式将之纳入一场交易或许看似适度，但基督教恰恰视之为厚颜无耻。因此，出于最高的敬意，我拒绝所有神正中心论的助手以及助手的助手，不让他们以此种方式帮助我步入基督教。我宁愿原地驻足，带着我无限的关切，带着我的论题，带着可能性。换言之，对于一个无限关切自身的永恒福祉的人来说，这一点并非不可能，即有一天他会获得永福。相反，对于一个丧失了永福意识的（这种意识就是一种无限的关切）人而言，这一点则永无可能。事实上，永福意识一旦失去，或许永无可能再度获得。那五位愚蠢的新娘丧失了期待的无限激情，结果灯熄灭了。然后，"新郎到了"的喊声响起。五位新娘赶紧跑到小贩那里买灯油，希望一切重新开始，让一切被遗忘。当然了，所有的一切都被遗忘了。门关上了，她们被关在门外；她们敲门，新郎对她们说："我不认识你。"[12] 这不是新郎的风趣，而是真理，因为在精神的意义上，那些丧失了无限激情的人们会变得无法辨认。

于是，客观的问题事关基督教的真理。主观的问题则关乎个体与基督教的关系。简言之，我，约翰尼斯·克利马克斯，如何能够分有基督教所许诺的福祉。这个问题仅与我相关，这一方面，是因为，假如表述正确的话，这问题将以同样的方式与所有个体相关；另一方面，则因为所有其他人已经视信仰为理所当然，视为一种他们并不十分重视的无意义之物，或者视为只有靠一些证明才能脱颖而出的无意义之物。因此，这里对论题的展开并非出于我的自负，而只是一种疯狂。

为了使我的论题清晰明了，我首先要展开的是客观的论题，揭示出它是如何被处理的。历史性在此将得到公平对待。然后，我将讨论主体的论题，这一点在根本上超出了"披上历史的外衣"的续篇许诺，因为后者只需道出"基督教"这个字眼就能完成。第一部分是我许诺的续篇，而第二部分则是与小册子一脉相传的新尝试，是对《哲学片断》中的论题的新进路。

**注释:**

(1) "许诺"对应的原文是 Løfte，而"承诺"对应于 Tro-Lovelse，前者相比之下要随意些。

(2) "以最佳的形式"原文为拉丁文 in optima forma。

(3) 此处可能指海伯格在一篇报刊文章中即兴提及《非此即彼》的事，这在读者群中激起了对他撰写书评的期待，但书评并未出现。

(4) "转折点"对应于拉丁文 discrimen。

(5) 黑格尔去世后，有人尝试通过细致分辨黑格尔哲学中各个组成部分的方式，或者通过直接增补包括心理学、伦理学和神学等内容的方式，完成黑格尔的哲学体系。

(6) 语出《马太福音》22：15—21。法利赛人试探耶稣，问是否要纳税给凯撒。耶稣看透其意图，指着钱上的像和号说："凯撒的物当归给凯撒，神的物当归给神。"

(7) ① "体系把信仰设定为给定的"可能指黑格尔哲学中将信仰视为直接性知识的观点，它通过反思上升到哲学的和概念的真理的高度。黑格尔在《哲学科学百科全书》中并没有提基督教信仰，但19世纪30年代，学界却有关于黑格尔哲学与基督教信仰的关系的讨论，在丹麦，这场讨论进一步演变为关于"信仰"和"怀疑"孰为哲学前提的争论。

② "没有前提的体系"可能暗指黑格尔关于"哲学的开端"的论点，对此丹麦学界曾有讨论。黑格尔说："……哲学是独立自为的，因而自己创造自己的对象，自己提供自己的对象。而且哲学开端所采取的直接的观点，必须在哲学体系发挥的过程里，转变成终点，亦即成为最后的结论。当哲学达到这个终点时，也就是哲学重新达到其起点而回归它自身之时。这样一来，哲学就俨然是一个自己返回自己的圆圈，因而哲学便没有与别的科学同样意义的起点。所以哲学的起点，只是就研究哲学的主体的方便而言，才可以这样说，至于哲学本身却无所谓起点。"参黑格尔：《小逻辑》，贺麟译，北京：商务印书馆1994年版，第59页。

(8) 参《哲学片断》第五章"再传弟子"，《克尔凯郭尔文集》第4卷，王齐译，北京：中国社会科学出版社2013年版，第130页。

(9) "导论科学"（Indlednings-Videnskaben）、"教义导论"（Indledning til Dogmatiken）和"护教论"（Apologetiken）可能是19世纪的三门神学科目。其中被称为"导论科学"（Indlednings-Videnskaben）的科目主要专注于对《圣经》各卷册的年代学考察，以之作为《圣经》研究的导论。

(10) "神正中心论的"（theocentric）指从神圣的、永恒的视角出发考察存在的观点。德国哲学家小费希特（Immanuel Hermann Fichte，1796—1879，即我们所熟知的德国哲学家费希特的儿子）在1829年出版的著作《对现代哲学特征的考察：自笛卡儿经洛克到黑格尔的批判性的历史》（*Beiträge zur Charakterisk der neueren Philosoph-*

*ie, orde kritische Geschichte derselben von Descartes und Locke bis auf Hegel*）中，把现代哲学分成三类：人类学中心论，以洛克、贝克莱、休谟、康德和雅各比为代表；神正中心论，以黑格尔为代表，尽管黑格尔本人从未认可；思辨的—直观的认识论，以赫巴特（J. F. Herbart）和小费希特本人为代表。

（11）① "不可剥夺的条件"原为拉丁文 conditio sine qua non。

② "恨他的父亲和母亲"语出《路加福音》14：26。耶稣说："人到我这里来，若不爱我胜过爱自己的父母、妻子、儿女、弟兄、姊妹和自己的性命，就不能做我的门徒。"

（12）典出《马太福音》25：1—12 中"十个童女"的寓言，克尔凯郭尔省略了对另外五位聪明新娘的描述。

# 第一部

## 关于基督教真理的客观问题

客观地考察，基督教是一个"给定的事实"，对其真理的追问方式是纯粹客观的，因为谦逊的主体非常客观，结果他置身事外，或者毫不迟疑地把自己包括在内，就像那些理所当然地拥有信仰的人一样。[1]于是，真理能以客观方式加以理解就意味着：其一，历史真相；其二，哲学真理。作为历史真相，它的得出必须经由对各种不同的报告陈述的批判性考察，简言之，它与通常意义上的历史真相的确立方式相同。而就哲学真理而言，它追问的则是那个历史性地给定和认可的教义与永恒真理之间的关系。

于是，研究的、思辨的、认知的主体的确是在追问真理，但却不是追问主观的真理，不是追问占有的真理。研究的主体的确有所关切，只是他不是满怀无限激情地以个体的方式关切他与事关永福的真理之间的关系。客观的主体远非如此自负，如此虚荣。

那么，研究的主体就会处于如下境地中的一种：或者，他因信仰确信基督教真理以及他与该真理的关系，如此一来他就不可能对其他东西产生无限关切，因为信仰正是对基督教的无限关切，任何其他关切很容易成为一种诱惑。或者，他并未身处信仰，而是处于客观观察之中，因此他仍然没有对问题的决断产生无限的关切。

这里只是为了提前使大家注意到在第二部分将要展开的论题，即沿着这条道路，论题根本不会决定性地出场，也就是说，就其恰好根植于决断之中而言，该论题不会出场。就让学术研究者以不竭的热情工作吧，让他热忱地服务科研而压缩他的生活，让思辨者不浪费时间和精力。可是，他们并没有无限地、个体性地、满怀激情地关切；相反，他们甚至并不愿如此。他们的考察将是客观的、缺乏兴趣的。就主体与所认知的真理之间的关系而言，人们认为，只要获得了客观真理，占有只是小菜一碟，它将自动成为交易的一部分，最终个体就是无关紧要的了。[2]研究者的升华了的平和以及学舌者可笑的轻率正在于此。

# 第一章　历史的考察

如果基督教是作为历史文献的话，问题的关键就在于获得关于基督教教义的完全可靠的陈述。假如研究主体无限关切自己与这种真理的关系的话，他会立刻绝望，因为没有什么比这一点更容易看透了，就历史而言，最高限度的确定性也只不过是一种近似，一种不足以将其永福建基其上的近似，它与永福之间相差甚远，它不可能生成任何结果。但是，因为研究主体的兴趣只是历史性的（不管作为信仰者他仍对基督教真理有着无限的关切，以之他全部的努力很容易使他陷入各种矛盾之中；还是作为无信仰者而置身事外，不做满怀激情的否定的决断），他开始工作了，皓首穷经式的工作，他做出了自己的新贡献，一直到70岁。就在他临终前14天，他期待着一部使整个考察的侧面昭然若揭的新作问世。这样一种客观的心态是对无限关切的主体的不安的讽刺——除非其对立面是对它的讽刺，这样的主体肯定对决定其永福的问题有自己的答案，而且在任何情况下都不敢以任何代价放弃自己的无限关切，直到生命的最后一刻。(3)

当我们历史性地追问基督教真理的时候，或者什么是、什么不是基督教真理的时候，《圣经》立刻就显现为一种决定性的文献。因此，历史的考察将首先集中在《圣经》之上。

## §1　圣经

对于研究者而言，问题的关键在于确保最大限度的可靠性；而对我来说，关键却不在于显示知识或者显示我根本没有知识。就我的考察而言，更重要的是明白并且记住，就算人们拥有渊博的学识和令人震惊的耐力，即使所有批评家的脑袋都悬在一个脖子上，人们永远也不会得到比近似更多的东西，

第一章 历史的考察

在近似与个体对其永福的无限关切之间存在着一种本质性的错位。①(4)

当《圣经》被视为用来评判何为基督教的可靠根据之时，问题的关键就成为从历史的和批判的角度来维护《圣经》的可靠性。②

于是，人们在此要讨论的内容就有：每部经书是否为真经，其真实性、完整性、作者的可靠性，人们为此设定了一个原则上的保证：灵感。③(5) 如果我们想想英国人挖隧道的情形——巨大的能量付出，一个很小的偶然事件就会在很长时间内扰乱一切；那么，我们就会对整个批判事业形成恰当的观念。(6) 如此的奇作，要求一代又一代人付出怎样的时间和辛劳，怎样的超凡能力和渊博学识呢！可是突然间，一个小小的对前提所生的辩证性怀疑会在很长时间内扰乱整个事业，扰乱这条通往基督教的地下通道，人们原想以客观的、科学的方式建造，而非让问题如其所应似的以主体的方式呈现。我们时常会听到一些没受过教育的人、半瓶子醋以及自负的天才对古代文献的批判工作的轻视和不屑，听到他们愚蠢地嘲弄那些渊博的学者对于细枝末节一丝不苟的关切，这正是其荣誉——在学术上没有什么是无意义的。语言学研究完全合法，而当下这位作者也同任何人一样尊重学术研究的贡献。反之，人们对批判神学却没有这么纯粹的印象。这种研究的全部努力有某种有意或无意的两面性，它看上去总让人觉得，某种为信仰的东西、某种与信仰相关的东西会从这种批判当中突然出

---

① 《哲学片断》这本小册子强调了这对矛盾，强调或者提出了如下论题：基督教具有某种历史性(关于基督教的最高限度的知识只不过是一种近似，最为精湛的历史性探究也只不过是最精湛的"几乎"、"几乎一样")，但是作为历史性的基督教，而且恰恰是由于这个历史性，基督教将对人的永恒福祉具有决定性的意义。毋庸赘言，这本小册子卑微的成就仅仅在于提出问题，将其从所有夸夸其谈的和思辨的尝试性解释当中解救出来，这些尝试实际上只说明了一点，即解释者根本不知道问题何在。

② 这一次，辩证法仍然不能被排除在外。或许有一两代人活在这样一种信念之下，即他们已经找到了一个标志着世界和辩证法的终端的围栏，但这毫无用处。因此，很长时间以来，人们借助权威确立信仰，以此把辩证法排除在信仰之外。假如人们询问信仰者，也就是与他进行辩证的谈话，他会恣意坦然地把问题转变成这样：我现在不能、将来也不能对此做出解释，因为我信赖他人、信赖圣人的权威，诸如此类。这是一个错觉，因为辩证法会干脆地追问，也就是与他进行辩证性的谈话——权威究竟为何物，为什么现在还把这些东西视为权威。于是，与他进行的辩证谈话并非关于他出于对那些东西的信赖而生的信仰，而是关于他对那些东西的信仰。

③ 灵感与批判性研究之间的错位关系就像永恒福祉与批判性考察之间的关系，因为灵感只能是信仰的对象。或者，人们对批判充满热情是因为那些经书是受灵感启发的？结果，相信经书受灵感启发的信仰者并不知道，他要相信哪部经书受灵感启发。或者，灵感是批判的产物，因此当批判完成之时，它同时证明了这些经书是受灵感启发的？若果如此，人们永远都不会接受灵感，因为批判工作充其量只能算作一种近似。

现。⁽⁷⁾可疑之处正在于此。比方说，有位语言学家出版了一部西塞罗的著作，他以高度的敏锐性和高贵的服从于精神的统治力量的学术性为之；他的天才和以勤奋努力获得的古代知识帮助他获得了发现的技巧，以此移除困难，为在多样性解读所造成的困惑局面下推进思想做好了准备，凡此等等。⁽⁸⁾当此之时，人们可以安全地崇拜他，因为他的工作完成之时，随之而至的不是别的，而是令人艳羡的功绩，即借助他的技艺和能力，一部古代文献获得了最为可靠的形式。但是，这绝非说我能把我的永恒福祉建立在这部著作之上。我承认，就我的永恒福祉而言，那种令人叹为观止的敏锐对我来说不足挂齿；我承认，我对他的崇拜不是愉悦的，而是沮丧的，假如我相信他心中曾有这样的念头的话。可是，批判神学所为正是如此：当其完成之时——在此之前它一直使我们处于悬置状态，它怀着这样一种期望：它得出结论，故此，你可以把你的永恒福祉建立在这些著作之上。⁽⁹⁾结果，树立了灵感的信仰者会视每一个批判性的考量为可疑的东西，为诱惑，不管他是赞同还是反对；而非信仰者，虽冒险涉足这些批判性的考量，但却不可能指望从中获得灵感。那么，这一切到底会引起谁的兴趣呢？

不过矛盾并未被察觉，因为处理问题的方式是纯粹客观的。事实上，当研究者本人忘记了他本不该忘记的东西的时候，矛盾甚至并不存在，除了他偶尔会在工作中以之热情地激励自己，或者借助雄辩以抒情的方式展开论辩。让我们想象有一个人，想象他怀着无限的、个体性的关切充满激情地把自己的永恒福祉与这个结果联系在一起，他会很容易看到，根本没有什么结果，而且也无可期盼，这矛盾会把他推向绝望之境。单单是路德对《雅各书》的拒斥就足以使他绝望。⁽¹⁰⁾就与永恒福祉的关系以及对永恒福祉的充满激情的无限关切而言（前者只能在后者之中），一个音节都是有意义的，而且有着无限的意义；或者正好相反，也就是说，对矛盾的绝望恰好使他认识到，这条道路是行不通的。

可是事情就是这样。一代又一代人步入坟墓，新的难题出现了，被征服了，新的难题再次出现。世代相继之间一个幻象持续存在着，即方法是正确的，只是那些博学的研究者尚未成功，凡此等等。所有人看起来感觉良好，他们变得越来越客观。主体对于激情的个体性的、无限的关切（它是信仰的可能性，然后是信仰；是永恒福祉的形式，然后是永恒福祉）正在逐渐消失，因为决断被推迟了，作为博学的研究者成果的一个直接后果被推迟了。可以说，问题根本就没有出现。人们变得如此客观以至于根本无法拥有永恒福祉,因为永恒福祉恰恰存在于无限的、个体性的、充满激情的关切之中,为了做到客观,人们放弃的正是它,正是它使得人们为客观性所欺骗。在牧师的帮助下——他不时显露一下学识,教众学了一手儿。最终,这个信仰者教众变成了一个头衔,因为教众只用看着牧师就会成为客观的,并且期待着一个巨大成果的出现。接着,有敌人冲出要颠覆基督教。这人辩证性地像研究者和浅尝辄止的教众见多识广。他对《圣经》中的一卷经书、一组经书发起了攻击。立刻,渊博的急救合唱响起来了……

魏瑟说过,他要把自己置身于拥挤的人群之外。[11]同样,一个小册子作者怀着对某些思辨性考量的充满敬意的请求急速赶来毫无用处,他只是在添乱;而一个赤裸裸的辩证法家卷入这样一种学问之争也于事无补,尽管拥有所有的才能和学识,赞同的和反对的,可是直到最后一刻,人们也不可能辩证地做出判断,这里所争论的究竟是什么。[12]假如这是一场纯粹的语言学的争论,那么就让学识和才能被尊重、被赞赏,这是它们应得的,但是这一点与信仰无关。假如人们在暗中思考某个议题,就让我们把它们拿到桌面上,以便在辩证的平静中彻底思考它们。任何一个从信仰出发捍卫《圣经》的人都应该清楚,他全部的工作——如果按最高的期望取得成功的话——是否会在这个方面产生出某些结果,除非他陷入工作的题外话,并且在学术难题中忘记了决定性的、辩证的"结束题外话"。[13]攻击者同样应该充分估量到,如果他的攻击最大限度地取得成功的话,这攻击是会产生出比语言学研究的成果更多的东西呢,还是至多以"从认可的东西出发"的方式进行斗争而取得胜利,请注意了,在此人们会以一种不同的方式失去一切,如果这种相互的一致是个幻象的话。[14]

为了公正地对待辩证法,并且在不受干扰的情况下思考,让我们首先假设第一种情况,然后再假设第二种情况。

于是我假设,有人就《圣经》做出了一个成功的证明,从没有任何一位学识渊博的神学家在最幸运的时刻奢望做出这个证明。这些经书是真经,而非他物,它们真实、完整,作者是可靠的,人们可以说,仿佛每个字母都受到了灵感的启发(再多的就不能了,因为灵感是信仰的对象,是质的辩证法,它无法通过量化企及)。再进一步说,在《圣经》中没有矛盾的痕迹。让我们做出假设时小心谨慎,在这方面的一个字眼就会使题外话再现,而在语言学批判方面的好事之徒立刻就会把人们引入歧途。总

## 最后的、非科学性的附言

体观之,为了使问题简单容易,所需要的只是那种节食式的小心谨慎,是对每一个透着学问的中间句的拒绝,它"一、二、三"地就可以演变为长达一个世纪的题外话。也许这一切并不简单,就像一个人无论走到哪里都处于危险之中一样,辩证的发展无时不处于危险之中,处于滑进题外话的危险之中。无论对于大事还是小事,情况都一样,并且通常而言一场辩论在第三者听来显得乏味之极的原因在于,在第二回合辩论就已经开始讲题外话了,而且沿着这条错误的道路与真正的对象越来越远。[15]因此,人们会利用击剑手法迷惑对手,以便看看他遇到的是一匹辩证性的漂亮马,还是一匹穿越括号的快马,后者只要进入括号就奔跑如飞。[16]多少人的生命就是以这种方式度过的,人们从很年轻时起就持续地在括号中行动!不过,我将打断这些旨在公共利益的道德考察,我有意借此弥补我在历史的和批判的方面欠缺的能力。那么,就《圣经》而言,一切注定井井有条,那又怎样?不信仰的人是否与信仰靠近了一步呢?不,一步都没有。因为信仰不会从直接的科学探究中产生,也不会直接产生;相反,人们会在客观性之中丧失那种无限的、个体性的、充满激情的关切,而这正是信仰的条件,无所不在又无处存在,信仰在其中产生。[17]

就信仰的能量和力量而言,信仰者是否会赢得什么呢?不,什么都没有;毋宁说在烦琐的知识当中,在那种位于信仰的门前并且渴望信仰的确定性之中,他处于极其危险的境地,结果他需要极大的努力,极大的恐惧与颤栗才不会落入诱惑之中,不会混淆知识和信仰。[18]至此,信仰在不确定性当中获得了一个有用的师傅,在确定性当中它则获得了最危险的敌人。[19]这也就是说,如果激情被移走,信仰便不复存在,确定性和激情并不相配。让我们用一个类比加以说明。一个相信神和天道存在的人,因之在一个不完美的世界当中比在完美的世界当中更容易保持信仰,更容易确定性地获得信仰(而非一个幻象)。在不完美的世界当中,激情是警觉的;在完美的世界中,信仰则无法想象。于是有教导说,信仰在永恒之中被废除了。

这是何等的幸运,这个人心向往的假设,批判神学最美好的愿望是一种不可能性,因为即使是愿望最完满的实现也只不过是一种近似!而科研人员又是何等的幸运,因为错误从不在他们身上出现!即使所有的天使聚集一堂,他们也只能带来一种近似,因为就历史知识而言,近似是唯一的确定性,只是它不足以使永恒福祉建基其上。

于是,我提出相反的假设,即敌人如其所愿地就《圣经》做了成功的证明，这证明确定无疑地超出了最险恶的敌人的最强烈的愿望。那又怎样？这敌人由此把基督教废除了吗？根本没有。他损害信仰者了吗？没有，一点儿也没有。他成功地使自己免除不是信仰者的责任了吗？根本没有。也就是说，就因为这些经书并非出自这些作者之手，它们不真实，不完整，没有受到灵感启发（这一点却是无可反驳的，因为它是信仰的对象），这并不能理所当然地推论说，这些作者并未存在过，尤其不能说，基督不曾存在。在某种程度上，信仰者具有同样的自由接受这观点，我们要好好地想想，是同样的自由。因为假如他凭借某种证明的力量接受它的话，他就开始放弃信仰了。果若事情发展到了这步田地，信仰者就是有罪过的，如果这是他自找的，如果是他自己想以证明的方式把胜利置于非信仰者手上的话。事情的难点正在于此，而我将再次被拉回渊博的神学那里。这证明是为谁而做的呢？信仰不需要它，信仰甚至视其为敌人。反之，当信仰开始对自己感到难为情的时候，当信仰像一个不满足于爱的恋人的时候——他隐隐地因恋人而难为情，随后就会证实他的与众不同。也就是说，当信仰开始丧失激情的时候，当信仰开始终止为信仰的时候，证明才是必要的，以便享受来自非信仰者的普遍的尊敬。唉，在这一点上，我们就不提教会的布道者通过混淆范畴而在修辞学上表现出来的笨拙了吧。信仰的徒然（一个现代的替代物，相互接受荣耀的人，他们如何能信，《约翰福音》5：44）不会、当然也不能承载信仰的牺牲，在我们这个时代，一则真正的出自信仰的布道词在整个欧洲都很少听见。[20]思辨已经理解了一切的一切！教会的布道者有所保留，他承认，到目前为止他尚未理解全部，他承认他正在努力（可怜的家伙，这就是一个范畴的混淆！）。他说："如果真有人理解了一切，那么我承认（唉，他感到局促不安，他没有意识到他本该用反讽来对待他人），我尚未理解，并且无法证明这一切，我们这些卑微之辈（唉，他在一个错误的地方感觉到了自己的卑微）只能满足于信仰了。"（可怜的、惨遭误解的、至上的激情：信仰，你不得不满足于这样一位捍卫者；可怜的布道者，你根本就不知道你所宣讲的是什么！可怜的学术贫儿培尔·埃里克森，他无法真正地在学术上有所造诣，但他拥有信仰，正是信仰才使渔夫成为使徒，使高山挪移——如果一个人拥有信仰的话！）[21]

当客观地对待此事的时候，主体便无法充满激情地与决断建立关联，更不会对激情产生无限的关切。对至多永远只是近似的东西充满无限的关切，这是自相矛盾，因而也是滑稽的。假如激情无论如何都被确立，狂热就会出现。[22] 对于无限关切的激情而言，每一个音节都有无限的价值。① 错误不在于这种无限关切的激情，而在于激情的对象已经变成了近似的对象。

但是，客观的考察却一代代传承下去，这恰恰是因为个体（考察者）变得越来越客观，无限的、充满激情的关切越来越少。假设人们沿着这条道路去证明和寻求对基督教真理的证明，某种奇怪的东西就会出场，也就是说，当人们完成了对基督教真理的证明之时，即是基督教终止成为某种在场的东西之际；就其成为已经过去的东西而言，基督教成了历史，其真理，也就是历史性真理，如今被提到可靠性的层面上。以此方式，《路加福音》第18章、第8节当中那个忧虑的预言实现了："然而人子来的时候，遇得见世上有信德吗？"

考察者越客观，越无法在永恒福祉、也就是他的永恒福祉与他的考察之间建立关联，因为永恒福祉只对充满激情的、无限关切的主体才有可能。于是，考察者（无论他是一名研究性的学者还是浅尝辄止的教众之一）在生命的边界线上做了如下的告别演说，对自我进行了客观的理解：当我年轻的时候，某些某些经书曾经被怀疑，现在人们已经证明了它们的真实性。可是就在最近，人们反过来对某些从未怀疑过的经书提出了质疑。不过，肯定会有某位学者出现的，凡此等等。

这个谦逊的、客观的主体怀着受到赞扬的英雄主义置身事外；他随时听命，一旦真理得出，他即刻乐于接受。不过，他努力企及的是一个遥远的目标（不可否认，因为近似可以想多远就多远），而当草生长的时候，考察者已经饿死了，镇静，因为他是客观的。[23] 噢，客观性，你没有无端地被颂扬！你无所不能，就连信仰最坚定的人对其永福也不会如此确定，尤其不会如此肯定自己不会丧失它，犹如客观性的主体那样！因此，这种客观性和谦逊一定处于错误的地方，它们是非基督教的。以这种方式步入基督教真理必定也是可疑的。基督教是精神，精神是内心性，内心性是主体性，主体性本质上就是激情，至上的激情就是对个人的永恒福祉的无限

---

① 这种客观的考察在这里也被归为荒谬，主体性被设定。[24] 如果我们问，为什么最小的音节都会有无限的意义，答案只能是，因为主体是无限关切的，结果正是主体的无限关切成为决定性的因素。

的、个体性的关切。

一旦人们将主体性移走,并且从主体性中移走激情,从激情中移走无限的关切,则决断根本无从出现,无论是在这个或者在其他的论题当中。所有的决断,所有本质性的决断都在主体性之中。一个考察者(就是客观性的主体)从未在任何地方有做出决断的无限需求,并且我们在任何地方都看不到决断。这就是客观性的错误以及持续不断的进程中调和的意义,在这个进程中,无物停留,无物不断被决断,因为运动本质上会返回,然后再次返回,运动本身就是一种妄想,而思辨总是事后才明智。①(25) 客观地理

---

① 我们也应这样理解宣扬肯定性的黑格尔哲学中的怀疑。(26) 在黑格尔看来,真理是持续的世界历史的进程。每一代人、每一个阶段都是合法的,但却仅是真理的一个环节。假如这里不加入一点儿江湖骗术,它假设说,黑格尔教授这一代或者其后的当今时代就是"印刷许可证",这一代就是最后的一代,世界历史结束了,则我们所有人都将陷入怀疑之中。(27) 充满激情的真理问题甚至没有出现,因为哲学首先欺骗个体使之成为客观的。肯定的、黑格尔式的真理就像异教中的幸福一样具有欺骗性。只有在"以后"人们才能知道他是否幸福。(28) 同样地,下一代人才会知道,在前一代人身上真理何谓。体系的巨大奥秘(不过这一点只在你我之间,就像黑格尔主义者之间的秘密一样)类似于普罗泰戈拉的智者理论:"一切皆相对",只是这里的"一切皆相对"是在持续不断的进步之中的。(29) 可是,没有人因此受益。假如他偶然地从普卢塔克(《道德论文》)那里获知了拉克代蒙人欧齐米德的一桩逸事,他肯定会好好想一想。欧齐米德曾在学园看到年迈的塞诺克拉底与其弟子探寻真理,他问:"这位老者是何许人?"人们回答他,这是位有智慧的人,寻求美德的人物之一,他惊呼:"那他什么时候才去使用这美德呢?"(30) 很可能,持续的进步也引发了一个误解,即人们认为一个冒失鬼在思辨之中才能摆脱黑格尔主义。远非如此。这里需要的仅仅是常识,喜剧的精髓,一点儿希腊式的平静。(31) 在逻辑之外,同时也因黑格尔未能排除的某种歧义性而部分地在逻辑之内,黑格尔及黑格尔主义成了喜剧领域内的冒险。现在,已故的黑格尔很可能视已故的苏格拉底为自己的老师,毫无疑问,后者会找到些笑料,也就是说,假如黑格尔未曾改变的话。的确,苏格拉底找到了一个配与他谈话的人,尤其是以苏格拉底式的方式发问(这是苏格拉底有意对所有亡故者做的事):他是有知还是无知。如果黑格尔开始背诵某些章节,并且许诺说一切都将在结尾处清晰起来,如果苏格拉底对此会形成些微印象的话,那么,他可能会极大地改变自身。——这则脚注也许是我发牢骚的恰当地方。在《保罗·缪勒的生平》当中,仅有一处告白传达了缪勒晚年对黑格尔的看法。在此制约下,那令人尊敬的编辑受到了对死者的偏爱和尊敬的左右,而且还不安地顾及了某些人可能要说的话,顾及了一个思辨到几乎达到黑格尔水准的公众可能做出的评判。(32) 不过,或许就在这位编辑认为他是出于对死者的偏爱而行事的那一刻起,他就在破坏死者的形象。比收在文集中的很多格言更值得注意的,并且与这部小心谨慎且品味十足的传记以优美而高贵的方式记录下来的很多青年时代的插曲一样引人注目,保罗·缪勒在一切呈现为黑格尔主义之际做出了完全不同的评判。他最早说到黑格尔的时候几乎是愤怒的,直到他健全的幽默天性教会他专门冲着黑格尔主义微笑,或者我们更清楚地忆起,他是冲着黑格尔主义开怀大笑的。谁会迷上保罗·缪勒而忘了他的幽默,谁会崇拜他而忘了他的健全心智,谁会认得他而忘了他的笑声?这笑声对人是有好处的,尽管这笑声并不能使人十分清楚他所笑的是什么,因为他的漫不经心不时会使人感到困惑。

解，这里已经有充足的结果了，但决定性的结果却无处可见，这一点恰恰是正常的，因为决断植根于主体性之中，本质上即在激情之中，其最高限度就是对永恒福祉的充满激情的、个体性的无限关切。

## §2 教会

天主教会对于辩证法入侵的防护体现为教皇的可见的在场，对此我们不做讨论。① 可是在新教内部，在人们放弃了以《圣经》作为可靠的根据之后，他们转向了教会。尽管目前仍有对《圣经》的攻击，尽管博学的神学家从语言学的和批判的角度为之辩护，整个程序被部分地废弃了。尤其是，恰恰因为人们越来越客观，他们没有在思想中得出关于信仰的决定性的结论。对字词的狂热消失了，它的确是激情洋溢的。换言之，这狂热是喜剧性的，就像骑士时代实际上以唐·吉诃德而终结一样，（因为喜剧的观念总是终结性的）。(33) 因此，诗人仍然能够喜剧性地把这样一位不幸的字词的仆人永久保留在自己悲喜剧式的浪漫故事当中，以此清楚地揭示出，咬文嚼字的神学已成为过去。哪里有激情，哪里就有浪漫故事；一个灵活的、有激情的但却尚未记住诗为何物的人，他会在上述人物身上看到一种美好的迷狂，其情形一如恋爱中的女子别出心裁地为《福音书》绣一个精巧的边框，她从福音书当中读出了爱情的幸福；一如恋爱中的女子数着恋人来信中的每一个字母。只是，他仍然能看出喜剧性之所在。——这样的人物足以成为人们的笑柄。人们有何权利发笑是另外一个问题，因为整个时代已变得缺乏激情这一点并没有给人发笑的权利。狂热者的可笑之处在于，他的无限激情把他抛向了一个错误的对象（一个近似的对象），而好的方面则是，他有激情。

事情的转折——放开《圣经》而抓住教会，其实是一个丹麦观念。

---

① 总体言之，人们仅凭一点立刻就能识别出那种无限反思，只有在无限反思中，主体才能对其永福表示关切，那就是：它随时随地与辩证法相伴。一个字、一个句子、一本书、一个人、一个社会，随便什么，一旦它要成为界限，而界限本身并不是辩证性的，它就是迷信和愚蠢。人身上总有一种需求，它既舒坦又关切，它想要把某种坚固的东西抓牢，这东西能将辩证法排除在外，但是，对神而言这就是懦弱和欺骗。甚至一切事物当中最可靠的东西，一个启示，当我接近它的时候，它正因为如此而成为辩证的；甚至一切事物当中最牢固的东西，那种无限的否定性的决断，它是身内有上帝存在的个体的无限表现形式，它立刻就会成为辩证的。一旦我把辩证性移开，我就是迷信的，而就在我瞬间努力获得了曾经获得的东西这一点而言，我就是在欺骗上帝。不过，成为客观的、迷信的要舒服得多，吹嘘这一点、宣扬轻率也要舒服得多。

不过，我个人既不会以爱国的名义为这个"无与伦比的发现"（这是对天才的当事人所有观念的官方称谓——原创者和仰慕者先生们）欢呼雀跃，也不希望政府下令让全体民众在虔诚的感恩中为这个"无与伦比的发现"来一句"我们赞美你，主啊"。[34]更好的、无法言传的轻松的方式是——至少对我来说，让格伦德威留着属于他的东西：无与伦比的发现。[35]一度有传言，尤其是当戴尔布吕克等人在德国发起了一个类似的小规模运动之时，格伦德威的观念事实上应归功于莱辛，除了其无与伦比性。[36]于是，格伦德威的优点就成为这样：他以奇妙的精明、罕见的怀疑技能和精致的辩证法，把一个提问方式存在着问题的小小的苏格拉底式的疑问转变成了一个永恒的、无与伦比的、世界历史性的、绝对的、向着天堂呼喊的和阳光灿烂的真理。尽管有人认为格伦德威牧师与莱辛之间有着某种关联，对此我根本不予接受，因为这个无与伦比的发现在其无与伦比的绝对性方面明白无误地留有格伦德威的原创痕迹。说它取自莱辛是不公正的，因为在格伦德威所有的一切当中根本没有让人联想到莱辛的东西，也没有那位理解力的大师在无与伦比的顺从的前提下要求所有权的东西。假如说精明的、辩证的林伯格博士，"无与伦比的发现"的才华横溢的法律顾问和保护者可能欠莱辛点儿什么的话，这话人们倒该听听。[37]不管怎么说，这个发现中的很多东西都应归功于林伯格的才华，因为正是通过他，这发现才获得了形式，才被逼进一种辩证的姿态，它变得较少跳跃，较少无与伦比性，但却更接近于常识。

格伦德威正确地认识到，《圣经》不可能抵御怀疑的入侵，但他却没有看到，其根源在于，攻击和辩护同时存在于一种近似之中，这种近似居于永远持续的斗争之中，它对于人们把永福建基其上的无限的决断而言是非辩证性的。由于他没有辩证性地注意到这一点，他纯粹靠运气身处这些假设之外，而《圣经》理论的巨大价值和值得敬佩的学术意义恰好在这些假设之内。对辩证性的关系而言，运气是不可思议的。就这一点而论，他和他的教会理论处于同样的假设之中就更为可能。一度地，他的确以对《圣经》的毁谤言辞冒犯了那些老路德派，当然了，毁谤之言、发号施令而非思想只能满足那些崇拜者，而且是在超凡的意义上。[38]任何他人都会轻易看到，当吵闹的谈话缺少思想性时，轻率就会在散漫的表达之中恣意行事。

就像从前《圣经》将客观地决定何为基督教一样，现在教会成了可靠的客观根据。尤其是教会中流传下来的"活泼的圣言"、信经以及圣礼经文。[39]

直到此时一切才明晰起来，论题是以客观方式加以处理的。谦卑的、直接性的、完全非反思性的主体天真地确信，当客观真理牢牢树立起来之时，主体就可以随时准备好进入其中。我们在此直接见证了青春（老格伦德威引以为豪），它对于那个微妙的苏格拉底式的小秘密毫无知觉，那秘密就是——难点就在于主体的关系。[40]假如真理是精神，那么真理就是内心化，它不是直接性的精神与一组命题之间的直接的、完全随意的关系，尽管如今人们令人困惑地用主体性最具决定性的表达——信仰来称呼之。在向着目标的努力中，非反思的方向总是向外的、趋向于、冲着客观性而去。苏格拉底式的秘密在于，运动是向内的，真理就是主体在其身内的转变；除非基督教想成为一种无限的后退，这个秘密在基督教中只能通过向内心的更深的沉潜而被无限化。一个对希腊无与伦比的未来做出预言的天才恰恰不熟悉希腊文化。[41]对希腊怀疑主义的研究将被强烈推荐。人们会彻底习得，但理解它总要花费时间、练习和训练方法（直白之言的窄门！），感性确定性是非确定性——更别提历史确定性了，它只是一种近似；而肯定性以及与它的直接性的关系则是否定性。[42]

关于《圣经》的第一个辩证性的困难在于，它是一部历史文献，它一旦成为根据，那种导入式的近似就登场了，主题被导入括号之中，其结论人们将永远等待。《新约》是某种已然过去的东西，因此在严格的意义上它是历史性的。这正是迷惑人的地方，它阻止人们以主观的方式、而要以客观的处理难题，后者却根本不会使之出场。《哲学片断》第四、第五章通过取消理应间隔1800年的同时代弟子和最后一代弟子之间的差别的方式，集中处理这个难题。这一点意义至关重大，以免该难题（神以人的形象存在的矛盾）与该难题的历史、也就是总共1800年所生的见解相混淆。[43]

于是，《哲学片断》以试验的方式提出了这个难题。如今，关于《新约》作为已然过去的东西而生的难点看似被教会消释了，这的确就是目前的情形。

在这一点上格伦德威的理论是有其长处的。尤其经过了林伯格以娴熟的司法敏锐性的发展之后，教会清除了所有的证明以及就《圣经》所要求的证明，因为《圣经》是某种已然过去的东西，而教会存在着，是一个现存物。林伯格说过,而且是正确地说过,从"教会存在着"当中要求一个证明是荒谬的,就像要求一个活人做出"他本人存在着"的证明一样。①(44) 在这个方面,林伯格完全正确,他的优点在于坚定性和清晰的确定性,以至他牢牢地抓住了某种东西。

于是,教会存在着;通过教会(作为现存的、与问话者同时同在的教会,以之难题被赋予了平等的同时共在性)人们得以获知,在本质上何谓基督教;因为这就是教会所宣称的。

正确。不过,即使林伯格也无法让问题停留在这一点上(我更愿面对一个辩证法家,而把无与伦比交给格伦德威)。也就是说,在说了教会存在着、人们通过教会得以获知何谓基督教之后,又有宣称说,这个教会,这个现存的教会,就是使徒的教会,它与已经存在了1800年的教会是同一个。于是乎,定语"基督教的"就大于"现存的教会";关于"现存教会"的断言指示出它已然成为过去,即它是历史,其意义与说《圣经》是历史相同。所有的优点顷刻化为乌有。唯一超出证明的历史是同时的存在,而每一种对过去的规定都要求证明。因此,如果有人对另一个人说"证明你的存在",那人回答"荒谬"就是完全正确的。相反,如果他这样说,"我目前存在着,我与400年前就已经存在的我在本质上是同一个人",那么第一个人就会正确地说,"这里需要一个证明"。一个如林伯格那样擅长做逻辑推导的辩证法老手竟然没有注意到这一点真是奇怪。

就在人们借助"活泼的圣言"强调连续性之时,问题被带到了《圣经》理论当中完全相同的地方。反对意见就像小精灵,人迁移,小精灵也随之迁移。有时这在当下是具有欺骗性的。通过突然地改变行动计划,如果人们仍然足够幸运,结果无人对新的防御工事发起攻击,那么,一个如格伦德威般的天才很容易在这样的看法中感到幸福之至,即在其无与伦比的发现的帮助下,目前一切皆好。就让教会理论像《圣经》不得不做的那样抵挡住正面冲撞,就让所有的反对意见试图扑灭它,那又怎样呢?与前面完全一致的是(因为任何其他行为都将毁灭教会理论本身,并且将论题移置主体性之内,论题在那里适得其所,只是它未被客观的格伦德威所认可),一种导论科学将成为必需,这门科学要证明信经的原创性,

---

① 在辩证的—形而上的精确界定之下,正是因为存在是一个比所有证明更高的概念,因而要求证明才是愚蠢的;而反向观之,从本质推导出存在则是一个跳跃。

它在1800年间的任何地方、任何时刻的同义性（批判工作在此将会遭遇《圣经》理论一无所知的困难①），于是人们就会在故纸堆中翻腾。<sup>(45)</sup>"活泼的圣言"毫无用处，它自然也不会帮格伦德威指明这一点。因此，这一点不会怀着某种希望出现，毋宁说它只会带着某种错误的愿望出现。"活泼的圣言"宣告了教会的存在。千真万确，撒旦本人都无法剥夺这一点。但是，"活泼的圣言"并没有宣告，教会已经存在了1800年，它在本质上是同一的，它完全未经改变，等等；一个辩证法新手都能看透这一点。作为存在之显现的"活泼的圣言"与同时在场者的直接的、不可证明的存在彼此呼应，但是，就像过去是不可证明的一样（也就是说，它高于证明），"活泼的圣言"并不与之相呼应，因为增加的谓词所指示的只是直接性的存在。就历史已然成为过去这一规定性而言（出自死者的"活泼的圣言"），格伦德威向那些未能理解"活泼的圣言"的有福的或者决断性的力量的人们发出的诅咒，既不能证明格伦德威在思考，也不能证明他的对手没有在思考。

林伯格博士的头脑过于出色，以至于他无法忍受年复一年地拉响警报，正是他本人使此事发生了转折。只要人们对"我相信基督教会"或者"我相信基督教会存在"哪句最准展开争论，他本人就会求助于旧书，以便当错误的说法出现时进行证明。<sup>(46)</sup>当然，除此之外也没有什么可做的了，除非人们新增一种对基督教信经的拒斥，即一种与无与伦比的发现和"活泼的圣言"的咒语相关的对所有合理思想的拒斥。②<sup>(47)</sup>

沿着这条道路，近似再次开始，括号摆好，而人们不知道它何时结束，因为这是、且只能是一种近似，其奇特性在于，它想要多长就能有多长。

相应地，与《圣经》理论相比，教会理论的长处就在于它清除了后期历史，并且把历史变成了现在。<sup>(48)</sup>可是，一旦详尽的规定出现，这种长

---

① 为小心谨慎之故，我必须在此重复辩证法。不难想象，一个有着充足想象力的人注意到了这些困难的烦琐，这人会说：不，还是《圣经》更好。不过，我们不要在漫不经心之中忘记，这种"或多或少"、"更好更坏"的表述囿于近似的本质的不完美，它与永福的决断不相匹配。

② 从另一方面说，任何一个想象力没有完全僵化的人，假如他记得那场争论的话，他肯定不会否认，林伯格的行为活生生地令人联想到一种忧心忡忡的、学识渊博的解经努力。我永远都无法从林伯格的方法步骤中找到任何老练世故的东西，设若讲理而公正的人没有在灵感的驱动下勇于评判人心，而林伯格一直为这种评判所困扰。

处立刻就会消失。

其他偶然提及的信经在抵御攻击方面比《圣经》所具有的优越性相当晦暗。《圣经》是本大书，而信经只有几行，这说法是一种虚幻的安慰，它实际上只对这样一些人有效，这些人未曾发现，思想的复杂并不总与语词的冗长呈正比。攻击者只需改变一下进攻方位，也就是说对准信经，于是一切将再次活跃起来。假如攻击者为了拒绝圣灵的人格尝试去解释《新约》的话，他们可以坚持林伯格做出的区分，即在信经中应该称"神圣之灵"还是"圣灵"。[49] 这只是一个例子，因为毫无疑问，在历史问题上我们不可能找到一个如此客观的决断，以至于任何怀疑都无法挤入其中。这一点也指示出，论题应该以主体的方式被提出，而想要以客观的方式使自己确信不疑、并以此躲避风险则是一个误解，正是在风险之中，激情才做出选择并且在激情中坚持这选择。假如后世的人安全地、也就是客观地步入基督教，并且因此参与到第一代人冒着主体所可能经历的生命危险才换得的、并且在同样的危险之中用整个一生才获得的东西之中，这是极不公平的。

如果有人说，简短的陈述更容易坚持且难于攻击，此人隐瞒了一点，即在简短的陈述当中包含的多重思想。相应地，其他人同样有权说，冗长地展开（在此情况下，两者出自同一些人，这里就是使徒）更为清晰，因此它更容易坚持且更难攻击。[50] 不过，在这个方面所说的一切，赞同的和反对的，都只是一种近似的怀疑主义。[51]

教会理论被充分赞美为"客观的"。在我们这个时代，"客观的"一词是在宣称荣誉，以之思想家们和预言家们认为他们在告诉对方某些重要的东西。遗憾的是，人们在何处才能做到客观，在严格科学的意义上人们极少能做到这一点；因为具有敏锐的亲历的博学之士是极罕见的。反之，在与基督教的关系上，客观性是一个极端不幸的范畴；一个心怀客观的基督教而别无其他的人，他正因为如此而是异教徒；因为基督教事关精神、主体性和内心性。现在，我不会否认教会理论是客观的，相反我将做出如下展示。如果一个对自身的福祉有着无限的、充满激情的关切的个体与教会理论相关联，结果他将自身的福祉建基其上的话，此人就会显得滑稽可笑。他显得滑稽不是因为他对激情充满无限关切，这一点正是他的优点；相反，他显得滑稽可笑是因为客观性与他的关切之间是不协调的。假如信经的历史性（它出自使徒之手等）将成为决定性因素，那么每一个音节都应该被无限地坚持。可是既然信经只能以近似法获得，个体就会陷入矛盾之中，即他要、也就是想要将自身的永恒福祉与信经相关联，但又无法做到，因为近似永无终结。(52) 由此，他永远都不会把自身的永恒福祉与信经相关联，而是与某种没有那么激情洋溢的东西相关联。如果人们达成一致意见使用信经而非《圣经》，那么，与焦虑的、因解经而生的狂热相类似的现象就会产生。个体因其激情而成为悲剧性的，因其将激情抛向某种近似物而显得滑稽可笑。——假如有人想强调洗礼之圣事，并且将自身的永恒福祉建基于人们受洗的事实之上，这人还是滑稽可笑的；不是因为充满无限关切的激情是滑稽的，相反，激情恰恰是令人尊敬的，而是因其对象只是一个近似的对象。我们所有人都心安理得地活在这个信念当中，即我们都已接受了洗礼。但是，假如洗礼要成为决定性的因素，对于我的永恒福祉具有无限的决定意义的话，那么，我以及所有不是以客观方式而有福的人，所有没有把激情当作儿戏的人（这样的人根本没有把永恒福祉作为根基，因此他很容易将之建基于些微小事之上）都应该要求确定性。唉，不幸的是，就与一个历史事实的关系而言，我只能获得一种近似。我的父亲曾说过此事；教会有登记；我有证明文件，① 诸如此类的东西。我放心了。但是，如果一个人拥有充足的激情去理解永恒福祉的意义，如果让他尝试把永恒福祉与受洗相关联，他会陷入绝望。沿着这条道路，为了确保自身，教会理论不得不直接导向洗礼运动，或者导向重新洗礼和重复圣餐式，假如教会理论确已产生某种影响的话，假如并非一切都已客观化了的活。(53)

恰恰因为格伦德威是诗人，他在直接性的激情之中颠簸摇荡，这正是他身上值得赞扬之处，他感觉到了一种需求，而且在直接的意义上深刻地感觉到了这种需求，他需要某种坚实的、以至他可以把辩证法排除在外的东西。但是，这样的需求是对一种迷信的支柱的需求，因为如前所述，任何欲将辩证法排除在外的界限正因为如此就是迷信。正因为格伦德威在直接性的激情之中摇荡，他不会不知道何为诱惑。就诱惑而言，人们在走捷径，他们抓住了某种有魔力的东西，然后获得了充足的时间去关切世界历史。不过矛盾恰恰在此：在与自身的关系方面，人们信任某种有魔力的东

---

① 上帝才知道，格伦德威牧师是否认为，存在着一个可以证明一个人确实受过洗礼的"活泼的圣言"。

西，但又忙于整部世界史。当诱惑以辩证的方式贴近的时候，当胜利持续地以辩证的方式被建构起来的时候，一个人自己就会有足够的事情可做。当然，如此一来，人们也就不会用无与伦比的景象造福整个人类了。

在事关个人的永恒福祉的问题上，从受洗这样的确定性当中获得安宁，就像犹太人把割礼和身为亚伯拉罕的后裔作为他们与上帝的关系的决定性证据，这一点在其他方面是否是非基督教的，对此我不打算做出评判。⁽⁵⁴⁾也就是说，人们不是在与上帝的自由的、精神性关系的当中获得安宁（我们这才真正地处于主体性理论之中，真正的宗教范畴隶属于此，这里每个人只应拯救自身并且专注于此，因为拯救持续地越来越困难——在内心性之中沉潜得更深，个体越来越有意义。在主体性理论当中，扮演世界历史性的天才、并且作为一个超凡之辈世界历史性地与上帝建立友谊，这就像花花公子与道德生活之间的关系一样），而是在某种事件之中，也就是通过那种有魔力的洗礼①而把诱惑排除在外，不愿让信仰穿透洗礼。⁽⁵⁵⁾我根本没有什么见解，只是以试验的方式引出论题。

\*　\*　\*

就《圣经》理论而言，尽管本书作者对于隐藏起来的辩证的歪曲越来越深信不疑，他仍将怀着感激和崇拜之情想起在命题范围内取得的杰出成就，想起那些以罕见的学识和彻底精神写就的著作，想起那种努力所带来的有益影响，这种努力体现为一种文学，对其整体情形本书作者丝毫不敢宣称拥有特殊的学识。就格伦德威的理论而言，本书作者在分歧的瞬间既未感到丝毫痛苦，也没有因与这个思想家产生分歧而生出被遗弃的感觉。任何希望确切地知道自己身在何处、且不愿身处喧闹之中的人，并不想与格伦德威为伍，尤其当喧闹成为人身在何处的唯一具体规定性之时。

---

① 当人们说，在洗礼的思想当中抵御诱惑的可靠依据在于，上帝在洗礼当中对我们做了些什么，那么，用这种规定性而想把辩证的东西排除在外自然就只是一种幻象，因为辩证性会随着对这种思想的内在化、随着占有而出现。每一个天才，甚至是前所未有的最伟大的天才，都会竭尽全力、心无旁骛地在自身之内向内心沉潜。不过人们都希望一劳永逸地摆脱诱惑，因此在诱惑出现的瞬间，信仰并非走向上帝，信仰成了对人们确实受洗这件事的信仰。如果大面积的伪装在这里没有被遮挡的话，在心理学方向上值得关注的案例早就会出现，即人们关切地想知道是否真的受洗。倘若赌1万块钱，我们所有人都已受洗的确定性也就不会被缓议了。⁽⁵⁶⁾

就林伯格博士而论，他是一个学识渊博的人，因此也是一名有经验的辩证法家，作为同盟，他总能带来巨大的收益；作为敌人，他总会使斗争变得困难。不过他也是有趣的，因为他是一名训练有素的剑客，他总在出招儿，但却不是绝对地刺杀，结果幸存者很容易就能确信，被杀死的并不是他，而是某种巨大的绝对性。我向来认为林伯格没有得到公平的待遇，当格伦德威牧师每年享受着一定数目的出自敬重的捐献以及来自崇拜者的杂费的时候，林伯格博士却不得不身居幕后。(57)不过说实在的，对于林伯格我们的确可以说，他的脑子好使。而说格伦德威是先知、游吟诗人、古斯堪的那维亚诗人和预言家那些话倒值得怀疑，他以一种几近无与伦比的目光注视着世界历史，同时用另一只眼睛寻找着深刻的东西。(58)

## §3 数百年来对基督教真理的证明

论题以客观的方式被提出了。那位可信赖的主体这样想："就让基督教真理成为确定的、清楚的吧，我会像男子汉一样接受它，这一切是自然而然的。"不过不幸在于，基督教真理因其悖谬形式①而与荨麻有着共同之处：如果这位可信赖的主体想以那种免予进一步考察的方式来掌握它的话，他只会刺痛自己。或者更准确地说（因为这是一种精神关系，"刺痛自己"只能在比喻的意义上理解），他根本就没有掌握它，他以客观的方式抓住其客观真理，结果他本人却居于真理之外。

这种争论根本不可能以真正的辩证方式加以处理，因为它一开口就会转变成假设。一个假设可以通过存在3000年的方式变得更真实，但它却永远不会成为能够决定一个人的永恒福祉的永恒真理。伊斯兰教不是已经存在了1200年了吗？(59)1800年的可靠证据，说基督教已经渗透了各种生活中的关系，说它再造了世界，等等，这可靠性只是一种幻象，以此那些下定决心的、选择性的主体陷入了题外话之中。就决定永恒福祉的永恒真理而言，1800年并不比一天具有更强大的证明力。相反，1800年以及这一切，一切在此方向上被告知的、言说的和重复的东西，都有一种极度分心的力量。所有人本性上都志在成为思想家（荣耀和赞美归于上帝，他按自己的形象造了人！）。(60)这并不是上帝的错，是习惯、例行公事、缺乏激情、矫揉造作以及与左邻右舍的闲谈逐渐腐蚀了大多数人，结果他们变

---

① 此处参《哲学片断》。

得毫无思想，他们把自己的永恒福祉建立在这个、那个或第三个东西之上。他们并未察觉此处的奥秘，因为缺乏激情，他们关于永恒福祉的言谈都是虚假做作的，因此之故，这言谈才能建立在"火柴棍论证"之上。(61)

于是，争论只能以修辞手法加以处理。① 如今，真正的雄辩实属罕见，真正的雄辩一定会三思而后行，或许这一点可以解释为什么我们时常听到争论。最大限度上，争论不会寻求以辩证的方式向前推进（因为只有浅尝辄止者才会以此方式开始，然后他转而抓住修辞手法），它只想给人留下深刻印象。讲话人先将观察的或者怀疑的主体从其与他人的关联中孤立出来，然后他用无可计数的先人、用成千上万的人与这可怜的罪人直接对抗。他会说：现在你还有胆否认真理吗？你敢、你还敢自认为真理在你手中，而1800年间无可计数的先人和成千上万的人都生活在错误之中吗？你敢说，你这可怜的单个的人，你敢把这些成千上万的众人——其实就是整个人类——都推向毁灭吗？看吧，他们从坟墓中爬出来了。看，他们从我的思想面前走过，那些一代又一代在基督教真理当中找到了慰藉的信徒们，他们的目光将评判你，你这胆大妄为的反叛，直到审判日的分离阻止你看他们，因为你被发现有所亏欠，你被丢在外边的黑暗中，远离了永福，等等。(62) 在这个巨大的阵形背后（成千上万的众人），这个懦弱的讲话者在使用论证的时候会颤抖，因为他感觉到，他的全部行动是矛盾的。

不过，他没有伤害罪人。从1800年的高度倾泻而下的修辞沐浴相当振奋人心。讲话者将会受益，尽管不是完全以他所意味的方式。他是通过把主体与其他人分开的方式而受益的。唉，这是一项伟大的服务，因为只有少数人能够靠自身做到这一点，而在这个姿态上的尝试是步入基督教的一个绝对条件。这1800年所引发的恰恰是恐怖。作为赞同证据，对于单个主体决断的瞬间而言，这1800年等于零；而作为反对的恐怖，它们是上乘的。问题只是，演说家能否成功地把罪人带入这种沐浴之中；他对于罪人是不公正的，因为罪人其实并没有肯定或者否定基督教真理，而只是思考他与基督教真理之间的关系。就像故事中的冰岛人对国王说的那样："太过分了，陛下"，因此罪人也可以说："太过分了，尊敬的牧师，这些

---

① 或许最好来一个幽默的转向，就像让·保尔所说的：就算所有关于基督教真理的证明被放弃或者被反驳，有一个证明会留存下来，即基督教已存在了1800年。(63)

成千上万的人有什么用呢?"[64]人们脑子糊涂了,他们不知道何去何从。如前所述,正是基督教本身才赋予了单个的主体以巨大的意义;基督教只希望与单个的人建立关联,并且与每个个体建立关联。在某种意义上,对这1800年的使用是违背基督教的,人们以之想诱惑或者吓唬个体步入基督教,但他并没有进入。如果他要步入基督教,他这样做是不管这1800年是支持他还是反对他。

这里透露的意思在《哲学片断》当中已经得到了充分的强调,也就是说,不存在径直的、直接性的向基督教的过渡。因此,所有企图借助修辞学的助推力或者甚至用抽打的办法帮助人们步入基督教的人,他们都是骗子。不,他们并不知道自己在做什么。[65]

# 第二章　思辨的考察

　　思辨的考察把基督教理解成一种历史现象。因此，关于基督教真理的问题也就意味着用思想来贯穿基督教，结果最终基督教本身成为永恒的思想。

　　思辨的考察有一个良好的性质，它没有任何假设。它来自无，没有设定任何东西，不从"请求"开始。[66] 因此，我们肯定不会遇到前面提及的那些假设。

　　不过仍然有一样东西是假定的：基督教是被给定的东西。人们认定，我们所有人都是基督徒。唉，唉，唉，思辨思想太客气，世界的进程太奇怪！一度地，承认自己是基督徒是有生命危险的；如今，怀疑一个人是否是基督徒则要谨慎了，尤其是当这种怀疑并非叫嚣着要取消基督教的时候，因为那样的话这事还真会引起注意。不然，假如有人直截了当地说，他对自己有些担心，觉得称自己为基督徒有些不恰当。他并不会被放逐或处死，但是人们会向他投以愤怒的目光并且说："无事生非的人真无聊！为什么他就不能像我们其他人一样呢？我们都是基督徒。这就像某某先生一样，他不愿和我们其他人一样戴帽子，偏要当怪人。"假如他已结婚，他的太太会对他说："亲爱的，你从哪儿得到这个念头的？你怎么会不是基督徒呢？你难道不是丹麦人吗？地理书上难道没有写着，基督教路德宗在丹麦占统治地位吗？你不是犹太人，也不是伊斯兰教徒，那你能是什么呢？异教在 1000 年以前就被扑灭了，因此我知道，你绝不是异教徒。你难道不是像一个优秀的公务员那样在办公室好好工作吗？难道你不是一个基督教国家的、基督教路德宗国家的良民？那么你当然是基督徒了。"看吧，我们变得多么客观，即使一名公务员的妻子也是从整体、从国家、从社会观念、从地理科学出发推论至单一者。于是，自然地，单一者就是基督徒，他有信仰……因此，在这个问题上无事生非就是轻浮的，也是异想天开的。既然这一点总是令人不快的，即不得不承认自己并未拥有所有人理所当然认定已经拥有的东西，或者只有当人们愚蠢到暴露自己弱点的时候才会公正地获得某种特殊意义的东西，那么，没有人愿意承认就不奇怪了。人们更容易承认预设了某种技能和类似的东西的事物。只是，对象越无意义，也就是说，因所有人都拥有而无意义，承认也就越令人尴尬。"令人尴尬"，这其实就是担心自己不是基督徒的现代概念。因此之故，我们都是基督徒，这是被给定的。

但是，思辨思想或许会说："这都是些半瓶子醋和通俗哲学家提出的通俗简单的看法；思辨思想与之毫无关系。"[67] 噢，被思辨高超的智慧排除在外是多么可怕呃！不过在我看来奇怪的是，人们总是谈论着思辨、思辨，仿佛它是人，或者说某人就是思辨思想。思辨成就一切，思辨怀疑一切，等等。另外，思辨者变得非常客观，他都不会说他自己了。因此，他不说他怀疑一切，而是说思辨怀疑一切，而且他这样说是出于思辨——别的就不说了，就跟说私事时一样。难道我们不应该达成一致意见吗：要做人！众所周知，苏格拉底曾说过，如果假定长笛演奏，我们同时必须假定长笛手的存在。[68] 同理，如果我们假定思辨思想，我们必须同时假定一名或者多名思辨者的存在。"因此，可贵的人，最令人尊敬的思辨先生，我至少敢以主体的说话方式接近您。亲爱的朋友，您怎么看待基督教呢？也就是说，您是否是基督徒呢？这里不是问您是否超越了它，而是问您是否是基督徒。那么可能的是，就思辨者与基督教的关系而言，'超越'意味着停止为人曾经之所是，一桩真正的明希豪森的伟业，一桩或许对思辨思想而言可能的伟业——我并没有掌握那种巨大的力量，但是对于作为人的思辨者来说，这桩伟业肯定是不可能的。"[69]

于是，思辨者（假如他不像那位公务员妻子那样客观）也想来考察基督教。他并不在乎他人是否接受了基督教，类似的关切是留给师范生和外行的，当然也留给了真正的基督徒，他们绝非不在乎自己是否为基督徒。他考察基督教，以便用思辨的、真正的思辨的思想来贯穿它。假设整个事业只是妄想，假设它不可能完成；假设基督教就是主体性、是内在性；再假设，只有两种类型的人才能对之有所了解：一种是那些对自身的永恒福祉充满无限的、热情的关切的人，他们在信仰之中将自身的永恒福祉建基于与信仰的关系之上；另一种则是那些在相反的激情之中（但却仍在激情之中）拒绝自身的永恒福祉的人——幸福的与不幸的恋人。再假设，那种客观的漠不关心认识不了任何东西。只有同类才能相互理解，那句老话"凡被认知的,都以认知者的方式被认知"也可以做如下展开,即存在着这样一种方式,以此认知者什么都不认识,或者说他的认识等同于幻象。(70) 有一种观察,观察者身处的确定状态意义重大,而当他不在那种状态的时候,他什么都无法认识。于是乎,他可以欺骗他人,说他处于那种状态之下,尽管他并非如此。但是,假如事情顺利,他本人宣称自己并未处于那种必需的状态之下,那么他就没有欺骗任何人。设若基督教在本质上是某种客观的东西,那么观察者理应是客观的;但是设若基督教在本质上是主体性的,那么观察者是客观的就是个错误。就认知对象即为主体的内在性的认知而言,认知者理应处于这种状态之中。但是,主体性最大的努力表现为对自身的永恒福祉的无限的、充满激情的关切。即使在世俗之爱当中,观察者也应处于爱情的内在性之中。只是关切的意义在这里并不十分重大,因为所有的爱情都是幻想,正因为如此它才拥有某种客观的面向,从而使得对二手经验的谈论成为可能。反之,如果用神人关系来穿透世俗之爱,不完美的幻想,残存的客观性的表象就会消失;那个未能处于此种状态下的人,他的观察不会为他赢得任何东西。怀着对永恒福祉的无限的、充满激情的关切,主体处于最大限度的努力之中,处于最极端处,并不是说那里没有客体存在(一种不完美的和非辩证性的区分),而是说上帝以否定的方式临现于主体之中,在这种关切之中成为永恒福祉的形式。

思辨者把基督教视为一科历史现象。但是,设若基督教根本不是这个样子。"这是何等的愚蠢,"我听到有人说,"何等无与伦比的对原创性的追求,尤其在思辨思想已经掌握了历史必然性的时代还说出这样的话来!"是啊,思辨能够掌握些什么呢?假如有思辨者说他已经掌握了历史现象的必然性,我会请求他停留片刻,梳理一下在《哲学片断》第 4 章和第 5 章之间的"间奏曲"当中坦陈的重重疑虑。因此,现在我要提及那个部分,我一直都很乐意把它作为进一步的辩证展开的基础,如果我有幸与一位思辨者、与一个人打交道的话,因为我不敢去招惹思辨思想。现在看看这个无与伦比的对原创性的追求吧!让我们采用一个类比。我们以一对夫妇为例。看,他们的婚姻在外在方面留下了鲜明的印迹,它构成了生存中的一个现象(在较小的程度上,就像基督教在世界历史的层面上对整个生活留下了印迹一样)。但是,他们的夫妇之爱不是什么历史现象;现象是无足轻重的,它们只有通过爱才对夫妻双方有意义,而从其他方面观之（即客观地），现象就是欺骗。基督教也是如此。基督教真的那么具有原创性吗？与黑格尔"外在的就是内在的、内在的就是外在的"原则相比，基督教是最具原创性的。⁽⁷¹⁾但是它将会更具原创性，假如黑格尔的原则不仅被同时代人所崇拜，而且在历史的长河之中获得一种反作用力，从而取消在可见的和不可见的教会之间做出的区分。⁽⁷²⁾不可见的教会绝非历史现象，它不允许以客观的方式加以看待，因为它只存在于主体性之中。唉，我的原创性看起来如此平庸，尽管我曾追求原创性，不过我对它并无意识，我所说的是任何一个小学生都知道的，尽管他们并不知道如何将之表达清楚，在这一点上小学生与伟大的思辨者之间是相通的，所不同在于，小学生太不成熟，而思辨者则过于成熟。

思辨的观点是客观的，对此我并不否认；相反，为了更清楚地表明这一点，我将重复我的努力，即将之置于与主体对自身的永恒福祉充满激情的无限关切这种关系之下，随后，一切将昭然若揭，思辨的观点就是客观的，而主体因此变得滑稽可笑。他之所以滑稽并不是因为他的无限投入，（相反，那种不是无限地、充满激情地有所关切、但却让人觉得他关切自身的永恒福祉的人才是滑稽的）；不，滑稽存在于客观事物的错位之中。

假如思辨者同时是信仰者的话（这一点也曾被宣称），那么他早该意识到，思辨之于他的意义永远都不会与信仰相同。正是作为信仰者，他才对自身的永恒福祉充满无限关切，并且在信仰中对之确信无疑（注意，信仰者获得确信的方式可能是这样的，即并非一劳永逸的，而是每天怀着无限的、个体性的、充满激情的关切获得信仰的坚定精神）。⁽⁷³⁾他没有把永恒福祉建基于思辨之上，相反，他以怀疑的态度对待思辨，不让思辨把他从信仰的确定性之中骗出来（这种确定性在每个瞬间都在其身内拥有无限的不确定性的辩证性），从而步入那种漠不关心的客观知识之中。从单纯的辩证角度出发，事情就是这样。因此，如果他说他要把自身的永恒福祉建基于思辨之上，他就是滑稽地自相矛盾，因为思辨思想在其客观性中恰恰对他的、我的、你的永福全然漠不关心；永恒福祉存在于主体通过最大的努力所获得的不断削减的自我尊重之上。而且，在自我标榜为信仰者的问题上他撒谎了。

或者，思辨者不是信仰者。思辨者自然并不滑稽可笑，因为他根本就没有探问自己的永福，只有当满怀激情和无限关切的主体将自身的永福与思辨相关联的时候，滑稽才会出现。思辨者甚至并没有提出此前讨论的问题，因为作为思辨者，他过于客观，结果他不会关切自身的永福。但是我还要说一句，为了使这一点清楚明了，即假如有人误解了我众多的言论，那么是他要误解我，我是无辜的。荣誉归于思辨思想，每一个真正沉浸其中的人都将受到赞美。在我看来，否认思辨的价值（尽管他们会希望把在教堂庭院等地的银钱兑换人作为渎神者驱逐出去）就是在出卖自己，对于那些几乎倾其生命、尽其全力服务于思辨的人，尤其是对于那些崇拜古希腊的人们来说，否认思辨的价值是愚蠢的。[74]人们应该知道，亚里士多德在讨论幸福的时候把最高的幸福置于思想之上，令人联想到那些不朽的神祇把思想当作有福的消遣。[75]进一步说，对于学者无所畏惧的热情和服务于理念时的坚韧，人们应该既理解，又尊敬。只是对于思辨者言，关于其个人永恒福祉的问题根本不会出现，因为他的任务是不断地远离自身并且客观化，以之他与自身分离，成为了思辨的观照的力量。[76]对于所有类似的东西我知道得一清二楚。不过要看到，那些不朽的神祇，那些思辨者的伟大原型，他们根本不关心自身的永福。因此，这里的论题从未在异教思想体系当中出现。若要以同样的方式处理基督教，其结果只能是混淆。既然人是时间和永恒的综合，那么思辨者所能享受到的思辨的幸福就是一种幻象，因为他想在时间当中不朽。思辨者的谬误正在于此。因此，比思辨的幸福更高的就是对于自身的永恒福祉充满激情的和无限的关切。说它更高正是因为它更真实，因为它确定地反映了人的综合性。

如是观之（在某种意义上甚至无须解释，对自身永恒福祉的无限关切是否更高，因为这里的主旨在于，永恒福祉就是被问及和被讨论的），滑稽性就会轻易在矛盾之中显现。主体充满激情地投入对自身的永恒福祉的无限关切之中，而现在他想借助思辨的帮助，也就是说借助他自己的思辨。但是为了从事思辨，他必须走上一条相反的道路，他要在客观性之中放弃自身、丧失自身，从他自身之中消失。这种不一致势必会阻止他开始，并且对沿此道路所获得的所有断言做出滑稽的评判。反向观之，这与前面所说的观察者与基督教的关系完全相同。基督教是不能被客观地观察的，而这正是因为它欲将主体推向极端；而当主体以此方式被正确树立的时候，他就不能把永恒福祉与思辨联结起来。我想用一个比喻来说明充满激情和无限关切的主体与思辨之间的矛盾，假如后者想要对他有所帮助的话。人们锯木头的时候不应死命地压住锯子；手上使的劲越小，锯子工作得越好。假如有人把全部的力量都压在锯子上，他根本就没法锯木头。同样地，思辨者要使自己在客观的意义上轻，而充满激情的、对自身的永恒福祉表示无限关切的人则要尽可能地使自己在主体的意义上重。正因为如此，他不可能从事思辨。假如基督教要求单个的主体拥有这种无限的关切（这一点已被假定，因为论题即围绕于此），那么很容易看到，在思辨当中他是不可能发现他所追求的东西的。——这一点也可以这样表述：思辨根本不可能让论题显现，因此，它做出的全部回答只不过是令人困惑的东西。

**注释**

（1）"给定的事实"原为拉丁文 res in facto posita。

"毫不迟疑"原文为德文 ohne weiter。

（2）"最终"原文为德文 am Ende。

（3）"讽刺"原文为 Epigram，指浓缩为一个句子的精练韵文，用以表达讥讽、讽刺等，还可译为"格言"、"警句"、"隽语"。

（4）"所有的脑袋都悬在一个脖子上"语出罗马皇帝卡利古拉，参见斯维顿（Sveton）的传记《卡利古拉》（*Cajus Cæsar Caligula*）第 30 章。

（5）参卡尔·罗森克朗兹（Karl Rosenkranz）在《神学百科全书》（*Encyklopädie der theologischen Wissenschaften*）中对《圣经》所做的历史和神学研究，包括考察经书中神启的成分，辨析经书真伪和可信性，包括内容的真实性、意义的完整性（即自成书后未做过修改）和作者的可靠性（即未受不相关动机的支配）三个方面。文中的"灵感"（Inspiration）一词原指受神的启发。

（6）"英国人挖隧道"指泰晤士河底的首条隧道。工程始于 1825 年，由法国工程师 M. I. Brunel 负责，在解决无数事故和技术难题后，隧道终于修成，并于 1843 年 3 月开放。该隧道的建成被视为当时伟大的技术成就之一。

（7）"批判神学"（kritiske Theologie）可能指 19 世纪新教中出现的对《圣经》的保守诠释，代表人物有德国神学家奥斯豪森（H. Olshausen）和丹麦神学家沙林（C. E. Scharling），他们反对以鲍尔（F. C. Baur）和施特劳斯（D. F. Strauβ）为代表的图宾根学派的激进观点。

（8）可能指古典语言学家麦德维教授（Johan Nicolai Madvig，1804—1886），他曾因整理出版多部西塞罗著作而享誉欧洲。

（9）"悬置状态"原为拉丁文 in suspenso，"故此"原为拉丁文 ergo。

（10）路德曾指出，《雅各书》不属于《新约》。他的论据是，该书并非出自第一代基督徒之手，因为它所强调的"人称义是因着行为，不是单因着信"（2：20—24）与保罗在《罗马书》中所说的亚伯拉罕是因信而非因其行为称义（4：1—6）的观点相矛盾。

（11）"魏瑟说过，他要把自己置身于拥挤的人群之外"很可能指魏瑟（Johan Herman Wessel，1742—1785）的戏仿式悲剧《没有袜子的爱情》（*Kierlighed uden Strømper*）中的台词。

（12）"赞同的和反对的"原文为拉丁语 pro et contra。

（13）"结束题外话"原文写为 Claudatur，指拉丁—希腊短语 claudatur parenthesis，其中 Parenthesis 为"插入语"、"题外言论"、"题外话"、"括号"，短语意为"结束或终止题外话"。

（14）"从认可的东西出发"原文写为 e concessis，正确的拉丁文写法应为 ex concessis。

（15）"沿着这条错误的道路与真正的对象越来越远"原文为 et Menneske gaaer i Farer hvor han gaaer，语出 H. A. Brorson 的赞美诗"Jeg gaaer i Farer, hvor jeg gaaer"（1734）。

（16）"漂亮马"原文为法文 Paradeur，指外表漂亮、精力充沛而动作标准的马匹；"穿过括号的快马"原文为 Parenthes-Durchløber。

（17）"无所不在又无处存在"原文为拉丁语 ubique et nusquam。

（18）"信仰的能量和力量"（Troens Kraft og Styrke）以及后面的"恐惧与颤栗"（Frygt og Bæven）语出《哥林多前书》2：3—5，保罗对哥林多人说："我在你们那里，又软弱，又惧怕又甚战兢。我说的话、讲的道，不是用智慧委婉的言语，乃是用圣灵和大能的明证，叫你们的信不在乎人的智慧，只在乎神的大能（Guds Kraft）。"

"在信仰的门前"（ligger ved Troens Dør）指《出埃及记》4：7 中，耶和华对该隐说："你若行得好，岂不蒙悦纳？你若行得不好，罪就伏在门前；他必恋慕你，你却要制伏他。"

（19）"师傅"（Tugtemester）一词可能语出《加拉太书》3：24，保罗写道："这样，律法是我们训蒙的师傅，引我们到基督那里，使我们因信称义。"

（20）"信仰的徒然"对应于 Troens Forfængelighed，意指信仰的表面化、世俗化，指《出埃及记》20：7 中的"十诫"之一："不可妄称耶和华——你的神的名（Du skal ikke tage HERRENS din Guds Navn forfængeligen）；因为妄称耶和华名的，耶和华必不以他为无罪"。《哥林多前书》15：17，保罗写道："基督若没有复活，你们的信便是徒然，你们仍在罪里。"

《约翰福音》5：44："你们互相受荣耀，却不求从独一之神来的荣耀，怎能信我呢？"

（21）"贫儿培尔·埃里克森"（Fattig Peer Eriksen）是一个固定短语，因贺伯格的喜剧《好事之徒》(Den Stundesløse) 而为人所知。

"渔夫成为使徒"指《马可福音》1∶16—20 中所讲的耶稣收西门、安得烈、雅各、约翰四位渔夫为第一批门徒的故事。

"高山挪移"语出《马太福音》17∶20。耶稣对门徒说:"是因你们的信小。我实在告诉你们,你们若有信心,像一粒芥菜种,就是对这座山说:'你从这边挪到那边',它也必挪去;并且你们没有一件不能做的事了。"

(22) "狂热"(Zelotismen) 一词来源于耶稣时代的激进犹太组织"奋锐党",由犹太下层民众组成,他们狂热地宣称弥赛亚即将来临,主张用暴力实现犹太民族的解放。

(23) "当草生长的时候,考察者已经饿死了"(medens Græsset groer, saa døer Betragteren) 是对丹麦谚语 medens græsset gror, døer horsemor eller koen(草生长的时候,马或牛已经饿死了)的戏仿,意为"提供帮助要及时",还有"诺言的实现拖时太久"。

(24) "归为荒谬"原为拉丁文 in absurdum,源于短语 reductio in absurdum,即逻辑学中使观点陷入自相矛盾的"归谬法"。

(25) "调和"原文为 mediation,该词是丹麦黑格尔主义哲学的核心概念,它对应于黑格尔著作中的 Vermittlung 或 Versöhnung。

(26) 就"怀疑"或者"否定性"作为辩证运动的驱动力而言,黑格尔哲学可被归为一种无休止的怀疑主义,驱动力中的每一个因素都要通过矛盾被扬弃。

(27) "印刷许可证"原为拉丁语 Imprimatur,指新闻检查机构签发的书籍印刷许可证。在贺伯格喜剧《艾拉斯姆斯·蒙苔努斯》(Erasmus Montanus) 第三幕第三场,剧中人培尔·戴根自信地展示他少得可怜的拉丁语知识,他把 imprimatur 理解成了一个人物,而非哲学系的许可证,他问:"谁是今年的 Imprimatur?"

(28) 参希罗多德《历史》第 1 卷第 32 章。富有而强大的吕底亚国王克罗索斯认为自己是最幸福的人。他问希腊哲人兼政治家梭伦,这是否偶然,后者立刻回答,这个问题不可回答,因为他尚不知克罗索斯是否会幸福地死去。在一个人生命终结之前,没有人敢自称是幸福的。

(29) "你我之间"原文为德文 unter uns。"黑格尔主义者之间的秘密"可能指 Fr. Richter 最早于 1833 年在其著作中所指出的,黑格尔体系否定个体灵魂不死,因而否定了整个基督教。之后,怀斯(C. H. Weiße)、哥舍尔(C. F. Göschel)、小费希特(I. H. Fichte)、费尔巴哈(L. Feuerbach) 等都参与了讨论,引起了黑格尔主义的左右之分。

(30) 这里所说的"逸事"在《普卢塔克道德论文》一书中两个不同的地方出现过。普卢塔克(Plutark,约 50—125),希腊哲学家、历史学家。欧达米德一世(Eudamidas),公元前 331 至前 305 年任斯巴达领袖。"学园"为柏拉图始创于公元前

387 年，他死后由其外甥斯彪西波（Speusippos）掌管，公元前 339 年斯彪西波去世后，由希腊哲学家塞诺克拉底（Xenocrates，公元前 395—前 314）掌管。公元 529 年贾斯廷皇帝勒令关闭"学园"。

（31）"平静"原文为 Ataraxie，指不受外界影响的、与世无争的心态。它是希腊哲学学派犬儒主义、斯多噶主义和怀疑主义共同推崇的重要美德。

（32）保罗·马丁·缪勒（Poul Martin Møller，1794—1838），丹麦作家、语言学家、哲学家，曾任哥本哈根大学哲学教授。他的三卷本《遗著》于 1839 年至 1843 年出版，三位编辑之一奥尔森（F. C. Olsen）著有《缪勒的生平》（Poul Møllers Levnet），与第三卷同时出版。文中"令人尊敬的编辑"即指奥尔森。

（33）在 19 世纪的思辨美学当中，喜剧获得了新的价值。在美学概念的发展中，喜剧不仅处于比悲剧更高的阶段，而且喜剧还成为终结美学理念的远景。黑格尔、罗彻尔（H. T. Rötscher）、怀斯以及丹麦的海伯格、马腾森都展开过这个思想。

（34）"无与伦比的发现"（mageløs Opdagelse）指格伦德威于 1825 年提出的基本思想，即基督教的文献并不是《圣经》，而是由教会世代传播的"活泼的圣言"（det levende Ord，参注 39），即面向上帝的祈祷、《信经》以及圣礼经文。格伦德威（N. F. S. Grundtvig，1783—1872），丹麦牧师、赞美诗作家、历史学家和政治家。

"我们赞美你，主啊"原文为拉丁文 te deum，是安布罗斯赞美诗 te deum laudamus osv. 的开头，在丹麦语赞美诗中这句写为："O store Gud! vi love dig osv."

（35）"让格伦德威留着属于他的东西"原文为 lade Grundtvig behold hvad hans er，这是对《马太福音》中 22:15—21 中的 at give kejseren, hvad kejserens er（该撒的当给该撒）的戏仿。

（36）戴尔布吕克（Ferdinand Delbrück，1772—1848），德国哲学教授，1826 年出版《菲利普·梅朗斯顿：信仰的导师》（Philipp Melanchton, der Glaubenslehrer. Ein Streitschrift）一书，并引起广泛讨论。格伦德威曾于 1827 年翻译过该书的一个章节，后又撰写过批判性的评论。

"格伦德威的观念事实上应归功于莱辛"，此说出处不明。

（37）林伯格（J. C. Lindberg，1797—1857），神学家，1828 年撰写博士论文，1822 年起担任"大都会学校"希伯来语讲师，1830 年因积极参与格伦德威发起的教会斗争被辞退。1844 年成为牧师。他在很多文章当中坚决捍卫格伦德威的观点，同时还为有觉悟的非信徒组织晚祷。

（38）"得罪了老路德派"可能指格伦德威的论文《路德改革真的要继续下去吗?》（Skal den Lutherske Reformation virkelig fortsættes?），见林伯格编辑的《基督教与历史月刊》第 1 辑，哥本哈根 1831 年。文中有这样的句子："甚至《圣经》也不是有效的，因为它既非上帝，亦非人或精神，它只是一本书，也就是死的东西，它自己并不会说话，只会在精神和肉体上受人摆布。因此，如果我们忘记了这一点，在说起

《圣经》的时候就好像它能够思想、言说、行奇迹似的,这就是中世纪迷信的残余。"正统的路德派奉行"《圣经》原则"(sola scriptura),即《圣经》是基督教信仰的唯一的绝对权威。

(39)"活泼的圣言"(det levende Ord),语出《使徒行传》7:38,意为"上帝的话"。这段讲的是摩西,"这人曾在旷野会中和西乃山上,与那对他说话的天使同在,又与我们的祖宗同在,并且领受活泼的圣言传给我们。"格伦德威在19世纪30年代使用该术语时,着意强调的是"上帝口中说出的话"(ord af Guds mund),强调其言说性,以区别于"死的"经卷用语。

"信经"(Trosbekjendelsen)指基督教权威性的基本信仰纲要,信徒受洗入教时必读经文,主要有《使徒信经》(Apostle's Creed)、《尼西亚信经》(Nicene Creed)等。

(40)"我们在此直接见证了青春"可能暗指格伦德威著作中多处满怀激情提及的"北欧的青春"、"北欧的希望"等诗化字眼。

(41)"对希腊的未来的预言"可能指格伦德威在三卷本《世界历史手册》(*Haandbog i Verdens – Historien*,1833—1843年出版)中对于1832年重建的希腊王国寄予的巨大期望。

(42)"直白之言"(Frisproget)可能指格伦德威本人自居的语言风格,指非浮华、非炫耀的写作风格。

(43)"总共"原文为拉丁文 summa summarum。

(44)林伯格在论文《论最新丹麦文版祈祷书当中基督教信仰的形式》中指出,假如教会不是使徒的教会,则它根本就不存在;如果没有教会,则没有基督徒能够坚持说自己是基督徒。不过,林伯格本人并没有使用"荒谬"(Nonsens)一词,尽管这个词用来描绘他本人的证明十分恰当。

(45)19世纪40年代,格伦德威、P. C. 克尔凯郭尔(索伦·克尔凯郭尔的兄长)和林伯格在一系列论文当中展开对信经理论的历史证据的寻找,该理论认为,信经是"出自我主本人之口的话",它在基督复活升天40日之后由基督传递给使徒。

(46)1834年,主教拉斯姆斯·缪勒(Rasmus Møller)撰文攻击了格伦德威的教会理论,林伯格在同年做了回应。之后,主教之子 H. U. 缪勒博士与林伯格就同一论题展开了新一轮笔战。

(47)信经中的首条"拒斥"为:"我们拒斥魔鬼及其所有的行为,所有的本质。"

(48)"后期历史"原文写为 det Senere-Historiske(英 the later-historical),指自基督升天到作者的时代这段时间的教会和《圣经》的历史。

(49)1834年,当明斯特(Mynster)成为主教时,林伯格对1830年出版的《丹麦祈祷书》(*Forordnet Alter-Bog for Danmark*)中,将1688年版本中 den Helligaand(在《附言》中写为 den Hellig-Aand,即"圣灵")改为 den hellige Aand("神圣之灵")

的做法进行批判，认为新版的拼法否认了圣灵作为人格的存在。格伦德威于 1838 年撰文《关于路德宗教义问答中小小的 e 的激烈争论》，批评林伯格拘泥于拼写的错误。

（50）"在此情况下"原文为拉丁文 in casu。

（51）"赞同的和反对的"原文为拉丁文 pro et contra。

（52）"近似法"原文为拉丁文 approximando。

（53）1840 年至 1845 年，洗礼派运动在丹麦兴起，其领袖为克伯纳（Julius Købner）和蒙斯特（Peder Christian Mønster），起因是 1839 年 10 月末，一些信徒在哥本哈根外围实施了浸入式洗礼，违反了国教会规定，引发了一系列警方公诉和神学界争论。与明斯特主教的意见相一致，1842 年 12 月 27 日，所有洗礼派成员的子女被要求重新接受洗礼，哥本哈根的洗礼派成员子女将被强制到三一教堂受洗，不管其父母意愿如何。格伦德威认为，世俗势力应远离宗教领域，P. C. 克尔凯郭尔反对强制性洗礼。

（54）"亚伯拉罕的后裔"（at være Abrahams Børn）语出《罗马书》9：7，保罗说："也不因为是亚伯拉罕的后裔，就都做他的儿女。"

（55）"超凡之辈"原为拉丁文 Extraordinarius，指非同寻常之人，尤其指大学里的特聘教授，区别于 Ordinarius。

（56）这里说的钱（原文写为 Rbd.，全称为 Rigsbankdaler）指 1813 年至 1875 年丹麦国家银行发行的货币，后来为丹麦克朗所取代（1 daler = 2 kroner）。1844 年，哥本哈根海关官员年收入为 600 rbd.，一个家庭每年一般需要 400 rbd. 即可维持；一个手工业学徒年收入为 200 rbd.，不过学徒的生活费和住宿费由师傅支付。

（57）"捐献和杂费"（Offer og Accidentser）。"捐献"指城镇居民给教会的一定比例的钱以及农夫上交的"什一税"（农牧产品的十分之一归教会）；而所谓"杂费"指的是教会在行婚礼、洗礼和葬礼时收取的费用。

（58）① "先知"、"诗人"、"预言家"等用来描绘格伦德威的字眼其实是格伦德威在著作中的自我描述。

② "他以一种几近无与伦比的目光注视着世界历史"可能指格伦德威于 1812 年至 1817 年出版的三卷本《世界通史》，他以《圣经》为出发点对人类历史做出了诠释。

（59）阿拉伯先知穆罕默德（570—632）于公元 7 世纪创建伊斯兰教，至克尔凯郭尔生活的 19 世纪，伊斯兰教正好存在 1200 年。

（60）《创世记》1：26—27。"神说：'我们要照着我们的形象、按着我们的样式造人……' 神就照着自己的形象造人，乃是照着他的形象造男造女。"

（61）"火柴棍论证"（Svovelstikke-Argumenter）指薄弱而不清晰的论证。

（62）"亏欠"语出《但以理书》5：27，但以理为巴比伦王伯沙撒解释墙上的字时说："提客勒，就是你被称在天平里，显出你的亏欠。"

(63) 让·保尔（Jean Paul）是德国作家约翰·保尔·弗里德里希·里克特（Johann Paul Friedrich Richter，1763—1825）的笔名，该作家以幽默著称。注释者未查明引文出处。

"丢在外边的黑暗里"（blev lukket undenfor i Mørke）语出《马太福音》22：13，国王的婚礼上有来宾未穿礼服，国王对仆从说："捆起他的手脚来，把他丢在外边的黑暗里；……"

(64) 故事出处不明。"尊敬的牧师"是对神职人员的尊称，其中，Deres Velærværdighed 是对普通神职人员的尊称；Deres Høiærværdighed 是对较高或最高神职人员的称呼。

(65) 耶稣被钉上十字架时说："父啊！赦免他们；因为他们所做的，他们不晓得。"参《路加福音》23：34。

(66) "请求"原为德文 bittweise，实际上是对拉丁语 precario（请求）的翻译。黑格尔在《逻辑学》（*Wissenshaft der Logik*）讨论哲学的开端时三次使用该术语。他指出，哲学应避免以"bittweise"为开端，也就是避免从某种有条件的假设开始，而后者正是早期哲学和各门具体科学的起始方式。

(67) "半瓶子醋"原文为 Seminarister，本意是"师范生"，泛指学业上的半瓶子醋。

(68) 见《申辩篇》27b。

(69) 德国男爵明希豪森（Karl Friedrich Hieronymus von Münchhausen，1720—1791），以 1781 年发表一些令人难以置信的假故事而闻名，多是关于打猎和战争的故事。1785 年，这些故事被译成英语，1787 年又由诗人 G. A. Bürger 回译为德语，该著作的丹麦语译本出现在 1834 年。德国当代著名作家埃里希·凯斯特纳（Erich Kästner）曾为儿童编写过明希豪森的故事，充满了令人捧腹的笑料。《哲学片断》第 5 章注 27 提到此人，根据上下文意将之译为"吹牛大王"。

(70) "凡被认知的，都以认知者的方式被认知"原为拉丁文 quicquid cognoscitur, per modum cognoscentis cognoscitur。此意可追溯到托马斯·阿奎那《神学大全》（1, 12, 4），其中有类似的表述：Cognitum autem est in cognoscente secundum modum cognoscentis（认知者的认识是以认知者的方式完成的），旨在说明人类不可能认识上帝的本质。

(71) "外在的就是内在的，内在的就是外在"（det Udvortes er det Indvortes og det Indvortes det Udvortes）指黑格尔在《逻辑学》和《小逻辑》中"das innere"和"das Äussere"的区分以及本质同一的观点，该观点被丹麦黑格尔主义者海伯格和阿德勒通俗化。在《小逻辑》§139 节中，黑格尔说："外与内首先是同一个内容。凡物内面如何，外面的表现也如何。反之，凡物外面如何，内面也是如何。凡现象所表现的，没有不在本质内的。凡在本质内没有的，也就不会表现于外。"参《小逻辑》，贺麟译，商务印书馆 1994 年版，第 289 页。

（72）"可见的和不可见的教会"指路德教派在外部的、真实的教会（带着全部的缺点）与内在的、理想的教会即"上帝的天国"之间所做出的经典区分。也指受洗者与信徒之间的区分。

（73）"坚定精神"（Troens visse Aand）很可能语出路德所译《诗篇 51：10》："神啊，求你为我造清洁的心，/使我里面重新有正直的是（'正直'或作'坚定'）。"（Schaffe in mir, Gott, ein reines Herz, und gieb mir einen neuen gewissen Geist）。在 1740 年的《旧约》丹麦译本中，原话写为 en stadig Aand；1992 年新译本中为 en fast Aand。可译为"坚定精神"。

（74）指《马太福音》21：12—17 中所记述的耶稣净化耶路撒冷神殿的事迹。耶稣把所有买卖人赶出神殿，推倒了兑换银钱的人的桌子和卖鸽子之人的凳子，并说："经上记着说：'我的殿必称为祷告的殿，/你们倒使它成为贼窝了。'"

（75）参亚里士多德《尼科马可伦理学》第 10 册、第 7、8 章（1177a12—1178b32）。中译可参苗力田的修订译本，中国社会科学出版社 1999 年版，第 231—233 页。

（76）"观照的力量"原文为 skuende Kraft，英译为 gazing power。

## 第二部

主体问题，
主体与基督教真理的关系，
或成为基督教徒

第一册 关于莱辛

# 第一章 致谢莱辛

　　假如有位可怜的私人思想家，思辨性的异想天开者，就像居住在高楼顶层阁楼上的穷房客一样，他在自己的小天地中陷入了对他而言过于困难的思考。假如他有种不祥的预感，这座大楼的基础有某种缺陷，但却无法查明实情。假如无论何时他从阁楼窗户探头张望，惊恐地发现为美化和扩建大楼所付出的加倍努力，结果在他看到这一切并且感到惊恐万分之后，他陷入虚弱之中，就像躲过前次大扫除而在隐蔽的角落里过着悲惨生活的蜘蛛一样，他在忧惧之中预感到一场暴风雨即将来临。假如每当他向他人倾诉自己的怀疑的时候，因为他的表达方式与通常的思想表达方式不同，他的诉说被看成腐尸身上的破衣烂衫。[1]假如，如我所说，这样一位私人思想家和思辨性的异想天开者突然结识了一个人，此人的名望不会直接地成为其思想正确性的保证（这位可怜的房客还没有客观到能够自动地从名望反向推论出真理的地步），不过这名望却是投向被弃者的幸运的微笑，在这位名人身上可以看到有那么一两点困难的思想被触及。唉，当这位可怜的房客用对名人的辉煌记忆来安慰自己的时候，在这个小天地之中是何等的欢乐、何等的喜庆呃，同时他的思考活动也赢得了从容自信，困难成形了，希望生成，一种理解自身的希望，也就是说，首先是理解困难之所在，然后或许是战胜这困难！就理解困难而言，其情形一如培尔·戴恩在教阶问题上错误地提出的观点——"先当上教区执事"。[2]先是理解困难，然后人们总是能够解释困难——假如人们能够做到的话。

　　于是我要说，亦庄亦谐地：大名鼎鼎的莱辛，请原谅这种迷狂式的谢词，原谅这种玩笑的形式！这谢词确实保持了一定距离，它不是强迫性的；它没有世界历史性的呼喊，没有体系的力量，它纯粹是个人的。假如这谢词有所不是，其原因就在于它过于迷狂，不过玩笑可以弥补。这种玩笑在颠倒了的关系中自有其深刻的根据：在那些试验性地提出怀疑但却没有解释为什么的人身上，在那些试验性地尝试着在超自然的范围内推出宗教但没有解释为什么的人身上。

这谢词与人们通常所采取的、而且我也认为是正确的对莱辛的崇拜无关。我自认没有资格以那种方式崇拜他。这谢词无关莱辛的学识，吸引我的不是那个别出心裁的神话，说他曾担任过图书管理员；也不是那条格言，说他是图书馆的灵魂，他以一种几乎无所不在的亲历性掌握着渊博的知识，一个受思想的洞察力统治的庞大器官，听命于精神的暗示，服务于理念。[3]谢词无关诗人莱辛，无关他在创作戏剧化的句子时的掌控能力，无关他以诗化方式揭示心理活动的权威性，无关他的目前为止尚无法超越的戏剧台词，它们在对话的轻松往复之间自由活动，在对话的相互交错中无拘无束，尽管这些台词包含着沉甸甸的思想。[4]谢词无关美学家莱辛，无关他下令在诗与视觉艺术之间所画出的分界线，它与教皇所划疆界具有完全不同的决定性意义；无关他在美学方面所做的丰富多样的观察，它们甚至持续到当今时代。[5]谢词无关智者莱辛，无关那种谦逊地躲藏在寓言的卑微外表下的别开生面的智慧。[6]不，这谢词事关这么一点，其棘手之处正在于，人们不能直接地崇拜他，或者通过崇拜与他建立一种直接性的关系，因为他的长处就在于阻止人们这样做。他宗教性地将自身孤立在主体性之内；在宗教的方向上，他不允许自己被骗而成为世界历史性的或者体系性的，他明白并且懂得去坚持，宗教只关乎莱辛，关乎莱辛自己，正如它以同样的方式关乎每一个人。他明白，他与上帝有着无限的关系，但却与任何人都没有任何直接的关系。看吧，这就是我致辞的对象，我感谢的对象，如果关于莱辛的所言都是确定无疑的，如果。假如一切确定无疑，那么莱辛就有权说：没什么好谢的。假如一切确定无疑！是的，我将徒劳地带着崇拜的劝说冲向他，徒劳地恳求、威胁、反抗。他确实已经掌握了那个宗教的阿基米德支点，以之，人们不仅可以推动整个世界，而且为了发现它就需要一种世界力量，假如人们掌握了莱辛的命题的话。但愿一切如此！——现在来看看他的成果吧。假如他接受了基督教，假如他抛弃了基督教，假如他捍卫了基督教，假如他攻击了基督教；那么，基于对他的信任，我也可以接受相同的意见。他有着充足的诗化想象力，他能随时与那个1812年之前发生的事件同时共在，而且其方式非常具有原创性，结果所有的历史幻象、所有的被客观地倒转的错误都被阻止了。[7] 好吧，就在这一点上来看莱辛吧。不过，他仍然拥有怀疑主义的与世无争和充分的宗教感去辨别宗教的范畴。假如有人否认这一点，我会要求就此投票表决。现在看看他的成果！奇妙的莱辛！他一无所有，什么都没有，没有一丝成果的痕迹。真的，一个保守秘密的忏悔神父，一个对自己及恋人发誓保持沉默并且因保守誓言而不朽的女子，一个带着所有的信息步入坟墓的人，没有任何一个人比莱辛在完成困难的任务之时更加小心翼翼了，而且他还要说出来！即使是撒旦本人，作为第三者，也无法像第三者那样肯定地说出某事；对于上帝而言，当他作为宗教的一部分的时候，他永远都不会成为第三者，这一点正是宗教的奥秘。

或许这个世界一直缺乏人们能够称之为的真正的个体，具有决断力的主体，艺术化地彻底反思的人们，自主思考的人们，他们与那些高声呼喊者和说教者们截然不同。世界和主体变得越客观，宗教的范畴也就越困难，因为宗教性正在主体性之中，这也就是为什么说那些想与宗教保持世界历史性的、学术性的和客观性关系的想法几乎都是非宗教的夸张的原因。不过，我把莱辛拉出来并不是为了向某人求救，因为仅仅是想成为充分的主体而向另一主体求助本身就已经是在向客观性努力了，这是出于可能性、伙伴关系和共同利益而朝着拉多数人选票迈出的第一步，是向把神人关系转变成思辨事业迈出的第一步。

但是，要想真正成为主体，问题的关键在于主体必须洞彻哪些反思性命题，他必须抛弃什么样的客观的东西，他就此拐点的意义、职责和标记所形成的无穷的看法。尽管这种观察和思考方式要求大幅度减少能做出选择的个体的数量，尽管我认为莱辛是唯一的不是为了向他求助而将他拉出来的人（噢，假如有人敢、敢与他建立一种直接性的关系，这人真的要被帮助了！）。窃以为这一点相当可疑的原因是，通过向他人求助，我在自相矛盾，并且取消了一切。假如主体未能自行从客观性当中穿出并且走出，所有向另一位主体的求助都只是误解；假如这个主体这样做了，他会很清楚地了解自己的进程，了解那些辩证性的命题，其宗教性生存即根据它们且在它们之中。宗教主体的发展进程有一种奇特性质，即这条道路只为单一者存在，在他身后道路就会关闭。神难道不知道应该如何维持他的身价？无论何处，哪里有不同寻常的、有价值的东西可看，哪里就会有拥挤的人群，但是主人自会小心安排，结果每次只

## 最后的、非科学性的附言

有一个人获准进入——拥挤的人群，群众，民众，世界历史性的骚动则留在外面。神当然拥有最珍贵的东西，还知道以完全有别于世俗管理的方式保卫自身，知道以完全不同的方式阻止任何人利用拥护者群体世界历史性地、客观地、科学性地溜进去。理解这一点的人可能会通过行动表达相同的意思，但是，相同的行动在一个人身上可能会表现为厚颜无耻，在另一个人身上则表现为宗教的勇气，这一点无法客观地做出区分。莱辛是否成就了这样的伟绩，是否谦卑地顺从神意且爱着人类，结果他助神以一臂之力，通过与他者的关系来表达他与神的关系，这方式使得那种无稽之谈无从滋生，即他将建立起与神的关系，而其他人则通过他建立自己与神的关系：谁能确切地知道这一切呢？假如我能确切地知道，我可以求助于他；若我能够求助于他并且有权这样做，那么莱辛肯定没有成就此伟绩。

莱辛当然属于遥远的过去，一个在世界史的—体系化的铁道上消失的小车站。向他求助就是在评判自身，是用某种客观的意见向所有当代人证明，他无法与这个高速前行的时代齐头并进。[8] 于是诀窍就在于，跳上头一列车厢，越早越好，把世界历史抛在身后。回忆莱辛是令人绝望之举，因为就此可以肯定的是，这人完了，他将被远远地甩在后面，如果莱辛已经说出了人们想要说的话，除非说，要么莱辛所言均为真（在此情况下，以列车的速度远离它就要三思而后行），要么人们并未给自己充分的时间去理解莱辛，他总是知道如何巧妙地避免将自我、他的辩证知识以及居于其间的主体性快速转移给所有者。不过要当心，当我们全副武装以应对所有谦卑和诱惑的时候，最可怕的东西依然存在：假设莱辛是在欺骗他！是的，那个莱辛的确是自我主义者！[9] 在宗教方面他总为自己留有某些东西，某些他肯定说过的、但却是以一种巧妙的方式说出来的东西；某些大学辅导教师不能一口气背诵出来的东西；某些保持不变、但却不断变换形式的东西；某些不会提交给系统模本的模式化的东西，而是训练有素的辩证法家提出、修改、再提出的东西，相同却又不相同。莱辛在根本上是讨人嫌的，他在辩证事物方面不断地变换用词，如同数学家令学生感到困惑一样，那学生没有关注数学上的证明，而是满足于靠观察字词得出的偶然知识。莱辛可耻地使那些极愿意以导师的名义发誓的人们陷入尴尬，他们永远都不会与莱辛建立起对于他们而言唯一自然的关系，即发誓的关系。[10] 莱辛本人并没有直接说：我攻击基督教，结果发誓者可以说：我们发誓。莱辛也没有直接说：我要捍卫基督教，结果发誓者可以说：我们发誓。他是在误用他的辩证技巧，结果他必然会促使那些人错误地发誓（因为他们必然会发誓），一方面，他们发誓，他现在说的与以前说的相同，因为形式和话语方式相同；另一方面，他们发誓，他现在所说的与以前的不同，因为形式和话语方式有所改变，其情形一如那位旅行者，他发誓说认出了抢劫犯，但却指认了一个无辜的人，因为他只能认出抢劫者的假发，而认不出抢劫者，因此他本该明智地限定自己发誓的范围，说他只认识假发。[11]不，莱辛根本不是一个严肃的人，他所从事的全部活动缺少了那种使其他人感到满足的严肃性和真正的可靠性，那些人会事后思考，但却不会深思熟虑。[12]再看看他的文风吧！好辩的语调，每时每刻都有充足的时间吐出连珠妙语，甚至是在一个动荡的年代。根据我发现的一份老报纸，和现在一样，那是一个前所未有的动荡年代。这种风格的漫不经心发展成一种穷追细枝末节的比喻，仿佛展示本身就有某种价值，仿佛一切都风平浪静，尽管印刷工和世界历史、甚至是整个人类都在期盼着他完工。这是一种不遵循写作规范的学术散漫。诙谐与严肃的交织使得第三者不可能确切地知道究竟何为严肃，何为玩笑，除非这个第三者通过自己的力量获知。这种微妙方式或许有时会错误地强调了无关紧要的东西，结果有识之士恰好以此抓住了辩证的决定性内容，而异端们则没有获得任何谈资。这种与其个性彼此吻合的展示方式另辟蹊径，它没有讲摩西式的口号，没有讲官方话语和当代流行语，它们将会在双引号之下暴露出作者是在紧随时代的脚步，而莱辛却秘密地吐露隐情，他紧随的是思想的脚步。[13]他戏弄性地使用"我"的灵敏度堪与苏格拉底相比，他摆脱了与他人相伴的局面，或者更准确地说，就那种关键在于与之独处的真理的问题上，他保护自己不是为了获胜而与他人为伍，因为这里无可赢取，除了"在上帝面前一无所是"这个无限的玩笑外，他不希望人们环绕在孤独思想的危险四周，因为现在这样才是正途。所有这一切是严肃的吗？这是严肃的吗？他以同样的方式对待所有的人，尽管形式有所不同？这些都是严肃的吗？他不仅避开了狂热分子把他拉入某种积极社交活动之中的愚蠢企图，而当他们想把他排除在外的时候，他嘲笑他们愚蠢的傲慢；而且他丝毫没有受到高贵的雅各比激情洋溢的雄辩的影响，也不曾被拉瓦特对其灵魂的可爱而单纯的忧虑所打动？[14]这会是一个严肃者的结局吗？他的临终之言与所有其他人的一样晦涩，① 就连高贵的雅各比都不敢保证莱辛灵魂的拯救，而这一点本是雅各比严肃关切的事，几乎与他关切自身的拯救一样。这是严肃的吗？就让那些严肃到甚至无法理解玩笑的人们来决定吧，他们或许算得上是称职的法官，除非说一个人不理解玩笑就不可能理解严肃，那位严肃的罗马人——尤提卡的加图（据普鲁塔克的《道德》），已经通过揭示玩笑和严肃之间的辩证互动关系指明了这一点。(15) 不过，假如莱辛并非严肃之人，那么，对于那些放弃了如此多的东西、放弃了世界历史和当代体系只是为了向他求助的人来说，还有什么希望呢？

这就是在宗教方面接近莱辛的困难之所在。假如我提出一些思想，并且用罗列的方式将之直接归于莱辛，假如我礼貌地给他一个崇拜者的拥抱，就像对待一个将一切归于他的人一样，他很可能会微笑地抽身，把我置于困境——我成了一个笑柄。假如我绝口不提他的名字，为我自己前所未有的无与伦比的发现高喊着前进，那么，那个足智多谋的奥德修斯——假如我幻想他在场的话，就会怀着暧昧的羡慕走近我，拍着我的肩膀说："您是对的，要是我早知道就好了。"(16) 于是我明白了，尽管再无第二人明白，他占了我的上风。

---

① 同样地，黑格尔也是带着这样的话离世的，即除了一个人的误解外没有人理解他；如果黑格尔做了同样的事情，对莱辛或许有好处。(17) 不过，唉，这里有着天壤之别。黑格尔的陈述有着明显的弱点，它是一个直接性的陈述，因此根本不足以被这样误解，这一点充分揭示出，黑格尔没有游刃有余地存在于双重反思的狡猾性之中。另外，黑格尔贯穿于17卷全集的沟通方式是直接沟通。假如他尚未找到理解他的人，那对黑格尔来说就太糟了。对于苏格拉底来说，打个比方，事情则不同，他艺术地操纵着自己全部的沟通方式以期被误解。作为临终时刻戏剧化的一幕，黑格尔的话最好被当成一个在临终时分打算踏上自己一生从未涉足过的道路的人的胡说和轻率。假如黑格尔是一类思想中的唯一，那么的确无人能与之相提并论；倘若他非得与他人相比，那么可以完全肯定的是，他与苏格拉底之间毫无共同之处。

# 第二章　莱辛可能或真正提出的命题

我不敢求诸莱辛，不敢坚决把他当成我的保证人，不愿因知名度之故使他人迫于责任去理解，或者宣称理解了那种会把理解者带入与我的无名相关联的可疑关系之中的东西，我的无名带来的沮丧与莱辛的名望带来的吸引力是同等的。现在，我有意把我鬼使神差地归诸莱辛的东西展现出来，但不能确定莱辛是否认可。那是一些我在嬉戏玩笑之中很容易受诱惑将之视为莱辛说出来的东西，尽管它们并非直接讲出；一些在另一种意义上我会满怀激情地怀着崇拜之心向他表示感谢的东西；一些我怀着自豪的缄默和自尊慷慨地归诸他的东西；一些我害怕因把他的名字牵涉进来而冒犯或者打扰他的东西。的确，人们很少能找到像莱辛这样令人愉悦的作家。何以如此？我认为这是因为他十分自信。所有那些在杰出之士与平常人之间的陈腐烦琐的关系在这里都被阻止了，比如一方是天才、大师，另一方是学徒、信差和打工族，等等。就算我不顾一切地要当莱辛的门徒，我也办不到，因为他已经阻止了这事的发生。正如他本人是自由的，我认为在与他的关系方面，他解放了所有人，减少了学徒气息和鲁莽：他们害怕被导师变成笑柄，于是便鹦鹉学舌地拾人牙慧。

### 1. 主体性的生存思想家意识到了沟通的辩证法

客观思想对于思考主体及其生存漠不关心，而生存的主体思想家则在本质上关切自己的思想，他生存于其中。因此他的思想有着另类的反思，即内心性的反思，占有的反思，它只属于主体而非任何他者。客观思想把一切置于结果之上，它用抄写和背诵结果和答案的办法来帮助人类作弊。反之，主观思想则把一切置于生成之上并且忽略结果，一方面，因为这结果仅属于他，因为他掌握了方法；另一方面，则因为，作为生存者他不断地处于生成之中，所有没有被骗成为客观的、被骗非人性地想成为思辨思想的人都是如此。

内心性的反思是主体思想家的双重反思。他在思想的时候思考的是普遍事物，而作为在此种思想之中生存着的人，作为在其内心性中获得此种思想的人，他在主体的意义上越来越孤立。

主体思想和客观思想之间的差别也可以在沟通①方式上显现出来。也就是说，主体思想家即刻就会意识到，沟通方式可以艺术地拥有与他生存于自己的思想当中所拥有的同样多的反思。请注意这个"艺术地"，因为这里的奥秘不是说他将直接地阐明双重反思，因为那样的表白恰恰是矛盾的。

人与人之间通常的沟通完全是直接性的，因为人通常生存于直接性之中。当一个人讲述了某些东西而另一个人认出了同样的字词的时候，可以说他们彼此一致且相互理解。正因为讲述人没有意识到思想—生存的双重性，他也不会意识到沟通的双重反思。因此，他丝毫没有觉察到，这种彼此一致恰恰有可能成为最高限度的误解；他自然也没有感觉到，就像以主体方式生存的思想家借助思想—生存的双重性解放自身一样，沟通的秘诀正在于解放他人，也正因为如此，他不应该直接表达自己，的确，那样做甚至是不虔诚的。主体性越强，后者的作用越本质，因而它首先在宗教中起作用，如果沟通者不是神本身，或者不敢求诸使徒的奇迹般的权威，他只是凡人并且有意使其所说所为有所意味的话。于是，一个主体性的宗教

---

① 双重反思已经暗含在沟通观念自身之中，生存于孤立的内心性中的生存主体（他将通过内心性表达永恒的生活，其间一切社会性和集体性都是不可思议的，因为生存范畴——运动——在此是不可思议的，因此本质性的沟通也是不可思议的，因为每个人都会被认定本质性地拥有一切）想要表达自己，结果他要将他的思想置于主体生存的内心性之中，同时还要表达自己。这样的矛盾是不可能（除轻率之外，因为对其而言一切皆有可能）以直接的形式加以表达的。——不过，生存主体想以这种方式表达自己是不难理解的。举个例子，一个处于恋爱中的人，其恋情对他而言正是其内心性，他仍想表达自己，只是不以直接的方式，因为恋爱的内心性对他而言才是关键。本质上，他为持续不断地获得恋爱的内心性的心思所占据，他一无所获，而且永无终结，但是他仍想表达自己，正因为如此，他永远都不会采用直接的方式，因为后者预设的是结果和终结。与上帝的关系也是如此。恰恰因为他本人处于持续不断地向内的生成进程之中，即在内心性之中，他永远都不会直接地表达自身，因为这里的运动恰恰是反向的。直接的沟通要求确定性，而确定性对于生成者而言是不可能的，它只是欺骗。以恋爱关系为例，如果一个恋爱中的少女对婚礼充满向往，因为婚礼给她安全的保证；如果她希望像一个婚姻伴侣那样因法律保障而感到舒服自在；如果比之于少女的祈愿，她更向往婚姻的无聊。那么，这位男子就有理由谴责她不忠，尽管她并没有移情别恋。谴责的理由是因为她丧失了信念，事实上少女并不爱这位男子。归根结底，这才是恋爱关系中本质的不忠，移情别恋只是偶然的不忠。

思想家必须掌握生存的双重性，他会轻易地洞悉，直接沟通是对神的欺骗（它可能会骗走另一个人诚实的膜拜），是对自身的欺骗（仿佛他已经停止活着），是对其他人的欺骗（他可能会获得一种相对的神人关系），这欺骗将使他连同其全部思想陷入矛盾。[18]而直接阐明这一点也将成为矛盾，因为形式不顾陈述内容的双重反思性而成为直接性的。向一位思想家提出要求，让他在为沟通选择的形式与其全部思想和世界观之间构成矛盾；让他用"这将对他有利"来安慰自己；让他确信，没有人会留意这一点，的确，在客观的年代没有人会留意，因为这些极端的结果都是蠢话，它们在所有体系的打工族看来一文不值。嗯，这是好的建议，而且价格低廉。[19]假设一位过着宗教生活的个体的人生观是说，一个人不该拥有门徒，那是对神和人类的背叛；假设他有点愚钝（因为如果需要点除诚实之外的东西以便在这个世界上畅通无阻的话，那么，为了真正地成功，也为了真正地被众人理解，愚钝总是必要的），他庄重地、充满情感地将之直接道出，然后呢？然后他被理解了，很快就会有十个人申请宣传这个教导——他们只是为了每周享用免费修面一次。也就是说，为了进一步证实教导的正确性，他非常幸运地拥有了接受并且传播那个"不该拥有门徒"的教导的门徒。

客观思想对于主体性完全漠不关心，并且因此对内心性和占有漠不关心；其沟通方式因而也是直接的。显然，客观思想不必因此而简单轻松，但它却是直接的，它没有双重反思的欺骗性和艺术性，亦没有主体思想在表达自身时所有的那种虔诚的和人性的牵挂——它让自身直接地被理解、被诵读。因此，客观思想仅仅意识到自身，因而它算不上沟通①，至少算不上艺术的沟通，就艺术的沟通总是要求顾及接受者、要求留意沟通的形式与接受者的误解之间的关系而言。这种客观思想②同大多数人一样热诚善良、善于沟通；它直接干脆地表达自身，最大限度

---

① 否定的事物总是这样行事：不管它无意识地出现在何处，它都会把肯定转变成否定；在此，它把沟通转变成一种幻象，因为沟通之中否定的东西没有被思考，沟通纯粹是被肯定地加以思考的。在双重反思的欺骗性之中，沟通的否定性被思考，因此，这种沟通在与另外那种沟通相比之下看似一无是处，但它却是沟通。

② 人们应该时刻牢记，我所谈论的是宗教，在宗教领域内，客观思想就是非宗教，如果它要成为至上思想的话。反之，如果客观思想处于其权利范围之内，其直接沟通也就顺理成章，因为客观思想原本就不跟主体性打交道。

地依靠对其真理和建议的确信,保证总有一天所有人都将接受这个真理——它胸有成竹。或者,客观思想或许会很不确信,因为确信、建议和保证皆因那些应该接受客观思想的他者之故而在,或许还应因教师之故而在,他们需要多数选票所带来的安全和可靠。假如他的同时代人拒绝了他,他会转向来世——他十分确定。这种安全与独立有相通之处,也就是说独立于世界之外,但为了确保人的独立,人们需要世界作为其独立性的见证。

沟通的形式与沟通所表达的东西是不同的。当思想在语词中获得了恰当的表达之时,这是通过第一种反思达成的,第二种反思就出现了,它涉及了沟通与沟通者之间的内在关系,并且表达了生存着的沟通者与理念之间的内在关系。让我们再来看几个例子。我们有的是时间,因为我所撰写的并不是人们期待中的使体系完结的最后一节。那么,假设① 有人想表达如下信念:真理是内心性;在客观的意义上没有真理;占有就是真理。假设他怀着热情和激情说出这些话,因为当人们听到之时,他们就得救了。假设他在所有场合都这样讲,不仅打动了那些容易流汗的人,而且打动了那些冷漠的人。结果呢?肯定有一些工人悠闲地待在广场上,只有听到那个召唤才到葡萄园去干活——向所有人宣讲这个信条。[20] 结果呢?他会愈加自相矛盾,就像他一开始时那样,因为怀着热情和激情说出这些、让它们被听见,这本身就是一种误解。问题的主旨其实就是被理解,而理解的内在性恰恰在于,单一者要依靠自身去理解。如今他甚至到了要利用大声揽客者的地步了,而一个叫喝内心性的人是有观赏价值的怪物。真正地表达这样一种信念需要艺术和自我控制力:足够的自我控制力以便在内心性之中理解,单一者与上帝的关系是核心,第三者的忙碌是内心性的缺失和可爱的愚钝的泛滥;足够的艺术用来无穷尽地——就像内心性一样——变换沟通在双重反思下的形式。艺术性越强,内心性越强;是的,假如他有很强的艺术性,那他就可能说,他在施展艺术手法的时候可以肯定,他在下一个瞬间能够保证沟通的内在性,因为他无

---

① 我说的只是"假设",在这种形式下我获许把最确定和最荒谬的东西呈现出来;因为甚至最确定的东西也并非作为最确定的东西被设定,而是作为假设被设定,为了对问题有所揭示;甚至最荒谬的东西也不是本质性地被设定,而是假设性地被设定,为了揭示假言判断中前后件的关系。[21]

限关切自己内心性的保持,这种关切将把关切者从所有肯定性的胡言乱语当中解救出来。——假设有人想表达如是观点:真理并不是真理,道路才是真理;也就是说,真理只存在于生成之中,存在于占有的过程之中,它没有任何结果。[22]假设他是一位必然要将这一切公之于众的慈善家。假设他踏上了一条美妙的捷径,把这些直接公布在《地址报》上,并以此赢得了大批追随者;而那条艺术化的道路却全然不顾他的努力,对他是否有助于他人这一点悬而未决。[23]结果呢?结果他的陈述恰恰变成了结果。——假设有人想表达这样的观点:所有的接受者都是生产者;假设他频繁重复这话,结果这句话被用到字帖当中。那么,他绝好地验证了自己的观点。[24]——假设有人想表达如是信念:人与上帝的关系是一个秘密。假设有一位和善的好人,他非常喜欢他人,他必须将之表达出来。假设他仍然有充足的理智,他感觉到了直接表达的矛盾,于是转以沉默的誓言来加以表达。结果呢?要么他提出,门徒比教师更明智,门徒能够保持沉默,而教师却不能(这是对为人师表的一个绝妙讽刺!);要么,他可以在胡言乱语当中飘飘然,以致他根本发现不了矛盾。这些好人有些奇怪:他们非表达出来不可,这一点令人感动;而认为有人在其与上帝的关系当中需要另一个人的帮助,仿佛上帝不足以自助以及帮助当事人,这是何等的虚荣。但是,在生存当中坚持这种思想是有些艰难的,即:人在上帝面前一无是处,个人的全部努力只是一个玩笑;坚持这种思想是有些令人内疚的,即:尊重他人,结果人们不敢直接插手他的神人关系,一方面,因为人们已有很多事要做;另一方面,也因为上帝并不赞赏厚颜无耻。

只要主体在认知中具有重要意义,那么占有就是问题的关键,沟通就是一门艺术,它具有双重反思性,其第一种形式就是那种主体必须虔诚地彼此分离而不应在客观性之中黏合为一体的微妙性。这是客观性向主体性的告别之词。

通常的沟通、客观的思想毫无秘密可言,只有双重反思之下的主体思想才有秘密,也就是说,其全部的本质内容本质上是秘密,因为它不能被直接表达。这正是秘密的意义。这种知识不可直接言说,因为这种知识的本质即占有,这意味着它将成为每一个未能以同样方式亲身进行双重反思的人的秘密;但是,说这是真理的本质形式,这一点使得这种真理不可能以任何其他的方式被说出①。因此，当一个人想直接表达的时候，他就是愚蠢的；而当有人要求他这样做的时候，那人也是愚蠢的。面对这样一种闪烁其词的、艺术化的沟通，常人的迟钝就会大叫：这是自我中心主义。当愚蠢占了上风，并且沟通变成直接性之时，愚蠢也就赢得了很多东西，结果连沟通者也变得同样迟钝了。

人们可以在本质的秘密和偶然的秘密之间做出区分。举例来说，在枢密院讲的话，只要尚未公开，它就是一桩偶然的秘密；因为一旦被公开，陈述就会被直接理解。[25]没有人知道今年会发生什么事，这是一桩偶然的秘密；因为一旦发生了，人们会直接理解它。反之，当苏格拉底在魔力作用下从各种关系之中脱身，并且，比方说吧，作为假设提出，每个人都应如是为之的时候，这种人生观从本质上说就是一个秘密，或者说是一桩本质性的秘密，因为它不能被直接传达；他最多能做的就是，艺术化地借助产术在否定的意义上帮助他人通达同样的观点。[26]所有以辩证的内心性避开了直接表达方式的主体性都是本质性的秘密。

这样一种沟通形式以其无穷尽的艺术性，呼应并且表现了生存主体和理念之间的关系。为了以试验的方式清晰地阐明这一点，我将揭示生存的关系，但却不对是否有真正活着的人意识到了这一点进行裁决，也就是说，是否有人以这种方式生存。

## 2. 在与真理的生存关系之中，生存性的主体思想家既否定又肯定，他所拥有的喜剧性与他本质上拥有的情致同样多，他持续地处于生成进程之中，也就是说，在奋斗中

因为生存主体是生存着的（这是所有人的命运，除了那些客观者，他们居于纯粹的存在之中），因此他实际上处于生成进程之中。[27]他的沟通形式应该与其生存在本质上相一致，同样地，其思想也应与生存的形式相一致。如今所有人都从黑格尔那里知晓了生成的辩证法。[28]生成进程中

---

① 假如在我们这时代有一个人，他在主体性方面得到了发展，他意识到了沟通的艺术，那么他将经历一幕幕壮观的喜剧和闹剧场景。他将被拒之门外，像那个无法变得客观的人一样，直到最终有一位好心肠的客观的家伙，一个体系化的家伙，很可能心生怜悯，帮助他半途杀入那些段落之中。曾经被视为不可能的事——画一幅穿隐形盔甲的战神的画，现在令人惊奇地完成了；事实上更奇怪的是，它会在中途完成。

从存在到非存在的转变（一个仍有些不清楚的范畴，就存在本身在转变之中仍有连续性而言）也就是后来的否定和肯定。

在我们这个时代，人们常常听到关于否定性和否定思想家的谈论，常常听到肯定思想家在此方向所做的宣讲，以及向上帝和黑格尔的致谢祷告，说他们不像某些否定思想家，他们变成了肯定思想家。[29] 在思想领域中，肯定性可归为如下范畴：感觉的确定性，历史知识，思辨的结果。但是，这种肯定性恰恰是不正确的。感觉的确定性是欺骗（参考希腊怀疑论及其在现代哲学中的全部表现，从中人们可以学到很多东西）；历史知识是幻象（因为它是近似的知识）；而思辨的结果则是杂烩。这也就是说，所有肯定性思想没有把认知主体在生存中的状态表现出来，因而它涉及的只是一个虚构的客观的主体，把自身与这样的东西混淆就是将要和正在被愚弄。每一个主体都是生存着的主体，因此，这一点在本质上必须在其全部知识当中表现出来，而且其表现必须通过阻止这种知识虚幻地终结于感觉确定性、历史知识以及虚幻结果之中的方式完成。就历史知识而言，主体获得了很多关于世界的知识，丝毫没有关于他自己的知识。他一直在近似知识的领域中活动，以假定的肯定性想象自己拥有某种确定性，这种确定性只能存在于无限性之中，而他作为生存者不可能身处其中，只能持续不断地抵达。没有任何历史对我可以是无限确定的，除了这一点：我存在着（同样地，这一点对于任何其他个体也不会是无限确定的，他只能以同样的方式无限地认识自身的生存），而这一点不是历史性的。就生存主体在思想进程中要从生存中抽身并且想在永恒的视角下而言，思辨的结果是幻象。[30]

于是，否定思想家们一直有种优势，即他们拥有某种肯定的东西，也就是说，他们意识到了否定的东西；肯定的思想家们则一无所有，因为他们被欺骗了。正因为否定的东西存在于，而且遍在于生存之中（因为生活、生存处于持续不断的生成进程之中），所以对于否定事物的持续察觉反而成了唯一的解脱。主体被肯定地加以保护恰恰是被愚弄。[31]

生存之中的否定性，或者更准确地说生存主体的否定性（其思想应该在本质意义上相应产生出恰当的形式）建立在主体的综合性之上，在生存的、无限的精神之上。无限和永恒是唯一确定的东西，但由于它们在主体身上，它们也就在生存之中，因此它们首先表现为永恒的虚幻和巨大的矛盾，也就是说，永恒生成着、出现着。

于是，生存主体的思想拥有一种能够生产出该思想的形式就显得很重要了。直接性的陈述所说的恰恰是某种不正确的东西，如果直接说出的话；因为在直接陈述中所剩下的恰恰是幻象，结果沟通的形式被扰乱，这就跟癫痫病患者的舌头吐出一个错字时一样，尽管说话人或许并未像癫痫患者那样清楚地注意到这一点。让我们举个例子。生存主体是永恒的，但是作为生存者又是时间性的。无限的虚幻性就在于，死亡的可能性存在于每一个瞬间。所有肯定的信赖因此都被弄得可疑起来。如果我不是每时每刻都意识到这一点，那么我对生活的肯定的信赖就只是幼稚的，尽管这信赖已经成为思辨性的，威严地处于体系的空洞浮夸之中。而如果我意识到这一点，那么关于无限的思想就会变得如此无限，以至于它仿佛把我的生存变成了正在消失的无。那么，生存主体应该如何表达这种思想——生存呢？人人都知道，这是关于生存的问题，但是，那些肯定的思想家肯定地知道这一点，也就是说，他们压根儿就不知道——不过，自然了，他们仍然忙于整个世界的历史。每年有那么一次，在一个庄重的场合，这思想会攫住他们，如今他们以确定的形式宣称，事情就是这样。但是，他们只在一年一次的庄重场合才有所觉察这一点充分表明，他们是十分肯定的；而他们确定可靠地说出这一点则显示出，尽管他们说了，他们并不知道所说的是什么，因此他们转眼就会将之忘却。就前述否定思想家而言，虚幻的形式是唯一充分的形式，因为直接沟通暗含着连续性中的可靠性；反之，虚幻的生存在我把握它的时候，会将我孤立。所有意识到这一点的人，所有满足于做一个凡人的人，都有足够的力量和闲暇不愿为获准谈论整个世界历史而上当受骗，不愿为同类人崇拜而遭受生存的嘲弄，这样的人会避免使用直接陈述。[32] 众所周知，苏格拉底是一个无所事事的人，他既不关心世界史也不关心天文学（据狄欧根尼的讲述，苏格拉底放弃了这些东西。[33] 当他后来静立着凝视远方的时候，尽管无法对他究竟在做什么做出判断，但我认为他并不是在观天象），而是有充足的时间和怪癖关切单纯人性的东西，这种关切十分奇怪，它被视为人类的怪癖，而忙于世界史、天文学和其他诸如此类的东西却丝毫不算怪癖。[34] 我在一份菲茵岛的期刊上看到了一篇出色的论文，说苏格拉底应该是有些反讽性的。[35] 这话说得真及时，当我想提出类似主张之时，我就敢于求诸这篇论文了。当苏格拉底想要格外强调无限的时候，他的反讽所采用的形式之一就是，他在开始的时候像疯子似的讲话。如同生存是狡猾的，他的言论亦然，或许（因为我不是像出现在菲茵岛期刊上的肯定的作者那样的聪明人）就是为了阻止赢得一个被打动的、忠实的听众，这听众会以肯定的方式接受关于生存的否定性陈述。这种疯狂对于苏格拉底来说或许还意味着，当他与人交谈时，他所说的话是在私密地与理念进行商谈，对此那些只会直接讲话的人是无法理解的，而一劳永逸地告诉他人这一点也毫无帮助，因为事情的奥秘正在于，它应该遍在于思想及其表达出来的东西之中，就像它遍在于生存之中一样。(36) 于是在某种程度上，不被理解恰恰是正确的，因为那样人们可以确保不被误解。因此，当苏格拉底在某处讲起的一件逸事值得关注，他说有位船长把乘客从希腊运送到了意大利，当抵达目的地之时，他悠游自在地在海滩上踱步，收取船资，就仿佛他做了好事似的，但实际上他却无法知道，他是使乘客们受益了呢，还是最好让他们在大海中丧生，这时他真像疯子一样①。(37) 或许在场的人中真有人把他当成疯子（根据柏拉图和亚尔西巴德，苏格拉底至少被视为有些怪异，"怪人"，这是有着广泛共识的）；或许另有人认为，这是一种离奇古怪的说话方式，或许。而苏格拉底呢，他或许在那个时候正在与他的理念、与无知约会。(38) 假如他以无知的形式掌握了无限性，那么无限性就应该遍在于他的周身。可一位大学编外讲师却不会为此类事情劳神费心，每年一次，他会动情地在第14小节当中来这么一次，他在这方面做得不错，因为他没有用其他方式，也就是说，假如他有妻子、孩子和美好的生活前景的话——他没有丧失理智。(39)

主体性的生存思想家，其灵魂中蕴含着无限性，且持续拥有它，因此他采用的形式总是否定性的。果若如此，当他作为真正的生存者于生存之中产生了生存的形式之时，他作为生存者既是否定的，又是肯定的，因为他的肯定性存在于持续的内倾进程之中，其间他对否定性有所认识。在所谓的否定性思想家当中有一些人，在对否定性略有所知之后，他们屈从于肯定性，狂呼乱叫着步入世界，为的是建议、强迫和兜售其使人获福的否定的智慧——人们当然可以像叫卖霍尔斯坦鲱鱼之类的东西那样叫卖一个结论。(40) 这些小贩当然不比肯定性思想家精明多少，可是肯定性思想家对小贩们十分恼怒这一点却与他们自身不符，因为小贩在本质上是肯定性

---

① 如果一个活人这样讲话，人们肯定会把他当成疯子；但是肯定的思想家们知道，他们以肯定的确定性知道，苏格拉底是一个智慧之人，这一点应该是完全确定的；因此。(41)

的。小贩不是生存的思想家,或许在发现结论之前他们曾经是;从那一刻起,他们不再以思想家的面目生存,而是成了沿街叫卖的小贩和拍卖人。

真正的主体性的生态思想家总是既肯定又否定,而且反之亦然;只要生存着,他就一直这样,而非一劳永逸地在异想天开的调和之中既肯定又否定。他的沟通方式与之相适应,他没有八面玲珑地、但却毫无意义地把一个学生的生存转变成某种超出人的生存所应是的样子。他了解生存的无限的否定性,他一直把否定性的伤口敞开,有时这正是拯救(其他的人则让这伤口愈合,成为肯定的:他们被欺骗了);他在沟通之中表达的是相同的东西。因此,他永远都不会成为教师,而只是一名学生;当他持续地既肯定又否定的时候,他持续地奋斗着。

以此,这样的主体思想家肯定会丧失某种东西,他未能从生活当中获得那种肯定的、丰腴的乐趣。对于绝大多数人来说,他们在探索的进程中的某一确定时刻,其生活会发生改变。他们成家立业,接受职位,出于体面,他必须完成某种东西,必须得出结论(因为向人恳请结论是尴尬的,向神恳请则是谦卑的,这一点很少被虑及),于是他们自认自己真的完成了,或者他们出于习惯必须这么认为,再或者他们叹息、抱怨众多妨碍他们去努力的东西(这是对神何等的侮辱,假如叹息抵达了他;这是对神何等的侮辱,假如这叹息只是出于习惯;这是何等的矛盾,感叹人们无力追求高级的东西,因为人们正在追求低级的东西,而非停止叹息,停止追求低级的东西!)。于是,他们不时也会努力一把,但最终结果不过是为早已完成的文本追加有限的页边注而已。以此方式,人们在完成的行动之中不会意识到包含在"作为凡人那样生存"的极简陈述当中所蕴含的艰难;与之相对,肯定性思想家则了解世界历史和我主最为隐秘的思想。

生存者持续地处于生成的进程之中;真正的生存的主体思想家在思考时总是把它复制到其生存之中,并把所有的思想置于生成之中。风格的形成亦然,只有这样的人才有可能真正拥有风格:他永远都不会完成,而每当他开始"搅语言的混水"之时,那些最为平常的表达方式对他而言都将带着新生的原创性诞生。[42]

持续处于生成进程之中正是生存中的无限性带来的虚幻感。它能把一个感性的人推向绝望,因为人们总会感觉到要完成某事的冲动;但这种冲动源自恶,它必须被摒弃。持续的生成是尘世生活当中的不确定性,万事皆不确定。人人都知道这一点,他也会偶尔道出,尤其是在某个庄重的场合之下并非不出汗、不流泪地道出；他直言道出，感动了自己和他人——他还会把在陈述形式当中表现出来的东西表现在行动上，即他并不理解他本人所说的话①。琉善让卡隆讲了一个发生在阴间的故事：某君在阳世与他的一个朋友讲话，他邀请朋友吃饭，并许诺用一道特殊的菜款待他。朋友感谢了他的邀请，于是他说：你可一定要来啊。(43)肯定来，受邀者回答说。于是他们分手，然后，一片屋瓦落下，砸死了受邀者。卡隆补充说，这真是笑死了人。假如这位受邀者是演说家，他或许就在之前那一刻，因大谈"万事皆不确定"而感动了自己和他人呢！人们就是这样说话的：此时此刻他们无所不晓，而马上又一无所知。于是，关心这类事情，关心这些难题就会被视为愚蠢和怪异，因为每个人原本皆有知。换言之，关心那些并非人人皆知的、能一别高下的知识是荣耀的，而关心人人皆知的东西则是在浪费精力，其间的差别不过是认知诀窍的差别——人们不会因此变得显要。假设受邀者依据不确定性做出了回答，结果如何呢？他的回答不会不像一个疯子，尽管不会有很多人注意到，因为这话其实能够讲得虚虚实实，只有与此种思想十分熟稔的人才会发现。这样的人也不会视之为疯狂，它本来就不是，因为当玩笑中的话语可笑地卷入谈话的其他部分当中，讲话人或许正在与神进行秘密约会，因为一旦"万事皆不确定"这一点被无限地思考，神就是在场的。因此，真正拥有一双能够看到神的眼睛的人随处都能看到神，而只能在超常情境下看到神的人其实根本没有看到神，他看到的只是幻象，他在迷信中被骗了。

　　说主体性的生存思想家既肯定又否定，对此还可以这样表述，即他身上的喜剧性和情致同样多。根据人们普遍的生存方式，喜剧性和情致是按比例分配的，结果一个人有这样，另一个人有那样；这人在这方面多点儿，那人则少点儿。但是对于双重反思之中的生存者而言，这个比例就变成了这样：有多少情致，就有多少喜剧性。也就是说，这个比例是相互保

---

① 人们用以识别受到彻底培育的个体的东西就是看其日常生活中的思想具有怎样的辩证性。既把日常生活置于无限的具有决定意义的辩证法之中，同时又在生活着，这是一门艺术。绝大多数人在日常生活中采用舒服的范畴，只在庄重的场合才使用无限的范畴，这意味着，他们永远都没有拥有后者。但是，既在日常生活中使用无限性的辩证法，又在其中生存，这一点当然需要极大的努力；但这种至上的努力是必需的，以免训练、而非在生存中的训练将其从生存之中骗出来。——众所周知，连续的炮轰会使人耳聋；同样地，通过坚持，人们能在万籁俱寂时听到每一个字。经过反思强化的精神性的生存情形即是如此。

证的。未经喜剧性保护的情致只是幻象，而未经情致保护的喜剧性则是幼稚。只有自己生产出这种东西的人才能理解之，否则不行。苏格拉底所说的水上通道的事听起来像是玩笑，但它又是至上的严肃。如果它只是玩笑，可能会有很多人跟从它；如果它只意味着严肃，那么肯定会有很多爱出汗的人激动起来。可是试想，苏格拉底并没有这样认为。假如一位受邀者在接受邀请之时说："相信我，我一定会来，除非发生意外，一块屋瓦掉下来把我砸死了，那样我就不能来了。"这听上去像是个玩笑。可是，它也可以成为至上的严肃，讲话人和人们开玩笑，但却当着神的面。设想有一个年轻姑娘，她在等待她的恋人，恋人乘着苏格拉底提及的那艘船出海了。设想她奔跑到港口，碰到了苏格拉底，并且怀着热恋时的满腔激情向他询问恋人是否返航。设想那个爱开玩笑的老苏格拉底没有回答她，而是说："噢，船长扬扬得意地走来走去，他把钱顺到自己的口袋里，尽管他并不能肯定，让乘客在海上丧生是不是会更好。"结果怎样呢？如果这是个聪明女孩，她就会感觉到，苏格拉底是在以一种方式告诉她，她的恋人已经到港了。如果一切确定了，结果会怎样呢？她会笑苏格拉底，因为她没有疯狂到连恋人回来有多美好都不能确切知道的地步。当然了，这样的一个小姑娘只想着与恋人相会，想着他们在安全的海滩上热烈拥抱，她还没有发展到那种苏格拉底式的在不确定性的无边无际的海洋中与神在理念中秘密相会的程度。但是，设想这个小姑娘得到了确证，结果怎样呢？她和苏格拉底所知道的完全相同，所不同在于知道的方式。也许苏格拉底把一生的时间集于那个差别之上，甚至在他 70 岁的时候，他都没有完成那种 16 岁女孩都知道的努力向内心沉潜的练习。他不是那种人，因为会讲希伯来语就冲着年轻女孩说，"这你可不会，它需要花很长时间来学习"；他也不会石雕，年轻姑娘连想都不敢想自己也会这玩意儿，她只有崇拜的份儿。[44] 不，苏格拉底并不比那女孩知道得更多。难怪他对于死亡淡然处之，这个可怜的人或许已经感觉到，他的生命已经被浪费了，现在去学习只有杰出之士才知道的东西已经太迟。难怪他对自己的死没有丝毫大惊小怪，好像国家因为失去他而失去了某种不可替代的东西。唉，他可能会这样想：假如我曾是希伯来语教授，假如我是雕塑家或者舞蹈家，更不用说我是世界历史性的造福天才，国家怎样才能从失去我的损失之中恢复元气，国民又怎样才能获知我能够对他们说的东西呢！可是，这样的问题对于我是不存在的，因为我所知的，人人皆知。这个苏格拉底真是个能开玩笑的家伙，他以这种方式跟希伯来语、跟雕塑艺术、跟芭蕾舞和世界历史性的造福活动开玩笑；同时他还那么关切神，尽管终其一生都不间断地训练着自身（就像为神的荣耀而起舞的独舞者），他仍带着疑虑期待着，看自己能否通过神的考验，看那考验将会是什么。

在直接性范围内，喜剧性和悲剧性之间的相对差别在双重反思之中消失了；在双重反思中，差别是无限的，同一性因此被确立。于是，在宗教层面上，祈祷的喜剧性表达与其情致性表达同样虔诚。喜剧性和情致在根本上存在着一种错位，一种在无限与有限、永恒和生成之间的矛盾。把喜剧性排除在外的情致因此就是误解，它根本算不上是情致。于是，生存着的主体思想家与生存状况一样具有两面性。当理念在前的时候，对错位的理解就是情致；而理念在后的时候，对错位的理解就是喜剧性的。当生存的主体思想家把脸转向理念的时候，他对这种错位的理解就是情致性的；而当他背向理念并且让理念从后部照射到同一种错位之上的时候，他对错位的理解就是喜剧性的。因此，称上帝"你"是宗教性的无限情致；而当我背对着、并且在有限之中看到那些从后面滑到有限性之中的东西的时候，这一点又是无限喜剧性的。(45)如果我没有穷尽喜剧性，我也就没有无限性的情致；如果我拥有无限性的情致，那么我立刻就拥有了喜剧性。——因此，祈祷就是无限性的至上情致①，但它又是喜剧性的，② 这

---

① 苏格拉底式的凝神默想也是对至上情致的一种表达，因而也是喜剧性的。(46)让我们来考察一番。苏格拉底站在那里，凝视前方。这时来了两个过路人，其中一个对另一个说："这人在干什么？"另一个回答："什么也没干。"让我们假设，其中的一位路人对于内心性有些了解，他用宗教的语言来描述苏格拉底的行为，于是他说："这人沉迷在神性之中了；他在祈祷。"让我们停留在后一种表达之上：他在祈祷。但是，他是在使用言辞吗，或许还使用了很多言辞？不然，苏格拉底是这样来理解他与神的关系的：他根本不敢说什么，他害怕因此陷入胡言乱语之中，害怕一个错误的愿望成为现实。关于后者有一个例子，有神谕说，有个人的儿子们会很出色，那位忧心忡忡的父亲继续追问，是否这些孩子可能有一天会悲惨地死去。神谕回答说："这一点你也将会看到它的实现。"(47)神谕是连贯的，它认为求神谕者是在祈求，因此神谕前后一致地使用了"实现"这个字眼，但对当事人来说这是痛心的反讽。其实苏格拉底什么也没做，他甚至没有在心里与神谈话，但是他还是做了至上之事。苏格拉底本人或许已经洞察到了这一点，而且知道如何以戏谑的方式来强化它。但是克尔凯郭尔博士没有理解这一点，我们可以从其学位论文中推断出来。他引用了《亚尔西巴德篇》，提到了苏格拉底对祈祷的否定态度，但是，正如我们这个时代对于一位肯定性的神学毕业生所期待的，他没有克制自己在一则脚注中教育苏格拉底，说这种否定性只在一定程度上是正确的。(48)

② 我在这里说的不是偶然的喜剧性，就像当一个人在祈祷的时候用帽子挡住双眼，但却没有注意到帽顶没了，人们碰巧可以脸对脸地看到他。

恰恰是因为祈祷的内在性与任何一种外在表达都不相适应，尤其是当人们遵守《圣经》上的话的时候——在禁食期往头上涂油和洗脸。[49]喜剧性在这里有两种表现方式。一种是恶意的喜剧性，举个例子，一个力壮如牛的男子出场，他一边祈祷，一边为了显示祈祷的内心性而摆出各种显示力量的姿势，如果祈祷者光着胳膊的话，这些姿势对于艺术家用以研究臂部肌肉来说就会是有用的。祈祷的内心性和说不出来的叹息与发达的肌肉不相吻合。[50]真正的喜剧性在于，无限性在某人身上发挥作用，但是没有人，没有任何人能够在他身上发现这一点。就持续的生成进程而言，喜剧性和悲情同时出现在祈祷的重复之中；而祈祷在内心性之中的无限性使得这重复成为不可能，因此，重复本身成了某种既让人发笑、又令人哀伤的东西。

主体性的生存思想家就是这样生存着的，因此他的展示也产生出了同样的东西，结果无人能够理所当然地接近他的情致。就像一出浪漫戏剧当中的喜剧部分，喜剧性蜿蜒穿过莱辛的作品，有时或许是在一个错误的地方，或许，或许不，我无法确切地说出。[51]主教葛茨是一个非常有趣的人物，莱辛通过使其与自己的作品无法分离的办法喜剧性地使其不朽。[52]人们无法怀着同样的自信投身于莱辛，就像投身于那些以真正的、思辨的严肃性从"一"中推出万物从而使一切完成的人的作品那样，这一点当然是令人烦恼的。

生存着的主体思想家持续奋斗着，这并非在有限的意义上说，他有一个要为之努力的目标，不是说当他到达那个目标的时候他完成了。不然，他是在无限的意义上奋斗着，持续地处于生成的进程之中，这一点由他总是既否定又肯定所保证，由他在本质上拥有同样多的喜剧性和情致这一点所保证。之所以如此，其根源在于他是生存着的，并且在思想之中反映出了这一点。生成的进程就是思想家的生存，他可以毫无头脑地从中抽身并且成为客观的。在生成的进程中，无论他走多近多远都无关宏旨（因为这仅是一个有限的—相对的比较），只要他生存着，他就处于生成的进程之中。

生存本身，即生存着，是奋斗，它既充满情致又具有喜剧性。说它充满情致是因为奋斗是无限的，也就是说，它直冲无限而去，它是一种无限化的进程，这一点正是最高限度的情致；说它充满喜剧性是因为这奋斗是一个自相矛盾。从情致的角度观之,每一秒钟都有无限的价值;从喜剧性的角度观之,一万年也就跟昨天一样只是个玩笑,而生存者身居其间的时间正是由这些部分组成的。如果简单直接地宣称一万年是个玩笑,会有很多傻瓜做出响应并且发现这是智慧。但是他们忘记了另外一点,即每一秒都有无限的价值。如果我们说每一秒钟都有无限的价值,总会有人大吃一惊,他们会更好地理解一万年有着无限的价值。但这两点同样难以理解,如果人们只是用充足的时间去理解那些应被理解的东西的话;或者在另一种情况下,人们被那种一秒钟都不能浪费的想法无限地控制着,结果每一秒钟都获得了无限的价值。

生存的这种性质令人联想到希腊人对爱神的理解,对此我们可以在《会饮篇》中找到,而且普鲁塔克在其论伊西斯和奥西里斯的作品当中(第57节)也对之进行了很好的解说。[53] 我所关切的并非伊西斯、奥西里斯和堤丰之间的平行关系,但是当普鲁塔克提醒我们,赫西俄德把混沌、大地、代达罗斯和情爱视为基本元素的时候,在这个方面联想到柏拉图就是正确的。因为情爱在这里公开意味着生存,或者意味着那种生活得以完整的东西,那种生活就是有限和无限的综合。根据柏拉图,贫乏神和丰富神生了爱神,爱神的本质由二者孕育。那么,何谓生存?生存就是无限和有限、永恒和时间所生的那个孩子,因此它持续地奋斗着。这是苏格拉底的意思:因此,爱就是持续奋斗着的,也就是说,思维主体生存着。[54] 只有那些体系制造者和客观思想家才停止为人,他们变成了植根于纯粹存在之中的思辨思想。苏格拉底的思想当然不能在有限的意义上理解成是一种持续的、永远持续的向着某个不可企及的目标的奋斗。但是,不管主体身内有多少无限性,因为他生存着,他就处于生成的进程之中。一个在思想之中忘记思考他生存着的思想家,他对生存没有做出任何解释,他试图停止为人,变成了一本书或者客观的什么东西,某种只有明希豪森才能成为的东西。不可否认,客观思想是有其实在性的,但是就与主体性应在其中得到强化的思想的关系而言,客观思想是一种误解。一个人即使终生忙于钻研逻辑学,他也不会因此成为逻辑,他生存在其他的范畴之内。假如现在他发现这一点不值得费劲思考,那么就由他去吧,生存将会嘲笑那些总想变得纯粹客观的人,对他来说知道这一点并不愉快。

> **3.** 这一点和下一点的讨论对象可以更为确定地追溯到莱辛，这个意思是说我们可以直接引用他的陈述，但仍不带任何直接的确定性，因为莱辛不是在教训人，而是在主体的意义上避闪人，他不愿强迫任何人因他的缘故而接受什么，不愿帮助他人获得与原创者的直接的连续关系。也许莱辛本人已经认识到，诸如此类的事情是不能被直接阐明的；至少莱辛的做法可以做如是解释，而且或许这种解释是正确的，或许

莱辛说过（全集第 5 卷，第 80 页），偶然的历史真理永远都不可能成为永恒的理性真理的证据；还说过（第 83 页），在历史陈述的基础上向永恒真理的过渡是一个跳跃。[55]

我将详加考察这两个断言，并将与《哲学片断》中的问题联系起来，即：人们是否能够把永恒福祉建立在历史知识的基础之上。[56] 不过我首先要为这样一种言论腾出空间，它能够揭示出人类的思想多么具有欺骗性，就像学生的朗读那样，"他假装朗读但实际却没读"。当两种思想默契到彼此不可分离的地步之时，其结果就是，如果人们能够思考其中的一种，正因为如此也就能够思考另外一种，那么这样的情形也就并非罕见，即：通过一代又一代人的口口相传，形成了一种意见，认为思考一种思想是容易的，而相反的意见则认为思考另一种思想是困难的，它甚至树立了怀疑的实践。[57] 但是，真正的辩证关系却在于，能够思考一种思想的人正因为如此是能够思考第二种思想的；事实上，他正因为如此已经思考了第二种思想——如果他已经思考了第一种的话。这里我针对的是关于永劫的准信条。《哲学片断》提出的问题是，一个历史事实如何能够成为永恒福祉的决定性因素。当我们说"决定性"的时候，正因为如此，它指的是永福被决定了，永劫也被决定了，不管是设定还是被排除在外。第一点很容易理解，每一个体系制造者、每一个信徒都思考过这一点，我们所有人当然都是信徒，永恒福祉拥有一个历史的出发点不过是小菜一碟，思考这一点亦然。在这种安全和可靠之中，由在时间中的历史出发点所决定的关于永劫的问题可能会浮出水面，而这正是困难之所在！人们无法做出决定应该接受什么，他们决定让这个问题留在那里，作为一个有可能用于公众演讲

的东西，但却是作为未被决定的东西。唉，哎呀，于是一切被决定了；没有什么比这更容易了——如果第一个已经被决定了的话。人类的思虑是多么奇妙，有谁能够凝视你深思的双眼而没有感受到平静的升华！于是，持续的深思熟虑引出了这样的结果：人们理解了第一种思想，而让第二种思想留在那里，也就是说，人们无法理解它；不过，这个第一和第二，我几乎是尴尬地说，它们完全是一回事①。假如时间以及与历史现象的关系能够成为永恒福祉的决定性因素的话，那么，正因为如此，它也是永劫的决定性因素。人类深思熟虑的运作方式有所不同。也就是说，永恒福祉是从后面做出的永恒设定，它在内在性之中，为每个个体而在。作为"永恒的"，个体高于时间，因此，永恒福祉总是在其身后；换言之，人们只能思考永福，却根本不考虑永劫。从哲学的角度出发这是完全正常的。现在，基督教出现，它设定了这样的选项：永福或者永劫；以及时间中的决断。那么，人类的深思熟虑将如何为之呢？它没有像《哲学片断》那样做，它并未意识到这是一道难题，没有意识到思考该难题的要求是人们所能想到的最困难的建议；结果，它并没有做出首先应该做的事情，它甚至没有提出论题。相反，它扯了个谎，于是一切都变得容易了。它针对选言判断中的第一项（永恒福祉），以之理解了内在性思想，以此正好将选言判断排除在外，然后它思考了全部，直至涉及选言判断中的第二项时翻了船，宣称它无法被思考，这无异于打了自己一耳光，并且暴露出，自己跟没有思考第一项的人并无二致。基督教的悖论在于，在永恒的问题上，它要不断地利用时间和历史。所有的思想植根于内在性之中，人类的深思熟虑又能如何呢？它思考内在性，假装这就是选言判断中的第一项，于是它也就思考了基督教②。

现在来看看莱辛。在他的一篇短文《论精神的证明及其力量——关于舒曼先生》中可以找到这样的段落。莱辛反对我所称之为的"以量化的方式达成一个质的决断"的行为，他与那种"从历史的可靠性向

---

① 就此而言，《哲学片断》同样能够树立起对立面并且使之成为难题：一个历史事实如何能够成为永劫的决定性因素。在这个问题上，人类的深思熟虑定能发现，这是可以发问的，因为它根本无法被解答。

② 从正统信条出发捍卫那个关于永恒惩罚的信条的证明应该被视为误解。不过，证明的方法与思辨思想的性质截然不同；因为就其实际上存在于选项之中而言，每一个证明都是多余的。

永恒福祉的决断直接过渡"的思想争辩。他并不否认（因为他很快做出让步，以便让范畴清晰起来），《圣经》中讲到的奇迹和预言与其他的历史陈述具有相同的可靠性，事实上，它们与通常意义上的历史陈述所可能有的可靠性一样可靠。"但是，如果它们只是同样可靠，为什么它们要被当成好像是在无限的意义上更为可靠呢？"（第79页）(58)这正是因为人们想在此基础之上接受那个决定永恒福祉的信条，也就是说，人们想把永恒福祉建立其上。莱辛同所有人一样乐于相信，亚历山大曾经存在过，他征服了整个亚洲。"但是，谁在这个信念的基础上，会拿伟大而具有持久价值的东西、其损失不可弥补的东西冒险呢？"（第81页）(59)

莱辛一直驳斥的是那种从历史的可靠性向永恒的决断的直接过渡。于是他采取的立场是，在对奇迹和预言的陈述和与它们的同时共在之间做出区分。（《哲学片断》以诗化的和试验的方式意识到了这个区分，为的是使同时共在性出场，并且以此方式清除了所谓的"后世历史"。）(60)莱辛认为，从陈述，也就是从对陈述的可靠性的认可当中得不出任何东西，不过他又补充说，假如他曾经与奇迹和预言同时共在，这对他还是有帮助的①。(61)莱辛向来博学多识，因此他对大可怀疑的对奥立金的引用持有异议，这些引用是为了慰藉对基督教真理的那个证明。(62)莱辛提出异议的方式是为奥立金的言论增添了结论，从中可以看出，奥立金认为，甚至在他生活的时代仍然有奇迹发生，他赋予这些奇迹以证明的力量，他显然与这些奇迹同时共在，就像他所读到的那些人一样。

莱辛采取了一种与既定说法正相反对的立场，因此他并无机会提出那个辩证难题，即：同时代性是否会对人有所帮助，它是否会成为不仅仅是偶因的东西，历史的陈述也可以充当偶因。莱辛看似假定的是相反的立场；或许这种表面现象的产生是为了从对手认可的前提出发，使其剑法在直面某个特定对手的时候具有更为明晰的辩证性。(63)相反地，《哲学片断》所欲揭示的是，同时共在性毫无用处，因为直接的过渡永远不存在，直接的过渡对于所有的后世者都将成为一种无所限制的不公正，它比基督教早已取消了的在犹太人和希腊人之间、受割礼的和未受割礼的人之间的不公

---

① 或许有读者会在此想起《哲学片断》当中提出的观点，即与悖论同时共在（直接性地理解）是不可能的，以及同时代弟子与后世弟子之间的差别是一个消逝的要素。(64)

正和差别要严重得多。[65]

莱辛亲手把他的问题用粗体字表述：历史性的偶然性真理永远都不可能成为对必然的理性真理的证明①。[66]这里冲击我们的是那个表语：偶然的。这是误导性的，它可能会把人们引向在本质的和偶然的历史性真理之间所做的绝对区分，而这种区分只不过是次一级的。假如我们不理会那个更高的表语（"历史性的"）的同一性，并且在这里做出绝对的区分；那么看起来似乎可以说，就与本质性的历史真理的关系而言，直接的过渡是可以形成的。我现在可能会发火，我认为这是不可能的，莱辛不可能如此地不一致，因此；我的火气可能会说服很多人。不过，我将把自己限制在一个彬彬有礼的"或许"之内，它假设说，莱辛用"偶然的"这个表语掩盖了一切，它只说出了某些东西，结果"偶然的"不是一个表示相对区分的表语词或者个别的表语词，而是一个表示种类的表语：历史性真理就其本义而言就是偶然的。否则，所有的误解都在于此，它一再出现在现代哲学之中：它让永恒自然而然地成为历史性的，并且认为我们能够把握历史的必然性②。一切历史都是偶然的；这正是因为，凡是生成的、成为历史的，都拥有偶然性的环节，因为偶然性正是生成的一个要素。——历史性真理和永恒决断之间的不相称再次存在于此。

以此方式理解，历史性以及与历史性的关系就成了永恒福祉的决定性因素，一种"转向另一类"（莱辛甚至说，如果事情并非如此，那我就不明白亚里士多德此言的意思何在，第82页），一个对于同时代人和后继者来说的跳跃。[67]这是一个跳跃，这是莱辛在偶然的限制范围内使用的字眼，那种限制是由同时共在性和非同时共在性之间的虚妄差别标识出来的。他说过："那个东西，那是一个我无法逾越的讨厌的鸿沟，无论我多么经常地、多么严肃地试图跨过它（第83页）。"[68]或许"跳跃"这个字眼只是写作中的比喻，或许正因为如此，比喻为想象之故进一步展开，加上了一个新的表语——"宽的"，仿佛最小幅度的跳跃不具备使鸿沟变得

---

① 此处论题的立场清楚地表明，《哲学片断》确实是在反对莱辛，就他树立了同时共在性的优势而言；真正的辩证难题存在于对这种优势的否定之中，由此，对莱辛问题的回答获得了另外一种意义。

② 就这个体系化的、颠倒的业绩而言，或许有读者会想起《哲学片断》中所强调的，无物以必然的方式生成（因为生成和必然性彼此矛盾），因此，更无某物通过已然生成而成为必然，因为必然是唯一不能生成的，因为它总是预先设定自己的存在。[69]

无限宽阔的性质；仿佛对于根本无力跳跃的人来说，沟的宽窄使跳跃的难度有所不同；仿佛使鸿沟变得无限宽阔的不是由于对跳跃的辩证的、充满激情的厌恶，就像麦克白夫人的激情使得鲜血的印迹多得连海水都冲刷不掉。[70] 或许使用"严肃"一词是莱辛的狡猾之处。[71] 就跳跃而言，尤其是当比喻为想象之故而展开的时候，"严肃"就显得奇怪至极，因为严肃或者与跳跃无关，或者与之形成一种滑稽关系，既然我们说，并不是外在意义上沟的宽度阻止了跳跃，而是内在意义上辩证的激情使得这沟变得无限宽阔。说已经接近做成某事，这话已经有滑稽的面向了；而说马上就快完成一个跳跃，这话则空洞无物，因为跳跃是一个决定性的范畴。说以最高限度的严肃愿意完成跳跃，这个莱辛真是个恶作剧者，因为他其实正是怀着最高限度的严肃才把这沟弄得宽阔无比，他难道不是在捉弄人吗？不过，众所周知，就跳跃而言，人们还可以用另一种更为流行的方式捉弄人。人们闭上眼睛，以明希豪森的风格，振作精神，然后，然后人们就站在另一边了，站在体系的乐土之上的健全的人类理智那一边了。[72]

此外，跳跃这个术语还以另一种方式与莱辛的名字联系在一起。总体观之，现时代罕有思想家令人想到那种美好的希腊哲学的思考方式，即别出心裁地就某一确定的情况将自身和他的思想—生存浓缩在一个单一的简洁而又恰如其分的句子之上，但是莱辛却生动地令我们想到了希腊人。他的知识不是学问的大杂烩，不是对张三李四、天才或是大学编外讲师思考和写作的真正的思辨性调和的重复；他的优点也不是把所有的荣耀置于历史化的方法的线索之上。简而言之，他有他自己的东西。就像人们能够引用很多希腊思想家的格言但却没有指名道姓一样，莱辛同样留下了他的临终之言。众所周知，莱辛的"临终之言"给了他生活的时代一些无意义的写作以契机。那个热情高贵的雅各比常常怀着可爱的同情表达出他想被其他思想家理解的渴望，以及他与他人意见一致的意愿，他成了保管莱辛临终之言的告解神父。当然，给像莱辛这样的反讽家作告解神父绝非易事，雅各比不得不忍受很多东西。就他所受到的不公正攻击而论，他本不该忍受这些。但是，莱辛根本就没有要求雅各比作告解神父，更别说请求他把谈话内容公之于众，何况他把悲情置于了错误的地方；就此而论，雅各比就该忍受这些。

整个情景有着某种强烈的诗意：两个如莱辛和雅各比这样观点鲜明的个体在对话。不知疲倦的热情的代言人雅各比是观察者，而狡猾的莱辛则是预备基督徒。$^{(73)}$雅各比想探求莱辛究竟是怎么想的。发生了什么呢？雅各比惊骇地发现，莱辛骨子里其实是一个斯宾诺莎主义者。$^{(74)}$于是，这位热心人冒着极大的风险建议莱辛做那个唯一的拯救性空翻。$^{(75)}$这里我必须稍作停顿。人们可能会认为，雅各比最终成了跳跃的发现者。不过应该注意的是，首先，雅各比实际上并不明确，跳跃在本质上应该隶属何方。他的空翻不过是比之于斯宾诺莎的客观性而言的一个主体化的行为，而不是从永恒向历史的过渡。其次，他也没有辩证地认识到，跳跃是不允许直接被传授或者传达的，而这正是因为它是一个孤立的行为，因为它被交给单一者，看他能否借助荒谬的力量下决心怀着信仰去接受那不能被思考的东西。雅各比希望借助雄辩帮助人们完成跳跃。但这是一个矛盾，而且所有直接的激励都是在阻止人们真正做事，真正做事不应与保证要做事混为一谈。假设雅各比本人完成了跳跃；假设他以出色的口才说服了一个学生也想这么做。那么，这学生与雅各比之间就有了一种直接的关系，因此，跳跃就不是那学生本人做出的。人与人之间的直接性的关系当然要容易得多，它在满足一个人的同情心和本己需要时更快，而且明显更可靠。它可以被直接地理解，不需要那种关于无限的辩证法以便做到无限地自我弃绝以及无限热情地投身于无限性之中。投身无限性的奥秘在于摒弃这样的想象，即在与上帝的关系之中，人与人是不平等的；它使得原来认定的教师成了一个自我负责的学生，使得所有的教育成了一个神圣的玩笑，因为从本质上说，每个人只能由上帝来教导。——就与莱辛的关系而论，雅各比只是希望他们共同完成跳跃；他的口才是对莱辛的爱意，因此拉上莱辛对他就是十分重要的。在此人们立刻就能觉察到那种辩证的可疑性。一个能言善辩的、永远坚定不移的人，他感觉到自身所具有的争取他人获得他本人的信念的力量；换言之，他自己不够确定，于是他需要他人的同意来支持自己热情洋溢的信念。总而言之，一个在与他人的关系上无法以对立的形式来表达自己的热情的人不是强者，他是弱者，他有的只是女人的力量，那就是脆弱。$^{(76)}$雅各比不懂得如何艺术地限制自身以便满足以生存的方式表达理念。在跳跃之中的由孤立所生的限制是无法强迫雅各比的，他总会泄露点儿什么，他总是在雄辩中滔滔不绝地说着，在简洁性、内容和抒情性方面有时堪与莎士比亚相比，但他总想帮助他人与说话人建立一种直接的关系，或者就像在这种情况下，想为他争取一种安慰，说莱辛是赞同他的。

最后的、非科学性的附言

　　现在继续。当雅各比怀着惊恐发现莱辛实际上是斯宾诺莎主义者的时候，他便调动自己的全部信念开讲了。(77)他想使莱辛着迷。莱辛却回答①："好，好得很！我的确可以运用所有这一切，但是我却无法用它们做出同样的事。总体言之，我觉得你的空翻不怎么坏，而且我明白了，一个有着优秀头脑的人为了前行是如何在空翻时低头的。带上我吧，假如这是可能的。"(78)莱辛的反讽在此显露无疑。他大概知道，当一个人要跳跃的时候，他必须独自完成，而且他还应独自正确地理解，那是一种不可能性。人们应该羡慕莱辛的练达和他对雅各比的偏爱，羡慕当他客气地说"带上我吧，假如这是可能的"时的谈话艺术。雅各比继续说："您只要踩在那个曾把我弹开的弹点上，它就会自动发生。"(79)顺便提一句，这话说得非常之好，只是话中有误，雅各比想把跳跃变成某种客观的事情，把跳跃比作——举例来说——寻找一个阿基米德支点。而莱辛的回答的妙处在于，他并不想拥有一种直接的关系，一种跳跃时的直接的伙伴关系。于是就有了莱辛的临终之言："这同样需要一个跳跃，我可不敢指望我这双老腿和这副沉重的脑袋瓜子。"(80)借助辩证法，莱辛在这里是反讽性的，而且他最后比喻具有苏格拉底的色彩——他谈论美食美酒、医生、运货的驴子以及诸如此类的东西，还谈起自己的老腿和沉重的脑袋瓜儿。(81)尽管跳跃常常被视为决断，雅各比仍然想把它打造成一个过渡，这个滔滔不绝的人想诱惑莱辛，他说："这没什么了不起的。事情并没有那么困难。您只要踩在弹点上，跳跃就会自动发生。"这是雄辩的善意欺骗的绝佳例子；就好比有人建议处决时采用斩首方式："整个过程十分简单。您只要躺在一块板子上，绳子拉好，然后斧头落下——您被斩首了。"但是，设想被处决并非人所愿意，跳跃亦然。当人们不情愿跳跃的时候，那种不情愿的激情使"鸿沟无限宽阔"，那个别出心裁地发明出来的跳板也毫无用处。莱辛洞悉，作为决断的跳跃是质的辩证性的，它不允许任何近似的过渡。于是乎他的回答是一个玩笑。他的回答远非理论性的，但从辩证的角度看是正确的，从个人的角度看则是闪烁其词的。他没有急于发明调和，而是利用了自己的一双老腿和一副沉重的脑袋瓜子。自然了，任何拥有年轻的双腿和轻盈的脑袋瓜儿的人是很容易完成跳跃的。

　　于是，莱辛和雅各比之间的心理对立圆满地呈现了出来。莱辛是独立

---

① 参《雅各比全集》第四卷，第74页。

的，他没有对伙伴关系提任何需求。因此，他反讽地支吾搪塞，靠他的两条老腿从雅各比身边逃开了——这两条腿不适于跳跃。他根本就没有试图说服雅各比，跳跃压根儿不存在①。相反，尽管雅各比对他人充满热情，他是在寻求自我。他竭力说服莱辛正是他的渴求，他热烈地强行插手莱辛的事表明，他需要莱辛——为的是与各种介词嬉戏，雅各比对此情有独钟。[82]

从雅各比和门德尔松以艾米丽（雷马鲁斯）为中间人就雅各比与莱辛的关系所做的讨论中，我们可以在总体上形成这样一种景象：莱辛不知疲倦地怀着希腊式的兴致辩证地戏弄雅各比，此外，他对雅各比评价很高。[83]根据雅各比，有一次莱辛半含笑意地说：他本人或许就是最高的存在，目前他正处于一种极度的收缩之中②。[84]莱辛被宣称为泛神论者是不足为奇的。这玩笑（陈述本身并不因此而需要成为一个单纯的玩笑）的意味是如此清晰，尤其是后来涉及同一个陈述的时候更绝妙。莱辛和雅各比同在格莱姆家做客，吃饭的时候开始下雨，格莱姆对此抱怨不已，因为原定饭后要到花园散步。这时，莱辛对雅各比说（可能仍然半含笑意）："雅各比，您知道的，我或许会这么做。"[85]

顺便提一句，当门德尔松也有机会表达自己对此事的看法的时候，他正确地指出了该思想中的抒情性顶点在于跳跃。换言之，当思想③以抒情的方式寻求超越自身的时候，它总是情愿去发现悖谬。这种感觉是玩笑和严肃的统一体，所有基督教范畴都建立在这一点之上。除此之外，所有的理论范畴都只是哲学理论，它们在人心中涌现，并且以内在的方式被思考。[86]人类思想最不情愿的就是在悖谬之中超越自身。而基督教就是这个

---

① 莱辛是幸运的，他没有生活在这个既严肃又真正思辨的、教条化的19世纪。他或许会体验到这么一幕：一个极其严肃但却根本不理解玩笑的绅士会严肃地恳请他，为了学会严肃，莱辛应该到牧师那里重上一课。[87]

② 辩证地消解这个混淆并没有那么容易。在《哲学片断》中我已经提醒读者混淆是如何产生的；我还提醒，苏格拉底的自我认识如何濒临怪异的边缘——他无法确切地知道，自己究竟是一个人，还是一个比堤丰更复杂的混合体。[88]

③ 自然了，我所讨论的只是主体性的生存思想家的思想；我从来都无法理解，一个人如何能够变成思辨思想，那种客观的思辨思想以及纯粹的存在。一个人在世界上其实可以成为很多种人，他可以成为贵族、乞丐、医生、牧师、鞋匠、裁缝……就像童谣中所唱的那样，这是我所能理解的德国人。[89]他也可以成为一个思想家或者笨蛋，但是成为思辨思想——这可是所有奇迹当中最不可思议的。

悖谬。——门德尔松说："我怀疑是否存在某种不仅超越了所有概念，而且完全在概念之外的东西，我将之称为超越自身的跳跃。"⁽⁹⁰⁾门德尔松当然是不想要这些东西的，而且他不知道该以玩笑的还是严肃的态度对待它①。

  这几乎就是关于莱辛与跳跃的关系所能说的全部内容了。这内容本身并不算什么，而且从辩证的角度看，我们也不清楚他想从中得出什么；的确，我们甚至不清楚，他作品中的那个段落是一个充满悲情的比喻、他与雅各比的谈话是一个苏格拉底式的玩笑呢，还是说这两个对立面出自、且由同一个思想范畴——跳跃——所支撑。对我而言，在莱辛身上发现的这一点东西是有意义的。在我有机会阅读莱辛这卷文集之前，我先读了由"沉默的约翰尼斯"所著的《畏惧与颤栗》。⁽⁹¹⁾在那本书中我意识到，根据作者，跳跃作为最典型的决断如何得以成为基督教和所有信念范畴的决断。⁽⁹²⁾无论是谢林的理智直观，还是忽视谢林思想并以方法取而代之的黑格尔都无法企及跳跃，因为跳跃恰恰是对方法的回溯运动的最具决断性的反对。⁽⁹³⁾根据《畏惧与颤栗》，基督教存在于悖论之上，它甚至就存在于畏惧与颤栗之上（它们恰是基督教和跳跃的令人绝望的范畴），人们或者接受它（也就是说作为信徒），或者拒绝它（因其为悖论）。在我阅读莱辛的著作之后，事情并没有变得更清楚，因为莱辛说得太少了，不过对我而言，看到莱辛对这个问题有所意识总是令人鼓舞的。遗憾的是，他本人并没有想着去追寻这个思想。但是他也没有拽上调和，那个神圣的和偶像般的调和，它将要并且已经创造了奇迹，它把一个人变成了思辨思想——而且迷惑住了基督教。荣耀归于调和！毫无疑问它还能以另一种方式助人，当其或许帮助了《畏惧与颤栗》的作者把跳跃作为绝望的出路之时，正如基督教曾经是绝望的一条出路，当其步入这个世界之时，而且它将永远成为每一个真正接受它的人的出路。当一匹精神饱满的马沦为租赁马且被初学者所骑之时，它很可能会变得上气不接下气，丧失了它骄傲的神采。在精神的世界中，无精打采永远都不会获胜，它总在输，并且处于精神的世界之外。"沉默的约翰尼斯"是否通过阅读莱辛对跳跃有所意识，这一点我不做决定。

---

① 参《雅各比全集》第4卷，第110页。

**4.** 莱辛说："假如上帝把全部真理握于他的右手，而把向着真理的唯一的不懈努力置于左手，即使附加说，我将永远犯错。他对我说：选择吧！我会谦卑地拜倒在他的左手边并且说：在天的父啊，给我吧！纯粹的真理只为你而在！"（参《莱辛全集》第 5 卷，第 100 页）[94]

当莱辛道出此言的时候，体系很可能尚未完结；可惜，现在他已经不在人世了！假如他仍然在世，如今体系的绝大部分已经完成了，或者至少正在运作之中并且将在下星期天完成，相信我，莱辛会双手抓住它的。他既无时间、又无恰当的礼节、更无兴致开玩笑，在一定程度上他跟上帝玩奇偶数游戏，同时又严肃地选择那只左手。[95] 不过，体系所拥有的比上帝双手所握的更多，就在这一刻都要多些，甚至不用提下个星期天，到时体系定将完成。

这段话出自一篇短文（《一则答辩》，1778 年），因一位虔诚的先生对复活故事的辩护而起，莱辛在其出版的片断文稿中攻击了复活故事。[96] 众所周知，人们根本没有搞清楚莱辛出版这些片断的意图。甚至那位令人尊敬的、学识渊博的主教葛茨也不能确切地指出，莱辛发挥的究竟是《启示录》当中的哪一段。[97] 在一定程度上，莱辛以一种奇特的方式迫使人们在与他相关时接受他的原则。尽管如今结论和成就颇为丰硕，但是无人能够夺走莱辛的性命，在世界历史的层面上将他宰割且添油加醋地放入某一段落之中。他曾经是、而且一直是一个谜。如果现在有谁想将他重新推出，他走不了多远。

考虑到我是个卑微之人，在此我先做出保证。像其他人一样，我愿意拜倒在体系的面前，只要我能够看到它。直到今日我尚未成功，虽然我有一双年轻的腿，我几乎厌倦了在希律王和彼拉多之间奔走。[98] 有那么几次，我几乎马上就要顶礼膜拜了。不过注意了，就在我把手绢铺在面前以防因跪拜而弄脏裤子的那一刻，我十分天真地最后一次询问一名知情人，"实话告诉我，体系是否真的完全完成了。果若如此，我将跪倒在地，尽管我会毁上几条裤子（由于往返于体系的交通繁忙，那道路是相当泥泞的）。"结果呢，我得到的还是那个答案："没有，现在还没完成呢。"于是，体系和跪拜再一次被推迟了。

体系和终结性几乎是同一回事，因此，倘然体系尚未完成，也就根本不存在什么体系。我已经在某处指出，一个尚未完全完成的体系是一个假设；而一个完成了一半的体系则是荒谬。假如有人说，这只不过是咬文嚼字而已，体系制造者们自己都说了，体系尚未完成；那么，我只想问，他们为什么还要称之为体系呢？为什么要要两面派呢？当他们宣讲其思想的精华之时，他们根本没提它缺少了点儿什么。于是，他们诱使那些不怎么懂行的人假设，一切都已完成，除非他们要为比他们懂行的读者写出来，体系制造者们可能会觉得无法想象。假如有人为一座建筑所触动，建筑师会出面。他是个极其和善的绅士，对来访者彬彬有礼，他说：''是的，我们目前还在建设之中，系统尚未完成。''[99]在此之前难道他不知道吗？在他把福气的邀约播撒到所有人头上的时候，他难道不知道这一点吗？但是，假如他知道，他自己为什么不说出来？也就是说，他为什么不停止把呈现出的片断称作体系呢？我再次指出，一个体系的片断是荒谬。反之，向着体系的不懈努力是真正的努力；努力，也就是不懈的努力正是莱辛所谈论的。这绝非无所追求的努力！相反，莱辛所说的是向着真理的努力，而且他使用了一个有趣的词来描述那种向着真理的努力：''唯一的不懈努力''。[100]这个''唯一''只能被理解成''无限''，其意义与认为拥有一种思想、唯一的一种思想要比拥有多种思想更高的意义相同。于是莱辛和体系制造者都说到了持续不懈的奋斗，其差别仅在于，莱辛愚蠢地或者真实地将之称为持续的努力，而体系制造者则精明地或者不诚实地把它称作体系。这种差别在其他语境下怎样做出评判呢？贝兰德长官丢了把绸伞，他登广告却要寻找一把棉布伞；因为他想：如果我说丢的是绸伞，那么找到的人会很容易受诱惑而将之据为己有。[101]体系制造者或许就是这样想的：如果我在扉页或者报纸上把我的作品称作一种不懈的努力，那么有谁会去买它或者来崇拜我呢？但是，如果我把它称作一个体系，绝对的体系，所有人都会出钱购买这体系的——如果困难不复存在的话，即体系制造者贩卖的不是体系。

让我们继续前行，不过我们不要彼此欺骗了吧。我，约翰尼斯·克利马克斯，一个不折不扣的人；我假设，我有幸与之交谈的也是一个人。如果他想成为思辨思想，那种纯粹的思辨思想，那么我将放弃与他交谈；因为就在同一时刻，对于我和人的有死的、虚弱的眼睛来说，他已经变得不可见了。

  因此：（甲）一个逻辑的体系是可以得出的；（乙）但是一个生存的体系却不能得出。

## （甲）

α. 不过，假如要建立一个逻辑体系的话，需要格外小心的是，任何屈从于生存辩证法的东西都不应被纳入，也就是那些通过生成或者已然生成而存在的东西，不是通过存在而在的东西。[102]由此可以得出，黑格尔那个无与伦比的以及无与伦比地受到崇拜的发明，即把运动引入逻辑学（不用说每隔一段，人们甚至会思念他使人相信运动就在那里的尝试），就是对逻辑学的混淆①。让运动成为一个运动在其中不可思议的领域的基础，或者用运动来解释逻辑、但逻辑却无法解释运动，这可真够奇怪的。不过在这方面，我有幸提到一个人，一个合理思考并且幸运地受到古希腊人教导的人（这是我们这个时代罕见的品性!），一个已经知道如何使自身和自己的思想脱离与黑格尔的那种拐弯抹角的、闪烁其词的关系的人，所有人都想从黑格尔的名望中获利，如果不是通过其他的方式，那就通过超越的方式，也就是说，通过把黑格尔纳入自身之内的方式。我说的这个人更愿满足于亚里士多德和他自己，他就是灿德伦堡（《逻辑研究》）。[103]他的优点之一是把运动理解成一个无可解说的预设，一个存在与思想相统一且彼此相关的共同体。这里我不想揭示他的观念与希腊人的关系、与亚里士多德思想的关系，或者，很奇怪地，在一定意义上，尽管只是流行的意义上，他的展示与普鲁塔克关于伊西斯和奥西里斯的作品中的一部分有着惊人的相似。我并非说黑格尔哲学对灿德伦堡没有产生有益的影响，只是，幸运的是，他洞悉到想改善黑格尔的体系、去超越什么的是行不通的（这是一种骗人的伎俩，我们这个时代有很多可怜虫以之擅取黑格尔的名望，同时又乞丐般地与黑格尔亲善）。另外，灿德伦堡像希腊人一样清

---

① 体系制造者们轻率地承认，黑格尔或许并没有在所有地方都成功地将运动引入逻辑学，其轻率一如杂货商所说，几个葡萄干无足轻重，如果一个人买了很多东西的话。[104]这种闹剧式的讨好自然是对黑格尔的轻蔑，甚至黑格尔最激烈的批判者都不会答应这一点。在黑格尔之前当然还有一些在逻辑学方面的尝试，但是他的方法却是一切。对于他以及所有拥有聪明才智以便理解"希冀某种伟大的东西"意味着什么的人来说，方法在这一点或那一点上的缺失绝非如杂货商和顾客为斤两争吵那样的无足轻重。黑格尔本人把他的全部声望都押在了方法之上。但是方法有其独特性质，抽象地看，它什么也不是，它只在展开的进程之中，在展开进程之中才有方法存在；方法未被展开之处，它不存在；如果不存在其他方法，也就根本不存在方法。把黑格尔弄成一个夸夸其谈者是黑格尔崇拜者的作为；他的批判者一直知道应该如何尊敬他，他希冀某种伟大的东西，但却未能企及。

醒,他不曾许诺任何东西,没有说要造福人类,但他成就非凡,并且造福于那些在学习希腊人方面需要其指导的人。

任何与生存相关的东西,任何对于生存而言并非漠不相关的东西都不应被纳入逻辑体系之中。反过来,逻辑因其客观性对所有思想的无限优势又将受到制约——从主体的角度出发,逻辑只是一种假设,这一点恰恰是因为在现实性的意义上,逻辑对于生存漠不关心。这种两面性是逻辑学与数学的差别之所在,后者与生存毫无关系,它只有客观性——不是作为统一体和矛盾体的客观性和假设性,客观性在那里是以否定的方式与生存相关联的。

逻辑体系不应成为困惑,成为腹语术,其间生存的内容神不知鬼不觉地偷偷出场,逻辑思想吃惊地发现了教授先生或者执照持有者的意图。通过回答下述问题我们可以更尖锐地对二者进行评判,即:在何种意义上范畴是生存的缩写,逻辑思想是对生存的抽象还是与生存毫无关联的抽象。我想在其他地方对这个问题进行更充分的解答;尽管没有给出完满的回答,但是能够以此方式加以追问就已经是有意义的了。

β. 关于开端的辩证法需加以澄清。关于开端的近乎滑稽之处在于,开端既是有、又是无,因其为开端,这种真正的辩证性的评论早已成为黑格尔社团的游戏了。[105]

如其所说,体系始于直接性;有人甚至在辩证性缺失的情况下以演说的姿态说,体系始于所有事物当中最具直接性的东西,尽管这里包含的比较形式的反思对于开端而言是危险的①。[106] 体系始于直接性,因此它是无前提的,因而是绝对的;也就是说,体系的开端是一个绝对的开端。这一点完全正确,而且的确值得崇拜。但是,人们为什么不在体系开始就使另一个同等重要的问题、完全同等重要的问题明晰起来,使其被揭示的含义变得令人尊敬呢?这个问题就是:体系是如何从直接性开始的,也就是说,体系是直接地从直接性开始的吗?对此,答案必定是无条件的"不"。假设体系根据生存而在(由此产生了与生存体系的混淆),那么,体系的确存在于生存之后,也就是说,它不是直接地以直接性为开端,生

---

① 在此说明何以为之会显得过于冗长。很多情况下也不值得费劲,因为当有人费九牛二虎之力尖锐地提出反对意见的时候,他会从哲学家的申辩中发现,他的误解并非在于他无法理解那种被偶像化了的哲学,毋宁说他让自己被说服了去相信,所有这一切本应有所意味——而不是在极专断的术语掩盖之下的松散思想。

存才是以直接性为开端的,尽管在另一种意义上生存并非始于直接性,因为直接性的东西永不存在,而是被消释——当其存在之时。体系的开端,体系以直接性为开端,这本身就是通过反思得出的。

难题就出在这儿。如果人们没有为了使体系完成而狡猾地、没头脑地,或者在喘不过气来的忙碌之中放弃这种思想的话,那么,它就会以其全部的单纯性做出决断,生存的体系根本不可能存在,而且逻辑体系也不应吹嘘自己源自绝对的开端,因为这样的开端就像纯粹存在一样,都只是纯粹的假想。(107)

换言之,当开端不能直接地从直接性开始(这一点应被视为偶然或者奇迹,也就是说,它是无法被思考的)、但却必须通过反思达成的时候,问题也就简单地成为这样(唉,真希望我不会因我的简单而颜面扫地,因为所有人都能明白我的问题——因此,他们为发问者所有的通俗知识而羞愧),即:当反思为了达至那个开端而运动起来的时候,我如何才能使反思终止?换言之,反思具有一种鲜明的特性,它是无限的。反思是无限的,这指的就是在任何情况下它都不会自行终止,因为当它想自行停下的时候,它的确要利用自身,结果其终止的方式就跟在获许自行决定治疗方法时某种病症自行痊愈一样,也就是说,这病变乖了。这种反思的无限性或许就是坏的无限性。(108)在这种情况下我们的确就快完成了,因为坏的无限性是某种令人厌恶的东西,人们越早抛弃它越好。在这种情况下我难道不该问个问题吗?一般而言,黑格尔以及所有的黑格尔主义者本可以成为辩证法家的,他们何以会在这一点上发怒,像德国人那样发怒呢?(109)这个"坏的"是一个辩证的规定性吗?这样的修饰词是如何步入逻辑学之中的呢?鄙视、轻蔑、恐吓方式是如何作为合法的运动方式进入逻辑学之中的呢,结果人们接受了绝对的开端,因为他害怕,假如他不这么做的话,他的邻居会怎么想他?"坏的"难道不是一个伦理范畴①?当我说"坏的无限性"的时候,我究竟指的是什么呢?我是在指责当事人不愿意终止反思的无限性。那么,我对他有所要求吗?还是说,我从真正的思辨角度出发,认定反思是自行终止的。我干吗要对他有所要求,我

---

① 假如它并非如此,那它无论如何也该是个审美范畴,就像普鲁塔克所说的,有些人假设只有一个世界存在的根据在于,他们害怕会涌现出无限的和令人尴尬的世界的无限性。(见《论预言的衰落》XXII)(110)

又要求他什么呢？我要求的是一个决断。在这个方面我是对的，因为只有以此方式，反思才能终止。反之，哲学家从未正确，他在跟人们开玩笑，此时他让反思在绝对的开端之中自行终止，彼时又奚落那个只有一个缺点的人，那人愚蠢地相信了前者；他奚落那人，以便以此方式帮助他企及那个绝对的开端，这开端其实是以两种方式出现的。但是，要求决断就是放弃无前提性。只有当反思终止的时候，开端才能出现，而反思的终止只能依靠其他的东西，这个其他的东西完全不同于逻辑，因为它就是决断。只有当开端——在这一点上反思得以终止——成为一个突破的时候，绝对的开端才会从无限持续的反思当中脱颖而出；只有这样，开端才是无前提的。反之，如果反思由以断裂的突破点的存在是为了使开端出现，那么这个开端就不是绝对的，因为它是以"转向另一类"的方式出现的。

如果始于直接性的开端通过反思达成，这个直接性也就不同于它一般的意思了。黑格尔主义的逻辑学家们正确地看到了这一点，因此他们为逻辑学所由之开始的"直接性"做出如下定义：经过彻底的抽象之后的最抽象的剩余者。[111]这个定义无可指责，但是一个人若不尊重自己说过的话却是大可指责的，因为这个定义恰恰间接地指出，根本不存在什么绝对的开端。我听到有人说，当从万物中抽象出来的时候，那怎么还会存在呢，诸如此类的话。是啊，当代从万物中抽象出来的时候。让我们做一个人吧。像反思的行为一样，抽象的行为也是无限的，那么我怎样才能使其终止呢？那只能是，首先当……，才……。我们干脆冒险做一个思想试验。让那个无限的抽象的行为成为现实；开端并不是抽象的行为，而是紧随其后。[112]可是现在我以什么为开端呢，既然它要从万物之中抽象出来？唉，此时或许会有一位黑格尔主义者感动得伏在我胸前，以祝福的口吻结结巴巴地说：从无开始。[113]这正是体系所宣称的：体系始于无。不过我要提出我的第二个问题了：我如何从这个"无"开始呢？假如，具体言之，无限的抽象行为并不是那种人们可以一举两得的伎俩，假如它相反地是所能做到的最费劲的劳作，情况又如何呢？我当然会使出全部力量将之抓牢。假如我省一部分力气，我就不是从万物之中进行抽象。假如我在此前提下开始，我就不是从无开始，因为就在开始的那一瞬，我并不是从万物之中进行抽象。这一点意味着，如果一个人有可能在思想层面上从万物之中进行抽象，他却不可能做得更多，因为就算这么做并未完全超出人类的力量，它无论如何也会绝对将之耗尽。对抽象的行为感到厌烦，于是寻求开端，这只是杂货商式的狡辩，对稍许的怀疑他并不介意。(114) 即使不考虑它与无限的抽象行为之间的关系，"以无为开端"这个说法本身也是具有欺骗性的。"以无为开端"不折不扣就是对开端的辩证法的重述。开端既是有、又是无，正因为它是开端；对此还可以这样表述：开端始于无。这只是个新的说法而已，丝毫没有前进一步。在一种情况下，我只是抽象地思考开端；在另一种情况下，我思考着同样抽象的开端与它由以开始的某个东西之间的关联。(115) 现在所显示出的是，那个东西，是的，那个唯一的与如此开端相呼应的东西就是无。但是，这只是对另一个命题"开端不存在"的同语反复式的重述。"开端不存在"和"开端始于无"是完全相同的命题，我原地未动。

假如我们不去谈论或者梦想一个绝对的开端，而是谈论一个跳跃的话，情形会如何呢？一个人满足于说"几乎同样好"、"几乎可以说"、"一觉睡到明天就可以说了"之类的话，这只能显示出他与托普的关系。那个托普逐步认定，几乎参加法学考试和已经参加法学考试是一回事。(116) 对此所有人都会发笑的。但是，在真理的王国中，在科学的圣殿里，人们却在以同样的方式思辨地进行推理，结果就有了好的哲学，真正的思辨哲学。莱辛不是思辨哲学家，因此他认定了相反的东西，即无限的距离会使鸿沟变得无限宽阔，因为跳跃本身才使鸿沟变得如此宽阔。

奇怪的是，黑格尔主义者在逻辑领域中都明白，反思是依靠自己的力量终止的，怀疑一切是依靠自己的力量走向其反面的（一则真实的奇谈怪论，也就是说，它事实上是一则奇谈怪论）。但是，在日常生活中，他们都是些和蔼可亲的人，就跟我们一样，只不过更博学多识、才华横溢，对此我总是乐于承认的，只是他们所知道的却是，反思只能通过跳跃而终止。让我们在此滞留片刻。如果个体不去终止反思，他的反思就会无限地进行下去，也就是说，决断不会出场①。个体在反思之中迷失了方向，他最终变得客观起来，逐渐丧失了主体的决断和向自身的回归。但是人们认为，反思能够客观地自行终止，只是事实正好相反；反思无法以客观的方式终止，而当它以主体性的方式终止的时候，而就不是自行终止，而是由主体终止的。

---

① 读者或许会想起来：当论题变得客观化的时候，永恒福祉的问题根本不存在，因为永恒福祉恰恰存在于主体性和决断之中。

## 最后的、非科学性的附言

举个例子，一旦罗彻尔（他在其关于阿里斯托芬的书中，真的理解了过渡在世界历史发展进程之中的必然性；在逻辑领域中他也必定会理解，反思通过自身而达到绝对开端的通道）确立了诠释哈姆雷特的任务，他立刻就知道，反思只能以决断来终止，很奇怪他并没有认为（我要说"奇怪地"吗？），哈姆雷特通过持续的反思最终达到了绝对的开端。[117]但是在逻辑领域中他却奇怪地认为（我要说"奇怪地"吗？），他很可能会认为，反思穿过自身的通道在绝对的开端处终止。这一点我无法理解，我对我的无法理解而痛苦，因为我崇拜罗彻尔的才华，他所接受的古典教养，他对于心理现象的有品位的、原始的把握。

这里所说的关于逻辑学的开端问题（同样显示的是，生存的体系是不存在的，对此的详细展开参见"乙"）是极其简单明了的。我几乎羞愧地说，或者说我因自己必须这么说而羞愧，我羞愧是因为自己的处境，一个可怜的小册子作者本应对体系顶礼膜拜，但却被迫说出这样的话。这里所说的还可以用另一种方式说出，它或许会给一两个人留下印象，因为这里的展示尤其会令人想起过去的一场学术争论。问题是这样的：黑格尔现象学对于体系的意义何在？它是体系的导言还是在体系之外？[118]假如它是导言，它是否会被纳入体系之中？再进一步，黑格尔是否拥有令人艳羡的优势，他不仅构造了一个体系，而且是两个甚或三个体系？做到这一点总是需要一个无与伦比的体系化的头脑的，而这一点看起来又是事实，因为体系不止一次地完成了，凡此等等。所有这些都经常被提及，只是常以一种令人困惑的方式。已经有人就此写了一本大厚书。[119]书中首先说了黑格尔所说的东西，然后又涉及随之而来的后续的东西，所有这一切都是在分神，并且给原本可以简洁道出的东西罩上了一种令人分神的冗长乏味。

γ. 为了使逻辑学更易理解，心理层面上的定位是值得做的——以怎样的精神状态去思考逻辑，为达此目的需要怎样的自我出离，想象要在多大程度上扮演角色。[120]这又是一个贫乏且极度简单的，但却因此完全正确和绝非肤浅的评论：一个哲学家逐渐变成了一种不可思议的存在物，甚至最为丰富的想象力也创造不出这种难以置信的东西。经验的"我"到底应该怎样与纯粹的"我是我"建立关联？[121]凡想成为哲学家的人当然都想对此有所了解，他们尤其不想以"一、二、三，变"的方式变成一种可笑的存在物，变成思辨思想。[122]假如一个用逻辑思维武装自身的人仍有充足的人性而不至于忘记，他是一个生存个体，那么，即使他已经完成了体系，幻想和江湖骗术也会逐渐消失。尽管为了重塑黑格尔逻辑学，我们需要一个有着杰出的逻辑头脑的人，但我们需要的只是这样一个人的常识，此人一度满怀热情地相信了黑格尔自我宣称的伟绩，他通过相信这一点展现了他的热情，通过赋予黑格尔这一点展现了他对黑格尔的热情。<sup>(123)</sup>其实我们只需常识就能洞悉，黑格尔在很多地方表现得不太负责，不是针对那些杂货商，他们反正只会相信别人说的话的一半；而是针对那些曾经相信他的满怀热情的年轻人。尽管这样的年轻人并无超凡脱俗的天分，但是，当他热情地相信人们归诸黑格尔的至上之物的时候；当他为了不放弃黑格尔，在怀疑的瞬间饱含激情地对自身感到绝望的时候——当这样一个年轻人回归自我之时，他有权要求报复，让笑声去吞噬黑格尔身上笑声有权要求的东西。事实上，这样的年轻人对黑格尔的证明与众多黑格尔的拥护者完全不同，后者以欺骗性的旁白一会儿把黑格尔捧上天，一会儿又把他贬得一文不值。

（乙）

一个生存的体系是无法得出的。那么，是否不存在这样的一个体系呢？绝非如此。前面的讨论并没有包含这个意思。生存本身就是一个体系——为上帝而在，但却不为任何生灵而在。体系与终结性彼此呼应，但是生存则不然。抽象地看，体系和生存不能在一起被思考，因为为了思考生存，体系的思想必须将之当作已经扬弃的东西，而不是在场的东西。生存是分离的间隔，而体系则是聚合的终结性。

在现实中存在着一种假象，一种幻象，《哲学片断》曾试图指出，而我现在必须参考的问题就是：过去是否比未来更必然。<sup>(124)</sup>也就是说，当生存已成往事之时，它完成了，终结了，在一定程度上转成了体系化的观点。这一点完全正确，但这是为谁呢？任何活着的人都不可能在生存之外赢得那种与永恒相呼应的终结性，过去进入的正是永恒。即便一个和蔼的思想家走神了，他忘记他本人正活着，思辨思想和心不在焉也不是同一回事。相反，他本人活着的事实意味着生存对他有所要求，他的生存——假如他真是伟人的话，他在现时代的生存反过来就会如同过去那样，对体系思想家拥有终结性的有效性。只是这个体系思想家究竟是何许人？好吧，他是这样的人：他本人既在生存之外，又在生存之内；他在永恒之中永远地终结了，但又把生存包括在自身之内——他就是上帝。那么，为什么要去欺骗呢！因为迄今世界已经存在了六千年了，因此生存就不再像惯常的那样对于生存者提出完全相同的要求了吗？<sup>(125)</sup>这要求不是说他应该在想象中成为一个沉思默想的人，而是说在现实中成为一个生灵。所有的理解都是随后产生的。不可否认的是，现时的生存者出现在已然在先的六千年之后，那么，奇怪的反讽性的结果出现了，如果我们假定他体系化地理解了这一切：他并没有将自身理解成是生存者，因为他本人没有获得任何生存内容，因为他本人没有任何可以事后加以理解的东西。由此可以得出，如是思想家要么是我主，要么是一个异乎寻常的随便什么东西。<sup>(126)</sup>所有人都能洞悉此处的不道德，所有人肯定还能洞悉，有一位作家对黑格尔体系的评论是恰如其分的。这人说：人们通过黑格尔获得了一个体系，一个绝对的体系，只是缺少了伦理学。<sup>(127)</sup>就让我们冲着中世纪的苦修主义和诸如此类的伦理—宗教的荒诞观念发笑吧，但是我们尤其不要忘记，那种成为"我是我"的思辨的、闹剧式的夸张，结果虽身为人但却不懂人事，甚至连狂热分子都不敢过那种生活——这同样是可笑的。<sup>(128)</sup>

那么，让我们就生存体系之不可能性提一个简单的问题，就像一个希腊青年向导师发问那样（如果顶级智慧能够解释一切但却无法回答一个简单问题的话，人们定会认为这世界乱套了）：该由谁写出或者把这样一个体系完成呢？当然应该是一个人，除非我们重提那个奇谈怪论，说什么一个人变成了思辨思想，变成了主体—客体。<sup>(129)</sup>因此答案应该是一个人，并且是一个活着的、也就是说生存着的人。或者说，假如产生体系的思辨思想是不同思想家们共同努力的结果，那么，究竟是哪一个最终的结论把这种共同努力联合起来的呢？这一切是如何呈现出来的呢？应该是通过一个人吧？这些独立的思想家又是如何与这种努力建立联系的？个别事物与世界历史之间的中间项是什么？又是何人将这一切串在了体系的线条之上？他是一个人还是思辨思想？如果他是一个人，那么他定是生存着的。总而言之，生存个体面前有两条路：或者，他可以千方百计地忘掉自己是生存着的，以至他设法达到了喜剧效果（一个人想成为他本不是的样子，例如成为一只鸟，其间的滑稽矛盾并不比一个人不想成为他所是的样子更滑稽，在这里具体指人是生存着的事实，就像在惯用法中，人们认为一个人忘记自己的姓名是滑稽的，但忘掉姓名并不意味着他忘掉了自己的独特性），因为生存有其显著特性，即不管生存个体愿意与否，他都将生存下去。或者，他可以把全部注意力投入这个事实之中，即他生存着。正是从这一方面出发，我们才能首先对现代思辨思想提出反对意见，即它的前提不是错误的，而是喜剧性的，它因在世界历史中走神而忘记作为人意味着什么而起——不是普遍意义上的人，甚至思辨思想家都会支持类似想法；而是说我们，你和我，我们作为独立的人意味着什么。

一个将其全部注意力转移到"他生存着"之上的生存者，会赞许莱辛所说的"不懈的努力"为一个美好的说法，只是它不能为原创者赢得不朽的名声，因为这说法过于简单了，不过这说法是所有警觉的人都会加以证实的东西。那个遗忘了自己生存着的生存者，他会越来越心不在焉，就像人们不时会把自己闲暇的成果放进书本之中，我们也敢于期待那个被期待已久的生存体系的到来，作为他走神的成果。<sup>(130)</sup> 不过，并不是我们所有人，而只是那些几乎与他同样心不在焉的人。当黑格尔体系在心不在焉之中前进并且变成一个生存体系，而且是一个完成了的体系的时候——只是没有伦理学（生存的家园正在于此），那个相对简单的哲学，它出自生存者且为了生存者，却格外关注伦理学。

一旦我们记住，做哲学并不是以奇幻的方式冲着奇幻的存在物说话，而是面对生存者说话；那么，这里的问题也就不是以奇幻的方式抽象地做出决定，不懈的努力是否比体系的终结性更为贫乏，而是要问，生存者就其生存着而言应该满足于什么条件，才能使那种不懈的努力成为唯一不包含幻象的东西。即使一个人已经企及了至上之物，重复会再次成为一种不懈的努力，而他必定会用之填充生存，假如他不想返回的话（或者变成一个奇幻存在物），因为终结性再一次被拉远了、被推迟了。这就像柏拉图关于爱的观念，爱是一种渴望；不仅仅是渴求某种自己不曾拥有的东西的人才有这种渴望，持续地占有已然拥有的东西的人也会产生这种渴望。<sup>(131)</sup> 在思辨—奇幻的层面和审美—奇幻的层面上，人们会从体系和戏剧的第五幕中获得一种肯定的终结，只是这种终结仅为奇幻的存在者而在。

这种不懈的努力就是对生存主体的伦理生活观的表达。因此，对不懈的努力不应该做形而上的理解，而且也不会有任何人能形而上地生存。于是，出于误解，人们把体系的终结性和对真理的不懈努力对立了起来。然后，人们就会、或许已经试着回忆那种古希腊的不断学习的观念，只是这是对该领域的一个误解。<sup>(132)</sup> 从伦理的角度出发，不懈的努力是对个体生存着的事实的意识，而持续的学习表达的则是持续的实现——只要主体活着，这种实现就永无终结，个体对此有所意识，因此他不会在此方面受到蒙蔽。希腊哲学与伦理学一直有着密切的关系。因此持续学习的观念并不是什么杰出之士的伟大发现或者狂热事业，因为它不折不扣就是对人生存着的事实的理解。意识到这一点算不上是优点，但是忘记它却是缺乏思想的表现。

  人们常常在想起和攻击所谓泛神论体系的时候说，它们消解了善恶之间的差别，取消了自由；或许人们这样说会更明确，每一个这样的体系都以奇幻的方式削弱了生存概念。<sup>(133)</sup>但是，仅仅这样评说泛神论体系是不对的，揭示出这一点将会更好——每一个体系都因其终结性而是泛神论。在体系终结之前，生存必须在永恒之中消解，没有生存的剩余者会留下来，更别提像撰写出体系的活着的教授先生那样的无名小卒了。但是人们并不这样来处理问题。不然，人们与泛神论体系做斗争，一边使用一些嘈杂的格言警句，它们一而再、再而三地许诺说要写出一个新的体系；另一边则把一些东西编撰在一起，它本应该成为一个体系，但其中又有一个独立的段落宣称，人们应该强调生存和现实性这样的概念。<sup>(134)</sup>这样的一个段落嘲弄了整个体系，它没有安于成为体系当中的一个段落，而是对体系提出了绝对的反对，对于无事生非的体系制造者们没有产生丝毫影响。假如真的要强调生存概念的话，它不能通过一个体系中的段落直接说出来，所有直接的誓言和毒誓只会使宣教的笨拙愈加可笑。真正对生存的强调必须用一种本质的形式来表达，就与生存的欺骗性的关系而言，这是一种间接的形式——根本就没有什么体系。但就是这一点也不应成为一种官样文章，因为间接的表达将不断更新形式。委员会在做决议时考虑否决票是可行的，但是，将一个段落当成否决票的体系却是个怪物。难怪体系能够存活下去呢！它骄傲地忽视那些反对意见；倘若偶然碰到一个能够引起关注的反对意见，那些体系企业家们就会让抄写员把反对意见抄下来，随后再写进体系，然后经过装订，体系完成了。

  体系的观念是主体—客体，是思维和存在的同一；而生存则恰好是二者的分离。<sup>(135)</sup>这绝非说，生存没有思想，而是说，生存是间隔性的，它把主体与客体、思维与存在分隔开来。从客观的角度出发，思想就是纯粹的思想，它抽象地、客观地与其对象相呼应，因此这对象反过来就是思想本身，真理就是思想与其自身的一致。这种客观思想与生存主体毫无关系，当难题一直存在的时候，也就是说生存主体如何步入客观性之中，在那里，主体性是纯粹抽象的主体性（这一点又是一种客观的规定性，它并非意指某个生存着的人），有一点就是肯定的，即生存主体正被逐渐蒸发。最终，假如一个人有可能变成这样的东西，而且这一切还不是他借助想象而能最大限度地有所知的东西；那么，生存主体就会变成对思维和存在的纯粹关系——那种纯粹的同一性，的确是同语反复——的纯粹抽象的共知者和知情者，因为存在在此并不意味着思想者存在，而只意味着他在思想。

反之，生存主体是生存着的，而且每个人理应如此。因此，让我们不要错误地把那种客观的倾向称为不虔诚的、泛神论式的自我崇拜，我们毋宁把它当成是一种喜剧性的尝试。因为从现在起直到世界末日，除了进一步完善几乎完成了的体系的建议外，我们什么都不该说，而这个想法只是体系制造者们的一个体系化的后果而已。

直接从伦理范畴出发反对那种客观倾向是不正确的，它击中不了要害，因为攻击者与被攻击者之间毫无共同之处。但是，为了追赶一个改过自新的教授，人们可以借停留在形而上领域之内的办法采用喜剧范畴，喜剧范畴同样存在于形而上领域之中。假如有位舞者能够跳得很高，我们会崇拜他；但是，尽管从未有人跳得同他一样高，可假如他想给人以他会飞的印象的话，那么我们只能让笑声去追随他。跳跃在本质上意味着，它是隶属于大地的，它要尊重重力定律，因此跳跃只是短暂的。但是飞翔却意味着脱离与大地的关系，这是那些有翼的生物所专有的，或许还为月球上的居民所专有，或许——或许体系只有在月球上才能找到真正的读者。"做一个人"已然被取消，每一个思辨者都把自身与人类混为一谈，以至他作为某种无限伟大的东西，同时又一无所是，他在心不在焉间使自身与人类混为一谈，就像反对派报刊所说的"我们"一样，或者如船长们所说的"该死的"。[136] 但是，人们骂久了之后，最终仍会转向一种直接陈述，因为所有的咒骂都将取消自身。当人们知道所有顽童都会说"我们"的时候，他们会认识到，"我们"总比当一个人要多一点。当人们看到所有地下室人都会将玩作为人类的游戏的时候，他们终会洞悉到，做一个单纯的人比玩家居游戏更有意义。[137] 还有一点：当一个地下室人如此行事之时，所有人都认为那是可笑的；当伟人们如此行事之时，它同样是可笑的。在这个方面，人们尽可以笑话他，同时又恰如其分地对其能力、学识等表示尊重。

**注释**

（1）"思想表达方式"（Tanke‑Klædedragt）可直译为"思想的外衣"，它与后面的"衣衫"（Paaklædning）形成了文字游戏。

（2）贺伯格喜剧《艾拉斯慕斯·蒙苔努斯》（*Erasmus Montanus*）第一幕、第二场中，艾拉斯慕斯的父亲希望自己的儿子成为牧师，对此培尔·戴恩（Peer Degn）回应说："先当上教区执事（Degn）。"

（3）①莱辛（Gotthold Ephraim Lessing，1729—1781），德国学者、诗人及哲学家，在其生命的最后 11 年中，莱辛受布伦瑞克公爵（Braunschweig，位于汉诺威东偏北处）之命，担任沃芬布吕特尔（Wolfenbüttel）图书馆管理员，这使他有充足的时间从事文学、历史以及宗教哲学的研究。

②"那条格言"指莱辛曾用拉丁语写作过格言、并对格言文体的理论素有研究的事实。

（4）莱辛曾著有《米娜·冯·巴海姆，或者士兵的幸福》（1763）、《埃米利娅·迦洛特》（1772）、《智者拿坦》（1779）等著名诗剧。

（5）①莱辛在美学和文艺批判方面的代表作为《拉奥孔》（1766 年），该书讨论了诗与绘画艺术的分界，指出诗是描绘过去发生的行动的艺术，而二维绘画和三维雕塑只适合于表现过去行动进程当中的某个场景。

②"划界"可能指教皇亚历山大六世（在位时间 1492—1503）在西班牙与葡萄牙交战时划分国界线的提议。

（6）莱辛不仅撰写寓言、重写伊索寓言，而且还就寓言文体撰写过论文。

（7）"那个 1812 年之前发生的事件"指基督被钉死在十字架上。

（8）火车的出现和使用在 19 世纪 40 年代是一件大事。火车于 19 世纪 30 年代在英国研发，后迅速传播到欧洲各地。1844 年丹麦有了第一条铁路。

（9）"自我主义者"原文为 Egoist。

（10）"以导师的名义发誓"原文为拉丁短语 in verba magistri，指盲信导师。

（11）这个故事出处不明，第五章"结论"的结尾再次引用，参本书 517 页。

（12）这是克尔凯郭尔在 tænke bag efter（事后思考）与 Eftertanke（深思熟虑）之间所做的一个文字游戏。

（13）"秘密地"原为拉丁文 sub rosa。

（14）①德国哲学家雅各比（Friedrich Heinrich Jacobi，1743—1819）在 1780 年 7 月和莱辛进行了一次谈话，此时距莱辛逝世仅有半年时间，故谈话内容有莱辛的"临终之言"之说。雅各比把这次谈话的内容发表在《论斯宾诺莎的理论，致摩西·门德尔松的信》(Ueber die Lehre des Spinoza, in Briefen an Herrn Moses Mendelssohn)（1785年）一文当中。

②拉瓦特（Johann Caspar Lavater, 1741—1801），瑞士牧师兼作家，于1769—1786年撰写过一系列神学论著。莱辛与拉瓦特的关系在莱辛1770—1771年写给他兄弟的信中有所反映。

（15）普鲁塔克书中提到的应是罗马政治家老加图（Marcus Porcius Cato，公元前234—前149），又名Cato Censorius。但克尔凯郭尔把他与小加图即"尤提卡的加图"（Cato Uticensis）（公元前95—前46）混为一谈。小加图曾生活在北非城市尤提卡（Utica），他是凯撒的反对者，后在研读柏拉图关于灵魂不朽的对话后自杀。

（16）①"足智多谋的奥德修斯"原为希腊文 polýmētis Odysseús，它曾在"荷马史诗"《伊利亚得》和《奥德赛》中多次出现。

②"您是对的，要是我早知道就好了"原文为德文 Darin haben Sie Recht, wenn ich das gewußt hätte.

（17）黑格尔此言未经证实。

（18）"诚实的膜拜"（Tilbedelse i Sandhed）典出《约翰福音》4：24："神是个灵，所以拜他的必须用心灵和诚实拜他。"

（19）"这是优秀的建议，而且价格低廉"是对丹麦谚语 gode råd er altid dyre, når man trænger til dem（当人们需要好的建议的时候，往往要付出高昂代价）的戏仿。

（20）参《马太福音》20：1—16。耶稣用雇人去葡萄园干活来比喻进入天国。在一天的时间内雇主不断找到在市场上闲站着的工人进入他的葡萄园做工，及至结账时不管何时入园，每人所得工钱的一样多，早先入园的工人提出异议，雇主回答说："我给那后来的和给你的一样，这是我愿意的。我的东西难道不可随我的意思用吗？因为我做好人，你就红了眼吗？"结论是，"那在后的，将要在前；在前的，将要在后了。"

（21）"假言判断中前后件的关系"（Conseqvents-Forholdet）指逻辑学中假言判断"如果p，则q"，其中p就是"前件"，由之推出的结果q就是"后件"。

（22）"道路与真理"参《约翰福音》14：6，耶稣说："我就是道路、真理、生命。"

（23）"地址报"（Adresseavisen），即 Kjøbenhavns kongelig alene privilegerede Adressecomptoirs Efterretninger，创刊于1759年，哥本哈根最主要的获准刊登收费广告的报纸。

（24）"字帖"（Forskrifter til Skjønskrivning）指列文（I. Levin）所编《当今丹麦人手迹集》（Album af nulevende danske Mænds og Qvinders Haandskrifter），首版于1846年。

（25）"枢密院"（Geheime-Statsraad）指国王召开的秘密议会，在1845年时由七

（26）"作为假设"原文为拉丁文 posito。

（27）"纯粹存在"（den rene Væren）对应于黑格尔《逻辑学》中的 reines Seyn。

（28）"生成的辩证法"（Vordens Dialektik）中的"生成"对应于黑格尔《逻辑学》中 Werden。

（29）①黑格尔及其思辨哲学自视是"肯定哲学"，比之于康德批判的和否定的哲学。但谢林在1841年至1842年的柏林"启示哲学讲座"中（克尔凯郭尔曾专程前往聆听），把黑格尔哲学归为"同一哲学"因而是"否定哲学"，谢林希望建立的"肯定哲学"是与"生存"相关的哲学。

②"致谢祷告"典出《路加福音》18∶11。"法利赛人站着自言自语的祷告说：'神啊，我感谢你，我不像别人，勒索、不义、奸淫，也不像这个税吏。'"

（30）"在永恒的视角下"原文为拉丁 sub specie æterni，语出斯宾诺莎的《伦理学》。

（31）括号内的"生活"、"生存"分别对应于 Tilværelse（丹麦语源）和 Existents（拉丁语源），二者作为同位语出现，同义不同源，都表示人活着、生活着的含义。

（32）"谈论"原文为德文 spreche。

（33）古希腊哲学家狄欧根尼·拉尔修在《古代贤哲言行录》的第2卷、第5章中讲到苏格拉底。

（34）参柏拉图对话《会饮篇》。亚里斯脱顿跟苏格拉底结伴前往阿伽通家赴宴，路上苏格拉底想到一个问题，就一个人落在后面凝神默想。仆人去找，看到苏格拉底一个人挺直地站在邻家的门楼下，请他进来他不肯。于是亚里斯脱顿说："不必找，让他去。他有一个习惯，时常一个人走开，在路上挺直地站着。我想他过一会儿就会来。且不必去打搅他。"参朱光潜译《柏拉图文艺对话集》，人民文学出版社1997年版，第215—216页。

（35）指丹麦神学家汉斯·海尔维（Hans Frederik Helveg，1816—1901）发表于菲茵岛文学协会出版的一份杂志上的论文，其中有一部分论及苏格拉底，但事实上该文并未详细论及苏格拉底的反讽，而克尔凯郭尔本人却在其学位论文中详论了苏格拉底的否定性的反讽。

（36）"私密地"对应于拉丁文 privatissime。

（37）参《高尔吉亚篇》511d。苏格拉底在讲到船长行船的技艺时说，"如果这种技艺把你从伊齐那平安地送回这里，你只需付两个小银币作为船资，如果是从埃及或黑海起程，把一家男女老少以及他们的货物平安地运回来，那么这项服务就大了，但当他们在港口下船时，也顶多只需付两个德拉克玛，而拥有这种技艺、取得这些结果的人会上岸，谦卑地沿着他的船在岸上走来走去。因为我认为，船长能够想到，自己对这些没有淹死的旅客所起的作用是不确定的，他不知道自己到底是给他们带来了恩惠还是伤害，只知道这些旅客在身体和灵魂两方面都没有比上船时更好些。"

（38）引号中的"怪人"原文为希腊文 ατοπος。

（39）"大学编外讲师"对应于 Privat-Docent，指当时德国大学里拥有博士学位的、但却未被正式雇用的讲师。在英译本中，该词被译为 assistant professor。

（40）"霍尔斯坦鲱鱼"指哥本哈根市场上出售的出产于荷尔斯坦（Holsten，德文 Holstein）和斯莱斯维（Slesvig，德文 Schleswig）的熏鲱鱼或西鲱。Schleswig-Holstein 是德国最北部的州，首府为基尔。历史上，这个区域与丹麦有着诸多瓜葛。

（41）"因此"原文为拉丁文 ergo。

（42）"搅语言的混水"（rører Sprogets Vande）语出《约翰福音》5∶4，"因为有天使按时下池搅动那水，水动之后，谁先下去，无论害什么病就痊愈了。"

（43）琉善（Lucian，公元前 120 年—前 80 年），来自叙利亚的萨摩萨塔，希腊作家，以其数量繁多的讽刺性对话而闻名。此处指的是赫耳墨斯与亡灵摆渡者卡隆之间的对话。

（44）根据狄欧根尼，苏格拉底的父亲是石匠，他本人也曾学习过石雕。

（45）本书绝大多数情况下，"上帝"对应于 Gud，同丹麦文《圣经》中的用法；而"神"则对应于 Guden，以突出假名作者的思想试验。但也有个别时候，在明确指出基督教上帝的时候，原文采用 Guden，仍译"上帝"。

（46）"苏格拉底式的凝神默想"指《会饮篇》中亚里斯脱顿说到的苏格拉底的习惯，即时常一个人走开，在路上直挺挺地站着凝神默想。参《柏拉图文艺对话集》，朱光潜译，人民文学出版社 1997 年版，第 215—216 页。

（47）典出《普鲁塔克道德论文》。

（48）克尔凯郭尔借化名作者克利马克斯对自己的博士学位论文《论反讽概念》进行了评论。在论文中，他曾引用海斯（Heise）的德语译本《亚尔西巴德篇》中的两段对话。

（49）参《马太福音》6∶17—18。耶稣说："你禁食的时候，要梳头洗脸，不叫人看出你禁食来，只叫你暗中的父看见；你父在暗中察看，必然报答你。"

（50）"说不出来的叹息"（uudsigelige Sukke）语出《罗马书》8∶26，保罗说："我们本不晓得当怎样祷告，只是圣灵亲自用说不出来的叹息替我们祷告。"

（51）在浪漫戏剧当中会有一些喜剧场景，它们通常对情节主线发表评论，例如莎士比亚和蒂克的作品。

（52）葛茨（Johann Melchior Goeze，1717—1786），德国牧师，莱辛的主要论敌。莱辛写作了大量匿名作品与之论战。"有趣"对应于德文词 ergötzlich，恰好与葛茨的姓名拼写 Goeze 构成文字游戏。

（53）①参《会饮篇》中苏格拉底对第俄提玛关于爱神（Eros）的双重性的神话

描述之转述（203b—204c）。根据第俄提玛，当阿佛洛狄特诞生之时，众神设宴庆祝。贫乏神前来行乞，当她看到丰富神醉酒睡在花园里的时候，就走过去躺在他身边，因此受孕生下爱神。因此，爱神不是完美的"神"，而是不断追求美善的、介于人神之间的"精灵"（Daimon）。参朱光潜译《柏拉图文艺对话集》，人民文学出版社1997年版，第259—261页。

②普鲁塔克在《论伊西斯和奥西里斯》一文中说："或许看起来赫西俄德在令万物的起源为混沌（Chaos）、大地（Earth）、代达罗斯（Tartarus）和爱的时候，他不接受任何其他的起源，而只接受这些，如果我们把这些名字做个转换，把伊西斯（Isis）称为大地，把奥西里斯（Osiris）称为爱，把堤丰（Typhon）称为代达罗斯；看起来诗人是把混沌置于底部，作为宇宙的一个休息场所。"

③赫西俄德（公元前700年）是希腊诗人，《神谱》的作者。奥西里斯是埃及神话中的冥王，大地神盖布（Geb）与天空神努特（Nuit）之子，与自己的妹妹伊西斯结婚，两人生了儿子荷鲁斯（Horos）。奥西里斯后被兄弟赛特（Seth）所杀，幸得伊西斯使之复活。堤丰是希腊神话中的喷火巨人，反抗奥林匹亚诸神被宙斯打败，最后被打入地府。希腊人认为埃及神话中的赛特即为堤丰，它们被视为恶。

（54）克尔凯郭尔在本书的草稿中还有这样一段话："这就是苏格拉底在《会饮篇》中所展开的意思。克尔凯郭尔博士在其学位论文中充分意识到了要去展开苏格拉底的意思，但却未能理解之，这很可能是因为在黑格尔哲学的帮助之下，他变得聪明绝顶，变得客观和肯定，或者是因为他没有勇气认同为否定性的思想家。"

（55）①此处所引论点出自莱辛发表于1777的论文《精神的证明及力量》（Über den Beweis des Geistes und der Kraft. An den Herrn Director Schumann zu Hannover）。

②关于"偶然的历史性真理永远都不可能成为永恒的理性真理的证据"，莱辛这样写道：Wenn keine historische Wahrheit demonstrirt werden kann; so kann auch nichts *durch* historische Wahrheiten demonstrirt werden. Das ist: *zufällige Geschichtswahrheiten können der Beweis von nothwendigen Vernunftwahrheiten nie werden.*

③关于"在历史性陈述基础上向永恒真理的过渡是一个跳跃"，莱辛这样写道：Das, das ist der garstige breite Graben, über den ich nicht kommen kann, so oft und ernstlich ich auch den Sprung versucht habe. Kann mir jemand hinüber helfen, der thue es; ich bitte ihn, ich beschwöre ihn. Er verdient ein Gotteslohn an mir.

（56）参《哲学片断》的扉页题词。

（57）这段中的"正因为如此"对应于拉丁短语 eo ipso。本短语在书中多次出现，不再一一注出。

（58）引号内原文为德文，出自《精神的证明及力量》：aber nun, wenn sie *nur* eben so zuverlässig sind, warum macht man sie bei dem Gebrauche auf einmal unendlich zuverlässiger?

第二章　莱辛可能或真正提出的命题

(59) 引号内原文为德文，出自《精神的证明及力量》：aber wer wollte auf diesen Glauben hin irgend etwas von großem und dauerhaftem Belange, dessen Verlust nicht zu ersetzen wäre, wagen?

(60) 参《哲学片断》第5章第2节。在此之前，克尔凯郭尔没有使用过"后世历史"（det Efterhistoriske）的概念。

(61) 在《精神的证明及力量》一文中，莱辛写道：Wenn ich zu Christi Zeiten gelebt hätte: so würden mich die in seiner Person erfüllten Weissagungen allerdings auf ihn sehr aufmerkesam gemacht haben. Hätte ich nun gar gesehen, ihn Wunder thun; hätte ich keine Ursache zu zweifeln gehabt, daß es wahre Wunder gewesen: so würder ich zu einem, von so langeher ausgezeichneten, wunderthätigen Manne allerdings so viel Vertrauen gewonnen haben, daß ich willig meinen Verstand dem seinigen unterworfen hätte; daß ich ihm in allen Dingen geglaubt hätte, in welchen eben so ungezweifelte Erfahrungen ihm nicht entgegen gewesen wären. Oder, wenn ich noch jetzt erlebte, daß Christum oder die christelige Religion betreffende Weissagungen, von deren Priorität ich längst gewiß gewesen, auf die unstreitigste Art in Erfüllung gingen; wenn noch jetzt von glänligen Christen Wunder gethan würden, die ich für echte Wunder erkennen müßte: was könnte mich abhalten, mich diesem *Beweise des Geistes und der Kraft*, wie ihn der Apostel nennt, zu fügen?

(62) 奥立金（Origen, 185—254），亚历山大城的希腊教父哲学家。曾向柏拉图主义者阿曼纽斯学习哲学，与普罗提诺同学。现存著作主要有《第一原则》、《反塞尔修斯》。这里所说的对奥立金的引述出自其《反塞尔修斯》（*Contra Celsum*）。奥立金写道："基于更大的奇迹，对此人们可以用多种方式加以证明，但主要是通过如下事实，即我们仍然能够从那些依照上帝之言行事的人们身上找到奇迹的痕迹。"

(63) "从对手认可的前提出发"原文写为 e concessis，但正确的拉丁短语应写为 ex concessis。

(64) 参《哲学片断》第5章第2节。

(65) ①参《加拉太书》3：28，"并不分犹太人、希腊人，自主的、为奴的，或男或女，因为你们在基督耶稣里都成为一了。"

②《罗马书》10：12 中亦有言曰："犹太人和希腊人并没有什么分别，因为众人同有一位主；他也厚待一切求告他的人。"

③《歌罗西书》3：11 说："在此并不分希腊人、犹太人，受割礼的、未受割礼的，化外人、西古提人，为奴的、自主的，唯有基督是包括一切，又住在各人之内"。

(66) 楷体原文为德文：zufällige Geschichtswahrheiten können der Beweis von nothwendigen Vernunftwahrheiten nie werden.

(67) ①"转向另一类"原为希腊文 metábasis eis állo génos，指在论证和争辩过程中突然的跳跃。亚里士多德《后分析篇》（75a 38）中有类似的说法。

②在《精神的证明及力量》中，莱辛写道：Aber nun mit jener historischen Wahrheit in eine ganz andere Klasse von Wahrheiten hinüber springen, und von mir verlangen, daß ich alle meine metaphysischen und moralischen Begriffe darnach umbilden soll; mir zumuthen, weil ich der Auferstehung Christi kein glaubwürdiges Zeugniß entgegen setzen kann, alle meine Grundideen von dem Wesen der Gottheit darnach abzuändern: wenn das nicht eine *metábasis eis állo génos* ist, so weiβ ich nicht, was Aristoteles sonst unter dieser Benennung verstanden.

（68）引号内原文为德文：Das, das ist der garstige breite Graben, über den ich nicht kommen kann, so oft und ernstlich ich auch den Sprung versucht habe.

（69）参《哲学片断》"间奏曲"中的第1节。

（70）引号中"宽的"原文为德文 breit。译文中的"鸿沟"即 breite Graben，在单独使用 breit 的时候，为求通顺，则将之译为"宽的"。

莎士比亚《麦克白》第5幕、第1场，麦克白夫人在丈夫杀了国王邓肯之后受到剧烈的良心折磨，她总是能闻到血腥味，并且不停地洗手。

（71）"严肃"原文为德文 ernstlich。

（72）指明希豪森在对土耳其人的战役中，把自己和自己的坐骑从沼泽地里救出来的故事。

（73）①雅各比的哲学思想方式侧重于信仰和情感。他认为宗教信仰是关于上帝的直接性的知识，理性对此是无法把握的。

②"预备基督徒"对应于 Katechumen（源自拉丁语 catechumenus）。在基督教发展早期，这个词指在皈依基督教但受洗之前的犹太人或异教徒，他们在教堂中有特殊的位置，不允许参加圣餐式。现在该词指准备行坚信礼的年轻人。

（74）莱辛在与雅各比的谈话中表示，他不相信正统的、人格化的上帝，而是对斯宾诺莎的泛神论有同感。

（75）"空翻"原文为拉丁文 salto mortale。

（76）这里明显是对莎士比亚的《哈姆雷特》第1幕、第2场中哈姆雷特的台词"女人，你的名字是弱者"的戏仿。

（77）"惊恐"原文为法文 Horreur。

（78）这里引用的是莱辛的原话，出自《论斯宾诺莎的理论，致摩西·门德尔松的信》（Ueber die Lehre des Spinoza, in Briefen an Herrn Moses Mendelssohn）（1785年）：Gut, sehr gut! Ich kann das alles auch gebrauchen; aber ich kann nicht dasselbe damit machen. Überhaupt gefällt Ihr *Salto mortale* mir nicht übel, und ich begreife wie ein Mann von Kopf auf diese Art Kopf-unten machen kann, um von der Stelle zu kommen; nehmen Sie mich mit, wenn es angeht.

（79）引号内原文为德文，出自《论斯宾诺莎的理论，致摩西·门德尔松的信》：

## 第二章　莱辛可能或真正提出的命题

Wenn Sie nur auf die elastische Stelle treten wollen, die mich fortschwingt, so geht es von selbst.

（80）引号内原文为德文，出自《论斯宾诺莎的理论，致摩西·门德尔松的信》：Auch dazu gehört schon ein Sprung, den ich meinen alten Beinen und meinem schweren Kopfe nicht mehr zumuthen darf.

（81）苏格拉底在《高尔几亚篇》中谈论美食、医生等。

（82）"与各种介词嬉戏"可能指黑格尔书评中对雅各比著作第三卷的批评，该文发表在《海德堡文学年鉴》（*Heidelbergische Jahrbücher der Literatur*）1817年第1、2册。黑格尔写道：Dergleichen Bestimmungen, noch mehr die dunkleren, welche in bloßen Präpositionen, z. B. *außer mir*, *über mir* u. s. f. enthalten sind, mögen nicht wohl dazu dienen, Mißverständnisse zu entfernen; der Erfolg hat vielmehr gezeigt, daß sie solche eher veranlassen und vermehren. Denn der bloßen Verständigkeit, die zunächst damit ausgedrückt ist, und zwar in den Präpositionen auf eine unvollkommnere Weise, ist die im Uebrigen herrschende Idee des Geistes zuwider.

（83）雅各比在一则注释中讲述了他记载有莱辛"临终之言"的信是如何通过伊丽丝·雷马鲁斯（Elise Reimarus）转交启蒙哲学家门德尔松（1729—1786）的经过。伊丽丝是《沃芬布吕特尔片断》（Wolfenbüttel-Fragmenterne，该书由莱辛出版）的作者赫尔曼·雷马鲁斯（Hermann Samuel Reimarus）的女儿，雅各比在《论斯宾诺莎的理论》当中称她为艾米丽（Emilie）。

（84）"半含笑意"原文为德文 mit halbem Lächeln，原句为：Er selbst wäre vielleicht das höchste Wesen, und gegenwärtig in dem Zustande der äussersten Contraction.

（85）格莱姆（Johann Wilhelm Gleim, 1719—1803），德国诗人。引号内原文为德文：Jacobi, Sie wissen, das thue ich vielleicht.

（86）"哲学理论"原文为 Philosophem。

"在人心中涌现"语出《哥林多前书》2∶9。保罗说："如经上所说：神为爱他的人所预备的/是眼睛未曾看见/耳朵未曾听见/人心也未曾想到的。"

（87）"去牧师那里重上一课"可能指教授兼牧师 T. C. Brunn（1750—1834）出版《我的业余时光和故事》（*Mine Frie-Timer eller Fortællinger*）一书（1783），因书中表现出的放纵而被判必须接受主教 N. E. Balle 对其基督教知识的考察。

（88）参《哲学片断》第三章。

（89）"贵族……裁缝"原文为德文：Edelmann, Bettelmann, Doctor, Pastor, Schuster, Schneider。这是一首童谣，通常是当女孩子用撒花瓣的办法来预知自己未来丈夫的职业时所念唱，有多种版本。

（90）引号内原文为德文，出自《论斯宾诺莎的理论，致摩西·门德尔松的信》中的附录"回忆雅各比先生"：Zweifeln, ob es nicht etwas giebt, das nicht nur alle Be-

97

griffe übersteigt, sondern völlig außer dem Begriffe liegt, dieses nenne ich einen Sprung über sich selbst hinaus.

（91）《畏惧与颤栗》是克尔凯郭尔1843年以"沉默的约翰尼斯"（Johanne de silentio）的化名发表的作品。书名源自《哥林多前书》2∶3，保罗说："我在你们那里，又软弱，又惧怕又甚战兢。"在《腓立比书》2∶12，保罗在致腓立比人的信中说："我亲爱的弟兄，你们既是常顺服的，不但我在你们那里，就是我如今不在你们那里，更是顺服的，就当恐惧战兢做成你们得救的工作。"

（92）"最典型的"在原文中为希腊文 kat′exochēn，英译为 par excellence。

（93）①尽管谢林本人将"理智直观"概念的最早使用归诸费希特，但是一般认为该概念出现在谢林早期的同一哲学之中，如《先验唯心论体系》。根据克尔凯郭尔的谢林"启示哲学"演讲笔记（1841年—1842年），谢林引用并反驳了黑格尔对他的批判。"理智直观"在谢林思想体系中是一切先验思想的工具，是我们表象绝对的可能条件，尤其是在艺术领域。黑格尔在《哲学史讲演录》中批判谢林的"理智直观"，说"就理智直观的形式而论，前面已经谈到过，它是以最方便不过的方式来设定知识——把知识设定在任何偶然碰巧想到的东西上。而关于精神性的上帝的直接知识，则认为只是基督教民族有之，而在别的民族或别的民族的意识中是没有的。这种直接知识作为对具体事物的理智直观，或者作为主观性与客观性的同一，尤其显得是偶然的。既然哲学是以个人具有关于主观与客观同一性的直接直观为前提，所以从谢林的哲学看来，似乎只有有艺术才能的个人、天才，或少数特殊幸运的人，才会享有这种直观。但是，哲学按照它的本性来说应是能够具有普遍性的；因为它的基础是思维；正因为有了思维，人才是人。因此哲学的原则纯全是普遍的；如果它要求一个特定的直观、意识，如主客同一的直观或意识，这就是一个特定的、特殊的思维的要求了。"参黑格尔：《哲学史讲演录》第四卷，贺麟、王太庆译，商务印书馆1997年版，第347页。

②黑格尔批评"理智直观"是非科学的，主张用"辩证方法"构建科学的哲学体系。黑格尔所谓"方法"即指"逻辑自身"，"因为方法不是别的，正是全体的结构之展示在它自己的纯粹本质性里。"参黑格尔《精神现象学》上册，贺麟、王玖兴译，商务印书馆1997年版，第31页。

③"方法的回溯运动"（Methodens inverse Gang）指辩证发展所达到的结局在开端时即已预设。在《逻辑学》中黑格尔说："必须承认以下这一点是很重要的观察，——它在逻辑本身以内将更明确地显出来，——即：前进就是**回溯**到根据，回溯到**原始的**和**真正的**东西；被用作开端的东西就依靠这种根据，并且实际上将是由根据产生的。"参黑格尔《逻辑学》上卷，杨一之译，商务印书馆1991年版，第55页。黑体为原译文所有。

（94）①语出莱辛论文 Eine Duplik，此处原文为德文：Wenn Gott in seiner Rechten

alle Wahrheit, und in seiner Linken den einzigen immer regen Trieb nach Wahrheit, obschon mit dem Zusatze mich immer und ewig zu irren, verschlossen helte, und spreche zu mir: wähle! Ich fiele ihm mit Demuth in seine Linke, und sagte: Vater, gieb! die reine Wahrheit ist ja doch nur für dich allein!

②克尔凯郭尔在《三则启示性训导文》中的《对永恒福祉的期待》（*Forventningen af en evig Salighed*）一文中引用过同一段落。

（95）"玩奇偶数游戏"（spille effen og ueffen）指一种游戏，玩家把一定数量的小圆圣诞蛋糕（pebernødder）握在掌心，让对方猜是奇数还是偶数。

（96）"一位虔诚的先生"指主教葛茨。

（97）关于主教葛茨与《启示录》之说查无出处。

（98）"在希律王和彼拉多之间奔走"语出《路加福音》第23节，耶稣被送到彼拉多那里，又由彼拉多送至希律王处，折腾了好几次，他们谁都不认为自己有权审判耶稣。

（99）这里的"系统"对应的是Systemet，也就是"体系"。

（100）"唯一的不懈努力"原文为德文 den einzigen immer regen Trieb。

（101）贝兰德（Israel Joachim Behrend, 1761—1821），哥本哈根人，公共事物长官，留有众多逸闻趣事，收录于《愚人言行录》（*Dumriana eller Indfald, Anecdoter og Characteertrk af Claus Dumrians Levnet*, 1829）。这里所说的"棉布伞"原文写为Nankings，指中国南京出产的一种由淡黄色紧密编织的布料制成的伞。逸事中把绸伞换成布伞的另一个理由是想少付失物招领费。

（102）此处"生成"对应的是være til（"已然生成"对应于 have været til）；而"存在"对应于være。

（103）灿德伦堡（Friedrich Adolph Trendelenburg, 1802—1872），德国哲学家，主要著作有《亚里士多德逻辑学要素》（1842）和《黑格尔体系中的逻辑问题》（1843）。括号内的书名原文为德文Logische Untersuchungen。

（104）批评黑格尔没有在所有地方都成功地将运动引入逻辑学，此说查无出处。

（105）黑格尔在《逻辑学》"必须用什么做科学的开端"（Womit muß der Anfang der Wissenschaft gemacht werden）一节中指出："开始的东西，既是已经有，但又同样**是还没有**。所以有与无这两个对立物就在开端中合而为一了；或者说，开端是两者**无区别的统一**。"参黑格尔：《逻辑学》上卷，杨一之译，商务印书馆1991年版，第59页。黑体为译文原有。

（106）关于"体系始于直接性"，参黑格尔《逻辑学》上卷"必须用什么做科学的开端"（Womit muß der Anfang der Wissenschaft gemacht werden）一节，杨一之译，商务印书馆1991年版，第51—65页。在论及直接性时采用比较级形式是丹麦黑格尔主义者的典型做法。例如，海伯格在其《关于黑格尔客观逻辑学的通俗演讲》中，就认为开端是"所有事物当中最为抽象者"。

（107）将"纯粹存在"视为"纯粹假想"（en reen Chimære）可能指当时一种较为普遍的批评意见。例如，埃德曼在其著作《逻辑和形而上学的根基断裂》（Erdmann, *Grundriss der Logik und Metaphysik*, Halle 1841）中就曾指出，有别于"存在"（eksistens）和"现实性"（virkelighed）的"有"（væren）应该被称作"虚妄的假想"（Chimäre）。

（108）"坏的无限性"（den slette Uendelighed）是黑格尔在《哲学科学百科全书》当中提出的一个概念，区别于真正的、肯定的无限性。"恶的、坏的"德文为 schlecht（丹麦文为 slet），根据黑格尔的意思，它们与"真的"相对立。

（109）"像德国人一样发怒"是对成语 vrede som Tydskere 的翻译，语出贺伯格的喜剧《摇摆不定的人》（*Den Vægelsindede*）。

（110）《论预言的衰落》原文为拉丁文 De defectu oraculorum。

（111）黑格尔的"直接性"成为丹麦黑格尔主义者的行话。海伯格把开端称为"所有事物当中最为抽象者"；阿德勒则说是"一切当中最为直接的"。

（112）"成为现实"原文为拉丁文 in actu。

（113）①黑格尔在《逻辑学》"必须用什么做科学的开端"（Womit muß der Anfang der Wissenschaft gemacht werden）一节中指出："开端并不是纯无，而是某物要从它那里出来的一个无；所以有便已经包含在开端之中了。所以开端包含有与无两者，是有与无的统一；——或者说，开端是（同时是有的）非有和（同时是非有的）有。"黑格尔《逻辑学》上卷，杨一之译，商务印书馆1991年版，第59页。

②鉴于这段话意思比较晦涩，将德文原文附上：Der Anfang ist nicht das reine Nichts, sondern ein Nichts, von dem Etwas ausgehen soll; das Seyn ist also auch schon im Anfang enthalten. Der Anfang enthält also Beides, Seyn und Nichts; ist die Einheit von Seyn und Nichts; – oder ist Nichtseyn, das zugleich Seyn, und Seyn, das zugleich Nichtseyn – ist.

（114）"杂货商式的狡辩"（Urtekræmmerforklaringer）意指非道德的或者不老练的、不着边际的解释，杂货商惯于此类狡辩。

（115）"抽象地"原文为拉丁文 in abstracto。

（116）典出海伯格的闹剧《批评家和动物》（*Recensenten og Dyret*, 1826）。剧中有位老童生托普60岁了还没有结束法学学习，他说自己随时可以拿出证明，说他几乎已经接近于要参加用拉丁语进行的法学考试了。

（117）罗彻尔（Heinrich Theodor Rötscher, 1803—1871），德国哲学和美学评论家、教授。克尔凯郭尔在《论反讽概念》中讨论过罗彻尔关于阿里斯托芬的著作，在化名著作《人生道路诸阶段》中提及罗彻尔关于哈姆雷特的看法。

（118）对黑格尔逻辑学，尤其是对其体系的开端的讨论贯穿整个19世纪30年代。讨论的核心问题之一便是，黑格尔的《精神现象学》究竟是体系的导言还是体系当中精神哲学的一部分。

（119）文中所说"大厚书"可能并非实指某一部具体的书，而是指多部带有批评色彩的书。例如 C. L. Michelet, *Geschichte der letzten Systeme der Philosophie in Deutschland von Kant bis Hegel*, Berlin 1837—1838; I. H. Fichte（J. G. 费希特的儿子），*Beiträge zur Characteristik der neueren Philosophie, oder kritische Geschichte derselben von Descartes und Locke bis auf Hegel*, Sulzbach 1841.

（120）"自我出离"（Afdøethed fra sig selv）英译为 dying to oneself。

（121）"纯粹的我是我"（det rene Jeg-Jeg）是费希特哲学中的用法。"我是我"建立了一个绝对无条件的和不能由任何更高的东西规定的绝对自我，以之知识学才能作为体系成立。

（122）"一、二、三，变"原文为德文 ein, zwei, drei Kokolorum（ein 应为 eins）。此为变戏法时的用语。

（123）"常识"对应于 sund Menneskeforstand, Menneskeforstand 指"人类理智"。

（124）参《哲学片断》之"间奏曲"。

（125）正统基督教历史观认为，世界是在基督降生四千年以前被创造出来的，因此至 19 世纪，世界已经存在了六千年了。

（126）"随便什么东西"原文为拉丁文 Qvodlibet。

（127）对黑格尔体系缺乏伦理学的批判可参考克尔凯郭尔另一部化名作品《人生道路诸阶段》（*Stadier paa Livets Vei*）当中的"有罪？无罪？"（Skyldig? -Ikke Skyldig）一节。

（128）"不懂人事"是对 Philister（英文 Philistine）的意译。该词有"受物质的而非智性和艺术动机驱使"的意思，还有"对某一方面的知识有所欠缺"、"文化艺术修养差"的意思。化名作者在这里讽刺的正是思辨哲学家在"作为（凡）人"方面的缺陷。

（129）"主体—客体"（Subjekt-Objektet）指德国唯心论中的主客同一论。费希特在自 1794 年开始构建的知识学的一则注解中这样写道："我是主体和客体必然的同一；主体—客体，这是全然无条件的，它无须进一步的调和。"（Ich ist notwendig Identität des Subjects und Objects; Subject-Object: und dies ist es schlechthin ohne weitere Vermittelung）。在谢林的"同一哲学"中，绝对自我的首要特征就是纯粹的自身同一，它既是一切知识的最终同一根据，也是所有存在的最终原因。

（130）"闲暇"原文为拉丁文 otium。

（131）"柏拉图关于爱的观念"参《会饮篇》199e—201e 中苏格拉底与伽斯通的对话。参《柏拉图文艺对话集》，朱光潜译，人民文学出版社 1997 年版，第 253—257 页。

（132）如果这里是确指的话，它可能指普鲁塔克所写的《梭伦传》第 31 章，其中提到梭伦放弃了一部已开头的巨著，原因并非如柏拉图所说的缺少时间和机会，而是因为年纪大，他害怕著作过于冗长。下面这句话可以证明他有充足的时间："我一直学习，随着年龄增长，我的知识在进步"。

（133）此处指斯宾诺莎和谢林的体系。在丹麦学界，谢林的哲学体系尤其成为批评的对象。

（134）此处很可能指 F. V. Baader, *Revision der Philosopheme der Hegel'schen Schule bezüglich auf das Christenthum*, Stuttgart 1839; I. H. Fichte, *Aphorismen über die Zukunft der Theologie, in ihrem Verhältnisse zu Spekulation und Mythologie*, Bonn 1839.

（135）"思维和存在的同一"是自笛卡儿、经斯宾诺莎至德国唯心论以来的哲学立场，但这里将这种同一性视为"体系的观念"则尤指黑格尔哲学。黑格尔在《哲学科学百科全书》"理念"一章§214 节中这样写道：Die Idee kann als die *Vernunft* (dieß ist die eigentliche philosophische Bedeutung für *Vernunft*), ferner als *Subjekt-Objekt*, als die *Einheit des Ideellen und Reellen*, *des Endlichen und Unendlichen*, *der Seele und des Leibs*, als *die Möglichkeit*, *die ihre Wirklichkeit an ihr selbst hat*, als das, dessen *Natur nur als existirend begriffen* werden kann u. s. f. gefaßt werden, weil in ihr alle Verhältnisse des Verstandes, aber in ihrer *unendlichen* Rückkehr und Identität in sich enthalten sind. （中译可参黑格尔《小逻辑》，贺麟译，商务印书馆 1994 年版，第 400 页。）

（136）"反对派报刊"指 1845 年倡导反对君主专制制度的报刊，如自由派的《祖国》（*Fædrelandet*），始创于 1834 年；民主派的《哥本哈根邮报》（*Kjøbenhavnsposten*），始创于 1827 年；共和派的《海盗报》（*Corsaren*），始创于 1840 年。

（137）"地下室人"（Kjeldermand）原指住在地下室、以经营餐馆或者零售商业为生的人；又可指未开化的、无知识的人。

## 第二册　主体问题，或主体性应当如何构成才能使难题向主体开显

# 第一章　成为主体

如果成为主体不是赋予人的最高任务的话，伦理学应该做出何种评判；对这个任务做进一步理解的时候应该忽略什么；在成为主体的思想方面的例证

从客观的角度出发，人们只能不断地讨论问题；从主体的角度出发，人们讨论的则是主体和主体性，并且认识到，主体性就是问题。有一点必须紧抓不放，即主体问题不是什么问题，它就是主体性本身。换言之，问题就是决断，而且如前所述，所有的决断都存在于主体性之中，因此这里重要的就是，在客观的意义上不应有任何问题的痕迹，因为就在那一瞬间，主体会避开因做决断而生的痛苦和危机，也就是说，主体会把问题弄得客观一些。如果在问题送审之前，导论式的科学研究仍在期待着一部新作的问世；如果体系尚缺少一个段落；如果演讲者还保留着一个论点；那么，决断就要被推迟了。因此，关于基督教真理的问题并不是在这种意义上提出的，也就是说，当基督教真理被决定之时，主体就会做好准备心甘情愿地接受它。不然，这里的问题是关于主体对基督教真理的接受。那种认为从客观的接受到主体性的接受之间的过渡是直接的自发性的观点，在此应该被视为沉沦的幻象（对于决断存在于主体性之中这一点始终无知），或者欺骗性的支吾搪塞（通过客观的处理而将决断推开，在客观的处理之中决断永远不会显现），因为主体的接受就是决断，而客观的接受（请原谅这个说法）则是异教思想或者说毫无思想。[1]

基督教希望给予单一者以永恒福祉，一种不能在众人之中分配的善，它只能给予一个人，而且是逐一给予。尽管基督教假定，主体性作为占有的可能性有可能接受这种善，但它并未假定，主体性理所当然地是固定成型的，甚至理所当然地对这种善的含义有真正的看法。主体性的这种发展

或者再创造，主体性在直面无限至善即永恒福祉的时候向自身的无限集中，这是对主体的首要可能性的发展了的可能性。因此，基督教反对任何形式的客观性；基督教所希望的是主体无限地关切自身。基督教探问的是主体性；只有在主体性之中，基督教真理才存在——如果的确存在基督教真理的话；客观地说，根本不存在基督教真理。如果基督教只落在唯一的主体身上，那么真理就只在他身上，并且在天上基督对这一个人的欢喜要比对世界历史和体系的欢喜更大，后者作为客观的力量与基督教的主旨不符。[2]

通常而言，人们不相信成为主体是门艺术。自然了，如今的人差不多都是这样的一个主体。但是，成为人原本的样子，这可是人生所有任务当中最无必要的一个，谁真会为此花费时间呢？完全正确。但是，出于同样的根源，这任务又十分艰巨，它是所有任务当中最为艰巨的，这恰恰是因为每个人身上都有一种强烈的自然愿望和动力想成为其他的或者更多的东西。这一点适用于所有表面看并无意义的任务；正是那种表面的无意义才使这些任务无限地艰巨，因为任务不会直接地发出召唤并且因此支持那个热切追寻它的人。相反，这任务会排斥他，因此人们需要付出无限的艰苦努力，仅仅为了发现任务，也就是说，发现这是一个任务，人们在其他方面被免除了这种麻烦。思考单纯的东西，那些单纯的人也知道的东西很让人泄气，因为即使通过极端的努力，差别本身对于明智者而言也非显而易见。因此，浮夸言辞在完全另类的意义上是荣耀的。

当人们忽略了那个微小的苏格拉底式的戏谑的和基督教的无限关切之间的差别的时候，即在身为一个人们的主体，与身为一个主体或者成为一个主体以及通过成为而身为人之所是的样子之间的差别；那种令人羡慕的智慧就成了这样：主体的任务就是将主体性一点一点剥去，主体变得越来越客观。由此人们很容易看到，身为一个这样的主体所导向的是，人们相当正确地理解了偶然的、边缘的、自私的、奇特的等这些所有人身上都有的东西。基督教并不否认这些东西应该被抛弃，基督教永远不会支持无礼放肆之举。不过这里的差别仅仅在于，科学研究教导我们，成为客观的才是道路；而基督教则教导我们，成为主体性的才是道路，换言之，是真正地成为主体。为了不使这一点看起来像在咬文嚼字，让我们这么说吧，基督教就是要使激情增至极致，而激情正是主体性，在客观的意义上它根本不存在。

# 第一章　成为主体

　　以一种奇怪的间接性的和讽刺性的方式，人们常常被责令说，科学研究给予的指导是一种误导，尽管人们并没有吸取教训。当我们所有人都是那种人所称之为的主体、并且为成为客观的而努力工作的时候——有很多人残酷地成功了，诗关切地走上前来，寻找它的对象。当我们所有人都是主体的时候，诗必须满足于它所能够使用的吝啬地挑选出来的主体；不过，诗的确应该拥有一些主体。那么，诗为什么不从我们这些令人尊敬的人当中随手选出一位呢？很遗憾，不行，他不适合；如果他想做的不是别的而是成为客观的话，那么他永远都不适合。这一点看起来的确像在暗示，身为主体是一件特别的事。为什么只有少数人能像热情的恋人一样不朽，只有少数人能成为高贵的英雄之类的人物，假如每一代人当中的每一个人都通过理所当然地身为主体而理所当然地成了他所是的样子呢？但是，恋人、英雄之类的人物只为主体所专有，因为在客观的意义上人们不会成为那个样子。——现在来看看牧师。为什么布道词总是回到对一些信男信女的充满敬意的回忆之上呢？为什么牧师不从我们这些令人尊敬的人当中随手挑选出一位并且使之成为榜样呢？我们所有人都是人们所称之为的主体嘛。但是，虔诚恰恰存在于主体性之中，人们不会变得客观地虔诚。注意了，爱情是主体性范畴，可恋人却如此稀少。诚然，我们的确在说（几乎是在与说做一个那种主体相同的意义上），一对恋人走过去了，那儿还有一对，上个星期日十六对恋人宣读了结婚预告，在风暴街居住的那对恋人相处不佳。[3] 但是，当诗用庄重的观念美化爱情的时候，那些被称颂的名字有时会把我们带回许多世纪之前，而日常生活却使我们处于幽默状态，如同墓前颂词通常带来的效果——因为，毕竟每时每刻都有一位主人公被埋藏。[4] 这是否只是诗耍弄的花招，通常而言，诗是一种友善的力量，一种通过把我们提升到对特别事物的沉思之中的安慰——因何而特别？嗯，因主体性。因此，身为主体是有些特别之处的。——请看，信仰就是主体的至上激情。但是，留心牧师们布道时所说的，在信仰的会众中间，信仰是何等罕见（因为这个"信仰的会众"与我们说的"身为一个人所称之为的那种主体"的意义几乎相同）。那么就此打住吧，别再反讽地追问，信仰是否在牧师们中间或许也是罕见的！这只是牧师们的一个狡猾策略吗？他们把我们带入虔诚的祈祷之中，从而将自身奉献给了对我们灵魂的关切，但是，灵魂却渴望那些转变了的人——哪些转变了的人呢？嗯，就是那些已经拥有信仰的人。但是信仰就存在于主体性之中，因此身为主体是有些特别之处的。

自然了，这种客观的方向（它将使每个人成为观察者，并且在最大限度上成为这样的观察者，他几乎像一个幽灵，很容易与已逝时代的丰富精神相混淆）除了与自身的关系之外不想听到、亦不想知道任何东西。如果在给定的前提之内，有人幸运地提供了关于或许至今尚不为人所知的部族的一两条信息的话，这类人将会挥舞着小旗子加入段落的游行队伍之中；如果在给定的前提之内，有人能够为中国指派一个不同于目前的体系进程中的位置的话，这样的人是受欢迎的。[5] 所有其他的东西都是半瓶子醋的胡说八道，因为可以确定的是，这种成为观察者的客观倾向在现代语言形式之下就是对在伦理的意义上我要做什么的问题的伦理的回答（成为观察者就是伦理的内容！一个人应该成为一名观察者就是伦理的回答，否则人们就得被迫认定，根本不存在关于伦理的问题，因此也没有答案）；而且，派给观察性的 19 世纪的任务就是世界历史，这种客观的方向就是道路和真理。[6] 不过，让我们准备好对这种客观的倾向表示出一点主体的怀疑吧。《哲学片断》在具体地展现理念的世界史进程之前注意到了一种导论性的观点——"理念成为历史"究竟意味着什么；同样地，我也要驻足于针对那种客观倾向的导论性观点：如果成为主体并不是赋予人的最高任务，伦理学应该做出何种评判？[7] 它必须评判什么？对了，自然地，它肯定会绝望。但是，体系关心什么事呢？不让伦理学进入体系的确是体系演生出的一个自然结果。

世界史的观念越来越体系化地浓缩一切。有位智者曾说过，他能够把整个世界放进果壳背在身上，现代的世界史性的概述看起来正在实现这一点：世界史正变得越来越浓缩。[8] 我的意图并非揭示出此处的喜剧性；相反，我试图通过指向同一目标的不同思想，澄清伦理学和伦理在整个事之序之中所反对的东西。我们这个时代的问题并不是说有哪位饱学之士或者思想家忙碌于世界历史，而是说整个时代都在呼唤世界历史，但是，伦理学和伦理作为个体生存的本质性堡垒，向每个生存者提出了一种迫切要求，这种迫切要求具有这样的性质：不管一个人在世界上成就了什么，哪怕成就了最令人惊讶的东西；但是，如果在选择的时候，他自身在伦理意义上是不清楚的，而且没有在伦理意义上澄清自己的选择，那么，这成就就是令人怀疑的。伦理的质是珍惜自身，并且忽略最令人惊讶的量。

因此，伦理学以怀疑的目光看待所有的世界历史知识，因为这种知识很容易成为陷阱，一种使认知主体意志消沉的感性偏离，因为在成为和不能成为世界历史性的东西之间的区分是量化的—辩证性的。这也就是为什么善与恶之间绝对的伦理区分，在世界史的—感性的层面上被中立为感性的—形而上的范畴，即"伟业"，"意义重大的事情"，对此好东西和坏东西同样能够企及。在世界历史上扮演本质性角色的是另一类因素，它们不是伦理的—辩证的，而是偶然，环境，那种力量的运作，其间被改造了的历史性的生存整体吸取了单一者的行动，以便将之转化为某种并不直接隶属于单一者的东西。尽最大所能地为善，或者以恶魔般的冷酷为恶，这都无法保证一个人具有世界历史的意义；即便在时运不济的情况下，具有世界历史的意义也要靠运气。那么，个体如何才能具有世界历史的意义呢？从伦理的角度出发观之，他靠的是偶然。但是，伦理学同样会将这个转换视为非伦理的，即人们丢弃伦理的质，为的是渴望地、心甘情愿地尝试量化的东西。

　　一个时代、一个人的不道德可以是多种方式的，但与世界历史过从甚密就是不道德的，或者是一种诱惑，一种很容易导致人们也想成为世界历史的诱惑，一旦他能够自己行动的时候。人们以观察者的姿态不停地忙于那种偶然，那种附属物，以之那些世界历史性的人物得以具有世界历史性的意义，结果人们很容易被误导，他们将之与伦理混为一谈。[9]他们很容易被误导，结果作为生存者，他们没有对伦理表现出无限的关切，而是不健康地、轻浮地、懦怯地关心偶然事物。看，或许这就是为什么当今时代在它该行动的时候得不到满足的原因，因为它被观察所纵容。或许这也是出现想成为大于人之所是的众多无果的努力的原因之所在，人们社会性地聚合在一起，希望靠数量在历史精神上打下烙印。人们持续地为与世界历史的亲和所纵容，结果他们唯一想要的就是意义重大的事物，他们只关心偶然事物，关心世界历史的结果，而不去关心本质的东西，内在的东西，自由，伦理。

　　换言之，与世界历史的持续亲和使得人们无力行动。真正的伦理热情在于，一个人尽其所能地去意愿，同时又在神圣的玩笑中升华，他从未想到他能否因此而有所成就。一旦意志开始觊觎结果，个体就开始变为不道德的：意志的能量变得迟缓了，或者说它非正常地发展成一种不健康的、非伦理的、唯利是图的渴望，这种渴望即便成就了伟业，这伟业也不是以伦理的方式成就的；个体要求的是某种超出伦理自身的东西。真正伟大的伦理个体将会这样实现他的人生：他将极尽所能地发展自身，其间他或许会对外界带来巨大影响，但他却根本不为之所动，因为他知道，外在的东西并非他的力量所及，因此它们既不意味着赞同，也不意味着反对。于是，他愿意对此保持无知状态，为的是不被外在的东西所延滞，并且陷入其诱惑之中。逻辑学家最怕的是得出错误的结论，转向另一类；同样，伦理学家也害怕得出结论，或者害怕把伦理转换成某种超出伦理范围之外的东西。<sup>(10)</sup>因此，他愿意借助意志的决断对此保持无知，甚至在临终之际他都不愿知道，除了在伦理意义上为灵魂的发展做出准备之外，他的人生是否还有别的意义。至于那种统治一切的力量是否会把环境安排得使他成为一个世界历史性的人物，这是他在永生中才会戏谑性地提出的问题；因为只有到那时，他才有时间去问这种无忧无虑的轻松问题。

换言之，如果一个人不是依靠自己的力量，依靠自由，依靠向善的意志而成为一个世界历史性的人物——这是不可能的，这个不可能恰恰是因为只有依靠其他的东西，此事才是可能的，也就是说，或许是可能的；那么，在这个方面表示关切就不符合伦理。如果某君不是放弃这种关切并且从其诱惑之中抽身，而是用造福他人的神圣外表装点自身，他就是非道德的，他想狡猾地把这个念头偷偷塞进他与上帝的差别之中：不管怎么说上帝还是有那么一丁点需要他的。但这是愚蠢的，因为上帝不需要任何人。否则上帝作为造物主最终却以需要被造物而告终，这是极其尴尬的。相反，上帝可以向每个人要求一切，一切却又不要回报，因为每个人都是无用的仆人；受到伦理激发的人与其他人的差别仅仅在于，他是明白这一点的，他憎恨并且厌恶所有的欺骗。<sup>(11)</sup>——一个任性的人与其同时代人争吵，他忍受着一切，但却仍然大喊："日后，历史将充分揭示出，我讲的是真理。"于是人们相信他受到了灵感的启示。唉，不然，他只是比那些愚蠢透顶的人稍稍聪明了一点；他没有选择金钱、美女或者其他诸如此类的东西，他选择了世界历史的重要性；他的确清楚地知道自己选择的是什么。但是就与上帝和伦理的关系而言，他是一个不忠的恋人，他也是犹大引导的人群当中的一员（《使徒行传》1：16）——他出卖了自己与上帝的关系，却不是为了金钱。<sup>(12)</sup>尽管他或许以其热情和学识改造了整个时代，但是他尽全力迷惑住了生存，因为他自己的生存形式对于其学识来说是不够的，因为他以把自身排除在外的方式建立了一种目的论，这种目的论使得生存了无意义。<sup>(13)</sup>在有限的意义上，或许会有精明而有才干的人服务于某位国王或哲学家，他将巩固国王的权力，维护哲学家的理论，让所有人顺从于国王和哲学家，尽管他本人既非优秀的臣民，亦非真正的信徒。但是就与上帝的关系而论，这一点愚蠢至极。一个不忠的恋人不会像恋人那样忠诚，而是像一个世界历史的企业家，他不会尽最大可能地忠诚。他不愿去理解，在他与上帝之间除了伦理之外什么都没有；他不愿去理解，他将因之而热情洋溢；他不愿去理解，上帝在没有行不公正、没有否认他的本质是爱的前提下，会创造出一个其能力无人匹敌的人，将他置于一个偏僻的地方并且对他说："现在，在无人能比的艰难困苦之中度过你的人生吧！工作吧，它的一半就够改造一个时代，但是这是你和我之间的事，你所有的努力对于任何他者而言都了无意义。但是，你应该，你明白吗，你应该希求伦理；你应该，你明白吗，你应该热情洋溢，因为这才是至高无上的。"(14)一个不忠的恋人是无法理解这些的，更别提他会理解下面的内容了。一个真正的、热情洋溢的伦理个体在严肃之中颤抖，他把自身提升到神性的疯狂所开的神圣玩笑之中，他说："让我本人成为因突发奇想而被创造出来的人吧，这是玩笑。不过我愿以极度的艰巨希求伦理，这是严肃。我不要别的，什么也不要。噢，毫无意义的意味深长！噢，戏谑性的严肃！噢，有福的畏惧与颤栗！能够满足上帝的要求，同时又能冲着时代的要求微笑，这是何等的福份。只要人们不放开上帝，人们就会因自己的无能为力而绝望，这是何等的福分！"(15)只有这样的个体才是伦理的个体，不过他还把握了这一点：世界历史是一个合成体，它并非直接地对伦理具有辩证意义。

　　生命越长久，生存者以其作为被织入生存的时间越长久，把伦理与外在的东西分开也就越困难，那个形而上的看法看似越容易得到证实——外在的就是内在的，内在的就是外在的，其中一个与另一个完全相称。这正是诱惑之所在，因此，伦理正变得一日难似一日，因为伦理恰恰存在于无限的真实的极度张力之中，这张力就是开端，因此，它在开端之中显现得最为清晰。让我们想象一个站在人生旅途的起点上的个体。他下定决心，比如说，要用全部生命来追寻真理，并且实现已经认识到了的真理。于是在下定决心的那一瞬间，他摒弃了一切，一切，其中当然也包括了世界历史的意义。不过，如果意义作为他的工作成果一步一步地呈现出来了呢？的确，如果意义是作为工作成果而出现的话——只是这一点永远不会发生。如果意义呈现，那是天命把它增添到个体的伦理性的努力之中，因此它不是个体工作的成果。[16]这意义是赞同,它跟所有的反对一样应该被视为一种诱惑。它是所有诱惑当中最危险的一个,许多在无限的极度张力之中的荣耀的开端,都在对于堕落者而言的温柔的脂粉气的拥抱中平息了。还是回到开端上来。带着无限的、真正的、伦理的极度张力,他将摒弃一切。在寓言和童话故事中有一盏灯,人称神灯。当人们摩擦它的时候,神灵就会显现。[17]笑话!但是自由就是那盏神灯。当人们以伦理的激情摩擦它的时候,上帝就会为他显现。看吧,灯的神灵是一个仆人(那么,你们就祈愿它吧,你们这些精灵就是祈愿的人);而那个摩擦自由的神灯的人,他却成了仆人——神灵就是我主。这就是开端。现在让我们看看能否把其他的东西加在伦理之上。于是那个已下定决心的人说:"我愿意,但是我也愿意拥有世界历史的意义——但是。"[18]就是因为这个"但是",神灵消失了,因为摩擦的方式不正确,结果开端未能出现。不过,假如开端出现了或者摩擦正确,那么每一个随后而来的"但是"都应被摒弃,尽管生存极尽曲意逢迎和诱惑手段将之强加在个人头上。或者那个已下定决心的人会说:"我愿意这样,但是我也愿意我的努力可以造福他人,这话只在你我之间,我是个好人,如果可能的话,我很愿意造福全人类。"当在这种摩擦方式之下神灵真的显现出来的话,我想,神灵会生气地说:"愚蠢的人,难道我不存在吗?我,全能者,即使人类多得如海边的沙不计其数——是我创造了一切,计数一切,我数了人的头发,难道我不能像帮助你一样地帮助每一个人吗?[19]放肆!你能要求什么呢?而我能要求一切。你有什么东西可以给我呢?当你尽力为之的时候,你难道不是把我的财产归还给我,而且还相当差劲?"于是初始者就站在这里,"但是"留下了最微弱的痕迹,结果开端出岔子了。不过,假如开端是以这种方式进行的,那么持续性必须与之完全呼应。如果那个初始者有个良好的开端,如果他成就了令人惊讶的事业,如果他的同时代人把很多东西归功于他并且感谢他,那么,他在玩笑之中理解什么是玩笑就十分重要了。严肃是他的内心,玩笑把意义与他的努力奋斗联结在一起,而他只是一个无用的仆人,这一点令上帝愉悦。当幻景以其移情转性的绝对力量将某君捕获,把超自然的大小展现在了惊讶的观察者眼前,这是那个人的优点吗?同样地,当天命使某君的内在努力魔幻般地反射在世界历史的影子戏之中,这是他值得称赞的品质吗?我想,对于有过这番经历的真正的伦理学家言,如果他想要讨论此事的话,他会俏皮地令我们联想到唐·吉诃德。[20]就像那个骑士一样,或许是对他想具有世界历史意义的回报,他被尼斯小精灵所困扰,这精灵毁了他的一切,结果他不得不拥有一个反向地跟他玩的小精灵——因为只有愚蠢的学校教师和同样愚蠢的天才们才会犯错并且相信,这就是他们本人,他们因其在世界历史上的伟大意义而忘却了自身。(21)

那些未能参透这一点的人是愚蠢的;对于敢对此提出异议的人,我有意用我在此时此刻所拥有的喜剧性的力量来使之显得荒谬可笑。我不再多说什么了,因为或许这样才会令天道愉悦,就在今天,天道把我身上的喜剧性力量移交给另一个人,为的是考验我。或许这样会使天道愉悦,即让我来做工,然后把同时代人的感谢移交给理发师的学徒,就当是他完成了这一切。对此我无从知晓。我只知道,我要做的就是坚持伦理,除此一无所求;我只需受到与上帝的伦理关系的感召,这种关系极能持久,或许甚至能够更加内心化,如果他把这样一种天赋从我身上移走的话。因此,也许事先什么都不说更为明智,这样如果我失败了,人们也不会加倍嘲笑我。但是伦理从不过问精明练达,它只要求充足的理解力以发现危险之所在,以便无畏地步入其中,而这一点被认为是极其愚蠢的。噢,伦理中蕴含的神奇力量!假如有位国王这样对他的敌人说:"照我的命令行事,不然就在我的权杖前发抖吧,它将成为笼罩你们的恐怖,除非这样做会使天道高兴,即就在今天把我从王位上赶走,让一个牧猪人来做我的继任者!"为什么我们很少听到那个"如果"、"除非",所说的后一部分呢?那才是伦理真理!它的确是真理——而做到这一点的艺术只在于,要激情洋溢,就像有位作家所说的,为在7万寻的深水下而高兴。(22)一个这样理解生活的生存者是不会误解世界历史的,世界历史只是在思辨雾茫茫的目光下聚合而成的一种完全别样的东西,而思辨者事后才对之有深刻的明智见解。

诚然有言曰:世界史就是对世界的审判,而"审判"一词似乎是在宣称,断言中包含了一种伦理的人生观。(23)对于上帝而言可能如此,因为上帝以其永恒的共知掌握了使内在和外在彼此一致的媒介。但是人类精神却无法这样看待世界历史,即便在忽略了所有的困难和反对意见的时候亦是如此。我不想在这里详细展开那些困难和反对意见,为了不分散对伦理的注意力;我只是指出它们,并且尽可能以让步的方式触及之,以便不把兴趣转移到它们之上。

甲）应该忽略的是，前面已经说过，通往世界历史的途径是量化的—辩证性的，因此成为世界历史要经过这种辩证法。这样一种区分对于全知的上帝来说是否不存在，这一点并不能安慰有限的精神；因为，我是不敢高声说出我的意思的，在世界历史性的19世纪这是行不通的，但我敢对着体系制造者们耳语："撒罗门王和制帽商约扬是有差别的"——尽管这并不是我的原话。[24] 对于上帝来说，世界历史的观念与他的共知一起融入了从最伟大到最卑下的人身上最为隐秘的良心之中。倘若一个凡人想采取这样的立场，他就是傻瓜；倘若他不想这样做，那他就得满足于一种寻找要点的概述，这也就是为什么量化将在此成为决定因素的原因。因此，我们并不否认伦理性就在世界历史之中，就像它遍在于上帝所在的任何地方一样，但是问题是，有限的精神能否真正从世界历史之中看到伦理性；想从世界历史中看出伦理性是个大胆的冒险之举，它很容易以观察者自身丧失伦理性而告终。

为了学习伦理，每个人都要把自己指派给自己。在这个方面，他自身绰绰有余；的确，他就是他能够确定地学习伦理的唯一地方。甚至对于一个与他共同生活的人，他也只能通过外在的东西来加以认识，因此这种认识就是可疑的。但是，外在的东西越复杂——伦理的内在性将反映在其上，观察也就越困难，直到最终，观察在完全别样的东西、在感性之中迷失自身。于是乎，世界历史的观察很容易沦为一种半诗化的惊讶，而非伦理的深思熟虑。当事人越重要，问题就越难以解决，即便对于法官来说也是如此。不过，一个法官做出的不是伦理判决，而是民事判决，其中罪行与奖励通过对或轻或重的情况的量化考察以及对与后果之间的偶然关系的量化考察而具有辩证性。这种可能的混淆在世界历史的平台上获得了更大的行动自由，人们在那里常常看到的景象是，善与恶是量化的—辩证性的，一定的罪行和狡猾的数量与数百万人和民族相关联，而伦理则像混在起舞的鹤群中的麻雀一样羞涩。[25]

但是，一而再、再而三地注视着这种持续不断的量化对于观察者而言是有害的，他很容易丧失伦理的纯真的纯粹性，这种纯粹性以神圣的方式永远鄙视所有的量化，这种量化正是感性的人眼中的欲望，是诡辩论者的遮羞布。[26]

伦理是绝对的，其自身即无限有效，它不需要任何装饰来美化自身。世界历史就是一种可疑的装饰（当不是以全知者的目光、而是以凡人的眼睛去看透它的时候），在这个观念之下，按诗人的话来说，伦理就像自然一样"屈从重力定律"；因为量的差别也是一种重力定律。[27] 人们越是能够简化伦理，就越能看清它。因此事情并非如人们自欺欺人地所想象的那样，我们能够从事关数百万人的世界历史之中比从个人可怜的生活中更好地看到伦理。但是实情正好相反，人们从自己的生活中将更清楚地看到伦理，正因为人们不会在素材和质量的问题上出错。[28] 伦理就是内心性，因此人们所看范围越小，看得越清楚，如果人们真是从无限性出发的话。而一个想以世界历史作为装饰以便更清楚地去看伦理的人，其结果恰恰显示出他在伦理方面的不成熟。一个未能理解伦理的无限有效性的人，尽管这一点在整个世界上只与他一人相关，他也并没有真正把握伦理；说某事与所有人相关在一定意义上并不关他的事，除了作为一种紧随他生活其间的伦理明晰性的影子之外。理解伦理如同做算术：人们最好从抽象数字的计算开始学习演算；如果从附带有某种计量单位的具体数字开始，人们的兴趣就会转移至其他方面。世界历史的计算是从具体的量、而且是十分庞大的量开始的，它以多种方式通过多样性刺激了观察者的多样性。但是，感性的人对这种量化有着极大的偏好，因此，让我们再次忆起上述比喻及其间的差别，这里与从抽象数字的演算开始的初学者截然不同，人们或许很早、且很自然地渴求计算世界历史的量，但对这种计算的拒绝却是真正的伦理成熟的标志。正如一位高贵的希腊人所说的（恩培多克勒，见普鲁塔克），人们必须禁绝恶；同样重要的是，伦理的真正伦理性的观念应该是禁绝的和冷静的，其主旨在于，人们不应该渴望奔赴世界历史的盛宴并且陶醉于惊异之事。[29] 但是从伦理的角度加以理解，这种禁绝就是最为神圣的享受，是永恒的强心剂。相反，从世界历史的角度出发，人们很容易受到诱惑认为，倘若他是一个无足轻重之人，他是否犯错就不会拥有任何无限的意义；倘若他是个大人物，他的伟大会把他的差错转变成某种好东西。

尽管观察的个体并未因此泄气，但是如果伦理与世界史相混淆，那么它在本质上通过与数百万人而非单个的人相关就变成了其他的东西，结果另一种混淆很容易产生，也就是说，伦理应该首先在世界史之中具象化，并且只有在这种具象化之中，伦理才能成为生者的任务。[30] 于是，伦理没有成为原初的东西，每个人身上最具原初性的东西，而是成为对世界历史经验的抽象。人们在观察世界史的时候看到，每个时代都有其道德主旨；

人们在客观的意义上变得傲慢,尽管生存着,但他们已不愿意满足于所谓主体的伦理了。不然,当代人在其有生之年就想着去发现世界历史性的道德观念并且按此行事了。唉,为了钱德国人什么不干?[31]一旦德国人干了,丹麦人又有什么事不会紧随其后呢!就过去而言,幻象容易滋生,它忘记而且部分地也无从知道,什么应该隶属于个体,什么应该隶属于那种作为世界史精神的客观的事之序。不过就当代人而言,就每一个单个的个体而言,让伦理成为某种由预言家以世界历史性的目光注视着世界历史才能发现的东西,这可真是一个罕见的、别出心裁的滑稽念头。幸运的 19 世纪!如果没有这样一个预言家站出来,那么我们就可以收工了,因为无人知道何谓伦理。真够奇怪的,伦理竟被看得如此低贱,结果对伦理的教育权最好移交给师范生和乡村牧师。如果有人说,伦理尚未被发现,但它首先必须被发现,这甚至是荒谬可笑的。但如果他的意思是说,伦理应该以个体向自身内部以及向人神关系的方向沉潜的方式而被发现的话,这可不是疯话。不过,应该有一位预言家而非法官,不,应该有一位先知,一个世界历史的吵闹之徒,他借助一只深邃的和蓝色的眼睛的帮助,借助对世界历史的了解,或许还借助咖啡渣和扑克牌的帮助,为的是发现伦理,也就是说,(因为这是堕落的伦理学的现代口号)发现时代的要求;那么困惑将以两种方式出现,这是爱笑的人永远必须感谢智者的地方。[32]多可笑,这样的东西竟然要成为伦理!多可笑,一位先知要以观察世界历史的方式去发现伦理,而世界历史是很难看明白的!最后,可笑的是,这种与世界史之间持续不断的交往生出了这样的后果。一个在监狱里接受坚信礼的极其愚钝的人都能理解的东西,它通过教堂智慧被提升为真正的思辨性的深刻。[33]唉,当令人尊敬的思辨性的教授先生解释着全部生存的时候,他在走神之中忘记了自己姓甚名谁,忘记了他是一个凡人,一个纯粹的凡人,而不是一个奇妙的段落当中的八分之三。他终结了一个体系,他在终结段落之中宣布,他将发现包括我和他在内的这一代人将要实现的伦理,因为它至今尚未被发现!哪一个未被发现,是伦理还是时代的要求?唉,伦理是一个古老的发现;我非常愿意相信,我们尚未发现的是时代的要求,尽管有这么多令人满意的、极受尊敬的、不过仍在不断许诺着的对连篇废话的尝试。

假如有人说,这是居心不良的夸大其词,那些关切世界史的人们情愿让师范生和乡村牧师宣讲通俗伦理学,他们并不介意尤其是下层阶级努力依照它来生活，但是世界史所关切的却只能是更高、更伟大的任务。那么，这个答案充分揭示出，它根本就不是什么居心不良的夸大其词，因为如果另有更高的任务存在，那就让我们开始吧，越早越好。不过不幸在于，它目前尚未被发现。而且就更高的任务而言，就让我们简单地谈论它们吧，就像邻里之间在黄昏时刻的交谈那样。通常所说的"某个任务更伟大"在此尚不充分；只有当所有参与者的红利都将增大这一点变得清晰起来的时候，这个陈述才会对一个理性之人有所鼓舞。比方说，在乡村，当静谧降临到树影婆娑的屋顶上的时候，当一家人依照那个可爱的国王的虔诚心愿把一只鸡摆放到餐桌上的时候，对于少数人来说这一切已经足够丰盛了。[34]与那次盛大的餐会相比，这餐饭难道不是丰盛至极吗？当时的确端上了一头牛，但是，吃饭的人太多了，结果并不是每人都能尝到一口。[35]或者，一个在平日里热爱寂静的人悄悄地找到了通往被遗弃者的独处地的神秘通道，当他找到了恰当的时机和场合道出了一句无法形容地令人耳目一新的简洁话语之时，他并没有制造出同样伟大的或者更准确地说，比那个赢得九次欢呼声的受人崇拜的人更加伟大的效果，这是为什么呢？因为后者使用了众人乐于听的口号。结果，并不是因为他的言谈智慧，因为噪声不可能让人听清他所说的；而是因为他使用的是任何愚货都会说的词儿。换言之，因为他不是一个演说家，而是一个踩风箱的人。[36]

思辨性的分神只能在心理学的层面上经由与世界历史、与"过去"之间的持续交往得到解释。人们没有真正意识到，他本人是作为生活在现时、且面向未来的人而在，以便因此被引导至在心理学的层面上再现个体的因素，它们只是世界历史中的一个环节。相反，人们把一切混合在一起，并且期盼着他自己的"过去"——为的是去行动，尽管如下这一点看起来更容易理解，即如果一个人先成为"过去"，那么他就已经行动过了。

只有通过密切关注自身的方式，我才能被引导着集中到这一点之上，即一个历史人物是如何在其生命进程之中行动的。只有在我的理解中我使他保持鲜活的状态，我才能理解他，而不像小孩子那样，把钟表拆了以便搞清里面的机关；亦不像思辨思想那样，为了理解人而把他转变成某种完全其他的东西。不过，从一个死者身上我无法获知活着意味着什么；对此我必须自己亲身体验，因此我必须理解自己，而不是相反——不是首先从世界历史的意义上误解他，继而让这种误解帮助我误解我自己，仿佛我已经死了。一个世界历史人物在活着的时候很可能受到了主体性伦理的帮助，结果天命增添了世界历史的意义，假如他曾获得这类东西的话①。有一类人看透了这一点，尽管通常而言他们与发现真理不搭界，因为他们走向了相反的极端。这是些嘲弄者和没有信仰的人，他们认为，整个世界历史关注的只是纯粹的无足轻重的东西，是"一杯白开水"。[37]与之相反的一极是思辨思想，它想把无生命的历史人物变成形而上的范畴，一种在内在性中思考的对因果关系的范畴式的命名。两者都有错：嘲弄者错在对人，思辨思想错在对神。在世界历史的层面上，单一的主体的确无足轻重，但是，世界历史毕竟仍在被增补；在伦理的层面上，单一的主体具有无限的重要性。随便取一种人性的激情，让它在个体身上与伦理建立关系，结果，它在伦理意义上将具有重大意义，而在世界历史的意义上或许毫无意义，或许意义非凡，因为从伦理的角度出发观之，世界历史是经由一个"或许"出现的。当那种激情与伦理的关系占据了生存个体的全部并且达到极致之时（这是嘲弄者所称之为的"无"，是思辨思想在内在性的帮助下思辨性地忽略的东西），世界历史的管理或许会为该个体营造出一种反思的环境，因之他的生活情境将获得广泛的、世界历史性的意义。他从未拥有这种意义，但天道将之加诸其身。嘲弄者笑了，并且说：

---

① 最为杰出、最有意义的世界史人物之一当然就是苏格拉底了。关于他的一切是怎样聚合起来的呢？现在，就让体系紧随其后去把握他身上的必然性吧，他之生成和他的母亲是一位助产士的必然性；他的父亲受一则预言的驱使允许他的孩子自己照管自己并且从不强迫他的必然性（这是种奇怪的生活，如果它被视为必然的方法之下的任务的话）；他结婚、而且恰好是和克珊底普结婚的必然性；他由多三票被处死刑的必然性。[38]因为这里的一切都是必然的，其好处在于，体系只与死者打交道，用这种方式理解生者将是无法忍受的。不过，让我们少一些体系的视角、多一些单纯的视角，来看他是如何行动的，当他活着的时候，当他在广场上转悠并且戏谑性地激怒那些智者的时候，当他作为一个凡人、并且甚至是在现存关于他的或许最为可笑的处境中的时候（参马可·奥勒留的哲学著作《沉思录》，第11卷、第28节）——克珊底普穿着他的衣服出门了，苏格拉底只能披件兽皮，令他的朋友们感到格外有趣的是，他就以这副模样出现在广场上，但他仍然是一个人，即使在兽皮的包裹下他也没有如后来在体系当中被体系厚厚的帷幔奇妙地包裹着的样子可笑。[39]苏格拉底讲过时代的要求吗？他把伦理理解成某种预言家以世界历史的目光将要发现或者已经发现了的东西，或者某种通过无计名投票来决定的东西吗？没有。他独自一人与自身为伍，数选票的时候，他甚至不知道如何数到五（参色诺芬）；他不适合参加涉及多人的任务，更别提涉及世界历史性的众人的任务了。[40]他只管自己的事——然后，天道走来，并且把世界历史的意义加诸他反省性的自我满足之上。遗憾的是，两千年后的今天，没有人从他那里听到任何东西，只有神才知道他对体系的看法。[41]

第一章　成为主体

"瞧，所有这一切关乎受到伤害的骄傲，即关乎无。"但这是不正确的，因为受到伤害的骄傲与伦理的关系从伦理的角度观之并非漠不相关，它不是无；并且世界历史是完全其他的东西，它不会直接从那种关系中出来。对于思辨思想来说，万物归一。思辨思想战胜了嘲弄和无信仰，不是通过把伦理从世界史当中解救出来的方式，而是通过把全部财产并排杂陈于一种慷慨陈词的内在性理论之下的方式。但是嘲弄报复了，它远没有被排除在外，人们不久就会相信，思辨思想把自己与嘲弄关在了一起，思辨思想变得可笑至极。分神报复了，当伦理学中的思辨思想欲使一个活着的个体借助某种内在性理论行动的时候，也就是说，通过停止行动而行动，因为内在性仅对观察是本质性的，对上帝是真实的，对令人尊敬的教授先生及其亲属、友人来说，它则是想象出来的。

但是，如果与世界史的观点打交道是冒险的话，那么对它的反对或许就出自怯懦和懒散，它们时刻准备着阻止那些热情洋溢的人们，这里指的就是那些世界史的高翔者们，他们明知此事有风险，但因此还是去冒险。根本不是。如果世界上有什么东西能教会人冒险的话，这东西就是伦理，它教人们不求回报地冒险，冒一切风险——其中也包括拒绝世界史的奉承——为了变得一无是处。不，反对意见思想境界很高，恰恰因为它是伦理性的，它指出，伦理是绝对而且永远是至上的，而不是说每个大胆的冒险都成功了一半，因为仍然存在着损失惨重的大胆冒险。再进一步，一项冒险事业并不是一个浮夸的词藻，不是一个感叹语，而是一项艰苦卓绝的工作；一项冒险事业，不论它多么胆大妄为，都不是嘈杂的宣称，而是安静的奉献，它知道，它事先得不到任何东西，但却要拿一切去冒险。伦理说，因此，去冒险吧，冒险摒弃一切，其中包括与世界史观点之间的时尚、但却又具有欺骗性的交往。冒险变得一无是处，成为一个单一的个体，在伦理的意义上，上帝将向你要求一切，但你却不敢因此停止你的热情。看，这才是冒险事业！但是你也将赢得胜利：上帝永远不会放弃你，因为你的永恒意识只在伦理之中。看，这就是对你的回报！在世界历史的层面上，一个单一的个体一无是处，无限地一无是处——但是对于一个人来说，这却是唯一真实的和至上的意义，因此它高于一切其他的意义，后者只是一个混合物，不是自在自为的，而总是一种混合物，如果它想要成为至上者的话。

乙）应该被忽略的是，作为认知行为，世界史的观点是一种近似①，它屈从于理念和经验之间的斗争的辩证法，随时阻止开端的出现；而一旦开端出现，它又随时威胁着反抗这个开端。世界历史的素材是无限的，因此，界限多多少少是一种武断。尽管世界史是某种已然逝去的东西，但是作为认知性的观察素材它们是未完成的，它们通过更新的视角和研究不断出现，新东西得以发现，或错误得到纠正。如同在自然知识领域当中人们通过改善工具而增加发现的数量一样，在世界史的领域中，当人们改善了观察视角的批判性的时候，情况亦然。

在这一点上我可要显露一下自己的学问了！我可以揭示出，那种权威的、但是根据内在价值却相当令人怀疑的黑格尔式的对世界史进程的安排是如何依赖武断和跳跃的，中国应该如何另行指派一个位置②，以及如何为在毛那毛塔帕新发现的一个部族写上一个段落。⁽⁴²⁾我可以揭示出，当黑格尔的方法被运用到更小的细节上的时候，它看上去如何几近玩笑，这样我或许会使个别读者满意。换言之，对安排世界史的兴趣仍是本质性的，但是我所说的关于毛那毛塔帕的事给人们造成的特殊印象，如同《圣诞义卖》中的学校老师所讲述的生活在阿拉伯的凤凰给杰罗尼慕斯造成的印象一样。⁽⁴³⁾但是，对整个世界史的兴趣，当其不是为了知识和认知之故无利害地、充满爱意地用语言学知识去诠释一个世界史的细节、而是想思辨性地为把赋予单一个体的伦理任务与赋予人类的世界史任务混为一谈助一臂之力的时候；尤其是，当这种兴趣欲成为每个人的事情的时候——把

---

① 即使人们应该承认黑格尔的一切，但仍有一个导论性问题他尚未解答，即：世界史的观点是一种近似这话究竟是什么意思。的确，他轻视谢林"理智直观"的观点（谢林对开端所做的表达）；他本人说过而且这一点常常被人们提及，即他的优势在于方法；但是他却从未说过，这方法与理智直观的关系如何，跳跃是否在此再次成为必须。就方法和方法的开端人们一直在说的只是，人们应该从它并且和它一起开端。但是，这样的一个开端如果不是心血来潮，那么反思就应该先行存在，导论性的问题恰恰存在于反思之中。

② 换言之，直到如今，在世界史的意义上尚不清楚，中国应该在世界史进程中居于何种位置，而所有的大学编外讲师从前天开始起就已经清晰地、确定地在这个过程中找到了充足的空间。也就是说，所有的大学编外讲师都已被包括在内，而一旦方法来到我们这个时代，它就犹如疾风劲草一般，我们所有人都找到了位置。那方法只接纳了一个中国人，但是却没有把一个德国大学编外讲师排除在外，尤其是那些普鲁士的讲师们，因为背负十字架的人先得到祝福。⁽⁴⁴⁾不过，体系至今尚未终结，它或许期待着以体系化的"一、二、三"三步走的方式利用一个真正的学者的辛勤劳作，再纳纳几个中国人进来。于是万事大吉，现在看起来的确有点尴尬，只接纳了一个中国人，但却接纳了那么多德国人。

世界史看作非道德的并且神经质的好奇心，这无疑是一种令人厌恶的伦理的狭隘。

只有十分愚钝的人或者想狡猾地避免对号入座的人才会在此认为，我是一个恣意破坏公物的人，想践踏科学研究神圣的自由领地，并且把牲畜放出来；说我是个流浪汉，在报纸读者和无计名投票的居无定所的流浪汉的尖端，想以一场暴民骚乱剥夺安静平和的学者通过幸运拥有的天赋和毫无怨言的工作而合法获得的财产。(45) 的确，在精神的世界里有很多很多人比我拥有得更多，但是却没有人比我怀着更多的骄傲和对神的感激相信，在精神的世界里有着永恒的财产安全，而那些吊儿郎当之徒将被拒之门外。当一代人齐上阵要去涉猎世界史的时候，当这代人像玩彩票一样被弄得士气低落而拒绝了至上的东西的时候，当思辨思想不想成为无利害的、而想产生双重困惑的时候——首先是通过越过伦理，其次是拿世界史作为个体的伦理任务；那么，就连科学研究本身也恳请有人就此说道点什么了。不，赞美当归于科学研究，赞美当归于每一个把牲畜从圣地赶走的人。(46) 伦理是、且持续是为每个人设定的至上任务。人们还要敢于向致力于科学研究的人提出要求，在他们把自身奉献给所研究的科目之前，要在伦理的意义上理解自己，且在全部工作之中从伦理的意义上持续地理解自己，因为伦理是永恒的呼吸，它是在孤独之中与所有人的和解性的伙伴。然后就不再多说什么了，除了对那些杰出之士的崇拜和对正在奋斗的人们的热情鼓劲之外。安静平和的学者没有打扰生活，他痴迷于自己高尚的追求。反之，如果一个躁动的学者想硬挤进生存领域中，他搅乱了整体上的生活原则——伦理；作为学者他就是一个不忠的恋人，科学研究会把他移交出去做喜剧处理。

只有愚钝的人才会认为，令我们想起"世界历史是一种近似"的反对意见的根源在于怯懦和懈怠，它们是被不可能完成的工作吓退的。假如冲着这个目标的方向真的是至高无上的，并且这里有的只是对巨大无比的劳作的恐惧，那么这个反对意见就不值一提。但是这个反对意见是伦理性的，因此其思想境界是高尚的，因此其谦逊没有使它丧失目标和目的——它们是至上的。这里的反对意见是：伦理是唯一确定的东西，集中在伦理之上是唯一的知识，它不会在最后一刻转变成假设，栖身伦理之中是唯一安全的知识，在那里，知识受到其他东西的保护。在伦理层面上与世界史打交道是一个伦理性的误解，真正的科学研究永远不会对此负责。但是，尽管对伦理评价不高,生活能够教给我们什么呢?就像恋人是罕见的,信仰者是罕见的,真正的伦理个体可能也是罕见的。福斯塔夫曾在某个地方说过,他曾经有一张诚实的脸,但是岁月和时间将之除去了。<sup>(47)</sup>这个"曾经"可以用不计其数的方式说出来,所有都是作为"除去"的意思,但这个"曾经"却依然是一个具有决定意义的词语。或许诗人是想教给我们何谓罕见,即有一个个体,他的生存被打上了神的永恒烙印,这烙印在伦理中得以体现,就像它曾经存在的那样纯粹、清晰、显著;一个个体,对于他来说,时间并不是横亘在他与那个被忆起的永恒印象之间的永恒,对他本人来说,与永恒强势的在场相比,即使最漫长的生命也不过是昨天;一个个体(让我们不要以感性的口吻讲话,仿佛伦理是一种幸运的天赋),他日复一日地逆向奋斗,以便赢得那种原初性——它曾是他的永恒的源头!或许,这样的个体是罕见的,对于他来说,伦理保存着那种神圣的纯洁性,任何范畴、哪怕是最遥远、最陌生的范畴都不可穿透。一个个体,他保存着,不,让我们以伦理的口吻讲话吧,他赢得了,他在生活中赢得了那种伦理激情的童贞般的纯洁,与之相比,儿童的纯洁不过是一个可爱的玩笑!因为从感性的角度出发,一个人有某种原初性,某种他甚至敢于在生活中损失掉一些的财富;但是从伦理的角度出发,他已经拥有了它:如果他什么也没有赢得,那么一切都将丧失。

假如有人说,这一切只不过是慷慨陈词,我不过有几分反讽、几分悲情、几分辩证法,那么我要这样回答:"一个想展示伦理的人还会用别的什么东西吗?难道他或许会设法将之客观地置于段落之中并且流利地背诵出来,通过这形式而自相矛盾吗?"我相信,如果伦理是"要加以证明的东西"的话,那么,反讽、悲情和辩证法就是我们"所需要的东西"。<sup>(48)</sup>但是我并不认为我所写的可以穷尽伦理,因为伦理是无限的。不过,更为奇怪的是,人们把伦理看得无足轻重,结果人们使确定的东西让位于不确定的东西,使所有事物当中最为确定的东西让位于近似发出的各项召唤性任务。让世界史成为一面镜子,让观察者坐在那里从镜中看自己。但是我们不要忘记那条狗,它从镜中观看自己——结果失去了它拥有的东西。<sup>(49)</sup>伦理也是一面镜子,从镜中看自己的人定会有所失,他向镜中看得越多,所失越多,也就是说,他失去了所有不确定的东西,为的是赢得确定的东西。不朽和永恒的生命只在伦理之中;用其他方式来理解,世界史或许就是一出戏,一出或许可以不停地上演的戏,但是观察者将会死去,他的观察或许会成为一种意义非凡的消遣。

丙）如果这一点被忽略了而且被承认了，即人们不应放弃世界史是因为与世界史的交往是有风险的，或者因为人们胆怯地害怕近似所需的艰辛劳作和重重困难；那么，就让我们考察世界史吧，但不是具体地进行，为了不至于连篇累牍，对此甚至那些只知考福德所著史书的人都能轻易做到，而是抽象地进行。[50] 就让我们思考这个问题吧：从世界史中能够看到什么。

如果世界历史要成为某种有意义的东西而非极其不确定的范畴的话，那么，尽管人们设法了解到关于中国和毛那毛塔帕的很多东西，直到最后一刻，个体与世界史的界限仍悬而未决，同时令人困惑之处一再出现——一位国王被纳入世界史之中就因为他是国王，而一位隐士则因为他在与世隔绝之中成了重要的个体。界限是否存在（还是说这一切都是思辨性地聚合在一起的，所以一切被纳入其中，世界史就是无数个体的历史），界限是否是偶然的（就与人们目前所知的关系而言），是否界限或许只是辩证性的武断，就与令人尊敬的、有条理的教授先生最近读到的东西或者依据其文学的姻亲必须采纳的东西的关系而言。于是乎，假如世界史要成为某种有意义的东西的话，那它就得成为人类的历史。这里有个问题，根据我的看法，这问题是所有难题当中的一个，即：人类是如何且在何等程度上从个体当中产生的，个体与人类的关系是怎样的。我并不想试图回答这些问题，或许我的尝试无论如何都会失败，我是想用这种想法自娱自乐，即人们几乎已经完成了对世界历史的考察，或者考察正在积极进行之中，在难题并未被移开的情况下。

如果世界史就是人类的历史，那么自然的结果就是，我无法从世界史中看到伦理。我设法看到的应该是与"人类"这样的抽象概念相呼应的东西，应该是同样抽象的东西。反之，伦理以个体为依据，并且达到了这样的程度：每个个体只能在自身中真正地、本质性地把握伦理，因为伦理是他与上帝之间的共知。[51] 换言之，尽管伦理在一定意义上是无限抽象的，它在另一种意义上又是无限具体的，并且是所有事物当中最为具体的，因为就像这个单个的人一样，每个人都是辩证性的。

于是，观察者在纯粹形而上的范畴之内看到了世界史，他思辨性地看到了作为内在性的原因和结果、根据和后果。他能否感觉到整个人类的目的，对此我无法决定；但是，这个目的不是针对个体的伦理目的，而是一

*121*

个形而上的目的。[52] 就个体以其作为参与到人类历史进程这一点而言，观察者不是将作为追溯到个体和伦理之上，而是将它们从个体身上分离，并且使之进入整体。在伦理意义上使作为归诸个体的东西就是意图，但这个意图恰恰不能进入世界史，因为其间发生效用的是世界史的意图。在世界史的层面上，我看到的是结果；在伦理层面上，我看到的则是意图。但是，当我在伦理层面上看意图并且理解伦理的时候，我看到的还有，在无限的意义上，每个结果都是无关紧要的，结果是什么都无所谓，于是很自然地我也就看不到世界史了。

有时候，原因和结果范畴还会带有一丝"罪与罚"的意味，这只是观察者没有采取纯粹世界史立场的一个后果，他无法完全除去在其身内的伦理。但是，在关于世界史的问题上，这绝非优点，对此已有所意识的观察者应该就在这一刻停止他的观察，以便使自己清楚地认识到，伦理是他从各个方面说都应该在自身之内最大限度地发展的东西，而非他借助其中的一小部分去辅佐世界史的东西。从世界史的角度人们看不到个体的罪过，因为它只存在于意图之中；人们看到的是被整体消耗的外在行为以及在整体中加诸己身的扣人心弦的行为之后果。因此，他看到的是在伦理层面上完全令人困惑的和荒谬的东西，看到了良好意图会和坏意图一样带来同样的后果——最好的国王和暴君带来了同样的不幸。或者更准确地说，他甚至连这一点也看不到，因为那是伦理的剩余者。反之，他看到的是伦理意义上的绊脚石，也就是说，在世界史的层面上，他会在最后一刻忽略善与恶之间的真实区分，这区分只存在于个体身上，而且真正地说只存在于每个个体与上帝的关系之中。

从世界史的角度出发，"每个生存个体都有与上帝建立关系的可能性"是个伪命题，但在伦理上该命题为真，且为伦理的生命力。在世界史的层面上人们对此并不关心，因为人们总是在事后理解一切，他们忘记那些死者曾经活过。在人类所看到的世界史进程中，上帝并未扮演主的角色；正如人们并未在世界史当中看到伦理，人们因此也没有看到上帝，因为如果人们没有看到上帝扮演主的角色，那么人们也就看不到他。在伦理中，上帝在那种可能的关系之中扮演着主的角色，伦理为生存者、为活着的人而在，上帝是活人的上帝。[53] 在世界史进程中，死者不会复活，他们只能被赋予一种奇幻的—客观的生活，上帝在奇幻的意义上成为这一进程的灵魂。在世界史进程中，上帝被以形而上的方式穿在了一条半形而上、半审美—戏剧性的常规生活的绳子之上，这就是内在性。这样的上帝真是见鬼了。戏剧评论家嘱咐诗人，要好好利用那些他放在海报上的人物，并且把他们身上所有的东西展现出来。比如，如果剧中有些年轻姑娘，那她们就应该在全剧结束之前结婚，否则事情就搞砸了。就"过去"而言，说上帝用了某某人看上去完全正常；但是当那些人活着的时候，有多少人没被抛弃过呢？那些被上帝所用的人，又是多么经常地怀着伦理性的谦卑被迫懂得，对于上帝而言，内在性的特权根本无效，上帝并不受戏剧规则的困扰呢？他们被迫懂得，那个我们引进作为讲话者的热情洋溢的伦理学家在此找到了自己的热情，即上帝并不需要他们。因此我们并不说，上帝自相矛盾，他创造但却并不使用。不然，在伦理的意义上每个人都有很多事要做，而那种可能性关系——它是伦理在对上帝的喜悦中所生的热情，正是上帝的自由，如果理解正确的话，它永远都不会变成内在性，既不会在之前，亦不会在其后。

世界史的内在性对于伦理而言总是令人困惑的，不过，世界史的观点恰恰存在于内在性之中。如果某人看到了某种伦理性的东西，则这伦理就在其身内，是某种对伦理的反照引导他看到了他并未看到的东西。另外，他由此或者已经由此在伦理意义上受到激发，使自己对自身明晰起来。换言之，得出这样的结论是不正确的：一个人在伦理方面越有所发展，他就越会从世界史中看到更多的伦理性。不然，恰恰相反：一个人在伦理方面越有所发展，他对世界史的关切就会越少。

现在请允许我用一个比喻更清晰地揭示出伦理和世界史的差别，揭示出个体与上帝之间的伦理关系和世界史与上帝之间的关系的差别。国王有时会专享一座皇家剧院，但这种把臣民排除在外的差别只是偶然性的，它不同于我们谈论上帝和他专享的皇家剧院时的情形。因此，个体的伦理发展就是一座小小的私人剧院，上帝必定是那里的观众，个体本人也不时地成为观众，尽管他本质上应该是演员，只是这演员不是去欺骗，而是去显现，正如所有伦理的发展都为上帝显现一样。但是，世界史是上帝的皇家舞台，上帝在那里不是偶然地、而是在本质上是唯一的观众，因为他是能够如是为之的唯一者。这座剧院的入口不对任何生者开放。如果某君想象自己是那里的观众的话，那他就是忘记了，他本人应该成为这座小剧院的演员，他应该被移交给那位皇家观众和诗人，看他怎样把他运用到一出皇家戏剧当中，戏中戏。[(54)]

这一点对生者是有效的，只有生者才能被告知他们应该如何活着；而且只有通过自己理解这一点，人们才能被引导着去重构死者的人生，假如真要这么做的话，假如有时间这么做的话。但是，事情颠倒了：人们不是通过自己活着去学习人应该怎样活着，而是让那些死者复活，向他们提出学习的要求，仿佛这些死者从未活过似的。这种颠倒简直令人难以置信——人们如何活着呢，如果他已经死了。

丁）如果"成为主体"不是这样一个任务，一个赋予每个人的至上任务，一个即便对于最漫长的生命历程都是充足的任务，因为它有一种奇特的性质——直到生命结束，它才会终结；如果"成为主体"并非如此，那么一个难题就仍然悬而未决，在我看来，这难题就像铅锤一样压在每个人备受困扰的良心之上，以至于他恨不得今天就死掉。在我们这个客观的和自由的时代，这时代忙于体系以及事关人类生活的诸种形式，这种反对意见并未被提及。这个反对意见是说：如果人们只把一代人的或者人类的发展至少设定为最高的任务的话，那么，人们如何能够解释，为了使世界史的发展运转起来，神在使用一代又一代人当中不可计数的个体之时所造成的挥霍浪费呢？世界史的戏剧向前推进得无限缓慢，上帝为什么不使它加快运行，如果这就是他的意愿呢？这是何等毫无戏剧性的耐心，或者更准确地说，何等乏味无趣的运转！如果这一切正是他所意愿的，这将是何等可怕、专横的对无数人类生命的挥霍！可是这与观察者何干？观察者在世界史的层面上捕捉到的是那一代的色彩游戏，就像大海里的鲱鱼群，一条鲱鱼可没什么价值。观察者茫然地注视着一代人的巨大森林，就像一个因树木而看不到森林的人一样，他满眼都是森林，却看不到一棵树。[55]他悬挂起体系的帷幕，使用"人类"和"民族"这些辞藻，单个的个体对他无足轻重；甚至人们给永恒也加上了体系化的概述和伦理的胡言乱语。诗诗性地挥霍着，它不斋戒，也不敢预先设定那种无限性的神圣的节俭——在伦理的和心理的意义上，它并不需要很多人，而是需要更多的理念。难怪人们会崇拜观察者，当其高贵的、具有英雄气概的或许更准确地说，当其走神到忘记自己仍然是一个人的时候，一个活着的个体的人！他持续地凝视着世界历史的演出，然后他死了，离开了，身后什么都没留下，或者说他留下的就像一张门票，检票员拿在手中作为观众已经离去的凭证。——相反，如果"成为主体"是赋予每个人的至上任务的话，一切都将安排得很美满。首先，随之而来的是，他不再跟世界史打交道了，而会把这一切移交给皇家诗人；其次，这里不存在挥霍，因为就算个体的数量像海沙一样不可计数，"成为主体"的任务必定会落在每个人的头上；最后，世界历史发展的真实性并没有被否认，它为上帝和永恒所保留，既有时间，又有场所。[56]

戊）于是，首先是伦理，成为主体；其次才是世界史。从根本上说，即使最客观的人也会在心里默认此处所提出的意思，即智者应该首当其冲地理解单纯的人所理解的东西，并且拥有与单纯的人相同的义务；然后，他才敢转向世界史。[57]那么，先来看简单的事物。自然了，智者是很容易理解简单事物的（不然他何以被称作智者呢？），这理解只是一刹那的事，就在同一刹那，他已经热烈地从事世界史了，或许还带走了我的那些简单评论，他瞬间就理解了它们，并且在同一瞬间远远地超越了它们。假如我现在能够与智者进行短暂对话，我乐于成为一个单纯的人，我会用如下这个简单的观察打断他：智者最难理解的是否恰恰就是最简单的东西？单纯的人直接地理解简单的事物，而当智者去理解简单事物之时，它们就会变得无限困难。这是对智者的一种侮慢吗——把最简单的变成最困难的，以此加重智者的分量，仅仅因为要由他来处理此事？绝对不是。如果一个女仆与男仆结婚，一切都会悄然进行；而如果一位国王与公主结婚，这就是一个事件了。这是对国王的贬低吗？当一个孩子牙牙学语的时候，他说出的可能都是简单的东西，而当一个智者说出同样的东西的时候，这或许就是极度的独出心裁了。智者与简单事物的关系也是如此。当智者热情地将之奉为至上事物的时候，这东西反过来也在给他增光，因为这就好像它通过智者变成了另外的东西，尽管它仍是老样子。一个智者对简单的东西思考得越多（简单事物能够长久占据他的心思这一点已经揭示出，它并没有那么容易），这东西对于他也就变得越难。不过他感觉到自己被一种深刻的人性所俘获，他用整个生命与之和解：智者与单纯者之间仅仅存在着一个微小的、渐渐消失的差别，也就是说，单纯者知道本质性的东西，而智者一点一点地知道，他是知道的；或者他知道，他并不知道，而他们所知的是相同的东西。一点一点地，智者的生命走到了尽头——他何时才有时间去顾及世界史的兴趣呢？

但是，伦理不仅仅是一种知识，它还是一种与知识相关的行动，一种这样的行动，对其重复有时会在不止一种情况下比初次行动更困难。我们再次放缓速度——如果人们坚持向世界史前进的话。我要感谢所有欲前往世界史的人使我承认关于我自身的一些东西，某种令人遗憾的东西，某种或许应该受到责备的东西，也就是说，我感觉需要整个一生的任务，别人或许就在这个句子完成之前就能完成。很多人在本性上是大好人，他们首先是好孩子，然后是好青年，最后是好丈夫好妻子。这当然完全是另外一码事了。只有到了某人的妻子和他的姻亲齐声说：上帝知道，他是个罕见的大好人；这时，他才有充足的时间去照管世界史。很遗憾我的情况并非如此。唉，认识我的少数几个人都知道，我也对自己承认，我是一个被宠坏的且易被宠坏的人。这一切都太正确了。当所有那些大好人勇往直前地奔向世界史的未来之时，我却常常在家中暗自嗟叹。虽然我的父亲已经过世，而我也不再求学；虽然我不必受公共机构的训导，但我仍然看到了管好我自己的必要性，尽管我并不否认我更愿意到弗里德里希公园并且与世界史打交道。(58)当然了，我并没有妻子能够告诉我，说上帝知道我是一个大好人，我只能自己摸索。唯一安慰我的人是苏格拉底。据说他在自身之内发现了通往所有恶的倾向，或许正是因为这个发现才使他放弃了他的时代所要求的天文学研究。我愿意承认，我在其他方面跟苏格拉底不太相像。很可能是他的伦理知识帮助他做出了那个发现。我的情况不同。我有强烈的激情和诸如此类的充足材料，因此，我借助理性从中构成某种善都是足够痛苦的。①

那么，为了不受关于我的想法的干扰，就让我们停留在苏格拉底之上吧，《哲学片断》也曾向他求助。他借助伦理学知识发现，他有通往恶的倾向。看吧，现在可不是"一、二、三"地走向世界史了。相反，伦理的道路变得如此漫长，它始于人首先要做出这个发现。发现越深刻，人们可做的事情也就越多；发现越深刻，人们的伦理性也就变得越强；伦理性越强，人们就越少有时间顾及世界史。

简单事物能够变得如此冗长简直不可思议。让我们从宗教境界中（它与伦理境界非常接近，二者不间断地彼此沟通）撷取几个例子。祈祷是一桩高度简单的事情，简单得如同穿好裤子，倘若没有什么阻挠，立刻就可以奔赴世界史。但是，这是多么困难呢！我必须在理智上拥有关于上

---

① 我希望以此言使人想起普鲁塔克关于美德的精彩定义："伦理学上的美德以激情做作材料，以理性做形式。"参普鲁塔克论伦理美德的小书。(59)

帝、我自己以及我与上帝的关系的完全清晰的观念，拥有关于这种关系的辩证法、即祈祷的观念，以免我把上帝与其他东西混淆，那样的话我就不是在向上帝祈祷；以免我把自身与其他东西混淆，那样的话我则根本没有祈祷；我在祈祷之中保持了差别和关系。一对理性的夫妻承认，他们需要一定时日的共同生活才能彼此了解，而认识上帝要困难得多。上帝并不是某种外在的存在，就像一位妻子，我可以询问她对我是否满意。如果在与上帝的关系中我认为自己的所为是正确的，我没有去管无限对我的不信任，结果仿佛上帝对我也满意似的，因为上帝不是某种外在的存在，上帝就是无限本身；上帝不是某种外在的存在，当我行不义的时候，他谴责我，他就是无限本身，他并不需要任何诅咒之词，但他的复仇却是可怕的——上帝根本不为我而在，不管我怎样祈祷。祈祷也是行动。唉，在这方面，路德的确有过尝试，他应该说过，在他的一生中，他从未有一次如此真挚的祈祷，以至于在祈祷的过程中没有丝毫令人困扰的想法产生。[60]于是人们几乎相信，祈祷就像扮演哈姆雷特一样困难，对此最伟大的演员应该会说，他只有那么一次接近于演好了那个角色，但是他会倾其全部力量和整个生命持续地学习。[61]祈祷难道几乎不是同等重要和有意义吗？

于是，"成为主体"就是一项非常值得赞美的任务，它对于人的生命来说有着充足的量。[62]如果我怀着令人伤怀的必然性不得不快速前行，就像罗得的妻子那样——即便是最好的人也应有足够的事可做。[63]如果在这方面我会以某种方式服务于我的一个同时代人的话，那么我的服务将会指向一则有关树的寓言，寓言说，要有一棵香柏树以便让国王在树荫下休憩。同样地，我们的时代也需要竖起一棵体系的圣诞树以供人休憩，结束一天的劳作。但是，这棵树必须忍受荆棘丛。[64]如果我和那棵树相比较的话——我不具备国王的素质，而是一个低下的仆人；那么我要说：我不像它那般硕果累累，树荫不大，而刺却是尖锐的。

于是乎，"成为主体"就是赋予每个人的至上任务，就像最高的奖赏，永恒的福祉，它只为主体而在，或者更准确地说，它将为那些成为主体的人而生成。再进一步，"成为主体"会使一个人在有生之年有足够的事可做。因此，一个热情洋溢的人身上不会发生这样的事，即他在生命结束之前就已经结束了生命，这事只会发生在好事之徒身上。[65]他无权忽视生命，相反地，他有责任理解，他或许尚未正确地把握生活的任务，因为作为事实而论，这任务是与生俱来的，生活的任务就是——活着。如此，

## 最后的、非科学性的附言

当个体把"成为主体"作为自己至上的任务的时候，在实现该任务的过程中，难题出现了，它们向主体思想者伸展开来，与客观性之于客观思想者完全一样，客观思想者不断超越，他蔑视在一种思想之中通过重复而达到的深化，他从不重复自己，而是令世人惊叹，他先成为一名体系制造者，然后是世界史家，再成为天文学家、兽医、供水检查员、地理学家等。

令人惊讶！但是，如果人们本着那种苏格拉底式的智慧，即在开始以一个大好人收场之前就发现了通往全部恶的倾向，那他们为什么不也学着做出类似的发现呢？这发现就是：过于匆忙的结束是极危险的。这是一个极具启示性的观点，它有种超常的拉抻任务的能力，结果这任务有了持久性。我们来考察一下关于迅速和匆忙的怪现象。通常而言它们都是被赞美和表扬的，只有一个例外，赞美与匆忙的关系是反向的。一般来说，迅速快捷会受到赞扬，在有些情况下它被视为无关紧要，但在这里它要受到指责。书面考试时，年轻人要在四小时内完成一篇论文，他们是提前完成还是在规定时间之内完成没有任何关系。这里，任务是一回事，完成任务的时间则是另外一回事。但是，当时间本身成为一项任务的时候，那么提前完成就是一个缺陷。假设某君的任务是让自己娱乐一整天，而到中午的时候他的娱乐就已经结束了，那么，他的迅速没有丝毫优点。当生活成为任务的时候亦然。一个人在生命结束之前就已经结束了自己的生活，这根本算不得是在完成生活的任务。

事情就是这样。相信我，我也是一个有权的人，尽管我自己这么说，可人们通常也许还是把我与那些师范生和乡村牧师置于一堂。[66] 我是一个有权的人，虽然我的权力不是统治者或者征服者的权力，我仅有的权力就是控制。但是我的权力不是广泛的，因为我仅有对我自身的权力，而如果我不是时刻控制自己的话，我连这权力也没有。我没有时间直接控制我的时代，而且我认为，想要直接控制一个时代就像一名乘客抓住前面的座位想让火车停下来一样无效，他直接地把自己认同为自己所生活的时代，但还想控制这个时代。不，唯一能做的就是跳下车，然后控制好自己。

当人们从火车上跳下（尤其是在当今时代，当人们与时代同行的时候，他一直是在火车上的），并且永不忘记，他的任务是控制，那么过快地结束就会成为一种诱惑，因此没有比这一点更为确定的了，即这任务将持续一生。[67] 于是缺陷不可能在这任务之中，因为这个任务恰恰在于它要

第一章 成为主体

持久。被人们视为师范生和落伍者是一个好迹象，因为师范生和落伍者都被视为思维迟缓者。

这里有些例子，它们以其简洁揭示出，最简单的问题是如何通过控制而变成最困难的问题的。因此，如果人们尚未理解简单事物，他们就没有理由匆忙去选择天文学、兽医学和诸如此类的东西。简洁在此不会成为障碍，因为论题并未结束。

例如，死亡。在这方面我知道人们通常所知道的东西：如果我吞服硫酸制剂，我会死；同样的还有跳入水中淹死，开着煤气入睡；等等。我知道，拿破仑总是随身携带毒药，莎士比亚笔下的朱丽叶吞服了毒药。[68] 斯多噶主义者视自杀为勇敢的行为，而其他人则视之为懦弱。[69] 我知道，有的人会死于十分荒谬可笑的无聊之事，以至于极严肃的人都忍不住要冲着这死亡发笑；我知道人们可以避免某些死亡；等等。我知道，悲剧主人公会在第五幕时死去，这死亡会为悲情获得无尽的真实性，但是一个酒馆老板的死却不会有这种悲情。我知道，诗人把死亡诠释成不同的心情，直至喜剧的边缘，而我则有义务用散文把相同心情的不同效果表达出来。而且，我了解牧师们习惯说的话，我知道葬礼通常涉及的主题。[70] 如果没有步入世界史的其他障碍的话，那么我准备好了，我只需去买块黑布做件牧师的道袍，然后我就可以发表墓前颂词了，跟普通牧师讲得一样好。我很乐于承认，那些穿着天鹅绒饰料的人会讲得更优雅，不过这个差别不是本质性的，就像五块钱和十块钱的灵车一样差别很小。[71] 但是，尽管我的知识非同寻常或者说我精通知识，我却绝无法把死亡看作某种我已经理解了的东西。因此，在我步入世界史之前，关于它我总是会说：上帝才知道它是否跟你有关，我认为最好去想一想，让生存别开我的玩笑，如果我变得如此博学以至于我忘记去理解总有一天会降临到我和每个人头上的事情。总有一天，这是什么话，假设死亡神不知鬼不觉地就在明天降临呢！就是这种不确定性，如果它被一个生存者理解和抓牢，随后被融入万物中进行思考，就因为它的不确定性，甚至融入我在世界史的起步之中，结果我自己明白了，我是否在开始从事某种值得我开始的东西，如果死亡就在明天来临的话。就是这种不确定性将会产生出难以置信的困难，甚至连讲话人都没有意识到，于是他才会说要思考死亡的不确定性，但却又忘了把这种不确定性带入对他所说的关于不确定性的思考之中，其时他在感动之余擢人泪下地讲着死亡的不确定性，结束时鼓励大家为人生树立一个目标，结

129

果在结束之际,他已经在根本上忘记了死亡的不确定性,否则,他热情的人生目标就会与死亡的不确定性保持辩证关系。一劳永逸地或者一年一次在新年晨祷之际思考这种不确定性当然是荒谬的,这根本算不上是对它的思考。如果这样思考的人同时也解释了世界史,那么,或许他关于世界史的言说是绝佳的,但他对死亡的言说则是愚蠢的。如果死亡从来都是不确定的,如果我是有死的,那么这意味着,这种不确定性不可能在普遍的意义之下被理解,如果我并非一个普遍意义上的人的话。可惜我不是那样的人。只有那些走神的人才是,像书店老板索尔丁。[72] 即使我的人生刚刚起步,"成为主体"也的确是我的人生任务,而且在同样的强度之下,这种不确定性会越来越辩证性地逼进我的人格之中。因此对我来说,在人生的每一瞬间思考这种不确定性就变得越来越重要,这是因为,既然死亡的不确定性存在于每时每刻,这种不确定性只有通过我在每一瞬间战胜它而被战胜。反之,如果死亡的不确定性是某种普遍的东西,那么我的死也是某种普遍的东西。对于体系制造者们和走神的人来说,死亡或许是某种普遍的东西;已故书店老板索尔丁的死就是这样一种普遍的东西,"当他早上起床时,他并不知道他死了。"[73] 但是,我的死对于我来说却绝非普遍的东西,对于他人来说,我的死或许如此。我对于我自己也绝非普遍的东西,对于他人来说或许如此。但是,如果任务是"成为主体",则每个人都应为自己成为普遍的东西的反面。我还认为,一个人对于世界史来说举足轻重,然后独自一人时是某种普遍的东西,这是令人尴尬的。[74] 已然十分尴尬的是,如果某君在民众集会上超凡出众,当他回家面对妻子时,他对于妻子只是某种普遍的东西;或者他是一个世界史意义上的狄德里希·曼申史瑞克,可回到家后,唉,我不想再多说什么了。[75] 更令人尴尬的是,一个人与自身相处不佳;而最尴尬的,他对此毫无知觉。一个精通世界史的高端人士是不会拒绝回答关于"死亡意味着什么"的问题的,而就在他回答的那一瞬间,辩证法开始了。不管他给出何种根据说他不想继续细究此事,这都无济于事,因为他的根据反过来会使人们辩证地看到,本质性的东西究竟是什么。于是我必须要问,我们究竟能否给出关于死亡的观念,死亡能否被预见并且于预见中在观念里被体验,或者说是否只有当它现实地存在的时候,它才存在;既然死亡的现实存在是一种非存在,那么,是否只有当其不存在的时候它才存在,换言之,是否理想性能够通过思考死亡而在理想的层面上战胜死亡;还是说,在死亡中物质获胜了,结果人狗一般地死去，同时死亡却在死的瞬间通过垂死者关于死亡的观念而被消释。这里的难点还可以这样表述：是否生者根本不可能接近自己的死亡，因为他在实验时不可能与死亡足够接近而没有滑稽地充当自己实验的牺牲品；在体验过程中他是否无法实施任何控制，他从体验中学不到任何东西，既然他不可能从体验之中抽身且日后从中获益，他只会被困在体验之中。如果这里的回答是说，死亡不可能被纳入观念之中，问题根本没有完结。一个否定的回答，一个"不"，会跟一个肯定的回答一样被辩证地充分界定，只有孩子和单纯的人才会满足于"这可不得而知"的说法。[76]思考者希望知道得更多，当然不是肯定性的，他想知道的是根据假设只能否定地回答的东西，只是他想辩证地弄明白，这个问题必须用"不"字来回答，而且这种辩证的明晰性将把否定的回答置于与所有其他生存问题的关系之中，于是会产生很多困难。如果答案是"是"，则问题就会变成：何谓死亡，死亡对于生者意味着什么，关于死亡的观念将如何改变一个人整个的生命历程，而他为了思考死亡的不确定性，必须每时每刻都在思考死亡，以便让自己做好准备。接下来就是为死亡做准备的问题，因为人们再次要在死亡的现实降临和关于死亡的观念之间做出区分（这个区分看似会把我的准备工作弄得毫无意义，如果真正来临的跟我所准备的并不是同一回事的话；而如果它们是同一回事，那么我的准备——当其完结之时——就是死亡本身），因为死亡会在我开始准备的那一瞬间降临。接下来的问题是关于死亡含义的伦理学表达，以及战胜这死亡的宗教的表达。这里需要一个能够破解死亡之谜的字眼，需要一个具有法律效力的词，生者以之抗拒那个持续的观念，因为我们不敢如此公开地把缺乏头脑和健忘推荐为人生智慧。再进一步看，主体思考自己的死亡是一个行动。一个一般意义上的人，一个如书店老板索尔丁或者体系制造者那样走神的人在一般意义上思考死亡，这根本算不上是行动，它只是那种一般的东西，而这种东西是什么在根本上是不易说清的。但是，如果"成为主体"是一项任务，那么对于单个的主体来说，思考死亡就不是某种一般的东西，而是一个行动，因为主体性的发展恰恰在于，他于行动中穿透了关于他自身的生存的思想，也就是说，他实际上是通过现实化他所思考的东西而在思考着；结果，他并不是每时每刻都在想，现在你要时刻警惕了，相反地，他每时每刻都在警惕着。现在一切都越来越主体化了，当事关发展主体性的时候，这再自然不过了。在此方面人与人之间的沟通看似趋向于谎言和欺骗，假如人们愿意的话；因为一个人只需说：我已经做了，我们就无法再向前了。好吧，那又怎样呢？假如他并没有真正做过呢？可这与我何干，这对于他本人才是糟透了。当事关客观事物的时候，人们更好控制。例如有人说，弗里德里希六世是中国的皇帝，那么人们会说这是谎言。(77)反之，如果某君谈论死亡，说他是如何思考死亡以及死亡的不确定性的，比方说吧，我们不能由此推出，他已经这样做了。确实如此。不过有一种微妙的方法可以获知他是否撒谎。人们就让他开讲：如果他是个骗子，那么就在他做出最为庄严的保证的时候，他就是在自相矛盾。这个矛盾不是直接存在的，不是的，当陈述本身没有包含对陈述直接道出的东西的意识的时候，矛盾才会出现。陈述可以在客观的意义上被理解为直接的，不过此人仅有一个缺陷：他在背书。① 他流汗、拍桌子的现象并不能证明他没有在背书，而只是证明了，要么他愚蠢至极，要么他本人也秘密地意识到，他是在背书。换言之，背书会使人情绪波动是极其愚蠢的，因为情绪波动是内在的，而背书则是外在的，就像撒尿一样；试图通过拍桌子来掩盖内心性的匮乏，这是一种平庸的骗术。——看，当死亡以这种方式与主体的整个生命相关联的时候，尽管我在拿自己的生命冒险，我也远远没有理解死亡，更没有在生存的层面上实现我的任务。但是我思之又思，在书本中寻求指导——只是一无所获。②

例如，不朽。在这方面我知道人们通常所知道的。我知道，有人接受不朽，有人不接受。至于他们是否真的不接受，这我就不知道了；因此我并没有生出与他们做斗争的念头，因为这样的一个程序在辩证的层面上十分困难，我需要假以时日才能从辩证的意义上搞明白，这种斗争是否具有真实性。我要搞清楚沟通的辩证法，当其被理解之时，是赞同这种行为，

---

① 如果有人不怕麻烦地想知道一个人是否撒谎，那他就要留心查看所展开的思想在每个字眼、插入语、题外话、比喻以及比较在不设防的瞬间所遭到的复制——如果人们审慎地保持自我警觉的话。这种警觉能力能通过限制自身的方式而获得，因此它完全免费，而且通常而言人们并不刻意去运用它。

② 尽管常常被提及，我还是想在这里重复一遍：这里所展开的与那些单纯者无关，尽管他们以其他方式感受到了生活的压力，但神将在其可爱的单纯性中保全他们。这种单纯性没有感觉到对另一种理解方式的迫切需要，或者说，它所感觉到的生活压力仅仅在谦卑中变成了对人生痛苦的一声叹息，这叹息又将谦卑地在如下想法中找到安慰——人生的福祉不在于成为有知识的人。另外，这里所展开的事关那些自认有能力和机会从事深入研究的人，他们不是没头没脑地投身于世界史之中，而是首先决定，作为一个生存者对于每个人来说都是一项极其艰难但却极其自然的任务，结果人们很自然地首先选择了这个任务，并且很可能在艰苦努力中发现它足够一生。

还是会将之转变为向空舞剑。[78] 我要搞清楚，对不朽的意识是否是一个可教的学习对象，这种教导该如何辩证地与学生的条件相匹配；这些东西是否与学生的本性不符，结果教导变成欺骗——如果人们不能立刻意识到这一点的话，而且在这种情况下，教导就会转变成非教导。此外我还知道，有些人在黑格尔那里找到了不朽，有些人则没有找到。[79] 我知道，我在体系中没找到不朽，因为在那里寻找不朽是荒谬的；在奇幻的意义上，所有体系化的思想都在永恒的视角下，就此而言，不朽在那里就是永恒。[80] 只是，这种不朽根本不是人们所探询的东西，因为人们探询的是有死者的不朽，它不能通过揭示出"永恒是不朽的"这一点而得到回答，因为永恒当然不是有死性的，"永恒的不朽性"是一种同语反复和用词不当。我读过海伯格教授的作品《死后的灵魂》，而且我是连同曲日副主教的注释一起读的。[81] 真希望我没这样做！一部诗作会使人们获得审美的愉悦，它不会要求那种根本性的辩证精准度，这种精准与学生有关，他们要在这种指导之下安排自己的人生。如果注释者强迫他人从诗作中发现诸如此类的东西，他没有使诗作受益。从注释者身上我或许可以学到某种我在阅读注释的时候并未学到的东西，如果曲日副主教在教义问答之中会怜悯我的话，他就会揭示出，一个人是如何在他以释义方式所企及的深刻性之上构建起自己的人生观的。[82] 荣耀归于曲日副主教，仅仅从他那篇小东西里，我们就有可能构建出多样的人生观——只是我一个都整不出来。唉，这正是不幸之所在，我只需要一个人生观，不要多的，因为我并不博学。我还知道，已故的保罗·缪勒教授熟稔最新的哲学，直到晚年才意识到不朽这一问题的无穷困难，当问题被简单化的时候，当人们不再追问新的证明以及把张三李四的意见穿在一条线上，或者追问怎样把它们更好地穿在一条线上的时候。[83] 我还知道，他在一篇论文之中试图澄清问题，这篇论文带有他对现代思辨思想的无奈的鲜明印记。这个问题的困难只有当其被简单化之时才会显现，其方式不同于训练有素的大学编外讲师对人、而且是抽象理解之下的一般的人的不朽的追问，不同于他们对一般的人、而且是奇幻地理解为人类的不朽的追问。这样一位训练有素的大学编外讲师的问答方式就像训练有素的读者所认为的，问题的答案必定会给出。一个可怜的、没受过训练的读者只会被这类考量弄得像个傻子，就像一场口试的旁听者，口试的问题和答案都已事先商了；或者像拜访一个讲私人语言的家庭的人，那家人仍然使用母语词汇，但却有着完全不同的理解。其结果是，在通常情况下，问题的答案很简单，因为实际上问题已经被更改了，但人们却不能据此否认他们回答了问题，而只会理直气壮地坚持说，问题并不是像它看上去的样子。老师要考丹麦史，当他意识到学生对此一无所知的时候，他立刻调转考试的方向，比方说，他询问另外一个国家与丹麦的关系，然后考问那个国家的历史；那么人们还能说这是在考丹麦史吗？当小学生在他们的课本上写下一个字并且加注说："此处见 101 页"；而在 101 页上又写"见 216 页"；在第 216 页上又写"见 314 页"；直到最后写着："愚人"。[84] 那么，人们能理直气壮地说他们受益于此种指导吗？也就是说，变成愚人？有本书提出了关于灵魂不朽的问题，书的内容自然就是答案了。可是读者通读全书后确信，书的内容就是所有最智慧、最善良的人关于灵魂不朽的意见被穿在了一条线上。于是乎，不朽就成了所有最智慧、最善良的人关于不朽的意见。伟大的中国神啊，这难道就是不朽吗？[85] 关于不朽的问题是一个学术问题吗？荣耀归于学识，荣耀归于能够处理关于不朽的学术问题的博学之士！问题是，关于不朽的问题在本质上就不是什么学术问题，它是一个内心性的问题，一个主体通过"成为主体"必须向自己提出的问题。从客观的角度这个问题根本无法回答，因为在客观的意义上不朽是无法探问的，既然不朽正是对发展的主体的强化和最高限度的发展。只有当人们正确地愿意成为主体之时，这个问题才能被正确地提出，那么它如何能够从客观的角度加以回答呢？这个问题根本不能从社会的角度给予回答，因为它在社会的层面上无法提出，既然只有愿意"成为主体"的主体才能抓住问题并且正确地发问：我会成为不朽的还是说我是不朽的？看吧，人们是可以在一些事情上携手的。例如，几个家庭可以共用剧院的一个包厢；三个单身汉可以共用一匹跑马，每人每隔三天骑一次。但是在不朽的问题上却不能这样，对我的不朽的意识只属于我自己，就在我意识到我的不朽的那一瞬间，我才是绝对的主体，我是不能与其他三个单身汉轮流成为不朽的。报刊订阅员要拿出一个数量可观的订阅名单，他们在通常的意义上想要不朽，他们不会从自己的麻烦中获得任何优势，因为不朽是一种善，它不会为可观的订阅数量所逼迫。不朽也不能在体系的层面上得到证明。这里的错误不在于证明，而在于人们不愿理解，从体系的角度出发，这问题整个就是胡说八道，因此，人们与其寻求进一步的证明，不如试着变得有点儿主体性。不朽是主体激情最为充沛的关切，证明就在这关切中。当人们体系化地保持前后一致的时候，体系化地从不朽之中进行客观抽象的时候，上帝才知道不朽是什么，或者说想去证明它意味着什么，或者说人们为之进一步费工夫出于何种固定观念。如果人们能体系化地把不朽高高竖起，像盖斯勒的帽子，所有过往的人都要冲着它脱帽致敬，这并不是不朽或者说对不朽有所意识。[86]体系为证明不朽付出的难以置信的劳作是在白费工夫，而且是个可笑的矛盾：想以体系的方式去回答一个其特质在于根本不能从体系的角度提出的问题，这就好比画一幅穿戴隐形铠甲的战神画像。这里的关键在于不可见性；对于不朽，关键则落在了主体以及主体的主体性发展之上。——单纯地说，生存主体不会探问普遍意义上的不朽。因为如是幻象根本不存在，他只会探问他的不朽。他会探问他的不朽，成为不朽的意义；他是该做点什么才能成为不朽呢，还是自动成为不朽；或者说他是不朽的，还是会变成不朽。在第一种情况下，他探问的是这一切是否有意义以及意义何在，如果他让一些时间白白流逝的话；他探问是否有意义重大或微不足道的不朽。在第二种情况下，他探问的是对他整个人的生存来说可能具有的意义：生命中至上的东西变成了欺骗，结果他所拥有的自由的激情只被分派给了低级的任务，它们与至上的任务无关，甚至都没有形成否定性的关系，因为就至上的东西而言，否定的行动仍然是最为艰难的行动。换言之，在饱含激情地、尽己所能地意愿做一切事情之后人们才体验到，至上的东西每时每刻使自己保持着对人们愿不惜一切代价而获得的东西的接受状态。这里要提出的问题是：在论及他的不朽的时候应该如何行事？怎样才能同时从无限和有限的立场出发并且在同一时刻将二者结合起来进行思考，而不是一会儿说东、一会儿说西？当事关每个字节的前后一致性的时候，如何使语言和所有的沟通方式与此相关联，从而避免一个小小的不经意的形容词或者一个喋喋不休的插入语干扰并且嘲弄这一切？可以说，那个地点在哪儿呢，那个可以谈论不朽的地点？因为他肯定知道哥本哈根有多少教堂讲坛，知道哲学系有两个教席，但是，那个无限性与有限性统一的地点何在？[87]在那里，他可以同时从无限和有限的角度谈论他的无限性和有限性，谈论寻找这么一个辩证地困难、但却必要的点究竟是否可能。这里要提出的问题是：作为生存者，他如何紧握对不朽的意识，而不让那种形而上的不朽观念靠近、并且把伦理性的不朽观念搅乱成一种幻象？因为在伦理的意义上，万物皆归于不朽，没有不朽，伦理只不过是风俗习惯；但在形而上的层面，不朽将吞噬生存，的确，70年的生存如同虚无，但是在伦理的意义上,这个"无"却无限重要。[88]这里要提出的问题是:不朽将如何改变他的人生?在何种意义上他应该持续地拥有这种意识,还是说或许他一劳永逸地思考一次就足够了?如果答案听上去真是这样的话,这答案所揭示的就是,论题还根本没有被提出呢,因为一劳永逸的不朽意识与那种一般的和普遍的主体相呼应,以之关于不朽的问题被奇幻地转变成荒谬可笑的东西,其反面同样荒谬可笑,当有人奇幻地涉猎一切而且无所不能之时,他们有一天忧心忡忡地问牧师,他们在彼岸是否真能跟现在一样——鉴于他们无法在此岸在两周之内保持同一,因此他们必须经历诸多变化。于是,不朽必定会成为一种奇特的变形,如果它能把所谓的非人的千足虫变成一种永远与自身保持一致的东西的话,而那正是"保持同一"的含义。他问,现在是否可以确定他是不朽的,这种不朽的确切性是哪一种,是否是他可以令其一劳永逸地被确定下来的确定性(他利用自己的一生照管自己的田地,娶一个妻子,安排世界史),而非那种非确定性,也就是说,尽管有诸种确切的东西,他却无法前进,因为问题甚至没有被理解。[89]如果他没有把他的生命用于成为主体,则他的主体性就成为了某种普遍意义上的不确定的东西,因此那种抽象的确切性也就成了非确切性。他问,如果他用自己的一生去成为主体,这种确定性每时每刻与之相伴,而非在与变化的持续关系之下变得辩证性地困难,生存就是变化,那么这种确定性会变成为非确定性吗?他问,如果"确定性将变成非确定性"是他所能企及的最高限度的话,是最好放弃这一切,还是把满腔激情置于非确定性之上,而且无限地、激情洋溢地与确定性的非确定性建立关系呢?后者是他在有生之年能够对其不朽有所知的唯一方式,因为他作为生存者是以奇妙的方式组成的,于是,不朽的确定性只能通过永恒确定地获得,而生存者不朽的确定性只能在非确定性中获得。——对于发问的生存主体而言,探问自己的不朽同样是一次行动,这一点当然不适用于那些走神的人,他们间或会探问普遍的不朽的意义,就好像不朽是人们偶尔为之的状态似的,好像发问者是什么普遍的东西似的。结果他会问,他作为生存者,应该如何行事以表达自己的不朽,他是否真能表达这不朽,迄今为止他对这个任务是满意的,这任务足以延伸至一个人的整个人生,既然不朽将会延伸至永恒。然后呢?然后,当他完成之时,通往世界史之旅也就开始了。现在的情况却是颠倒的,如今,人们首先从世界史出发,因此可笑的结果产生了,就像一位作家曾经注意到的那样,当人们一再求证

普遍意义上的不朽的时候,对于不朽的信仰却越来越衰落。⁽⁹⁰⁾

例如,我应该感谢上帝给予我的好处,这话意义何在?⁽⁹¹⁾牧师说我应该这样做。我们都知道,只要用心于此,那些不满足于单纯者在生活中的卑微作为的人们就会有时间去照管世界史。为了使一切尽可能地容易,我甚至不反对这一切或许是要花些时间的,反之,我认为为了迁就牧师,我甚至无限情愿去做此事,结果我都不用去计算在我如牧师所认为的不情愿与通过牧师的训导而变得情愿之间所花费的时间了。于是我假定,我无限情愿地想去感谢上帝,别的不再多言。我不会说实情如此,不会说我确切地知道这一点,因为在上帝面前,在谈论自身时我总是带着不确定性,因为上帝是确切地知道我与他的关系的唯一者。在表达自己的神人关系时的小心翼翼之中已经包含了多种辩证规定性,如果没有这一点,一个人很可能会像众多关切世界史的人们那样,在谈论简单事物时处处自相矛盾。那么,我应该感谢上帝,牧师如是说;可是为什么呢?为了他所给予我的好处。太妙了!但是,为了哪一桩好处?想必是我能够洞察出它是一桩好处的好处。停一停!如果我感谢上帝给予我的好处,我能够洞察出那是一桩好处,那么,我就是在愚弄上帝,因为我与上帝的关系意味着,我应该改变自身从而与上帝相像,而非我改变上帝从而使其与我相像。我感谢上帝给予我的好处,我知道那是一桩好处;但是我所知的是有限的存在,于是我上前为上帝依我的观念而做出的自我调整而感谢上帝。不过,在与上帝的关系问题上我本应知道,我不会确切地知道任何东西,结果我也不知道这是否是一种好处——但是我仍然要感谢上帝所给予的我所知道的好处,某种我并不会知道的东西。然后呢?难道我要停止我的感谢,当落在我头上的东西在我可怜的、有限的理智看来是一桩好处的时候,我或许强烈地渴望过它,现在我得到它了,我欣喜若狂,觉得自己必须感谢上帝不可?并非如此。但是我必须铭记在心,我强烈渴望的东西毫无优点可言,而且也不会因为我实现了我的渴望而变成优点。于是,我的感恩将伴之以歉意,为了确保我荣幸地与之对话的是上帝,而非我的朋友和哥们儿安德森官员。⁽⁹²⁾我羞愧地承认,那对我来说太诱人了,以至于我要请求原谅,因为我的感恩是情不自禁的。结果我要为我的感恩而请求原谅。这可不是牧师说的。于是,要么牧师想愚弄我,要么他根本不知道自己在说些什么——只要这位牧师还没开始关切世界史。在与上帝的关系方面我应该学会放弃我有限的理智,以及与之相伴的那种对我而言的自然的区分,为了能够在神圣的疯狂之中持续地感恩。持续地感恩，这是普遍的吗？是一劳永逸的吗？持续地感恩是否意味着，每年一次，在大斋节的第二个星期天的晚祷中，我会把"我应该持续感恩"牢记在心。[93] 或许我还做不到这一步，如果我碰巧在那个星期天奇怪地感到格外抑郁的话，那么甚至那天我连这种理解也达不到。于是，感谢上帝这个原本简单的事情突然之间成了最为严峻的任务之一，它将持续我的整个一生。因此在我企及它之前，或许需要一点时间；若我达到了这一点，还有什么我该追求的更高的东西，以便放弃这一个呢？于是乎，当他的朋友，当他所爱的人忧心忡忡地望着他并且几近绝望地说："不幸的人，瞧你必须遭受的这一切。"此时，那位对上帝心怀敬畏的人有勇气说："亲爱的，你们都错了，落在我头上的是一桩好处，我自感要感谢上帝，只希望我的感恩会令上帝愉悦。在我达到这一步之前，当我如牧师所说去感谢上帝给予我的好处的时候，我应该心怀羞愧。"此处和所有地方（即无可计数的地方）所显现出的在人神关系方面的困难在于，它指向真正在上帝那里实现无限化的通道，它通过持续地感恩而完成，而牧师的布道词却华而不实。这种困难我只能用说教的方式加以表达：单纯的宗教个体的行为是直接性的，单纯的对宗教有所知觉者则首先通过幽默而为之（通过仔细的审视我发现，这幽默在于说，我必须为我的所为道歉——我把初级法院的命令和建议当成了最高的东西）。我不是说，他的宗教性就是幽默，而是说幽默是一个界限，他由此界定自己的宗教，如果他要对外宣布的话；这界限把他与直接性区分开来。这是一个转折点，达到这一点已经足够困难了，但是真正的宗教性的无限化会再次将之遗忘。不过，我无意说教，除非我已经习惯背诵或者敦促他人去背诵。

例如，何谓结婚？我知道人们在这个方面通常所知的，我能够前往风流恋人们采摘花环的花园，我的花环像其他人的一样芬芳；我知道储藏室的位置，牧师从那里撷取布道词。[94] 如果没有什么东西妨碍成为世界史的话，那么，好吧，就让我们开始。但是——仍然有一个"但是"，但是婚姻所传达的精神和肉体之间的中间点是什么？婚姻如何才能不成为一个停顿？它如何在精神的层面上成为一种祝福（因为"情爱何谓"只是对该问题的一个侧面的回答）？在情爱四处宣扬奇迹的同时，伦理如何具体地成为一项任务？作为生存的完满表现，婚姻何以并不总是完美的，并不总能带来满足感（除去对财务和诸如此类的东西的担忧所带来的干扰，它们不在这里的考虑范围之内)？这种满足感严肃地暗示着，我的精神是晦暗的，它未能清晰地如其所是地把握那个矛盾，即：不朽的精神成为生存性的。换言之，即使婚姻的幸福令人怀疑，人们至少不会赞扬不幸的婚姻，其痛苦与精神的痛苦毫无相同之处，后者在生存中正是"我作为精神而存在"的一个确定的标记。这里的问题在于，是否异教思想不再对婚姻念念不忘，是否关于婚姻的神学段落连同牧师们令人尊敬的润色——不论它们如今值一块钱还是一百块钱——是多样知识的杂凑，它有时察觉不到爱情中的困难，有时不敢说出来，有时察觉不到宗教中的困难，有时不敢说出来。的确，如果一个女仆希望我在她与男仆的婚礼上由我花钱请乐师，如果我负担得起的话，我一定乐意为之；如果我有时间的话，我会在婚礼之日与她共舞，与那些喜乐的人同喜乐，而她很可能并不需要更深的理解。[95]说我因为感到了那种需求就比她优越，这是一派胡言，它与我艰难的思路历程相去甚远。即使我找到了我所寻求的东西，我的善或许还不及一半。[96]但是，我感到我需要了解我正在做的事情，那种需求在胜利的巅峰得到了奖赏，即单纯者和智者关于简单事务的知识之间的那个可笑的微小差别——单纯者知道，而智者知道他知道，或者知道他不知道。的确，每一个能单纯而真诚地说他并不需要那种理解的不必自责，干扰他的人有祸了，他不愿把上帝一个一个地要求每个人的东西移交给上帝。是的，一个因其幸福而谦卑且快乐的人真诚而谦逊地认为，人类绝非始自于他，但他却满怀信任跟随人类的脚步，因为爱情促使他"谦卑地面对上帝，屈从于爱情王者般的尊严"，但却没有赋予他在满足中理解何谓尘世幸福的权利。[97]他的确令人尊敬，而那个冒险发动思想的战争、并且将其危险和可怕倾泻在他在婚姻中感受到的温馨的安全感之上的人有祸了。但是，当浮夸言辞满天飞的时候，当人们以世界史的和体系的方式戏弄上帝的时候，当牧师迅速地把自己的袍子翻转过来以使它看上去像教授的外衣的时候，当人们四处宣讲"直接性被扬弃了"的时候，这并不会激怒上帝，如果人们询问那些贤能之士他们关于简单事务的知识的话。[98]我读了法官在《非此即彼》和《人生道路诸阶段》中关于婚姻的论述，我读得很仔细。[99]我毫不惊奇地发现，很多与世界史和人类的未来和睦相处的人都强烈反对寻找问题的答案，他们首先会把问题弄得如此困难，然后才去寻求一个解释。我不会为此责怪法官，也不会责怪他对婚姻的热切之情，不过我认为，假设我能够抓住他，如果我在他耳边轻声耳语一个小小的秘密，那么他会承认，困难依然存在。

我们再举几个例子。例子我有的是，我想要持续多久就能持续多久，它们够我使一辈子的，因此我无须转而求助于天文学或者兽医学。而且，这些例子都是轻松的。如果我们在更严格的意义上探问宗教，事情会变得困难得多，宗教意义上的解释不在于内在性地进行无限化，而在于对悖论有所意识，而且要时刻紧握悖论。最可怕的解释就是那种把悖论清除掉的解释，因为悖论不是严格意义上的宗教与生存者的关系的一种暂时形式，而是由"他是生存者"这一点本质性地加以限定的，因此那个把悖论清除掉的解释也以奇妙的方式把生存者转变成了某种奇幻的存在，它既不属于时间亦不属于永恒，这样的存在不是人。我们就举些例子吧。接下来呢，接下来会是什么？什么都没有，绝对什么都没有。的确是我在不断地说，在单纯者和智者关于简单事物的知识之间仅有可笑的微小差别，即单纯者知道，而智者知道他知道，或者知道他不知道。尽管如此，还是有些东西随后而至。对于世界史有所踌躇难道不是最好的吗，如果关于简单事物的知识就是用这种方式连贯起来的话？我不再多说什么了，那些贤能之士对此或许已经了解得足够多了，他们应该可以一劳永逸地完成所有的任务，而这些任务的关键在于，它们本应用一生的时间来完成。噢，那些为世界史做了那么多事的宝贵的思想家们，他们也该记得我们这些小人物，就我们感到需要理解这一点而言，我们不是纯粹的单纯者，只是我们很受限制，结果我们尤其需要理解那些简单的东西。

这就是我试图理解自身的方式。尽管我的理解贫乏，产出微薄，但我用下决心满怀激情地借助我的理解去行动这一点来弥补。或许，归根结底，比之于所知甚多、但却无所拥有——因为我本人已经不可思议地变成了某种奇幻的主体—客体的东西，这才是更健康的食谱：即理解甚少，但却在无限的背景下以激情的无限可靠性拥有这种理解。如果我在面对人及其评判的时候比在面对上帝及其评判的时候更容易感到羞怯；如果我怯懦地、不光彩地询问，面对人的哪种羞怯会比面对上帝时所要求的羞怯对我更有诱惑力，我会认为这是可耻的。那些人到底是何许人，那些我们会害怕的人？或许是几个天才，一些文学批评家，以及人们在大街小巷见到的人？1845年前难道没有人活着吗？那些与上帝相比的是何人？他们的喧闹对精神的焕发与那种存在于每个人身上的孤独源泉的甘美相比算得了什么？上帝就栖居于那甘泉之间，万籁俱寂之时，那甘泉便是深沉的寂静！

第一章　成为主体

与永恒相比,我与人相处的半个钟点只不过是短暂的一瞬间。或许他们会在永生之中寻找我?牧师肯定地说,我们会再见,但是,这适用于所有在路上碰到的熟人吗?⁽¹⁰⁰⁾我认为不会。假设存在着一道分界线,假设我站错了位置,那么毫无疑问我会被他们的团体排除在外;假设我站对了位置,那么我很可能属于另一个阶层;假设永恒十分空旷,我甚至根本看不到可敬的牧师,他好心地保证我们能够再次相遇。但是,我有祸了,如果上帝依照我的内心来评判我的话,我虚妄地想成为体系化的和世界史的人,我忘记了生而为人意味着什么,由此忘记了他是神意味着什么,那我就有祸了!我在时间之中有祸了,而如果他在永生之中找到我,情况会更糟!他的评判是最终的,唯一的;他的共知是无可逃避的,因为它贯穿于并通过我意识当中最微小的活动发生作用,它与自身最隐秘的联系;他的在场是永恒的同时性——我本该敢于因他而羞愧!

　　听上去这几乎是严肃的了。只要我敢于向幻觉和启示求助,求助于我脸发红的事实,多数人都会把它视为严肃而不是血往上涌。正如苏格拉底活着的时候,时代要求他面对陪审团号啕大哭恳求开恩——那样他就会被裁定无罪,而当今时代的要求是,人们呼喊号叫着世界史和体系,宣称自己就是众人所期待的人物。不过我没有奇迹可以求助,那可是鹿跃博士的幸运!⁽¹⁰¹⁾根据他自己所写的生动报告,在复活节的早上,他在汉堡的斯翠特旅馆因一桩奇迹(尽管没有侍者注意到任何东西)而成为黑格尔哲学的追随者——一种宣称没有奇迹存在的哲学的追随者。⁽¹⁰²⁾奇妙的时代标记!如果这人不是人们所期待的哲学家,那他是何许人呢?他知晓时代的要求,正如他所做的。这个奇妙的时代标记,比保罗的皈依更为壮丽且意味深长;因为保罗是因一桩奇迹皈依了一种自我宣称为奇迹的信条,他的皈依更直接,而因一桩奇迹皈依了一种宣称并无奇迹存在的信条,这种皈依是令人尴尬的。⁽¹⁰³⁾奇迹发生在复活节的早晨。对于这样一位诗性的主人公和这样一个诗意的复活节早晨,年份和日期完全无关紧要,它完全可以是歌德的《浮士德》中的那个复活节早晨,尽管这两位同时代人——鹿跃博士和歌德《浮士德》当中的浮士德——达到了完全不同的结果!⁽¹⁰⁴⁾谁敢冒险去解释那个奇迹!这一切变得极其神秘,即使人们认为,那一年的复活节来得要早些,比如说,在四月一号,因此,在成为一名黑格尔主义者的同时,博士也成了愚人。⁽¹⁰⁵⁾而根据诗学,这正是对想浪漫地美化对黑格尔哲学的皈依的恰如其分的诗学补偿,只是黑格尔哲学的优点在于方法,因此它是反对浪漫主义的。

看,我是不会服务于一桩奇迹或者其他什么意义重大的东西的;我还真做不到。我要请求每一位敏感的人,远的近的,城里的城外的,并使他们确信,我更愿意以这种方式来满足时代的需求,即对我来说,真理是最宝贵的。这里,真理完全不同于奇迹,因此前述就不该是关于一桩最无聊的事件的奇迹般的和奇妙的故事,那事件因而也不会发生在西边那个偏远且不为人知的小城——汉莎城汉堡,很少有游人会到那里。[106]

应该是四年前吧,我突发奇想,想试着当一把作家。我记得很清楚,那是一个星期天,完全正确,是一个星期天的下午,我如往常一样坐在弗里德里希花园的露天咖啡座。[107]那是个美妙的花园,孩童眼中的魔力花园,国王携王后就住在那里;那个可爱的花园,年轻人在平民的娱乐中幸福地消遣;那个友善的花园,成年人在对世界以及世界的意义的忧思满腹的升华之中感到惬意,那里,皇室令人忌妒的荣耀仍然存在——那是皇后对已故国王的回忆。[108]我就坐在那里,如同往常一样,抽着我的雪茄。遗憾的是,在我片断式的哲学努力的开端与那位诗性的主人公的奇迹般的开端之间,我所能找到的唯一共同点就是:它们都发生在一个公共场所。[109]此外没有任何共同之处,尽管我是《哲学片断》的作者,但是我无足轻重,仍然处于文学圈之外,甚至都没有被纳入文学订阅计划之列,老实说也没有获得一个有意义的位置。[110]

我做了十年学生。尽管从不懒惰,但是我之所为不过是一种光彩夺目的不作为,一个我至今仍然偏爱的工作,我甚至还有一点儿天才。一天中我读很多书,其余时间我都用来闲着和思考,或者思考和闲着,但是只是到此为止。我创造的萌芽被用于日常生活,在其青涩之时就被消耗掉了。一种不可言说的劝服的力量既强烈、又狡黠地将我攫住,我被这种劝服的力量俘虏了。这种力量就是我的懒散;它不像爱情热烈的渴望,亦不像激情强烈的动力;它更像一位能够抓住人心的妇人,与她相处的男子感觉非常好,以至于他根本就没想过结婚。还有一点是可以肯定的:尽管我对生活中的舒适并非不熟知,但是在所有的舒适之中,懒散是最为舒适的。

于是我就坐在那里,抽着雪茄,直到我陷入沉思。我只记住了这些想法:你年岁渐长,我对自己说,你是成年人了,但却一无是处,且没有真正的事业。相反,你在文学界和生活中见到的都是名流的名字和身影,那些宝贵的和被称赞的人们,卓越的或是为人所议论的,为数众多的时代的恩人，他们知道如何通过把生活变得日益简便而使人们受益——有些人用火车，另一些人用公共马车和蒸汽轮船，还有一些人用电报，另一些人用简明易懂的调查报告以及关于所有有价值的东西的简明出版物。[111]最终，这些真正的时代恩人，他们以体系的方式在思想的力量的帮助下把精神的存在弄得越来越简单，且越来越有意义。那么，你在做什么呢？正当此时，我的自我省察被打断了，因为我的雪茄燃尽，我要点上一支新的。于是我重新抽上雪茄，突然，一个念头跃入我的心灵：你必须要做点儿什么，但是，既然你有限的能力不可能使事情变得比目前简便，那么，你就应该怀着同样的仁慈热情承担起把事情弄得更困难的责任。这个念头使我异常愉悦，它也使我受到了恭维：我会因自己的努力比别人更多地得到整个教区的爱戴和尊敬。[112]换言之，当人们一致地用尽各种办法使事情变得日益简便的时候，只有一种危险是可能存在的，这危险就是：简便过于巨大，结果一切都变得过于容易。因此，只有一种缺乏尚存，尽管它尚未被感觉到，即困难的缺失。出于对人类的爱，出于对我尴尬处境的绝望——我一事无成，无法使事情变得比现在更简便；出于对那些使一切变得简便的人们的真正的兴趣；我把这一点理解成我的任务：四处制造困难。对我而言尤其奇怪的是，这一点成为我的任务可能最终要归功于我的懒散。与阿拉丁完全不同，他靠好运发现了神灯，我认为是我的懒散适时地阻止我欣然地使事情变得简便，并且逼我去做剩下的唯一的事情。

于是，我冲着那个被赞扬的崇高目标努力奋斗——除非我会被嘲笑，或者也许被钉上十字架。因为凡是高喊"好！"的人，也会高喊"让他去死！"，还有"钉他十字架！"，而且这么做甚至都没有违背他的本性；相反，他在本质上是忠于自己的——作为一个狂呼乱叫者。[113]即使我的努力未能得到认可，我仍然意识到，它与其他人的努力同样高贵。当宴会上的客人已经酒足饭饱之际，有人想把更多的菜肴端上桌，另一个人则备好了催吐剂。只有前者明白客人的需求，这当然是正确的；不过我倒是想知道，后者是否不敢说出他心中所想的客人们可能的需求呢？

从那一刻起，我在这项工作中找到了自己的娱乐，我是说，这工作对我来说是娱乐性的，这项准备性的和自我发展的工作，因为迄今为止，我的成果只是一本小小的《哲学片断》，而且我并未由此找到我的谋生之道，因为书是我自己出资出版的。[114]不过我不敢奢求人们为把事情弄得困难而出资，那样其实是在困难之上再加一重新的困难。我们吃药的时候，总是习惯于尝到些甜头。⁽¹¹⁵⁾对于这一点我根本没有误解，即如果我能客观地肯定我所开药方的疗效（作为一个主体性的作家，我自然不会这样），而且这疗效并不单单取决于使用方式，以至于使用方式实际上就是药；那么，我会成为第一个向我的所有读者——不论男女老幼——承诺一种合理奖赏的人；或者为我的读者开启一个前景，让他们参加品位高尚的礼品抽奖活动，以此为他们注入力量和勇气来阅读我的小册子。⁽¹¹⁶⁾如果那些使事情变得简便的人有朝一日洞悉到，他们实际上是受惠于我所提出的那一点点困难的，洞悉到简便不应该成为一片死寂；如果他们为我的努力所传达出的意义所推动和感动，或许这努力与他们自身的努力相调和，他们决定秘密地用金钱来支持我，那么这些钱将会高兴地被接受，而我将承诺一种牢不可破的沉默；即没有一个我们共同从其身上获利获益的人会知道这里真正的关联。

  人们很可能会发现，这个展示与一名主体性的作家是相适应的。更引人注目的是，一个体系制造者借助奇迹成为体系的追随者，当他用这样的故事来娱乐我们的时候，这件事似乎指示着，他体系化的生活和职业与体系没有共同点——体系是从无开始的。

**注释：**

（1）"请原谅这个说法"原文为拉丁文 sit venia verbo。

（2）典出《路加福音》15∶1—7。耶稣说，假如有人有一百只羊但丢了一只，他会把99只羊放在一边去找那只丢了的羊，直到找到为止。他说："我告诉你们，一个罪人悔改，在天上也要为他欢喜，较比为九十九个不用悔改的义人欢喜更大。"

（3）由牧师宣布婚姻预告是丹麦法律的规定，1685年颁布的《丹麦和挪威教堂礼仪》（*Kirke-Ritual for Danmark og Norge*）中就有此规定，克尔凯郭尔生活的时代使用的是该书1762年的版本。

（4）"主人公"对应于原文 en Helt，在西文中兼有"英雄"和"主人公"的意思。

（5）黑格尔在《哲学史讲演录》中划分了"东方世界"（Die orientalische Welt）、"希腊世界"（Die griechische Welt）、"罗马世界"（Die römische Welt）和"日尔曼世界"（Die germanische welt）。

（6）"道路与真理"语出《约翰福音》14∶6。

（7）关于"理念变成历史"的说法，参《哲学片断》中的"间奏曲"。

"具体地"原文为拉丁文 in concreto。

（8）此处的"智者"（en Sophist）无法确定究竟指何人。有可能指西塞罗，他说发现了一份羊皮纸手抄本《伊利亚特》，它非常之小，可以放进果壳中。还可能指莎士比亚《哈姆雷特》第2幕、第2场哈姆雷特的著名对白："上帝啊！倘不是因为我总作噩梦，那么即使把我关在一个果壳里，我也会把自己当作一个拥有无限空间的君王的。"

（9）"附属物"原文为拉丁文 Accessorium。

（10）"转向另一类"原为希腊文 metábasis eis állo génos。这里的"逻辑学家"原文为 Syllogistiker，直译应为"三段论逻辑学家"。

（11）"每个人都是无用的仆人"语出《路加福音》17：10。耶稣对门徒们说："这样，你们做完了一切所吩咐的，只当说：'我们是无用的仆人，所做的本是我们应分做的'。"

（12）在《使徒行传》1：16—17 中，彼得对众弟兄说："弟兄们！圣灵借大卫的口，在圣经上预言领人捉拿耶稣的犹大，这话是必须应验的。他本来列在我们数中，并且在使徒的职任上得了一分。"

（13）"尽全力"原文为拉丁文 pro virili，本应为 pro virili parte。

（14）"神的本质就是爱"语出《约翰一书》4：8："没有爱心的，就不认识神，因为神就是爱"。

（15）"神性的疯狂"（det guddommelige Vanvid）指柏拉图《斐德若篇》（244a—245b，256，265b）中所提到的"迷狂"（mania）。对话中讲到三种不同形式的"迷狂"：预言式的、宗教的和诗性的。参朱光潜所译《柏拉图文艺对话集》，人民文学出版社，1995年版，第117—118页。

（16）"天命"原文为 Styrelsen，英译本写为大写的 Governance。译者认为，此处应理解为 guddommelige Styrelsen，即"天命"、"天道"、"上帝的安排"的意思。

（17）丹麦诗人奥伦施莱格尔（Adam Oehlenschläger）在《一千零一夜》故事的基础上撰写有童话诗剧《阿拉丁神灯》（Aladdin, eller Den forunderlige Lampe）。

（18）此处及随后的"但是"原文写为德文 aber。

（19）"如海边的沙不可计数"（utallige, some Havets Sand）语出《创世记》22：17，耶和华说："论福，我必赐大福给你；论子孙，我必叫人的子孙多起来，如同天上的星，海边的沙"。类似的句子还可参《列王纪上》4：20；《耶利米书》33：22；《罗马书》9：27。

"我数了人的头发"（tæller et Menneskes Hovedhaar）语出《马太福音》10：30，耶稣对门徒们说："就是你们的头发也都被数过了"。

（20）唐·吉诃德是西班牙作家塞万提斯的同名小说中的主人公。

（21）"尼斯小精灵"（Nisse）斯堪得纳维亚民歌中的神话人物，主要与冬至和圣诞有关。

（22）此处的"作家"指克尔凯郭尔《人生道路诸阶段》（*Stadier paa Livets Vei*）的化名作者 Fracter Taciturnus。七万这个数字或许受到黑格尔在《哲学史讲演录》中所说的印度天文学中近乎神秘的数字的启发。"寻"是 1907 年米制引入丹麦、继而 1916 年废除旧度量衡之前丹麦的官方度量单位，1 寻 = 1.88 米。

（23）"世界史就是对世界的审判"原文为德文 die Weltgeschichte ist das Weltgericht，出自席勒写于 1784 年的诗作《忍从》（Resignation）。在钱春绮的汉译本中，这句话被译为"最后审判总结一部世界史"。"如果摘下二者中的一枝花，/另一枝就得放弃。/不能信者，就享乐。这句古话/像世界一样永久。能信者，克制吧！/最后审判总结一部世界史。"见《席勒诗选》，钱春绮译，人民文学出版社 1984 年版，第 10 页。

（24）"撒罗门王和制帽商约扬是有差别的"语出丹麦剧作家、黑格尔主义哲学家海伯格（J. L. Heiberg）写于 1825 年的闹剧《撒罗门王和制帽商约扬》（*Kong Salomon og Jørgen Hattemager*）。《哲学片断》"前言"曾引用此典。

（25）"起舞的鹤群中的麻雀"（en Spurv i Tranedands）是对俗语 Det er ikke for Spurv at komme i Tranedans（麻雀不应该加入鹤舞，即人不应该攀高枝儿）的戏仿。

（26）此处的"遮羞布"是对原文"无花果树叶"（Figenblad）的意译。典出《创世纪》3：7，亚当和夏娃吃了智慧之树的果子后，眼睛亮了，知道自己赤身露体，便用无花果树叶为自己编了裙子。

（27）"屈从重力定律"原文为德文 knechtisch dem Gesetz der Schwere，语出席勒的诗作《希腊的群神》（*Die Götter Griechenlands*）。在钱春绮汉译本中，这句话被译为"屈从铁一般的规律"。这段诗为："被剥夺了神道的这个大自然，不复知道她所赐与的欢欣，/不再沉迷于自己的妙相庄严，/不再认识支配自己的精神，/对我们的幸福不感到高兴，/甚至不关心艺术家的荣誉，/就像嘀嗒的摆钟，死气沉沉，/屈从铁一般的规律。"见《席勒诗选》，钱春绮译，人民文学出版社 1984 年版，第 23 页。

（28）"素材"（det Stofartige）指历史的、经验的现实素材；"质量"（Masseagtige）指物体中所含物质的量。

（29）"必须禁绝恶"出自普鲁塔克的论文《论控制怒气》（De cohibenda ira），其中引用希腊自然哲学家恩培多克勒的话。此处在"必须禁绝恶"后还附有希腊文 nēsteûsai kakótētos。

（30）"伦理首先在世界史中具相化"是黑格尔在《历史哲学》（*Philosophie der Geschichte*）和《法哲学原理》（*Grundlinien der Philosophie des Rechts*）中展开的观点。

（31）魏瑟（J. H. Wessel）的喜剧叙事诗《斯黛拉》（Stella，1785）中有这样的句子："为了钱疯狂的德国人什么事不干？"

（32）"先知"、"深邃的眼睛"可能指格伦德威。

借助咖啡渣和扑克牌是两种常见的算命方式。

(33)①根据1812年12月颁布的丹麦皇家决议，当局有权把那些已过行坚信礼的年龄但却未行此礼、并且表现出不愿接受必要教育的人送进"感化院"接受教育并行坚信礼。当时生活在日德兰半岛的吉普塞人被大量收容进位于维堡的感化院（Viborg Tugthus）。但克尔凯郭尔在文中没有用 Forbedringshuset（感化院）一词，而是用 Straffenstalt（监狱）。

②英译本对克尔凯郭尔文本的段落划分做了自己的处理，常常把很长的段落划分成更短的段落。绝大多数重新划段不影响理解，尽管有损文本的完整性，但此处从"最后"开始的重启段落，却武断得没有道理。

(34) 当法国国王亨利四世被问及他使用多少国内税收的时候，他回答说："想用多少用多少。因为我爱我的臣民，所以我想向他们要求多少就要求多少。不过我希望，如果上帝仍将维持我的生命，我将使这样的事情发生，在我的王国内不会找到一个农夫，不会在星期天至少在他们的锅里有一只鸡。"见卡尔·贝克尔（Karl Friedrich Becker）的《世界史》（首版于1822—1829年）。

(35) 文中所提的"那次盛大的餐会"出处不明。

(36) "踩风箱的人"（Bælgetræder）是直译，指"并非独立构想或提出某事的人"。

(37) "一杯白开水"（et Glas Vand）语出法国戏剧家斯克里博（A·E·Scribe）的同名喜剧，1841年6月29日在丹麦皇家剧院首演，至1845年12月22日共演出30场。该剧讲的是安妮皇后的亲信马尔博洛公爵夫人误把一杯白开水洒在了皇后的裙子上，结果导致皇后推翻马尔博洛公爵的故事。

(38)①黑格尔把苏格拉底视为理念在时间中展开时的一个确定的、必然的因素，称苏格拉底是具有世界史意义的人物，是精神本身的一个主要转折点。参黑格尔：《哲学史讲演录》第二卷，贺麟、王太庆译，商务印书馆1997年版，第39—109页。

②关于苏格拉底母亲和妻子的情况参第欧根尼·拉尔修《古代贤哲言行录》；关于他父亲及预言一事参普鲁塔克的论文《论苏格拉底的天才》。

关于苏格拉底被陪审团判处死刑参《申辩篇》（36a）。

(39) "沉思"原文写为拉丁文 Ad se ipsum，意为"给自己"，它是罗马皇帝马可·奥勒留·安东尼乌斯（121—180年）用希腊语写成的通常被称为"沉思录"的著作的拉丁语形式。这段逸事可参《沉思录》，何怀宏译，中国社会科学出版社1991年版，第108—109页。

(40) 色诺芬（Xenophon，公元前430—前355），希腊战士、历史学家和作家，曾撰写四篇苏格拉底式的对话，但此典未查明出处。

(41) "神"原文为 Guden，不同于基督教"上帝"（Gud）。

(42)①"根据内在价值"原文为拉丁文 valore intrinseco。此语源于对硬币的外在价值（valor extrinsecus）和内在价值（valor intrinsecus）的区分；前者由国家规定，后者则由铸成硬币的金属本身的价值所决定。

②毛那毛塔帕（Monomotapa）是位于东南非洲（今天的津巴布韦和莫桑比克）的帝国，在15至18世纪时被广泛谈论，常常用来指具有高度异域色彩的国度，但却以讽刺为目的。黑格尔并未提及该帝国。

（43）《圣诞义卖》（Jule‑Stue）是贺伯格发表于1724年的喜剧，文中讲的是第12幕的情节。学校老师向老杰罗尼慕斯论证开设圣诞义卖的合法性，他说："就像生活在阿拉伯的凤凰，她独自生活一千年，一旦产下子嗣，立刻自焚，因为她不愿与同类一起生活。相反地，我们人类跟那种野蛮动物无关，我们应该聚集在一起取乐。"杰罗尼慕斯被打动，同意开办圣诞义卖。剧名Jule‑Stue相当于Christmas Bazzar，英译本题为Christmas Party。

（44）①"犹如疾风劲草一般"是对丹麦谚语 det går som kæp i hjul 的意译，直译为"快得好像所有的轮子都跑起来了"。

②"那方法只接纳了一个中国人"指黑格尔在《哲学史讲演录》中对中国哲学家的介绍，但实际上黑格尔不只提到了一个中国哲人，而且讲到了孔子、易经哲学和老子。

③普鲁士的首都柏林是黑格尔主义者的要塞。

④"背负十字架的人先得到祝福"是对丹麦语谚语 Den, der har Korset, signer sig selv først 的直译，其意相当于"近水楼台先得月"。

（45）"自由领地"是对丹麦语 Markfred 的意译，该词原指把自己的土地开放给其他人的牲畜使用。

（46）"把牲畜从圣地赶走"典出《约翰福音》2：13—16。逾越节将近，耶稣上耶路撒冷，他看见殿里有卖牛、羊、鸽子的，还有兑换银钱的人，于是耶稣就拿鞭子把牛羊赶出殿去，推翻了兑换银钱的人的桌子，又对卖鸽子的人说："把这些东西拿去！不要将我父的殿当作买卖的地方。"

（47）典出莎士比亚《亨利四世》第2幕、第4场。

（48）"要加以证明的东西"原为拉丁文 quod erat demonstrandum，"所需要的东西"为拉丁文 quod desideratur。

（49）典出《伊索寓言》"衔肉的狗"。一只狗衔着一块肉过河，看见了自己在水中的影子，以为是另外一条狗衔着块更大的肉。于是他放下自己的肉，冲过去抢那块，结果他原有的那块肉被水冲走了。

（50）考福德（Hans Ancher Kofod）的《历史重要事件举要：为初学者所做》（*Historiens vigtigste Begivenheder, fragmentarisk fremstillede for Begyndere*），1808年于哥本哈根首次发行，后多次重印。

（51）"与上帝的共知"（Samviden med Gud）指对上帝的知识的分享，这个表达和思想为神学家马腾森采用并发展。在《论人的自我意识的自主性》（*Den menneskel-*

ige Selvbevidstheds Autonomi）一书中，马腾森把"共知"（samviden）理解为"良知"（samvittighed）的一种更广泛的形式。马腾森的观点与德国神学家鲍德尔（Franz von Baader）相关，后者认为上帝的知识是原初性的、原型性的，而人类的知识只是印象，它源于上帝且是对上帝知识的分享（Samviden, Medviden, *conscientia*）。

（52）这段文字中的"目的"原文为希腊文 τελος。

（53）语出《马太福音》22：32，"神不是死人的神，乃是活人的神。"

（54）"戏中戏"原文为拉丁文 Drama Dramatum。

（55）"因树木而看不到森林"是对丹麦谚语 ikke kan see Skoven for lutter Træer, 意指"忽视了眼前的东西。"

（56）"真实性"原文为 Realitet。

这段文字后面的空行为原文所有。

（57）这里的"智者"原文为 den Vise，即"有智慧的人"；而哲学史上的希腊"智者"（Sophists）本书译为"诡辩论者"，以示区分。

（58）根据 1814 年 7 月 29 日的一项法令，父母或监护人有义务令其子女或被监护对象从 6 岁开始接受教育，直到行坚信礼。

（59）指普鲁塔克的论文《论道德的善》（*Ueber die moralische Tugend*）。

（60）类似的话可见路德写于 1538 年的文章《对〈约翰福音〉第 14、15、16 章的解释》（Auslegung des vierzehnten, funfzehnten und sechzehnten Capitels St. Johannis）。文中这样写道："Aber wenn ich für mich selbst mit Gott reden und beten soll, da sind so bald hundert tausend Hindernißse, ehe ich dazu komme. Da kann der Teufel allerley Ursache in Weg werfen, und auf allen Seiten sperren und hindern, daß ich hingehe und nimmer daran gedenke."

（61）关于扮演哈姆雷特的演员具体为何人不详。但可能指英国著名性格演员 David Garrick（1717—1779），他在 1742 至 1776 年扮演哈姆雷特。

（62）"充足的量"原为拉丁文 quantum satis。

（63）"罗得的妻子"典出《创世记》19：15—26，两位天使在摧毁所多玛之前，催罗得带着妻子和两个女儿逃走，罗得迟疑不决。因为耶和华怜恤罗得，两位天使就拉着罗得和他的家人的手，把他们领出城，安置在城外。天使嘱咐他们要拼命逃生，不得回头看。但是罗得的妻子回头望了一眼正被毁灭的城市，结果她变成了一根盐柱。

（64）"关于树的寓言"典出《士师记》9：8—15。约坦站在基利心山顶上，向众人（示剑人）高声说："有一时树木要膏一树为王，管理他们。就去对橄榄树说：'请你做我们的王。'

"橄榄树回答说：'我岂肯止住供奉神和尊重人的油，飘摇在众树之上呢？'

"树木对无花果树说：'请你来做我们的王。'

149

"无花果树回答说:'我岂肯止住所结甜美的果子,飘摇在众树之上呢?'

"树木对葡萄树说:'请你来做我们的王。'

"葡萄树回答说:'我岂肯止住使神和人喜乐的新酒,飘摇在众树之上呢?'

"众树对荆棘说:'请你来做我们的王。'

"荆棘回答说:'你们若诚诚实实地膏我为王,就要投在我的荫下;不然,愿火从荆棘里出来,烧灭利巴嫩的香柏树。"

(65)"好事之徒"(den Stundesløse)语出贺伯格的同名喜剧,本书第一部曾出现过。

(66)"有权的人"原文为 Magthaver。

(67)"在火车上"原文为德文 auf der Eisenbahn。

(68)"拿破仑随身携带毒药"之说出处不明。

"朱丽叶服毒自杀"的情节出自莎士比亚悲剧《罗密欧与朱丽叶》(1597)第4幕、第3场。

(69)斯多噶主义视自杀为出路,塞涅卡、马可·奥勒留都称颂过自杀。基督教传统对自杀持否定态度。

(70)根据1762年版的《丹麦和挪威教堂礼仪》(Dannemarkes og Norges Kirke - Ritual),牧师的墓前颂词必须涉及如下内容:"原罪,它作为通往死亡的首要原因;对死亡的准备;基督对死亡的解救;复活;关于天堂、福祉以及死后的生活。"牧师还可以就死者的生平进行颂扬或者批评,整个演讲要在一小时之内完成。

(71)衣服上有"天鹅绒饰料"的人指主教以及参加神学博士论文答辩的人。

(72)这里不清楚到底指的是著名的书店老板和创始人撒罗门·索尔丁(Salomon Soldin, 1774—1837),还是他的兄弟哈特威·索尔丁(Hartvig Soldin),后者拥有一家古旧书店,并且有受学生戏弄的逸事流传。

(73)"当他早上起床时,他并不知道他死了"的说法出处不明。

(74)楷体的"为自己"和随后的"独自一人"所对应的都是丹麦语短语 for sig selv。该短语既有 for oneself 的意思,又有 alone, by oneself 的意思。英译本取与丹麦语介词对应之便,未加区分地将之译为 for oneself。

(75)"狄德里希·曼申史瑞克回到家中"典出贺伯格的喜剧《惧内的狄德里希》(Diderich Menschen - Skræk, 1731年)。剧中主人公名为 Hans Frantz Diderich von Menschen - Skræk(本文中写为 Diderich Menschenschreck)是一个爱吹牛的官员,他背着老妻要买一个年轻漂亮的女子,最终被老妻暴打一顿,暴露出了自己惧内的本性。Menschen 是德语中的"人",而 Skræk 在丹麦语中意为"害怕、惧怕",故剧名可意译为《惧内的狄德里希》。

(76)"这可不得而知"原文为德文 das weiß man nicht。

(77)弗里德里希六世(Frederik den Sjette, 1768—1839),1808至1839年的丹

麦国王。

（78）"向空舞剑"原文写为 Fægten i Luften，意为"无用的斗争"。此说暗合《哥林多前书》9∶26 中保罗的话，保罗说："所以，我奔跑不像无定向的，我斗拳不像打空气的。"

（79）"是否在黑格尔体系中找到不朽"指针对黑格尔体系是否摒弃个体不朽的信念的讨论。

（80）"在永恒的视角下"原文为拉丁文 sub specie æterni。

（81）海伯格《死后的灵魂》的全称应为"死后的灵魂：一出启示性的喜剧"（*En Sjæl efter Døden. en apocalyptisk Comedie*），1841 年发表在《新诗》（*Nye Digte*）一书中。

（82）副主教曲日（Eggert Christopher Tryde，1781—1860）自 1838 年起任哥本哈根"圣母教堂"（Vor Frue Kirke）的副主教一职。他撰写过对海伯格《新诗》一书的书评，其中他用了 20 多页的篇幅讨论《死后的灵魂》。海伯格判那些文化修养低的人进入乏味无聊的地狱，曲日副主教则加上了道德的视角，认为这类人可以在基督教的意义上获得拯救。

（83）指保罗·缪勒（Poul Møller）教授的论文《对人类不朽的证明的可能性的思考》（*Tanker over Muglighed af Beviser for Menneskets Udødelighed*），发表于 1837 年，作者于次年逝世。

文中所说的"把张三李四的意见穿在一条线上"可能指缪勒的批评意见："近来，人们就不朽理论所乐于采用的最不科学的方法就是，将不同时代关于这一对象的书籍摘要结集出版。"

（84）"愚人"原文为 Aprilsnar，即在四月一日愚人节中上当受骗的人。

（85）"伟大的中国神啊"（Ih, Du store chinesiske Gud）语出海伯格写于 1831 年的一出闹剧 *Kjøge Huuskors* 第 19 场。

（86）"盖斯勒的帽子"典出席勒的戏剧《威廉·退尔》（*Wilhelm Tell*，1805）第一幕第三场，村民在经过残暴的总督盖斯勒竖起的帽子的时候，必须屈膝并脱帽致敬，以示对其统治的顺从。该戏未曾在丹麦皇家剧院上演。意大利作曲家罗西尼（Gioacchino A. Rossini，1792—1868）谱有同名歌剧，但没有上述情节。

（87）"哲学系有两个教席"（der er to philosophiske Cathedre），指哥本哈根大学哲学系的两位教授西伯恩（F. C. Sibbern）和尼尔森（Rasmus Nielsen）。

（88）"70 年的生存如同虚无"与"人到七十古来稀"的旧观念相吻合。这里的"虚无"、"无"原文为 Intet。

（89）"照管自己的田地，娶一个妻子"可能指《路加福音》14∶18—20 中耶稣"大筵席的比喻"。耶稣说有人大摆筵席，打发仆人去请客人入座。"众人异口同声地推辞。头一个说：'我买了一块地，必须去看看。请你准我辞了。'又有一个说：'我买了五对牛，要去试一试。请你准我辞了。'又有一个说：'我才娶了妻，所以不能去。'"

（90）"一位作家"指克尔凯郭尔《论忧惧概念》（*Begrebet Angest*）的化名作者 Vigilius Haufniensis，即"哥本哈根的守望者"。

（91）"我应该感谢上帝给予我的好处"并非确定的祈祷文，但在《提摩太前书》4：4 中有言曰："凡神所造的物都是好的，若感谢着领受，就没有一样可弃的。"在《帖撒罗尼迦前书》5：18 中还有这样的句子："凡事谢恩，因为这是神在基督耶稣里向你们所定的旨意。"

（92）"哥们儿"是对 Dusbroder 的翻译，原文意指可以彼此用"Du－你"称呼的朋友。在"安德森"名字后的官职原文为 Kammeraad，表示官阶制中的某个级别，为简便起见译为"官员"。

（93）"大斋节的第二个星期天的晚祷"（anden Søndag i Fasten til Aftensang）是直译，表示因习俗而为之或很少为之。"大斋节"亦称"封斋节"，是基督教的斋戒节期。据《新约》记载，耶稣开始传教前在旷野守斋祈祷 40 昼夜。教会为表示纪念，规定"棕枝主日"（Palm Sunday，即复活节前一周的星期日）前的 40 天为节期。

（94）"风流恋人"对应于 Erotiker，英译为 amorist。

（95）"与那些喜乐的人同喜乐"语出《罗马书》12：15："与喜乐的人要同乐，与哀哭的人要同哭"。

（96）"我找到了我所寻求的东西"可能暗指《马太福音》7：7："你们祈求，就给你们；寻找，就寻见；叩门，就给你们开门。"

（97）① "足迹"原文为拉丁语 impressa vestigia。短语在西塞罗著作中多次出现。
② "谦卑地面对上帝，屈从于爱情王者般的尊严"引自克尔凯郭尔的化名著作《人生道路诸阶段》中《对反婚姻的回应》（*Adskilligt om Ægteskabet mod Indsigelser*）一文，但字句有所改动。

（98）牧师的法衣衬有假丝，而教授的外衣为真丝所制。

（99）克尔凯郭尔引述的是自己另外两部化名著作：《非此即彼》下卷中威廉法官的书信《婚姻的审美有效性》（*Ægteskabets æsthetiske Gyldighed*），以及他在《人生道路诸阶段》中的《对反婚姻的回应》（*Adskilligt om Ægteskabet mod Indsigelser*）。

（100）"我们再见"（vi sees igjen）指"在永生中相遇"的早期基督教义。明斯特在《对基督教义理论的考量》一书中曾经写道："我们从他（基督）身上会找到忠诚的老朋友，我们与他们在此分离，那些先行一步的人，那些渐渐赶上来的人。"

（101）"鹿跃博士"原文写作 Dr. Hjortespring。根据《集释卷》，草稿中最初写为 Dr. Marcussen，之后又改为 Prof. Heiberg，而下面的逸事正是出自海伯格的自传，克尔凯郭尔最终将当事人姓名隐去。Hjortespring 可以分解为 Hjorte，即"鹿"和 spring 即"跳跃"，故意译为"鹿跃博士"。

（102）海伯格在自传中以文学化的笔法讲述了他皈依黑格尔哲学的经过。海伯格在德国基尔大学任教时即受到黑格尔哲学的吸引。他曾在柏林住过两个月，其间，与黑格尔有过多次谈话。1824 年夏天，海伯格从丹麦返回基尔时在汉堡逗留六个星期，他仍然攻读黑格尔哲学。有一天，他待在"英王旅店"自己的房间内，当"黑格尔的书在桌上，黑格尔在我脑海里"的时候，突然"被一种内心的幻觉所俘获，像一道闪电"，从此黑格尔体系中那些谜团般的东西迎刃而解。克尔凯郭尔所说的"斯翠特旅馆"（Streits Hotel）的名称以及"复活节的早上"并未出现在海伯格的自传当中，Streit 是德语"争吵、争论、争辩"，"复活节早上"暗指四月的愚人节，这些都是为了达到讽刺的目的。

（103）①关于黑格尔哲学认为不存在奇迹的观点，参黑格尔《宗教哲学演讲录》（*Vorlesungen über die Philosophie der Religion*）。

②关于"保罗的皈依"参《使徒行传》9：1—9，其中讲到一个叫扫罗（Saulus）的人，他也叫 Paulus 即保罗，在行路将至大马色的时候，"忽然从天上发光，四面照着他，他就仆倒在地"，他听到了耶稣的声音，从此跟随耶稣。

（104）歌德《浮士德》第一场"夜"，即指复活节的前夜。老浮士德在高拱顶的、狭窄的哥特式房间的书桌前，感叹自己皓首穷经，但仍感无法"拨开一切知识的迷雾"。他一会儿为自己与神肖似而自豪，一会儿哀叹人无法跟神肖似，人只能像"蠕虫"，在尘土中谋生，遭路人践踏而死。第一场结束时他听到了天使的歌声，唤起了老浮士德对青年时代的回忆，表达了他回归"大地"的心愿。第二场时浮士德遇到了以狗的形象显现的梅菲斯特。参歌德《浮士德》，钱春绮译，上海译文出版社 1992 年版，第 27—51 页。

（105）"那一年的复活节来得早"明显是克尔凯郭尔的玩笑和讽刺，1824 年的复活节首日为 4 月 18 日。

（106）①"奇妙的"原文为德文 wunderbar，用这个词很可能暗指假话大王明希豪森男爵名噪一时的书《奇妙之旅》（*Wunderbare Reisen*）。

②"汉莎城汉堡"（Hansestaden Hamborg）是对汉堡城的另一个称谓，表明汉堡城在历史上与北德城市联盟"汉莎联盟"（Hansaen，英语为 Hanseatic League，也可以写为 Hanse 或 Hansa）之间的渊源关系。"汉莎联盟"在 13、14 世纪的时候达到顶盛，如今德国最大的航空公司 Lufthansa 的命名即源于此。

（107）"弗里德里希花园"（Frederiksberg Have）是弗里德里希城堡的花园，位于哥本哈根西门外 3 公里处，19 世纪的时候免费向公众开放，成为哥本哈根市民夏季的重要休闲场所之一。花园有一处名为 Jostys Pavillon 的地方，建于 1813 年，是城堡宾客的避难处，自 1825 起为瑞士点心师 Anton Josty 接管，如今是哥本哈根一处有名的高档餐馆。

（108）弗里德里希六世十分喜爱弗里德里希城堡，绝大多数时间都携王后 Marie

Sophie Frederikke（1767—1852）居住在此。1839 年国王逝世后，王后每年夏季会在此居住，直到去世为止。

（109）"那位诗性的主人公"（hiin poetiske Helt）在原稿中曾经有"海伯格教授"的名字。

（110）"文学订阅计划"主要指海伯格的订阅计划，那些会以多卷册形式或连续出版的著作和期刊杂志，公众应该提前订阅，包括他自己主持出版的杂志 Perseus。

（111）①丹麦的第一条铁路线于 1844 年在霍尔斯坦开通。

②"公共马车"（Omnibus，拉丁语，意为"为所有人"），1842 年哥本哈根始有公共马车。

③丹麦的第一条蒸汽邮轮始航于 1819 年，往返于哥本哈根与基尔之间，为其时的重大事件。至 1851 年，丹麦已有 19 条蒸汽轮船运行。

④"电报"为美国人莫尔斯（Samuel Morse）于 1837 年发明，至 1846 年才真正开始有意义。

（112）"比别人更多地"（trods Nogen）根据丹麦文集释卷的注解译出，英译本则将之译为 as much as anyone else。

（113）①"让他去死"原文为拉丁文 pereat。

②"钉他十字架"语出《路加福音》23∶21，民众冲彼拉多大喊："钉他十字架！钉他十字架！"

（114）"娱乐"和"谋生之道"在丹麦语中是同一个词 Underholdning，其动词 underholde 有两层意思：一为"娱乐"；二为"支撑"、"养活"。这成为此处文字游戏的依据。

（115）"甜头"原文为法文 Douceur。

（116）①"合理奖赏"原文为法文 raisonnabel Douceur。

②克尔凯郭尔在其《前言》（Forord）一书中曾讽刺过"抽奖"活动。

# 第二章　主体性真理，内心性；真理即主体性

无论我们更多从经验论的角度出发把真理定义为"思维与存在的统一"，还是更多从理念论的角度出发把真理定义为"存在与思维的统一"，每种情况的关键都在于，我们要谨慎留意应该对"存在"做何理解。我们还要小心，认知的人别受到欺骗，从而落入某种不确定性之中，奇幻地变成某种生存着的人从来没有或者也不可能成为的东西，一个幻象，个体尽其所能地为之忙碌，但却永远也不会以辩证性的中间项清楚地阐明，他是如何步入这种奇幻之中的；对他而言，他身处其中的意义何在；所有的努力在那里是否将在不可思议的鲁莽冒险之中流于一个同语反复。[1]

如果在上述两种定义中"存在"被理解为经验性的存在的话，那么真理本身就转变为一种被渴望的东西，一切都被置于生成之中，因为经验的对象尚未完结，生存着的认知者本人也处于生成之中，结果真理就成为一种接近，其开端无法绝对地设定，原因恰恰在于具有反作用力的结论根本不存在。[2] 另外，所有的开端（如果它不是一种没有自我意识的独断的话），当其被设定之时，这个设定不是出于内在性思想，而是出于一种决断，本质上说即是出于信念。认知者是一个生存者，每个人都是这样一个自在的生存者，对此我不再经常重复了，因为人们不可思议地忽略这一点正是造成诸多混淆的罪魁祸首。希望无人误解我。我就是一个可怜的生存者，跟所有其他人一样；但是，如果我能借助合法的、诚实的方式成为某种超凡的存在，那种纯粹的我—我，那么我会永远乐于对天赋和善行表示感谢。但是，如果只能按此前所说的"一、二、三，变"的方式来实现这一点，或者在小拇指上绑根带子，当月圆之时再把它抛向某个遥远的地方的话，那么我宁愿是我现在所是的样子，一个可怜的生存着的单一者。[3]

于是在这些定义之下，存在被更抽象地加以理解，它成为"存在具体言之就是经验性的存在"的一种抽象重述或者抽象原型。[4] 这样的理解

对于从抽象的角度将真理抽象地定义为一种"终结"毫无障碍，因为"思维与存在的同一"从抽象的角度出发永远是终结性的，既然生成的开端正处于一种为"抽象"抽象地忽略的"具象"之中。[5]

但是，倘若这样理解"存在"，这个套话就成了同语反复，也就是说，思维与存在意味着同一个东西，此处所论及的统一也就仅仅是与自身的抽象同一。因此，没有一个套话说出了比"真理在"更多的东西，如果可以理解为这里是在强调系词的话，"真理在"，也就是说，真理是一种重复：第一个是真理，而真理的第二个——"真理在"——与第一个相同，前者的存在即真理的抽象形式。[6] 在此方式之下我们才说，真理不是单一的东西，而是完全抽象意义上的重复，只是这种重复在同一时刻被取消了。

抽象活动可以如其所愿地通过重述这一点持续进行，但它却永远不会前进。一旦真理的存在变成经验性的具体存在，真理本身也就处于生成之中，相应地，真理确是思维与存在的统一，而且这种统一实际上只为上帝而在，但却不为任何一个生存者而在，因为生存着的生存者本人处于生成之中。

对于作为生存者的生存者而言，关于真理的问题持续存在着，因为抽象答案仅对抽象活动才有意义，抽象是生存者通过从生存着的自我之中不断抽离的方式暂时得以实现，尽管在这个瞬间当中，他仍然要以生存的方式致谢生存。其结果是，一个生存者探问真理可能是因为他乐于在真理之中生存，只是在所有情况下，发问者本人都会意识到，他是一个生存着的单一的人。如此，我相信我能够让所有希腊人和所有理性的人理解我。至于某个德国哲学家是否在装腔作势，而且首先把自己改造成某种超理性的存在物，就像炼金术士和巫师奇幻地装点自身，以便以一种极其令人满意的方式回答关于真理的问题，这一点与我无关，他提供的令人满意的答案也与我无关——这答案毫无疑问是极其令人满意的，如果人们奇幻地装点自身的话。但是，至于这位德国哲学家是否这样做了，任何一个热情地将其灵魂集中于自愿受那种智慧的引导、不加批判且带有同感地运用这种指导培育自己的生存的人都会轻易地识别。当一个人满腔热情地作为学生与这样一位德国教授建立关系的时候，他也就完成了一则诙谐警句，因为这样的思辨者绝不会满足学生想要去表达和实现的诚实而满怀激情的热忱，不会满足那种想要以生存的方式将他的智慧据为己有的热忱，因为这智慧是我们的教授先生头脑中想出来的东西，关于这智慧他写了不少书，但却从未尝试、甚至从未想过，这智慧是要实现的。就像那个自认自己的工作就是书写的门房——他书写自己无法看懂的东西，思辨者们也在不断地写着——恕我斗胆一言——需要借助行动才能阅读的东西，这些东西都是无稽之谈，除非它们或许只为那些不可思议的存在物而写。[7]

当真理对于生存着的生存者是个问题的时候，那种对真理的抽象的重复就会出现，但是生存本身，发问者的生存本身——他的确生存着，会使这两种因素彼此分离，而且反思将反映出这两种关系。[8]对于客观的反思而言，真理就是某种客观的东西，一个对象，其关键在于对主体的忽略；对于主观的反思来说，真理就是占有，是内心性，是主体性，其关键恰恰在于以生存的方式在主体性之中沉潜。

但是接下来呢？我们是停滞于这种对立之中，还是请求调和助以善意的帮助，从而使真理成为主体—客体呢？为什么不呢？但是，会不会调和去帮助生存者，直到他在有生之年自己也变成了调和，当然还是在永恒的视角下，而可怜的生存者却仍然生存着呢？这当然无助于使一个人出丑，无助于用"主体—客体"的范畴诱惑他，当他本人被阻止进入他能够与之建立关系的状态之中的时候，阻止的原因是他本人通过生存而处于生成之中。解释如何永恒地理解永恒真理何用之有，当想利用这个解释的人因自身生存着而被阻止做出如是理解的时候；当他想象自己在永恒的视角之下的时候，他只是一个幻影；也就是当他恰好必须利用这样的解释的时候——如何让因生存而身处时间之中的人在时间范畴之内理解永恒真理。对此我们可敬的教授先生本人也是承认的，即便不总是承认，也会在他每季度领取工资的时候承认。通过调和过的主体—客体，我们只不过返诸抽象，因为作为主体—客体的真理的规定性与"真理在"完全相同，也就是说，真理是一种重复。于是，那种高级智慧再次变得心不在焉，它忘记了探问真理的是一个生存者。不过，或许那个生存者本人就是一个主体—客体？果若如此，我就要问了：一个同时身为主体—客体的生存者在哪儿？或许我们应该首先把一个生存者转变成某种一般的存在物，然后再去解释一切，除了问这么一个问题：一个生存主体如何具体地与真理建立关系？或者我们必须问：一个单个的生存主体如何与那种看起来与纸龙、或者荷兰人挂在屋檐下供人舔食的糖块毫无共同点的东西建立关系？[9]

于是我们再次返回反思的双重道路之上。我们不应忘记，这里发问的是一个生存者，一个完全单个的人；我们也不应忘记，"他生存着"的事实恰恰使他不能同时走两条道路，他忧虑的发问也将阻止他无忧无虑地、不可思议地变成主体—客体。那么，哪条道路是生存者的真理之路呢？因为只有奇幻的"我—我"才能同时走两条道路，或者形式化地同时沿两条道路前行，可这种方式对于生存者而言是非人的，我可不敢推荐。

既然发问者强调他是一个生存者，那么，这里推荐的道路自然也将强调生存的意义。

客观的反思之路使主体变成偶然，从而把生存转变成某种无关紧要的、正在消失的东西。通往客观真理之路远离主体，当主体和主体性变得无关紧要的时候，真理也变得无关紧要，而这一点恰是客观真理的客观有效性，因为同决断一样，关切是主体性。客观的反思之路通往抽象思维，通往数学和各种各样的历史知识，而且它持续不断地远离主体，主体的生存或者非生存在客观的意义上完全就是无限地无关紧要的东西，完全正确，因为生存或者非生存正如哈姆雷特所言，只具有主体性意义。(10) 这条道路的极端将通向一个矛盾，就主体不可能完全变得对自身漠不关心而言，这个矛盾只是一个标记——他的客观努力尚不够客观。这条道路的极端将通向一个矛盾，即只有客观性会生成，而主体性则将出局，也就是说，生存主体曾经尝试去成为人们在抽象意义上所说的主体——那种抽象的客观性的抽象形式。那种生成的客观性在主体性的意义上观之，充其量只是一个假设或者近似，因为所有永恒的决断都存在予主体性之中。

与此同时，客观之路意味着主体之路所没有的安全保证（生存、也就是去生存与客观性的安全保证自然是不能同时被思考的），意味着它会免予主体之路的危险，这种危险的极致便是疯狂。在单纯主体性真理的定义之下，疯狂与真理最终无法区分，因为二者都拥有内心性。① 不过一个人不会因为变得客观而发疯。或许我可以在这里加上一则小小的评论，在我们这个客观的时代，它不会被视为肤浅。内心性的缺失同样也是疯狂。像这样的客观真理从不做出决定，认为说出它的人是有理智的；反之，这

---

① 甚至这一点也是不正确的，因为疯狂永远不会拥有无限的内心性。疯狂的固定观念是某种客观的东西，而疯狂的矛盾正在于以激情把握之。因此，疯狂中的决定因素不是主体性的东西，而是某种被固定的无足轻重的有限性，某种无限性永远不会成为的东西。

类真理会暴露出说话人是疯子，尽管他所说的完全正确，尤其是在客观的层面上。我要让自己在这里讲述一桩事件，我对之绝无任何加工，它直接出自一家疯人院。这家疯人院有个病人想逃跑，他用跳窗的方式真正实施了自己的计划。他发现自己落在医院的花园里，他想踏上自由之途，这时，一个念头出现在他脑海里（我要说，他竟生出这样的念头，他究竟是精明还是疯狂？）：你一进城就会被认出，而且人们很可能立刻把你送回原处。那么，问题的关键就在于，你要用你所说出的客观真理向所有人证明，就你的理智而言，一切正常。当他走着并且思忖此事的时候，他看到地上有一只滚球撞柱游戏用的球，于是就把它放进自己的燕尾服口袋。他每走一步，这球就会撞他——让我怀着敬意说，撞着他的屁股，而每当此时，他都会大喊："砰，地球是圆的。"[11]他来到首都，立刻去拜访了他的一位朋友，他要向友人证明他没疯，于是他在地板上跳上跳下，不停地说："砰，地球是圆的。"但是，地球难道不是圆的吗？疯人院现在还会要求有人为这个看法做出牺牲，就像在大家认定地球像煎饼一样平的时代那样吗？[12]这人疯了吗，他用道出被普遍接受和被普遍视为客观真理的东西的方式希望证明自己没疯？可是这样一来医生却很清楚，该患者尚未痊愈，尽管痊愈并非要让他认定地球是平的。但是并非人人都是医生，时代的要求已经对何谓疯狂的问题产生了清晰的影响，结果我们的确有时几乎会受到诱惑而认为，这个已经使基督教现代化了的现时代也现代化了彼拉多的问题，总要寻求某个落脚点的时代宣布了这样一个问题：何谓疯狂。[13]每当一个编外大学讲师的燕尾服尾部提示他要说点什么的时候，他都会用怀疑一切的方式说出，而且还会快速写出一部关于体系的著作，人们每隔一行就能找到充足的内在证据——此人从未怀疑过任何东西，因此也不会被视为发狂。[14]——唐·吉诃德是主体性疯狂的原型，在他身上，内心性的激情抓住了某个特定的有限观念。但是，如果内心性缺失，背诵式的疯狂就会介入，它非常滑稽，实验心理学会乐于出面对之加以描述，其方法就是抓一把这样的哲学家，将之聚拢在一起。如果疯狂是内心性的谵妄，那么其悲喜剧性就是某种与不幸者无限相关的东西，一种与其他人无关的特定细节。若疯狂是内心性的缺失，则喜剧性就成为有福人所知的真实的东西，它事关全人类，但却与备受尊敬的诵读者毫无关系。[15]这种疯狂比前一种更加非人性。我们害怕直视第一类人的眼睛，唯恐发现其疯狂的深度；但是，我们根本不敢直视第二类人的眼睛，唯恐发现他有的不是真眼而是玻璃眼，还有地垫做成的头发，简言之，我们害怕发现他是件人工制品。偶尔与这样一个精神病患者相遇——他的病症就在于他并无心智，我们会怀着冷酷的恐惧听他说话。[16] 我们不知道是否敢相信，跟我们说话的是一个人，或许是一根手杖，是魔术师道博乐别出心裁的发明，它里面藏着一张正片。[17] 与刽子手称兄道弟对于自尊者来说总是令人不快的，但是，与一根手杖进行理性的、思辨的谈话，这几乎可以把人逼疯。

主体性的反思向内转向主体性，并且在向内心性沉潜的过程中成为对真理的反思。那么，如前述，当客观性前行之时，主体性就会消失；这里，真正的主体性成了最后的因素，而客观性则处于消失之中。我们一刻都不该忘记，主体是生存着的，去生存就是生成，因此，那种思维与存在的同一的真理只是一种抽象的幻想，事实上它只是受造物的期待，不是因为真理不是同一性，而是因为认知者是生存者，因此，只要他生存着，真理对他而言就不可能是同一性。[18] 如果这一点不被坚持的话，我们立刻就会在思辨思想的帮助下返诸不可思议的"我—我"，现代思辨思想肯定是使用过它的，但却未曾解释，一个特定个体何以能做到这一点，而且，天哪，从没有任何一个人不是一个特定的个体。

如果一个生存者真的能够超出自身之外，那么真理对他而言也是某种终结性的东西，只是，那个点在哪里呢？"我—我"是一个数学意义上的点，它根本不存在，因此任何人都可以占据这个点，没有人会挡另一个人的路。只是片刻性地，生存的特定个体能够居于无限与有限的统一之中，这种统一超越于生存之外。这个片刻就是激情的瞬间。现代思辨思想聚集了所有的力量，以使个体客观地超越自身；但这根本不可能做到：生存会反抗，倘若现代哲学家没有成为服务于无事生非的奇幻思想的书记员的话，那么他就会洞悉，自杀是对这种尝试唯一行之有效的诠释。但是，不停地写作的现代思辨思想轻视激情；激情对于生存者来说就是生存的制高点——毕竟我们都是生存者。在激情中，生存主体在幻想的永恒之中无限化，但同时又最大限度地规定自身。奇幻的"我—我"不是无限性与有限性的同一，因为二者都不是现实性的，而是在云层中的奇幻结合，一个无果的拥抱，特定的我与这种幻景之间的关系永远无法陈述。[19]

所有本质性的知识都与生存相关联，或者说，只有与生存有着本质关联的知识才是本质性的知识。没有向内地在内心性的反思中与生存相关联

## 第二章 主体性真理，内心性；真理即主体性

的知识在本质上只是偶然的知识，其程度和规模在本质上是无关紧要的。说本质性的知识在本质上与生存相关联，这并不意味着前述那种抽象的思维与存在的同一，也不意味着知识把某种存在物当作对象并且客观地与之建立关系；而是意味着，知识与本质上是生存者的认知者相关联，因此，所有本质性的知识都与生存和去生存相关联。于是，只有伦理的知识和伦理—宗教的知识才是本质性的知识。所有伦理的知识和所有伦理—宗教的知识在本质上都与这一点相关联，即认知者生存着。

调和是一种像"我—我"一样的幻觉。从抽象的角度观之，万物存在，无物生成。[20]在抽象活动中，调和不可能找到自己的位置，因为它以运动作为自己的前提。[21]客观知识肯定能以存在物作为自己的对象，但是由于认知主体是生存着的，他自身通过生存处于生成之中，因此思辨思想必须首先解释这几点：一个特定的生存个体如何与调和的知识相关联？他在那一刻是何许人，比方说，他在那一瞬间是否走神？他身处何方，是否不在月亮上？[22]人们不停地谈论着调和，难道调和是一个人，就像培尔·戴根把"印刷许可证"当成一个人那样？[23]一个人要如何行事才会成为那样的人呢？学习能够企及那种尊严，达到哲学考试的水平吗？[24]地方执法官可以直接任命教堂司事吗？[25]我们只是试图参与这些以及其他诸如此类的简单问题，它们由单纯的人所提出，这些人当然也很愿意调和，如果他能以合法的和体面的方式为之，而不是或者靠说"一、二、三、变"，或者通过忘记自己就是一个生存者的方式为之的话。对于生存者而言，生存就是某种本质性的东西，按照伦理—宗教的方式生存就是一种恰当的充足的量。[26]对于思辨者来说，用这种方式提问或许显得品位太差，不过这里格外重要的是，我们不要在不正确的地方进行争辩，也就是不要奇幻地—客观地发起一场支持或反对"调和是否存在"的争论，而是要坚持这一点，即身为一个人意味着什么。[27]

现在，为了清楚地阐明客观性反思和主体性反思道路之间的分歧，我要揭示出主体性反思向内地回归内心性的尝试。生存主体身上的至上的内心性就是激情，与激情相呼应的是作为悖论的真理，真理成为悖论的根源恰恰在于这真理与生存主体的关系。以此方式，二者才能彼此呼应。如果忘记人是一个生存主体，激情也就丧失了，相应地，真理也就不会成为悖论，而认知主体也从一个人变为某种不可思议的东西，而且真理成为这种认知的奇幻对象。

如果以客观的方式探问真理，真理就是作为一个认知者与之建立关系的对象而被客观地加以反思的。这里反思的不是关系，而是反思他与之建立关系的真理，真实的东西。如果他与之建立关系的就是真理，是真实的东西，那么，主体就在真理之中。如果以主体的方式探问真理，这里以主体性的方式反思的就是个体与真理之间的关系；如果这种关系的"怎样"是处于真理之中的，那么个体也就处于真理之中，尽管他以此方式是在与谬误建立关系①。让我们以人类关于上帝的知识为例。在客观的意义上，这里反思的就是：这是真实的上帝；在主体的意义上，反思的则是个体与某个如此这般的东西建立了关系，这种关系实际上就是一种神人关系。哪一边才是真理呢？唉，我们不要向调和求助，说什么"哪一边都不是，真理存在于调和之中"吧！表述很完美，只是有人会问：一个生存者在调和之中应当如何行事，因为在调和中意味着终结，而生存意味着生成。一个生存者是不可能同时出现在两个地方的，不能同时作为主体—客体。当他最接近于同时出现在两个地方的时候，他处于激情之中，只是激情是瞬间性的，而且激情恰恰是主体性的极致。

现在，选择客观之路的生存者步入了一种逐步接近的考量之中，这种考量旨在客观地将上帝导出，但上帝永远无法企及，上帝是主体，因此上帝只为主体性存在于内心性之中。选择了主体性之路的生存者为了客观地找到上帝要花些时间，或许是很长时间，因此他瞬间就把握了那个辩证性的困难。他抓住了那个辩证性困难的全部痛苦之所在，因为他要在同一瞬间利用上帝，因为每一个他没有拥有上帝的瞬间都被浪费了②。[28]就在他拥有上帝的那个瞬间，他依靠的不是某种客观考量的力量，而是内心性的无限激情。客观的人不会为这类辩证性的困难所困扰，即：把全部的研究时间用于寻找上帝有何意义——因为很可能研究者明天会死去；而如果他仍然活着，他当然不能把上帝视为人们为方便而携带的某种东西，因为上帝恰恰是某种人们不惜代价与之相伴的东西，在激情的理解之下，这正是

---

① 读者会注意到，这里讨论的是本质性的真理，或者说那种与生存建立起本质关系的真理，而且正是为了清晰阐明真理之为内心性或者主体性，对立才被揭示出来。

② 以此上帝的确成了一个悬设，但却不是人们通常所接受的那种无意义的悬设。[29]它毋宁清楚地表明，这是生存者与上帝建立关系的唯一方式，当辩证矛盾把激情推向绝望，并且以"绝望的概念"（信仰）为理解上帝助一臂之力的时候。[30]于是，悬设远非独断，而是一种必要的保护；因此，上帝并不是一个悬设，而是说生存者设定了上帝——一种必然性。

内心性与上帝之间真正的关系。<sup>(31)</sup>

正是在这个辩证难点之上,对于知道辩证思考以及在生存中进行辩证思考的意义的人来说,道路发生了分歧。这些人不像坐在书桌前写着自己永远都不会成为的东西的奇幻存在物,他们不是在书写着"怀疑一切",作为生存者,他们跟极感性的人一样轻信。道路在此分化,其间的变化在于:客观知识优哉游哉地走上了漫长的接近之路,它不受激情的驱使;而对于主体性的知识而言,任何一个延滞都是致命的,决断变得无限重要,以至于决断即刻就变得万分紧迫,仿佛机会未经利用就已流逝。

如果现在的问题是要去计算,哪一边拥有更多的真理(如前所述,同时位于两边并未给予生存者,它只是针对想象的"我—我"的一个幸福的幻想),是在客观地寻求真正的上帝以及关于上帝的观念的近似真理的人这边,还是在无限地关切他怀着迫切的无限激情真正与上帝建立关系的人这边;那么,对于那些并未被学术研究完全搞糊涂的人来说,答案是没有疑问的。假如有一个人,他生活在基督教国家,他怀着真实的关于上帝的观念的知识走进了神的家,真正的神的家,然后祈祷,但他却不老实地祈祷。<sup>(32)</sup>假如有一个人生活在偶像崇拜的国度,但是,他怀着无限性的全部激情祈祷,尽管他的双眼落在了偶像之上。那么,哪一个拥有更多的真理呢?一个是真诚地面对上帝祈祷,尽管他祈求的是偶像;另一个是不老实地向真正的上帝祈祷,因此他实际上是在向偶像祈祷。

如果有一个研究者客观地探求不朽,而另一个则把对无限的激情压在无知之上;那么,哪一边是真理,哪一边拥有更大的确定性呢?一个一劳永逸地步入了一种永无终结的逐渐接近的进程,因为不朽的确定性恰恰在于主体性之中;另一个是不死的,因此他恰恰用与不确定性斗争的方式抗争着。让我们来看看苏格拉底。如今所有人都想涉足证明,有的证据多些,有的少些。但是苏格拉底呢,他客观地提出他的问题,他的提问是在制造麻烦——假如存在着不朽的话。<sup>(33)</sup>那么,与那些拿出了三个证明的现代思想家当中的一个相比,他就是一名怀疑者吗?<sup>(34)</sup>绝对不是。他把自己的整个生命都压在了这个"假如"之上,他敢于去死,而且他怀着无限的激情安排自己的生活,以使之能够被接受——假如存在着不朽的话。还有更好的关于灵魂不朽的证明吗?那些拿出了三个证明的人根本没有据此安排自己的生活;如果真有不朽的话,它应该对那些人的生活方式感到恶心:这难道不是对那三个证明的更好的反证吗?非确定性的"片断"帮助了苏格拉底，因为他本人怀着对无限的激情助之一臂之力；那三个证明对其他人没有丝毫益处，因为它们是且一直是冷冰冰的，这一点是由那三个什么都证明不出来的证明而证明出来的。同样地，心怀被恋人所爱的渺茫希望的少女或许享有爱情的全部甜蜜，因为她把一切都压在那个渺茫的希望之上。相反地，很多已婚妇女不止一次经历过爱情最强烈的表达，她们当然拥有不少证据，只是很奇怪的，她们却并不拥有被证明的东西。(35) 因此，苏格拉底的无知就成为在内心性的全部激情之下对于永恒真理与生存者之间的关系的一种固定表达，它在生存者有生之年也只能是一个悖论，不过很可能，苏格拉底身上的苏格拉底的无知比整个体系包含的客观真理拥有更多的真理，后者与时代的要求调情并且使自己适应于大学编外讲师。

  在客观的意义上，强调的是说**什么**；在主体的意义上，强调的是**怎样**说。这个区别已然在感性的意义上有效，它尤其表现在当我们说"真理通过某人之口能够变成谬误"的时候。这个区别在今天要格外给予重视，因为如果我们要用一句话来表达古代与当代的差别，我们可以这样说：古时候只有少数人了解真理，而现在所有人都了解，但是就内心性而言情况正好相反①。在感性的意义上，最好把"真理通过某人之口能够变成谬误"的说法所涌现的矛盾理解为滑稽。在伦理—宗教的层面上所强调的仍是"怎样"，只是不要理解为这里是在说什么态度、声调、演讲等，而应该理解为生存者在其生存中与被言说的东西之间的关系。在客观的意义上探问的只是思想范畴；在主体的意义上探问的则是内心性。这个"怎样"的极致就是对无限的激情，而对无限的激情本身就是真理。对无限的激情就是主体性，因而主体性就是真理。从客观的角度出发，不存在什么无限的决断，因而下面这一点在客观的意义上就是正确的：善与恶的差别随矛盾原则被取消了，由此，真理与谬误之间的无限差别也被取消了。只有在主体性之中才有决断，反之，意欲成为客观的存在则是谬误。对无限的激情是决断性因素，这不是指内容，因为这内容正是它自身。因此，主体性的"怎样"和主体性就是真理。

  但是，正因为主体是生存着的，这个在主体意义上强调的"怎样"就时间而言同样是辩证性的。在激情的决定性的瞬间，客观知识

---

① 参《人生道路诸阶段》，第366页注释。

之路分岔了，看起来好像无限的决断已经完成。但是，就在这同一个瞬间，生存者处于时间性之中，主体性的"怎样"被转化为一种奋斗，它受对无限的决断式的激情驱动，并且反复因之振作，但它仍然是一种奋斗。

如果主体性是真理，那么在真理的定义当中还应该包含对与客观性的对立的表达，一种对那个分岔的记忆，而这个定义同时也会显示出内心性的张力。对真理的定义是这样的：真理就是通过最具激情的内心性在占有之中牢牢抓住的一种客观不确定性，这是对于一个生存者来说的至上真理。道路分岔之处（我们无法客观地指出这一点究竟何在，因为它就是主体性），客观知识处于悬置状态。于是，客观地说他只拥有不确定性，但是正是这一点强化了内心性的无限激情，真理恰恰成为怀着对无限的激情去选择客观不确定性的一次冒险。为了发现上帝，我观察自然，我的确看到了全能和智慧，但我同时也看到了令人焦虑不安和感到麻烦的东西。这个全体就是客观不确定性，但正因为如此，内心性才变得强大，因为内心性要以对无限的全部激情把握那种客观不确定性。[36] 在一个数学命题中，比方说，客观真理是给出的，但是因此它的真理也就是一种漠不相关的真理。

但是，上述关于真理的定义就是对信仰的重述。没有冒险就没有信仰。信仰是在内心性的无限激情与客观不确定性之间的矛盾。如果我能够客观地把握上帝，那么我就没有信仰；但是，正因为我做不到，所以我才必须信。如果我要让自己保持信仰，我必须持续地留意，我要紧握那种客观不确定性，在客观不确定性之中，我身处"七万寻深水之下"，但是我依然拥有信仰。

在"主体性、内心性即真理"的命题中包含着那种苏格拉底式的智慧，其不朽的优点在于，它重视生存的本质性意义，重视认知者即生存者，这也就是为什么在异教世界的最高意义上，苏格拉底在无知中仍然处于真理之中的原因之所在。思辨思想的不幸在于它一再忘记认知者就是生存者，要理解这一点在我们这个客观的时代已经是困难的了。"但是在人们尚未理解苏格拉底的问题和思想的时候超越苏格拉底，这至少不是苏格拉底式的。"参看《哲学片断》中的"喻意"。[37]

现在，如同《哲学片断》一样，让我们从这个点出发寻找一个真正实现了超越的思想范畴。至于它是真是假，这与我无关，因为我只是在试验，只是有一点必须满足，即显然，苏格拉底的问题和思想在此是被理解了的，因此我至少不会落在苏格拉底之后。

如果主体性、内心性就是真理，那么，在客观上真理也就被规定为悖论；而"在客观上真理是悖论"这一点恰好显示出，主体性就是真理，因为客观性的确被置之一旁，而客观性之被排斥以及对客观性的排斥的表达就是内心性的张力和动力测量仪。[38]悖论即是客观不确定性，客观不确定性是对内心性的激情的表达，而内心性的激情就是真理。苏格拉底的问题和思想就是如此。永恒的、本质性的真理是悖论，也就是说，那种通过本质性地与去生存相关联的方式与生存者建立本质性关系的真理（所有其他的知识在苏格拉底思想的意义上看都是偶然的，其程度和规模无关紧要）是悖论。但是，永恒的、本质性的真理在本质上绝非悖论，它只是通过与生存者建立关系才成为悖论。苏格拉底的无知是对客观不确定性的表述，生存者的内心性就是真理。在期待着马上就要着手讨论的问题的时候，请注意以下说法：苏格拉底的无知与荒谬范畴构成类比，只是荒谬的排斥性更少客观确定性，因为这里的确定性只在于——这是荒谬的，正因为如此，内心性的张力才更大。生存中的苏格拉底式的内心性与信仰构成类比，只是信仰的内心性不与无知的排斥性相对应，而与荒谬的排斥性相对应，它无限地深沉。

在苏格拉底的意义上，永恒的、本质性的真理本身绝非悖论，它只是在与生存者建立关系的时候才成为悖论。这个意思在苏格拉底的另一个命题中得到了表达：所有的知识都是回忆。[39]这个命题暗含思辨思想的开端，不过，正因为如此，苏格拉底才没有追随它，它在本质上是柏拉图式的。这里就是道路的分岔口：苏格拉底在本质上强调生存，而柏拉图忘记了这一点，他迷失在思辨之中。苏格拉底无限的优点正在于，他是一个生存着的思想者，而不是一个忘记了生存意味着什么的思辨者。因此，对于苏格拉底来说，"所有的知识都是回忆"在分道扬镳的瞬间，作为一种不断消释的思辨的可能性，它意味着两层意思：第一，认知者在本质上是完好的，对他来说，在事关永恒真理的知识的方面，只存在着一种怀疑——他生存着，这种怀疑之于他是本质性的和决定性的，这意味着，生存以及在生存中和通过生存向内心性沉潜就是真理。[40]第二，时间中的生存不具备决定性意义，因为通过回忆返回永恒的可能性持续存在，尽管这种可能

## 第二章　主体性真理，内心性；真理即主体性

性不断被消解，因为在生存中向内心性沉潜充满了时间①。

　　苏格拉底思想的无限的优点恰恰在于它强调了认知者就是生存者，生存就是本质性的东西。在没有理解这一点的情况下超越苏格拉底，这只是一种平庸的优点。我们必须把这一点铭记在心，然后再看这方案能否不被改变成实际上是超越了苏格拉底。

　　那么，主体性、内心性就是真理；我们由此还能给出一个更内心化的表达吗？可以的，如果"主体性、内心性就是真理"的说法这样开始的话：主体性是谬误。我们不要着急。思辨思想同样说过，主体性是谬误，但是，它说此言的时候是在完全相反的方向上，也就是说，客观性是真理。思辨思想否定性地把主体性定义在客观性的方向上。而这另一个定义在开始时就在阻止自身，这一点恰恰使得内心性更加内心化。从苏格拉底的思想出发，主体性即谬误，如果主体不愿理解"主体性即真理"，而是想，比方说吧，成为客观的话。另外，如果主体性在开始成为真理之时通

---

①　这里或许是揭示对《哲学片断》的设计表示怀疑的恰当之处，这个怀疑的根源在于，我不想立刻就使事情变得如此地辩证性地困难，因为在我们的时代，术语和诸如此类的东西变得十分混乱，我们几乎不可能保证能够抵挡住那种混淆。如果可能的话，为了准确揭示出苏格拉底式的思想（它应该是哲学的，异教哲学的）和那个实际上超越了苏格拉底的思想试验之间的差别，我令苏格拉底的思想返回这个命题之上：所有的知识都是回忆。这是人们普遍接受的说法，只有怀着极其特殊的兴趣钻研苏格拉底的人才会返回源头，只有这样的人才会觉得在这一点上区分苏格拉底和柏拉图是有重要意义的。这个命题当然属于他们两个，只是苏格拉底不断地离开它，因为他想生存下去。把苏格拉底与"所有的知识都是回忆"的命题绑在一起，这就把苏格拉底变成了一个思辨哲学家，而不是如他似的把生存视为本质性事物的生存思想家。"所有的知识都是回忆"是思辨的命题，回忆是内在性，从思辨的和永恒的角度出发观之，悖论是不存在的，只是这里的难题在于，没有人会成为思辨，但是思辨者却是一个被置于生存需求之下的生存者。忘记这一点毫无益处，反之，牢牢抓住它却拥有巨大的优势，苏格拉底就是这样做的。苏格拉底强调生存，内心性范畴被包括在其中；反之，柏拉图则追随回忆和内在性。由此，苏格拉底在根本上超越了整个思辨思想，因为他没有奇幻的开端，思辨者可以在那里乔装打扮，然后向前、向前并且从事着思辨，忘记了生存才是最重要的。但是，正因为苏格拉底以此方式超越了思辨思想，如果描述准确的话，他才获得了一种可与思想试验的主旨相类比的一定的相似性，这思想试验实际上超越了苏格拉底：作为悖论的真理与更高意义上的悖论形成类比，生存中的内心性的激情与更高意义上的信仰构成类比。(41)尽管如此，差别仍然是无限的，《哲学片断》中提出的实际上已经超越了苏格拉底的定义是没有变化的，对此我很容易揭示出来。但是，我害怕因使用看似相同的定义——至少是相同的用词——表示不同的事物会构成干扰，而思想试验旨在成为与之不同的东西。现在我认为，在事关苏格拉底和信仰的问题上谈论悖论是不会有什么障碍的，因为这样做是正确的，如果正确理解它的话。此外，古希腊人也使用了"信念"这个词，尽管与思想试验的意义完全不同，他们在使用该词的时候，尤其是在亚里士多德的一本著作里，提出了与更高意义上的信仰有所区别的极具启发性的观点。(42)

过成为主体性的方式而陷入困难之中的话，那么主体性就是谬误。于是这里的工作返回了，也就是返回内心性。这条道路与通往客观性的道路相去甚远，它的开端更深地植根于主体性之中。

不过，主体不可能永远处于谬误之中，或者不可能永远被设定处于谬误之中；主体应该已经在时间中变得如此或者要在时间中变得如此。苏格拉底式的悖论在于，永恒真理与生存者建立了关系，而如今，生存第二次注意到了生存者；生存者身上发生了本质性的改变，结果他根本不会以苏格拉底式的回忆的方式返回永恒。要这样做就要思辨，能够这样做、但却通过把握生存中的内心性的方式消释这种可能性，这是苏格拉底的思想。但是，目前的困难是，那个伴随苏格拉底的被消释的可能性变成为一种不可能。如果思辨对于苏格拉底的思想而言早已是一种可疑的优点的话，那么它现在就只是混乱了。

当永恒真理和生存相遇时，悖论产生了。但是，生存每被强化一次，悖论都会变得愈加清晰。从苏格拉底的角度出发，认知者就是生存者，但是如今生存者带有明显的标记，他身上发生了本质性的变化。

现在，让我们把个体的谬误称作罪。从永恒的角度出发，个体不可能处于罪之中，或者永远被设定处于罪之中。因此，他是通过生成（因为开端就在于"主体性是谬误"）而成为罪人。他不是在那种意义上生而为罪人，也就是说在他出生之前他就被设定为罪人，而是说他在罪中出生并且作为罪人出生。的确，我们把它称作世代相传的罪。但是，如果生存以此方式对他拥有权利的话，则他将被阻止通过回忆返回永恒。如果永恒真理与生存者建立关系这一点早已是一个悖论的话，那么永恒真理与这样的生存者建立关系就是一个绝对的悖论。但是，他以回忆的方式从生存中抽身对于他越困难，他的生存在生存进程中就越内心化；当事情对于他变为不可能的时候，他被生存牢牢抓住，结果回忆的后门永远地关上了，这时，内心性变得最为深刻。让我们永远都不要忘记，苏格拉底的优点就在于他强调认知者是生存着的，因为事情越困难，人们就越容易被诱使快步踏上思辨的轻松之路，远离恐惧和决断，而趋向名望、荣誉和好日子之类的东西。即便苏格拉底已经掌握了对以思辨的方式从生存中抽身且返回永恒而生的怀疑，因为对于生存者而言，除了"他生存着"和"生存是本质性的东西"外并无其他的怀疑，现在这也是不可能的了。他必须向前，不可能后退。

## 第二章　主体性真理，内心性；真理即主体性

主体性即真理。通过永恒的、本质的真理与生存者建立关系，悖论生成了。现在让我们再向前一步，让我们假定，永恒的、本质的真理本身就是一个悖论。这个悖论是如何产生的呢？通过永恒的、本质的真理与生存的相遇。那么，如果我们把生存置于真理本身之中，则真理就会变成悖论。永恒真理在时间中生成了。这就是一个悖论。如果前述的主体被阻止通过罪而返回永恒之中，那么他现在就不用操心了，因为现在，永恒的、本质的真理不是在他身后，而是自己通过存在或者已然存在的方式走到他前面，如此，假如个体没有在生存中以生存的方式抓住真理，那他永远也得不到真理。

生存从未像现在这样尖锐地被强调。思辨思想欲以回忆的方式从生存中抽身的骗局是不可能的了。这是唯一可以奢谈理解的地方，每一个想成为思辨思想的思辨，正因为如此而显示出，它并没有理解这一点。个体能够排斥这一切，并且求助于思辨思想，不过，接受这一点但又想通过思辨取消它是不可能的，因为它就是为阻止思辨而做出的设计。

当永恒真理与生存者建立关系的时候，永恒真理就成为悖论。通过客观不确定性和无知，悖论在生存者的内心性之中被排斥。但是，当悖论自身并不是悖论的时候，它排斥得也就不够强烈；因为没有冒险就没有信仰，冒险越大，信仰越强；客观可靠性越大，内心性越少（因为内心性就是真理）；客观可靠性越小，可能的内心性也就越深刻。当悖论自身就是悖论的时候，它是以荒谬的力量去排斥，与之相呼应的内心性的激情就是信仰。——但是，主体性、内心性就是真理，否则，我们就忘记了苏格拉底的优点。当从生存中退出、以回忆的方式进入永恒成为不可能的时候；当真理作为悖论面对我们的时候，在对罪的恐惧以及罪所带来的痛苦之中，在客观性的巨大风险之中，再没有比信仰更为强烈的对内心性的表达了。但是，没有冒险就没有信仰，甚至不是苏格拉底的信仰，更不是我们这里所谈论的信仰。

当苏格拉底相信"有神存在"的时候，他是怀着内心性的全部激情紧紧抓住那种客观不确定性的，而信仰就在这个矛盾之中，在这个冒险之中。现在的情况不同了，不再有那种客观的不确定性，如今有的是确定性，即从客观的角度出发，荒谬以及在内心性的激情紧握之下的荒谬就是信仰。苏格拉底的无知与荒谬的严肃性相比就像是一个诙谐的玩笑，苏格拉底式的生存的内心性与信仰的艰巨相比则像是希腊式的无忧无虑。

什么是荒谬？荒谬指的是永恒真理在时间中出现，指上帝的生成，他出生，成长，等等，跟特定的凡人完全一样地生成，跟所有其他凡人没有分别，因为所有直接的可识别性都是苏格拉底前的异教思想，是犹太教所视为的偶像崇拜。所有在实际上超越了苏格拉底的范畴在本质上都应该具有一个标记，即它与"上帝的生成"相关联，因为根据《哲学片断》所展开的，最严格意义上的信仰指涉是生成。(43)当苏格拉底相信"有神存在"的时候，他肯定洞见到了，这里就是道路分岔之处，存在着一条比方说通过观察自然界和世界史等的客观的接近之路。苏格拉底的优点恰恰在于他避开了这条道路，那里海妖的歌声大到魅惑并且愚弄生存者的程度。(44)就与荒谬的关系而言，这种客观的接近就像那出喜剧《误会层出》，它通常是由大学编外讲师和思辨思想家演出的。(45)

荒谬正是通过客观的排斥而成为信仰在内心性中的动力测量仪。现在，有一个想拥有信仰的人；就让喜剧开场吧。他想拥有信仰，但他想借助客观的考量和接近使自己确信无疑。会发生什么呢？借助接近，荒谬变成了其他的东西，变得可能，变得更加可能，或许变得在很高程度上非常可能。现在，他就要相信了，而且他敢于说，他的信仰不同于鞋匠、裁缝和单纯之人，但是他要先经过漫长的考量。现在，他就要相信了；只是，看吧，如今他已经变得不可能去相信了。几乎可能，很可能，在很高程度上非常可能；他差不多知道，几乎知道，在很高程度上完全地几乎知道——但是，相信却是不可能的，因为荒谬才是信仰的对象，是唯一能够被信仰的东西。——或者有一个人，他说他拥有信仰，但是他想使自己的信仰变得清晰，他想在信仰中理解自身。现在，喜剧再次开场了。信仰的对象变得差不多是可能的，变得几乎可能，变得可能，变得完全可能。他完成了，他敢这样评说自己——他的信仰不同于那些鞋匠、裁缝以及其他的单纯之人，但他也在信仰中理解了自身。真是奇妙的理解，只是他关于信仰所知道的是其他的东西，而不是他曾经相信的，而且他已经知道，他不再相信了，因为他差不多知道，几乎知道，在很高程度上完全地几乎知道。

就荒谬包含生成的因素而言，接近之路还会把生成的荒谬事实——它就是信仰的对象——与一个单纯的历史事实相混淆，继而为荒谬寻找历史的确定性，因为荒谬包含了一个矛盾，即历史性的东西只有在与一切人类理智相反对的情况下才成为历史性的。这个矛盾就是荒谬，它只能被信仰；假如人们获得了某种历史确定性，人们获得的仅仅是这样一种确定性，即这是确定的，但却不是我们所讨论的问题。一个目击者可以做证，说他相信过，他随后还做证，说他所相信的远非历史的确定性，而是与人类理智相反对。一个这样的目击者是在排斥，和荒谬的排斥性意义相同；而一个没有以这种方式进行排斥的目击者，正因为如此，他是一个骗子，或者是一个谈论着风马牛不相及的东西的人，这样的目击者除了获得对毫不相关的东西的确定性之外没有任何用处。十万名个体目击者，他们正因其见证的特殊性质（他们相信荒谬）而继续身为个体目击者，而没有一齐成为别的什么东西，以至于荒谬变得没那么荒谬。[46] 这是为什么呢？是因为十万人中的每一个都相信"这是荒谬的"吗？恰恰相反，是因为那十万名目击者完全像荒谬那样排斥着。——不过这一点无须我在此进一步展开。在《哲学片断》（尤其是在第一代弟子和再传弟子之间的差别被消解的地方）和本书的第一部分当中，我小心翼翼地指出，所有的接近毫无益处。这里的关键是把那些导论性的观点、可靠性、来自效果的证明以及由当铺老板和可靠证人所组成的乌合之众清除掉，以便使荒谬清晰起来。然后，人们才能相信，如果他们愿意的话。我只是说，这一切必定极其艰巨。

如果思辨思想有意涉足这一切并且如其常常所说的那样认为，从永恒的、神圣的、神学中心论的角度出发，不存在什么悖论；那么，我无法判断思辨思想家是否正确，因为我只是一个可怜的生存者，我既不能从永恒的、又不能从神圣的和神学中心论的角度出发观察永恒，我只能满足于生存。不过，至此可以确定的是，思辨思想使一切倒退，倒退着经过了苏格拉底的思想，它至少把握了一点——生存对于生存者而言是本质性的；思辨思想甚至没有花时间去理解，像思想试验中的生存者那样被置于生存之中意味着什么。

苏格拉底的立场与那个超越了苏格拉底立场之间的差别已经很清楚了，而且在本质上与《哲学片断》所揭示的相同，因为后者没有什么变化，只有前者把事情弄得更困难，但却又没有比它自身更难。事情变得更难的原因在于，我在《哲学片断》当中只是以试验的方式提出了"悖论"这一思想范畴，而我在这里则暗暗尝试着凸显悖论的必然性，虽然这个尝试还很微弱，但它仍然不同于以思辨的方式取消悖论。

基督教自我宣称它是在时间中显现的永恒的、本质性的真理；基督教自我宣称为悖论,而且就犹太人眼中的绊脚石、希腊人眼中的愚蠢以及理智眼中的荒谬而言,基督教要求信仰的内心性。[47] 没有比这更强烈的表达了:主体性就是真理,客观性只是在排斥,所借助的恰恰是荒谬的力量,它看起来也甚为奇怪,好像基督教步入世界是为了变得清晰可解似的,唉,好像它对自身困惑不已,因此才步入世界向那些聪明人,向思辨思想家寻求解释。在表达"主体性即真理"的时候,不会再有比"当主体性起初是谬误,但它仍然是真理"更为内心化的表达了。

假设基督教曾是、且要成为一个秘密,这样的秘密完全不同于一出戏的秘密,后者将在第五幕当中真相大白,尽管狡猾的观众早通过剧情介绍知其端倪了。假设,最严格意义上的启示必须是秘密,并且正因为它是秘密才能被辨识;而宽泛意义上的启示,通过回忆返回永恒,则是一种直接的启示。[48] 假设,精神天赋的差别在于能够把对于生存者来说是、且要成为秘密的东西说得越来越清楚;假设,在误解方面的精神天赋的差别是根据个体虚假地制造自己已经理解了那个秘密的假象做出的。假设,无论如何都存在着一种福祉,它被置于生存的极端处,与那个秘密相关联,但却并不理解那个秘密,只是相信它。假设,基督教根本不想被理解;假设,为了表达这一点,而且为了阻止有人误入歧途地走上客观性之路,基督教自我宣称为悖论。假设,基督教只为生存者而在,且只为本质上在内心性之中、在信仰的内心性之中的生存者而在,对此没有比"这是在以无限的激情牢牢抓住的荒谬"更确定的表达了。假设,基督教不想被理解,这里所能论及的最高限度的理解就是,理解"基督教是不可能被理解的"。假设,基督教因此强调生存是决断性的,结果单一者成为罪人,基督教成为悖论,生存成为决断的时间。假设,思辨是一种诱惑,是万事万物中最危险的。假设,思辨者不是浪子,因为那样的话,忧心忡忡的上帝仍会呼唤那个冒犯者,并且仍然爱他。[49] 思辨者是淘气的孩子,他不愿待在生存者应待的地方,待在生存中孩子的成长和教育空间之中,人们在那里只有通过生存中的内心性才能长大成人。相反地,他想介入上帝的旨意,他不停地叫嚣着:从永恒的、神圣的、神学中心论的角度出发,根本没有什么悖论。[50] 假设,思辨者是一个不安的居民,尽管他显然是一个租户,但在抽象真理的角度看来,在永恒的、神圣的角度看来,所有的财产都是共有的,于是他想成为房东。结果,人们除了去找警官外别无他法;而这位警官很可能会像送传票的人对格特·维斯特非勒所说的那样,"我

## 第二章 主体性真理，内心性；真理即主体性

们很抱歉为这事跑腿"。<sup>(51)</sup>——在今天，身为一个人是否跟过去不同？是否条件不再相同：做一个单一的生存着的存在者，只要人生存着，生存就是本质性的东西？"但是，现在的人知道得更多。""完全正确。但是，假设基督教与知识无关，那么，再多的知识也没有好处，除了它会更容易把人们带入那种把基督教视为知识的混淆之中。"假如今天的人们知道得更多，我们当然不是在说关于铁路、机器和万花筒的知识，而是说关于宗教的知识；那么他们是怎样做到这一点的呢？<sup>(52)</sup>也许是通过基督教？于是，人们就这样回报基督教。人们对基督教有所了解，人们有所误解，然后人们用新的误解反对基督教。如果说在过去，震惊表现在有人被冒犯；那么，今天的震惊则表现为，震惊不复存在，人们在环顾四周之前就已经"一、二、三"摇身变为思辨者了，他针对信仰进行思辨。关于哪种信仰呢？是关于他拥有的信仰吗，尤其是关于他有或没有信仰这一点吗？可惜不是，对于一个客观的思辨者来说，这太微不足道了。他的思辨针对的是那种客观的信仰。"客观的信仰"，这是什么意思？它意味着教条的总和。但是，假设基督教根本不是这类东西。假设，基督教是内心性，因而也是悖论，为的是客观地排斥，基督教能为生存者存在于生存的内心性之中，它以一种没有任何一个法官能够处置被告的决断的方式，在时间中把生存者置于时间与永恒之间，置于拯救时刻中的天堂与地狱之间。说"客观的信仰"就好像基督教也自我宣称为一个小型体系似的，尽管它可能比不上黑格尔的体系；就好像基督成了教授——这样说责任可不在我，而使徒则形成了一个小型的科学院。<sup>(53)</sup>的确，成为基督徒曾经是困难的，而现在我相信，成为基督徒正在逐年变得愈加困难，因为现在成为基督徒变得太容易了，唯一有点儿竞争性的是成为思辨者。但是思辨者或许与基督教相距最远；或许更好的是有人受到冒犯，但却继续保持与基督教的关系，而思辨者则只是理解基督教。因此，今天的基督徒和早期的基督徒之间有相似性、再次成为基督徒的意愿是愚蠢的仍是有希望的。在早期，基督徒是世界眼中的蠢人；对于异教徒和犹太人来说，想成为基督徒就是愚蠢的。如今，成为基督徒是自然而然的事，如果有谁怀着无限的激情而成为基督徒，那他就是蠢人一个，因为人们怀着无限的激情奋力成为他们自然而然的所是总是愚蠢的，就好像有人愿意拿出全部财产来买一块他自己拥有的宝石一样。<sup>(54)</sup>以前，做一名基督徒是世界眼中的蠢人；如今，所有人都是基督徒，但他仍然是一个蠢人——在那些基督徒的眼中。

假设事情就是这样。我说的只是"假设",别的不再多说。但是,既然我们很可能已经厌倦了那些思辨思想家,他们用体系化的冗长列举审查彼此的出版物,那么,现在至少可以换用其他的方式来探究这个问题了。

"但是,从永恒的、神圣的、尤其是神学中心论的角度出发,不存在什么悖论,因此,真正的思辨也就不会停留在悖论身边,它要超越并且解释悖论。""现在我可以请求一点儿平静吗?我求他别再开始了,因为我的确曾经说过,我不与那些天上或者地下的存在物打交道。""解释的开端与终结都在我的掌握之中,它就是永恒真理所期待的。完全正确,永恒真理在时间中出现,但我著作的首版只是一个不完美的尝试。永恒真理步入世界,因为它要求某种解释,并且通过挑起一场争论期盼着这解释。于是,有位教授出版了体系的大纲,他盘算着,他的著作将被评论、被讨论,那么在或长或短的时间之内,他就可以出版一个全新的修订本了。<sup>(55)</sup>只有这个第二版,当它等待着专家的建议和评判的时候,才是真理;而思辨思想就是关于基督教的临时真理的真实且唯一令人满意的版本。"

让我们通过几个例子来看看,就因为不愿理解"主体性即真理",思辨思想是如何赢得基督教的感激的。基督教一劳永逸地为悖论,而且在每个点上都是悖论;而思辨思想却停留在内在性之中,内在性是记忆从生存之中的抽身,它在每个点上都会产生出变化多端的无常性。借助某种技巧,思辨思想不以决断的方式思考最具决定性的东西(它恰恰是决断用来阻止内在性产生的设计),而是把对决断的表达当成一种说法,这种无常性变成了异教的剩余,如果它直接与基督教决裂,那我们没什么好反对的;但如果它自视为基督教,那要反对的东西就有很多。

上帝以人的形象存在,上帝出生、成长等,这个命题在最严格的意义上就是悖论,绝对的悖论。但是,作为绝对的悖论,它不会与某种相对的差别建立关系。相对的悖论与聪明人之间的相对差别建立关系;而绝对的悖论,正因为它是绝对的,只能与绝对的差别建立关系,以之人有别于上帝;它与人们为谁比谁更聪明一点儿的相对的争吵无关。但是,上帝与人之间的绝对差别恰恰在于,人是单一的生存着的存在者(这一点对于最聪明和最愚钝的人来说并无二致),因此人的本质性任务就不可能是在永恒的视角下进行思考,尽管他本人是永恒的,但只要他活着,他在本质上就是生存者;因此对于他来说,本质性的东西就应该是生存中的内心性。反之,上帝是无限存在者,是永恒的。一旦我使对悖论的理解与人和人之间精神天赋的差别相适应(但这差别永远都不会超出人类,除非有谁天资超凡出众,结果他不再仅仅为人,而且还是上帝),那么正因为如此,我的理解所显示的就是,我所理解的不是绝对的悖论,而是相对的悖论,因为对于绝对的悖论的唯一理解就是——它是不可理解的。"于是,思辨思想根本就不可能把握它。""完全正确,这一点正是悖论所表达的,悖论在生存中的内心性的方向上排斥着。"或许这是因为从客观的角度出发,对于生存着的存在者来说不存在真理,有的只是接近;但是从主体的角度出发,真理就在主体的内心性之中,因为对真理的决断就在主体性之中。

现代神话和寓言流派自然而然地宣称整个基督教为神话。[56]这样的程序至少是一个公开的行为,每个人都能轻易地对之进行评判。思辨的友情则是另外的类型。为安全起见,思辨思想与那种不敬神的神话—寓言流派做斗争,它不断地说"相反地,思辨思想其实是接受悖论的,但它不会停滞不前。""这里并无此需求,因为当人们以信仰的方式持续牢牢抓住悖论的时候,当人们通过生存在信仰的内心性之中不断深化的时候,人们并没有停滞不前。"思辨思想并没有停滞不前,此话怎讲?它的意思是说诸位思辨思想家先生要停止为人,单一的生存着的人,而且他们要一齐变成各式各样的东西?[57]否则的话,人们肯定要停在悖论那里,当悖论恰恰以之为基础且成为这一点的表达的时候:永恒的、本质性的真理是与生存者建立关系的,它召唤生存者在信仰的内心性之中越走越远。

解释某种东西究竟是什么意思呢?解释是不是说,它揭示出,被探问的晦暗的东西不是这个,而是别的东西?在我看来那就是一种奇怪的解释了。我认为,通过解释恰恰应该使这一点变得清楚,即被探问的就是那个确定的东西,因此解释并没有清除被探问之事,而是清除了晦暗。否则,解释就不再是解释,而是校正。解释悖论是在阐明悖论,清除晦暗;校正是在清除悖论,阐明并无悖论存在。只是,后者并不是解释悖论,而只是解释并无悖论存在。但是,如果悖论是在永恒与一个生存的单一个体相遇

*175*

时出场的,那么,解释是否像它清除悖论那样地把生存从生存者身上清除掉了呢?当一个人依靠自己的力量或者他人的帮助到达了或者说被推到了最接近于他看似并不存在的极点的时候,那他会是什么呢?——他走神了。于是,把绝对的悖论解释为悖论只在一定程度上存在,这意味着只存在着相对的悖论,这个解释不为生存者而在,只为走神者而在。于是一切正常。这个解释是说悖论只在一定程度上存在,而且一切正常,换言之,这解释为这样一个一定程度上的生存者而在,因为他不时会忘记这一点,这样的生存者无疑就是一个走神的人。于是,当有人谈起绝对的悖论——那是犹太人眼中的绊脚石,希腊人眼中的愚蠢,理智眼中的荒谬——并且把他的言论转向思辨思想的时候,直接对他说他是傻瓜并非失礼;但是思辨思想却要做出一种包含校正在内的解释,以此间接地让他明白他错了——智力超凡的人对智力有限的人总是这样做。这里的程序完全是苏格拉底式的,非苏格拉底的因素只是当讲话的人比思辨思想的解释更接近真理的时候才会出现,因为差别将会出现:苏格拉底礼貌地、间接地从学生身上清除谬误并且给予其真理;相反地,思辨思想则礼貌地、间接地从学生身上清除真理并且给予其谬误。不过礼貌仍然是它们的共同点。因此当基督教自我宣称为悖论的时候,思辨的解释也就不再是解释,而是校正,一种礼貌的和间接的校正,它适用于智力超凡者和智力有限者之间的关系。

解释悖论就是要把"悖论"的说法变成一个修辞学的说法,变成某种可敬的思辨思想家肯定说过的具有有效性的东西——但是,紧接着,它又没有有效性了?在此情况下,总体上看,悖论根本不存在。荣耀归于教授先生!我这么说并非为了把荣耀从他身上移走,就好像我也能取消悖论似的,绝非如此。但是,如果一名教授已取消了悖论,悖论当然就被取消了;而我也敢于说,它被取消了——除非这种取消只与教授先生相关,而不与悖论相关;那样的话,他就没有取消悖论,而是自己变成了某种不可思议的奇幻膨胀物。[58]在另一种情况下人们认为,解释一件事就是要使其意义变得清晰,就是这个而非其他。解释悖论就是要越来越深刻地理解,悖论是什么,悖论就是悖论。于是,上帝就是一个不能通过其他东西来解释的至上的观念,它只能通过深入这个观念内部的方式来解释。所有至高无上的思想原则只能间接地(否定地)加以证明:假设悖论是一个生存者与永恒的、本质性真理的关系的界限,悖论就不能用其他的东西加以解释，如果解释应当为生存者而在的话。⁽⁵⁹⁾但是在思辨思想的理解之下，绝对悖论本身（因为思辨思想并不害怕使用具有决断意义的术语，它唯一害怕的是由此思考某种决断性的东西）只表达了人们在天资和学识上所有的相对差别。以此方式，世界的面貌逐渐发生着变化。当基督教步入世界之时，那时根本没有教授和大学编外讲师，于是基督教成为所有人的悖论。而现在我们可以假定说，每十人当中就有一名讲师，那么基督教只对十人中的九人来说是悖论。最后，及至满足，那个无与伦比的未来，那时地面上将生活着整整一代男男女女的讲师，到时基督教就会停止成为悖论。⁽⁶⁰⁾——另外，决定解释悖论的人有一个前提，即他知道他想要做，他将集中全力证明，它必定是一个悖论。解释那种不可言说的喜悦，其意何在？⁽⁶¹⁾是去解释喜悦是这样或那样吗？那样的话，"不可言说的"就成了一个修辞学意义上的谓语，一个强烈的词，以及诸如此类的东西。解释性的魔术师在演出开始之前已经准备好了一切，现在，演出开始了。他欺骗观众，称那喜悦为"不可言说的"，然后，一种新的惊讶，真正的令人惊讶的惊讶出现了：他道出了那喜悦。⁽⁶²⁾假设，那不可言说的喜悦根源于一个矛盾：一个生存着的人由无限性和有限性组成，被置于时间之中。于是，永恒的喜悦在他身上就是不可言说的，因为他生存着。这喜悦变成一种至上的、但却无法成形的呼吸，因为生存者就是生存者。那样的话，解释就是不可言说的；它不能成为其他的样子——绝无妄言。反之，如果有位深沉的先生首先谴责一两位否认存在着不可言说的喜悦的人；然后再说：不，我认为存在着一种不可言说的喜悦，但是我要超越它，将之道出。那么，他就是在出丑，他与他所谴责的人之间的唯一区别就在于，对方更诚实、更直率，他说出了深沉的先生同样说过的话，因为二者在本质上说的是相同的东西。——对具有决断性意义的东西的解释是要将之转变成一种修辞学意义上的习语，结果人们不会像头脑简单者那样一概否认决断，而是会接受之，但却是在一定程度上接受决断吗？说一个决断在一定程度上存在，这话是什么意思呢？这个意思就是在拒绝决断。决断恰恰是用来终结喋喋不休的"在一定程度上"的胡说八道的设计。于是，人们接受了决断，但是，请注意，人们是在一定程度上接受了决断。因为思辨思想并不害怕使用具有决断意义的术语，它唯一害怕的是由此思考某种决断性的东西。于是，当基督教意欲成为生存主体的永恒的决断、而思辨思想要把这决断解释为相对性的时候，思辨思想并没有解释基督教，而是在校正它。思辨思想是否正确，这完全是另外一个问题；这里的问题只是，思辨思想对基督教的解释与它所解释的基督教之间的关系是怎样的。

解释某事就是要取消它吗？[63]我的确知道，"扬弃"这个词在德语中具有不同的、确切地说是相反的意思。[64]我们时常被提醒，这个词可以同时表示"毁灭"和"保留"的意思。[65]我并不清楚丹麦语中"取消"这个词是否具有双重含义，但是我知道，我们的德国的—丹麦的哲学家们像使用那个德文词一样地使用它。[66]一个词能够表达出相反的意思，这是否是一个词语的优秀品质，我不知道；但是，一个想准确表达自己的人往往会避免在具有决断意义的地方使用这样的词。[67]有一则简单明了的谚语，人们用它幽默地描述一种不可能性：满口面粉却要吹口哨。[68]思辨思想通过使用一个同时表示相反意思的词或多或少实现了这样的绝技。为了清楚地表示思辨思想对任何决断一无所知，它自己采用了一个模棱两可的词，以表示那种思辨性的理解。人们看得越仔细，混乱也就越清晰。"扬弃"在表示"毁灭"的含义时意指"消灭"，在表示"保留"的含义时指示着"保存完全未经改变的状态，对被保留对象不做丝毫更改"。[69]如果政府要取消一个政治团体，它就是要消灭这个团体；如果某君为我保存了点东西，那么对我而言至关重要的就是他对之不做任何改动。二者都不是哲学上"扬弃"的意思。于是，思辨思想取消了所有的困难，但却留下了理解思辨思想对这个"扬弃"到底做了什么的困难。但是现在，就让这个"扬弃"意味着把某物削减成一个相对的环节，那么，当具有决断意义的东西，当悖论被削减成一个相对环节的时候，这也就意味着根本没有悖论，没有决断，因为悖论和决断正因其本性难移才是其所是。[70]至于思辨思想是否正确，这是另外一个问题；这里要问的只是，思辨思想对基督教的解释与它所解释的基督教之间的关系如何。

思辨思想绝不会说基督教是谬误，相反地，它必定会说，正是思辨思想掌握了基督教的真理。我们不再指望更多的东西了。基督教曾经期望超出真理吗？如果思辨思想掌握了基督教真理，那就万事大吉了。只是，事情并非如此。体系化的思辨思想在与基督教的关系方面只是狡猾地采用了各式各样的外交辞令，它们迷惑住了那些笃信者。思辨思想家所理解的基督教与向单纯者宣讲的基督教截然不同。对于单纯者来说，基督教就是悖

第二章 主体性真理，内心性；真理即主体性

论，但是思辨思想家却知道如何取消悖论。因此，这不是基督教，它现在是、曾经是并且将来仍然是真理，而且思辨思想家的理解不是说"基督教即真理"，而是说他们理解的基督教才是基督教的真理。[71] 于是，这个理解与真理是不同的。这里的情形不是说，只有当理解力理解了所有存在于真理之中的东西的时候，真理才能被理解；而是说，只有当那个潜在的真理以思辨哲学家的方式被理解了的时候，只有当此之时——结果，并非思辨思想为真，而是真理生成了。[72] 因此，真理没有被给出，理解也不是人们所期盼的；但是人们期盼着，思辨思想的理解应该终结，因为只有那时真理才会生成。思辨性的知识因此就与通常的知识有所不同，它对被认识的东西漠不关心，结果这知识不会因被认识而有所改变，这知识保持不变。思辨知识本身就是知识的对象，因此它不再跟从前相同，而是与作为真理的思辨思想同时生成。

　　思辨思想是否正确，这是另外一个问题。这里要问的只是，思辨思想对基督教的解释与它所解释的基督教之间的关系如何。它们之间应该有着怎样的关系呢？思辨思想是客观的，从客观的角度出发，不存在关乎生存者的真理，存在的只是接近，因为通过生存，他已经被阻止成为完全的客观化。相反地，基督教是主体性的，信仰者身上的信仰的内心性就是真理的永恒决断。客观地说，不存在什么真理，因为关于基督教的真理或者多个真理的客观知识恰恰是谬误；能够背诵信条是异教，因为基督教是内心性。

　　让我们考察罪的宽宥的悖论。从苏格拉底的角度出发，罪的宽宥是悖论，就永恒真理与生存者之间的关系而论，在严格的意义上因为生存者是罪人，生存由此规定性再次被强化；因为罪的宽宥希望带着取消过去的反作用力成为时间当中的永恒决断；还因为它与"上帝在时间中存在"这一点联系在一起。[73] 生存个体应该自觉自己是罪人（不是在客观的意义上，那是一派胡言；而是在主体的意义上，这才是最深沉的痛楚）；他穷尽自己全部的理智（假如某君在理智方面比他人略胜一筹，这并不会造成本质的差别；而倘若某君提请他人注意自己卓越的理智，他就暴露了自己内心性的匮乏，或者内心性的迷失）想去理解罪的宽宥，结果理解力将陷入绝望。当理智处于对立面之时，信仰的内心性才得以抓住悖论；而且当信仰的战斗这样进行的时候，就像罗马人曾经经历的那样，为日光刺

*179*

得目不可视,内心性的张力才会出现。⁽⁷⁴⁾①如果有某种其他的理解挤进他身内,他就会看到自己正在失去信仰,就像一个女子,当她与恋人终成眷属之时,通过发现她成为那个男人的选择是容易理解的这一点,我们就能领悟,她不再处于恋爱之中了。但是,思辨者的行事方式是不同的。他走向一群备受尊敬的公众,并且开讲:女士们先生们,这就是我对你们讲话的方式。⁽⁷⁵⁾对于有信仰的会众来说,悖论只能由一个信仰者来宣讲;但是,对于一群备受尊敬的公众来说,真理是能够由一个思辨者宣讲的。因此,罪的宽宥是悖论(通常意义上的兴奋),泛神论倾向是思辨思想要反对的错误;只是思辨思想不会停留在悖论处,它要解释悖论并且取消悖论。这位备受尊敬的思辨者在绝望的时候没有拿出全部的理智,他的绝望是在一定程度上的,一个装模作样的举动;他保留了一部分理智——用于解释。我们可以将之称为从理智中获益。信仰者丝毫没有从他的理智中获益,他把全部理智用于绝望之上,而思辨思想家却知道如何让理智够用,他把一半理智用于绝望(就好像"对半地绝望"不是一派胡言似的),把另一半理智用来领悟,理智根本没有理由绝望。于是,这事自然也就成了完全另外一个东西了。可是,错误在哪儿呢?自然是在第一个举动的欺骗性之上,因而他的错误并不在于他没有停留在信仰那里,而在于他根本就没有抵达信仰。现在我们假设,罪的宽宥的根据在于,可怜的生存者是生存着的,他有一半是被抛弃的,即使当他在与理智相反对的情况下、在信仰的内心性之中获胜之时。假设,只有永恒才能给出永恒的确定性,生存

---

① 人们能够在被日光刺得目不可视的情况下战斗,罗马人在扎马做出了明证;人们在目不可视的情况下能够战斗并且获胜,罗马人在扎马做出了明证。⁽⁷⁶⁾如今,信仰的战斗或许会是一桩蠢事,装模作样的剑术表演,这场战斗比持续30年的战争还要漫长,因为它战斗不仅仅是为了获取,而是为了更加热烈地去保留,这场战斗中的每一天都与扎马战役那天一样热!⁽⁷⁷⁾当理智绝望之际,信仰便会以胜利的姿态步入内心性的激情之中。但是,当信用用尽全部理智直到最后一丝绝望为的是发现悖论的困难之时,的确没有剩余的理智去解释悖论——但是因此才会在内心性的激情中对信仰有充分的坚守。在风和日丽的日子安适地坐在船上,这不是拥有信仰的比喻。反之,当船漏水了,人们满怀热情地用水泵抽水使船继续漂浮,而不是寻找港湾,这才是比喻。⁽⁷⁸⁾即便这比喻最终包含了不可能性,这只是比喻的不完美,而信仰却将坚持。当理智像绝望的乘客那样向陆地伸出双臂,虽然那是徒劳的;这时,信仰却怀着生命力向深处掘进:它反对理智,以喜乐的、胜利的姿态拯救了灵魂。在信仰中生存就是这样一种矛盾:对于生存者而言,妥协是幻象,因为永恒的精神存在本身就是一个矛盾。是否有人曾经这样做过,是否有人正在这样做,这与我何干,如果拥有信仰真是那样的话?尽管目前我离完全理解基督教的困难相去甚远(一个使困难变得容易的解释应该被视为一种诱惑),但是我仍然洞悉,信仰的战斗不是杂耍诗人们的主题,信仰的艰巨性也不是大学编外讲师们的消遣。⁽⁷⁹⁾

必须接受那种战斗性的确定性,这种确定性赢得的不是因战斗减弱或者变得虚幻,而是因战斗变得更加强劲。在这种情况下,正确的解释的确就在于"这是且持续是一个悖论",只有当有人认为根本不存在悖论或者悖论只在一定程度上存在的时候,一切才会沦丧。但是,那群备受尊敬的公众或许会说,如果罪的宽宥是这个样子,人们怎样才能信它呢?回答:如果罪的宽宥不是这个样子,人们如何能够信它?——至于基督教是否正确,这是另外一个问题;这里要问的只是,思辨思想对基督教的解释与它所解释的基督教之间的关系如何。但是,假如基督教或许是不正确的,那么可以确定的就是,思辨思想肯定不正确,因为在基督教之外的唯一后果就是泛神论,它通过回忆从生存之中抽身且返回永恒,以之,所有生存的决断都成为从背后被永恒决定的背景之下的影子戏。思辨思想装模作样的决断如同所有装模作样的决断一样都是一派胡言,因为决断恰恰永远与所有虚构的事物相反对。泛神论者在向后的方向上永远安心踏实;每个瞬间都是在时间中的生存,70年是一个转瞬即逝的东西。相反地,思辨思想者想成为生存者,只是这个生存者不是主体性的,没有激情,他在永恒的视角之下生存,一言以蔽之,他是走神的。但是,人们在走神状态下做出的解释不可绝对信任——我还真是赞同思辨思想,这样一种解释只是在一定程度上的解释。

如果思辨思想者这样来解释悖论,即他取消了悖论,而且他有意识地获知,悖论已经被取消了;那么,悖论就不是永恒的本质性真理与生存者在生存的极端处所建立的本质性关系,而只是与那些智力平平之辈所建立的偶然性的相对关系。于是,在思辨思想家与单纯者之间存在着本质的差别,整个生存以之从根本上被搅乱了:上帝因拥有一群逢迎者,一群由聪明人组成的追随者而受到冒犯;人类也因人与上帝关系的不平等受到伤害。前面展开的那个单纯者与单纯的智者在对简单事物的认识之间的差别的虔诚公式,那差别是言之无物的无聊——智者是知道的,他知道或者知道他不知道单纯者所知道的东西,对此思辨思想根本不重视,它也不重视在智者与单纯者的差别之中所蕴含的平等——他们所知相同。换言之,思辨思想家和单纯者所知绝非相同,单纯者相信悖论,而思辨思想家则知道悖论已被取消。相反地,根据上述尊敬上帝且爱人类的公式,这里的差别就在于,智者还知道应该有一个悖论存在,他本人相信的悖论。结果,他们在本质上所知相同:关于悖论智者不知道其他的,而只知道,关于悖论他就知道这一点。于是，单纯的智者将会沉浸在把悖论作为悖论来加以把握的活动之中，而不会通过理解悖论并不存在的方式来解释悖论。假如，比方说，单纯的智者与单纯者谈论关于罪的宽宥的问题，那么单纯者很可能会说："可是我仍然无法理解那种能够宽宥罪人的神圣的仁慈。我越是强烈地相信它，我就越是无法理解它。"（因此，可能性并不因为信仰的内心性增加而增大，而毋宁相反。）单纯的智慧者很可能会说："我的情况也是这样。你知道，我曾经有机会把多数时间用于研究和反思，只是，所有这一切的总和在我理解之下至多只能是：它是不可理解的。你要明白，你我之间的差别不应该令你沮丧，或者使你伤心地想到自己相对艰难的生活处境和或许相对贫乏的才能，好像我比你有优势似的。当我的优势被视为学习成果的时候，它既让人哭泣，又让人发笑。但是你永远都别轻视这种学习，就像我并不后悔一样。相反地，当我冲它微笑的时候，它使我感到十分愉快，结果我满怀热情地重新获得了思考的力量。"这样的告白是真诚的，它并非偶尔为之，每当他沉浸于思考之中的时候，它都会本质性地在智者身上呈现。一年有那么一次想到，人们应该持续地感谢上帝，这并不是对这些字词的正确理解。同样，偶尔为一个重大事件所感动并且想到，在上帝面前所有人都是平等的，这也不是对平等的真正理解，尤其是如果某人的日常工作和奋斗不止一次地将其推入遗忘之境的话。但是，就在人们在最强烈的差别之中以最集中的方式去理解平等的时候，这才是单纯智者的高贵的虔诚。

关于基督教曾经有很多非常奇怪的、极应受谴责的和令人愤慨的话语说出，但是我所听过的最愚蠢的就是，它在一定程度上为真。关于热情曾经有很多非常奇怪的、极应受谴责的和令人愤慨的话语说出，但是我所听过的最愚蠢的就是，它在一定程度上存在。关于爱情曾经有很多非常奇怪的、极应受谴责的和令人愤慨的话语说出，但是我所听过的最愚蠢的就是，它在一定程度上存在。如果某君作践自己，以这样的方式谈论热情和爱情的话，他暴露出了自己的愚蠢。这愚蠢无关理智，因为它存在的根据恰恰在于，理智过于强大，其意义同说肝病的病因在于肝脏变得过大相同。因此，曾有一位作家这样评说道："当盐失其本性的时候，它会变得淡而无味。"[80] 于是，仍然有一个现象存在，那就是基督教。如果热情的想象不能帮助他与理智断绝关系，如果爱情不能把他从枷锁之中拽出来，那么就让他看着基督教吧。让他受到冒犯，即便如此，他仍是一个人。让他对本人曾是基督徒这一点感到绝望,即便如此,他或许比他认为的更靠近基督教。让他耗尽最后一滴血努力去铲除基督教,即便如此,他仍是一个人。但是,如果他在这里还准备说基督教在一定程度上为真的话,那他就是愚蠢的。或许有人认为我在说出这话的时候会发抖,我应该做好准备接受来自思辨思想家的可怕的严惩和责打。绝非如此,思辨思想家在这里仍然会保持连贯性并且说:"这人所说的在一定程度上为真,只是我们不应该停滞于此。"假如像我这样的无足轻重的人成功地做到了基督教都未能做到的事情,即把思辨思想家带入激情之中,那么这真是很奇怪的。果若如此,我的片断的哲学会突然间获得某种我做梦都想不到的意义。[81]但是,那个不热不冷的人,是个讨厌鬼。[82]就像一枚在决定性时刻没有射出子弹而只是"咔嗒"作响的火枪未能服务于火枪手一样,那些哑弹同样也没有为上帝尽职尽责。[83]如果彼拉多没有客观地探问"真理是什么",那么他永远也不会送基督上十字架。如果他从主体的角度发问,那么事关他面临的真正应该做什么的决断的内心性的激情就会阻止他行不义;在那种情况下,不仅他的夫人会受到恐怖梦境的困扰,就连彼拉多本人也会失眠。[84]但是,如果有人眼前有的是如客观真理那样无限伟大的东西的话,那么他很容易就能把自己渺小的主体性以及作为主体必须做的事情删除。于是,"洗手"就成了客观真理的接近过程的象征性表达,因为客观地说,不存在什么决断,而主体性的决断表明,通过人尚未把握决断正在于主体性之中这一点,人仍然处于谬误之中。[85]

反之,如果主体性即真理,而且这个主体性是生存者的主体性,那么,恕我斗胆一言,基督教就是在利用一种有利的关系。主体性在激情之中达到顶点,基督教就是悖论;而悖论与激情完美地相互适应,悖论与处于生存极端处的人完美地相互适应。的确,我们在这世间找不到像悖论和激情那样完美适应的两个恋人,它们之间的争吵只是恋人间的争论,它不外乎争论谁唤醒了谁的激情;同样地,生存者在此经悖论本身被置于生存的极端处。对于恋人而言,除了他们的关系变得愈加内在而真挚之外,还有什么比他们长相厮守但他们的关系却没有丝毫改变更为荣耀的呢?这一点的确给予了那种对激情和悖论的最不具备思辨性的理解,因为所有的时间都被给出,直到永恒才会有所改变。可是,思辨思想家的行事方式有所不同,他的信只在一定程度上——他双手扶犁,环顾四周,看是否可以去了解的东西。[86]从基督教的立场出发,他找着要认识的东西几乎不是什么好的。尽管事情并非如此，即一个寻求理解悖论的单纯的智者将会努力揭示出，事情不可能是其他的样子；尽管悖论中残存着神的任性，我敢说，上帝仍然能够允许加重其人格的分量，因此那人不会因宗教萧条的缘故（这个说法比说粮食市场萧条更恰当）被迫降低神人关系的代价。即便上帝愿意，激情洋溢者永远都不会希望这样。一个真正处于恋爱之中的女子肯定从未想过，她花了过高的价格才买到自己的幸福，毋宁说，她还没有付出足够高的代价。[87] 无限性的激情本身就是真理，同样地，对至上者来说高价是物有所值，低价则暗示着糟糕的经营之道；但在与上帝的关系方面，重价并无任何优势，因为重价恰恰意味着，愿意做一切而且知道这是虚无（因为如果那是某种东西的话，这价格就低了），但却仍然愿意为之。

既然我并非完全不熟悉就基督教所说所写的东西，我或许能说上一两点。不过我不想在这里这样做，我只想重复，我意识到了我可以说的关于基督教的一点——基督教在一定程度上为真。基督教是真理的确是可能的；而这一点也是可能的，即审判总会来临，届时分别取决于内心性与基督教的关系。[88] 假设有人站出来了，他不得不说："无可否认我并不相信，但我对基督教十分尊敬，结果我把生命中的每个时辰都用于思考它。"假设有人走上前，他被指控说曾经迫害基督徒，这被告回答说："是的，我承认，基督教煽起了我灵魂的火焰，正因为我把握了它可怕的力量，所以我才一心想将之从这世上铲除。"假设有人站出来，他被指控说自愿放弃了基督教，这被告回答说："是的，的确如此，因为我看透了，基督教是这样一种力量，如果我给它一根手指头，它就会把我整个拽过去，因此我不能完全属于它。"但是，假设最终有位活跃的大学编外讲师迈着快速、忙碌的步伐走上前来说道："我跟那些人都不一样，我不仅相信，我还对基督教做出了解释，我揭示出，基督教作为由使徒宣讲的、完成于最初几个世纪的东西，它只在一定程度上为真。在另一方面我要揭示，基督教如何通过思辨思想的理解而成为真正的真理，因此之故，我将为我对基督教的服务要求一种适宜的回报。"[89] 这四种立场中哪一个最可怕？"基督教是真理"的确是可能的，现在我们假设，基督教不知感恩的后代意欲宣称基督教无力自理，而欲将之置于思辨思想的监护之下。假设基督教就像那个希腊诗人一样，他的孩子坚持说自己年迈的父亲已经丧失能力，但那位父亲却写出了最美的一部悲剧令法官和公众震惊，他表明自己仍然是有能力的。⁽⁹⁰⁾假设基督教也以同样的方式重新焕发了青春，那么，没有任何一种立场会像大学编外讲师的令人尴尬。我不否认，高高地立于基督教之上是自命不凡。我不否认，身为基督徒但又免予殉道是舒适惬意的，尽管外在的对基督徒的迫害已经不复实施，尽管一名基督教徒已不再被人注意，仿佛他根本不存在似的，但殉道总是持续存在的，它是在与理智相反对的情况下的信仰，是冒着生命危险在 7 万寻深水之下并且在那里找到上帝。看，涉水者用脚试水，唯恐触不到水底。同样地，有理智者带着理智在概率中试探，他在概率高的地方寻找着上帝，在概率的重大喜庆日子里感谢上帝，当他获得了一份相当不错的差事的时候，而且还有快速升迁的可能。他感谢上帝，当他娶到一位美丽迷人的女子为妻的时候，诚如军事顾问马尔库斯所说，这将是一桩幸福的婚姻，这女孩的美属于那种非常可能持久的类型，而她的身材又非常可能使她生育出漂亮而又强壮的孩子。⁽⁹¹⁾在与理智相反对的情况下信仰是另外一回事，带着理智信仰是绝无可能的，因为带着理智信仰的人只是在谈论生计、妻子、田地、牛群以及诸如此类的东西，这些东西根本不是信仰的对象，因为信仰总是在感谢上帝，总是处于生命危险之中，正是在那种无限性和有限性的碰撞之中，存在着对于由二者构成的人来说的生命危险。⁽⁹²⁾因此，信仰者最不关心概率，他最害怕的就是概率，因为他很清楚，对概率的关心正是信仰开始丧失之时。换言之，信仰拥有双重任务：留心着并且随时发现不可能性，发现悖论，以便以内心性的激情牢牢地抓住它。人们通常是这样来看待不可能性，这样看待悖论的：信仰只是被动地与之建立关系，信仰不得不暂时忍受这种关系，然后，事情会逐渐好转起来的，这甚至是可能的。这是多么绝妙的关于信仰的混淆视听的言论啊！人们开始在信任的基础上相信，存在着一切都会变得更好的概率。以此方式，人们把概率偷运进来并且妨碍自己去信仰；以此方式，人们很容易懂得，在长时间内拥有信仰的结果就是人们停止相信，而不是人们本应认为的以更内在的方式去相信。不然，信仰生机勃勃地与不可能性和悖论建立关系，它生机勃勃地去发现并且时刻坚持不可能性和悖论——只是为了能够相信。为了停留在不可能性之上，就需要无限性的全部激情及其集中，因为不可能性和悖论不会通过理智对于越来越困难的事物的量化过程而企及。理智绝望之处，信仰已经出现，为的是使绝望成为决断性的，以免使信仰的运动成为理智讨价还价范围内的一桩买卖。但是，在与理智相反对的情况下信仰是一种殉道，开始带有一丁点儿理智是一种诱惑和倒退。思辨思想家是免予这种殉道的。他必须从事研究,尤其要苦读很多现代书籍,我很乐意承认这是艰巨繁重的,但是,信仰的殉道的确是另外一回事。

说"基督教在一定程度上为真",这比我要死去和失去心爱之物更令人胆寒。即使我现在年满七十,即使我年复一年地缩短夜晚的睡眠、增加白天的工作时间以思考基督教,这点儿学识是多么微不足道,假如我要证明自己有资格自命不凡地去评判基督教的话!在与基督教进行了短暂接触后,我对基督教产生了怨恨之情并因此宣称其为谬误,这一点其实更易被宽恕,更人性化。但是,我认为傲慢是真正的沉沦,它使所有拯救的情况成为不可能——而基督教是真理的确是可能的。

这一点看上去几乎是严肃的。如果我敢于大声宣布,我来到这个世界之上并且受到神的感召反对思辨思想,这是我的审判使命,而我的预言使命则是宣称一个无与伦比的未来的降临。[93]因此,鉴于我的声势和受神感召的事实,人们可以安全地信赖我所说的一切。于是,可能会有很多人没有把这一切视为一个愚蠢之徒头脑中残存的奇幻想象,而是将之视为严肃。但我是不会这样说我自己的。我以之为开端的那个决定更应该被视为心血来潮,而且无论在何种情况下,它都不可能是神的感召;相反地,我实际听从的那个召唤——如果人们愿意这么说的话——并没有降临在我的头上,而是降临到了另一个人头上,不过即使对那人来说,在更严格的意义上它远不能被称为神召。即使神召降临到他头上,当我听从它时,我也并没有受到召唤。事情相当地简单。那是四年前,一个星期日。的确,人们或许不相信我,因为又是一个星期日,但是我十分确定就是星期日,差不多是在此前提到的那个星期日的两个月之后。[94]天色已晚,将近晚上了。夜晚与白昼的告别以及与在白昼中生活的人们的告别是谜样的话语,它的告诫像是关切的母亲告诫孩子要准时回家;而它的邀约,尽管告别在被误解时是毫无罪责的,那邀约是一种不可解说的诱惑,仿佛只有在夜晚的约会中才能找到休息——不是和某个女子约会,而是女性般地与无限约会,被夜风所劝服,当风单调地重复自身的时候,当风在森林和田野中穿梭,叹息着,就好像在寻找什么;被宁静在其身内遥远的回声所劝服,仿佛感觉到了什么;被天空升华了的宁静所劝服,好像这宁静已被找到;被露水可闻的悄无声息所劝服,仿佛这就是对无限的解说和振奋,正像寂静夜晚的果实,如夜雾的半透明状态那样只能被部分地理解。与往常不同,

## 第二章 主体性真理，内心性；真理即主体性

这次我走进了那个被称为"死者的花园"的地方。[95]在那里，访问者的告别再次显示出了双重的困难，因为说"再一次"是无意义的，因为最后一次已经过去，而当事情始于最后一次已经过去之后，人们没有理由停止告别。绝大多数人已经回家了，只有一个人隐没在树丛之中。他不愿碰到人，他回避着我，因为他寻找的是死者，而非生者。这个园子的访者之间一直和睦相处，人们去那里不是为了看别人和被别人看，相反地，访者彼此避让。人们也不需要陪伴，至少不需要一个健谈的朋友。这里，万物皆能言语，死者向他人呼出简短的字句，它们被铭刻在墓碑上，不像能够就上帝之言广泛地、宽泛地布道的牧师，而像一个寡言少语之人，他仅仅道出这些字句，但却怀着激情道出，好像死者要从坟墓中冲出来似的。[96]或者说，把"再见"刻在墓碑上，但却仍然留在坟墓里，这难道不奇怪吗？[97]因为矛盾而在言语之间表现出的是何种的激情啊。那个明天来拜谒的人说"再见"，这并不令人震惊。一个跟一切相反对的人，丝毫没有将其内心性直接表现出来，一点儿也没有，但却仍然信守诺言，这才是真正的内心性。内心性的不真实是与直接可用的外在表现、表情和姿态、诺言和保证呈正比的，不是因为表现本身不真实，而是因为谬误就在于，内心性只是一个因素而已。死者完全平静了，而时间仍在流逝。人们把一位著名武士的剑放在了他的坟墓上，有人无耻地破坏了墓地围栏，可是死者没有起身，拿起他的剑保卫自己和自己的长眠之地。[98]他没有做出任何手势，没有做出任何保证，没有在内心性的瞬间怒火中烧，而只是像坟墓一样沉寂、像死者一样安静地保持着自己的内心性，信守自己的诺言。像死者那样将其外在表现与内心性联系起来的生者应该受到赞扬，他恰恰由此保持了内心性，不是作为瞬间的激动和女性似的迷恋，而是作为由死亡赢得的永恒。这样的生者只能是一个男人，因为女人会掠过瞬间的内心性，这一点并非不可爱，并且她很快又会将之遗忘，这一点也并非不可爱；二者彼此呼应，它们都与女性特质相呼应，并且与人们通常所理解的内心性相呼应。

我走累了，我坐在一张长椅上，一个惊奇的见证者，看着那个骄傲的统治者如何在数千年的岁月里成为白昼的主人，并且将持续如此直到末日；我看着太阳如何在下山时令万物容光焕发。我的目光越过墓园的围墙，望着那个永恒的象征——无限的地平线。睡眠是肉体的休憩，而这样的休憩是针对灵魂的，灵魂因之而能正常呼吸。就在那一瞬，我惊讶地发

现,那些把我与他人的目光隔开的树丛同样也把他人与我隔开了,因为我听到了一个声音,它就在我旁边。见证他人的情感宣泄从来就是对我的端庄体面的伤害,人们只有在自认未被注视的情况下才会屈从于情感,因为存在着一种情感的内心性,它体面地隐藏起来,只向上帝敞开,犹如一位女子的美丽对所有人隐藏而只向恋人敞开一样。于是我决定走开。但是,我听到的最初的字句强烈地俘获了我的心,我害怕因离去产生的声音比静静地坐在那里干扰更大,于是我选择了后者,见证了一个情境,不管它有多么庄严,它并没有因我的在场而受到侵害。透过枝叶我看到,那里有两个人,一位白发苍苍的老人和一个大概十岁左右的男孩。他们身着孝服,坐在一座新坟旁,由此结论很容易得出,他们关注的是新近逝去的亲人。老人可敬的面容在黄昏的光芒下变得更加庄严,而他的声音,平静但却饱含深情,清晰明确地用言语将说话人的内心性表达了出来。他的声音不时停下来,当他的声音因哭泣而哽咽,或者他的心情变为一声叹息的时候。心情好比非洲的尼罗河,无人知其源头,无人知其出口,人们知晓的只有它的流域!<sup>(99)</sup>从对话中我得知,小男孩是老人的孙子,他们拜谒的正是男孩父亲的坟墓。很可能家中其他的人都已故去,因为他们没有提起任何别的名字。我后来又一次访问墓园得到了确证,我看到了墓碑上的名字和死者的名字。老人告诉男孩,他现在没有父亲了,没有人可以依靠,除了一位老人之外,而这老人对他来说太老了,他本人也希望离开这个世界。但是,天上有一位上帝,所有天上的和地上的父亲都出自于他;有一个名字,只有在那里才会得救,那就是耶稣基督的名字。<sup>(100)</sup>他停顿了片刻,然后降低声调自言自语道:"这种安慰对于我来说是可怕的,他,我那被埋在坟墓里的儿子,他放弃了这一切!我所有的希望何用之有,我所有的关爱何用之有,他全部的智慧何用之有,当他已在自己错误的途中死去,这会令一个信仰者的灵魂对其拯救不再确定,会让我白发苍苍、悲悲惨惨地步入坟墓,会令信仰者在忧虑恐惧之中离开人世,会让一个老人像怀疑者追求确信那样地加速前行,但却又沮丧地驻足环顾,寻找活下来的人。"<sup>(101)</sup>接着,他又重新对男孩说,有一种意欲与信仰擦肩而过的智慧,就在信仰的那一边,有一块像蓝山那样宽广的地方,貌似一块陆地,在死者的眼中它看起来比信仰的确定性更高。<sup>(102)</sup>但是,信仰者害怕这种幻景,就像船长害怕海市蜃楼一样,害怕这是永恒的表象,死者无法在那里生存,而当他死盯着那里看的时候,他会丧失信仰。他再次沉默,降低声调自言自语道:"我那不幸的儿子,他就是会上当的!他所有的学识何用之有,他甚至不能让我理解他,我甚至不能跟他谈论他的错误,因为那对我来说过于深奥了!"接着,他站起身,领着男孩走到墓前,用一种我永远都无法忘怀的声音说道:"可怜的孩子,你还只是个孩子呢,但你很快就会独自一人立于世间。我要你以对你亡父的回忆向我保证——假如他现在能跟你讲话,他会这样说并且是用我的声音这样对你说;我要你以我的年迈和满头白发保证;我要你以这神圣之地的庄严保证,以上帝的名义保证,他的名字我想你已经学会呼出了,以耶稣基督的名字保证,只有在那里才会得救。你要向我保证,你将一直坚持这种信仰,无论生死,你不可被什么幻景所欺骗,不管世界的外观如何发生改变。你向我保证这一点吗?"男孩被这种阵势所征服,他跪倒在地,可老人却站起身来,把男孩紧紧拥入怀中。

我不得不承认,这是我见证过的最令人震惊的一幕。或许有那么一瞬间,有一两个人会把一位老人以这种方式跟一个孩子谈话视为是小说情节,这正是使我感到极为震惊之处。不幸的老人,他与一个孩子孤独地活在世间,除了孩子之外无人能跟他谈论他的忧心;只有一个人需要拯救——那个孩子,但却无法假设他成熟到能够理解的地步,同时也不敢奢望成熟期的到来,因为他本人已经上了年纪。身为这样的老人是美好的:对老人妙不可言的就是看着家族成员在自己身边长大成人,这是令人愉悦的加法算术题,因为每一次数目都在增加。但是,假如他的命运让他重新计算,假如计算变成了减法,因为每一次死亡都在拿走、拿走,直到债务抵消,老人被留下来签收据——身为这样的老人是何等沉重!需求能够将人推向极端,同样地,我认为老人的痛苦在诗学所认为的不可能性当中找到了最为强烈的表达:一位老人唯一的知己是一个孩子,而且这孩子不得不背负一个神圣的承诺,一个誓言。

尽管只是一个旁观者和见证人,我还是被深深地打动了。就在那一瞬间,我仿佛觉得自己就是那个年轻人,他的父亲刚刚在恐惧之中将其埋藏;而在另一瞬间,我仿佛又觉得自己就是那个与神圣的诺言绑在一起的孩子。同时,我丝毫没有要冲出去激动地向老人表达我的同情的冲动,用眼泪和颤抖的声音使他确信,我永远都不会忘记这一幕。我更不会庄严地要求他也把我纳入誓言之中,因为只有那些轻率的人,那些无用的云朵和积雨飞云,对于他们来说没有什么比发誓更快的了;换言之,因为他们根本不可能遵守誓言，所以他们必须不停地发誓。我认为，说"永远不会忘记这印象"与曾经在某个庄严时刻所说的"我永远不会将之遗忘"是不同的：前者是内心性，后者或许只是暂时的内心性。即使一个人永不遗忘，说这话时的庄严看起来也并没有那么重要，因为那种阻止人们遗忘的日复一日的持久的庄严才是更真实的庄严。女性的方式从来都是危险的。温柔的执手，热情的拥抱，眼中的泪花，这些与决断时的安静的献身完全不同。精神的内心性从来都像是身体的陌生人和异邦人，动作手势何用之有呢？莎士比亚笔下的勃鲁脱斯在他的同谋意欲用誓言将自身与他们的事业绑在一起的时候说得十分在理，他说："不，不要发誓……让牧师、懦夫和流氓们，让无骨髓的老者和被压垮的人们去起誓吧……不要削弱我们的目标的安静的力量，我们内心不可抑制的怒火，你们认为我们的事业、我们的行动需要一个誓言。"[103]内心性瞬间的宣泄常常留下危险的软弱。而且，一个简单的观察也会以另一种方式教会我小心谨慎地对待誓言和诺言，结果真正的内心性甚至需要通过对立面加以表达。急性子和易怒者更倾向于要求做出神圣的承诺，因为内心的软弱需要瞬间的强烈刺激。向这样的人做出神圣的承诺是十分可疑的，因此人们最好阻止那庄严一幕的出现，同时保留心声来约束自己，也就是说，如果对诺言的要求在根本上是正当合理的。[104]由此，一个人将使他人得益，他阻止了对神圣的亵渎，阻止了自身为一段誓言所约束——这一切将以他对誓言的破坏而告终。举例来说，假如勃鲁脱斯观察到，他的同谋们鲜有例外地都是些暴躁易怒之人，因此他们急于起誓，急于做出神圣的承诺同时也急于要求神圣的承诺。勃鲁脱斯把这些人推到一边，并且因同样的理由阻止许下诺言；同时，他默默地将自身奉献给他认定的正义事业，认为他的同谋对他的依从也存在着某种正义。那样的话我认为，他的内心性会更加伟大。如今的他显得有点儿空洞，尽管他所说的话中存在着真理，但同时也存在着谬误，即：他本是冲着自己的同谋说话，但却没有真正清楚地表明他在跟谁说话。

然后，我也回家了。我在根本上立刻读懂了这位老人，因为我的钻研已经在很多方面把我引向了对现代基督教的思辨思想与基督教之间的可疑关系的关注，只是我未能以决定性的方式专注于此。现在，事情有了它的意义。在我看来，这位怀有信仰的德高望重的老人就是一个绝对正当合理的个体，生存对他是不公正的；而现代思辨思想就像是丹麦的币制改革，它使信仰的所有权可疑起来。<sup>(105)</sup>这位德高望重的老人的丧子之痛不仅是因为儿子的死亡，根据他的理解，更可怕的是因为思辨思想，这一点对我触动很大。他处境中的矛盾，即他甚至搞不清敌对力量是如何行事的，对我却成为了决定性的要求——寻找一条确定的线索。这桩事情对我来说就像一宗复杂的刑事案件，很多盘根错节的关系使得查明真相十分困难。这对我来说意味深长。于是我这样想：如今你已经厌倦了生活中的娱乐，厌倦了姑娘们，你只是随意地爱她们。你需要某种能够完全占用你时间的东西；那就是：搞清思辨思想与基督教之间的误解何在。这就是我的决定。我还从未跟任何人提及此事，而且我能肯定，房东太太尚未察觉到我身上的任何变化，那天晚上没有，之后的日子也没有。

"但是"，我自言自语道，"既然你不是天才，而且没有肩负造福人类的任何使命；既然你没有对任何人许诺任何东西；那么，你完全可以怀着爱意从事此事，并且完全让方法凸显出来，就好像诗人和辩证法家观察着你的每一步一样，你现在对自己的心血来潮有了进一步的体会——你应该令事情变得困难。"[106] 我的研究在一定意义上已然引领我达到了自己的目标，它现在变得愈加井井有条了。但是，每当我试图把我的考量转变成一种学问的时候，老者令人敬畏的形象总会在我的思绪前盘旋。不过，我首先要通过我的反思最终找到一条通往误解的线索。我无须在此历数我犯下的众多错误，但是对我来说，一切最终变得清晰起来了：思辨思想的偏差以及以此为基础的把信仰削减为一个环节的似是而非的权利，这些都不可能是偶然的，它必定根植于时代的方向之中——很可能在于，人们因众多的知识而完全忘记了**生存和内心性**的意义。<sup>(107)</sup>

当我领会到这一层的时候，我同时也明白了一点：假如我想就此方面进行沟通的话，关键必定在于，我的展示应以间接的形式出现。这也就是说，假如内心性即真理，那么结论就只是人们无须劳神应付的废话。传达结论的愿望是一种非自然的人际关系，因为每个人都是精神，而且真理就是占有的自我行动，结论会妨碍这个行动。就让教师与本质性真理的关系（否则，师生之间的直接性关系就是无可厚非的）如人们所说的有很强的内心性，并且这教师乐于日复一日地宣讲他的理论。假设这位教师认为，他与学生之间存在着一种直接的关系，那么，他的内心性就不是内心性，而是直接性的宣泄，这是因为尊重学生在自身之内即有内心性，这才是教师的内心性。假设有位学生激情澎湃，他用最强烈的言辞赞美了教师。结果，诚如人们所说，他把自己的内心性暴露于光天化日之下，因此他的内心性也就不再是内心性，而是直接性的屈从，因为根据那种虔诚且沉默的协议，学生将自己去占有被教导的东西，他会与教师拉开距离，因为他转向了自身之内——这才是内心性。悲情当然是内心性，但它却是直接性的内心性，因为它被表达了出来。但是，以对立形式出现的悲情就是内心性，甚至当它被表达出来的时候，它仍然在传达者心里；如果不通过另一个人的自我行动，它就不能被直接地占有，因此对立形式就成了内心性的动力测量仪。对立形式越完美，则内心性越强；对立形式出现得越少，沟通达到了直接的程度，则内心性越弱。对于一个极乐于造福全人类、乐于将人类引向真理的激情洋溢的天才来说，学会以这种方式约束自己并且把握"在真理中生存"是相当困难的，因为真理不是那种收集签名的传阅书信，而是内心性的内在价值，对此游手好闲和轻浮之辈理解起来更自然。[108]真理、本质性的真理一旦被认为是所有人都能认识的，占有和内心性就要开始运作了，并且在此只能以间接的形式运作。使徒的情况是另外一回事，因为他宣讲的是不为人所知的真理，因此直接的沟通总是暂时有效的。

奇怪的是，人们叫喊着肯定性和对结论的直接表达，但却从未想过抱怨上帝，上帝是永恒的精神，所有的衍生物由之而出，上帝好像能够在传达真理时与衍生者建立一种直接的关系，这种关系完全不同于共同源自上帝的衍生者之间的关系，从本质上看，这些衍生者是平等的。没有一个匿名作家能够比上帝更狡黠地将自身隐藏起来，没有一个助产士能够比上帝更小心地从直接的关系之中抽身。他就在天地万物之中，遍在于天地万物之中，但他并不直接地存在，只有当单一的个体首先转向自身之内的时候（结果就是首先在自我行动的内心性之中），个体才警觉起来，并且才能看到上帝。[109]与上帝的直接关系是异教思想，只有当断裂发生之际，真正的人神关系才会出现。但是，这个断裂就是内心性在"真理即内心性"的定义下的首次行动。大自然当然是上帝的作品，但是只有作品直接在场，上帝则不然。就单一个体而言，他难道不是像迷惑人的作家那样行事吗？作家并没有在什么地方用大写字母把结论标记出来，或者在序言中预先公布出来。上帝何以是迷惑人的？就因为他是真理，他之所以迷惑人就是要阻止人们陷入谬误。观察家不是直接地滑向结论，而是必须亲自操心去寻找结论，并且以之打破那种直接的关系。但是，这个断裂正是内心性的突破,是自我行动,是"真理即内心性"的首个定义。事情难道不是这样的吗?上帝是不可见的,他深藏于自己的作品之中、但又在场,结果人们很可能就这样活下去,成家立业,像一个丈夫、父亲和鸟王那样受人尊敬和重视,没有在上帝的作品之中发现上帝,从未对伦理的无限性形成什么印象,因为他勉强找到了一个与思辨思想对伦理与世界史的混淆的类比——他依靠他所在城市的风俗习惯生活。[110] 就像一位母亲教导自己要参加聚会的孩子那样:"你现在要好好注意礼貌了,要像你所看到的其他的乖孩子那样行事。"于是他也像他所见到的其他人那样活着,那样行事。他从不率先做任何事,从不率先发表任何见解,除非他首先知道其他人的见解,而这个"其他人"就是他的率先。在特殊的场合,他会像在宴会上面对一道不知如何吃的菜一样,四处侦察,直到看到其他人是如何吃的,凡此等等。这样的人或许会很渊博,他或许能把整个体系背下来。他或许生活在一个基督教国家,每当上帝的名字被提及的时候,他知道低头。或许他也能在大自然中看到上帝,当他与其他看到上帝的人在一起的时候。简言之,他可以成为一个令人愉悦的聚会伙伴,只是,他被与真理、与伦理和与上帝的直接性的关系欺骗了。假如我们要虚构一个这样的人的话,此人就是对生而为人的一种讽刺。事实上正是人神关系才使一个人真正成为人,但是他却缺乏了这一点。不过,并没有人迟疑地视他为真正的人(因为内心性的匮乏不是直接可见的),尽管他更像木偶,逼真地模仿人的一切外在表现——甚至与他的妻子一起生孩子。在生命的终点,这人会说,他忽略了一件事,他没有察觉到上帝。果若上帝允许一种直接关系的存在,那他定会有所察觉。举例来说,如果上帝以一种罕见的绿色巨鸟的形象出现,长着红色的喙,立于城墙的树上,或许还会以一种前所未有的方式啼叫,这时,我们的聚会伙伴会睁大双眼;他得以在有生之年首次充当了"第一个"。所有的异教思想都在于:上帝直接与人建立关系,就像引人注目的事物与惊讶者一样。但是,与上帝的真正的精神关系,即内心性,恰恰只能以向内心性沉潜这一突破口为条件,而这个突破口与神的微妙性彼此呼应——上帝没有、丝毫没有任何引人注目之处,在某种程度上,上帝远非引人注目,结果他是不可见的,因此人们根本不会生出"他在那里"的念头,尽管他的不可见性正是他的无所不在。[111] 一个无所不在的人就是一个人们能够在所有地方都看到的人,比方说警察。这是多么令人迷惑,一个无所不在者恰恰通过其不可见性而被识别①，完全地、纯粹地以这一点被识别，因为正是上帝的可见性取消了他的无所不在。这种无所不在与不可见性的关系就像神秘与启示的关系：神秘是对"启示就是严格意义上的启示"的表达，神秘恰恰是人们唯一能够识别的东西，否则，启示就会成为像警察的无所不在那样的东西。——如果上帝愿意以人类的形象显现自身并且提供一种直接的关系，比方说，他变成一个身高 12 英尺的男子；那么，我们虚构的聚会伙伴和鸟王就会充分察觉。但是，因为上帝不愿骗人，真正的精神关系就要求在外表上没有丝毫引人注目之处。于是那位老兄会说：没有丝毫可看的东西。如果上帝没有丝毫引人注目之处，那位老兄或许就会由此上当，结果他毫无察觉。但是上帝在这一点上并无过错，而且欺骗的现实性从来都是真理的可能性。反之，如果上帝很引人注目，则就人们所察觉的为谬误这一点而言，上帝就是在骗人，这种察觉也就是真理的不可能。——在异教当中，直接的关系是偶像崇拜；在基督教中，所有人当然都知道，上帝不能以这种方式显现自身。但是，这种知识绝非内心性。在基督教国家当中很可能会有一位背功极佳的渊博之士，他完全认为"世上没有神"，在异教中情况并非如此，因为那里仍然存在着偶像崇拜的错误形式。(112) 偶像崇拜当然是一种可悲的替代品，但是"上帝"词条的完全消失却是更严重的错误。

因此，就连上帝都没有与衍生物建立起直接的关系（这正是创造的奇妙之处：它不是产生出某种对于造物主而言的无，而是产生出了某种东西，某种在真正的敬神行为中能够为己所用以便使自己在上帝面前变得一无所是的东西），那么，一个人更不能真正地与另外一个人建立直接的关系。自然作为创造的整体是上帝的作品，但是上帝却并不在那儿；在个体之内存在着一种可能性（根据他的可能性，他就是精神），即在内心性之中，他被唤醒而趋向一种人神关系，然后他就能随时随地看到上帝。与内

---

① 为了指出修辞可能迷惑人的程度，我想在此揭示，人们何以会用修辞手法对一名听众产生影响，尽管其所言之事只是辩证的倒退。假设一位异教宗教演说家说，地上的神庙确实是空的，但是（修辞手法由此展开），在天上，一切都更加完美；那里，陆地就是空气，空气就是以太；那里还有众神的庙宇和神坛；所不同之处在于，众神就居住在那些庙宇里。说神居住在庙宇里，这就是辩证的倒退，因为他不住在庙宇里才是对与不可见者的精神关系的表达。但是，修辞手法产生了它的效果。顺便说一句，我脑海里已经浮现出了一位希腊作家所说的话，只是我不想引用他。(113)

心性的精神关系相比，一个南方民族伟大的、令人震惊的向着天堂的呼喊的可感的突出之处就是向偶像崇拜的倒退。这不就像有作家写了166卷对开本著作，读者一直在读啊读；就像人们一直观察自然，但却没有发现，那部巨著的意义就在读者自身之上吗？因为对那些多卷本著作和每页500行文字的震惊，就像是对自然的伟大和动物种类的不可胜数的震惊一样，它们都不是理解。

就与本质性真理的关系而言，精神之间的直接关系是不可思议的。假设这种关系存在，实际上这就意味着，其中一方已经停止为精神了，很多天才从未想过这一点，他们既帮助人们一起步入真理，同时又和蔼地认为，欢呼、听讲的意愿、签名等东西都表示对真理的接受。与真理同等重要，甚至二者之间更为重要的是接受真理的方式。某君使一百万人接受了真理，但如果这些人正因为接受方式之故而被置于谬误之中的话，这样做的用处不大。因此，所有的和蔼可亲，所有的劝说，所有的讨价还价，所有凭借人格的直接的吸引，考虑到他为事业所承受的痛苦，他为众人的哭泣，他充沛的激情，等等，所有诸如此类的东西都是误解；就与真理的关系而言，它们是谎言，人们由此依个人能力帮助一批人获得了真理的表象。

苏格拉底是一名伦理教师，只是他意识到了，在师生之间不存在直接的关系，因为内心性即真理，其内心性恰恰使二者分道扬镳。很可能就因为他洞彻了这一点，所以他才对自己有利的外表感到满意。[114] 这是什么？猜一猜吧！在我们这个时代，我们的确会说有牧师长着有利的外表，我们对此感到高兴并且认为他是位美男子，牧师的法衣穿在他身上很合身，他有着圆润低沉的嗓子和一副好身材，所有的裁缝——我说什么呢——所有的听众都会对此感到愉悦。唉，的确，当某君被自然如此地武装、被裁缝如此打扮的时候，那他很容易成为一名宗教教师，而且会成功；因为宗教教师的条件相差之大远远超出人们的想象，我们听到有人抱怨，说有些教士职位报酬丰厚，另一些则报酬微薄。差别甚至可以更大，有的宗教教师被送上了十字架——但宗教却完全是同一个。至于教义中反复重申的教师应该是什么样子，人们却不怎么关心。人们宣讲正统教义，用异教的—感性的概念来装点教师。人们用《圣经》语言描述基督。基督除去世间的罪，这一点尚不足以打动会众，只是布道者仍然这样宣讲，并且为了使对比更加强烈，他描述起基督的美（因为在无辜与有罪之间的对立仍然不够强烈），于是信仰的会众就被"美"这个完全异教的神以人的形象出现的规定性所打动。[115]——还是回到苏格拉底吧。他并没有所描述的那种有利外貌；他很丑，有着笨拙的双足，尤其是，在他额头上和其他地方长着许多肿包，这些都会令人相信，他是一个堕落的人。[116] 看，这就是苏格拉底对其有利外貌的理解：他对自己的外貌十分满意，他宁可认为这是神为了阻止他成为道德教师而使的花招儿，否则，他就会被给予一副令人愉悦的外貌，像多愁善感的齐特琴手，含情脉脉的牧羊人饱受煎熬的目光，友谊协会的芭蕾编导的小脚。[117] 总之，他会被给予在《地址报》上找工作的人或者希望找到一个私家职位的神学系毕业生所希望拥有的外貌。那位老教师之所以对自己有利的外貌感到满意，不外乎他洞察到，这将有助于与学生保持距离，从而使学生不和教师保持直接的关系，那种关系或许表现为对他的崇拜，或许表现为把自己的衣服缝成同样的款式。反之，学生应该通过对立面的排斥明白，这一点相应地在更高的境界上就是苏格拉底的反讽——本质上学生是在与自身打交道，而且真理的内心性并不是两位知心朋友携手同行的同志式的内心性，而是一种分离，每个人为自己生存在真理之中。[118]

于是我完全清楚地意识到，对作为内心性的真理的每一种直接沟通都是一种误解，尽管针对引起误解的不同事物，误解会有所不同，不管那是一种可爱的偏见，还是不明晰的同情，还是隐蔽的虚荣心，还是愚蠢、鲁莽以及诸如此类的东西。但是，就因为我澄清了沟通的形式，并不意味着我有要传达的东西，尽管对我而言，首先搞清楚形式是恰如其分的，因为形式就是内心性。

我的主要想法是，在我们这个时代，人们因为渊博的知识忘记了生存意味着什么，忘记了内心性意味着什么，而思辨思想与基督教之间的误解应该由此加以解析。现在，我下决心尽可能地后退，以免过早企及宗教性的生存，更别提基督宗教式的生存了，以此方式我把怀疑留在身后。如果人们忘记了生存意味着什么，那么他们很可能也忘记了像人一样生存意味着什么，因此这一点必须被引出。但是，它无论如何都不能以说教的方式展开；果若如此，误解立刻就会在新的误解中利用对解释的尝试谋取私利，就好像生存是获得某一方面的知识似的。如果它像知识一样被传达出来，接受者就会被引到一种新的误解之中，他获得了某种可以认识的东

## 第二章 主体性真理，内心性；真理即主体性

西，由此我们重返知识。只有对误解的顽强有所认识的人——误解在吸收最艰巨的对解释的尝试时仍然保持为误解，只有这样的人才会察觉到写作的困难，写作时人们要权衡每一个词，而且每个词都要经历双重的反思。对生存和内心性的直接沟通所能达到的结果只是，思辨思想家好心好意地要去照管它，并且允许某君与之一起溜进去。体系是好客的！就像一个庸俗市民去森林游玩的时候，他因看到那种荷尔斯坦四座马车上还有空位，就把三张李四都带上，而不考虑他们彼此是否合得来，一个体系也是这样好客的——它有足够的空间！[119] 我崇拜哈曼，对此我不想隐瞒，尽管我也愿意承认，其思想的弹性缺乏平衡，其超自然的张力缺乏自我控制，如果他能更连贯地工作就好了。[120] 但是，天才的原创性就存在于他简洁的字句之中，形式的简洁完全与对一个思想的漫无边际的倾泻相呼应。他带着生命和灵魂被浓缩在唯一的一个字之上，直到生命的最后一滴血，这是一个秉赋极高的天才对一个生存体系的充满激情的反抗。但是，体系是好客的。可怜的哈曼，你被缩减为米希勒的一个章节。[121] 你的坟墓是否有明显标记，这一点我并不清楚；你的坟墓是否被踩踏，这一点我也不清楚。但是我知道，你被千方百计地拽进了千篇一律的章节之中，并且被划分了等级座次。雅各比常常给我以启迪，对此我并不否认，尽管我很清楚，他的辩证技巧与其高贵的激情不呈比例。但是，他是一个高贵的、纯粹的、可爱的、极具天赋的人，他以雄辩反抗体系对生存的挤压，以胜利者的姿态意识到了、并且满怀激情地去斗争——生存的意义应该比人们忘我苦读体系的那几个年头深远得多。可怜的雅各比，我不知道是否有人拜谒你的坟墓，但是我知道，章节的犁驶过你全部的雄辩，全部的内心性，同时，几个贫乏的字句被当成你的重要性登记在体系之中。它认为，雅各比代表的是有激情的情感。[122] 这样的说法是对情感和激情的同时愚弄，二者均因其神秘而不能被转述，因此也不能采用像结论那样的简便形式通过代偿造福于背诵者。[123]

于是我下定决心要开始了。为了从根本出发，我首先要做的便是，让感性和伦理的生存条件进入生存个体之中。任务已定，我预见到这工作将会十分冗长，尤其是，我必须做好准备不时保持静止，当精神没有以悲情支撑我的时候。不过接下来发生的我将在本章的附录中展开。

**注释：**

（1）"统一"原文为 Overensstemmelse，该词既有 agreement, harmony 的意思，英译本即采用 agreement；同时该词又是 identitet 的同义词。思维与存在的关系问题在康德和黑格尔那里是有变化的：康德把思维与存在看作两个不同的东西，因此他讲二者的"统一"；黑格尔将二者看作同一事物的两个方面，因此讲二者的"同一"。在紧随此段的第三段，克尔凯郭尔提出，就经验性的存在而言，思维与存在的"统一"（Overensstemmelse）是一个同语反复，它意味着"思维与存在是一个东西"（Tænken og Væren betyder Eet og det Samme），它们的"统一"（Overensstemmelse）也就成为一种"与自身的抽象同一"（den abstrakte Identitet med sig selv）。克尔凯郭尔显然在 Overensstemmelse 与 Identitet 之间有所区分，而且他意识到了从康德到黑格尔之间的变化。故这里将 Overensstemmelse 译为"统一"，Identitet 译为"同一"。

（2）"被渴望的东西"原文为拉丁文 Desideratur。

（3）研究者未查明文中所述月圆之时的迷信的出处。

（4）"具体言之"原文为拉丁文 in concreto。这个短语在本节中多次出现，有时根据上下文译为"具体地"，不再一一注明。

（5）引号内的"终结"（et Færdigt）、"抽象"（Abstraktionen）、"具象"（Concretionen）都是动词名词化的结果，加引号以示区别。

（6）"系词"原文为 Copula，在语法上等同于 linking verb。丹麦语中的系词为 er，Sandheden er 可译为"真理是"或"真理在"。

（7）"那个自认自己的工作就是书写的门房"典出不明。"门房"（Portskriver）指负责递送文件、书籍等的办公室工作人员。

（8）"重复"原文为 Reduplikation，其意与克尔凯郭尔的化名作品《重复》（Gentagelse）相同，也与本节中所说的"真理是一种重复"（Sandheden er en Fordoblese）中"重复"所对应的 Fordoblese 相同（区别是 Reduplikation 为拉丁语源词语）。克尔凯郭尔在讨论反思和真理的时候用"重复"一词，是想说明某种抽象的东西在具体的实践或生存中"重复"自身，也就是"实现"自身。紧随其后所说的"反思的双重道路"（Reflexionens tvende Veie）也是这个意思。

（9）① "纸龙"（Papirs-Drage）可能典出格伦德威《关于基督教会的信仰规则的新作》一文，在讨论对"不可见的教会"的信仰时有这样的句子："这个信仰自然是脆弱的，因为在感性世界中它只有脆弱的支撑，那书（《圣经》）虽然以相互对立的方式诠释和解释着，但它在根本上仍是同一本书，这就好比人们可以想象出各种各样的纸龙（Drager af Papir），它们却带有同一个水印。""纸龙"的字典义为"风筝"，英译本即据此译出。在格伦德威论文的支持下，这里译为"纸龙"更贴切。

② "供人舔食的糖块"典出不明。

（10）莎士比亚悲剧《哈姆雷特》第 3 幕、第 1 场中哈姆雷特的著名独白：To

## 第二章 主体性真理，内心性；真理即主体性

be, or not to be, that is the question。

（11）"让我怀着敬意说，撞着他的屁股"原文写为 med Respekt at sige paa R－。丹麦文中"屁股"一词为 Røven，作为讳言写为 R－。英译为 on his r－，其意不甚明了。

（12）"地球像煎饼一样平"语出贺伯格的喜剧《艾拉斯姆斯·蒙苔努斯》(*Erasmus Montanus*)。

（13）"彼拉多的问题"参《约翰福音》18：37—38。耶稣告诉彼拉多，自己的使命就是："特为给真理做见证。凡属真理的人，就听我的话。"彼拉多听后反问道："真理是什么呢？"黑格尔在《哲学史讲演录》中指责彼拉多的高傲态度是"蔑视真理"，并且说"谁说这样的话，才真可算是'超出真理'——被摒于真理之外了。"参黑格尔《哲学史讲演录》第一卷，贺麟、王太庆译，商务印书馆1997年版，第19页。

（14）"怀疑一切"原文为拉丁文 de omnibus dubitandum est，语出笛卡儿的《哲学原理》(*Principia philosophiae*)。

（15）"真实的东西"（det Sande）英译为 the truth。英译本通常都把丹麦语中 det+形容词的形式移植为英语中的 the+形容词，此处是罕有的例外。鉴于"真理"有其固定的抽象名词形式 Sandhed，故此处译为"真实的东西"，比"真理"意蕴更广。

（16）"精神病"原文为 Sindssyg，其中 Sind 即为"心智"，这里显然是克尔恺郭尔巧妙的文字游戏。

（17）①根据克尔恺郭尔的笔记，"手杖"（Spadserestok）典出德国诗人、医生和医学作家柯尔纳（Justinus Kerner，1786—1862）的诗《行—影》(*Die Reiseschatten*, 1811)。诗中说，一位旅行者来到大学城 Mittelsalz，一年前他曾将一根手杖遗忘在衣帽间。如今手杖跟他相见了，告诉他自己如何被一位博学的教授所发现，现在自己也当上了教授。克尔凯郭尔在笔记中把 Professor 换成了他所痛恨的 Privat-Docent。

②道博乐（Ludvig Döbler，1801—1864）是奥地利著名魔术师，他的魔术借助当时最先进的科学技术，在欧洲很有影响。1841年8月他曾访问哥本哈根，为丹麦皇室表演，并在皇家剧院和 Tivoli 为民众表演。

③"正片"原文为 et Positiv，可能指1839年发明的银版照相技术中的"正片"，即底片经过处理后所得的照片。克尔凯郭尔注释者相信，这里很可能同时是对黑格尔哲学中的"肯定"概念（即客观真理）的戏弄。

（18）"受造物的期待"（Skabningens Forlængsel）语出《罗马书》8：18—19，保罗说："我想，现在的苦楚若比起将来要显于我们的荣耀，就不足介意了。受造之物切望等候神的众子显出来。"

（19）古希腊神话中，宙斯为惩罚伊克西翁与赫拉的私情，给他送去一朵酷似赫

拉的云，马人由此诞生。

（20）"万物存在，无物生成"中的"存在"原文写为 er。

（21）"以运动作为前提"之说可参考丹麦黑格尔主义者阿德勒（A. P. Adler）的《关于黑格尔客观逻辑学的通俗讲演》（*Populaire Foredrag over Hegels objective Logik*）。阿德勒认为，对黑格尔逻辑学的普遍批判集中在它的"开端无前提"这一点之上，但这只是表面现象，因为黑格尔关于哲学和逻辑学的开端的讨论本身就是一种前提，而且黑格尔逻辑学并非从天而降，而是建立在前人的基础之上，它以运动为前提。

（22）"月亮上是否有人"语出丹麦语谚语 at være hos Manden el. Kålmanden i månen，以及 at have sit grevskab i månen，它们都指遥远的或者根本不存在的地方。这里还暗指克尔凯郭尔生活时代人们就天文学所做的讨论，例如海伯格和马腾森都参与到是否有外星人存在的讨论之中。

（23）"印刷许可证"原文为拉丁语 Imprimatur，指新闻检查机构签发的书籍印刷许可证。此处的典故出自贺伯格喜剧《艾拉斯姆斯·蒙苔努斯》（*Erasmus Montanus*）第三幕第三场，剧中人培尔·戴根自信地展示他少得可怜的拉丁语知识，他把 imprimatur 理解成了一个人，而非哲学系签发的许可证。他问："谁是今年的 Imprimatur？"

（24）"哲学考试"原文为 Philosophicum，是克尔凯郭尔生活的时代哥本哈根大学学生必须参加的两种考试之一。第一项考试称为 examen artium，即入学考试（现在叫作 studentereksamen）；入学一年后进行的就是 examen philosphicum，它检测学生的各项知识，包括希腊文、拉丁文、历史、数学、物理学和哲学。通过此项考试后，学生才被允许选择主修科目，也才能最终参加毕业考试（embedseksamen）。

（25）"教堂司事"是对原文中 Klokker – og Gravertjenester 的统译。其中，Klokker 是高级别的教堂司事，其职能是辅佐牧师做礼拜仪式，并从事文案工作；Graver 是低等级的教堂司事，主要辅佐葬礼和礼拜仪式。

（26）"充足的量"原文为拉丁文 quantum satis。

（27）"品位太差"原文为德文 abgeschmackt。

（28）"利用上帝"原文为 bruge Gud，bruge 对应的英文词为 use，apply，exert 等。英译本选择了 resort to God，即"诉诸"、"求助"、"依靠"的意思。这个译法似更符合基督教徒的情感，但考虑到化名作者在这里把上帝当成人们要不惜代价与之相伴的 Noget 即"东西"的意蕴，这里遵循丹麦文意，将之译为"利用上帝"。

（29）根据克尔凯郭尔笔记，"上帝是一个悬设"（et Postulat）是荷兰哲学家 Frans Hemsterhuis（1721—1790）的观点。

（30）根据克尔凯郭尔的日记，"绝望的概念"指的是雅各比的论文《论神圣事物及其启示》（*Von den Göttlichen Dingen und ihrer Offenbarung*，1811）。

（31）"不惜代价"原文为法文 a tout prix。

（32）"神的家"（Guds Huus）指教会。《提摩太前书》3：15 中说："倘若我耽延日久，你也可以知道在神的家中当怎样行；这家就是永生神的教会，真理的柱石和根基。"

（33）关于"是否可以不朽"的问题可能指《申辩篇》。

（34）"现代思想家的三个证明"指关于个体灵魂不朽的争论，而不仅仅指德国黑格尔主义者哥舍尔（Carl Friedrich Göschel, 1784—1861）提出的关于灵魂不朽的三个证明。

（35）"被证明的东西"原文为拉丁文 quod erat demonstrandum。

（36）"全体"原文为拉丁文 summa summarum。

（37）"苏格拉底式的问题和思想"是对原文 det Socratiske（英译 the Socratic）的意译。但是《哲学片断》中"喻意"的原话是这样的："可是，想要'超越'苏格拉底，当我们在本质上还在讲着和他相同的东西但却还不及他讲得好的时候，这至少不是苏格拉底式的。"

（38）"动力测量仪"原文为 Kraftmaaler，测量物理上的力的仪器，主要指用于娱乐目的的测量肌力的仪器。

（39）关于"所有的知识都是回忆"的命题参《美诺篇》。

（40）"完好的"原文为拉丁文 integer，有"未受损害的"、"完好的"、"未被腐化的"、"无可谴责的"等意。

（41）"更高意义上"原文为拉丁文 sensu eminentiori。

（42）"信念"原文为希腊文 πιστις。此处说的亚里士多德的著作指《修辞学》第一部、第一章（1355a5）。在1833年版的亚里士多德著作德文版中，该词被译为 Ueberzeugung（信念，信服，确信），译者（K. L. Roth）注中还解释说，德文里并无可以贴切对应这个希腊词语的词。

（43）指《哲学片断》中的"间奏曲"一章。
"最严格的意义上"原文为拉丁文 sensu strictissimo。

（44）"海妖的歌声"出自"荷马史诗"《奥德赛》。奥德修斯航行经过大海时听到海妖魅惑性的歌声。他让人把自己绑在桅杆上，水手们则把耳朵堵住。

（45）《误会层出》（Misforstaaelse paa Misforstaaelse）是托马斯·欧沃斯寇（Thomas Overskou, 1798—1873）于1828年所作的一出独幕喜剧，该剧在1828至1844年在哥本哈根皇家剧院上演26场。

（46）"一齐"原文为法文 en masse。

（47）关于"绊脚石"语出《哥林多前书》第1章第23节："我们却是专钉在十字架的基督，在犹太人为绊脚石，在外邦人是愚拙；……"。

（48）"最严格意义上"原文为拉丁文 sensu strictissimo；"宽泛的意义上"原文为拉丁文 sensu laxiori。

（49）"浪子"（forlorne Søn）的比喻出自《路加福音》15：11—32，说的是一家人有两个儿子，小儿子要求父亲分家，并且拿着分得的财产到国外云游，将财产挥霍殆尽。后来他醒悟了，回到父亲身边，父亲仍以仁慈之心接纳了他。

（50）"上帝的旨意"（Guds Raad），《圣经》用语，指上帝根据自己的意志统治和管理人间。英译本为 God's counsel。

（51）关于"送传票的人"的情节出自贺伯格喜剧《格特·维斯特非勒师傅》（*Mester Gert Westphaler*）第 4 幕、第 11 场。理发师格特·维斯特非勒是一个极爱说话的人，有一次他到克里斯托弗的酒馆，因为不停地说话，吓跑了顾客，克里斯托弗因此控告格特因为话多害得他没卖出多少啤酒。"我们很抱歉为这事跑腿"就是送传票的人对格特所说的话。

（52）万花筒发明于 19 世纪初。在克尔凯郭尔生活的时代，万花筒作为一种观测仪器出现在很多娱乐场所。

（53）"科学院"（Videnskabernes Selskab）指成立于 1742 年的"丹麦皇家科学院"（Det Kongelige Danske Videnskabernes Selskab），该院存在至今。

（54）"宝石"暗指耶稣关于珍珠的寓言。《马太福音》13∶45—46 中耶稣说："天国又好像买卖人寻找好珠子，遇见一颗重价的珠子，就去变卖他一切所有的，买了这颗珠子。"

（55）"有位教授出版了体系的大纲"可能主要指德国学界的通常情况，一般教授在出版了著作的第一版之后，都会准备出版修订版和最终版本。在丹麦学界，可能具体指马腾森的《道德哲学体系大纲》（*Grundrids til Moralphilosophiens System*）。

（56）"现代神话和寓言流派"指对《新约》的神话学的诠释，以青年黑格尔派代表人物大卫·施特劳斯的《耶稣传》（*Das Leben Jesu, kritisch bearbeitet*，1835—1836）为开端。书中不再将耶稣的故事视为超自然的或者真实历史性的，而是视为神话。在丹麦，弗里德里克·贝克（Frederik Beck 1816—1861）受到施特劳斯的深刻影响，于 1842 年出版论著《神话概念或宗教精神的形式》（*Begrebet Mythus eller den religiøse Aands Form*）。

（57）"一齐"原文为法文 en famille，克尔凯郭尔将之视为与 en masse 的近义词。

（58）这里的"取消"是对丹麦文 hæve 的翻译，该词字典义首先是"提高"、"提升"、"升华"的意思，然后才有"取消"、"关闭"、"扔掉"的意思；作为不及物动词，hæve 还有"膨胀"的意思，所以句尾才会有"膨胀物"（Hævelse）这样的文字游戏。丹麦的黑格尔主义者一般不使用 hæve，而使用 Ophæve，并以之与德文 Aufheben 相对应。

（59）克尔凯郭尔在日记中指出，"至高无上的思想原则只能间接地（否定地）加以证明"的认识取自德国逻辑学家灿德伦堡（F. A. Trendelenburg）的著作《逻辑学》（*Logische Untersuchungen*）第 2 册、第 18 章"间接证明，至高无上的思想原则"指关于灵魂、光速、矛盾、善等原则。

（60）①"时候满足"（Tidens Fylde）语出《加拉太书》4∶4，保罗写道："及至

第二章　主体性真理，内心性；真理即主体性

时候满足，神就差遣他的儿子……"

② "那个无与伦比的时代" 指格伦德威及其言辞。"无与伦比"（mageløs）一词在书中多次出现，均指格伦德威，不再一一注出。

（61）"不可言说的喜悦"（den uudsigelige Glæde）语出《彼得前书》1∶8—9，彼得讲到耶稣时说："你们虽然没有见过他，却是爱他；如今虽不得看见，却因信他就有说不出来、满有荣光的大喜乐，并且得着你们信心的果效，就是灵魂的救恩。"

（62）"真正的令人惊讶的惊讶"（en sand overraskende Overraskelse）语出海伯格的闹剧《批评家和动物》（*Recensenten og Dyret*，1826）。

（63）"取消" 是对 Ophæve 的翻译（名词形式为 Ophævelse），该词的字典义为"毁灭、取消、终止、使无效、放弃、悬搁"。这一段主要考察丹麦语和德语词汇，为显明起见，译者为这些词汇或者解词加上了双引号。

（64）"扬弃" 对应于原文中所用的德文词 aufheben。根据上下文，克利马克斯显然不同意丹麦词 ophæve 直接与德文词 aufheben 相对应，故文中只有 aufheben 的时候才译作"扬弃"。

（65）"毁灭" 原文为拉丁文 tollere；"保留" 原文为拉丁文 conservare。黑格尔在《逻辑学》中指出："**扬弃**在语言中，有双重意义，它既义为保存、**保持**，又义为停止、**终结**。保存自身已包括否定，因为要保持某物，就须去掉它的直接性，从而须去掉它的可以受外来影响的实有。——所以，被扬弃的东西同时即是被保存的东西，只是失去了直接性而已，但它并不因此而化为无。"参黑格尔《逻辑学》上卷，杨一之译，商务印书馆1991年版，第98页。

（66）"德国的—丹麦的哲学家们" 指丹麦的黑格尔主义者，例如海伯格，他把 Ophæve 等同于德文中的 Aufhebung，认为它在毁灭中有所保留。

（67）"关于一个字表示两种相反的意义" 之说可参黑格尔《逻辑学》。黑格尔说："一种语言竟可以将同一个字用于两种相反的规定，是很可以注目的事。语言中可以找到自身就有思辨意义的字眼，这对于思辨是很愉快的：德语就有很多这类字眼。" 参黑格尔《逻辑学》上卷，杨一之译，商务印书馆1991年版，第98页。

（68）"满口面粉却要吹口哨" 是对丹麦语谚语 at have Munden fuld af Meel og at blæse paa eengang 的直译，表示不可能同时做两件相反的事情。

（69）文中楷体字"毁灭" 原文为拉丁文 tollere；楷体"保留" 为拉丁文 conservare；"消灭" 对应于丹麦词 tilintetgjøre；"保存" 对应于丹麦词 bevare。

（70）关于"将某物削减为一个相对的环节" 的意义可参黑格尔在陈述了 Aufheben 的双重含义后所说的："由于有与无现在只是**环节**，它们所保持的较细密的意义和表述，必定是从观察实有来的，实有作为统一，其中保存了有与无。" 参黑格尔：《逻辑学》上卷，杨一之译，商务印书馆1991年版，第99页。

（71）"基督教即真理" 语出《约翰福音》14∶6。耶稣说："我就是道路、真理、

203

生命；若不借着我，没有人能到父那里去。"

（72）"潜在的"原文为希腊语 katà dynamin，是亚里士多德的概念。

（73）"在严格的意义上"原文为拉丁文 sensu strictiori。

（74）把信仰视为"战斗"、"胜利"的言辞可参《约翰一书》5∶4："因为凡从神生的就胜过世界；使我们胜了世界的就是我们的信心。"同时可参《提摩太后书》4∶7，保罗说："那美好的仗我已经打过了，当跑的路我已经跑尽了，所信的道我已经守住了。"

（75）"女士们先生们"（mine Herrer og Damer）指格伦德威 1843 年至 1844 年在哥本哈根的学生宿舍"波赫之家"（Borchs Kollegium）所做系列演讲中的用语。这些演讲于 1844 年以"为普通人所作希腊和北欧神话与传说的天书"（*Brage-Snak om Græske og Nordiske Myther og Oldsagn for Damer og Herrer*）为题结集出版。

（76）"罗马人在扎马做出了明证"指罗马将军大西庇阿（Cornelius Scipio Africanus，即"征服非洲的西庇阿"，史称"大西庇阿"，公元前 236—西元前 184/183 年）统率罗马军队于公元前 202 年在非洲的扎马战役（Zama）中打败迦太基名将汉尼拔（Hannibal）军队的故事。这场战役使罗马人以绝对有利的条件结束了第二次布匿战争（the Punic War，该战争是古罗马和迦太基为争夺地中海西部统治权而进行的一场著名战争，名字来自古罗马对迦太基的称呼 Punici）。但扎马战役中并无关于士兵被日光刺得不可视的情况的记载，克尔凯郭尔很可能把扎马战役与在南意大利进行的坎尼战役（Cannae）混为一谈。根据李维（Livius）的《罗马史》（*Ab urbe condita libri*），在公元前 216 年的坎尼战役中，汉尼拔挫败了罗马军队，原因包括他采用多种灵活战术，以及罗马军队一度迎着刺眼的日光作战。

（77）"30 年的战争"（en Trediveaarskrig）是一个固定说法，指德国和奥地利在 1618 至 1648 年之间的战争。

（78）"靠水泵抽水使船漂浮"（holde Skibet paa Pumpen）是直译，作为成语，指使某物保持行进状态。

（79）"杂耍诗人"原文写为 Vaudeville – Digtere。闹剧（包括歌舞、杂耍等综艺）最早于 1825 年在丹麦皇家剧院上演，这个文学形式在丹麦最早和最著名的推广者就是海伯格。

（80）关于盐的比喻出自《马太福音》5∶13："你们是世上的盐，盐若失了味，怎能叫他再咸呢？"而"有位作家"指克尔凯郭尔《论恐惧的概念》的化名作者 Vigilius Haufniensis，即"哥本哈根的首望者"，此处是对其言论的非逐字逐句的引述。

（81）"片断的哲学"（Smule Philosophie）是《哲学片断》（*Philosophiske Smuler*）的副标题。

（82）"不热不冷的人"语出《启示录》3∶15. 约翰说："我知道你的行为，你也不冷也不热；我巴不得你或冷或热！"

(83)"哑弹"对应于klikkende,源自拟声词klikke,也指枪走火、不发火、未射出,描述人时有汉语中"关键时刻掉链子"的意思。

(84)"夫人受梦境困扰"典出《马太福音》27∶19。彼拉多坐堂的时候,他的夫人差人来说:"这义人的事你一点儿不可管,因为我今天在梦中为他受了许多的苦。"

(85)"洗手"典出《马太福音》27∶24。众人在祭司长和长老的挑唆之下喊着要把耶稣送上十字架,"彼拉多见说也无济于事,反要生乱,就拿水在众人面前洗手,说:'流这义人的血,罪不在我,你们承当吧!'"之后,"洗手"便成为表示推脱责任的成语。

(86)"扶犁"的典故出自《路加福音》9∶62。耶稣对一个要先与家人告别再跟随耶稣的门徒说:"手扶着犁向后看的,不配进神的国。"

(87)"花重价买的"典出《哥林多前书》6∶20,保罗说:"因为你们是重价买来的,所以,要在你们的身子上荣耀神。"另见《哥林多前书》7∶23:"你们是重价买来的,不要做人的奴隶。"

(88)"审判"(Dom)和"分别"(Adskillelsen)语出《马太福音》25∶31—33:"当人子在他荣耀里同着众天使降临的时候,要坐在他荣耀的宝座上,万民都要聚集在他面前。他要把他们分别出来,好像牧羊的分别绵羊、山羊一般;把绵羊安置在右边,山羊在左边。"

(89)"我不像那些人"(jeg er ikke som hine)此语可与《路加福音》18∶11当中法利赛人的言语相比照。法利赛人祷告说:"神啊,我感谢你,我不像别人,勒索、不义、奸淫,也不像这个税吏。"

(90)此处的希腊诗人指索福克勒斯,所说的悲剧作品指《俄狄蒲斯在科罗诺斯》。此则逸事在西塞罗《论老年》(*Cato Maior*, *de senectute*)当中有所记载。

(91)"军事顾问马尔库斯"是虚构的人物。

(92)"谈论着生计、妻子、田地和牛群"典出《路加福音》14∶18—20中耶稣所说的"大筵席的比喻"。耶稣在法利赛人家做客,说有人大摆筵席,打发仆人去请客人入座。先有人说家里买了一块地需要照顾,请辞;再有人说刚买了五对牛,请辞;还有人说刚娶了妻子,请辞。耶稣借此比喻说明,关心、算计世俗得失的人不配进入神的国。

(93)"我的审判使命和预言使命"指基督教义中的"基督三重职责说"(Munus Christi triplex),即基督是预言者、最高牧师以及王(即法官)。

(94)"此前提到的那个星期日"指克利马克斯在弗里德里希花园里的沉思,当时他下决心要使事情变得困难一些。参本书第二部、第二册、第一章《成为主体》结尾处。

(95)"死者的花园"指位于哥本哈根北区的Assistens Kirkegård。该墓园始建于1760年,以缓解过于拥挤的教堂墓地。克尔凯郭尔的家族墓地即位于此。

（96）"上帝之言"原文为 Ordet，本义为"话"、"句子"、"诺言"，涉及《圣经》时即指"上帝之言"，指"福音"。

（97）"再见"暗指"在永生中相遇"的早期基督教义。具体参第二部、第二册第一章注（100）。

（98）"著名的武士"指施麦陶（G. W. Schmettau, 1752—1823）伯爵和将军。

（99）尼罗河是非洲第三大河，全长4160公里。它的入海口于1830年为人所知，发源地在1877年至1879年才被 M. Moustier 和 J. Zweifel 发现。

（100）"所有天上的和地上的父亲都出自他"（al Faderlighed kaldes i Himlen og paa Jorden）与丹麦文《圣经》中《以弗所书》3：14—15 中的字句完全相同。中译本这段话是："我在父面前屈膝——天上地上的各家，都是从他得名。"

（101）"白发苍苍、悲悲惨惨地步入坟墓"（bringe mine graae Haar med Sorg i Graven），与丹麦文《出埃及记》42：38 中雅各所说的末句几乎相同。雅各说："我的儿子不可与你们一同下去。他哥哥死了，只剩下他。他若在你们所行的路上遭害，那便是你们使我白发苍苍、悲悲惨惨地下阴间去了。"

（102）"蓝山"是浪漫主义的术语，有"遥远的"、"不确定的"、"童话般的"含义。

（103）括号内的话出自莎士比亚《裘利斯·凯撒》第二幕第一场勃鲁脱斯的台词，但克尔凯郭尔的引文与莎士比亚的丹麦文译本有出入。在朱生豪所译《该撒遇弒记》中，这段话是这样的："不，不要发誓。……祭司们，懦夫们，奸诈的小人，老朽的陈尸腐肉，和这一类自甘沉沦的不幸的人们才有发誓的需要。……可是不要以为我们的宗旨或是我们的行动是需要盟誓的，因为那无异污毁了我们堂堂正正的义举和我们不可压抑的精神。"参《莎士比亚戏剧朱生豪译本全集》，第16卷，朱尚刚审订，中国青年出版社2014年版，第38页。

（104）"保留心声"原文为拉丁语 reservatio mentalis。

（105）"币制改革"指丹麦1813年时实施的改革，那次改革使 Statsbank（国家银行）倒闭，Rigsbank（National Bank，国有银行）成立。

（106）"怀着爱意"原文为意大利语 con amore，有"出于纯粹的乐趣"、"因个人享乐之故"的意思。"方法"原文为拉丁文 methodice。

（107）此处的黑体为原文所有，这种突出强调的用法在本书中仅此一例。一般需要强调的字都采用斜体，中译本以楷体与之对应。

（108）① "在真理中生存"原文为 Reduplikationens N. B.，其中 NB 是拉丁短语 nota bene 的缩写，意为"附注"。英译本直译为 the N. B. of reduplication，比较晦涩。根据《附言》的《集释》卷，这个短语义为"将所思转化到生存中"，"在真理中生存"。

② "内在价值"原文为拉丁文 valore intrinseco。

第二章　主体性真理，内心性；真理即主体性

（109）"他就在天地万物之中，遍在于天地万物之中"与首版于 1791 年《福音派基督教教义学生手册》（*Lærebog i den Evangelisk-christelige Religion*, *indrettet til Brug i de danske Skoler*）的内容可相参照。教义手册的编者为 N. E. Balles 和 C. B. Bastholm，故手册被简称为"巴雷斯手册"（*Balles Lærebog*）。该书第一章"论上帝及其性质"第 3 节中这样说："上帝无所不在，他以其力量在天地万物间运作。他寸步不离自己的创造物。"

（110）"鸟王"（Fuglekonge）指在用枪射杀鸟的比赛中的冠军。此项运动源自中世纪，19 世纪时成为哥本哈根市民社会的普及娱乐活动，每年夏季都要举行。胜者被冠以"鸟王"称号，直到第二年新的冠军产生。

（111）"他的不可见性正是他的无所不在"与《巴雷斯手册》中第一章第 3 节的内容可相参照。手册上说："上帝是精神，或者不可见的存在，他拥有理智和自由意志，但却没有躯体，并且不由二者组成。因此他是不能用肉眼看到的，也不能以图像加以表现。"

（112）"世上没有神"（uden Gud i Verden）语出《以弗所书》2∶12，保罗对那些非犹太人的"外邦人"说："那时，你们与基督无关，在以色列国民以外，在所应许的诸约上是局外人，并且活在世上没有指望，没有神。"

（113）"一位希腊作家"应该指柏拉图，他的对话《斐多》所讨论的就是修辞术。

（114）在克塞诺封的《会饮篇》中，苏格拉底与克里托布罗斯讨论，他们哪一个最美。克里托布罗斯把美定义为有实际功效，于是苏格拉底认为自己应该是最美的，因为他突出的双目既能直视，又能侧视；而他歪向一边的鼻孔则能比别人更好地闻味儿。

（115）"除去世间的罪"语出《约翰福音》1∶29，施洗者约翰说："看哪！神的羔羊，除去世人罪孽的！"

（116）研究者无法找到克尔凯郭尔对苏格拉底相貌描述的文献来源。

（117）①"牧羊人"原文为德文 Schäfer，同时也表示"情郎"。此意源自罗可可时期的牧歌，其中牧羊人常被描写成充满渴望和期待的恋人，故译为"含情脉脉的牧羊人"，使该词的本义与历史语境相融合。

②"友谊协会"（Det Venskabelige Selskab）位于哥本哈根，成立于 1783 年，19 世纪 40 年代某个冬季，该协会曾组织了一系列舞会和音乐会。很可能当时的芭蕾舞领舞引领时尚，使得当时男士都穿小鞋。

（118）"知心朋友"原文为德文 Busenfreunde。

（119）"庸俗市民"原文写为 Spidsborger，英译为 bourgeois‑philistine。

（120）哈曼（Johann Georg Hamann，1730—1788），德国作家、哲学家，其晦涩难解的作品与启蒙时代的理性理想相对。他重视开发出对立面之间的悖论性的联系，

207

例如感性与精神、历史与理性等。他是哲学家雅各比的好友。

（121）米希勒（Carl Ludwig Michelet，1801—1893）是德国黑格尔主义哲学家，曾任黑格尔子女的家庭教师，与黑格尔关系密切。1843年与他人联合创办柏林"哲学协会"，并担任该协会刊物《思想》的主编。他的著作《哲学体系理论史》（*Geschichte der letzten System der Philosophie*）首次给哈曼在哲学史上留有位置。

（122）"雅各比代表了有激情的情感"一说出处不明，黑格尔、米希勒和小费希特（I. H. Fichte）的著作中都无此说法，但黑格尔在《宗教哲学演讲录》（*Vorlesungen über die Philosophie der Religion*）中提到雅各比，认为雅各比是直接性知识、信仰知识之派别的领导人。

（123）"代偿"原文为拉丁文 satisfactio vicaria。该术语在基督教神学理论中指基督代世人赎罪的和解式的死。

# 附录　当代丹麦文学之努力一瞥

发生了什么事情？就在我保持这种状态的时候，《非此即彼》出版了。[1]我想做的事情恰好在这里被完成了。想到我庄严的决心，我觉得很不幸，不过我接着这样想：毕竟你并没有向任何人许诺任何事，因此只要它完成了，那也不错。但是事情对我来说越来越糟，因为一步一步地，正当我要开始以行动实现我的决心的时候，一部假名著作出版了，它实现了我想做的事情。这一切有着某种奇特的反讽性。好在我从未对任何人讲起我的决心，甚至房东太太也未觉察出什么，因为不然的话，人们就会对我的滑稽处境发笑，因为这的确有些可笑——我下定决心想要从事的事情已经取得了进展，只是非经我手。每次我阅读这样一部假名著作的时候，我都会更加清楚自己想要做的事情，我也因此确信，整个事情有了进展。以此方式，我成为维克多·埃莱米塔以及其他假名作者作品的兴趣十足的、悲喜剧式的见证者。至于我的理解是否是作家本人的，这一点我当然无法确知，因为我只是一名读者。相反，我高兴地看到，假名作者们可能意识到了与作为内心性的真理的间接沟通的关系，他们自己什么都没有说，没有滥用前言对自己的作品进行正式的定位，仿佛一名作家就是纯粹法律意义上自己文字的最佳诠释者；仿佛说一名作家"意欲达到这了、那了"能够对读者有所帮助似的——当其并未实现之时；或者，仿佛这了、那了必定已经实现，因为作家本人在前言中这样说过；或者，仿佛生存的偏离通过做出最终的决断得到了校正，例如发疯、自杀以及诸如此类的东西，女作家尤其喜欢采用，而且速度非常之快，结果她们几乎以此为开端；或者，仿佛读者为作家服务，而这名读者恰好因为作家的笨拙而确切获悉了关于该书的一切。

非此即彼，这个标题已经很有指示性了，它使感性和伦理生存方式在生存个体身上显现。对我而言，这一点是该书对于思辨思想间接的反驳，思辨思想对于生存漠不关心。该书没有得出任何结论和最终的决断，这正是对作为内心性的真理的一种间接表达，或许以此方式还是对作为知识的真理的一种反驳。书的前言就此说了点什么，但不是以说教的方式，因为那样的话我就会确切地知道点什么；相反，它采用令人愉快的玩笑和假设方式。该书没有作者，这是一种距离化的手段。

"间奏曲"的第一条（上卷，第 3 页）把生存中的断裂设定为一种诗人生存的痛苦，这种痛苦持续存在于诗人的生存之中，B 用它来反对 A（下卷，第 217 页末尾）。[2] 全书结尾一句（下卷，第 368 页）是这样说的：只有那种建设的真理才是为你的真理。[3] 这是对作为内心性的真理的本质性断言，由此，其决断性的规定性——建设性的"为你"，即为主体，就成为与所有客观知识的本质区别，就主体自身成为真理的标记而言。

上卷是未能赢得生存的一种生存可能性，一种应以伦理方式加以改进的忧郁。它在本质上就是忧郁，这忧郁非常深刻，尽管它是自情的，它仍然虚妄地为其他人的苦难所占据（《影子戏》），此外它还在欲望、见识和腐化的掩盖之下行骗；只是，欺骗和掩盖同时是它的力量和虚弱，力量表现在想象之上，虚弱表现在赢得生存之上。[4] 这是在感性的激情之下的想象性生存，因此它是悖谬性的，并且在时间之中搁浅；这种生存的极致便是绝望。因此，它不是生存，而是朝着生存方向的生存可能性，二者距离非常近，以至于人们几乎可以感受到，每个瞬间是怎样被浪费的，直到现在它仍然没有做出决断。但是，在生存者 A 身上的生存可能性不会意识到这一点，它以所有骗术当中最微妙的东西、以思想将生存推开。他想尽了一切可能性，但他却根本没有生存。这使得只有"间奏曲"堪称纯粹诗性的宣泄，而其余部分则蕴含有丰富的思想内容，它们很容易骗人，仿佛思考某种东西与生存是同一回事似的。假如有位诗人设计了一部作品，假如他根本没有对此做出思考，那么或许作品本身会将那个古老的误解再次引出。换言之，这里不是讲不成熟的思想与成熟的思想之间的关系，而是说不生存与生存之间的关系。因此，作为思想家，A 是先进的；作为辩证法家，他远比 B 出类拔萃，他拥有理智和精神全部的诱惑性天赋；由此，B 有别于他的东西也就愈加清晰了。

下卷是一个伦理个体在伦理力量之下的生存。下卷还推出了上卷，因为 A 仍会把作为作家视为一种可能性，是下卷真正将上卷展开，然后让它保持原样。伦理个体绝望过（参下卷第 163—227 页；上卷就是绝望)。⁽⁵⁾他于绝望之中选择了自我（第239页以下），他通过那个选择、并且就在那个选择之中变得坦白公开（参下卷第336页，书中说：这个词尖锐地强化了感性与伦理之间的差别：变得坦白公开是每个人的责任——而上卷则是隐蔽。）⁽⁶⁾他是已婚者（A熟悉情爱领域内的每一种可能性，但却未能真正陷入恋爱，因为就在同一个时刻，他已经在以某种方式强化自身了），他集中全力反对感性个体的隐蔽，他把婚姻视为坦白公开的生活的最为深刻的形式。通过婚姻，时间对于伦理个体具有了重要性，而获得历史的可能性就是连贯性对隐蔽、忧郁、虚妄激情以及绝望的伦理性的胜利。经过幻影般的图像，经过丰富思想内容的消遣——其展开如果有任何益处的话，就是作家的绝对优点，一个在伦理力量下生存的特定个体出现了。场景转换了，或者更准确地说，现在的场景是这样的：不再是一个由想象所激活、以辩证方式安排好的可能性世界，而是个体的出场。只有建设的真理才是为你的真理，也就是说，真理即内心性，请注意，这里说的是生存之内心性，在伦理的规定性之内。

　　这场争斗就这样结束了。这本书的优点，假如它有的话，与我无关。如果它有任何优点，它在本质上一定在于不给出结论，而是把一切转化为内心性。上卷中，想象的内心性与强化了的激情一起幻化为多种可能性，而辩证法则在绝望之中把一切化为无。下卷中，伦理的悲情与安静、纯洁但却无限的激情的决断一起转化为对谦逊的伦理任务的全面把握，并由此建设性地面对上帝和他人敞开。⁽⁷⁾

　　这里并未采用说教的方式，但这并不是说，这本书没有思想内容；思想是一回事，而在思想之内生存则是另一回事。生存与思想的关系并非像某种思想空洞的东西那样自然而然地出现。它甚至不是一个可以真挚地加以传播和演说的信念，如某君所说的那样；因为信念可以存在于观念之中，因此它很容易多多少少地成为辩证性的真实。不然。在思想中生存，书籍或者著述与任何人都没有有限的关系。在生存中的思想的透明就是内心性。假如，比方说，思辨思想不是以说教的方式背诵"怀疑一切"，而且还获得了一群发誓要以"怀疑一切"来发誓的唱和者；而是尝试让这样的怀疑者在生存的内心性当中出场，以便让人们看到他行动的每一个细节。⁽⁸⁾假如思辨思想真这样做的话，也就是说，假如它开始这样做的话，那么它接下来就会放弃，并且羞愧地看到，所有的诵经者发誓已经实现了的口号对于生存者而言并不是一个无限困难的任务，而是一种不可能性。

这一点正是所有沟通的可悲面向之一：一个优秀的沟通者有时为了赢得听众，有时出于虚荣，有时是在思想空洞的状态之下把自己的嘴塞满，结果他不仅在转手之间就做到了一个杰出的生存者在其漫长人生当中可能做的事，而且还做了不可能的事。人们忘记了，对于在生存的透明性之中的普通人来说，生存使得对极简真理的理解变得十分困难和艰巨。借助结论，人们自欺地想都不想就接纳了一切（我听有些头撞南墙的蠢货说过：我们不可停留在苏格拉底的无知之上），并且像所有空话连篇者一样告终——他们最终做到了不可能的事。[9] 内心性成为事关知识的事，而生存则是浪费时间。于是乎，我们这个时代最平庸的人编纂了点东西，他讲起话来好像已历经一切，人们只有通过观察他写的中间句，才会发现他是个恶棍。于是乎，我们这个时代仅仅以二流希腊哲人那样的充足能量生存的人就会被视为恶魔。人们可以背诵出痛苦和苦难的法则，还能背诵出坚定不移的神圣法则。所有人都在背诵，如果有人为了某个想法而将自身暴露于一种微小的不愉快之中，人们就会视他为恶魔或者蠢货。这是因为人们知道一切，为了不滞留于此，人们还知道，他们什么都不能照着做，因为凭借外在的知识，人们身处七重天；而当他们开始要做事的时候，他们就会变成一个可怜的、单个的生存者，一再跌倒，只能年复一年地缓慢前行。的确，如果人们能够偶尔以宽慰之心回想起凯撒火烧整个亚历山大图书馆这件事的话，他们或许会带着良好的意图真心希望人类再次把那种过量的知识清除干净，那样人们就能获知，像人一样生活意味着什么。[10]

《非此即彼》恰恰是以建设性的真理告终的（但却没有为字句加上着重号，更没有采用说教方式），这一点给我留下了深刻的印象。我愿意看到这一点更明确地被强调，为的是使通往基督宗教的生存之路上的每个特定的点都变得清晰。因为作为内心性的基督教真理也是建设性的，但这并非意味着，每一种建设性的真理都是基督教的；建设性是一个更为宽泛的范畴。我再次在此集中精力，但是发生了什么呢？正当我要开始之际，《克尔凯郭尔博士的两则建设性演说》于1843年出版了。[11] 随后又出版了《三则建设性演说》。[12] "序言"重申，这不是布道辞，对此我要无条件地抗议——如果没有其他人这样做的话，因为这些演说只采用了伦理的内在性范畴，而不是悖论中的经双重反思的宗教范畴。[13] 如果不想在此引起语言混乱的话，那么布道辞必须限定在宗教—基督教的生存之内。现在我们时而会听到一些布道辞，它们根本就不是什么布道辞，因为它们采用的是内在性范畴。或许博士想间接地使这一点明晰起来,他想通过纯粹哲学的方式,看看人们在建设性当中能走多远,因此建设性演说必定有其有效性。但是作者对这一点的间接强调帮助了那个我以可笑的方式所称之为的我的事业,因为一说到做事我总是来迟一步。但是,奇怪的是,据博士告诉我的,有些人理所当然地把这些演说当作布道辞,甚至想要以此向这些演说致敬,就好像建设性演说与布道辞的关系犹如地方法院法官与高级法院法官的关系似的;就好像为了向地方法官表达敬意,人们称其为高级法院法官,但他却只是一名地方法官而已。[14]相反,另有一些人反对这些建设性演说,说它们不是真正的布道辞,这就好像对一出歌剧提出异议,说它不是悲剧一样①。[15]

《非此即彼》中的伦理者通过绝望拯救了自身,在坦白公开之中终结了隐蔽,但是我心中却有点疑虑。为了有别于思辨思想,他在真理的内心性之中定义自身,他没有采用"怀疑",而是采用了"绝望",但却使之呈现出了这样的面貌:通过绝望,在绝望自身之内,他几乎是一口气地找到了自己。[16]如果要想搞清这种疑虑针对《非此即彼》的哪些方面,这本书就应该以宗教而非伦理为目标,而且应该立即说出来,根据我的意见,应该连续不断地说出来。这疑虑迄今丝毫未被触及,而这又与我的意图相一致。至于作家本人是否明确这一点,我自然无从知晓。这疑虑在于,伦理的自我可以在绝望之中以内在性的方式找到,通过对绝望的忍耐,个体最终赢得了自身。诚然,他采用了一个自由概念——选择自身,它看似清除了或许很多人并未十分留意的难点,因为以哲学的方式,人们"一、二、三"地怀疑一切,然后找到了真正的开端。[17]但这毫无用处。当我绝望之时,我是在使用我的自我绝望,因此,我的确能够靠我的自我对一切

---

① 或许有些人在提出反对意见的时候并未充分考虑到,这些建设性演说是哲学性的,它们根本没有采用基督教范畴,毋宁说,它们在一种比通常意义上的建设性演说更大的范围内采纳了感性要素。通常而言,建设性演说会避免那种带有心理学色彩的对人的灵魂状态所进行的强烈而彻底的描写,以及把这种描写移交给诗人和诗性的冲动,不管原因在于演讲人是不能还是不愿为之。[18]但这很容易在听众当中制造麻烦,因为建设性演说会使听众渴望点什么,因而他必须在其他地方去寻找。就我所能做出的判断而言,加上诗性的描写并不为过。但是,在诗人和建设性演说者之间存在着决定性的差别:诗人除了心理学真相和艺术表现之外没有任何其他目的,而演说者却仍然主要把使一切跃入建设性层面作为目标。[19]诗人迷失在对激情的描写之中,但对于建设性演说者来说,这仅仅是第一步,接下来的才是对他而言决定性的一步——迫使倔强的人缴械,调停,阐明;简言之,跃入建设性层面。

感到绝望，只是当我这样做的时候，我无法靠我的自我返回。在这个决断的时刻，个体需要神的帮助。为了达到这一点，人们首先应该理解感性生存和伦理生存的关系，这是完全正确的；也就是说，通过存在于激情和内心性之中，人们的确会对宗教以及对跳跃有充分的意识。

再进一步，真理是内心性，真理是建设性，在这个定义成为宗教性的定义之前还需做进一步的理解，更别提它成为基督宗教的了。所有建设性思想都是如此，它首先引出的是必要且充分的恐惧，不然建设性就只是一种想象。伦理者怀着无限的激情在绝望的瞬间从那种恐惧之中选择了自我——他的自我、他的生活、他的现实性都在感性的梦幻之中，在忧郁和隐蔽之中。结果，来自这个方面的恐惧不再成其为问题，情形转变为生存个体身上的伦理的内心性。恐惧应该成为对内心性的一种新定义，以之个体在一种更高的境界中重返那个点——即伦理生活的坦白公开再次成为不可能。只是，那种关系因此被颠倒了：之前帮助企及坦白公开的伦理（其时感性是障碍）如今成为障碍，而帮助个体企及超越于伦理之上的更高的坦白公开的则是其他的东西。

对于怀着无限的激情以内心性去把握伦理、责任和普遍的永恒有效性的人来说，无论在天上、地上还是深渊中，都找不到可与当伦理成为诱惑时所面临的冲突相比的恐惧。[20] 但是，每个人都会面临这种冲突，即便不是以其他的方式，也是因他用宗教的方式与宗教范式建立关系。这也就是说，宗教范式是不规则性，但它仍然应该成为范式（如同上帝的无所不在性就是不可视性，启示就是神秘）；或者说，宗教范式表达的不是普遍性，而是具体的东西（通过求诸，比方说，幻觉、梦境等具相），但它仍然应该成为范式。[21] 只是，作为范式恰恰意味着要适用于所有人，而成为所有人的原型只能通过成为所有人之所是或者应是的方式来实现，也就是说，成为普遍性；宗教范式恰恰与之相对立（不规则性和具相性），悲剧英雄表达的才是适用于所有人的普遍的常规倾向。

对我而言这一点已经清楚了，我只是在悲情之中等待着精神的帮助，以便使之显现在生存个体的身上。说教的方式在这里是行不通的，因为根据我的理解，当今时代的不幸恰恰在于，它知道得太多，但却忘记了何谓生存，何谓内心性。表达形式相应地必须是间接的。在此我又要以另一种方式讲述相同的东西，因为涉及内心性时这是恰如其分的。幸运地有很多事可做的人很容易成为娱乐性的人物。他做完了中国，就可以做波斯；学了法语，就可以开始学意大利语，然后从事天文学、兽医学等等，并且总能确保自己被视为一个伟大人物。但是内心性并没有那种唤醒感官的惊讶的维度。因此，恋爱中的内心性肯定不是说要跟丹麦女郎结七次婚，然后再跟法国女郎、意大利女郎等等结婚；而是说要爱同一个人，并且在这同一种爱之中不断获得新生，结果这爱不断处于新的情绪和充沛的激情之中，换用沟通方式来说，就是不断处于无穷的、崭新且丰富的表达方式之中。内心性是不能直接沟通的，因为直接地表达恰恰意味着外向性（其方向是向外的，而非向内的）；内心性直接被表达出来根本不是内心性存在的证据（直接的情感宣泄绝非某人拥有情感的证据，其对立形式的张力才是内心性的动力测量仪）；对内心性的接受也非对所沟通内容的直接重述，因为那是回声。但是，对内心性的重复是那种回响，其时被言说的东西消逝了，就像马利亚把那些话深藏于心底之时一样。(22) 但是，就人与人之间的关系言，即使这一点也没有真正表达出对内心性的重复，因为马利亚把那些话当作宝贝藏在了善良之心的美好背景之下，但内心性却是，当所言之事隶属于听者之时，它仿佛就是听者自己的东西——如今它就是听者自己的。以此方式进行的沟通就是顺从的内心性的完美胜利。因此，无人像上帝那样无可奈何；因为他创造性地进行沟通，通过创造，他给予了与其自身直接相对的独立性；一个人所能做的最为顺从之事便是，承认每个人身上被给予的独立性，并且尽其所能地、真正地帮助他人保持之。但是，我们这个时代并不谈论这类事情，如人们所说的，"为真理赢得某人"是否合法；如某君有真理要传播，假如他还掌握劝说的艺术，善识人心，搞突袭时能别出心裁，缓速捕获时能精打细算，他为真理赢得追随者而运用这些才能是否合法。或者说，他谦卑地面对上帝，以这样的情感爱着人类——上帝并不需要他①，每个人在本质上都是精神。他没有舒舒服服地拥有一帮追随者，他运用这些才能恰恰是要阻止直接性的关系的出

---

① 因为上帝不像陷入困境的国王，那国王会对受到高度信任的内政大臣说："您必须尽全力，您必须为我们的议案营造氛围，并且把舆论引向我们这边。(23) 您能够做到的，动用您的智慧。如果我不能依靠您，我就没有人可依靠了。"但是，在与上帝的关系中，对任何人而言都不存在秘密指令，就像没有秘密通道一样；即使最超凡脱俗之人前来汇报的时候最好也心怀畏惧与颤栗，因为上帝对于天才来说并未陷入困境，毕竟上帝是可以创造出一大批天才的；而想使自己在服务于上帝的方面成为不可或缺的，正因为如此，将意味着他的下岗。(24) 所有人都是依照上帝的形象而造，这一点是绝对的；他必须从张三李四那里学到的一点点玩意儿是不足挂齿的。(25)

现。他出于责任心容忍自己被指责为"随意"和"缺乏严肃性"等等，因为他真正地约束自己，他把自己的生命从最为可怕的谬误当中解救了出来——拥有追随者。

如我所说，我已经捕捉到了那种内心性的最为可怖的冲突，我只在静候精神的帮助——发生了什么呢？与这些假名作品相关，克尔凯郭尔博士和我肯定以各自的方式成为了可笑的人物。我静坐此处，不断地有意从事假名作者所做的事，这一点肯定无人知晓；而每当这样一部假名作品出版之时，克尔凯郭尔博士都不得不遭罪。[26] 有一点是确定的：为使某君趋于高贵和善良，假如在学究茶会和其他友善社团里道出一切，假如申斥的可怕性、指责的严厉声调以及谴责的评判真能使他受益；那么，他在短时间内就应该成为一个非同寻常的大好人。通常，一位教师总会有几个弟子需要教导，于是他就处于一个令人羡慕的地位——他拥有一个由男女老少、有知者和无知者以及扫烟囱的人组成的受到高度尊敬的同时代者群体，所有这些人都关心着此君的改善。遗憾的是，惩戒以及所有旨在使理智和心灵趋于高贵的论调都会当他不在场时发生和道出，从未在他在场时出现；否则真会因此发生点什么。

发生了什么呢？《畏惧与颤栗》出版了。[27] 不能公开，隐蔽，在这里就是恐怖；相比之下，感性的隐蔽只是儿戏。

把这种生存的冲突在生存个体身上表现出来是不可能的，因为冲突的困难之处在于，尽管它抒情地把至上的激情宣泄出来，但是在辩证的意义上却又把这种表述拉回到绝对的沉默之中。因此，"沉默的约翰尼斯"本人没有被塑造成一个这样的生存者，他是一名反思者，他以悲剧英雄作为出发点，以兴趣作为边界，以宗教范式的不规则性作为目标，持续不断地与理智相碰撞，同时抒情性又从退缩中弹出。[28] 约翰尼斯把自己塑造成这个样子。把这本书称作"一个崇高的谎言"，就像作家明斯特在联想到雅各比和苔斯德蒙娜时所说的那样，这一点对我来说意味深长，因为这说法本身即包含了一个矛盾。[29] 对于这些阶段的每一种展示来说，形式的对立是完全必要的。在直接沟通的形式之下，在喊叫的形式之下，《畏惧与颤栗》毫无意义，因为直接沟通所指示的方向是向外的，趋向于尖叫，而非向内步入内心性的深渊，但《畏惧与颤栗》只有在深渊中才是可怕的，它只能采用欺骗的形式。当然了，我并不确切地知道"沉默的约翰尼斯"的实际情况，因为我并不认识他本人；而且即使我认识他，我也不会认为他会采用直接沟通的方式使自己出丑。

**伦理是诱惑；人与神的关系生成了；伦理性的绝望的内在性断裂了；跳跃被确立；荒谬就是通告。**

在我理解了这一切的时候，我想为谨慎起见，最好是确保已经企及的东西不会因一次突袭而化为乌有，结果隐蔽成为人们所称之为的隐蔽，带点感性；信仰成为人们所称之为的直接性，比如说变幻莫测；宗教范式成为人们所称之为的原型，比方说，一个悲剧英雄。[30]接着发生了什么呢？就在同一天，我收到了瑞兹出版社寄来的书——《重复》。[31]它没有说教，远非如此，恰如我所希望的，因为在我看来，我们这个时代的不幸就在于所知太多，但却忘记了何谓生存，何谓内心性。在这种情况下，沟通者知道如何抽身就是可取的，而为此采用一种令人困惑的对立形式也格外有用。康斯坦丁·康斯坦蒂乌斯所写的是"一本怪书"，如他所说。[32]"重复"在根本上是对内在性的表达；结果，人们终止了绝望并且拥有自我，终止了怀疑并且拥有真理。康斯坦丁·康斯坦蒂乌斯，一个感性的诡计多端的人，他通常不会因任何事情而绝望，但却因重复绝望，而且书中的"年轻人"形象表明，如果"重复"出现，它应该成为一种新的直接性，因此它本身就是借助荒谬之力的运动，而目的论意义上的悬搁就成为一种严峻考验。[33]反过来，严峻考验与宗教范式的不规则性相呼应；因为从伦理的立场出发，这类考验是不可思议的，因为伦理恰恰在于其因持续有效而具有的普遍有效性。严峻考验是宗教范式的最高程度的严肃性，而对于单纯的伦理性而言，这种考验只是个玩笑，在考验中生存也绝无严肃性可言，它只是个滑稽的主题，不可捉摸，以至于至今尚无诗人运用它从而把意愿的匮乏描写到几近疯狂的程度，就好像某人会为考验而结婚似的，凡此等等。但是，宗教生活最高程度的严肃性是以玩笑为标识的，这一点同范式的不规则性或者特殊性、上帝的无所不在之不可视性、以及启示就是神秘如出一辙。

《重复》一书在扉页上题有"心理学试验"的字样。[34]这是一个双重反思的沟通形式，这一点对我很快就变得清晰起来。沟通以试验的形式发生，它为自己创造了一个对立面，而试验在读者和作者之间设立了一道鸿沟，设立了他们之间内心性的差别，使得直接性的理解成为不可能。试验是对沟通有意识的、戏谑性的撤销，这一点对于一个为生存者而写作的生存者来说从来都是有意义的，他唯恐这关系会转变成一个背诵者为其他背诵者而写作。设若某君金鸡独立，或者以一种奇怪的舞蹈姿势挥舞他的帽子，并且在这种姿势下宣讲某种真理，他为数不多的听众将会分成两类；他是不会获得很多听众的，因为大多数人会立刻弃他而去。第一类人会说：他这样打手势，他讲的怎么可能是真的？第二类则会说：不管他做环跳、还是以头着地、还是做侧手翻，他说的是真话，我会把这些话占为己有并且让他离开。(35)试验的情形亦然。如果所写内容对于作者来说是严肃的，那么本质上他将为自己保有这种严肃性；如果接受者将之理解为严肃，那么在本质上他是自己要这样做，这一点正是严肃性之所在。在初级教育中我们就分清了"背诵"和"智性练习"之间的差别，这种差别对于体系化的"背诵"来说常常是显著的。(36)试验的中间状态鼓励二者的内心性在内心性之中彼此分离。这个形式完全赢得了我的赞同，我认为自己还发现了一点，即这些假名作者全都以生存为目标，以此方式，他们保持了对于思辨思想的间接的反驳。当人们知道一切、但却是以背诵的方式知道一切的时候，试验就是一个极好的探索形式；人们在这种形式之下能说出他所知道的东西，但他自己却并未认识到这一点。后来又有一位新的假名作者"沉默寡言的兄弟"，他指示出了试验在感性、伦理和宗教作品中的位置。（参《人生道路诸阶段》，第340页以后，第3小节。）(37)

至于《畏惧与颤栗》和《重复》是否在其他方面有价值，我无法决定。如果它们有价值的话，那么评判的标准一定不在说教式的段落重要性之上。如果我们这个时代的不幸在于遗忘了何谓内心性，那么，人们就不应为段落吞食者写作，而应在生存令生存个体感到困惑的时候将其痛苦展现出来，这一点与安坐在壁炉旁的角落里背诵着"怀疑一切"完全不同。(38)因此，如果作品想有所意味的话，它应该持续地拥有激情。康斯坦丁·康斯坦蒂乌斯甚至采用了一个爱情故事，就其与何谓生存的关系而论，爱情故事永远都是一个有用的主题，尽管在哲学的意义上，就其与背诵的关系而言，这是愚蠢的。他采用了订婚的情节，对此我完全赞同。当我们说两个人彼此相爱的时候，只有那些阅读小说的老手才会习惯于并且从乌合之众对"爱"这个字眼所进行的低级下流的解读当中取乐。婚约是一桩誓言，解除婚约就是解除誓言，这里并无任何会使一位女士脸红的秘密脚注。由此并不能说订婚应该具有更随意的色彩，相反，婚约的严肃性和解除婚约的可怕性将变得更清晰。在小说中,男主人公使其情人怀孕后抛弃了她,把这叫做誓言,叫做解除誓言,这是轻率的,并且是不道德的,尤其是它会阻碍人们做进一步的辩证思考。对这类行为不能进行思辨处理,因为健全的常识很容易就会告诉我们,这里至少犯下了四宗罪:使少女怀孕(即使他后来与少女奉子成婚,但这仍是一宗罪),因此使孩子成为非婚生子女(即使他后来做了校正,但这仍是一宗罪),遗弃母亲,遗弃孩子。[39] 随后,小说的男主人公很可能会遇到一位新情人,尽管这个新的关系成就了一桩美好姻缘,但依《圣经》之言,他仍然犯了通奸罪,而且他把被遗弃者的婚姻——假如她步入婚姻殿堂的话——转变成为通奸,根据《圣经》的教导。[40] 就此而论,我能够很好地领会为何要选择订婚故事,① 这故事后来还被"沉默寡言的兄弟"所采用。毁约情况越纯粹,其时那种根本的可怕性生长且扩大着,辩证法就越能有所发现。但是,对最适合在第二刑事法庭来处理的事务进行辩证思考,甚至采用了一丁点可怜的辩证法而让主人公成功逃脱——这事须交给小说家去完成。[41] 小说作家会把订婚视为无意义之举,以至于他根本不会想着要去理解一桩毁约事件。假名作者们运用辩证法正是为了使事情尽可能地可怕,主人公正是通过那种激情而成为主人公——怀着激情,他在自身之内理解那种可怕性,并且视之为对自己的生命具有决断性的意义。此事的纯洁性在于,毁约应在一种目的论悬搁的意义上进行把握;英雄的纯洁之处在于,他是在激情的极致之下意愿为之;他所受的苦难之一便是他自己洞悉到,他的生活对于绝大多数人而言变得了无意义,通常而言,这些人对伦理和宗教的理解与大多数小说家并无二致。在伦理和宗教的意义上,一个人并不非因其成为能够轻松对待一切事物的快乐的人而成为英雄;相反,一个人成为英雄是因其把生活视为无限地沉重,不过请注意,不是以无谓的女性尖叫的方式,而是以内心性的坚忍为之。

但是,严峻考验(关于它的辩证法可参考《重复》)是一个通道,被考验者将返回到伦理性的生存之中,尽管他持有关于可怕性的永不磨灭的印记,当被考验者白发苍苍之时,这印记会比他的白发所勾起的对那可怕

---

① 同样我还能领会到,为什么这位假名作者或者这些假名作者们不断地提出婚姻话题。通常人们会在困难开始之处停滞。根据古老的风俗,诗学采纳爱情而不理会婚姻。但是,在现代诗学当中(在戏剧和小说中),情况却变成为这样,人们很自然地把通奸当成一场新的恋爱的老练背景。纯洁的诗学对于婚姻丝毫不做解说,而有罪的诗学则将之释读为通奸。

的和有生命危险的瞬间的回忆更具内在性。伦理的目的论悬搁应该拥有一个更为确定的宗教性表达。伦理连同其无限的要求存在于每个瞬间，但个体却没有能力实现之。个体的这种无能为力不应被理解成在通达理想之时的不懈奋斗的非完满性，果若如此，悬搁就未被设定，就像说某君办事平庸被暂时停职一样。这里所说的悬搁存在于，个体发觉自身正处于与伦理的要求正相反对的状态之下。因此他根本无法开始，他时刻处于这种状态之下，越来越被阻碍着而不能开始——他与现实性的关系不是一种可能性，而是一种不可能性。于是乎，个体以最为可怕的方式被暂停伦理之职，他在悬搁之中与伦理是异质的，但是伦理对于个体仍然拥有无限的要求，并且每时每刻都在向个体提出这要求，因此，异质性每时每刻都被更明确地标记为异质性。亚伯拉罕在考验中（上帝考验一个人是在《创世记》中亚伯拉罕受考验的意义上）与伦理不是异质的；他原本可以很好地将伦理付诸实践，但却为那种更高的东西所阻——它通过绝对地突出自身的方式而把责任的声音转变成一种诱惑。[42]一旦那种更高的东西解放了被考验者，一切都将回归正常，尽管那种可怕性将永远留存，哪怕它可能只发生了十分之一秒。悬搁持续多久并不重要；它存在才是具有决定意义的。但是人们并不关心这类事情。布道辞随意使用"严峻考验"这个范畴（在严峻考验中，伦理就是诱惑），它绝对地混淆了伦理以及总体而言的全部直接性的人类思想，结果一切都仿佛趋于虚无——但它也不会更多。

现在的情况有所不同。责任就是绝对，责任的要求就是绝对，但个体在将之付诸实践时却受到了阻碍。的确，以一种令人绝望的反讽的方式，他好像通过与责任的异质关系被免除了责任（其意与《圣经》所说的免于上帝律法的约束相同）。[43]责任对他的要求越深刻，可怕的豁免对他就越清晰。那种可怕的对实践伦理的豁免，个体与伦理的异质关系，对伦理的悬搁，这就是一个人身上的罪的状态。[44]

罪是对宗教生存的一个具有决定意义的表达。只要罪未被设定，悬搁就只是一个转瞬即逝的环节，结果它或者消失，或者作为完全的不规则性而居于生活之外。但是，罪是宗教生存的决断性的起点，它不是某种事物之内的一个因素，不在另一种事之序之内，它本身就是宗教性的事之序的开端。罪没有出现在任何一部假名作品之中。《非此即彼》中的伦理者令个体以悔悟的方式脱离其与族群的连续性而与绝望的行为相伴，由此他的确给予了"选择自我"这一伦理范畴一丝宗教的意味,但这是软弱无力的,他这样做的根据无疑在于他要保持这部著作的伦理性——这一点似乎与我的意愿是一致的,也就是说,为了使每个因素都清晰起来。[45]《非此即彼》结尾处有言曰:"在上帝面前我们一无是处"。[46]这里蕴含的建设性观点并不是对作为根据的罪的定义,而是在有限与无限之间的一种错位,它的提出是为了使与无限的和解在热情中得到平息。这是有限者(在自由的境界中)向着上帝所发出的最后的、热情洋溢的呼唤:"我无法理解你,但是我愿意爱你,你总是正确的。是的,尽管在我看来你不愿意爱我,但我仍然愿意爱你。"因此这个主题就成为这样:建设性的意义居于思想之中,等等。建设性意义不是通过消除误解而求得,而是通过热情地意愿承受误解而求得,最终,勇气仿佛消除了误解。——"罪"在《畏惧与颤栗》中不时被采用,用以揭示亚伯拉罕的伦理悬搁的意义,但仅此而已。

当《忧惧的概念》一书出版时,事情就是这样。这是一本就原罪的教义问题所做的单纯的、具有指示性的心理学考察。[47]诚如《非此即彼》所保证的那样,目的论的悬搁不应与感性的隐蔽相混淆。同样,目前这三部假名著作保证,罪——如果它被提出来的话——不应与这个、那个东西相混淆,不应与虚弱和不完美相混淆;对罪的忧也不应与所有这些东西相混淆——叹息和眼泪,甚至是为我们自己恸哭,为我们自己涌出的泪泉;在罪中所受的苦难也不应与任何东西相混淆。对于整个生存境界来说,罪是决定性的,它在最严格的意义上是宗教性的。正因为在我们这个时代人们所知过多,结果很容易在言语的混乱之中使一切混淆。感性的人把最具决定意义的基督宗教的概念用于俏皮话之中,而牧师则把它们用于像公文那样的毫无思想性的东西之中——它对内容漠不关心。

但是,如果我们这个时代的不幸在于它所知甚多,但却忘记了何谓生存,何谓内心性;那么,罪不能在抽象概念中加以把握这一点就是意义重大的。在抽象概念中,罪根本不可能被把握,也就是说这是决定性的,因为罪与生存有着本质性的关系。因此,该书成为一种心理学的考察是很好的,它自身即阐明,罪不可能在体系中找到位置,很可能就像灵魂不朽、信仰、悖论以及诸如此类的东西一样,罪在本质上与生存相关联,生存恰恰为体系思想所忽略。人们不会通过"忧惧"思考段落的意义,而会思考生存和内心性。《畏惧与颤栗》展示的是受目的论悬搁的人在经受上帝考验时的状态；同样，忧惧就是受目的论悬搁的人在那种令人绝望的免于实践伦理之时的灵魂状态。当真理就是主体性的时候，作为忧惧，生存个体身上的罪的内在性与真理存在着最大可能的距离，同时那也是最为痛苦的距离。

我不想进一步涉及该书的内容了。我不断提及这几部作品，是因为它们演化出了将我所拥有的理念付诸实践的诸环节，我以某种反讽的方式被免于实现这个理念。就在我这样看待这些作品的时候，一桩崭新的怪事出现了。如同以扫和雅各的预言——大的将要服事小的，结果，那些大部头假名著作要服务于我的《哲学片断》。<sup>(48)</sup>但是我不想那么专横，我宁愿说，这些著作有自己的意义，同时它们对我片断式的作品也是有意义的。

顺便提一句，《忧惧的概念》在根本上有别于其他假名著作，它的形式是直接性的，甚至还带点说教性。或许作者认为，就在这一点上，在能够转到向内心性沉潜之前，只有知识的传播才是必要的；而向内心性沉潜的任务属于那个在本质上求知的人，但他不仅仅要有知识，更要被影响。相比于其他假名著作，这部作品所带有的些许说教形式无疑就是它为大学编外讲师所青睐的原因。<sup>(49)</sup>我并不否认我把这种好感视为误解，因此，一本归在尼古拉斯·诺特本尼名下的令人愉快的小书的同时出版令我很高兴。<sup>(50)</sup>通常而言，假名著作是会被归于某位作者的。如今，所有一度希望拥有一位说教式作者的人会因看到这部轻松之作源于同一人之手而立刻放弃这个希望。<sup>(51)</sup>

于是，终于轮到我的《哲学片断》了。<sup>(52)</sup>现在，生存—内心性是这样被规定的：基督教—宗教只有在没有立刻与任何其他东西相混淆的情况下才能被提出。但是还有一点。克尔凯郭尔博士的建设性演说一直与那些假名著作步调一致，这在我看来就是在暗示，他在保持一致的步调，而且给我留下深刻印象的是，最近的四篇演说采用了一种谨慎而隐约的幽默色彩。<sup>(53)</sup>通过内在性企及的东西可能都会以这种方式告终。尽管伦理的要求是有效的，尽管生活和生存被强调为一个艰难历程，但是决断尚未被置于悖论之中，那种通过回忆向着永恒的形而上的撤退一直都是可能的，它给内在性以一抹幽默的色彩，这幽默就是无限性在永恒决断的背后对一切的取消。① 生存（也就是说，去生存）的悖谬性的表达是罪，作为悖论的永恒真理在时间中生成，简言之，那些对于基督教—宗教具有决定意义的东西在建设性演讲中是找不到的。有些人依博士所言，认为我们可以很好地把这些演讲称为布道辞，另一些人则持反对意见，认为它们不是真正的布道辞。当幽默利用基督教范畴的时候，幽默就是对基督教真理的错误再现，因为幽默与反讽之间并无本质差别，但它却与基督教有着本质差别，并且这种差别与反讽与基督教之间的差别并无二致。幽默只是表面上有别于反讽，它只是表面上占有了全部基督教的东西，但却没有以决断的方式占有之（但是基督教恰恰在于决断和决断性）；而对于反讽而言的本质性的东西，即回忆从时间当中抽身而返诸永恒，它对于幽默也是本质性的。表面上看，幽默比反讽给予生存以更重要的意义，但是，内在性是包罗万象的，比之于基督教的质的决定性，无论多少都是一种正在消失的量。(54)因此，幽默在界定基督教方面成为最后的出发点。当幽默利用基督教范畴的时候（罪，对罪的宽宥，和解，在时间中的上帝，等等），幽默不是基督教，而是一种异教式的思辨，它得以获知关于基督教的本质性的全部。它可以欺骗性地靠近基督教，但是，在决断占领之处，

---

① 当人们没有用决断性的是或者否来回答《哲学片断》所提问题的时候（"永恒福祉能否拥有一个历史出发点"），而是报以忧伤的微笑（这就是幽默中的抒情性），幽默浮现了。它指示着，老者70岁的高龄和新生儿半小时的生命在成为永恒的决断方面都太短暂了。人们可以贪图享受地用被子蒙住头而让整个世界靠边走；同样，幽默家可以在内在性的帮助之下，藏身于对永恒的回忆背后，忧伤地冲着时间性的生存微笑——生存中满载短暂的忙碌和虚幻的决断。幽默家并非宣讲不道德。相反，他尊重道德，尽其所能地完成自己的部分，并且反过来嘲笑自己。但是，幽默家对内在性有种女性的眷恋，回忆是他幸福的婚姻，回忆是他幸福的渴望。一个幽默家会突发奇想，并且真正将自己的想法付诸实践。他干起活来比任何人都热切，比一个负责的工人还要苛刻地对待时间。但是，假如这项工作应该对永恒福祉的决断有些许意义的话，他就会发笑。时间性对他而言只是过眼烟云，它有着极其可疑的意义；他把自己的永恒锁定在对时间的回忆的背后，对他而言这就是在时间当中对幸福的预尝。从永恒的角度出发才能思考永恒福祉，同样也才能思考永劫。因此悖论就存在于，时间中的生存应该成为出发点，仿佛生存者把对永恒的回忆遗忘在身后，仿佛他在某个确定的时间点上获得了永恒福祉，但实际上永恒福祉永远是自我设定。幽默和思辨思想是否正确，这是另外一回事，但是它们自我宣称为基督教却是永远错误的。(55)——当永恒的本质性决断要向后从回忆中获得之时，随之而来的就是，与上帝的至上的精神关系就成为上帝在劝阻，在约束，因为时间中的生存与永恒的决断之间永远不一致。于是乎，众所周知，苏格拉底的神魔只是劝阻，而幽默家也是这样理解其与上帝的关系的。(56)永恒回忆用以松绑和解开的形而上的绝对力量超越于这种对立之上，对此幽默家并没有否认，而是承认了；但是，尽管他承认了，对立还是消融在永恒的决断背后。在悖论那里情况相反：在那里，精神是激励性的，这一点转而成为一种悖谬性的表达——时间和时间中的生存被强化是多么的悖谬。

在生存俘获生存者之处，就像一旦出牌便不可收回那样，他必须停留在生存之中，而他身后的回忆和内在性之桥将被斩断；当决断在瞬间出现之时，当运动向着在时间中出现的永恒真理前进之时，幽默并未到场。现代思辨思想在以同样的方式行骗。不过，我们甚至不能说它行骗，因为很快就没有人可以去欺骗了，而且思辨思想是诚心诚意这样做的。[57] 思辨思想在理解整个基督教的时候创造了壮举，只是请注意，它不是以基督教的方式、而是以思辨的方式理解基督教，这恰恰是对基督教的误解，因为基督教与思辨思想正相对立。——当克尔凯郭尔博士称那些建设性演说为《建设性演说》的时候，他非常可能知道他在做什么，知道他为什么没有采用基督教义的范畴，没有提及耶稣基督的名字等等，当今时代人们都是随意使用这些东西的，尽管这些范畴、思想以及再现时的辩证性都只是内在性的。如同那些假名著作，除了它们直接所为，它们都在间接地反驳思辨思想；这些演讲辞亦然，不是因为它们不是思辨性的——它们恰恰就是思辨性的①，而是因为它们不是布道辞。假如有作者称之为布道辞，那么他就是多嘴多舌之流。它们是建设性演讲辞，作者在"前言"中重申："他不是教师"，而且演说不是"为了建设"，其目的论的意义通过这个范畴早已在"前言"中被幽默地取消了。它们"不是布道辞"；换言之，布道辞是与基督教相呼应的，牧师与布道辞相呼应，一名牧师本质上是通过领受圣职而成其为所是，领受圣职是教师在时间中的悖谬性的转变，以之他在时间中转变为某种不同于从天才、才干和天赋等东西之中内在地发展出来的所是。[58] 当然没有人能够永远领受圣职，或者从一出生就能回忆起自己曾领受圣职。从另一方面说，领受圣职是"不可磨灭的印记"，这一点无非意味着时间在此再次对永恒具有决定意义，而回忆向永恒的内在性撤退则被阻止。[59] 反过来，基督教发出的提醒是与领受圣职在一起的。[60] 这一切是否正确，思辨思想和幽默是否不正确，这完全是另外的问题。但

---

① 因此，署名 Kts 的作者（发表于海伯格教授的《信息报》），完全正确地对《主给予，主收取，主的名得到赞美》这篇演说另眼相看，他指出其余诸篇因过于哲学而不成其为布道辞。[61] 但是，他错误地忽略了作者本人在将其称为"建设性演说"时所说的同样的话，而且作者在"前言"中特别提示，它们并非布道辞。在当今时代，思辨思想正与布道辞混为一谈，对此已毫无异议。人们可以直接地提请大家注意，例如，给期刊写篇短文；但也可以间接地做，耗费大量的劳动，就像写哲学的而非布道辞式的建设性演说那样。如果人们认为它们可以被称之为布道辞，这就揭示出混淆的存在，但同样也揭示出，那个如是为之并且特别指出误解之所在的作者，他并不需要被告知混淆的存在。

是，即使思辨思想在很多地方都是正确的，它试图装扮成基督教这一点却永远是错误的。

接着，我和我的《哲学片断》出场了。在这本小册子里，我是否成功地以间接的方式使基督教与生存建立了关系，是否通过间接的形式使基督教与有学识的读者建立了关系——这位读者的不幸或许恰恰在于他所知甚多，对此我无从判断。这一点不可能以直接沟通的方式达成，因为直接沟通只能与趋向知识的接受者建立关系，而不能本质性地与生存者建立关系。直接沟通或许能够掀起一点轰动，但是轰动与生存无关，它毋宁与闲谈相关。在所理解的东西之中生存是不可能直接地传达给一个生存者的，甚至连上帝也做不到，更别提凡人了。如前所述，这本小册子是否成功，我无从判断，我自己也不想费事地发表评论，要做到这一点相应地就要采用双重反思的间接形式。我目前的处境就是，我与所有人意见相同，这很少发生在我头上。假如没有人愿意写书评，那我也不愿意①。(62) 假如它成功了，那很好；假如它不成功，好吧，这不幸没那么严重，这样的小册子

---

① 不过，就在这些日子里，我刚刚得知有人给这本书写了书评，而且奇怪的是，书评发表在一本德国期刊上——《关于神学和教会统计资料的一般性报告》。(63) 评论人有绝佳的素养：他简洁，他抑制了几乎所有通常会在书评中出现的东西，抑制了在升学和毕业考试中评分、嘉奖、甚至是嘉奖兼祝福的举措。我非常欣赏评论中的第一句话（"这部出自丹麦多产作家之一的作品，因其行事方法的独特性质并非不值得给予简短的评论"）中出现的"评论"和"并非不值得"的字眼，令我感到恐惧。(64) 评论人把这本书的内容描述为对肯定性的基督教前提的发展，并且指出它是以这样的方式完成的，即"我们这个时代，它使一切平均化、中立化，它调和一切，几乎认不出它们"。(65) 随后，他继续对本书进行陈述（可以说，他没有采用反讽的口吻，这反讽是包含在他自己所说的为我们这个时代展示基督教的前提的方式之中的，结果尽管反讽完成了自己的任务并且继续向前，但它却无法认出那些前提）。他的陈述是准确的，而且在整体上是辩证地可信赖的。但是现在障碍出现了：尽管这陈述准确无误，但是每一个仅仅读过书评的人会对这本书形成一个完全错误的印象。当然了，这不幸没有那么严重；但是从另一方面说，如果一本书引起讨论是因其独特性之故，这终归不妙。书评是说教式的，完全、纯粹说教性的；读者由此会得到一种印象，那本小册子也是说教性的。这一点在我看来是人们所能获得的最为错误的印象。形式的对立，试验对内容的戏谑性的抗拒，创作的大胆（它甚至在虚构基督教），唯一的试图超越的努力——也就是超越所谓思辨性建构的努力，反讽不知疲倦的活动，在整体结构上对思辨思想的戏仿，在努力使某种"完全超凡脱俗的、也就是崭新的"东西出现与实际涌现的仍带有适度严厉性的老派正统教义之间的讽刺性，(66) 这些读者从书评中丝毫感受不到。这本书绝非为想获得某种知识的无知者所写，我在书中与之对话的都是有学识的人，这一点似乎暗示，书是为有学识者而写，他们的不幸在于他们所知过多。因为所有人都知道基督教真理，结果它逐渐变成为一种无足轻重的东西，人们很难对之形成一个原初的印象。果若如此，能够进行沟通最终就成为一种能够拿开或者骗走的艺术。这一点看似奇怪且极具反讽性，但是我认为我成功地（转下页注）

## 最后的、非科学性的附言

我很快就能写好。如果我清楚地意识到，我甚至不能以某种方式通过制造困难而造福于我的某些同时代人的话，这个令人痛苦的意识就会使我免于费时费工地从事写作了。

不过我真的想知道我是否被误解，是否在读者身上预设了某些东西，

---

（接上页注）表达出了我的意思。如果一个人嘴里塞满食物因而无法进食，他会饥饿而死。那么，为了让他进食是把他的嘴塞得更满，还是宁可从他嘴里取出些东西，以便他能够吃到东西呢？同样，一个人学识渊博，但是他的知识却毫无意义或者对他而言毫无意义；那么，理性的沟通方式是给他更多的知识，尽管他大声疾呼说那正是他所需要的，还是宁可从他身上拿走一些呢？现在，沟通者拿出渊博者所知的很多知识的一部分，用一种令其感到陌生的方法进行传播，这位沟通者就是在从渊博者身上拿走知识，至少是直到渊博者通过战胜形式的对抗性而将其吸收为止。假设，这位学识渊博者的麻烦在于，他习惯于某种特定的形式，"只有当字母顺序为 ABC 的时候，他才能证明一个数学命题，而当顺序为 ACB 的时候则不行"。那么，这个变化了的形式就是在从他身上拿走知识，而这种拿走就是沟通。当一个时代以体系的和背诵的方式完成了对基督教以及所有难题的理解、然后欢呼雀跃地宣称理解难题是多么容易的时候，人们定会心生疑窦。换言之，说某事难到我们根本无法理解，要比说某难题极其容易理解更好理解；因为如果它那么容易的话，它或许就算不上是难题了，因为难题的标记恰恰在于它难以理解。于是，在这样一种事之序之中，如果沟通并非旨在使难题变得容易，那么沟通就会变成拿走。人们给难题套上了一种新的形式，因此这难题真的变得很难。这是针对那些早已把困难解说得十分容易的人们的沟通。假如书评暗指的东西发生了——读者几乎无法在所提供的材料中认出他早已完成了的东西，那么这沟通就会使其停下，不是为了向他传播某种可以增添到他的渊博学识之上的新东西，而是要从他身上拿走。——对书评的其他方面没什么可说的了，只是最后四行再次证明，在我们这个说教的时代，一切是如何以说教的方式被把握的。"我们避免提供任何反对意见，因为，诚如前述，我们关切的只是证明作者独特的行事方法。在其他方面，我们要将之移交给每一个人去思考，看他是想从这部护教式的辩证之作当中寻找严肃，还是寻找反讽。"(67)但是，我的"独特的行事方法"，如果可以这样说的话，尤其是可以去"证明"的话，恰恰就在于沟通的对立形式之上，而绝非存在于那些或许能使问题变得更加清晰的新的辩证组合之中。它首先且决定性地存在于对立的形式之中；只有当这一点被指出之时，假如必要的话，才有可能短时间内谈及一丁点说教的特质。当评论人让每个人自己决定是想从小册子当中寻找严肃还是反讽的时候，这是误导性的。通常，当人们不知说什么好的时候才会说出这样的话。当一本书所提供的是纯粹的说教性的严肃内容之时，这样说还是有些道理的，只要人们就该书所说的东西并不在书中——"这本书是纯粹的严肃"。如今书评人说，上帝才知道这是严肃还是反讽，由此他说了点什么，他说的方式是让读者自己去寻找或者想去寻找实际上没在书中直接出现的东西。不过如果只是找到存在的东西的话，情况并非如此。但是，我这本小册子绝非是纯粹的严肃之作，只有书评才是纯粹严肃的。如果书评结尾处的评论对于书评本身而言有所意味的话（例如，作为对它的讽刺），它对于我的书来说就是愚蠢的。假设某君在苏格拉底进行反讽性对话时在场；假如事后他将此事转告他人，但却漏掉了反讽，他说：上帝才知道这样的对话是反讽的还是严肃的；那么，他就是在讽刺自己。但是，反讽的存在并不意味着严肃被排除在外。只有那些大学编外讲师才这样认为。换言之，他们清除了选择性的"或者"，他们既不怕神也不怕鬼，因为他们会调和一切——除了他们无法调和的"反讽"。

并且是错误地预设了它们。我乐于完全地坦诚：我通过这本书所呈现的关于沟通的想法，与我通常就此论题所见到的东西截然不同，与人们于沉寂之中默认的东西截然不同。间接沟通使沟通成为了一门艺术，其意不同于人们通常所认为的沟通者把沟通的内容提供给了有知者，这样对方就能对之进行评判；或者提供给了无知者，这样对方就能获得知识。可是无人关心下面的情况，那种使沟通辩证性地困难的情况——接受者是一名生存者，这正是本质之所在。在大街上拦住一个人，站在那里与之谈话，这比不上在行走中与一位过路人说话那么困难，其时他没有驻足或者阻止路人行走，没有引对方走上跟自己相同的道路的想法，而只是促使对方走自己的路。生存者之间的关系也是如此，当沟通涉及到作为生存—内心性的真理的时候。就我的引起异议的沟通观念而言，有时我会想，关于间接沟通之事能否直接地被表达。虽说苏格拉底通常对于发问和回答之事（这就是一种间接的方法）十分严格，因为那种冗长的谈话、说教式的演说以及背诵只能导致困惑，但我看到，有时他自己也在滔滔不绝地讲话，而且认为其根源在于，在对话能够开始之前，他与之进行对话的人需要某种启迪。比方说，他在《高尔几亚》里就是这样做的。但是对我来说，这是一种不一致，是耐心的缺失，它害怕人们在开始相互理解之前需要过多的等待；因为通过间接的方法人们会企及同样的东西，只不过要慢些。但是，当理解就是内心性的时候，快速对于理解毫无价值。我认为这样会更好：人们真正地各自独立地在内心性之中相互理解，尽管这一切来得慢些。的确，尽管这一切从未发生，因为时间流逝了，沟通者在无人理解的情况下被遗忘，但对我来说这是与沟通者相一致的，即他没有为了得到他人的理解而做出一丁点调整，而且他全面地留心不让自己在与他者的关系中变得举足轻重，后者远离内心性，其本性是外在的、吵闹的。当其如是行动之时，他会在这样的评判之中得到慰藉——神评判，不允许他赢得某人，而只让他尽其所能地徒然劳作，让神来评判这一切是否有意义。无疑，这比好事者对神所说的话更会令神愉悦。好事者对神说："我为你赢得了一万名追随者。有些是我因世界的苦难而悲泣、并且警告世界不久将毁灭的方法赢得的；有些是我用打开光明的、微笑的前景的方式赢得的，如果他们听从我的教导的话；其他人我用了其他的方法，打倒一点，增添一点。他们全都成了追随者，一般水平的追随者。的确，如果在我有生之年，你降临尘世来视察的话，我会用众多追随者的景象迷惑你的眼睛，就像泡特金迷惑叶卡捷琳娜一样……"[68] 是的，就像泡特金迷惑叶卡捷琳娜，以完全相同的方式，也就是说，借助戏剧舞台的布景，以此一万名真理的追随者也就成为了戏剧化的消遣。

主体性、内心性即真理，这是我的论题。我曾经试图揭示出，在我看来，这些假名作者们是如何努力朝着这个论题前行的，其极致就是基督教。在基督教之外仍有怀有内心性生存的可能性，别的不说，希腊人已经充分揭示出这一点。但是在我们这个时代，事情好像走到了这步田地，我们都是基督徒而且了解基督教，结果我们很少能碰到一个跟异教哲学家一样的拥有生存的内心性的人。难怪当人们开始把自身带到了一种不可能对基督教获得一丁点印象的境地之时，他们很快就不再需要基督教了。人们变得客观了，他们想用客观的方法考察神被送上十字架的事件。当其发生之时，甚至庙宇都不允许是客观的，因为帷幕被扯坏了；甚至那些死者都不允许是客观的，因为他们从坟墓中站了起来。[69] 于是，能够使那些无生命者和死者变成主体的东西现在却被客观先生们以客观的方式加以考察。人们变得客观化了，他们想以客观的方式考察基督教，基督教迄今为止擅自把考察者视为罪人，如果这里真能看到什么东西的话。身为罪人应该是主体遭受的最为可怕的苦难了，只是人们想以客观的方式为之。于是，冗长的体系导论和世界史大纲助人一臂之力，但在这个方面，它们是纯粹的愚蠢；就基督教的决断而论，它们是纯粹的拖延。人们变得越来越客观，越早越好，他们轻视主体，蔑视个体范畴，想在族类中寻求慰藉，但却未能领会，主体想抓住某种光彩夺目的东西但却一无所获，这是何等的懦弱和绝望。人们自然而然地就是基督教徒。在庄严的场合，人们甚至还在思索那个必定适合于严厉的教父们的问题——异教徒能否得救，他们没有觉察到其中的讽刺——比之于客观化的基督教，异教离基督教要近得多。在客观化的基督教当中，基督成了一个"是和否"，但是在保罗的布道中，基督在哥林多却不是"是和否"（《哥林多后书》1：19）![70] 满怀激情地以主体的方式生存（以客观的方式只能在走神状态中生存）在总体上是能够对基督教形成看法的一个绝对条件。每一个不愿如是为之、但又想与基督教打交道的人，不管他是谁，不管他有多伟大，在这件事情上，他在本质上都是一个傻瓜。

我对这些假名作者的解读是否与他们本人的愿望相符，我无法决定，因为我只是一名读者；但他们与我的论题有关，这一点是清楚的。对此倘若不能从其他地方看出，也可以从这些作者规避说教方式这一点上看出。不采用说教方式，在我看来是对我们这个时代所存在的混淆的真正把握，这个时代的混乱正在于说教的泛滥。高高在上的编外讲师们轻视这些假名作品，也轻视我的小册子，因为它们不是说教性的。(71)好多人自然得出结论，认为假名作者们和我没有能力达到进行说教所要求的高度，没有达到编外讲师们所处的客观性的立足点。或许吧。但是，如果主体性是真理，那么编外讲师们的高度必定是可疑的。令我惊讶的还有，尽管每一位神学系学生几乎都被认为有能力进行说教，但这并不能使人们相信，假名作者们连同我，约翰尼斯·克利马克斯，差不多能够像其他说教者那样进行说教。相反，人们很容易就形成这样的看法，我们这帮人愿意成为被挑选出来的可怜虫，当时下整个德国文学界无一例外地冲着这个方向发展之时，我们却无力做到对于那些想摘抄德文书的大学生来说几乎像写诗一样容易的事，很快就连仆人都要求达到这种技巧了。但是随它去吧。因某事成名总是好的，我要求的不是别的，只是作为唯一的没有能力进行说教的人被挑选出来，由此也是作为唯一没有理解时代要求的人。

　　主体性、内心性即真理，这是我的论题，那些假名作者们与之有所联系是很容易看出的，即使不从别的方面，也可以从他们对喜剧性的青睐中看出。喜剧性从来就是成熟的标志，因此在此有效的将是，一种新生事物从成熟之中萌发；喜剧的力量不会扼杀悲情，却会指示出一种新的悲情的诞生。(72)我视蕴含在喜剧性中的力量为每一个被授权存在于当今时代的精神世界中的人的绝对必要的合法根据。如果一个时代如当今时代那样经过彻底反思，或者如人们所认为的那样；如果这是正确的，喜剧性就会被所有人发现，并且本能地为那些想发表见解的人所发现。但是，编外讲师们对喜剧感的匮乏达到了令人震惊的地步。一位热切的黑格尔主义者证实，甚至黑格尔也完全没有喜剧感。(73)可笑的郁郁寡欢，段落的重要性，这些使编外讲师们与贺伯格笔下的簿记员具有惊人的相似性，编外讲师们称之为"严肃"。(74)所有不具备那种骇人的肃穆劲头的人都是轻浮的。或许吧。但是，一个人真正地以反思的方式从直接性之中脱身，但却没有成为喜剧方面的大师，这意味着什么？好吧，这意味着此人在撒谎；一个人保证以反思的方式脱身，并且将之作为一条信息以直接的方式传达出去，这意味着什么？好吧，这意味着此人满口空话。精神的世界里不同的阶段并非像途经的城市，对于那些城市而言，旅行者直接谈论它们是完全正常的，比方说，我们离开北京到了广东，14号我们在广东。[75]换言之，这样的旅行者是在改变地点，而非自身；因此，他以直接的、不变的形式讲话并且讲述这变化就是无可厚非的。但是在精神的世界里，地点改变了，自身也被改变，因此，直接性的保证自己曾经到达这里、那里的说法就是明希豪森式的尝试。在精神的世界中一个人走到了遥远的地方，作品本身就可以证明；如果它证明的是相反的东西，则所有的保证都是在增加喜剧性。喜剧力量是警察的标记，权力的标记，是每位警察——在我们这个时代中他们都是真正的警察——必须佩戴的。[76]但是，这种喜剧性既不激烈又不疯狂，其笑声并不尖锐刺耳；相反，它在与被置于一旁的直接性的关系方面显得小心谨慎。同样，收割者的长柄大镰刀上装有与锋利的刀刃平行的木条，当镰刀割庄稼的时候，庄稼几乎享受般地落到支架上，然后干净漂亮地在田埂上留下一道长长的痕迹。合法的喜剧性与成熟的直接性之间的关系亦是如此。收割是庄严的行动，收割者并非了无趣味，是喜剧性的锋利和尖刻使直接性下沉，并非不美好，甚至在落地时仍受到收割动作的支撑。这种喜剧性本质上就是幽默。如果喜剧性是冷酷的、无所慰藉的，则它指示着没有新的直接性萌生，因此也就没有丰收，只有不育之风的空洞激情横扫荒芜的原野。[77]——因某事成名总是好的，我所要求的是成为在我们这个严肃的时代中唯一希望他们不严肃的人，再没有比这更好的了。与改变这种判断的渴望大相径庭，我的愿望只是说，那些令人尊敬的编外讲师们，不仅是那些布道时做出有力手势的人，还有社交茶会上强行发表自己意见的人，希望他们维持原先的判断，不要突然间忘记了他们私下常常针对假名作者所发表的严肃论断；希望他们能够清楚地记起，正是他们自己才使喜剧性成为严肃的定义，使玩笑成为所有暴政中最可悲的暴政——闷闷不乐、愚钝以及僵硬——的救星。[78]假名作者们连同我都是主体性的人；在我们这个客观化的时代中，我要求成为唯一的无力成为客观性的人，再没有比这要求更好的了。

　　主体性、内心性就是真理，生存是决定性因素，这就是通向基督教的道路，基督教恰恰就是内心性，不过请注意，不是所有的内心性，这也就是为什么此前所确立的那些阶段必须被坚持的原因——这是我的看法。我相信我在假名著作当中找到了类似的努力，我曾经试图阐明我对这种努力的理解以及它与我的《哲学片断》之间的关系。我是否切中了假名作者的要害，我无法确知，但是无论如何我都要向他们致歉，我以某种方式做出了评论,尽管我的讨论因为没有涉及内容而根本算不得是书评。假名作者们一再请求不要书评,对此我从未感到费解。<sup>(79)</sup>当作品所采取的对立形式使得对之进行报道成为不可能之时,因为一则陈述报告恰好把最重要的部分取走了,并且错误地把作品变成了一个说教性的演讲;那么,作家们完全有理由宁愿拥有罕有的真正的读者,也不愿被群众所误解,这些人借助一则报道获得了些许谈资。这也是我认为作为作家的意义之所在。在此我想起了芝诺说过的一句话。在得知塞奥弗拉斯特拥有众多弟子的情况下,芝诺说:"他的合唱团是庞大的,而我的更和谐。"这些日子我刚巧在普鲁塔克的一篇短论《人们如何能够以一种被许可的方式赞美自己》中再次读到了这些字句。<sup>(80)</sup>

我的《哲学片断》以一种决定性的方式向基督教靠近,但却没有提及它的名称以及基督的名字。在这个知识的时代,所有人都是基督教徒并且知道何谓基督教,运用神圣之名但却无所意味,背诵基督教的真理但却没有对之形成丝毫印象,这样做是过于容易了。假如有人认为,这里没有指名道姓的原因在于我的无知,我并不知道基督教的创始人名曰基督、他的教义名为基督教,那么就让他这样认为好了。因某事成名总是好的,就我个人而言,再没有比希望成为基督教国家里唯一不知道基督教的创始人是基督的人更好的了;这方面的无知总比知道上百件琐碎小事那样的有知要好得多。

我的《哲学片断》出版后我就考虑着写一则附言,"为论题披上历史的外衣";这时,又有一部假名著作《人生道路诸阶段》出版了,一部只吸引了极少数人关注的作品(该书预见到了这一点,见第309页、第376页),或许是因为它没有像《非此即彼》一样收录《诱惑者日记》这样的东西,那肯定是被广泛阅读的作品,而且很自然地对造成轰动助以一臂之力。<sup>(81)</sup>这部作品与《非此即彼》之间的关联是清楚的,这是由作品前两部分采用了《非此即彼》中为人所知的人物姓名这一点明确揭示出来的。<sup>(82)</sup>假如《人生道路诸阶段》的作者向我求教,我会从审美的角度出发,建议他不要采用为人所知的人物姓名的方法从而使人们忆起以前的作品。① 就所有

---

① 还有另一个理由(假设,如人们通常所为,这些假名作品是出自同一位作家之手),我建议他不要从事那项艰巨的劳作。换言之,精明行事意味着不要过于热情、过于坚韧地工作,然后那些愚钝之徒就会相信这是一部慵懒之作。反之,浩大的声势和零星的工作会令群众认定,这是回事。或许我至今什么都没达成,因为并非不可想见的是,作家本人早已洞见到了这一点,只不过他们不屑于精明行事,而且他们把赢得各色人等的崇拜这件事视为是危险的。

## 最后的、非科学性的附言

必须被视为是冒险、且这冒险是因为它需要运气的事物来说，唤醒回忆总是危险的。要忽略这一点很容易，这样做就是拿自己和自己的运气冒险，其危险性在书中多处被提及。① 有个水手的故事，他从桅杆的顶端摔下来但却毫发未损。他站起身来说：现在来学我吧；但是，很可能他自己也不想再这么做了。⁽⁸³⁾ 同样，需要运气和灵感的重复从来都是一桩冒险。换言之，因引发比较之故，对表达的丰富性的要求就是绝对的，因为重复自己的话或者逐字逐句地重复幸运地选择的话并不困难。于是，重复相同的东西也就等于说，在被前人弄得困难的条件下做出改变。好奇的读者因相同的东西而离去，因为好奇的读者要求的是在姓名、装饰、服装和发型等外在方面的改变；而有观察力的读者的要求则更严格，因为关于我们并不知晓的人物的外表以及遥远地域的气候等等东西，是没有任何诱惑、没有任何娱乐、任何装饰和任何特殊信息的。但是，冒险持续着，那位无名作者对于危险并非一无所知，就像他不可能不知道为什么苏格拉底要把自己的荣誉和尊严押在一件事情之上：总是就相同的东西讲相同的话。② 假名作者通过冒险间接地赢得了一场对于好奇的读者群体的胜利。也就是说，当

---

① 参《人生道路诸阶段》第 16 页。书中这样写道："开宴会多容易啊，但是康斯坦丁却坚称，他永远都不愿冒险为之。崇拜多容易啊，但是维克多·埃莱米塔却坚称，他永远都不会道出崇拜的言辞（其实就是针对莫扎特），因为失败比在战争中致残可怕得多！"⁽⁸⁴⁾ 作为伦理代言人，威廉法官怀着伦理的激情所言正相反对，他在第 86 页上说："关于婚姻我已经说得够多的了，此刻我不想再说什么了。下回，也许就是明天，我会多说点什么，但是所说的'总是关于相同的东西的相同的话'，因为只有吉普赛人、强盗还有骗子才会有这样的箴言：永不返回到自己曾到过的地方。"

② 一般来说，我们通过了解一个人对于何谓作家的富有、何谓作家的贫穷的看法，就有机会对此人形成深刻印象，不管这人是精神性的还是感性的。如果哪位牧师能够在一年时间里就同一段经文布道，持续不断地在丰富的表达方式上进行更新；那么，他在我眼中就是无与伦比的，而感性的听众则会觉得他乏味无趣。如果奥伦施莱格尔这时能够把已经创作好的《瓦堡》重新创作一次，那么，他在我眼中就比他原先之所是更伟大。⁽⁸⁵⁾ 创作《西娜》要简单得多，因为情境、动作发生的地域、环境等等都是不同的。⁽⁸⁶⁾ 但是创作《瓦堡》，让读者阅读之，然后再把相同的《瓦堡》重新写出来，"相同的东西"指的是，所有外在的东西都是相同的和熟悉的，只有从瓦堡唇上飘过的芬芳的爱之絮语是崭新的，就像刚刚开放的花朵一样新鲜。好吧，即使很多人觉得乏味，我也会感到震惊。我最崇拜莎士比亚的地方是他的福斯塔夫，原因之一便是因为他被重复。⁽⁸⁷⁾ 自然了，每一回福斯塔夫都没有太多的戏份。但是如果莎士比亚能够让福斯塔夫在整整五幕之中保持不变，然后再来一个五幕；那么，尽管很多人会视之为乏味，我却认为这是神圣的。

这个读者群体审视着①这本书并且发现了那些熟悉的名字的时候——维克多·埃莱米塔，康斯坦丁·康斯坦丁乌斯等等，他们就会把书扔到一旁，厌倦地说：跟《非此即彼》完全相同。于是好奇的读者会说：这是相同的玩意儿。当这样一位读者大声表达自己的意见的时候，假名作者或许会这样想："真希望如你所说，因为这样的评判是恭维呢，既然它不可能被理解成逐字逐句的相同。不过我真的认为，我的内心性尚未达到如此丰富的程度，因此，我冒险重复只是一定程度的缩写，是对出发点做一定程度的改变。与此同时，作为作家，我比《非此即彼》的出版人要幸运，因为对新奇事物的兴趣、大部头著作以及《诱惑者日记》引起的骚动，因为人们相信那是回事。于是人们买书，甚至该书现在应该已经售罄了。唉，这是一本书的出色之处的危险论据。人们几乎受到诱惑要把它当成一份新年礼物了。(88)但是，我免于被好奇心所试探。"换言之，对于游乐园的娱乐和文学性的新年礼物而言，对于那些为钱写作的作家以及为这些作家所俘获的人来说，改变就是至上法则。(89)但是，对于作为生存中的内心性的真理而言，对于生活中不受腐蚀的快乐而言——这快乐与倦怠所生的寻欢作乐的强烈念头毫无共同之处，有效的却是相反的法则：相同的东西，做出改变，相同的东西。看，这就是游乐园的爱好者对永恒评价甚低的缘故，因为永恒的本质在于它总是相同的；清醒冷静的精神的标志是说，它知道外部的改变只是转移注意力的假象，在相同之中的改变才是内心性。(90)不过总体观之，读者群体的好奇心太强了，结果一个希望退出的作家，为了能够成为退出者，只需要做出一个小小的暗示，给出一个名字，于是这个世界就会放出话来：这是相同的东西。否则，《人生道路诸阶段》与《非此即彼》的差别是足够明显的。不要说在书的后三分之二，两本书的差别之大几乎可能成为范畴性差别了。② 单说书的前三分之一，之前仅仅作为出版人的维克多·埃莱米塔转变成一个活生生的个体，康斯坦丁和诱惑者约翰尼斯形象更加鲜明，而威廉法官

---

① 就这样一位好奇的读者而言，毫无疑问，书的前三分之一是引用了李士坦伯格的话作为箴言的："这样的作品就是一面镜子；猿猴照镜子是照不出圣徒来的。"(91)

② 的确，这部作品本身也预测，读者群体会发现书的后三分之二乏味无趣，参该书第268页上，第367页下，第368页上。一个爱情故事就是爱情故事，这样的读者群说；如果人们要再读一遍的话，那么场景就应该发生在非洲，因为场景才会提供改变，这样的一个读者群所需要的是"盛装游行，地点，很多人物——然后，还有母牛。"(92)

对婚姻的关注是从一个完全不同于《非此即彼》的角度做出的，即使最具观察力的读者也找不到一个像《非此即彼》中那样的表达，找不到一个思想或者语言上的转折。

我有意在这个问题上多停留片刻，因为尽管它可能会令一个热爱孤独的独立作家欢喜，它对我却有着其他的意义，因为它与我一直强调的东西有关——当今时代忘记了生存意味着什么，忘记了内心性意味着什么。这个时代已不再相信，内心性会使表面贫乏的内容变得丰富，而外表的改变只不过是转移注意力的假象，它们是生活倦怠和空虚所欲捕捉的东西。因此，如今的人们拒绝生存的任务。顺便提一句，人们要学习何谓信仰，结果他们自然也就知道了信仰是什么。然后，人们抓住一个思辨的结论，但他们还差得很远呢。于是有一天，天文学现身了，人们用这种方式通览各种科学知识和发展阶段，但却并没有生活着。与此同时，仅仅为了取悦读者，诗人们开始在非洲、美洲以及鬼才知道的策普桑特和以 R 开头的地方漫游。[93] 因此，如果诗歌不叫停的话，人们很快就会发现新大陆了。[94] 何故？因为内心性正在逐渐丧失。

让我们开始看看全书后三分之二，其内容是一则痛苦的故事。[95] 痛苦原本遍在于生存的各个阶段，但是，当这本书把生存阶段依次排列成感性的、伦理的、最后到达宗教阶段的时候，并且只有在宗教阶段"痛苦"一词才首次出现，这似乎是在暗示，痛苦与宗教生存之间的关系有别于它与感性和伦理生存的关系。因此，"痛苦的故事"似乎是当作一个范畴来使用的，它涵义隽永，仿佛痛苦对于宗教生存具有决定性的意义。于是，"痛苦的故事"作为标题似乎就会与歌德的《少年维特之烦恼》，或者霍夫曼的《一个可怜的戏剧导演的烦恼》有着不同的涵义。[96] 换言之，在感性和伦理的生存当中，痛苦是偶然的，它可以缺失，而感性和伦理生存仍然可以继续；或者，如果痛苦在此获得某种更为深刻的意义，那它就是作为过渡环节。在这里情况有所不同：痛苦被设定为对宗教生存具有决定性意义，而且是作为内心性的标记：痛苦越多，宗教生存的意味就越重，并且痛苦持续存在。于是，作者在为其作品选择"一则痛苦的故事"的标题时没有感到丝毫别扭，他想到了很多特定的东西，并且自己在书中加以强调（参该书第 353 页之后的第 5 小节，尤其是第 357 页的中间）。[97] 感性生存的本质是享乐，伦理生存的本质是斗争和胜利；那么，宗教生存的本质就是痛苦——不是作为一个过渡环节，而是始终相伴。我想起了"沉默的兄弟"所说的，痛苦就是宗教个体持续存在于七万寻深水处。但是，痛苦就是内心性，并且与感性和伦理的内心性有所区别。即使在日常谈论中，当人们说某君可能遭受了许多痛苦的时候，我们都习惯于立刻将其与内心性的观念联系起来。

痛苦的故事以《有罪？无罪？》为标题，这里的问号清楚地指示着法律诉讼过程。小说作家很可能会把题目的两部分合并，而渴望结果的读者群则乐于看到这样。于是这标题就会变成例如《高尚的不忠者》、《被毁的忠诚誓言》，诚如《好丈夫轻骑兵军官》等。[98] 从扉页上立刻就能判断出哪个是哪个，读者是安全的。读者既没有因生存、亦没有因范畴的辩证精准性而感到不安；所讲述的故事是由一点点感性、一点点伦理、一点点宗教组成的可爱的混合体。但是，真正占据一个思想者的不是事后获知某些东西，而是与那个生存者在其生存之中同时共在。试验性的"无名氏"跻身于追根问底的问题的张力之间，挤在痛苦的拷问之中。[99] 如果当今时代的不幸在于忘记了何谓内心性，何谓生存；那么，尽可能地靠近生存就格外关键。因此，试验既没有以某个未来的时刻作为出发点，讲述一个已然逝去的有趣冲突；亦没有用令人慰藉的结论来缓解冲突的紧张。相反，它以戏谑的形式，用一种同时共在的现实性使读者与之同时共在，超出了他的能力，并且用不给出结论的方法使读者身陷其中。一本没有结尾的书肯定是先前被写出来的，或许因为作家亡故了，或者他不愿写完，等等。但这里的情况并非如此。没有结尾，没有结论，这一点就跟此前所说的"痛苦"一样，应该被理解成是一个与宗教生存相关的范畴。"沉默的兄弟"自己展开了这个观点（参书第340页第3小节，343页上）。[100] 但是，结论的缺失正是内心性的规定性；因为结论是某种外在的东西，对结论的传播是有知者和无知者之间的外在关系。

"痛苦的故事"被称为一项试验，作者本人阐明了它的意义（第3小节）。

"痛苦的故事"蕴含着与《重复》的关联（参第313页和339页下）。但是二者的差别是相当显著的，如果我们考虑范畴的规定性的话，而这一点自身就会引起思想的兴趣。戏装的差别只会占据那些品位低下者的心思，他们很可能由此认定，最好的女演员就是不仅能够穿着不同款式的美妙裙装、而且也能直接穿裤子和带领上衣演出的人，既然人们是根据服装来断定艺术表现的广度的。他们也会由此认定，那些要穿自己的服装扮演某些角色的就是最差劲的女演员。在《重复》中，常识和因青春所有的更高的直接性彼此分立，康斯坦丁代表常识，"年轻人"代表恋人。但是在《人生道路诸阶段》中，这两个因素合而为一，它们集中于试验性的"无名氏"身上，由此双重运动必要而清晰，甚至严肃也成为玩笑和严肃的组合（参第 283 页）。正是这同一个人，他以理智看到了喜剧性，而这喜剧性又忍受着悲剧性①，他在悲喜剧的统一之中选择了悲剧性（参第 327 页和 328 页上）。在《重复》中，反讽和多愁善感相关联；在"痛苦的故事"中幽默则走上前台。康斯坦丁本人必定卷入其中并且扮演分内的角色，而"沉默的兄弟"则如街道巡警那样完全是局外人，因为"无名氏"拥有充足的理智，他触及到幽默正是因为他本人就是那些互不相连的因素的合体。[101] 如果我们把书中的女性角色排除在外，女性在《重复》和"痛苦的故事"里都是间接在场的；那么，《重复》中就有两个人物，而"痛苦的故事"只有一个。"这越来越乏味了，甚至没有自杀或者发疯或者秘密诞生的婴儿或者诸如此类的东西。而且，一个作家一旦写了部爱情故事，他就耗尽了那个素材，于是他就应该尝试一个新的方向，比如写个强盗故事。"——"沉默的兄弟"把自己的生存规定得比"无名氏"的要低，因后者拥有一种新的直接性之故。康斯坦丁其实并非不赞同"年轻人"，只是他拥有"年轻人"所缺乏的常识和反讽。人们通常持相反的看法，认为试验者和旁观者比其推出的东西更高明或者站得更高，因此得出结论就是简单易行之事。这里的情况则相反：试验者发现了并且指出了更高的东西，这个"更高"并非体现在理智和思想之上，而是体现在内心性之上。"无名氏"的内心性的标志在于，他的内心性由存在于他自身内部的对立面所规定，他自己看到了身内的满怀内心性激情的喜剧性。女性的内心性以奉献为标志，相比之下其程度不够，因为它明显是外向的，冲着某物而去的；反之，对立面的存在所指示的恰恰是向内的方向。"无名氏"本人就是悲剧性和喜剧性的统一，但他又不仅仅是统一体，在那之后他处于激情之中（悲喜剧性，随见第 2 小节各处）。"沉默的兄弟"本质上是幽默家，他正是由此才以排斥的方式

---

① "无名氏"的短小箴言立刻令人想到幽默的双重情绪，而那则拉丁箴言"我愿毁灭，如果我尚未毁灭"，则是对所有这一切的痛苦的、幽默的取消。[102]

展示出了新的直接性。

于是，幽默作为与基督宗教之间的最后起点被推出。[103]在现代知识中，幽默是信仰之后最高的。[104]换言之，信仰是直接性，它通过超越于信仰之上的思辨，最后到达了幽默。这是整个思辨体系通常的混淆之处，因为它想照管基督教。不然。幽默在内在性之内终结了内在性，本质上它甚至存在于回忆从生存中抽身而进入永恒，只有那样，信仰和悖论才会开始。幽默是在信仰之前的生存的—内心性的最后阶段。因此我认为，幽默必须被推出，为的是它之后没有任何一个阶段不被关注，否则会引发混淆。"痛苦的故事"就是这样做的。幽默不是信仰，幽默在信仰之前，并非在信仰之后或者从信仰之中发展而来。这也就是说，从基督教的角度出发，没有东西超越于信仰之上，因为信仰才是最高的——对于生存者而言，对此我们已经在前面充分展开过了。甚至当幽默想涉足悖论的时候，它也不是信仰。幽默既没有接纳悖论令人痛苦的一面，亦没有接纳信仰伦理的一面，它只接纳了可笑的一面。换言之，正是痛苦，是信仰甚至在和平年代的牺牲，才使灵魂的永恒福祉与理智为之绝望的东西之间建立了关系。相反，不成熟的幽默甚至落后于我通常称之为的"在悲喜剧之间的平衡的幽默"，这种不成熟的幽默就是玩世不恭，它过早地从思辨之中跳了出来。对时间以及时间的无休止的绵延感到厌倦，幽默家抽身而退，他通过树立荒谬获得了一种幽默的安慰，就像戏仿人生的意义同样可以获得安慰一样——悖论性地强化生活中的无意义之事，放弃一切而全身心投入到滚球戏和骑马术之上。但是，这是不成熟的幽默对悖论的伪造，悖论被视为煽动忧郁性激情的随心所欲。这种不成熟的幽默远非宗教性，它是一种与伦理擦肩而过的感性的精致。

幽默位于信仰和基督宗教之前，这一点特别地揭示出在基督教之外可能存在的巨大的生存维度；而从另一方面说，这种生活经历正是正确地接受基督教的条件。但是在我们这个时代，人们根本没有在生存，于是，所有人自然而然成为基督徒就是正常的。人们甚至从孩提时代起就成了基督徒，对于身为基督徒的父母来说这可能是美好的且有着良好的愿望，但是，如果当事人认为一切都已决定，这就是荒谬可笑的。愚蠢的牧师们当真从《圣经》中直接引用一个段落并从字面意义上进行理解：无人能进入神的天国，如果他不是从孩童时进入的话。[105]凭借牧师们的天真幼稚，基督教变成了一种多么可爱的东西啊！这样一来使徒们当然要被排除在外，因为我不知道他们从孩童时起就已经进入。面对极其成熟的人应该这样说：我的朋友，如果你想返老还童，你就要成为基督教徒。看，这才是困难的说法，正是它构成了那个对犹太人是冒犯、对希腊人是愚蠢的教义。但是，倘若这样来理解这谜语的话，就好像通过婴儿洗礼式以及盼着尽早死去，所有的困难都被清除了，这是愚蠢的，它与基督教的范畴（悖论性地强调时间性生存的意义）直接反对，甚至尚未把握那个异教观念——让那些夭亡的小孩子们在极乐世界流泪，这做法至少赋予时间以些许意义。[106] 基督教在步入世界时不是对孩子宣讲的，而是面向气数已尽的犹太教，面向有气无力的科学和艺术的世界。首先是第一个，然后才是第二个。如果这个时代拥有像犹太人或者希腊人那样多的生存—内心性的话，那么，与基督教的关系就是可能的。如果成为基督教徒一度十分困难，那么可以肯定这很快就会成为不可能，因为所有这一切都已了无意义。希腊哲人是真正能够进行思考的人，因此，当基督教把自己定义为对犹太人是冒犯、对希腊人是愚蠢的教义的时候，它是有所意味的，因为犹太人拥有充足的宗教内心性可以受到冒犯。但是，所有这一切都被生活在今天的无精打采的一代人所淘汰，平均而论，这代人毫无疑问地比以前的人接受了更好的教养，但却既没有思想的、亦没有宗教的激情。人们在基督教之外既可以享受人生，又可以赋予其意义和内容，就像那些著名的诗人、艺术家、杰出的思想家、甚至虔敬者，他们生活在基督教之外。对此基督教自身已经有所意识，只是它没有改变条件的充分理由，精神越成熟，悖论就越可怕——悖论是基督教不可更改的条件，是冒犯和愚蠢的信号。但是，我们不要把从前的基督教转变成一个生意下滑的酒馆老板，他不得不想点子招揽顾客，或者变成一个想在世界上获得成功的冒险家。[107] 我们自然不能说基督教在步入这个世界的时候获得了成功，因为基督教始于被送上十字架、鞭笞以及诸如此类的东西。但是只有上帝才知道，基督教是否真的希望在这个世界上获得成功。我宁愿认为它会感到羞愧，就像一位老者看到自己被时尚所装点时那样。或者更准确地说，我宁愿认为基督教将聚集它对人类的愤怒，当它看到那个本应是基督教的扭曲形象的时候，一个被芳香浸透的、与体系适应的、在社交晚会上被推出的知识，其全部奥秘就在于折中，结果真理就是一定程度上的真理。激进疗法——只有如此，它才是其所是——如今变成了疫苗注射，人们与基督教的关系就是这样：拥有一张疫苗注射证明。[108] 不然，基督教的悖论不是这个或那个，不是某种奇怪的但却又没那么奇怪的东西；基督教真理也非如撒罗门·格尔德卡布所说：很多"首"和"尾"，还有"是"和"否"。[109] 信仰不是人人拥有的某种东西，也不是一个有教养的人因靠近它而能出名的东西。如果基督教能够被单纯的人坚持的话，那么有教养的人想企及它就会更困难。噢，基督教的人性是何等美好，何等令人鼓舞啊！至上的东西对于所有人来说是共同的，而那些幸运地拥有天赋的人只不过是在学校里受到极其严苛的对待的人。

回到《人生道路诸阶段》。这本书与《非此即彼》的显著区别在于它的三分法。有三个阶段：感性的、伦理的和宗教的阶段，它们不像"直接的调和"、"统一性"那样抽象，而是具相化为生存规定性：享乐—沉沦；行动—获胜；痛苦。尽管有此三分法，这本书就是一部《非此即彼》。也就是说，伦理和宗教阶段本质上彼此关联。《非此即彼》的不足在于，如其所示，它是以伦理阶段收尾的。《人生道路诸阶段》清楚地表明了宗教的位置。

感性和伦理阶段被再度推出，在一定意义上这就是重述，但却又是作为某种新的东西。如果每一个这样的阶段在表现时没有加以更新的话，它就会成为对生存—内心性的贫乏的见证，尽管在拒绝外部的明显帮助以强化差异的尝试中存在着风险，像选择新名字和诸如此类的东西。伦理者仍然聚焦婚姻，将之视为对现实性的辩证的和多面向的揭示。不过，他还推出了新的一面，他特别强调时间范畴以及作为随时间而增加的美的媒介的意义；从感性的角度出发，时间和时间中的生存或多或少都是倒退。

在三分法的作用下，不同阶段之间的生存—位置相互改变着。在《非此即彼》中，感性的立场是生存可能性，伦理者生存着。现在，感性的人生存着，伦理的人斗争着，在一场结果不确定的战斗中与感性做斗争，他轻易就会取胜，不是靠精神的诱惑，而是靠伦理的激情和情致；伦理的人还与宗教斗争。[110] 伦理者在结束时，尽其全力来抵制一个更高的立场的决定形式。他的自卫方法无可厚非，因为他毕竟还不是一个立场，而只是一个生存个体。现代学术的一个根本混淆之处在于，人们自然而然地把对各种立场的抽象观察与生存本身混为一谈；结果，如果某君对那个立场有所知，他因此就是那样生存着的；所有生存个体因其生存必定会成为一定程度上的单面人。抽象地看，这些立场之间不存在决定性的斗争，因为抽象恰恰抽走了决断的所在地——生存主体。内在性的过渡不过是妄想，是想象，好像一种立场自己就能必然地决定转到另一种立场上，因为过渡的范畴本身是内在性中的一个断裂，一个跳跃。

《非此即彼》中的感性的人是一种生存的可能性。他年轻，极有才华，一个对自己和生活一试身手的相当有希望的人，"人们对他不可能真的动怒，因为他身上的恶与中世纪关于恶的观念一样，都加上了一种孩子气"，还因为他归根到底不是现实性，而是"一切可能性"。(111)这就是感性的人在威廉法官家客厅里的行事方式①。威廉法官在与他相处时性情是温和的，在伦理上是有把握的，在本质上是训诫的，就像年长且成熟的人与年轻人打交道时那样，年长者在一定程度上认可年轻人的才华和精神的优越性，但他以其自信、经验和生存的内心性无条件地对年轻人具有影响力。在《人生道路诸阶段》中，感性的人更确定地在生存中出场，因此，作品本身潜在地表明，尽管有种柔和的光照射其上，就像它本质上总是光彩夺目那样，感性生存是沉沦。不过这不是一个陌生的观点，跟威廉法官的观点一样，它清楚地成为对尚未在深层意义上做出人生决定的年轻人的告诫。告诫已做出决定的感性生存者太晚了，想告诫维克多·埃莱米塔、康斯坦丁·康斯坦乌斯、时尚设计师或者诱惑者约翰尼斯，这会使自己显得很可笑，而且会带来喜剧效果，就跟我曾亲历的情境一样：一名男子在危险的紧急情况下，从他的孩子手中夺过一根玩具棍，用它来打一个闯入房间的高大强盗。(112)尽管处于危险之中，我仍忍不住笑了，因为他看上去像在抽打强盗的衣服。《非此即彼》中，威廉法官和感性的人之间的关系使得威廉法官以告诫形象出场成为自然，而且在心理学意义上是正确的。但是，那部作品最终也没有形成任何决断（"前言"），于是有读者会说：看，现在它被决定了。一位需要措辞严厉的演说的可靠性、或者需要一个不幸结局（例如，发疯、自杀、贫困等等）才能看到某个错误立场的读者，他其实什么都没看到，他只是想象自己看到了；而一个如是行事

---

① 甚至《诱惑者日记》都只是一种可能的恐惧，它是感性的人在对生存的探索之中虚构出来的，正因为他没有真正地成为什么，他必定试图穷尽一切可能性。

的作家则是女性化地为孩子气的读者写作①。就拿诱惑者约翰尼斯这样的人物来说,一个需要发疯或者给自己一枪才能看到诱惑者的沉沦立场的人,他并没有真正地看到,而是想象自己看到了。换言之,那个理解了一切的人,他只有在诱惑者开口说话之际才能明白,他听到的每一个词都是堕落和对诱惑者的审判。一个需要外在惩罚的读者只是在愚弄自己,因为人们完全可以让一个令人敬仰的人发疯,于是这类读者就会认为,此人的立场没有合法性。

感性阶段通过《酒中有真言》得到了表现。这里出场的当然都是感性的人,但他们对伦理并非一无所知。因此,他们不仅被表现出来,而且还是作为清楚地知道要去生存的人被表现出来的。我们这个时代的人相信,知识产生效果,只要人们认识到了真理,越简短快捷越好,人就有救了。但是,生存与认知是完全不同的两回事。——"年轻人"靠近一种可能性,因此他还有希望。他本质上是忧郁的思想(伦理者对他的解释见第87页,第88页上,第89页)。康斯坦丁·康斯坦乌斯是理智的冷酷无情(参伦理者,第90页;康斯坦丁对嫉妒的理解见第99页下和第100页上)。维克多·埃莱米塔是共感式的反讽(参伦理者,第107页和108页;维克多对婚姻的攻击见第85页)。时尚设计师是在激情中的恶魔般的绝望。诱惑者约翰尼斯是冷冰冰的沉沦,一个有死亡气息的和精神已死的个体。(113)所有人都与绝望保持一致。人们可以从《非此即彼》的下卷中找到对上卷所有错误观念的回答和校正;同样,人们也可以从伦理者身

---

① 我想再次提醒大家注意"沉默的兄弟"常常强调的众多方面中的一个。黑格尔哲学在如下命题上达到了顶峰:外在的就是内在的,内在的就是外在的。黑格尔到此结束了。但是,这个原则本质上是一个感性—形而上的原则,因此,黑格尔哲学在没有触及伦理和宗教的情况下幸福而安全地完成了,或者说它以某种欺骗方式完成了——它把一切(也包括了伦理和宗教)聚合在感性—形而上的事物之中。伦理甚至在外在和内在之间设立了一种对立关系,因为它把外在事物置于漠不相关的领域。作为行动材料,外在事物是无所谓的,因为被伦理所强调的东西才是目标;作为行动的外在表现,结果是无所谓的,因为被伦理所强调的东西才是目标,而且,关切结果才是不道德的。外在的胜利在伦理的意义上不能证明任何东西,因为被伦理询问的只是内在事物。外在的惩罚毫无意义;与感性的好事之心对惩罚的可见性的要求远远不同,伦理骄傲地说:我当然会采取惩罚措施,也就是在内部,把惩罚置于外部是不道德的,就好像它能与内在事物相提并论似的。——宗教明确地在外在与内在之间树立了一种对照,它被确定为对立,痛苦即存在于此,它是宗教性的生存范畴,不过这里还存在着向着内部的内心性。如果我们这个时代没有保留对生存的完全忽略,那么,黑格尔哲学能够被视为是最高智慧就是不可思议的。黑格尔哲学或许能够为感性沉思者而在,但却不能为伦理的或者宗教的生存者而在。

上找到解释，只是伦理者本质上是在自我表达，而且根据作品的设计，没有任何地方直接涉及他被认为不会知晓的东西。于是一切都交给了读者本人，如果他愿意的话，他可以把它们聚合在一起，这里没有为读者的方便做任何事。读者当然愿意了，他们想如王者一般读书——国王在读奏折时，空白处的概述会免去他因奏折的冗长所带来的麻烦。读者方面肯定对这些假名作者不存在误解。根据我对他们的印象，我知道他们没有想方设法对读者群体中显赫威严的多数人有所求。在我看来那会显得很奇怪。换言之，我一直认为，一位作家就是比读者知道得更多或者以不同的方式知道相同的东西的人，所以他才成为作家，否则他就不会去当作家。相反，我从未有过这样的念头，即作家是一个祈求者，一个立于读者门前的乞丐，一个走街串巷的小商贩，他凭借三寸不烂之舌和书上装帧的一点点金子吸引女孩们的眼睛，硬把自己的书推销给那家人。[114]

诱惑者约翰尼斯以这样的命题结束：*女性不过是瞬间*。[115] 这个命题在其普遍的涵义之下本质上就是那个感性的命题：瞬间就是一切，就此而言它本质上什么都不是，就像诡辩论者"一切皆真结果无物为真"的命题一样。[116] 总体观之，时间观念对于通向悖论的每一个立场都具有决定意义，悖论是以悖谬的方式在强调时间。时间被强调的程度与感性、形而上向着伦理、宗教以及基督宗教的运动的程度相同。

诱惑者约翰尼斯结束之处正是法官开始之地：*女性之美随岁月流逝而增加*。时间在伦理学意义上得以强调，但却并未排除回忆从生存中抽身并进入永恒的可能性。

感性阶段只是短暂地暗示出来，或许是为了把重心置于宗教之上，作家把第一部分称为"回忆"，以便通过把感性阶段逼回去的办法进一步推出伦理和宗教阶段。

对这部著作的内容我不想再进一步涉及了。这部著作的意义——假如它有意义的话，就在于不同阶段的不同的生存观的内心性是以激情、反讽、悲情、幽默和辩证法具体表现的。大学编外讲师们自然不会去做这样的事。最终，或许并非不可想见，一位编外讲师会礼貌地在句子之间，在体系中的一个段落的注解处顺便提到这位作家，说他是内心性的代言人。[117] 于是作家和无知的读者群体获知了一切。激情、悲情、反讽、辩证法、幽默、热情，凡此等等，它们是大学编外讲师们眼中次要的东西，是人人都拥有的东西。因此，当他说出"他是内心性的代言人"的时候，他用这句人人都会说的短句道出了一切,而且说的比作家还多。每个人都知道他应该如何思考这一点,每个编外讲师很容易在此方向上取得成就,但他却将之交给了受限制的主体。如今,是否每个人真正地切实知道何谓内心性,是否每个作家都能在这个方向上取得成就,我不做评判。我情愿认定所有保持沉默的人都会如此,但是,那些编外讲师们却没有保持沉默。[(118)]

不过如前所述,我与这部作品的内容无关。我的论点是:主体性、内心性即真理。对我而言,这论点对于基督教的难题是具有决定意义的。出于同样的考虑,我认为我应该在这些假名著作中寻找某种确定的努力,这些作品从始至终都在诚实地规避说教方式。而且我认为应该格外关注最后一部作品,因为它是在我的《哲学片断》之后出版的,它自由地再现之前的那些论点,以此提请人们注意之前的那些作品,而且还通过作为界限的幽默界定了宗教阶段。[(119)]

**注释:**

(1)《非此即彼》是克尔凯郭尔1843年出版的首部假名著作,当时假托Victor Eremita、意为"胜利的隐士"为出版者。这里,克尔凯郭尔让假名作者克利马克斯评价另一假名出版者的作品,显然是在读者玩"中国盒子式"的游戏。

(2) 括号内的页码均为《非此即彼》首版时的页码。

① "诗人生存的痛苦"指"间奏曲"第1段,参《非此即彼》上卷,京不特译,中国社会科学出版社2009年版,第3页("诗人是什么")。

② A是《非此即彼》上卷感性生存方式的代言人,B是下卷伦理生存方式的代言人,后者有个确定的名字和身份——威廉法官。关于威廉法官对A的反对意见参考《非此即彼》中译本下卷,第261—262页。

(3) "只有那种建设的真理才是为你的真理"是《非此即彼》下卷的最后一句话。参《非此即彼》中译本下卷,第449页:"因为只有那陶冶教化着的真相,对你才是真相"。"陶冶教化"和此处的"建设"均对应于丹麦语opbygge,前者是一个很有中国味道的意译。Opbygge原有"建设"的意思,"建设、建设性"不失为一个贴近原意且有比喻内涵的词。

(4) ① "自情的"(autopathisk)指主体自我情感活动,它直接区别于"同情的"(sympathetisk)。

②《影子戏》中讨论了三位文学艺术作品中的女主人公,她们是:歌德戏剧《克拉维果》中的玛莉·博马舍;莫扎特歌剧《唐璜》中的多娜·爱尔薇拉;歌德《浮士德》中的玛格丽特。参中译本《非此即彼》上卷,第206—268页。

（5）"绝望过"对应的是动词的完成时态 har fortvivlet，"就是绝望"中的"绝望"采用的是"绝望"的名词形式 Fortvivlelse。关于威廉法官的"绝望"参见他写给 A 的信《感性与伦理在人格修养中的平衡》中的开始部分。参中译本《非此即彼》下卷，第 207—273 页。

（6）① "选择自我"（valgt sig selv）参中译本《非此即彼》下卷，约 270 页以后。

② "变得坦白公开是每个人的义务"，参中译本《非此即彼》下卷，第 379—380 页。但括号内的引文并不是对《非此即彼》下卷的逐字引用。

（7）"安静、纯洁的"原文为 stille, uforkrænkelig，与丹麦语《彼得一书》3:4 的用词相同。彼得指出，妇女的美不在外表，而在于"只要以里面存着长久温柔、安静的心为妆饰，这在神面前是极宝贵的。"

（8）"怀疑一切"原文为拉丁文 de omnibus dubitandum。"唱和者"原文为拉丁文 Chorus，有"集团"、"集会"之意，此处取"追随者"之意。

（9）"头撞南墙的蠢货"是对丹麦谚语 saa dumme, at man kunde løbe Døre ind med dem 的意译，直译应为："愚蠢到人们可以用门去撞他们的头的地步。"说明此人脑壳之厚。

（10）位于埃及亚历山大城的图书馆收藏有约 70 万份手卷，公元前 47 年，图书馆毁于一场意外大火，其时凯撒正率罗马军队占领该城。克尔凯郭尔很可能把这场意外大火与公元 642 年卡里发奥马尔一世下令焚毁图书馆的命令混为一谈，后者下达此令的根据是："这些著作或者已经包含了《古兰经》所包含的内容，那样的话它们就是浅薄的；或者包含了与《古兰经》内容相反的其他的东西。"

（11）原书标题实际上是 *To opbyggelige Taler af S. Kierkegaard*，克尔凯郭尔并未采用"博士"（Magister）的头衔。该书于 1843 年 5 月 6 日出版。

（12）原书标题为：*Tre opbyggelige Taler af S. Kierkegaard*，该书出版于 1843 年 10 月 16 日。

（13）"演说"原文为 Taler，"布道辞"原文为 Prædiken。

（14）"有人理所当然地称之为布道辞"可能指大主教明斯特（J. P. Myster）于 1844 年 1 月发表的《教会的争端》一文中的观点。文章说："我很感动，克尔凯郭尔博士将其建设性演说作为对他已故父亲的纪念。我认识那位可敬的人。他是一位纯粹的公民，无所欲求地、平静地走过他的一生，从未经受任何哲学的沐浴。这是如何发生的呢？他的儿子有着丰富的学养，很乐于写作建设性演说，并且把他的想法转向那位早已步入天堂的人。凡是读过那则可爱演说的人——或者就让我们称之为布道辞——《主给予，主收取，主的名得到赞美》，都会理解这一点。"

（15）"有人反对建设性演说"可能指出现在《神学月刊》（*Theologisk Maanedsskrift*）1843 年第 7 期上的一篇针对《两则建设性演说》的匿名书评，批评建设性演说充斥着一大堆不常见的句子，它们更像是寻求表达之美，而非表达宗教内涵。

（16）"一口气地"原文为拉丁文 uno tenore，表示"没有中断"之意。

（17）①"以哲学的方式"原文为拉丁文 philosophice。

②"一、二、三地"（een，to，tre）应该指黑格尔辩证法中的"正—反—合"三个步骤。

（18）"冲动"原文为拉丁文 impetus。

（19）"目的"原文为希腊文 télos；"目标"则对应丹麦文 Maal。

（20）"天上、地上和深渊中"语出《腓立比书》2：10，保罗写道："叫一切在天上的、地上的，和地底下的，因耶稣的名，无不屈膝。"只是，克尔凯郭尔所说的"深渊中"（i Afgrunden）不同于丹麦语《圣经》中的"地底下的"（under jorden）。

（21）"范式"原文为拉丁文 Paradigma，该词的丹麦语形式 Paradigme 即源自拉丁语词。

（22）"马利亚把那些话深藏于心底之时"（Maria da hun skulte Ordene i sit Hjerte）语出《路加福音》2：19，天使赞美耶稣的诞生，牧羊人听到后转述给马利亚，之后"马利亚却把这一切的事存在心里，反复思想。"丹麦文《圣经》用语 bevarede alle disse ord i sit hjerte og grundede over dem 用 disse ord 亦不同于英文版《圣经》的 all these things。

（23）"舆论"（den offentlige Mening）语出卢梭的伤感小说《朱丽或新爱洛依丝》（*Julie, or the New Heloise*），黑格尔在《法哲学原理》中对该术语进行了阐释，认为它既是公众对其利益的认知，亦是立法的媒介。"舆论"是 19 世纪 40 年代丹麦社会的流行语，尤其是在自由派中间。

（24）"一大批"原文为 et Par Legioner，语出《马太福音》26：52，即耶稣所说的"十二营多天使"。在罗马军队建制中，每"营"有 4500 至 6000 名士兵。

（25）①"所有人都是依照上帝的形象而造"语出《创世记》1：26—27，"神说：'我们要照着我们的形象，按着我们的样式造人。……'神就照着自己的形象造人，乃是照着他的形象造男造女。"

②"张三李四"对应于丹麦短语 Peer og Povl，短语指使徒 Peter 和 Paulus，在此指所有普通人。

（26）"克尔凯郭尔博士都要遭罪"指每逢一部假名作品出版，克尔凯郭尔都要以真名出版一部建设性演说的事实。"遭罪"（maa for）指的是"做别人不愿做或难以应付的事"，也就是说，假名作者克利马克斯把撰写建设性演说当成难以应付的事。英译中的 pay for it 意思不甚明确。

（27）《畏惧与颤栗》（*Frygt og Bæven*）是克尔凯郭尔假以 Johannes de silentio 之名（"沉默的约翰尼斯"）所作的书，首版于 1843 年 10 月 16 日。

(28)①"出发点"原文为拉丁短语 terminus a quo,直译为"由此出发的边界"。此拉丁短语在本章中出现多次,不再一一注出。

②"兴趣"(det Interessant)是一个审美概念,最早出现在德国艺术理论之中(始自弗·施莱格尔),至19世纪40年代成为丹麦艺术界的一个流行词。

③"边界"原文为拉丁文 confinium。

④"目标"原文为拉丁语 terminus ad quem,直译为"到达的边界"。

⑤"与理智相碰撞"原文为 løber Forstandens Pande imod,语出丹麦谚语 løbe med Panden mod muren,即"头撞南墙"之意,但此处并无贬义,而有"义无返顾"的意味。

(29)①"一个崇高的谎言"原文为德文 eine erhabene Lüge。

②这里的"作家"指大主教明斯特,他以 Kts(Ja*k*ob Peter Mynster)的签名发表《教会争端》(Kirkelig Polemik)一文,其中提及《畏惧与颤栗》一书,认为该书缺乏"……一种深刻的宗教基础",还说该书令其联想到雅各比作品的一个著名的片段,"是的,我是无神论者和无信仰者,……如果我说谎,我要像苔斯德蒙娜临终前那样说谎。"

苔斯德蒙娜是莎士比亚悲剧《奥塞罗》中的女主角,她被嫉妒的丈夫奥塞罗掐死,但临终前却对使女说,自己不是被谋杀,而是自杀。参《奥塞罗》第5幕、第2场。

(30)"突袭"原文为法文 coup de mains;"变幻莫测"原文为法文 vapeurs,指歇斯底里和妄想的情绪。

(31)克尔凯郭尔的假名作品《重复》(*Gjentagelsen. Et Forsøg i den experimenterende Psychologi af Constantin Constantius*)与《畏惧与颤栗》在同一天(1843年10月16日)由 C. A. Reitzel 出版。

(32)"《重复》是一本怪书"并非出自该书假名作者 Constantin Constantius 之口,而是出自《忧惧的概念》的假名作者 Vigilius Haufniensis(即"哥本哈根的守望者")之口。

(33)"借助荒谬之力"(i Kraft af det Absurde)、"一种严峻考验"(en Prøvelse)语出《重复》。

(34)"心理学试验"原文为 psychologisk Experiment,但是事实上,《重复》扉页所写的是 experimenterende Psychologi,即"试验的心理学";psychologisk Experiment 实际上是克尔凯郭尔假名作品《人生道路诸阶段》(*Stadier paa Livets Vei*)中《有罪?无罪?》("'Skyldig?'-'Ikke Skyldig?'")一文的副标题。克尔凯郭尔再次误记了自己作品的细节。

(35)"环跳"原文为法文 Entrechats,这是一个芭蕾动作。

(36)初等教育中所说的"智性练习"(Forstands-Øvelse)指培养观察能力和形成

个人观点的教育形式，它区别于需要全班大声诵读的"背诵"（Udenads-Læsning）。

（37）"第 3 小节"指《人生道路诸阶段》中假名作者 Frater Taciturnus（即"沉默寡言的兄弟"）《致读者》中的第 3 小节，题为"悲剧更趋向于历史而非喜剧性；该差别在'试验'中消失"。

（38）"段落吞食者"（Paragraphslugere）语出《畏惧与颤栗》。"怀疑一切"原文为拉丁文 de omnibus dubitandum。

（39）"罪"原文用的是 Forbrydelser，即法律意义上的犯罪。但此处所说的"四宗罪"在法律意义上都不构成犯罪。

（40）"依《圣经》的话"或"根据《圣经》的教导"可能指《马太福音》19：9，耶稣说："我告诉你们，凡休妻另娶的，若不是为淫乱的缘故，就是犯奸淫了，有人娶那被休的妇人，也是犯奸淫了。"亦可参《马太福音》5：32。

（41）1842 年 1 月 5 日，丹麦建立了"第二刑事法庭"，与此前的刑事法庭一起对于嫌疑人、证人和其他涉及犯罪人员举行听证会。刑事法庭于 1845 年 7 月 1 日被取缔，其功能移交给新组建的警察系统。

（42）"亚伯拉罕接受考验"指《创世记》22：1："这些事以后，神要试验亚伯拉罕，就呼叫他说：'亚伯拉罕！'他说：'我在这里。'"

（43）"免于上帝律法的约束"（at være fri fra Guds Lov）语出《罗马书》6：20。保罗写道："因为你们作罪之奴仆的时候，就不被义约束了。"（Thi da I vare Syndens Tienere，vare frie fra Retfærdigheden.）

（44）"罪"原文为 Synden，英译为 sin。

（45）"关于悔悟"参《非此即彼》下卷，京不特译，中国社会科学出版社 2009 年版，第 268 页。但是，在《非此即彼》中说的是"他将自己悔回到自身之中、悔回到家族之中、悔回到族类之中，直到他在上帝之中找到他自己"。（Han angrer sig tilbage i sig selv, tilbage i Familien, tilbage i Slægten, indtil han finder sig selv i Gud.）但是，此处的文本却是"以悔悟的方式脱离其与族类的连续性"（at angre sig selv ud af sin Continuitet med Slægten）。

（46）"在上帝面前我们一无是处"参《非此即彼》中文版，下卷，第 435 页。

（47）克尔凯郭尔假名著作的标题应为：*Begrebet Angest. En simpel-paapegende psychologisk Overveielse i Retning af det dogmatiske Problem om Arvesynden.*

这里引述时则在书名号内加有"论"（Om）字，副标题与原作仅有一字之差，原作用 Overveielse，此处用 Undersøgelse。

（48）"关于以扫和雅各的预言"典出《创世记》25：23。亚伯拉罕的儿子以撒的妻子利百加怀孕了，她感觉到两个孩子在腹中彼此相争，就去问耶和华。耶和华说："两国在你腹内，/两族要从你身上出来；/这族必强于那族，/将来大的要服事小的。"

（49）"《忧惧的概念》获大学编外讲师的青睐"一说查无出处，因为该书在其时代未获书评。如果这个说法不是反讽性的话，它指的可能是口头的好评，或者是在某本书或某篇论文中的正面评价。

（50）"一本令人愉快的小书"（en lystig lille Bog）指克尔凯郭尔假名著作《前言》（*Forord*），其副标题中有"轻松之作"（Morskabslæsning）的字样，与下文呼应。该书作者为 Nicolaus Notabene（简称 N. B.），其姓氏（简称亦为 N. B.）实为拉丁语，有"注意"、"留心"的意思。《前言》与《忧惧的概念》于 1844 年 6 月 17 日同一天出版。

（51）"通常把假名著作归于某个作者"指社会上早有传闻，说这些假名著作的作者就是 S. 克尔凯郭尔，在当时的报刊书评中有人提及。

（52）《哲学片断》出版于 1844 年 6 月 13 日，实际上先于《忧惧的概念》和《前言》。

（53）"最近的四则演说"指克尔凯郭尔 1844 年 8 月 31 日以真名出版的建设性演说。

（54）① "包罗万象的"原文为德文 übergreifend，这是流行于黑格尔主义者当中的术语。

② "或多或少地"（det Mere eller Mindre）语出阿德勒（A. P. Adler）的《关于黑格尔客观逻辑学的通俗演讲》一书。阿德勒指出，"我们在世界上所能找到的所有差别……只是量的差别；人与人之间、美德和欲望之间的差别或多或少地出自同一个无关紧要的实体。"

（55）"幽默和思辨思想自我宣称为基督教"指丹麦黑格尔主义者马腾森、海伯格的观点，他们认为幽默在至上的基督教世界观上扮演重要角色。

（56）"苏格拉底的神魔只是劝阻"出自《申辩篇》。

（57）"诚心诚意"原文为拉丁文 bona fide。

（58）"一名牧师本质上是通过领受圣职而成其为所是"指有关授圣职（Ordinationen）的争议。在天主教教义中，授圣职是神的恩典，是圣事（或圣礼）之一；但在新教教义中，授圣职是一个象征行为，它给予神职人员以重要意义，但不是有魔力的仪式。

（59）"不可磨灭的印记"原文写为拉丁文 caracter indelebilis，实际上 caracter 应为 character。

（60）"提醒"原文写为拉丁文 Notabene。

（61）"署名 kts 的作者"即指大主教明斯特及其评论《教会争端》（参注（14）、（29）之②），发表于 1844 年 1 月 1 日的《信息报》。在评论克尔凯郭尔《四则建设性演说》的时候，他以这样的话收尾："这不会减弱我对这则布道辞（译者注：指《主给予，主收取，主的名得到赞美》）的感谢，但是我要追问的是：随后的另外三则演说具有同样的效果吗？若无，是否部分是因为其'哲学的洗礼'过于明显了？"

明斯特的评论实际上是针对考福德·汉森（H. P. Kofoed-Hansen）对《非此即彼》的评论，汉森认为教会已不再适于有良好教养的人士，因此它需要一种"哲学的洗礼"（philosophiske Bad）。明斯特的文章很快受到德国神学家贝克（Andreas Frederik Beck，1816—1861）的匿名文章《拙劣的谎言》的攻击，该文发表于《哥本哈根邮报》1844年1月4日；同时考福德·汉森再次匿名发表《答复Kts》一文做出回应，发表于《祖国报》1844年1月19日。

（62）"假如没有人愿意写书评"涉及克尔凯郭尔假名著作出版后的评论情况。《忧惧的概念》一书没有人评论，但是《畏惧与颤栗》和《重复》均有书评，且书评结尾都提到，《哲学片断》和《忧惧的概念》中也讨论了同样的问题，因此作者承诺将在其他场合加以论证。但这个许诺终未兑现。

（63）匿名书评的作者实为德国神学家贝克。书评所收入的期刊假名作者克利马克斯写为 Allgemeines Repertorium für Theologie und kirchliche Statistik（即《关于神学和教会统计资料的一般性报告》），但是实际刊名应为 Neues Repertorium für die theologische Literatur und kirchliche Statistik。该书共两卷，于1845年在柏林出版。

（64）括号内的句子即"这部出自丹麦多产作家之一的作品，因其行事方法的独特性质并非不值得给予简短的评论"原文为德文：Diese Schrift eines der produktivsten Schriftsteller Dänemarks ist wegen der Eigenthümlichkeit ihres Verfahrens einer kurzen Besprechung nicht unwerth. 而且文中出现的"评论"和"并非不值得"也分别对应德文词 Besprechung 和 nicht unwerth。

（65）"我们这个时代，它使一切平均化、中立化，它调和一切，几乎认不出它们"所对应的原文为德文：daß unsere Zeit, die Alles nivellirt, neutralisirt und vermittelt, sie kaum wiedererkennen wird.

（66）"完全超凡脱俗的、也就是崭新的"所对应的原文为德文：was ganz Außerordentliches und zwar Neues.

（67）引文"我们避免提供任何反对意见，因为，诚如前述，我们关切的只是证明作者独特的行事方法。在其他方面，我们要将之移交给每一个人去思考，看他是想从这部护教式的辩证之作当中寻找严肃，还是寻找反讽。"原文为德文：Wir enthalten uns jeder Gegenbemerkung, denn es lag uns, wie gesagt, bloß daran, das eigenthümliche Verfahren des Verfassers zur Anschauung zu bringen. Im Uebrigen stellen wir es dem Ermessen eines Jeden anheim, ob er in dieser apologetischen Dialektik Ernst oder etwa Ironie suchen will.

（68）"泡特金迷惑叶卡捷琳娜"指俄罗斯王子泡特金（Gregori Aleksandrovich Potemkin，1739—1791）受命于女皇叶卡捷琳娜二世（1719—1796）建设俄国南部地区，但他挪用了一些资金以饱私囊。1787年女皇视察该地区的时候，泡特金在女皇到访之处聚集了大量民众，并赶来很多牲畜，甚至竖起了巨幅背景，上面画着鲜花盛开的村庄，使女皇对该地区的富足和发展留下深刻印象。

（69）虽然此处假名作者克利马克斯一直在讨论 Guden，即"神"，而非《圣经》中用来指"上帝"的 Gud，但显然这里关于十字架等的内容与《马太福音》27：51—53 中耶稣被处死时的情形相吻合。"忽然殿里的幔子，从上到下裂为两半，地也震动，磐石也崩裂，坟墓也开了，已睡圣徒的身体，多有起来的。到耶稣复活以后，人们从坟墓里出来，进了圣城，向许多人显现。"

（70）"保罗的布道"指《哥林多后书》1：18—20。保罗写道："我指着信实的神说，我们向你们所传的道并没有是而又非的。因为我和西拉并提摩太在你们中间所传神的儿子耶稣基督，总没有是而又非的，在他只有一是。神的应许，不论有多少，在基督都是是的；所以藉着他也都是实在的，叫神因我们得荣耀。"

（71）"高高在上的编外讲师们轻视这些假名作品，也轻视我的小册子"可能指海伯格在一篇报刊文章中即兴提及《非此即彼》的事，这在读者群中激起了对他撰写书评的期待，但书评并未出现。

（72）"喜剧的力量"原文为拉丁文 vis comica，指制造喜剧效果的能力，亦指喜剧感。

（73）"黑格尔没有喜剧感"可能指德国黑格尔主义者霍桑（H. G. Hotho）于 1835 年出版的著作《为生活和艺术的习作》（*Vorstudien für Leben und Kunst*）中的观点。克尔凯郭尔在《论反讽概念》中曾引用其说。

（74）贺伯格（Ludvig Holberg，1684—1754）是丹麦—挪威作家、学者，以喜剧创作著称。此处的簿记员指其喜剧《爱管闲事的人》（*Den Stundesløse*）中的彼得·埃里克森。该人物出现在本书第一部第一章之中。

（75）此处"北京"写为 Peking。说明当时北京和广东已经与欧洲通商。

（76）"警察"（Agent）同时也指秘密警察，后者的存在必要性和功能在 19 世纪 40 年代曾引起争议，有意见认为公民应该把自己的所见所闻自觉地报告给警察。

（77）"不育之风"（ufrugtbar Vind）语出《以赛亚书》26：18："我们也曾怀孕、疼痛，/所产的竟像风一样。"

（78）关于"喜剧性是暴政的救星"指海伯格讽刺小市民性的喜剧《死后的灵魂：一出启示性喜剧》，尤其指马腾森在剧评中提出的观点，即该喜剧对"微不足道之事的形而上学"做出了重要贡献，喜剧性应该在新教启示中扮演重要角色。因此，马腾森最后指出，"喜剧性是一个在天堂中仍然有其有效性的范畴"。

（79）"假名作者们一再请求不要书评"的言论在《重复》、《畏惧与颤栗》、《哲学片断》以及《人生道路诸阶段》中都曾出现。

（80）①芝诺（前 335—265 年）是希腊爱利亚派哲学家，以关于运动的四个悖论著称。

②塞奥弗拉斯特（Theophrastus，前 370—285 年）是亚里士多德的理论和事业的

（81）①克尔凯郭尔假名著作《人生道路诸阶段》（*Stadier paa Livets Vei*）于 1845 年 4 月 30 日出版。

②《诱惑者日记》曾发行了单行本 525 册，1845 年即告售罄。这是克尔凯郭尔假名著作中得到最广泛关注和评论的作品。

（82）《非此即彼》的出版人维克多·埃莱米塔（Victor Eremita）以及"诱惑者约翰尼斯"（Johannes Forføreren）均出现在《人生道路诸阶段》中《酒中有真言》（*In Vino Veritas*）一文当中；《非此即彼》下卷的伦理代言人威廉法官（Assessor Wilhelm）成为《对婚姻的反对意见的一些看法》一文的作者。

（83）水手的故事查无出处。

（84）维克多·埃莱米塔是《非此即彼》的出版人，康斯坦丁是《重复》的作者，二人均作为《酒中有真言》的主人公出场。引文中的括号为克尔凯郭尔文本所有。

（85）《瓦堡》指丹麦黄金时代诗人兼作家奥伦施莱格尔（Adam Oehlenschläger, 1779—1850）创作的一出悲剧，标题全称为《艾克斯和瓦堡》（*Axel og Valborg*），发表于 1810 年。

（86）《西娜》是奥伦施莱格尔的另一出悲剧，标题全称为《哈格巴斯和西娜》（*Hargbarth og Signe*），发表于 1815 年。

（87）福斯塔夫是莎士比亚创造的喜剧人物，他出现在莎士比亚历史剧《亨利四世》第一部（1597 年）和《亨利四世》第二部（约 1596—1599 年）之中，也出现在喜剧《温莎的风流娘们》之中。

（88）克尔凯郭尔在《前言》中借假名作者之口讽刺那些在圣诞节和新年之际出版的文学作品选集，它们常常以"新年礼物"作为标题或者副标题。讽刺尤其针对海伯格在其主办的《信息报》中称他出版的 1844 年天文学年鉴《天文女神》（*Urania*）是"一份面向受审美陶冶的公众的新年礼物"。

（89）①文中的"游乐园"指 Tivoli，始建于 1843 年，迅速成为当时哥本哈根市民阶层的休闲娱乐场所。Tivoli 的建立标志着哥本哈根从一个小城市转变为欧洲的大城市。

②"为钱写作的作家"原文为 styverfængere，指追逐蝇头小利者。此处克尔凯郭尔有意将该词拼写为德文形式 Stüvenfängere。

（90）"爱好者"原文为德文 Liebhabere。

（91）"这样的作品就是一面镜子；猿猴照镜子是照不出圣徒来的"原文为德文：Solche Werke sind Spiegel; wenn Affe hinein guckt, kann kein Apostel heraus sehen. 语出德国自然科学学者和哲学家李士坦伯格（Georg Christoph Lichtenberg, 1742—1799）的论文《论相面术》（*Ueber Physiognomik*）。

（92）"盛装游行，地点，很多人物——然后，还有母牛"语出《人生道路诸阶段》。

（93）"鬼才知道的策普桑特和以 R 开头的地方"（Fanden i Vold i Trapezunt og R-）典出贺伯格喜剧《格特·威斯特费勒》（Mester Gert Westphaler）第二幕第三场。格特总吹嘘他在德国从哈德斯莱坞（Haderslev）到基尔（Kiel）的一次旅行，他的父亲就对他讲起了一个叫安德斯的人的奇异旅行，包括到法国的 Røven（实际应写为 Rouen，即卢昂）和存在于 13 至 15 世纪黑海东南之滨的基督教帝国 Trapezunt 的旅行。Røven 在丹麦文中是"屁股"的意思，所以文中用"R-"表示，这个用法与第二部、第二册、第二章注（11）的情况形成呼应，讽刺性自现。

（94）"叫停"原文为 spille Renonce，指牌戏中不出牌、不叫牌、弃权的情形。

（95）"书的后三分之二"指《人生道路诸阶段》中的《"有罪"？"无罪"？一则痛苦故事；沉默的兄弟的心理学试验》（"Skyldig? - Ikke Skyldig?". En Lidelseshistorie. Psychologisk Experiment af Fater Taciturnus）。

（96）歌德《少年维特之烦恼》原题写为 Leiden des jungen Werther，首版于 1774 年。德文 Leiden 与丹麦文的 Lidelse 很接近，同为"痛苦"、"苦难"之意。鉴于歌德这部作品在中国的巨大影响，此处遵从惯用译法为"烦恼"，顺此思路把德国作家霍夫曼（Ernst Theodor Amadäus Hoffmann，1776—1822）的小说 Leiden eines armen Theaterdirectors 译为《一个可怜的戏剧导演的烦恼》。

（97）括号中的页码所涵盖的内容是《人生道路诸阶段》中"沉默的兄弟"所写的《致读者》（Skrivelse til Læseren）。

（98）"诚如"原文为拉丁文 ad modum。但《好丈夫轻骑兵军官》（Husarofficeren og dog en god Ægtemand）一书的存在并未查证。

（99）"无名氏"原文为拉丁文 Quidam，即"有人"、"某人"之意，他是《"有罪"？"无罪"？》中的主人公，是该文作者"沉默的兄弟"试验性地塑造出来的人物。"痛苦拷问"是对 skarpe Examination 的意译，指在法庭受命于宗教异端裁判所而举行的听证会上，调查人以粗鲁的问题对被调查者进行精神折磨和逼迫。此活动自 1837 年 12 月 6 日起被禁止。

（100）"第 3 小节"（§3）位于《人生道路诸阶段》中"沉默的兄弟"所写的《致读者》一文当中。下面两段中的页码均出自《人生道路诸阶段》。

（101）"街道巡警"（Opsigtbetjent）指隶属于哥本哈根警局的警员，他们主要负责巡视街道的清洁和保养状况。"沉默的兄弟"自称是"一名旁观者，因此就是诗性的和优雅的街道巡警"。

（102）①《"有罪"？"无罪"？》中"无名氏"的箴言是这样的："挪威有位富裕的农夫，他每挣一千块钱，就要拿一把铜壶放在门前；酒馆主人每次在有人欠账的时候，都要在房梁上画道线。那么，每次我思考自己的富有和贫穷的时候，我都会添上一个新词。"

②拉丁文格言原文为 periissem nisi periissem。德国哲学家哈曼（J. G. Hamann）于 1764 年 5 月 2 日写给林德纳（Johannes G. Lindner）的信中曾引用。

（103）"起点"原文为拉丁文 terminus a quo。

（104）"现代知识"指黑格尔主义哲学，其中幽默高于信仰。参本节注（55）。

（105）关于孩子进天国的典故参《马可福音》10∶15。耶稣说："我实在告诉你们，凡要承受神国的，若不像小孩子，断不能进去。"还可参《路加福音》18∶17。

（106）①"谜语"（denne mørke Tale），语出《哥林多前书》13∶12，其时保罗说："我们如今仿佛对着镜子观看，模糊不清（'模糊不清'原文作'如同猜谜'）；到那时就要面对面了。我如今所知道的有限；到那时就全知道，如同主知道我一样。"括号及内容为中文新国际研读本《圣经》原有。

②关于"夭亡的孩子居住在极乐世界"的主题出自维吉尔的诗。

（107）"冒险家"原文为法文 Avanturier。

（108）"激进疗法"（Radikalcuur）指根除疾病的疗法，区别于缓解病症的对症疗法（symptomatisk kur）。1796 年，英国医生和医学科学家爱德华·詹纳（Edward Jenner, 1749-1823）研究并推广了牛痘疫苗以预防天花。丹麦于 1810 年 4 月 3 日下令，所有孩子满 7 岁前必须注射天花疫苗。

（109）"很多'首'和'尾'，还有'是'和'否'"语出海伯格的闹剧《撒罗门王和制帽商约扬》（Kong Salomon og Jørgen Hattemager）第 26 场，丹麦文和德文混用。该剧在《哲学片断》前言处即被引用。

（110）"在一场结果不确定的战争中"原文为拉丁文 ancipiti proelio。

（111）对感性的人的评价是对《非此即彼》下卷《婚姻在审美上的有效性》一文的自由引用。

（112）维克多·埃莱米塔（《非此即彼》的出版者）、康斯坦丁·康斯坦乌斯（《重复》的作者）、时尚设计师、诱惑者约翰尼斯（《诱惑者日记》的主人公）均出现在《酒中有真言》一文当中。

（113）"有死亡气息的"（mærket），语出 en mærket Mand，意指外表带有病容和忧伤的垂死之人，即已经感觉到了死亡的人。英译本中将该词直接与 marked 相对应，令人不明所以。

（114）"书上装帧的一点点金子"可能指海伯格主持出版的天文学年鉴《天文女神》（Urania），它从 1844 年至 1846 年出版了三期。年鉴从纸张到装帧都十分讲究，封面为烫金字。

（115）本段和下段中用楷体表示的诱惑者约翰尼斯和法官之言均出自《人生道路诸阶段》中的《酒中有真言》一文。

（116）"诡辩论者的命题"可能指亚里士多德在《形而上学》中（1009a）所阐

253

释的普罗塔哥拉的观点。亚里士多德说:"普罗塔哥拉的教义也是从同一意见发展出来的,要是正确就两皆正确,要是谬误就两皆谬误。一方面,假如承认一切意见与现象均属真实,所有言论将同时又真确而又虚假。因为许多人的信念是互相冲突的,人们常认为与他不同的意见是错的;所以同一事物必须又是而又不是。另一方面这样说,所谓'有人认为对,有人认为错',相反的只是各人的意见;同一事物确实可以'又是又不是';那么所谓实是倘真为这样,一切就都无不是了。"参亚里士多德:《形而上学》,吴寿彭译,商务印书馆1991年版,第71页。

(117)"最终"原文为德文 Am Ende。

关于"他是内心性的代言人"之说,书的草稿中还有这样的句子:"如果某君描述黑格尔时说他是思想的代言人,我们有理由回答,这什么都没说,我们必须说出他所代言的具体是哪种思想。关于内心性情况亦然。说他是内心性的代言人,这是在愚弄自己和被评论的人,因为那句'说出来,以便我能明白'(loquere ut videam)在此是有效的,我必须知道他是如何代言的。"

(118)关于"编外讲师们没有沉默",书的草稿中还有这样的句子:"一句老话跃入我的脑海:如果他们保持沉默,他们就会继续被当成哲学家(si tacuissent, philosophi manisissent)。通常说尽管我相信,痛苦和诸如此类的东西会对内心性和文风有所帮助,我相信绝大多数编外讲师们像平鱼似的,人们把皮剥了,也从他们身上挤不出一个激情洋溢的字眼"。这个段落中的拉丁语句出自波埃修的《哲学的慰藉》。"平鱼"(flynder)一词在丹麦文中亦有"蠢货、傻瓜"的意思。

(119)"界限"原文为拉丁文 confinium。"最后一部作品"指《人生道路诸阶段》。

# 第三章 现实的主体性；伦理的主体性；主体思想家

## §1 生存的意义；现实性

在抽象的语言中，生存和生存者的困难从未真正出现，更不用说对这困难进行阐释了。因为抽象思想是在永恒的视角下，它忽略了具体的存在，忽略了现世性，忽略了生存之生成，忽略了生存者作为被置于生存之中的永恒与时间的复合体的痛苦①。如果奉抽象思想为至上，就会得出结论说，科学知识和思想家会骄傲地遗弃生存，而让我们其他人去忍受最糟糕的东西。是的，由此我们还能得出关于抽象思想家本人的结论，也就是说，既然他本人是一个生存者，那么他无论如何都会走神。

以抽象的方式探问现实性（尽管抽象地探问现实性是恰当的，因为特殊性、偶然性的确隶属于现实性，并且与抽象性直接对立）并且以抽象的方式做答，这并不比探问和解答"某个确定的东西就是现实性"更困难。这也就是说，抽象忽略了这个确定的东西，而困难正在于通过思考的意愿把这个确定的东西和思想的理想性结合起来。抽象活动甚至不去理会这样一种矛盾，因为抽象恰恰阻止了矛盾。

抽象活动的可疑之处显现在了它与所有生存问题的关系中，抽象活动通过取消困难的方法忽略这困难，然后再夸口说它解释了一切。它解释了一般意义上的不朽，并且，看，它进展顺利，因为不朽与永恒是同一的，而永恒在本质上就是思想的媒介。一个单一的生存者是否不朽是真正的难点，对此抽象活动置之不理。抽象活动是无利害的，但是生存者的利害是

---

① 黑格尔在其《逻辑学》中一直允许一个观念加盟，它对于具体事物和教授们每次为了超越而不顾必要的过渡的下一个东西知之甚多，尽管如此，它当然仍是一个错误，对此灿德伦堡已经精妙地指出了。[1] 为了使人想起近在眼前的东西，从"生存"到"诸生存者"之间的过渡是如何形成的？[2] 生存是自身反映和他者反映的直接统一。由此（？），生存就是无限定的众多生存者。[3] 关于生存的纯粹抽象的定义何以分裂到如此地步？

生存的难题，生存者对于生存的意义是无限关切的。因此，抽象思维助我不朽：它把作为单一的生存个体的我杀死，然后使我不朽；因此，这帮助几乎就像贺伯格笔下的医生，他用药夺走了患者的生命，但也使高烧退去。(4) 于是，当我们观察一位抽象思想家的时候，此人不愿让自己明白、并且不愿承认他的抽象思想与他是一个生存者之间的关系；那么，尽管他十分杰出，他会给人以滑稽的印象，因为他已经停止为人了。一个由无限性和有限性组成的、对生存无限关切的真正的人，其现实性正在于将这些因素组合在一起；而一个抽象的思想家则是一个两面性动物：一个生活在抽象的纯粹存在之中的奇幻物，有时又是一个由那个抽象物所树立的可怜的教授形象，就像人们竖起一根棍似的。当我们读到这样一位思想家的传记的时候（因为他的著作或许是杰作），我们有时会因"身为一个人意味着什么"的想法发抖①。(5) 尽管花边女工织出了漂亮的花边，但一想到这弱小的可怜人，我们就会感到难过。(6) 同样，当我们看到一位思想家，尽管他技艺精湛，但却亲身活得像个书呆子，这是滑稽的。(7) 他的确亲身结了婚，但对爱情的力量既无所知，亦未受感动，因此他的婚姻就像他的思想一样毫无个性，他的私人生活没有激情，没有激情洋溢的挣扎，他只是像小市民似的操心，看哪所大学的教职是最佳的谋生之道。人们会认为，这样的一种错位不可能与思想相关。他们会认为，这只是外部世界的悲惨状况，在那里一个人为另一个人苦干。于是，人们在赞赏花边的时候一想到花边女工，就会满眼含泪。人们会认为一个思想家过的是最丰富的人生——在古希腊就是这样。

但是抽象思想家的情况不同，在他没有理解自身以及抽象思想与生存的关系的时候，他或者顺从天才的驱策，或者被训练着成为那样的人物。我知道得很清楚，人们普遍羡慕艺术家的生存，此人对于作为人的意义不甚了了，他顺从自己的天才，于是仰慕者因赞赏艺术作品而忘记了他这个人。不过我还知道，这样的生存者的悲剧就在于他的与众不同，其人格没有反映到伦理之中。我还知道，在希腊，一个思想家并不是创造出艺术作品的胆怯的生存者，他本身就是一件活的艺术作品。当然，成为思想家绝非意味着成为一个与众不同的殊异者。如果人们理所当然地认为有位抽象

---

① 于是，当我们在他的著作中读到"思维与存在为一"的句子之时，我们在思考他的人生和传记时会这样想：那个思维与之同一的存在肯定不是"何谓人"的意思。

## 第三章 现实的主体性；伦理的主体性；主体思想家

思想家缺乏喜剧感，那么，这一点恰恰证明了他的全部思想或许就是某种超凡天才的伟绩，而非出自一个人之手，此人在严格的意义上，一直像人那样生存。[8]不过有人用说教的方式指出，思想是至上的，思想包罗万象；与此同时没有人对此提出异议，即思想家在本质上不是像一个人那样生存，而是作为一种别才。思想没有在关于思想家的概念里再现自身，思想家自身的生存与其思想是矛盾的，这些陈述揭示出，此人只不过是在说教。思想高于情感和幻想，有思想家这样说教，此君既无情致亦无激情；思想高于反讽和幽默，有思想家如是说教，此君全然没有喜剧感。多么滑稽！就与基督教和所有生存难题的关系言，整个抽象思想就是在喜剧方面的一种尝试；同样，所谓"纯粹思维"完全是一个心理学层面上的怪物，一种令人羡慕的奇思妙想，它在奇幻媒介中进行聚合和构建——纯粹存在。不加分辨地奉纯粹思维为至上者，这一点显示出，思想家从未像一个人那样地生存过，其表现之一就是他从未在严格的意义上行动过，我指的不是成就，而是内心性。但是，在严格的意义上，行动本质上隶属于像人那样生存。通过行动，通过穷尽主体的激情和满怀对永恒责任的清醒意识而冒险做出决断（这是人人可以为之的），人们获知了其他的东西；还有，身为一个人与年复一年地编织一个体系是不同的。通过本质上像一个人那样生存，人们还获得了对喜剧性的感受力。我并不是说，每一个真正地像人一样生存的人都会因此成为喜剧诗人或者喜剧演员，而是说他会因此获得对喜剧性的感受力。

抽象的语言根本不会令生存和生存者的难题涌现，对此我将从一个被广泛讨论和撰写的决定性的问题入手加以阐明。众所周知，黑格尔哲学取消了矛盾律，而且黑格尔本人不止一次重重地宣布了对那些停留在理智和反思层面上、且由此坚称存在着"非此即彼"的思想家们的末日审判。[9]从此出现了一个流行游戏：只要一有人发出"非此即彼"的声响，立刻就会出现一位"嘚嗒嘚嗒"骑在马背上的黑格尔主义者（就像《卡伦堡故事》中的护林员延斯），然后他获胜后回家。[10]就在我们中间，黑格尔主义者为了赢得思辨思想的完胜多次采取行动，尤其是针对主教明斯特；明斯特主教不止一次地成为被克服的观点，尽管相对于一个被克服的观点来说他自己还能撑得住，人们毋宁会担心，为取胜而付出的艰辛过多地消耗了那些未被打败的胜者。[11]或许这里根本上存在着对于战斗和胜利的误解。黑格尔是绝对正确的，从永恒的角度出发，在永恒的视角下，在抽象语言中，在纯粹思维和纯粹存在的领域内，根本不存在"非此即彼"。⁽¹²⁾不管走到哪儿，既然抽象活动都会把矛盾移开，黑格尔和黑格尔主义者们就不用费心去解释，那种把矛盾、运动、过渡之类的东西弄进逻辑学的繁文缛节究竟是什么意思了。如果"非此即彼"的捍卫者们硬要挤进纯粹思维的领域并且为他们的事业辩护的话，那他们就错了。就像那个与赫拉克勒斯搏斗的巨人，他一被抬离地面就丧失了力量；同样，当矛盾被从生存中取出而进入抽象的永恒之中的时候，矛盾的"非此即彼"正因为如此而被取消了。⁽¹³⁾但是另一方面，当黑格尔在遗忘抽象的情况下，为了竭尽全力取消"非此即彼"而从抽象领域落入生存领域，他又是完全错误的。换言之，取消"非此即彼"在生存中是不可能的，因为那样的话他也取消了生存。当我把生存取走之时（进行抽象），则没有"非此即彼"；当我在生存中取走"非此即彼"的时候，这意味着我取走了生存，但我没有在生存中取消"非此即彼"。如果"在神学为真理、而在哲学为谬误"的说法是不正确的话，那么，"对于生存者为真、但在抽象中为假"就是完全正确的。⁽¹⁴⁾在伦理上为真的还有，纯粹存在是幻想，生存者被禁止遗忘他是一个生存者的事实。于是，我们与一个黑格尔主义者打交道时就要格外小心了，尤其要搞清楚我们荣幸地与之交谈的是何许人，他是一个人，一个生存者吗？当他睡觉、吃饭、擤鼻涕以及做诸如此类的人会做的事的时候，他本人在永恒的视角下吗？他本人是否就是纯粹的我—我？说真的，这念头可从未出现在哲学家的头脑中。如果他不是，他是如何在生存中与概念的过渡建立关系的呢？在那个过渡中，在生存中的、与生存携手的以及由生存带来的伦理责任受到了恰如其分的尊重。他是否生存着？如果是，难道他不是处于生成之中吗？如果他处于生成之中，难道他没有与未来建立关系吗？难道他从未与未来建立这样的关系吗？也就是说，他要去行动？如果他从未行动过，他难道不该原谅那个怀着激情和戏剧化的真理说他是个白痴的伦理个体吗？但是，如果他在严格的意义上行动，他难道不是怀着无限的激情与未来建立了关系吗？⁽¹⁵⁾难道那里没有一个"非此即彼"吗？对于生存者言，永恒是否不是永恒，而是未来；永恒只对没有生成变化的永恒者才是永恒？问问他，看他能否回答如下问题，也就是说，看这样一个问题能否向他提出：如果可能，为了在永恒的视角下而放弃生存，这是否是某种发生在他身上的或者要借助决断而做的事？它或许就是人们应该做的事？因为如果我应该这样做，那么，正因为

## 第三章 现实的主体性；伦理的主体性；主体思想家

如此，与在永恒的视角下的关系中也就树立起了一个"非此即彼"。或者，他是否就出生在永恒的视角下，并且从此生活在永恒的视角下，因此他甚至不明白我所问的究竟是什么，因为他从未与未来打过交道或者从未意识到任何决断？如此，我很清楚地看到，我荣幸地与之交谈的并不是一个人。但是我并未就此打住，因为对我来说这是一件怪事，它显示出了如此神秘的特质。在霍乱爆发之前通常会出现一种一般看不到的苍蝇，同样，这些童话般的纯粹思想家难道不就是一个征兆吗？[16]——不幸正在靠近人类，比方说吧，人类就要丧失伦理和宗教。因此，在和抽象思想家打交道时要小心谨慎，他不仅愿意停留在抽象的纯粹存在之中，而且还想使之成为对人来说至上的东西，使那种通往忽略伦理和误解宗教的思想成为至上的人类思想。从另一方面说，不要走上前说，在永恒的视角下会有一个"非此即彼"，那里"万物存在但无物涌现"（爱利亚派的主张）①。[17] 反之，在万物处于生成和变动之处，在足以约束激情的决断性的永恒在场之处，那里，永恒自恰得犹如未来与生成进程中的人的关系，那里才是绝对对立的归属地。换言之，当我把永恒与生成结合起来的时候，我不会得到安宁，但会得到未来。这就是为什么基督教要把永恒宣称为未来的原因，因为基督教面向生存者，因此它认定，仍有一个绝对的"非此即彼"。

所有的逻辑思维都用抽象语言表达且在永恒的视角下。以这种方式思考生存忽略了在生成进程之中思考永恒所产生的难题，而人们很可能要被迫这样做，因为思想者本人即处于生成之中。因此，抽象思维比生存容易，除非把我们所称之为的"生存"勉强视为一个主题。下面又是一个最简单的任务何以能最困难的例子。人们认为，生存不算什么，甚至连技

---

① 人们经常议论那个持续的进程，对立双方在这个进程中达到了更高的统一，然后又是一个更高的统一，诸如此类；受此误导，人们把黑格尔与赫拉克利特的思想平行起来，后者认为，万物皆流，无物常驻。[18] 不过这是一种误解，因为黑格尔关于进程和生成的全部思想都是虚幻的。因此，体系中缺失了伦理学；因此，当活着的这代人和活着的个体严肃地探讨生成以便行动的时候，体系一无所知。于是，尽管黑格尔讲进程，他并没有在生成进程中理解世界史，而是借助过去带来的感觉欺骗性，在终结性之中理解世界史，所有的生成都被排除在外。因此，一个黑格尔主义者不可能凭借他的哲学理解自身，因为他只能理解已然逝去、已经完成了的东西，可是生者尚未离世。或许他会这样安慰自己：如果人们能够理解中国、波斯和六千年的世界史，那么就不用去管单一者了，哪怕那人就是他自己。但我却不这样认为，最好反过来理解：如果一个人无法理解自身，那么他对中国、波斯等等的理解肯定十分奇怪。

艺都不如，我们所有人当然都生存着，但是抽象思维却是回事。但是，真正的生存，也就是有意识地渗透到自己的生存之中，同时又在一定程度上永远地远远超出生存之上，可又在生存之中，在生成的进程之中——这才是真正的难题。如果在我们这个时代思想尚未变成某种奇怪的二手货的话，那么，思想家们会给人们留下一个完全不同的印象，就像在古希腊，那时的思想家还是一个受其思想驱动的热情的生存者；就像曾经的基督教世界，那时的思想家也是信仰者，他热情地寻求着在信仰的生存方式之下理解自身。如果我们这个时代的思想家是这样的话，则纯粹思维就会导致接二连三的自杀；这是因为在人之为人的问题上，假如纯粹思维不是某种微不足道的东西、且准备与伦理的和宗教的个体生存和睦共处，而是想成为一切、且成为至上的东西的话，自杀便是纯粹思维唯一的生存性后果。我们赞美的不是自杀，而是激情。但是，如今的思想家成了一个可供观赏的动物，他在一天当中的某些时段里尤为别出心裁，但总体却与一个人毫无共同之处。

在永恒的视角下以及抽象地思考生存在本质上就是取消生存，其优长堪与那个广为宣传的对矛盾律的取消相提并论。没有运动便不可能思考生存，而运动是不可能在永恒的视角下被思考的。忽视运动算不上什么大手笔，但把运动作为过渡引入逻辑学，并且与时空同在，这才是一种新的混乱。但是，既然一切思想皆永恒，生存者的难题便出现了。如同运动，生存是一个极难处理的东西。如果我思考它，那么我就取消了它，于是我就没有思考它。于是，这样说看起来就是正确的：存在着某种不能被思考的东西——那就是生存。但是，思想者生存着，于是生存的难题再次出现。

希腊哲学没走神，所以运动才持续地成为哲学的辩证努力的对象。希腊哲人是生存者，这一点他没有忘记。因此，为了能够思考，他从自杀、或者从毕达哥拉斯式的死亡或者苏格拉底式的死亡当中寻求慰藉。[19] 他意识到自己是一名思想者，但他还意识到，正是作为媒介的生存持续地阻止他连续地进行思考，因为生存将持续地把人置于生成的进程之中。于是，为了能够真正地思考，他必须毁灭自己。现代哲学高傲地冲着这股孩子气发笑，就好像所有像他那样确切地知道"思维与存在为一"的现代思想家并不知道，努力去成为他思考的东西并不值得。

正是在生存以及对生存者提出的伦理要求的节点上，当某种抽象哲学

## 第三章 现实的主体性；伦理的主体性；主体思想家

和纯粹思维想要通过使决定性因素出局的方法来解释一切的时候，人们必须做出抵抗。人们只需无所畏惧地冒险成为一个人，拒绝被恐吓或者在尴尬中被骗成为一个幽灵般的东西。倘若纯粹思维意欲理解它与伦理以及伦理性的生存个体之间的关系的话，事情就是另外的样子了。但是纯粹思维永远不会这样做，的确，它甚至都不会装装样子说它想要这么做，因为那样的话它就要与另外一种辩证法打交道了，一种希腊的辩证法或者生存辩证法。伦理支持每一个生存者有合法的权利向所有被称为智慧的东西提出要求。一旦开端出现，一旦某人逐步忘却生存以便使在永恒的视角下思考成为一个不易察觉的过渡，这里的反对意见就是另外的类型了。在纯粹思维的范围内，对黑格尔主义或许可以提出很多很多的反对意见，只是一切并未由此发生本质性的改变。作为一个贫乏的读者，我压根没有想过要成为评判者，我十分乐于崇拜黑格尔逻辑学，我乐于承认，如果我再次回到那里，我有很多东西要学。我还要十分骄傲地、十分具有反抗性地、十分固执地、毫无畏惧地宣布：黑格尔哲学因其没有规定它与生存者的关系、因其忽略了伦理而混淆了生存。貌似怀疑主义的怀疑主义从来都是最危险的，而那种欲成为为生存者的肯定性真理的纯粹思维就是怀疑主义，因为那种肯定性是假想中的怪物。能够解释过去，解释整个世界历史是辉煌的；但是，假如那种理解过去的能力对于一个生存者来说是最高的东西，这种肯定就是怀疑主义，而且是一种危险的怀疑主义，因为人们理解的那些事物看起来极具欺骗性。于是，危险的事情降临在黑格尔哲学头上——间接的攻击可以成为最危险的。让一个有怀疑精神的青年，但却是一个生存着的怀疑者，让他对某位学术英雄表示出青春年少时才会有的可爱的、无边界的信任，让他从黑格尔的肯定之中寻找真理——为生存的真理，并且从中获得慰藉，结果他写了一条关于黑格尔的可怕箴言。请别误解我。我并不是说，每个年轻人都能胜过黑格尔；远非如此。如果这年轻人自负且愚蠢地想这样做，那么他的攻击就是言之无物的。不然。年轻人从未想过要去攻击黑格尔，相反，他无条件地以女性般的忠诚屈从于黑格尔，但同时仍以足够的力量坚持他的问题。于是乎，他成了一名自己并未察觉的讽刺者。这年轻人是一个生存着的怀疑者，他持续地悬浮在怀疑之中，伸手去抓真理——为的是能够生存于其间。结果，他成了否定的，黑格尔哲学当然是肯定的，难怪他信任黑格尔哲学呢！但是，如果真理是要让人生存其间的话，那么这种纯粹思维对于生存者而言就是一个假想怪物。依靠纯粹思维的引导生存，这就好比依靠一张很小的欧洲地图在丹麦旅行一样，在那张图上，丹麦并不比钢笔尖大——确实如此，甚至更不可能。[20] 那年轻人对黑格尔的崇拜，他的热情以及对黑格尔的无边信任恰恰是对黑格尔的讽刺。人们很早就该洞悉这一点的，如果纯粹思维没有借助某种给人以深刻印象的声望而维持自身的话。其结果是，人们除了说太好了，说他们理解了纯粹思维外，什么都不敢说——尽管在某种程度上那是不可能的，因为没有人能够在那种哲学的引导下理解自身，理解自身才真正是一切理解的绝对条件。苏格拉底曾经反讽地说，他并不确切地知道，自己是一个人还是别的什么；但是一个黑格尔主义者能够在他的座椅上极其庄严地说：我不知道我是否是一个人，但我却理解了体系。我宁愿说：我知道我是一个人，并且我知道我不理解体系。在我直白地道出此言之际，我还要补充一句：如果我们的黑格尔主义者中间有人想来照管我并且帮助我理解体系的话，在我这边是没有任何障碍的。为了学到更多的东西，我要努力做到尽可能地愚钝，为的是——如果可能的话——除我的无知外不带任何预设。我要努力做到尽可能不为所有那些指责其非科学的意见所动，只是为了确保能学到东西。

没有激情是不可能生存的，如果生存不被理解成近乎生存的话。因此，每一位希腊思想家在本质上都是一位充满激情的思想家。我常常想，怎样才能把一个人引入激情。我想到，如果我能让他骑上一匹马，然后让马受惊狂奔；更有甚者，为了让激情涌现，如果我能让一个想尽可能迅速地抵达某地的人（这已然是在激情之中了）骑上一匹几乎不能行走的马——生存就是这样，如果人们对此有所意识的话。或者，如果一位车夫通常打不起精神，如果人们把一匹翼马和一匹老马套在同一辆车上，然后对车夫说：现在去赶车吧，我认为这会成功。[21] 生存便是如此，如果人们对此有所意识的话。永恒像那匹翼马一样无限快捷，时间性则是一匹老马，而生存者就是车夫——如果生存并非如人们通常所说的那样，因为如果是那样的话，生存者也就不是车夫，而是一个醉酒的农夫，他躺在车里，边睡边让马自己前行。当然了，他仍然在赶车，仍然是车夫，可能像很多人那样——仍然生存着。

就生存是运动而言，关键是要有一种将运动组合起来的连续性，否则根本不存在什么运动。万物皆真意味着无物为真，同样，万物皆运动意着根本没有运动①。作为运动的目标,"不动"是隶属于运动的,这目标既有"目的"、又有"标准"的意思在内。(22) 否则,万物皆在运动之中,倘若人们把时间移走,但却说万物一直都在运动之中,那么正因为如此,它就是静止。亚里士多德曾以多种方式强调运动,所以他说:神自身不动,但却推动万物。(23) 现如今,纯粹思维将所有运动一概取消,或者毫无意义地将之引入逻辑学,给予生存以连续性就成为生存者的难题,没有连续性,则万物终将消失。抽象的连续性根本不是连续性,生存者生存的事实本质上阻止了连续性的出现,而激情是暂时的连续性,它既具有约束力,又是运动的动力。对于生存者而言,运动的目标就是决断和重复。永恒是运动的连续性,而抽象的永恒在运动之外,生存者所有的具体的永恒就是激情的极致。这也就是说,对于生存者而言,一切理想化②的激情都是他为了生存而在生存中对永恒的期盼③;抽象的永恒是通过忽略生存而获得的。生存者只能凭借一个可疑的开端才能步入纯粹思维之中,这个可疑性又施行报复:它把生存者的生存弄得无足轻重,使其言谈听上去疯疯癫癫。这几乎就是我们这个时代中多数人的状况,人们很少或者从未听过一个人讲话,好像那人意识到自己是一个单一的生存者;相反,当他也在谈论着百万民众、国家以及世界史的发展的时候,人们像泛神崇拜那样令自己眩晕。但是,对于生存者而言,激情对于永恒的期盼并不是绝对的连续性,而是向着对生存者而言唯一可能的真理靠近的可能性。这里再次令人想起了我的论题:主体性即真理,因为客观真理之于生存者就像是抽象的永恒。

　　抽象活动是无利害的,但是生存之于生存者却是至上的利益。因此,生存者总是有一个"目的"的,亚里士多德(《论灵魂》III, 10, 2)在论及"理论理性"不同于"有目的的实践理性"时所说的就是这个"目的"。(24) 但是,纯粹思维完全是悬搁性的,它与抽象活动有所不同,后者

---

　　① 这一点毫无疑问就是赫拉克利特的弟子的意思,他说:人甚至一次也不能踏进同一条河流。(25) "沉默的约翰尼斯"(《畏惧与颤栗》)提到了这位弟子的言论,但他更多着意的是华丽辞藻而非真理。
　　② 尘世的激情通过把生存转化为瞬间而阻止了生存。
　　③ 人们称诗歌和美术是对永恒的期盼。(26) 如果人们这样称呼的话,那么他们也该注意到,诗歌和美术在本质上并不与生存者相关联,因为诗歌和美术的观点"对美的喜悦"是无利害的,旁观者以静观的姿态居于作为生存者的自身之外。(27)

的确忽略了生存,但却保持着与生存的关系;纯粹思维在神秘的悬搁之中,在不与任何生存者相关联的情况下,在自身内部解释着除了它自身之外的万事万物;它在自身内部解释万事万物,从而不可能对真正的问题做出具有决定意义的解释。举个例子,当生存者探问,纯粹思维如何与生存者建立关系,他如何行事以步入纯粹思维之中,纯粹思维无言以对,但却在纯粹思维的内部解释着生存,由此混淆了一切,因为在纯粹思维必定搁浅之处,生存在变化无常的意义上,在纯粹思维之内被给予了一个位置,由此,在它内部关于生存所说的一切在本质上都被撤销了。当在纯粹思维之内论及自身反映和对他物的反映的直接统一、以及对这个直接统一的扬弃的时候,直接统一的诸环节之间必定会出现某个东西。[28] 那是什么呢?是的,是时间。但是,时间在纯粹思维之内是找不到位置的。那么,扬弃、过渡、新的统一性意义何在?人们只是假装在不断地思考,因为所有论及的东西绝对是要被撤销的,以此方式进行思考到底有何意义?人们不承认这种思考方式,但又不断大声鼓噪着纯粹思维的肯定性真理,此举意义何在?

生存使思考与生存因"生存者即思想者"而结合起来,由此产生了两种媒介:抽象的媒介和现实性的媒介。但是,纯粹思维甚至成为第三种媒介,一个全新的发明。据说它开始于最为彻底的抽象之后。纯粹思维——我能说什么呢——对于抽象一直保持着的那种它由之抽身的关系虔诚地或者轻率地一无所知。在这种纯粹思维之中,所有的怀疑得到了休息,这里有的是永恒的肯定性真理,以及人们乐于说的东西。这就是说,纯粹思维是一个幽灵。如果说黑格尔哲学没有任何悬设,那么它赢得这一点就是通过一个疯狂的悬设——纯粹思维的开端。

对于生存者而言,生存之于他就是至上的利益,他对生存的关切就是他的现实性。至于何谓现实性,这是无法用抽象语言表达的。现实性是在抽象活动假设的"思维与存在的统一"中的一种"存在之间"。[29] 抽象与可能性和现实性打交道,但它对现实性的理解是一种错误的再现,因为它的媒介不是现实性,而是可能性。只有取消现实性,抽象活动才能掌握现实性;但是取消现实性就是将之转换成可能性。所有在抽象思想之内用抽象语言对现实性所做的表述,都是在可能性之内做出的。换言之,在现实性的语言中,所有的抽象活动都是作为可能性而与现实性建立关联的,而不是在抽象和可能性之内与现实性建立关联。现实性、生存是一部三部曲中的辩证环节，其开端和结尾不可能为一个生存者而在，他作为生存者是处于辩证环节之中的。<sup>(30)</sup>抽象活动合并了三部曲。完全正确。但是，它是如何为之的呢？抽象就是某种如是为之的东西，还是说它不是抽象者的行为？但是，一个抽象者无论如何也是一个生存者，作为生存者他因此处在辩证环节之中，对此他既不能调和，也不能合并，至少不能在绝对的意义上为之，只要他生存着。如果他真那样做了，这关系就像是可能性与现实性的关系，像与他本人就在其中的生存的关系。他必须解释，他是如何为之的；也就是说，他作为一个生存者是如何为之的；或者解释他是否停止生存，一个生存者是否有权这样做。

一旦我们开始提出这样的问题，我们就是在从伦理的角度发问，并且向生存者提出伦理的要求；而生存者不能从生存中抽身，相反，他应该生存，生存就是生存者至上的利益。

作为生存者，一个人最不可能做到的就是绝对坚持取消辩证环节（生存环节）；那里需要一个其他的不同于生存的媒介，它实际上就是辩证环节。如果一个生存者能够对取消有所知的话，他所知的只能是作为可能性的取消，当利益被设定之时，对这种可能性的扬弃不会产生抑制作用，这也就是为什么人只能在无利害的意义上有所知，但作为生存者他永无可能真正做到无利害。而且作为生存者，从伦理的角度出发，他根本没有权利说他想要接近无利害，因为伦理使生存的利害对于他具有无限的意义——如此无限，以至于矛盾律获得了绝对的有效性。<sup>(31)</sup>

再次重申，如前所述，抽象活动根本不会卷入生存和生存者的难题。以可能性为媒介思考现实性不会产生以生存为媒介思考现实性的难题；作为生成的进程，生存将阻止生存者去思考，好像现实性是不可思量似的，尽管生存者仍是思想者。在纯粹思维之内，人们深陷于深刻性之中，但却不时获得一种印象——所有这一切当中有着某种分神的东西，因为纯粹思想家并不清楚，做一个生存着的人意味着什么。<sup>(32)</sup>

所有关于现实性的知识都是可能性。生存者唯一有所知的现实性就是他自身的现实性，是他的生存；这个现实性就是他的绝对利益。抽象活动要求他成为无利害的以获得知识；而伦理则要求他无限地关切生存。

对于生存者来说唯一的现实性就是他自己的伦理现实性；至于所有其他的现实性，他仅是知道而已，但真正的知识就是向可能性的转化。

感觉的可靠性是一个骗局。这一点早已被希腊怀疑主义充分揭示了出来，现代观念论亦然。历史知识所宣称的可靠性也只是一个骗局，就其意欲成为现实的可靠性而言，因为只有当认知者将历史的现实性溶解于可能性之中的时候，他才能对其有所认识。（下面将有详论）。抽象是可能性，不管之前的还是随后的可能性。纯粹思维是一个幽灵。

真正的主体不是认知性的，因为通过知识他身处可能性的媒介之中，主体应该是伦理的生存主体。一个抽象思想者当然存在，但是他的生存更像是对他的讽刺。以他的思考来证明他的生存是一个奇怪的矛盾，因为他做抽象思考与他从生存中抽身的程度相当。在某种意义上，他的生存的确变得像那个他欲从中脱身的前提一样清晰，抽象本身的确成了对其生存的奇特证明，因为假如他彻底成功了的话，他的生存就会停止。笛卡尔的"我思故我在"被频繁地重复。[33]如果把"我思"中的这个"我"理解成单个的人的话，这个命题什么都没有证明：我在思考，所以我存在；但是，如果我在思考，那么我存在又何怪之有呢，早就是这么说的，而且前一句比后一句说得更多。[34]如果把"我思"中的"我"理解成一个单一的生存者的话，那么哲学就会大喊大叫：愚蠢，愚蠢，这里说的不是我的"我"或者你的"我"，而是一个纯粹的"我"。只是，这个纯粹的"我"所有的只能是思想性的生存，那个得出结论的"故"是什么意思呢，这里并没有得出结论，因为这个命题是一个同语反复。

如果有人说，抽象思想家以其思想远远不能证明他存在这一点毋宁清楚地指示出，他的抽象活动亦不能完全成功地证明相反的东西。如果有人这样说，并且由此反向地得出结论，认为一名真正生存着的生存者根本没有思考，这就是一种武断的误解。他当然在思考，只是他的思考反向地面对他自身，这思考无限地关切生存。苏格拉底必定是这样思考的，他把所有其他的知识置于漠不相关的领域，他无限地强调伦理知识，后者与对生存表示无限关切的生存主体相关联。

从思维中推出生存因而就是一个矛盾，因为思想在做相反的事情，它从现实当中取走生存，它通过取消生存、通过将其置于可能性之中的办法而思考生存。（下面将有详论）。除了个体自身的现实性之外，对于任何其他的现实性而言，人们只要思考就能有所认识。对于个体自身的现实性而言，这将取决于他的思想能否完全成功地从现实性当中抽身。这就是抽象思想家想要达到的，但它毫无用处；他持续生存着，而且他的持续生存,"这个有时怪可悲的教授",就是针对抽象思想家的讽刺警句,更别提伦理对他的指控了。[35]

在古希腊,人们意识到了生存意义的问题。因此,怀疑主义的平静就是对从生存中抽身的一种生存尝试。在我们这个时代,人们在印刷品中做抽象活动,就像人们一劳永逸地在印刷品中怀疑一切一样。引发现代哲学的混乱的东西之一,就是哲学家们就无限性的任务做了太多简短断言,他们互相尊重这些纸币,几乎从未有人想过在生存中尝试着实现这任务提出的要求。以此方式,人们轻易就能完成一切,并且是在没有前提的情况下开始。比方说,"怀疑一切"这个前提本应花去一个人一生的时间,但现在却跟说出它一样快地就完成了。

## §2 可能性高于现实性;现实性高于可能性;诗的理想和理智理想;伦理理想

亚里士多德在《诗学》中说过,诗高于历史,因为历史只表现已发生的事,而诗却可以表现能够发生的和应该发生的事,也就是说,诗可自行支配可能性。[36] 从诗和理智的角度出发,可能性高于现实性,感性和理智是无利害的。但是,只存在一种利害关切,对生存的关切;无利害性表达的是对现实性的漠不关心。这种漠不关心在笛卡尔的"我思—故我在"之中被遗忘,它扰乱了理智的无利害性,并且冒犯了思辨思想,仿佛从中会引出其他什么东西似的。我思,故我思,"我"或者"它"是否存在(在现实性的意义上,"我"意味着一个单一的生存着的人,"它"意味着一个确定的物)都是无限地无关紧要的。在思想的意义上,我所思的当然不需要任何证明,或者通过某种结论被证明出来,因为它的确已经被证明了。一旦我开始想让我的思想与其他东西建立目的论的关系,利害问题就出现了。一旦利害出现,伦理就会到场,并且使我免于证明自己存在的进一步的麻烦,阻止我得出在伦理上具有欺骗性的和在形而上层面上含糊不清的结论,因为它强迫我去生存。

\* \* \*

在我们这个时代,伦理越来越受到忽视,这种忽视还产生了一个危害性后果,即它混淆了诗和思辨,它为了抓住现实性而放弃了对可能性的无利害的升华；它没有使其各得其所，而是产生了双重混淆。诗接二连三地尝试着像现实性那样起作用，这一点毫无诗意；思辨思想一再地想在其自身范围内企及现实性，它想使人确信，思想就是现实，思想不仅仅在于思，还在于给出现实性，可事实恰恰相反；与此同时，思辨思想对于生存意义的遗忘越来越厉害。时代和人都变得越来越不实在，因此这些替代品就要来取代已经丧失的东西。人们对伦理的放弃愈演愈烈，单一者的人生不仅成为诗化的，而且在世界史的层面上变得不安，由此他被阻止以伦理的方式生存；现实性必须以其他方式被带出。只是，这种被误解的现实性就好比一代人或者这代人当中的一些个体早衰了，现在必须靠人工方法使其重返青春。以伦理的方式生存就是现实性，但是，现时代压倒一切地成为了旁观者，不仅所有人都成了旁观者，而且这一点最终被错误地认为它仿佛就是现实性。人们嘲笑修道院生活，但是，没有任何隐士会像今人这样不实在地生活，因为一位隐士确乎脱离了整个世界，但他没有脱离自身。人们知道如何描写修道院的奇幻环境：偏僻之地，林中的孤寂，遥远天际的一抹蓝色，但是人们却不去想纯粹思维的奇幻环境。隐士身上充满激情的非现实性远比纯粹思想者喜剧性的非现实性更为可取；那种把整个世界从隐士身边带走的充满激情的遗忘，远比遗忘了自身的世界史思想家身上的喜剧性的走神更为可取。

\* \* \*

从伦理的角度出发，现实性要高于可能性。伦理正是要使生存成为无限的利害关切，从而毁灭可能性的无利害性。因此，伦理意欲阻止所有制造混乱的尝试，比方说，从伦理的角度出发旁观世界和人类。换言之，我们不可能在伦理的意义上旁观，因为只存在一种伦理性的旁观，那就是自我省察。伦理立刻向单一者提出要求——他应该以伦理的方式生存；它不会口出狂言，说成千上万的人和数代人；它不随意处置人类，就好像警察不会逮捕纯粹的人类一样。伦理与单个的人打交道，而且请注意，是与每一个单个的人打交道。如果上帝知道一个人有多少根头发，那么伦理就知道有多少人存在，而且伦理计量对总数不感兴趣，它感兴趣的是每一个单一者。伦理向每一个人提出要求，当其评判之时，它也

## 第三章 现实的主体性；伦理的主体性；主体思想家

针对每一个人进行评判；只有暴君和弱者才会满足于"十取一"的方式。⁽³⁷⁾伦理抓住单一者并且向他提出要求，他应该放弃所有的旁观，尤其是对世界和人类的旁观。因为伦理作为内在物根本不能被身外的其他人观察，它只能由单个的主体实现，那样他就能知道在他身上有些什么——那种唯一不能通过认知而转变成可能性的现实性，以及不能仅仅靠思考就能认识的现实性，就是他自身的现实性，在其成为现实性之前，他是将其作为一种思想的现实性、也就是可能性而认识的；但对于其他人的现实性，在他为了认识而思考它之前、也就是将其转化为可能性之前，他一无所知。

\* \* \*

对于除我之外的任何一种现实性而言，我只能在思想中把握它。如果我真正要把握它，则我必须能把我转变成他人，转变成那个行动者，把那个对我而言陌生的现实性转变成我自己的现实性，但这是不可能的。换言之，如果我把那种陌生的现实性转变成我自己的现实性，这并不意味着我通过对现实性的认知变成了他人，而意味着一种新的现实性，它隶属于我，但却不同于他的现实性。

\* \* \*

当我思考着某件我想做但却尚未做的事情的时候，我思考的不管有多准确，不管它在多大程度上能够被称之为思想的现实性，它都只是一种可能性。相反，当我思考他人所做的事情的时候，我思考的就是一种现实性，我是从现实性之中取走了那个被给定的现实性，并且将之置于可能性之中，因为一种思想的现实性是一种可能性，在思想的方向上它高于现实性，但却不是在现实性的方向上。——这一点还指示着，在伦理的意义上，主体与主体之间不存在任何直接的关系。当我理解另一个主体之时，其现实性之于我就是一种可能性，那种思想的现实性是作为可能性与我建立关系的，就像我思考我尚未做的事情与我正在做这件事之间的关系一样。

\* \* \*

"沉默的兄弟"(《人生道路诸阶段》第341页)说过:针对相同的东西,一个没有像"从现实性到可能性"那样出色地"从可能性到现实性"地得出结论的人,他没有掌握观念性,也就是说,他并未理解之,亦未思考之(这等于说,要理解一种陌生的现实性)。[38]换言之,如果思想者带着一种正在消解的可能性(思想的现实性就是一种可能性)撞上了一种他无法消解的现实性,他不得不说:这个我无法思考。于是,他悬搁了思想。如果他无论如何都要把那种现实性当成现实性的话,他就不能以思想的方式,而只能以悖论的方式与之建立关系。(请回想一下前述信仰的定义——在苏格拉底的意义上,在宽泛的意义上,而非最为严格的意义上。[39]这定义是说:客观不确定性,也就是正在消解的可能性撞上了冷酷无情的现实性,被牢牢掌握在激情洋溢的内心性之中)。

\* \* \*

在感性和理智的方向上探问这个或那个是否为真,某事是否真正发生过,这是误解,它没有把感性和理智的理想理解为可能性,并且忘记了一点:在感性和理智的层面上用这种方式规定等级,就如同我们假定感觉高于思想一样。

从伦理角度出发探问这是否现实,这是正确的,但是请注意,每个主体是从伦理的角度出发探问自身的现实性。其他人的伦理现实性对于他来说仍然只能以思想的方式加以把握,也就是说,作为可能性加以把握。

\* \* \*

《圣经》教导说:"你们不要论断人,免得你们被论断。"[40]这说法是作为一种训诫和警告,但也是作为一种不可能性。一个人不能在伦理的意义上评判另一个人,因为一个人只能把另一个人当作可能性来理解。当一个人忙于要评判另一个人的时候,这是其软弱无力的宣言,他只是在评判他自己。

## 第三章　现实的主体性；伦理的主体性；主体思想家

\* \* \*

在《人生道路诸阶段》中（第342页）有这样的话："精神会探问两件事：第一，我所说的是否可能？第二，我能否去做？而非精神性则探问这样两件事：第一，某事是否真的发生了？第二，我的邻居克利斯托夫森是否做过某事，是否真的做过？"[41] 由此，关于现实性的问题在伦理的意义上被强化了。从感性和理智的角度出发探问事物的现实性是愚蠢的；从伦理的角度出发用旁观的方式探问事物的现实性是愚蠢的。但是，从伦理的角度出发探问我自己的现实性，我所探问的就是可能性，只是这种可能性并非在感性和理智层面上的无利害关系，而是一种与我自己的现实性相关联的思想的现实性，也就是说，我是能够实现它的。

\* \* \*

真理的"怎样"就是真理。这也就是为什么在一种问题不可能涌现的媒介之下回答该问题是谬误的原因。比方说，在可能性范围之内解释现实性，在可能性范围之内区分可能性与现实性。因此人们不是从感性和理智的角度、而只能从伦理的角度探问现实性，而且是在伦理上探问自身的现实性，每个个体在伦理的意义上是各自分立的。就对伦理内里的静观性问题来说，反讽和虚伪作为对立面、但同时也作为对"外在不同于内在"这一矛盾的表达（虚伪以"看似不错"的方式，反讽则以"看似很糟"的方式），它们强化了一点：现实性与欺骗同样可能，欺骗能够走得跟现实性一样远。只有个体自己才知道，哪个是哪个。向其他个体探问这种伦理内里，这本身就是非伦理的，因为那是使人分神的行为。但是，如果尽管如此问题还是被提出了，难题也就出现了，而我只能通过思考其他人的现实性的方法来把握其现实性，也就是将现实性转译到可能性之中，在那里可以很好地思考欺骗的可能性。——这就是为了伦理生存的有益的预备性学习：我们习得，每个人都是独自立于世间的。

\* \* \*

　　从感性和理智的角度探问现实性是一种误解；从伦理的角度探问其他人的现实性是一种误解，因为人们只能探问自身的现实性。信仰（最为严格意义上的信仰，它涉及某种历史性的东西）与感性、理智和伦理的区别在此显现。无限关切地探问不是本人的现实性，这是信仰的意愿，它传达的是与悖论之间的悖谬性的关系。从感性的角度不能这样探问，除非是以轻率的方式，因为在感性的意义上可能性高于现实性；从理智的角度不能这样探问，因为在理智的意义上可能性高于现实性；从伦理的角度也不能这样探问，因为在伦理的意义上，个体绝对地无限关切自身的现实性。——信仰与伦理之间的类比就在于那种无限的关切，以此，信仰者绝对区别于感性的人和思想家，但也与伦理者有所区别，信仰者无限关切的是他者的现实性（例如，神真的一直存在着）。

\* \* \*

　　从感性和理智的角度出发，只有当现实性的"存在"在其"可能"之中消解的时候，这种现实性才能被理解和思考。[42] 从伦理的角度出发，只有当每一种"可能"真的是一种"存在"的时候，可能性才能被理解。感性和理智审视时，它们抗议每一种不是"可能"的"存在"；当伦理审视时，它谴责每一种不是"存在"的"可能"，即个体自身的"可能"，因为伦理与其他人无关。——在我们这个时代，一切混为一谈，人们从伦理的角度回答感性问题，从理智的角度回答信仰问题，凡此等等。人们完成了一切，但却绝少注意要在不同的阶段为不同的问题寻找答案。在精神的世界里，这种做法会比在市民社会制造更大的混乱，比如，教阶事务要由桥梁建设委员会来处理。[43]

\* \* \*

　　那么，现实性就是外部世界吗？绝非如此。感性和理智的角度恰如其分地强化了一点：外部世界对于尚未掌握观念性的人来说就是一场骗局。

第三章　现实的主体性；伦理的主体性；主体思想家

"沉默的兄弟"说（参第341页）："历史知识只能帮助一个人陷入一种为历史材料所诱导的幻觉之中。说到历史我知道的是什么？是历史材料。观念性是我依靠我自己获知的；倘若我不能依靠自身而获知它，那么我就根本不会知道它，所有的历史知识都没有用。观念并不是可以在人们之间转移的财产，也不是人们大量采购时捎带买进的东西。如果我知道凯撒伟大，那么我也知道何谓伟大，这就是我所想的，否则我就不知道凯撒伟大。可靠的人们保证，接受这个观点不存在任何风险，因为他确切无疑是一位伟人，而且结果证明了这一点，这样的历史陈述毫无用处。依靠别人的话而把一种观念信以为真，这就如同某君因一个笑话发笑，但却不是因为他听懂了，而是因为别人说那个笑话好笑。果若如此，对于靠着信仰和尊敬发笑的人来说，这笑话根本可以不用讲出来，他会以同样的音调笑出来。"[44]——那么，现实性是什么？现实性就是理想性。但是从感性和理智的角度出发，理想性就是可能性（"从现实性向可能性"的倒退）。从伦理的角度出发，理想性就是个体自身内的现实性。现实性是内在世界对于生存的无限关切，即伦理个体为自身而在。

\* \* \*

当我理解一位思想家的时候，我是在同等程度上理解他这个人（他作为一个单一者生存；他本人真正是这样理解的，等等；或者他本人真正实现了这一点，等等），他的现实性完全无关紧要。哲学和感性学在这里是正确的，问题的关键是恰如其分地坚持这一点。不过这里甚至没有对作为沟通媒介的纯粹思维做任何辩护。换言之，因为他的现实性对于处于学习状态的我来说无关紧要，反之亦然，这绝不能由此推出，他本人敢于对他自己的现实性漠不关心。他的沟通方式必定带有这样的印记，它当然不是直接性的，因为在人与人之间是无法直接沟通的（因为这样的关系就是信仰者与信仰对象之间的悖谬关系），并且不能直接理解，而必须间接地呈现，间接地理解。

如果这些特定阶段未能决定性地彼此分立，则一切都将混淆。如果有人对于某位思想家的现实性感到好奇，发现就此了解到一些东西等等饶有兴味，那么他在理智的意义上就应受到谴责，因为理智领域的最高境界是，思想家的现实性完全无关紧要。但是，理智领域里的胡言乱语使人与信徒之间有种令人困惑的相似性。一个信仰者无限关切一个他者的现实性。对于信仰来说这是决定性的,而且这种关切不是那种零星的好奇心,而是对信仰对象的绝对依赖。

信仰的对象是一个他者的现实性;信仰的关系是一种无限关切。信仰的对象不是某种理论,因为那样的话,信仰关系就是理智性的,问题的关键就不是蜻蜓点水式的涉猎,而是达到理智关系的最高点。信仰的对象不是提出一个理论的教师,因为当一位教师提出某个理论的时候,正因为如此,这理论就比教师更重要,而这种关系就是理智性的,问题的关键就不是蜻蜓点水式的涉猎,而是达到理智关系的最高点。但是,信仰的对象是一位教师的现实性,即这教师真的存在。对信仰的回答因此也就成了绝对的是或否。对信仰的回答不与某种理论相关联,看这种理论正确与否;不与某位教师相关联,看他的理论正确与否;而是对关于一个事实的问题的回答:你是否接受,他真的一直存在着?而且请注意,回答时要怀着无限的激情。换言之,就人际关系言,把重心无限地移至"此人是否一直存在"这一点是没头脑的。因此,假如信仰的对象是一个人,那么,所有这一切就是一个蠢人的骗局,此人甚至连感性和理智的东西都未能掌握。于是,信仰的对象就是神在生存意义上的现实性。但是,"生存"首先意味着成为一个具体的人,这也就是为什么思想必须忽略生存的原因,因为具相不能被思考,被思考的只是共相。因此,信仰的对象就是神在生存中的现实性,也就是说,神作为一个具体的人,也就是说,神作为一个个体的人存在。

基督教不是关于神性和人性相统一的教条,不是关于主体—客体的理论,更别提其他那些对基督教的逻辑重述了。换言之,假如基督教是一种教条理论的话,那么与基督教的关系就不是信仰的关系,因为与理论的关系只能是一种理智关系。因此,基督教根本不是教条理论,而是神一直存在的事实。[45]

信仰因而不是理智领域内的初级教程,不是笨人的避难所。信仰是一个为自身而在的领域,所有对基督教的误解立刻就能识别出来:它把基督教转变成一种教条理论,把它拽进了理智领域。最高的理智境界是对教师的现实性完全漠不关心;相反,信仰的最高境界是尽最大可能地无限关切教师的现实性。[46]

## 第三章　现实的主体性；伦理的主体性；主体思想家

＊　＊　＊

　　个体自身的伦理现实性是唯一的现实性。——很多人觉得这一点是奇怪的，这并未使我惊讶。我觉得奇怪的是，人们完成了体系和更多的体系，但却没有去探问伦理。真希望人们重启希腊风格的对话，以便测试出人们到底知道什么、不知道什么；那么，所有受训练的和非自然的东西，所有被夸大了的别出心裁立刻就会烟消云散。我的意思绝非是让黑格尔与农工对话，如果他无法被理解，那就能证明点什么，尽管如狄欧根尼三言两语所说的，苏格拉底在工场和广场上进行哲学活动一直都是对苏格拉底的赞美。我也绝非提议做那种流浪汉式的对于科学的攻击。但是，让一位黑格尔主义哲学家或者黑格尔本人和一个成熟的人对话，此人通过生存在辩证的意义上是成熟的；那么，所有的装腔作势和假想中的怪物从一开始就会被阻止。如果某君持续地书写或者听写一部著作中的一个段落，心怀在结束时一切都会变得清晰的承诺；那么，我们就会越来越难以发现混淆始于何处，难以获得一个坚定的出发点。借助"在结束时一切都会变得清晰"，同时借助"这里不是深入展开之处"这一范畴——这个体系的基石，它常常荒谬可笑地被使用，就好像某君在引用印刷勘误表时会补充的那样："这本书里可能还会找到更多错误，但这里不是深入展开之处"。人们不断地被这两个规定性所欺骗，其中的一个正式行骗，另一个则临时行骗。在对话情境中，所有涉及纯粹思维的奇幻的东西根本不会有好的表现。——黑格尔没有承认观念论的正确性，但是请注意是以这样的方式——在视思想为诱惑的情况下，如同所有的诱惑，它不可能通过屈服而被取消，人们拒绝了整个关于现实性的问题（关于一个自我躲避的自身）；他没有终止康德把现实性拉入与思想的关系中所造成的偏差；没有使现实性指向伦理。[47]黑格尔的确是向前了，因为他变成了奇幻存在者，借助纯粹思维他战胜了对观念论的怀疑。[48]但纯粹思维就是一种假设，并且是奇幻性的，尽管它自己并未如此宣称。纯粹思维的胜利（即思维与存在为一）既让人哭，又让人笑，因为在纯粹思维的范围内根本不可能真正探问关于差异的问题。——希腊哲学理所当然地认为，思想是有其真实性的。通过反思，人们必定会得出相同的结果。但是，人们何以会把思想的真实性与现实性混为一谈呢?⁽⁴⁹⁾思想的真实性是可能性，思想只需拒绝所有关于它是否真实的进一步的问题。

\* \* \*

在黑格尔与康德的关系当中，"方法"的可疑性早已暴露。一种侵吞思想本身的怀疑主义是不能通过彻底思考的方式被终止的，因为它只能通过思想完成，而思想是站在反抗者一边的。它必须被打断。在纯粹思维的奇幻影子戏里回答康德等于没有回答他。⁽⁵⁰⁾——唯一不能被思考的"自身"就是生存，思想与之毫无关系。但是，纯粹思维何以能取消这个难题呢，既然它作为纯粹思维是抽象的？况且，纯粹思维从何处抽身呢？答曰：从生存中，因而也就是从纯粹思维要加以解释的东西之中。

\* \* \*

如果生存无法被思考，而且生存者是思想者，这意味着什么呢？这意味着，他短暂地思考，他事前和事后思考。他的思想无法企及那种绝对的连续性。一个生存者只能以奇幻的方式持续地在永恒的视角下。

\* \* \*

思考跟创造、跟"使生存"是一回事吗？我知道得很清楚，并且也乐于承认针对"思维与存在的同一性"这一哲学命题的愚蠢攻击的反驳意见的正确性。有人正确地反驳道，"思维与存在为一"不应该在不完美的存在的范围内理解，例如，好像我思考一朵玫瑰就能生产出它来似的。⁽⁵¹⁾（在同样的意义上，有人怀着对矛盾律的拥护者的不敬指出，矛盾律在低级存在中，在有限存在的理智关系中表现得最为鲜明，如前后、左右，上下，等等。）⁽⁵²⁾那么，就完美的存在而言，"思维与存在为一"就是有效的吗，比方说就理念而言？黑格尔的确是对的，但是我们并未前进一步。善、美和理念自身过于抽象，它们对于生存漠不关心，对于除思想性生存之外的其他东西漠不关心。"思维与存在的同一"为

第三章　现实的主体性；伦理的主体性；主体思想家

真的根源在于，这里所说的"存在"只能理解成"思想"。但是，这样的回答就是对答案所隶属的范围内我们不能加以探问的事物的回答。一个个体生存者当然不是什么理念，他的生存当然不同于理念的思想性存在吧？与理念的永恒生命相比，生存（在作为单个的人的意义上）当然是不完美的，但是与根本不存在相比它又是完美的。生存大致就是这样一种中间状态，它适合于像人这样的中间存在者。[53]那么，那个被认定的"思维与存在的同一"与像单一生存者那类的生存的关系如何呢？我就是善，因为我思考了它；还是说我善良，因为我思考了善？绝非如此。我存在，是因为我思考存在吗？为"思维与存在的同一"这个哲学命题辩护的人们自己曾说，这个命题不适用于不完美的存在；那么，像单一者这样的生存，是不是一种完美的理念性存在呢？归根结底，这才是要探问的。这里，起作用的东西正好相反：因为我存在着并且思考着，所以我才认为我存在。生存在此将思维与存在之间的理想化的同一分开了：我必须生存，以便去思考；而且我必须能够思考（例如，思考善），以便在其中生存。这样的单一者的生存不像一朵玫瑰花的存在那样不完美，比方说吧。这也就是为什么尽管我们人类总在说人是多么不幸，但生存却一直是一个善举的原因。我想起了一个忧郁的人，他曾经在痛苦之中希望结束自己的生命，他看到了一篮土豆，于是他自问，他从生存中获得的乐趣是否还不如一只土豆。不过，单一者并不是纯粹的理念性存在。普遍意义上只有纯粹的人才这样，也就是说，他不存在。存在从来都是具相，抽象的东西并不存在。由此推论说抽象的东西不具备真实性，这是一种误解；但是，探问生存与抽象事物的关系，或者探问生存意义上的现实性，以此混淆此处的讨论，这也是一种误解。于是乎，如果一个生存者探问思维与存在之间、思维活动与生存活动之间的关系，而哲学解释说这种关系是同一，那么哲学并没有对问题做出回答，因为它没有回答提问者。哲学是这样解释的：思维与存在为一，但却与那种单纯通过存在而是其所是的东西无关，例如一朵玫瑰花，它本身根本没有理念，因此也就与那种人们能够清楚看到的作为思想的对立面的生存无关。反之，"思维与存在为一"与那种本质上对其存在漠不关心的东西有关，因为它太抽象了，结果它只剩下了思想性的存在。但是以此方式，人们忽略了对那个真正被探问的东西的回答：作为一个单一者生存。这也就是说，这里所说的存在与一只土豆存在的意义不同，与理念的存在意义亦不同。人的存在是蕴含有理念的，但这不是理念性的存在。柏拉图把理念置于神和质料之间的某个地方，作为生存者，人必定要分有理念，但人本身却不是理念。[54]——古希腊在总体上正值哲学的青年时代，那时的难题在于企及抽象，抛开不断产生出具相的生存；相反，现在的困难在于企及生存。抽象活动是很容易做到的，只是人们离生存越来越远，纯粹思维与生存距离最远。——在古希腊，哲学是一个行动，因而哲学家也是生存者，他只知道很少的东西，但却知道得很彻底，因为他始终用心于相同的东西。如今，从事哲学意味着什么呢，今天的哲学家真正知道什么呢？他知道一切，对此我并不否认。——"思维与存在的同一"这一哲学命题恰好与其看似的样子相反，这个命题表达的是，思维完全离开了生存，思维外出漫游并且发现了第六大洲，它在思维与存在的绝对同一性之中自在自足。[55]从抽象的角度出发，生存最终在瞬息的形而上意义上成为了恶；它抽象地在幽默的意义上成为了极端乏味的东西，一个可笑的延迟。[56]不过，伦理在此进行抵抗的可能性仍然存在，因为伦理强调生存，抽象和幽默仍然与生存相关。相反，纯粹思维从其胜利中恢复常态，它与生存没有丝毫瓜葛。

\*　\*　\*

如果思维能够在现实性意义上给出现实性，而非在可能性意义上给出思想的真实性；那么，思维同样能够把生存拿走，从生存者身上拿走那种他所视之为的唯一的现实性，他自己的现实性（如前所述，他与其他人的现实性之间只能是思想性的关系）。这也就是说，在现实性的意义上他应该能够使自己不卷入思维之中，结果他真的将停止生存。我倒很想知道是否有人愿意接受这一点，它相反会暴露出纯粹思维所持有的巨大的迷信，像一个疯子的回答那样（在一篇小说中）：他要钻入多佛峡湾，仅用一个三段论就会把整个世界夷为平地。[57]——人们可以走神，或者通过持续与纯粹思维打交道而走神，但是这样根本不会成功，毋宁说他绝对会失败，人们借着"那位有时怪可怜的教授"的帮助成为了犹太人非常害怕的东西——成为笑谈。[58]——我可以从我自身当中脱身,但是我能从自身当中脱身这一点恰恰意味着,我仍然存在着。

\* \* \*

上帝不思想,他创造;上帝不生存,他是永恒的。人类思想着且生存着,生存使思维与存在分开,使它们在连续性之间彼此分立。

\* \* \*

何谓抽象思维?抽象思维就是那种没有思想者存在的思维。除了思维它忽视一切,只有思维存在于它自身的媒介之中。生存并非没有思想,只是说在生存进程中,思想处于一种陌生的媒介中。那么,当抽象恰恰忽略了生存意义上的现实性的时候,用抽象思维的语言探问生存意义上的现实性,这是什么意思呢?——何谓具相思维?具相思维就是有思想者存在的思维,而且是有某个确定的东西(在具相的意义上)被思考着;在那里,生存为生存着的思想者提供思想、时间和空间。

\* \* \*

假如黑格尔以"纯粹思维"为标题出版他的《逻辑学》,但却没有作者姓名,没有出版年代,没有序言,没有注释,没有说教式的自相矛盾,没有对那些只能自己解释自己的东西的令人困惑的解释;假如《逻辑学》作为"锡兰的自然之声"的对应物而出版——纯粹思维自身的运动;那么,这就是在用希腊方式行事了。[59]希腊人就会这样做,假如他有此念头的话。形式对内容的再现是一种艺术,尤其关键的是要抑制在不充分的形式下对相同的东西所做出的所有表达。如今,《逻辑学》连同其注释给人们留下了一个怪异的印象,就好像某君要展示一封天堂来信,但却把吸墨纸留在了信封里,这一点过分清楚地暴露出,这封天堂来信是在人间完成的。[60]——在这样一部著作中,在注释中与不同的人争辩,传达出指导性的暗示，这意味着什么呢？意味着这里暴露出了一点：即有一个思考纯粹思维的思想者存在，一个"在思想自身的运动之中"讲话的思想者存在，他甚至是在和另一位他愿意与之打交道的思想者谈话。[61]但是，假如有思考纯粹思维的思想者存在，那么，就在这时，古希腊的辩证法与生存辩证法的安全警察一起立刻就会将此人捉住，抓着他的衣服，不过不是作为追随者，而是要去弄清楚，此人是如何与纯粹思维打交道的。就在这时，魔力消失了。我们只需试着让苏格拉底介入。凭借注释的帮助，他很快就与黑格尔展开了生死搏斗。他不习惯用那种"结尾时一切都会清晰明了"的保证令自己分神，他甚至不允许连贯性地讲五分钟的话，更别提用17卷的篇幅来展开一个连贯性的演说了；他愿意以其全部力量进行抵抗——仅仅为了戏弄黑格尔。[62]

\* \* \*

存在高于思想是什么意思？如果这个断言可以被思考的话，那么，正因为如此，思想就是高于存在的。如果它能被思考，则思想高于存在；如果它不能被思考，则生存体系就是不可能的。不管是客气地还是粗暴地对待存在；不管是让存在成为某种更高的东西——不过这是思维的结论、且以三段论的方式被企及，还是让存在成为某种贫乏的东西——这理所当然是与思维相伴而生，这些都无济于事。例如有人说：上帝必然拥有一切完美性，或者说至上的存在者必然拥有一切完美性；存在也是一种完美性，因此至上的存在者必然存在，或者说上帝必然存在。[63]于是，整个运动就是一场骗局①。换言之，假如在这个论证的第一部分，上帝并没有真正地被设想为存在着，那么这个论证根本无法出现。它听上去就会是这个样子：某个至上存在者——请注意，尚不存在——必然拥有所有的完美性，其中包括了存在；因此，一个尚不存在的至上存在者存在。这会是一个奇怪的结论。或者，至上存在者在论证开始时并不存在，以便能在结束时生

---

① 但黑格尔并没有这样说。借助思维与存在的同一，他超越于一种幼稚的哲学论证方式之上，某种他本人曾指出的东西，例如，就笛卡尔所做的论述。[64]

成，因此至上存在者是不能生成的；或者，至上存在者已然存在，因此当然也就不能再生成，于是这个结论就是断言展开时的欺骗性形式，是对某个前提的欺骗性重述。在另一种情况下，这个结论必须保持为纯粹的假设性：假如一个至上存在者被认为是存在的，那么该至上存在者必然被认为拥有所有的完美性；存在就是一种完美性，因此，该至上存在者必然存在——也就是说，假如该至上存在者被认为是存在的话。人们永远都不能靠在假设内部得出结论的办法从假设中进行推论。举个例子。假如某某人是个伪君子，那么他就会像伪君子一般行事；一个伪君子会做这事那事，因此，某人已经做了这事那事。关于上帝的结论就是如此。当结论得出之时，上帝的存在可以说就是假设性的，但是在结论的内部却形成了一个至上存在者与完美性之间的结论式关系，就像前述伪君子与其具体表现之间的关系一样。这里的困惑同在纯粹思维的内部解释现实性一样；小节的标题写为"现实性"，人们解释了现实性，但却忘记了一点：所有这一切是囿于纯粹思维的可能性之内的。[65]假如某君开始写段插入语，不过写得太长，结果他自己都忘记了，但这却无济于事——人们一旦出声朗读，把插入语转变成主句就变得毫无意义了。

\* \* \*

当思维转而面对自身以便思考自身的时候，我们知道，怀疑论便会涌现。如何终止这种怀疑论呢？其根源在于思维不是通过思考他物而发生效用，而是要自私地思考自身？如果一匹马脱缰狂奔，那就由它去吧，如果不考虑可能发生的危害外，我们可能会听到有人说：让它跑吧，反正它会累的。就思维的自我反思而言，这是行不通的，因为自我反思会变得无限长，并且会循环进行。谢林终止了自我反思，他没有把"理智直观"理解成自我反思领域内的一个通过向前冲的方式企及的新发现，而是将之理解为一个崭新的出发点。黑格尔视之为错误，他轻蔑地谈论"理智直观"，然后，方法出现了。[66]自我反思持续进行，直到它取消自身，思维以胜利者的姿态挤进来并且重获真实性，思维与存在的同一性在纯粹思维之中获胜①。自我反思持续进行直到取消自身，此话怎讲？为了发现自我反思的可疑性，我们并不需要它持续很久；但从另一方面说，只要它持续存在，其可疑性就是完全相同的。"如此长久直到"是什么意思呢？这不过是一种有吸引力的说法，它以量化的方式打动了读者的观念，仿佛这样理解才是最好的：自我反思取消了自身，如果它在此发生之前长久地持续存在的话。这种量化是天文学家所说的无限小的角度的伴生物，这些角最终小到人们可以把它们称为平行线的地步。(67)那个关于自我反思变得"如此长久直到"的故事转移了人们对辩证主旨的关注，即自我反思是如何被取消的。如果据说有人持续地为开玩笑而说谎，直到他本人相信他所说的是真的，那么，伦理的重心就落在了过渡的环节，而缓和的、分散注意力的因素就是这个"如此长久"；人们几乎忘记了过渡的决断性，因为这一切持续得太久了。在故事和书写作品中，在辞藻华丽的演说中，那个抽象的"如此长久直到"产生了一种巨大的虚幻效应，它好像一种光学假象（例如，《朱迪斯书》第10节、第11行中这样写道："朱迪斯出城去了，她带着她的女仆，但是城里的男人一直看着她，直到她走下山，直到她穿过山谷，到他们再也不看见她为止"。(68)一位少女坐在海滩上目送她的恋人，直到她再也看不见为止。(69)）；或者好像是时间的奇幻消逝，因为没有任何标准，也没有任何东西来衡量那个抽象的"如此长久直到"。（于是欲望获胜，他偏离了真理之路——直到悔悟的痛楚使他停止。(70)为了以具相化的方式制造跟那个诱发想象力的抽象的"直到"相同的巨大效果，我们需要一种在心理学描述方面的掌控能力。）但是在辩证的层面

---

① 可以肯定，所有怀疑主义的根基处都存在着一种抽象的确定性，它是怀疑的立足点，就像人们画出的线条，以线条为基础才能画人物。尽管希腊式的怀疑主义强调关于怀疑的断言不应被肯定地加以理解，从而想使怀疑主义的悬浮圆满结束，但这种艰苦努力没有取得任何成效，我们仍然不能由此得出结论，认为怀疑克服了自身。(71)只要我在怀疑，那个位于根基处的、承载着怀疑的确定性就没有时间实现自身，因为怀疑为了怀疑要不断抛开那种确定性。如果我持续地怀疑，我永远都不会向前，因为怀疑恰恰存在于那伪造的确定性之中。如果我就在这个瞬间坚持把某种确定性当成确定性，那么，我在这个瞬间停止了怀疑。但是，这不是怀疑取消自身，而是我停止了怀疑。因此，一个平庸的怀疑者最可能成功地获得确定性，而且那种提出这个范畴仅仅是为使自己看上去不错的怀疑者，他丝毫不想付诸实践。——我禁不住要返回到此点之上，因为它太具有决定性意义了。如果真是那样，即怀疑克服了自身，人们通过怀疑一切而在怀疑之内赢得了真理，没有丝毫阻隔，没有一个绝对的新的出发点；那么，我们连一个基督教概念都无法坚持，基督教也就被取消了。

## 第三章　现实的主体性；伦理的主体性；主体思想家

上，这种奇幻的长度没有丝毫意义。当一位希腊哲人被问及何谓宗教之时，他请求延迟；当最后期限到来之时，他会再次要求延迟和诸如此类的东西；他希望以此暗示，这个问题是无法回答的。[72] 这是希腊式的、美好的和别出心裁的。反之，如果考虑到时间已持续很久，他自以为他因此会对问题的答案有丝毫接近，那的确就是一种误解了，就好像债务人长久处于负债状态直到债务被偿清一样——通过长久处于负债状态，债务并未得到偿还。这个抽象的"如此长久……直到"本身具有某种奇怪的魅惑力。如果有人说，自我反思取消自身，现在是要试着去揭示它是如何为之的，那么几乎无人能理解。但是如果有人说，自我反思进行得如此长久直到它取消了自身，那么人们或许会想：这就是另外一回事了，这里面有点意思。人们变得焦虑不安且害怕那个长度，人们失去了耐心，他们想：就这样吧，然后，纯粹思维开始了。纯粹思维在某种意义上是正确的，它没有像那些年迈平庸的哲学家那样请求一个开端；因为读者害怕那个可怕的长度——直到，他要感谢上帝，纯粹思维开始了。[73]

于是，对自我反思的怀疑经方法而被取消，方法的进步得到了双重保护。首先是通过那个童话般的魔力词——"如此长久……直到"。每当要过渡之时，对立的一面长久地持续存在着，直到它切换自己的对立面——然后，人们继续前进。主啊，我们是脆弱的人类，我们非常喜爱变化，像谚语所说的那样。[74] 那么，如果事情只能如此，如果对立的一方长久地持续存在直到切换到其对立面，它永远持续下去，这将变得极端乏味。那么，就这样吧，也就是说，它被设定了。于是方法继续前进——带着必然性。但是，如果有一个倔强的人，一个极端乏味者，他敢于反对道："这方法好像一个人似的，人们要屈从之，必须为之做事，结果，人们依方法从事思辨活动不是为了真理，而是为了方法，这一点肯定可以被假定为一种非凡而伟大的善，人们不应对之吹毛求疵——只要人们拥有方法和体系就行了。"假如有这么一位倔强的人，那他要有祸了。他代表的是那种坏的无限性。但是方法既能与善、又能与恶为伍，就坏的无限性而言，方法是不理解玩笑的。于是倔强的人被指认为笨蛋，非常可能的是"如此长久……直到"。主啊，我们是脆弱的、有死的人类，我们都愿意被某位受到高度尊敬的同时代人视为明智者，如果事情只能如此，那就这样吧。于是，方法继续前进——以必然性。"他说什么，难道不是带着必然性吗？"

"噢，伟大的中国神啊！我没说别的，是带着必然性，我愿意发誓。如果事情只能如此，那它就非得带着必然性不可。"

坏的无限性是方法的凶敌，它是小妖尼斯，每当飞跃（过渡）发生之时都与之相伴，并且阻止过渡的发生。坏的无限性无限顽强。如果它被战胜，那么必定会出现一个断裂，一个质的跳跃；然后，方法、内在性的机巧以及过渡的必然性都终结了。这一点解释了为什么方法会如此严格，它还解释了为什么人们会害怕成为坏的无限性的代表，就像害怕成为不受欢迎的人。[75]除此之外，如果体系中伦理学缺失，那么相应地，借助"坏的无限性"这一范畴，体系就完全是道德的了，而且夸张到将之运用到逻辑学之中的地步。[76]

\* \* \*

如果所思考的是现实性，那么思考出来的东西就会尽可能地完美，在我尚未行动之时，它就应该成为行动了。以此方式任何行动都不会出现，理智将伦理吞噬了。我现在认为，说外部世界就是使一个行动成为行动的说法是愚蠢的；而从另一个方面说，想要揭示理智是多么具有伦理性，它甚至把思想变成了行动，这是一种诡辩，它要对使用"思考"一词所具有的两面性负责。如果思想与行动在根本上有所不同，那么，它只能通过这样的方式坚持，即把思维指派给可能性、无利害性和客观性，把行动指派给主体性。不过界限轻而易举就显现出来了。比方说，当我想着我要去做这事、那事的时候，这个想法肯定还不是行动，而且永远与行动有着质的差别，它只是一种可能性，现实性和行动的利害都已在其中得到了反映。因此，无利害性和客观性要被打扰了，因为现实性和责任将会抓住它们。（因此思想中存在着一种罪。）——现实性不是外在的行动，而是一个内在世界，个体在其中取消了可能性，并且自我认同为所思想的东西，以便在其中生存。这才是行动。理智在将思维本身转化为行动方面显得十分严格，但是这种严格不过是虚惊一场，因为允许理智取消行动就是一种松懈。于是，之前提出的类比在这里是有效的；在完全松懈之内的严格只不过是假象，它本质上仍然是松懈。比方说吧，如果有人称罪即是无知，那么在此定义内部严格地诠释那些具体的罪，这就是虚幻的，因为在罪即无知这一整体定义的内部，每一种定义本质上都是轻浮的，因为那个整体

## 第三章 现实的主体性；伦理的主体性；主体思想家

性定义是轻浮的。[77]——就恶而言，思想和行动之间的混淆更容易具有欺骗性。但是如果仔细地看，这里显现出来的根源在于善对自身的嫉妒，它对个体提出了这样的要求，即要求把关于恶的思想规定为罪。[78]但是让我们来考察善吧。思考某种人们意欲为之的善举，就已经行善了吗？非也。但是，这里也不是说外在的东西将起决定作用；因为一个身无分文的人能够跟一个献出整个王国的人同样仁慈。当利未人在从耶利哥到耶路撒冷的途中从一个遭遇强盗袭击的不幸者身边经过的时候，在他离那不幸者尚有一段距离之时，他或许会想，帮助一个受苦受难的人是美好的；或许他甚至已经想到，这样的一桩善举本身所蕴涵的报偿，他或许会因为陷入沉思而放慢速度。但是，当他离那不幸者越来越近的时候，困难变得明显了，于是他骑马走开。现在，他或许会加速以便迅速离开，离开这条道路是不安全的想法，离开强盗可能就在附近的想法，离开那个不幸者很可能会把他与那些让他躺在地上的强盗混淆起来的想法。结果，他没有采取行动。但是，假设在路途中悔悟使他返回；假设他迅速回转，既不害怕强盗也不害怕其他困难，只害怕他到得太迟。假设他真的来晚了，因为那位仁慈的撒玛利亚人已经把受苦者带到了旅店；那么，他行动了吗？当然，只是他没有在外部世界行动。[79]——让我们来看一桩宗教行动。信仰上帝，就是去思考必须信仰有多荣耀，思考信仰能够带来的平静和安全吗？绝非如此。甚至希望也不是信仰，不是行动，关切、主体的关切在希望之中非常显明。个体与被思考的行动之间的关系从来都只是一种可能性，对此他可以置之不理。——无可否认，关于恶有这样的情况，即其过渡我们几乎无法察觉，但是这些情况应该用一种独特的方式加以解释。这是因为个体处于习惯的力量之下，结果由于他经常从思想向行动过渡，最终他在习惯的束缚之下丧失了过渡的力量，这使得过渡加快，后果由他来承担。

在被思考的行动与真正的行动之间，在可能性与现实性之间，从内容上说或许根本没有差别，在形式上却一直存在着本质的差别。现实性就是因在其中生存而产生的利害关切。

无可否认，行动的现实性常常与各种各样的观念、意图、预备性的结论、情绪的前奏等等混为一谈，结果人们绝少有真正的行动；反之我们可以认定，这些东西对混淆的产生做出了极大的贡献。不过，让我们来看一桩严格意义上的行动，它会使一切清晰起来。路德的行动的外在表现是他出现在沃姆斯城的全国会议上。[80]但是，从他心怀所有主体性的、充满激

285

情的决断而在意愿中生存的那一瞬起,在他必须把每一种与他的这个行动可能有的关系都视为内心冲突的时候,他已经采取了行动①。当狄翁为了推翻暴君狄奥尼修走上甲板的时候,如果他说,即便他半途死去,他仍然做出了一个壮举——这就是说,他行动了。(81)认为外在世界的决断应该高于内在世界的决断,这是那些虚弱、怯懦和狡猾的人就何谓至上所发表的轻蔑言论。认为外在世界的而非内在世界的决断能够永远决定外在世界的事情,结果它不需要重来一次,这是对神圣事物的蔑视。

\* \* \*

诺斯替主义给予思想以至高无上的地位;使主体的伦理现实性成为唯一现实性的则可以被视为是无世界主义。(82)于是就会出现一位要解释一切的忙碌的思想家,一个周游了全世界的快腿子,但这一切只证明了他对于伦理之于主体的意义仅有贫乏的概念。如果伦理剥夺了这样一位忙碌思想家的全部世界,让他坚持自我,那么他很可能会这样想:"就是这个吗?这种毫无意义的东西不值得坚持,就让它随所有其他东西一起去吧!"然后,就是无世界主义了。但是,这样一位忙碌的思想家为什么会如此大不敬地思考和谈论自己呢?的确,如果他的意图是要放弃整个世界,并且满足于其他人的伦理现实性的话,那么,他轻视这种交换就是正确的。但是,个体自身的伦理现实性应该在伦理的意义上意味着,个体本身大于天地以及在那里所发现的一切,大于六千年的世界史,大于天文学、兽医学以及时代所要求的一切;但在感性和理智的意义上,这是极大的狭隘。如果事实并非如此,那么对于个体自身而言就是最糟的了;因为那样的话,他就一无所有,没有任何现实性;因为他对于一切至多仅有一种可能性的关系。

---

① 通常而言,被思考的行动与真正的行动(在内在的意义上)之间的关系的标志是,每一种对前者进一步的观察和考量必须被视为是欢迎,而后者则必须被视为是内心冲突。不过,如果后者显现出了巨大意义而得到了尊重,这就意味着,这条道路经过了悔悟。当我进行考量之时,穷尽每一种可能性就是一种艺术。在我行动的那一瞬(在内在的意义上),这艺术就转变为一个任务——保护我不做进一步的考量,除非悔悟要求某事重来。外部世界的决断是一个玩笑。但是,一个人越是死气沉沉,外部世界的决断就越会成为他所知道的唯一决断。人们对个体在其自身内部做出的永恒决断没有丝毫概念,于是人们就相信,当决断被写在盖有图章的纸片上的时候,一切就被决定了,而之前没有。

## 第三章　现实的主体性；伦理的主体性；主体思想家

\* \* \*

从可能性向现实性的过渡，正如亚里士多德正确地教导的那样，是一个运动。[83]它根本不能用抽象语言加以言说和理解，因为抽象语言无法给予运动以时间和空间，时空设定了运动，或者运动设定了时空。这里存在着一个停顿，一个跳跃。如果有人说，这是因为我在思考某个确定的东西，而不是进行抽象活动，所以我在那种情况下看不到断裂的存在；那么，我一再重申的回答就是：完全正确。抽象地看，断裂不存在，但过渡也不存在；因为从抽象的角度观之，万物皆在。反之，如果生存给予运动以时间而且我仿效之，则跳跃如其所能是地显现了出来：它必定会出现，或者它已然存在。让我们看一则伦理的例证。人们太经常地说，善本身自有其报偿，因此意愿为善不仅是最正确的，而且也是最精明的。一个精明的快乐主义者能够很清楚地洞悉这一点，他在思想的可能性形式之下会尽可能地靠近善，因为在可能性领域如同在抽象领域中一样，过渡只是一个表象。[84]但是，如果过渡要成为现实，则所有的精明都会在内心冲突之中终结。对于快乐主义者来说，真正的时间会把善与报偿分隔得遥远之极，结果精明无法将其重新组合在一起，而且快乐主义者谢绝了这一点。意愿为善肯定是极为精明之举，但却不是在精明的意义上，而是在善的意义上。过渡在此清楚地显现为一种断裂，也就是一种痛苦。——在布道辞里常常会出现一种假象，它以快乐主义的方式把成为一名基督徒转换为一个表象，由此听众遭到欺骗，过渡遭到阻止。

\* \* \*

主体性即真理；主体性即现实性。

**注**：必然性必定自我运作。现代思辨思想把必然性和对世界史的诠释拉在一起，这只会带来巨大的混淆，可能性、现实性和必然性由此混为一谈。我已经在《哲学片断》中试着简要地指出了这一点。[85]

## §3 主体性之具体环节在生存主体身上的同时共在性；作为思辨进程对立面的同时共在性

现在，就让思辨思想有权嘲弄这样一个三分法——人由灵魂、肉体和精神所组成；就让思辨思想的优点落在把人规定为精神，在此之内把灵魂、意识、精神这些因素诠释为自我发展的同一主体①的发展阶段。(86)如果人们直接把科学研究转移到生存之上——这很容易做到，这是否会产生巨大的混乱，这是另外一个问题。在科学研究领域存在着由低向高的运动，思想成为至上的阶段。在对世界史的把握方面存在着由低向高的运动，幻想和情感阶段被留在后面，作为最高阶段的思想是最后阶段。思想是最高阶段在所有地方均被认可，科学研究与对生存的原初印象越来越远，没有什么要去经历，没有什么要去经验，一切都已终结，思辨的任务就是写出大标题，分类，按方法组织那些具体的思想规定性。人们不再恋爱，不再信仰，不再采取行动，但却知道何谓恋爱，何谓信仰，问题不过是它们在体系中的位置，就像多米诺骨牌玩家那样让牌四处散放，然后把它们组合起来。在六千年的历史当中，人们恋爱，诗人们歌颂爱情，因此人们必定很容易在19世纪了解到何谓恋爱，如今人们的任务就是在体系中特别为婚姻指派位置——因为教授本人是在走神状态下结婚的。(87)政治家已经注意到了，所有的战争都会终结，一切都将在外交家内阁中被决定，他们坐而指点江山云云。(88)只是，生活最终不会像这个样子，人们停止生存，而教授和编外讲师们则思辨地决定着那些具体环节与纯粹的人之间的关系。在我看来，与外交的平静相比，甚至最血腥的战争的恐怖中都有人性的东西存在，因此这种死寂中有种令人毛骨悚然的、被施了魔咒的东西存在，真实的生活由此变成了影子般的生存。

---

① 这个"同一主体"是什么？当然不是一个具体的生存者，而是纯粹的人的抽象规定性。科学研究不跟其他东西打交道，它有权处理这方面的事物，只是这里更多是在玩弄辞藻。思维的具相化一再被人们重复。但如何具相化？应该不是在人们说一个确定的生存着的东西的意义之上吧？那样的话，在抽象的规定性之内，思维具相化了，也就是说，思维在本质上一直是抽象的；而这是因为具相化意味着生存，生存与思想所忽视的具体事物相呼应。作为思想者，思考纯粹的人是完全正确的；但是作为生存个体，伦理将禁止他忘记自身，忘记他是一个生存着的人。伦理绝不会为一名新思想家的产生欢呼雀跃，这将使他在伦理的意义上有责任回答，将生存运用于此目的是否合法，其意义与伦理使每个他者对自己生活的运用负责完全相同，伦理不会让自己因那些惹人注目的东西而丧失判断力。

## 第三章 现实的主体性；伦理的主体性；主体思想家

从科学研究的角度出发，思想是最高阶段看起来是正确的；从世界史的角度出发亦然，那些更早的阶段被留在了后边。但是，我们这个时代会生出一代既无幻想、又无情感的人吗？有人会在体系当中与第14小节一起出生吗？我们首先不要把人类精神的世界史发展与具体的个体混为一谈。

在动物世界，特殊的动物作为样本直接与其物种相关，它自然而然地参与了物种的发展，如果我们能这样说的话。比方说，羊的品种过时了，新生出来的羊也会是过时的，因为样本直接表现物种。但是，被规定为精神的个体与一代人之间的关系却必定有所不同。人们会认为基督徒父母生出的孩子自然就是基督徒吗？<sup>(89)</sup> 至少基督教没有这样设定；相反，基督教认为，基督徒父母生出的是有罪的孩子，跟在异教世界完全一样。或者有人会认为，基督徒父母生出的孩子要比异教徒父母生出的孩子离基督教更近，如果后者——请注意——也是在基督教国家成长起来的？现代思辨思想如果不是直接为这种混淆负责，它也算得上是一个契机，结果人们自然而然地（就像动物的样本与其物种之间的关系一样）使个体与人类精神的发展建立了关联，就好像精神的发展可以依遗嘱而偏爱一代、舍弃另一代似的，就好像个体不是被规定为精神，而是被规定为一代人，后者既是自相矛盾，又是伦理意义上的可憎的东西。精神的发展是自我运作；在精神方面得到发展的个体将把他的发展带入死亡；如果后来者想要企及之，他必须通过他的自我运作才能做到，因此他不能跨越任何东西。而现在，人们自然更容易、更简单、更便宜地狂呼乱叫说，我们诞生在思辨的19世纪。<sup>(90)</sup>

如果个体自然而然地直接与人类精神的发展有关，其结果就会是，每一代人当中只会生出有缺陷的人。但是，一代人和一群鲱鱼之间必定有所差别，尽管如今的时尚是以鱼群颜色游戏取乐，人们忽视了个体，他们还不如鲱鱼有价值呢。从科学研究和世界史的角度出发，人们或许可以对这种反对意见漠不关心；但是伦理肯定应该在每一种人生观中发声。不过如前所述，伦理已经从体系当中被推了出来，它最多获得了一个替身，这替身混淆了世界史的存在和个体的存在，混淆了令人困惑的狂呼乱叫式的时代要求与良心对于个体的永恒要求。伦理专注于个体，从伦理的角度出发，每个个体的任务就是要成为一个完整的人，正如伦理的前提就是每个人都诞生于他能够成为的那种状态之中。是否有人企及这一点，这无关紧要；有所要求才是问题的关键。即便有许多怯懦、平庸和被魅惑的个体齐聚一堂，为了在一代人的帮助之下放弃自身以便一起变得出类拔萃，伦理也并不讨价还价。

在科学研究的层面上我绝不自命为法官，这一点或许正确，或许还是巧妙的。在抽象的—辩证的层面上，心理学范畴中的灵魂—肉体向灵魂、向精神上升或许也是正确的，只是这种科学研究的成果不应干扰生存。<sup>(91)</sup>在生存当中，关于人的抽象的、科学的定义或许是比作一个单一的生存者更高的东西，但或许更低；但是无论如何，在生存中只有具体的人。因此，对生存而言，将差异统一为思想是行不通的，因为这种前进方法与作为人的生存不相适应。生存的关键在于所有环节都同时在场。对生存而言，思想并不比幻想和情感更高，它与之合作。思想的至上性在生存中是令人困惑的。举个例子，如果有人说，对于死后的永恒福祉的期待是一个基于理智的有限性反思的观念，一个在思维面前不能坚持自己的观念。<sup>(92)</sup>因此，人们完全可以在为那些永远不会超出观念领域的单纯的人所做的通俗演讲中谈论这一点，但对思想家而言，这种区别是被取消了的。对此人们应该这样回答：完全正确。对于思维活动和抽象思维来说，这种区别是不能坚持的，但是反过来说，抽象思维也无法坚持去反对生存。一旦我真的要生存，区别就存在了，而取消这种区别在生存中所造成的后果，如前所述，就是自杀。——有人说，矛盾律的绝对性是一个幻象，它将在思维面前消失。正确。但是反过来，思维的抽象性是一个幽灵，它在生存的现实性面前消失。因为取消矛盾律，如果这是有意义的而非某个不可思议的存在者文学化的心血来潮的话；那么，它对于一个生存者来说就意味着一点——他本人已经停止生存了。——有人说，信仰是直接的东西①，而思维取消了直接性。<sup>(93)</sup>从抽象的角度来说这是对的，但我想知道，一个生存者将如何生存，如果他取消了所有直接性的话。"沉默的兄弟"的抱怨并非没有根据。他说所有人都在写书，在书中直接性被取消了，但无人对人如何在那种情况下生存吐露过一个字。<sup>(94)</sup>

---

① 假名作者们经常指出，这是现代思辨思想当中最令人困惑的说法之一。<sup>(95)</sup>如果人们说到被取消了的直接性，那它必定是一种感性的—伦理的直接性，而信仰本身是一种新的直接性，它永远都不会在生存中被取消，因为它是至上的，取消它的人会化为虚无。<sup>(96)</sup>

## 第三章 现实的主体性；伦理的主体性；主体思想家

科学研究把主体性环节组织成一种相关的知识，并且这种知识是最高的，所有知识都是对生存的取消，是从生存之中抽身。在生存中情况并非如此。如果思想忽视想象，反过来想象也会忽视思想，情感亦然。我们的任务不是在损害一个的情况下提升另一个，相反，我们的任务是平衡，是同时共在性，而能够使它们统一起来的媒介就是生存。

通过把科学研究的进程而非生存的同时共在性设定为任务，生活被扰乱了。即使就人生历程中不同的年龄阶段而言，那里延续性十分鲜明，同时共在性也是作为任务而在的。人们可以风趣地说，这个世界、整个人类变老了，但是，所有人难道因此不是作为婴儿诞生吗？就个体而论，问题的关键在于使这种延续性在同时共在的层面上变得更加崇高。曾经青春年少，然后老去，最终死亡，这是一种平庸的生存，因为动物也有这样的优势。但是，把生活中的诸环节统一在同时共在性之中，这才是人的任务。如果一个成年人割断了与童年时代的所有联系，那将是怎样平庸的生存，而且此人是残缺不全的。同样，如果一个必定身为生存者的思想家放弃了想象和情感，这跟放弃理智一样疯狂，这又是一种怎样糟糕的生存啊。

但是，看起来人们有意愿这样做。人们把诗作为一个被克服的环节，从而驱赶和厌恶诗，因为诗与想象密切呼应。<sup>(97)</sup>在科学研究的进程中，人们完全可以把诗作为一个被克服的环节加以处置；但是在生存中，只要一个人愿意要求人性的生存，那他就必须保留诗，而且所有的思维活动都不应干扰诗的魔力，而应去强化它。宗教的情况亦然。宗教不为在那种意义上的童心而在，即它会随岁月流逝而被弃置一旁；相反，想要这样做才是对思维的幼稚的迷信。真并不比善和美更高，真、善、美本质上隶属于所有人性的生存，它们统一于生存者之上，不是在思想中，而是在生存中。

不过，正如在一个时代人们戴圆帽子，另一个时代戴三角帽；同样，我们这一代的时尚就是让一个人忘却伦理的要求。我知道得很清楚，每个人都是片面的，但我并不认为这是一个缺陷。相反，如果一种时尚想把某种片面性变成整体性的话，那才是缺陷。人无法做所有的事情，这话在生活中处处适用。<sup>(98)</sup>但是，我们的任务不应因此被遗忘，那种片面性一方面应被理解为可悲，另一方面它源自一个强有力的决心，即：人们宁可精通某事而不愿涉猎一切。每一个杰出人物总有某种片面性，这种片面性恰恰能够成为对其真正的伟大成就的间接宣言，但却不是伟大成就本身。我们人类离实现理想相去甚远，以至于第二名——那种强有力的片面性，也就接近于我们可以企及的至上的东西了；但是我们永远都不应忘记，我们企及的是第二名。现在有人会说：但是那样的话，这代人的确是值得赞美的，因为他们如此片面地想成为思想性和科学性的一代。对此我的回答是：这代人的不幸并不在于其片面性，而在于其抽象的全面性。片面的人清楚明确地拒绝他不想要的东西，而抽象的全面的人则在思想之片面性的帮助下愿意拥有一切。一个片面的信仰者，比方说，不愿与思维有任何交道；一个片面的行动者不愿与科学研究有任何交道。但是，思想的片面性却产生出一种拥有万物的表象，这样的片面之人把信仰和激情作为被克服了的环节，他如是说——再没有什么比这更容易说的了。

### §4 主体思想家；他的任务；他的形式，即他的风格

假如在纯粹思维领域的冒险对于一个人能否被称作思想家具有决定意义的话，那么，主体思想家正因为如此就是不合格的。但是，当其失败之时，所有生存难题也被丢弃一旁；其可悲的后果听起来就像是现代思辨思想在欢呼体系时的一则沉重的"请注意"。

有句老话这样说：祈祷、考验、沉思造就一位神学家。[99]同样，主体思想家要求拥有想象、情感和带有激情的生存—内心性的辩证法。但是首先是激情，因为对于生存者来说，缺乏激情地思考生存是不可能的，因为生存是一个巨大的矛盾，主体思想家没有从中抽身——那样很容易做到，而是持续地居于其中。对于世界史的辩证法来说，个体消失在人类之中；这样的辩证法不可能发现你、我这样的单一生存者，虽然人们发明出了看具体事物的新型放大镜。

主体思想家是面向生存的辩证法家；他以思想的激情牢牢掌握着那种质的分离。[100]但是从另一方面看，如果空洞地使用那种质的分离，将之完全抽象地运用于个体之上，人们就会面临一种荒谬可笑的风险：他们说着某种具有无限决定意义的东西，并且所说的是正确的，但却又什么都没说出来。因此，那种绝对的分离被欺骗性地作为遁词在心理学方面使用就是值得注意的。如果所有的罪行都被处以死刑，那么没有任何罪行受到惩罚。[101]那个绝对的分离亦然，当其被空洞地使用之时，它就像个不发声的字母——它不能出声，或者它能出声，但却什么也说不出来。因此，主体思想家怀着思想的激情拥有那个绝对的分离——它是隶属于生存的，只是，他将之作为阻止以量化告终的东西的最终决定性因素。于是，他与那

第三章 现实的主体性；伦理的主体性；主体思想家

个绝对的分离近在咫尺，但却不是令其抽象地在头脑中浮现，那样做恰恰阻碍了生存。主体思想家因而还拥有感性的和伦理的激情，以此他们获得了具相性。所有生存问题都是充满激情的，因为当人们意识到生存的时候，生存就会产生激情。思考生存问题以便剪除激情，这根本不是对生存问题的思考，而是忘记了问题的关键：他本人也是一个生存者。但是，主体思想家不是诗人，尽管他也是一位诗人；不是伦理学家，尽管他也是一个伦理学家，不过他还是一个辩证法家，并且他本人在本质上是生存着的。相反，诗人的生存与诗作之间并无本质关系，就像伦理学家与理论、辩证法家与思想之间的关系一样。主体思想家不是学究，他是艺术家。生存就是一门艺术。主体思想家很感性，结果他的生活获得了感性的内容；他很伦理性，他能调节它；他很有辩证性，能够以思想的方式掌控它。

  主体思想家的任务是在生存中理解自身。抽象思维的确说过矛盾，说过矛盾的内在的猛攻，尽管它以忽略生存和生存活动的方式取消了现实性和矛盾。但是，主体思想家是一个生存者，但也是思想者；他没有从生存和矛盾中抽身，而是就在其中，不过他仍然要进行思维活动。于是，他的所有思维中包含了一点，即他本人就是一名生存者。而反过来，他本人从来都有足够的东西去思考。人们很快就要做完纯粹的人性和世界史了，因为那个饥饿的怪兽，那个世界史进程，视中国、波斯这样的庞然大物如无物，并且将其吞噬。人们很快就要完成抽象意义上的信仰了，但是主体思想家在思考时，他本人就在生存之中，于是当他的信仰在生活的多样性当中衰退之时，他发现生存是不可穷尽的。生存并不是玩笑。生存对于一名思想者来说是最困难的，如果他要居于其中的话，因为一个瞬间既与那些至上的决断相呼应，又是在一个人可能拥有的 70 年岁月当中消逝了的短短的一分钟。保罗·缪勒曾经正确地指出，一个弄臣在一年当中所动用的诙谐幽默比很多幽默作家一辈子的都多。[102] 这其中的原因除了因为前者是一名生存者之外还能有什么呢？他每天时时刻刻都会自行处置他的诙谐幽默，而后者却只是暂时性的诙谐。

  假如有人不愿相信，以思考的方式在生存之中理解自身存在着困难，那么，我宁可冒险做出尝试：让我们的体系家当中的一员跟我解释一下生存难题当中最简单的一个吧。我愿意承认，在体系化的簿记当中，我甚至都不配被算作零，如果拿我与那些人比较的话。[103] 我愿意承认，体系思维的任务要伟大得多，这样的思想者比一个主体思想家站得更高；但是果若如此，他们必定能够很容易地解释简单问题。

抽象思维的任务是以抽象的方式理解具相，与之相反，主体思想家的任务是以具体的方式理解抽象。抽象思维忽略具体的人，而转向纯粹的人；主体思想家所理解的抽象就是成为具相当中的人，成为这一个单个的生存者。

在生存中理解自我是古希腊的原则。虽然有时希腊哲人的教导只有很少的内容，但是他却拥有一个优势：他从不滑稽。我知道得很清楚，如果今天有人愿意像希腊哲人那样活着，也就是说，愿意以生存的方式表达他应该称之为的自己的人生观，愿意在其中生存并沉潜，那么他会被认为是疯了。由它去吧。但是，那位非常受人尊敬的哲学家越来越别出心裁，他别出心裁以至于他从未想过，他所思索的生存问题（例如基督教）可以关乎全世界的人，但却跟他本人无关——我发现这是荒谬可笑的。——一切怀疑主义都是一种类型的观念论。比方说，当怀疑主义者芝诺以生存的方式研究怀疑论的时候——他抑制自己不受他所遇到的东西的影响，但有一次却被一条疯狗逼着离开了大道，他受到了羞辱，他承认，一个怀疑主义哲学家有时也是一个人——我没有在这里发现任何荒谬可笑之处。[104]这里没有矛盾，而滑稽总在矛盾之中。反之，如果我们细想那些可怜的、观念论的讲台上的机智风趣，细想那些玩笑以及与讲台上的观念论者的调情的话；那么，此人甚至连真正的观念论者都算不上，他不过是在玩身为观念论者的流行游戏而已，如果我们忆起那个讲台术语"怀疑一切"的话——在讲台上，结果，人们不写讽刺作品都是不可能的，如果我们只讲真话的话。[105]以生存的方式作一名观念论者，一个人花上半年时间就会掌握一些与在讲台上玩捉迷藏完全不同的东西。在想象中作一名观念论者没有丝毫困难，但是，像观念论者那样生存却是一个极端艰巨的人生任务，因为生存与之恰恰相反对。以生存的方式表达对自我的理解并且用这种方式去理解自我，这毫不滑稽；但是，理解一切但却不理解自身，这一点却滑稽之极。

在某种意义上，主体思想家与抽象思想家说话的方式同样抽象，因为一方谈论的是纯粹的人性，纯粹的主体性，而另一方谈论的则是一个人（如果认识了一个人，也就认识了所有的人）。[106]但是这个一个人是一个生存者，而且困难并未被排除。

在生存中理解自我也是基督教原则，只是这个"自我"拥有更为丰

### 第三章　现实的主体性；伦理的主体性；主体思想家

富、更为深刻的内涵，把它们与生存并置加以理解时更为困难。信仰者就是一名主体思想家，其差别如前所述，只在于单纯的人与单纯的智者之间的差别。再者，这个"自己的自我"不是纯粹的人性、纯粹的主体性以及诸如此类的东西，那样一切都将变得容易，因为困难被移开了，整桩事情转移到了抽象的影子戏之中。这里的困难比希腊人的更大，因为这里树立的是更为尖锐的对立，因为生存悖谬地被强化为罪，永恒悖谬地被强化为时间中的神。这里的困难是在其中生存，而不是抽象地以思考的方式从中抽身，不是抽象地去思考，比方说，永恒的神的降临以及诸如此类的困难被移开时会出现的东西。因此，信仰者的生存比希腊哲人的生存（希腊哲人在很高的程度上需要激情，甚至事关平静之时）更加激情充沛，因为生存将产生激情，而悖谬性的生存将产生出至上的激情。

从生存中抽身就是把困难移开，但是以这样的方式持续居于生存之中，也就是在此时理解一件事，彼时理解另一件事，这不是在理解自我。把极端对立的两极放置在一起加以理解，并且是理解在其中生存的自我，这一点非常困难。我们只要留意一下自己以及人们的言谈就会看到，此事绝少成功。——有人善良，有人精明，或者同一个人有时表现出善良，另一个时候表现出精明；但是，在同一时刻要在同一件事当中看出其最为精明之处，并且看到这一点仅仅是为了意愿为善，这是困难的。有人要笑，有人要哭，或者同一个人在不同的时刻笑或哭；但是，在同一时刻要从同一件事当中看到悲喜剧性，这是困难的。有人一时为自己所犯的罪心碎，随后又活跃起来，这并不困难；但是，在同一时刻既心碎又无忧无虑，这是困难的。思考一件事而忘掉了所有其他的事并不困难；但是，在思考一件事的同时心里想着其对立面，并且在生存之中将其统一，这是困难的。一个人在70年的岁月当中经历了所有可能的情绪，并且把自己的人生像一本使用手册那样留给后人，人们可以从中随意查找，这一点并没有那么困难。但是，拥有一种饱满丰富的情绪，然后又拥有其对立情绪；结果在人们给予一种情绪以言辞和情致的时候，人们微妙地植入了对立的情绪——这一点才是困难的。这类例子不胜枚举。

尽管任务艰巨，主体思想家却只有微薄的回报。关于"代"的理念在一般观念上越占上风，这中间的过渡也就越可怕：不是成为一代人中的一员，口中念叨着"我们，我们的时代，19世纪"，而要成为一个单一的生存者。无可否认，单一生存者无限渺小，这也就是为什么需要极大的顺从才能不对之表示轻蔑。一个单一的生存者到底是什么？我们这个时代的确清楚地知道个体有多渺小，但这正是我们这个时代非同寻常的不道德之处。每个时代都有其不道德之处，我们这个时代的不道德或许不在欲望、快乐和感官享受，但却很可能在于一种对于个体的人的泛神论式的、道德沦丧的轻蔑。在对我们这个时代和 19 世纪的欢呼当中，隐藏着一种被掩盖的对作为人的轻蔑；在一代人的重要性当中存在着对作为人的绝望。万事万物，一切都要聚合起来，从世界史的角度出发，人们愿意在整体中欺骗自己，无人愿意作一个单个的生存者。或许这就是许多人努力与黑格尔在一起的原因，尽管那些人已经看出了他哲学中的可疑之处。人们害怕，因为成为一个单一的生存者，他会消失得无影无踪，结果就连日报、更别提批判性期刊杂志、别提世界史意义上的思辨者都不会注意到他。人们害怕，因为成为一个单个的生存者，他会活得比乡下人还要容易被遗忘和遗弃；倘若他放开黑格尔，那么就连寄信给他的可能性都没有了。无可否认，如果一个人缺乏伦理和宗教热情，他必定会对作一个单一的人感到绝望，否则不会是这样。当拿破仑在非洲行军的时候，他提醒士兵们，40 个世纪的记忆正从金字塔塔尖上俯视着他们。[107] 仅仅读到这些字句就会令人颤抖，而就在魔力出现的瞬间，它甚至会把最懦弱的士兵转变成英雄也就不足为奇了！但是，如果人们假设，世界已经存在了六千年，上帝当然与世界存在的时间同样长久；那么，六千年的记忆从天堂俯视着每一个生存者，这难道不是同样鼓舞人心吗！不过，我们从一代人的勇气当中很容易发现个体的沮丧和懦弱。就像人们在沙漠旅行时因害怕强盗和野兽必须跟随团队一样，如今的个体对于生存有种恐惧，因为生存是凄凉的，他们只有在人群中才敢活着，他们挤在一起为的是至少能够有点意义。

每个人在本质上都应该拥有本质上隶属于人的东西。主体思想家的任务就是要把自身转变成一个能够清晰而明确地表达出生存中人性的东西的工具。在这个方面用差别来安慰自己是一种误解，因为比别人聪明一点以及诸如此类的东西是毫无意义的。我们这个时代躲避在一代人之中而抛弃了个体，其原因正在于一种尚未企及伦理阶段的感性绝望。人们洞悉到，身为一个杰出的个体没什么用，因为没有什么差别是有用的。于是人们选择了一种新型的差别：生于 19 世纪。每个人尽可能迅速地试着在与一代人的关系中确立自己渺小的生存，并且获得慰藉。但这毫无用处，它只是一种更高级、更炫目的骗局而已。在古代以及一般而言的每一代人当中都有愚人，他们在徒劳的想象之中把自己混同于某某伟大的杰出之士，想成为某某；那么，我们这个时代的不同只在于，愚人们甚至不满足于混同于伟人，他们要混同于时代、世纪、一代人、人类。——愿意作一个单个的人（人们无法否认这一点）是借助和凭借自身所有的差别，这是软弱；但是，愿意作一个单个的生存者（人们无法否认这一点）是在与所有其他人都能为之的意义上，这是伦理面对生活和所有幻想的胜利，在我们这个神正中心论的 19 世纪，这或许是所有胜利当中最难取得的胜利。

主体的思想家的形式，他的沟通形式就是他的风格。他的形式必定跟他将之聚拢在一起的对立面那样多样化。那种体系化的"一、二、三"是抽象形式，因此，每当将之运用于具体事物之上的时候，它必定会遇到麻烦。[108] 主体思想家是具体的，在同等程度上，他的形式也应该是辩证性的具体的。但是，正如他本人不是诗人、不是伦理家、不是辩证法家，他的形式同样也不会直接就是这些人的形式。他采用的形式首先要与生存相关，在这个方面，他应该自行支配诗学、伦理学、辩证法和宗教的内容。与诗人相比，他的形式是简洁的；与抽象的辩证法家相比，他的形式是要涉及众多人和事的。换言之，生存层面上的具体从抽象的角度看就是广泛的。比方说吧，幽默比之于抽象思维是要涉及众多人和事的，但是比之于对生存的具体表达，它却绝非广泛，除非它本身就是广泛的。抽象思想家的人格与其思想漠不相关，但是在生存的层面上，一个思想者本质上是作为思想着的人被呈现，但是这样一来，他在表达自己思想的同时也在描述自己。比之于抽象思维，玩笑是要涉及众多人和事的，但比之于对生存的具体的表达则不然，除非玩笑本身就是广泛的。但是，主体思想家不具备那种诗性的平静以便借助想象的媒介，以感性的和无利害的方式进行创造，因为他本人在本质上就是生存中的生存者，他没有想象的媒介以便生产出审美作品的幻象。与主体思想家对生存的表达相比，那种诗性的平静就是广泛的。配角、情景等等隶属于审美作品的平衡性质的东西本身是广泛的；而主体思想家却仅仅拥有一个情景——生存，他与地点以及诸如此类的东西毫无关系。这情景不在想象的仙境中，诗在那里臻于完满；它也不在英格兰，历史的准确性不重要。这个情景就是作为人去生存的内心性，具相化是生存范畴之间的关系。历史的准确性和历史的现实性是广泛的。

但是，生存的现实性是不能被传达的；主体思想家本人的现实性就在其伦理的生存之中。当现实性要由第三方加以理解的时候，它必定要被理解成一种可能性，而意识到这一点的沟通者因此就要小心，他对生存的表达恰恰因为定位于生存而必须采取可能性的形式。采用了可能性形式的作品会把接受者置于最可能在其间生存的位置之上。让我再一次阐明这一点。人们会认为，通过讲述某某真正做过些什么事（伟大的和杰出的事），会比仅仅将其展示为可能性使读者更愿去做同样的事，更愿在同样的情景下生存。除去已经在某个地方指出的，读者只能把现实性的存在消融在可能性之中，他才能理解所传达的东西，否则他只是想象自己理解了；除去这一点，说某某真正做过些什么事会同时起到延迟和刺激的作用。读者只不过把所讲述的那个人（凭借他是一个真正的人）转变成罕见的特例；他崇拜那人，他说：可我太渺小了，我做不了这类事。就差别而论，崇拜是合法的；而就普遍性而论，崇拜则完全是误解。有人能游过运河，有人会24种语言，第三个人会头着地用手走路，凡此等等，人们尽可以去崇拜，如果愿意的话。[109] 但是，如果这里呈现的是在普遍意义上因其美德、信仰、高贵、忠诚、坚忍等等而成为伟人的话，则崇拜就是一种欺骗性关系，不过却很容易做到。在普遍意义上的伟大因此不应该作为崇拜的对象呈现，而应该作为要求。这种呈现在可能性的形式之下成为了一种要求。人们通常以现实性的形式表现善，说某某人真的生活过并且真正做过些事情，结果读者转变成一名旁观者，一名崇拜者，一名评估者。不然，善的表现应该采取可能性的形式，那样就会把读者置于与善尽可能近的位置，不管他是否愿意在其中生存。可能性在理想的人身上发生作用（不是就差别而言，而是就普遍性而言），理想的人作为要求与每个人建立关系。与人们强调"就是这一个确定的人"程度相同，例外对于其他人而言更加简单。我们无须成为什么心理学家就可获知，有一种欺骗性会借助崇拜成为伦理印象的例外情况。伦理和宗教原型应该令旁观者把目光转向自身，应该通过在观察者和原型之间树立共同的可能性的方式而将其推开。反之，采用现实性形式的作品会以感性的方式吸引众人的目光；人们讨论着、检查着、翻来覆去地掂量着"是否真是这样"之类的东西，崇拜着、哭喊着"是否真是这样"等等。为了采用"约伯相信"这个例子，我们应该这样呈现：对我来说它意味着，现在我是否也该拥有信仰；而绝不意味着，我在剧场中或作为备受尊敬的公众当中的一员要去考察"是否真是这样"，并且为"真是这样"而鼓掌。有感受能力的会众

第三章　现实的主体性；伦理的主体性；主体思想家

连同其个体成员有时对被任命的他人灵魂的探问者有种闹剧式的关切：看他是否真是这样；拥有一位可以确定"他真是这样"的他人灵魂的探问者是一种闹剧式的快乐和崇拜。[110]一个人为善是在另一个人真正为善的帮助之下，这一点永远都是谬论；因为如果他本人真要这样做的话，那他就是把其他人的现实性理解成可能性。当地米斯托克利因米利蒂亚德的胜利而失眠的时候，他的失眠是因为他把现实性理解成了可能性。[111]如果他忙于去想米利蒂亚德"是否真是这样"，并且满足于米利蒂亚德真的已经这样做了，那么他几乎不会失眠，但却很可能成为一个昏昏欲睡的崇拜者，或者至多成为一个屈服的崇拜者，但却绝不会成为第二个米利蒂亚德。[112]从伦理的视角出发，没有什么比对现实性的崇拜更能让人熟睡了。从伦理的视角出发，如果有什么能够刺激一个人的话，它就是可能性——当其以理想的方式向一个人提出要求的时候。

**注释：**

（1）灿德伦堡在《逻辑学研究》（*Logische Untersuchungen*）一书的"辩证方法"一节，指出了黑格尔逻辑学所犯的错误，他部分引用了下文中引用的黑格尔的话。

（2）"从生存到诸生存者之间的过渡是如何形成的"中的"生存"对应德文 die Existenz，"诸生存者"对应丹麦文 Existentserne，此为"生存"的复数形式。

（3）"生存是自身反映和他者反映的直接统一。由此（？），生存就是无限定的众多生存者"原句为德文：Die Existenz ist die unmittelbare Einheit der Reflexion-in-sich und der Reflexion-in-Anderes. Sie ist *daher*（？）die unbestimmte Menge von Existirenden. ，中文楷体字后的问号为克尔凯郭尔所加。中译参考了贺麟先生所译的《小逻辑》，商务印书馆 1994 年版，第 265—266 页。贺先生将 die Existenz 译为"实存"，将 Existirenden 译为"实际存在着的事物"，根据克尔凯郭尔文本的重心，此处仍将 Existenz 译为"生存"，Existirenden 译为"诸生存者"，取其有生命的实际存在物的意思。

（4）"贺伯格笔下的医生"典出贺伯格喜剧《产房》（*Barselstuen*）第 3 幕、第 6 场，该剧发于 1724 年。

（5）"阅读这样一位思想家的传记"指首部黑格尔传记，由卡尔·罗森克朗兹（Karl Rosenkranz）所写，出版于 1844 年。同年，该书的一部分被译成丹麦文，发表于《国外神学作品杂志》（*Tidsskrift for udenlandsk theologiske Litteratur*）上，占一百多页的篇幅。

（6）过去"花边女工"（Kniplings-Pige）当中不仅有成年人，还有年仅 6、7 岁的女童，报酬低廉。

（7）"书呆子"原文为 Nittengryn，有"学究"、"挑剔之人"、"老顽固"、"老古

299

董"等多重意思。

（8）"有位抽象思想家"在作品草稿中写为 Hegel。

（9）"黑格尔取消了矛盾律"原文为 hævet Modsigelsens Grundsætning，此为直译法。丹麦的黑格尔主义者一般不用 hæve（英译 cancel），而用 ophæve，海伯格将后者等同于德文的 Aufhaben（关于这个词的讨论参本书第二册、第二章）。黑格尔否定矛盾律和排中律，指出"独断论坚执着严格的非此即彼的方式。譬如说，世界不是有限的，则必是无限的，两者之中，只有一种说法是真的。殊不知，具体的玄思的真理恰好不是这样，恰好没有这种片面的坚执，因此也非片面的规定所能穷尽"。参《小逻辑》，贺麟译，商务印书馆 1994 年版，第 101 页。黑格尔继而指出："认识矛盾并且认识对象的这种矛盾性质就是哲学思考的本质。这种矛盾的性质构成我们后来将要指明的逻辑思维的辩证的环节"。同上书，第 132 页。

（10）①"只要有人一发出'非此即彼'的声响"可能指 19 世纪 30 年代丹麦学界针对矛盾原则的激烈讨论。"非此即彼"原文为拉丁文 aut...aut。例如，海伯格在评论克尔凯郭尔《非此即彼》一书时指出："可这样一个标题是什么意思呢？书的下卷是绝对的，这里根本不存在'非此即彼'的问题，这本书远远没有驳倒'矛盾原则已被扬弃'（Modsigelsens Grundsætning er ophævet）这个命题，相反，它证明了该命题的正确性。"

②"《卡伦堡故事》中的护林员延斯"指延斯·贝格森（Jens Baggesen）的叙事诗《卡伦堡故事：新闻检查官的原创》（*Kallunborgs Krønike, eller Censurens Oprindelse*），讲述一个盗马贼在午夜被吊死的故事。文中描写马行走时的拟声词（trip, trap, trap）亦取自该诗（trap, trap, trap），仅有微小改动。

（11）①在丹麦学界关于矛盾原则的激烈争论中，海伯格（J. L. Heiberg）和马腾森（H. L. Martensen）捍卫黑格尔理论，而主教明斯特（J. P. Mynster）和哥本哈根大学哲学教授西伯恩（F. C. Sibbern）则支持矛盾原则的普遍有效性。

②"一个被克服的观点"原文为 et overvundet Standpunkt，这是丹麦黑格尔主义者的行话，指某观点被扬弃，只有受限制的有效性。这里采用直译法。

（12）"在永恒的视角下"原文为拉丁文 sub specie æterni。这里同样的意思同时用丹麦文和拉丁文表示，以示强调。

（13）"与赫拉克勒斯搏斗的巨人"指希腊神话中大地之母该亚所生的巨人 Antaios。他只要站在地上，就会获得新的力量。赫拉克勒斯把他从地面抬起，从而制服了他。

（14）"在神学为真理、但在哲学为谬误"指经院哲学中双重真理的理论，即建立在原则基础上的真理和建立在权威基础上的真理，这是中世纪后期巴黎大学神学家和哲学家之争的结果。由于两种真理无法彼此取代，所以就有了"在哲学为真理、但在神学为谬误"的说法。

第三章　现实的主体性；伦理的主体性；主体思想家

（15）"在严格的意义上"原文为拉丁文 sensu eminenti。

（16）19 世纪前半叶霍乱在欧洲爆发，其中 1826 年至 1838 年间的霍乱导致了黑格尔的死亡，这场霍乱抵达丹麦边境，但被有效控制。

（17）爱利亚学派发端于公元前 6 世纪中叶的南意大利城邦爱利亚，至公元前 5 世纪，其思想先驱为塞诺芬尼（Xenophanes），塞诺芬尼、巴门尼德、芝诺和麦里梭同为爱利亚学派哲学家。此处引言"万物存在而无物涌现"（Alt er og Intet opkommer）一部分来自对塞诺芬尼"万物为'一'"的思想的重述，另一部分来自巴门尼德的"存在者存在，非存在不存在"的思想。

（18）"万物皆流，无物常驻"是希腊哲学家赫拉克利特（约公元前 540—前 480）的主张，他与爱利亚派相反，强调运动和变化。"把黑格尔与赫拉克利特思想平行起来"具体指何人不甚确切，但黑格尔在《哲学史讲演录》中提到赫拉克利特时指出，赫拉克利特通过"变"的范畴使哲学理念第一次以思辨的形式出现。"爱利亚学派认为，只有'有'是存在的，是真实的；'有'的真理是'变'——'有'是第一个思想，是直接的。赫拉克利特说，一切皆变，这个'变'就是原则。"参黑格尔《哲学史讲演录》第一卷，贺麟、王太庆译，商务印书馆 1997 年版，第 300 页。

（19）① "从自杀中寻求慰藉"指斯多噶派对自杀的赞美，但可能还指希腊化时代的哲学家赫格西亚（Hegesias）鼓动对一切漠不关心的理论，他对死亡的推崇促使一部分弟子自杀。

② "毕达哥拉斯式的死亡"指希腊数学家和哲学家毕达哥拉斯（公元前 570—前 497）创立的毕达哥拉斯盟会的入会规则，即弟子在长达五年的试用期里保持沉默，以体验死亡。

③ "苏格拉底式的死亡"指苏格拉底在《斐多篇》中的观点，死亡是灵魂和肉体的分离，因此哲学意义上的死亡就是这种分离在生命中的实现。

（20）在 19 世纪 30 年代中期，钢笔（en Staalpen）逐渐取代鹅毛笔成为主要书写工具。

（21）"翼马"（Pegasus）是希腊神话中带有翅膀的马，它会带着诗人飞翔，以启发灵感。

（22）"目标"原文为丹麦文 Maal，"目的"原文为希腊文 télos，"标准"原文为希腊文 métron。

（23）亚里士多德在《物理学》和《形而上学》上讨论了"运动"和"变化"，《哲学片断》的"间奏曲"一节对此有所回应。亚里士多德关于"神自身不动，但却推动万物"主要体现在《形而上学》第 12 卷第 7 章 1072a19—1073a14，以及《物理学》第 8 卷第 5 章 258b。

（24）"理论理性"原文为希腊文 noús theōretikós；"有目的的实践理性"写为 noús praktikós tōi télei。"努斯 – noús"有"思想"和"理性"的意思。

(25) 赫拉克利特的弟子就是克拉底鲁。赫拉克利特表示"万物皆流，无物常驻"的思想的名言"人不能两次踏进同一条河流"出现在柏拉图对话《克拉底鲁篇》。

(26) "人们称诗歌和美术是对永恒的期盼"是马腾森和海伯格的观点。

(27) "'对美的愉悦'是无利害的"指康德的审美无利害理论。

(28) "自身反映和对他物的反映的直接统一"指黑格尔辩证逻辑学中，反思概念发展的三个阶段：自身反映（即 Der Schein – 假象）、对他物的反映（Die Erscheinung – 现象）以及在"现实性"（Die Wirklichkeit）中的更高统一。参黑格尔《小逻辑》的"本质论"。

(29) "存在之间"原文为拉丁文 inter – esse，直译应为"中间—存在"，它是对 interesse 一词（意为"利害"、"利益"、"关切"、"兴趣"）的分解。

(30) "三部曲"（Trilogie）是古希腊戏剧的形式，三出戏由一个统一的主题统领。此处是对黑格尔关于概念的主观性、客观性和主客统一的戏谑性表述。

(31) "接近"原文为拉丁文 approximando。

(32) "不时"原文为德文 mitunter。

(33) "我思故我在"原文为拉丁文 cogito ergo sum（丹麦文译为 Jeg tænker, altså er jeg）。本段中凡出现"我思"之处原文都写为 cogito，"故"原文写为 ergo，凡是"在"则写为丹麦文 er。

(34) 句中楷体的"在"对应于原文 er，原句为 jeg er tænkende，er 在这里作系词使用。

(35) "这个有时怪可悲的教授"原文为 denne stundom bedrøvelige Professor – Skikkelse，语出塞万提斯小说《唐吉诃德》中唐吉诃德的诨名 Ridder af den bedrøvelige Skikkelse。

(36) "诗高于历史"之说出自亚里士多德《诗学》第 9 章（1451a36—1451b19）。亚里士多德说："根据前面所述，显而易见，诗人的职责不在于描述已发生的事，而在于描述可能发生的事，即按照可然律或必然律可能发生的事。历史家与诗人的差别不在于一用散文，一用'韵文'；希罗多德的著作可以改写为'韵文'，但仍是一种历史，有没有韵律都是一样；两者的差别在于一叙述已发生的事，一描述可能发生的事。因此，写诗这种活动比写历史更富于哲学意味，更被严肃地对待；因为诗所描述的事带有普遍性，历史则叙述个别的事。"参亚里士多德、贺拉斯《诗学诗艺》，罗念生译，人民文学出版社 1997 年版，第 28—29 页。

(37) "十取一的方式"（decimere）指一种军事惩罚措施，它曾在罗马帝国时期被使用。如果在一起军事哗变中找不出元凶，或者所有人都有罪，就会抽签决定被处决的人，每十个人中取一人。

(38) ①此处是对《人生道路诸阶段》的概述性的引用。

第三章　现实的主体性；伦理的主体性；主体思想家

②"从现实性到可能性"原文写为拉丁短语 ab esse ad posse；"从可能性到现实性"则写为 ab posse ad esse。本段提及"现实性"与"可能性"的碰撞的时候，均采用拉丁文，不一一注明。在古典逻辑学中，关于"可能性、现实性和必然性"的关系有这样的原则，a posse ad esse non valet conseqventia, se dab esse ad posse valet conseqventia，意为：我们不能（逻辑地）从某物的可能性推出其现实性，但却能从其现实性推出可能性。

（39）"在宽泛的意义上"原文为拉丁短语 sensu laxiori。"最为严格的意义上"原文为拉丁短语 sensu strictissimo。

（40）"你们不要论断人，免得你们被论断"语出《马太福音》7：1。

（41）"我的邻居克利斯托夫森"语出贺伯格喜剧《山上的叶伯》（*Jeppe paa Bierget*，1723）第1幕、第3场，这是叶伯抱怨自己的命运时的独白。

（42）"可能"原文为拉丁文 posse，"存在"为 esse。这种用法在本段中多次出现，不再一一注明。

（43）"桥梁建设委员会"（Brolægningscommissionen）指哥本哈根社区的一个负责桥梁和道路建设的委员会，存在于1777年至1857年间，后因涉及较大规模的腐败案而被新的特别委员会取代。

（44）这段话是对《人生道路诸阶段》中"致读者"一文的第3小节的不精确引用。

（45）尽管本段已经提及基督教，但克尔凯郭尔在论及"上帝"时仍然采用了 Guden 而非《圣经》中的用词 Gud。

（46）"尽最大可能地"原文为拉丁文 quam maxime。

（47）"关于一个自我躲避的自身"中的"自身"原文为德文 An-sich，指康德的"物自身"（das Ding an sich）的概念。

（48）"对观念论的怀疑"（idealismens skepsis）中的"观念论"尤指康德认识论，其片面的主观主义正是黑格尔希望以纯粹思维为出发点的思辨哲学加以克服的。

（49）"真实性"对应于 Realitet，"现实性"对应于 Virkelighed，但其形容词形式都表示"真正的"、"真实的"意思。在克尔凯郭尔看来，"思想的真实性"（Tank-Realitet）仍是"可能性"，它在逻辑上为真，但可以对其"现实性"漠不关心，因为"现实性"就是实实在在的存在。

（50）"影子戏"原文为德文 Schattenspiel。

（51）"有人正确地反驳道，'思维与存在为一'不应该在不完美存在的范围内理解"可参黑格尔对于康德上帝存在的本体论证明的批判的反驳。黑格尔针对康德的一百元钱的例子指出："姑且不说称类似一百元钱的东西为概念，难免贻用语粗野之讥，但那些老是不断地根据思维与存在的差别以反对哲学理念的人，总应该承认哲学家绝不会完全不知道一百元现款与一百元的思想不相同这一回事。事实上还有比这种知识更粗浅的吗？但须知，一说到上帝，这一对象便与一百元钱的对象根本不同类，而且也和任何一种特殊概念、表象、或任何其他名称的东西不相同。事实上，时空中的特定存在与其概念的差异，正是一切有限事物的特征，而且是唯一的特征。反之，上帝显然应该，只能'设·想·为·存·在·者'，上帝的概念即包含他的存在。这种概念与存在的统一构成上帝的概念。"参黑格尔《小逻辑》（§51），贺麟译，商务印书馆1994年版，第140页。加黑点的字为原译文所有。

（52）"矛盾律在低级存在中，在有限存在的理智关系中表现得最为鲜明，如前和后、左和右、上和下，等等"可参黑格尔《逻辑学》中关于"矛盾律"的注释。黑格尔指出："假如在运动、冲动以及如此等类中，矛盾对于表象说来，是在这些规定的**单纯性**中掩盖住了，那么，在**对比**规定中就正相反，矛盾就会直接显露出来。上与下、左与右、父与子等等以至无穷最不屑的例子，全都在**一个事物**里包含着对立。……对立物之所以包含矛盾是因为它们在同一观点下，既彼此相关或说**互相扬弃**而又彼此**漠不相关**。"参黑格尔《逻辑学》下卷，杨一之译，商务印书馆1991年版，第67—68页。文中的黑体字为原译本所有。

（53）① "中间存在者"原文为 Mellemvæsen，克尔凯郭尔以前用以指柏拉图对话《会饮篇》中第俄提玛所描绘的爱神 Eros，他是贫乏神和丰富神所生的儿子，在本质上既非凡人，亦非神。参《柏拉图文艺对话集》，朱光潜译，人民文学出版社1997年版，第260—261页。

②这一段中"存在"（Varen）与"生存"（Existentsen）之间在用法上并无明确区分。

（54）根据克尔凯郭尔的笔记，他参考过邓尼曼（Whilhelm Gottlieb Tennemann）《哲学史》（*Geschichte der Philosophie*）第1卷（1799年）中关于柏拉图理念论的陈述。

（55）"发现第六大洲"针对过去人们持有的地球五大洲的观点，即亚洲、非洲、欧洲、美洲和澳洲。现在的划分是七大洲。

（56）"乏味"原文为德文 langweilig。

（57）参丹麦著名小说家布利切（St. St. Blicher，1782—1848）短篇小说《日德兰半岛十四日》（*Fjorten Dage i Jylland*）当中的最后一节。小说中，有个疯子自认自己是同时代的德国哲学家 Lorenz Oken，他希望能像贺伯格作品《尼尔斯·克利姆的地下旅行》（*Niels Klims Underjordisk Reise*）中的尼尔斯·克利姆那样钻入地下世界。他说："我钻入地下，单用一个简单的三段论就能像炸弹一样把整个地球炸平，让它分裂成许许多多的原子，那个可怜的芝诺曾经把它们聚合在一起。"小说中并没有出现"多佛峡湾"（Dovrefjeld）的字样，这是挪威的一个峡湾，因民间文学而为人所知。

（58）"犹太人非常害怕的东西——成为笑谈"（hvad Jøderne grygtede saa meget：et Ordsprog）典出《旧约·申命记》28:37。以色列人被警告说："你在耶和华领你到

第三章　现实的主体性；伦理的主体性；主体思想家

的各国中，要令人惊骇、笑谈、讥消。"类似的意思还可参《列王记·上》9∶7，《耶利米书》24∶9。

（59）①黑格尔《逻辑学》（*Wissenschaft der Logik*）中包含了1812年第一版序言和1831年第二版序言。

②"锡兰的自然之声"指德国自然哲学家兼神秘主义者舒伯特（G. H. Schubert）所称之为的"锡兰的魔鬼之声"（Teufelsstimme auf Ceylon），指一方面听上去像是来自远方的电闪雷鸣之声，另一方面又觉得它很近的自然现象。它往往使人想起人发出的哀怨之声，同时听上去又像是一支令人恐惧的快节奏的小步舞曲。典故曾在《哲学片断》第5章中出现。锡兰是对斯里兰卡的旧称。

（60）"天堂来信"（et Himmelbrev）指一种被认为来自天堂或者由上帝通过天使带给人类的宗教作品。这种作品始自中世纪，后来在市民当中广为流传，通常以告诫和祝福为典型内容。

（61）"在思想自身的运动中"（i Tankens egne Bevægelser）是典型的黑格尔哲学术语，指概念自身的运动发展。

（62）"17卷的篇幅"戏指《黑格尔全集》（*Georg Wilhelm Friedrich Hegel's Werke. Vollständige Ausgabe*），出版于1832—1845，不过最终出版时是18卷。

（63）"上帝必然存在"指康德所说的关于上帝存在的本体论证明，传统上指安瑟伦在《宣讲》（*Proslogion*）和笛卡尔在《第一哲学沉思录》（*Meditationes de prima philosophia*）中的证明，但也指莱布尼茨在《单子论》（*Monadologie*）、沃尔夫在《自然神学》（*Theologia naturalis*）和斯宾诺莎在《伦理学》（*Ethica*）中的证明。

（64）黑格尔在《哲学史讲演录》中这样论及笛卡尔："笛卡尔的哲学著作，尤其是那些陈述基本原理的作品，写得非常通俗，平易近人，使初学的人很容易掌握。他的文章开门见山，十分坦率，把他的思想过程一一叙述出来。"（Unter seinen philosophischen Schriften haben besonders diejenigen, welch die *Grundlage* enthalten, in ihrer Darstellung etwas sehr Populares und Naives, was sie beim Beginne des Studium's sehr empfehlenswerth macht; er geht ganz einfach und kindlich dabei zu Werke, – es ist Erzählen seiner Gedanken nacheinander.) 参黑格尔《哲学史讲演录》第四卷，贺麟、王太庆译，商务印书馆1997年版，第66页。下加黑点字为原译文所有。德文中的Naives和kindlich在汉译本中均做褒义解，在克尔凯郭尔文本中似应做贬义解。

（65）黑格尔《逻辑学》中有一节的标题即为"现实性"（Die Wirklichkeit）。

（66）"轻蔑地"原文为德文 absprechend。

（67）"天文学家所说的无限小的角度"可能指确定恒星与地球之间距离的方法。

（68）括号内的引文出自《旧约·朱迪斯书》10∶11。《朱迪斯书》只有希腊文而无希伯来文，路德认为是伪作，因此没有收入新教《圣经》，天主教和东正教《圣经》中才有此书。《朱迪斯书》讲述亚述大军攻打犹太的伯凤利亚城，城中年轻貌美的寡妇朱迪斯带着女仆出城，用美色诱惑亚述军主帅赫罗弗尼斯，夜里将主帅的头割下逃回城中。犹太军队乘势进攻，敌军因群龙无首大败而逃。克尔凯郭尔在日记中把正文中所引的这段描写视为是"浪漫主义的完美例证"。

（69）"海滩少女"可能指瑞典现代诗作之父泰格纳（Esaias Tegnér，1782—1846）的史诗《弗里肖夫的故事》（*Frithiofs saga*, Stockholm 1825）中的情节：少女Ingerborg 目送她的恋人扬帆离开港口。Saga 是古代挪威和冰岛讲述冒险经历和英雄业绩的长篇故事。

（70）"欲望获胜，他偏离了真理之路——直到悔悟的痛楚使他停止"，典出不明。

（71）"肯定地"原文为希腊文 thetikōs。

（72）"希腊哲人被问及何谓宗教"指希腊诗人西蒙尼德斯（Simonides，约公元前 500 年）的逸事，见西塞罗《论神的本质》（*De natura deorum*）。希律王曾问西蒙尼德斯何谓神（并非文中所说的"何谓宗教"），他要求延长思考的时间。当被问及这样做的原因之时，他回答说：他对这个问题思考越多，感觉越不清楚。

（73）"请求"原文为德文 bittweise。详解参本书第一部、第二章注（66）。

（74）"我们非常喜爱变化，就像谚语所说的那样"中的谚语指 forandring fryder，意为"变化令人愉悦"。该谚语可追溯至希腊文学，尤其是伊索寓言的拉丁译本中的 variatia delectat 或者 varietas delectat。

（75）"成为不受欢迎的人"原文为 være Sorte Peer。Sorte Peer（即德文中的 Schwarzer Peter）是一种儿童纸牌戏，输的人要被罚把脸涂黑。由此引申出 Sorte Peer 用来指"倒霉的"、"麻烦的"、"没用的"、"不称职的"、"不受欢迎的"人。英译本将此短语译为 being left holding the bag，意为"突然把重担卸给某人"，此用法更靠近德文 den Schwartzen Peter zuschieben 中的用法。

（76）①"体系中伦理学缺失"指黑格尔没有针对《法哲学原理》写作独立的伦理学著作。此举在黑格尔逝世后成为对其攻击和捍卫的对象。

②"体系将之运用于逻辑学之中"对应于"坏的无限性"（den slette Uendelighed，此为黑格尔在《哲学科学百科全书》中提出的概念）中的"恶"（slette 与德文同义词 schlecht 相呼应）。马腾森在评论海伯格展示所谓"琐碎小事的形而上学"的作品《新诗》时指出，"det slette – 恶"是一个比"det Onde – 恶"更直接、更低级的范畴"。

（77）"罪即无知"（Synd er Uvidenhed）指涉的是苏格拉底及其命题"美德即知识"（Dyd er viden）。克尔凯郭尔在多部假名著作中将之改写为"罪即无知"。

（78）"善对自身的嫉妒"（det Godes Nidkjærhed paa sig selv）语出《出埃及记》20∶5。耶和华说："因为我耶和华你的神是忌邪的神。恨我的，我必追讨他的罪，自父及子，直到三、四代。"中译的"忌邪的神"对应于丹麦文的 en nidkier Gud 以及英

第三章　现实的主体性；伦理的主体性；主体思想家

译本中的 a jealous God。

（79）"利未人从耶利哥到耶路撒冷"的故事出自《路加福音》10：30—35，只是路途方向正好相反。耶稣在宣讲仁慈的行动之时说："有一个人从耶路撒冷下耶利哥去，落在强盗手中。他们剥去他的衣裳，把他打个半死，就丢下他走了。偶然有一个祭司从这条路下来，看见他就从那边过去了。又有一个利未人来到这地方，看见他，照样从那边过去了。惟有一个撒玛利亚人行路来到这里，看见他就动了慈心，上前用油和酒倒在他的伤处，包裹好了，扶他骑上自己的牲口，带到店里去照应他。第二天拿出二钱银子来，交给店主，说：'你且照应他，此外所费用的我回来必还你。'"

（80）路德于1517年在维腾堡教堂的大门上张贴了揭露天主教会恶行的《95条论纲》。教皇利奥十世（Leo X）想借新任皇帝查尔斯五世之力，不经审判即判路德有罪。但查尔斯五世想把路德作为反对教皇的工具，因为他认为教皇支持自己的对手。在经过了很多政治周旋后，1521年，皇帝召路德到德国的沃姆斯城参加首届议会（[丹] Rigsdagen i Worms; Diet of Worms），企图劝说路德放弃自己的立场。在经过了一天的思考之后路德回答说，如果他的错误不能被《圣经》证明的话，他将坚持自己的立场。

（81）狄翁（Dion，约公元前409年）是位于西西里的希腊城邦叙拉古的政治家，柏拉图的政治密友及其理想的积极实践者，他曾促成柏拉图三次访问叙拉古以进行政治试验。公元前366年，狄翁被叙拉古僭主狄奥尼修二世以谋反叛国罪放逐，但几年后他以武力推翻了狄奥尼修二世的暴政，但却未能实现政治改革，陷入与盟友的权力斗争和财政困难之中。公元前354年遭暗杀。

（82）①"灵知主义"（Gnosticisme, Gnosticism）音译"诺斯替主义"，指起源于公元1、2世纪的基督教早期派别，2、3世纪时盛行于地中海东部沿海地区。该教派承认善恶二元论，认为信仰即知识（Gnosis在希腊文中即"知识"），主张只有领悟了关于上帝及其本性的隐秘但却开显出来的知识，灵魂才能得救。公元2世纪时被伊纳乌斯和德尔图良视为是异端。此处的"灵知主义"应在广义上加以理解，指那种知胜于行的宗教主张。

②"无世界主义"（Akosmisme, 英 Acosmism）主张没有世界，或者世界为表象、为背后现实性的形式，例如斯宾诺莎的"神"和费希特的"我"的主张，都是无世界主义论。

（83）原文就"运动"同时出现了两个词：先是希腊词 kínēsis，然后是丹麦语对应词 Bevægelse。根据亚里士多德《物理学》第3卷、第1章（201a 10—11），这个词指从可能性向现实性的过渡，即"潜能的事物（作为潜能者）的实现即是运动"。参亚里士多德《物理学》，张竹明译，商务印书馆1991年版，第69页。《哲学片断》"间奏曲"第一节对此有所讨论。

（84）"快乐主义者"（Eudaimonist, 英 Eudaemonist）指一种幸福理论的追随者，他们把人自身的快乐和享受视为是最高目标以及行使责任的根本动机。

（85）指《哲学片断》中的"间奏曲"。

（86）"三分法"（Tredeling）可能指卡尔·罗森克朗兹（Karl Rosenkranz）出版于1837年的著作《心理学或者关于主体精神的科学》（*Psychologie oder die Wissenschaft vom subjectiven Geist*），其中提到主体精神的"三分法"（Trichotomie）即"身体"（Leib）、"灵魂"（Seele）和"精神"（Geist）并非始自黑格尔，而是出自保罗神学和灵知主义，后经神学和神学哲学传播。黑格尔对主体精神的"三分法"是"灵魂"、"意识"（Bewußtsein）和"精神"。

（87）黑格尔《法哲学原理》（*Philosophie des Rechts*）第三部分§161—169题为"婚姻"（Die Ehe）；马腾森在《道德哲学体系纲要》（*Grundrids til Moralphilosophiens System*）一书中§82—84以婚姻为主题。

（88）关于"永久和平"的思想在康德《永久和平论》（*Zum ewigen Frieden*）（1795）一文中有彻底的展开。

（89）马腾森曾指出，在基督教国家，基督徒父母生出的孩子自然而然就是基督教徒。

（90）"更便宜地"原文为德文 wohlfeilere。

（91）这个心理学范围内的上升路径是罗森克朗兹的《心理学或者关于主体精神的科学》一书的基础。

（92）"对于死后的永恒福祉的期待"之说，克尔凯郭尔注释者未能查明出处。

（93）"有人说，信仰是直接的东西"指黑格尔和黑格尔主义者的观点。例如，德国神学家菲利普·马海英克（Philipp Marheineke）在《作为科学的基督教义原理》（*Die Grundlehren der christlichen Dogmatik als Wissenshaft*）一书中指出，信仰是关于上帝的直接性的知识，这也就是为什么它要在最高的思辨知识当中被扬弃的原因。

（94）"沉默的兄弟的抱怨"出自《人生道路诸阶段》。

（95）"假名作者的揭示"具体指《畏惧与颤栗》和《恐惧的概念》。

（96）"虚无"原文为 Nul og Nichts，出自德文 Null und Nichts。该短语暗指《畏惧与颤栗》。

（97）"诗作为一个被克服的环节"指黑格尔绝对精神的发展环节：艺术（诗）、宗教和哲学。

（98）"人无法做所有的事情"原文为拉丁文：Non omnes omnia possumus，语出维吉尔的《牧歌》（*Bucolica*）。

（99）"祈祷、考验、沉思造就一位神学家"原文为拉丁文：oratio, tentatio, meditatio faciunt theologum。人们通常把这句话归诸路德。

（100）"质的分离"原文为 den qvalitative Disjunktion。

（101）"如果所有的罪行都被处以死刑，那么没有任何罪行受到惩罚"可能指雅

第三章　现实的主体性；伦理的主体性；主体思想家

典执政官德拉康于约公元前 624 年颁布的法令，其中连游手好闲者都被判处死刑。《哲学片断》的"序言"当中曾提及这一点。

（102）出自丹麦作家、语言学家和哲学有保罗·缪勒（Paul Møller，1794—1838）1819—1821 年间的格言作品。文中所说的 vittig Forfatter（幽默作家），而缪勒用的是 komiske Forfatter（喜剧作家）。

（103）"簿记员"的典故出自贺伯格喜剧《爱管闲事的人》（*Den Stundesløse*）。

（104）"被疯狗逼离大道"的希腊哲人不是芝诺，而是怀疑论者皮罗（约公元前 365—前 275）。此逸事载于狄欧根尼·拉尔修的《古代贤哲言行录》第 9 卷、第 11 章 66 节。

（105）"不写讽刺作品都是不可能的"（saa er det umuligt ikke to skrive en Satire）出自公元 1 世纪末至 2 世纪初的罗马讽刺诗人尤维纳利斯（Decimus Iūnius Iuvenālis，英语写为 Juvenal）的《讽刺诗》（*Satirer*）1∶30，其中有言道：Difficile est satiram non scribere，意为"不写讽刺作品是很难的"。

（106）"如果认识了一个人，也就认识了所有的人"原文为拉丁文：unum noris, omnes。语出罗马戏剧作家泰伦提乌斯（Publius Terentius Afer，英语写为 Terence，公元前 195 或 185—前 159？）的喜剧"Phormio"。所著 6 部戏剧全部保存下来。

（107）拿破仑在非洲的逸事见诸 L. A. Thiers 所著的《法国革命史》，首版于 1823—1827 年，5 卷德文译本（*Geschichte der französischen Revolution*，by Ferd Philippi）出版于 1836 年，7 卷丹麦文译本（*Den franske Revolutions Historie*，by F. C. Rosen）出版于 1842—1845 年。

（108）"一、二、三"原文为德文 ein, zwei, drei。

（109）"如果愿意的话"原文为拉丁文：si placet。

（110）① "会众连同其个体成员"（Menighed og sammes enkelte Lemmer）的说法典出保罗《哥林多前书》12∶12："就如身子是一个，却有许多肢体；而且肢体虽多，仍是一个身子。基督也是这样。"

② "被任命的他人灵魂的探问者"对应于 den beskikkede Sjælesørger，其中 Sjælesørger 一词意为"他人灵魂的探问者"，主要指"牧师"（一般为 Præst），克尔凯郭尔使用该词有讽刺意味。

（111）"地米斯托克利失眠"典出普鲁塔克为希腊政治家地米斯托克利（Themistokles，公元前 524—前 459）所著的传记《平行生活》（*Vitae parallelae*）。青年地米斯托克利向往荣誉和声名，因此当雅典统帅米利蒂亚德（Militiades）于公元前 490 年在马拉松大胜波斯的事迹家喻户晓的时候，他很受震动，夜不成寐，拒绝了宴饮的邀请。当被问及原因的时候，地米斯托克利承认是米利蒂亚德的伟绩使他失眠。

（112）"至多"原文为德文 höchstens。

# 第四章 《哲学片断》的问题：永恒福祉何以能建立在历史知识之上？

## 第一部分  以《哲学片断》的方案为目标

### §1  以异教思想为出发点及其原因

《哲学片断》中的片断式哲学的读者会记得，这本小册子不是训诫式的，而是试验性的。它以异教思想为出发点，为的是以试验的方式发现一种对生存的理解，这种理解可以说是真正超越了异教思想。现代思辨思想看似已经完成了从另一方面超越基督教的壮举，或者是在理解基督教时走得很远，结果它几乎返回到异教思想之上。有人在基督教和异教之间更喜欢异教，这没有丝毫令人困惑之处；但是，把异教思想奉为基督教内部的最高阶段，这一点既对基督教不公——基督教变成了某种它所不是的东西，亦对异教不公——异教根本没有成为它自身之所是。思辨思想完全理解了基督教，它还自我宣称是基督教内部的最高发展阶段，如此它以一种值得注意的方式完成了那个发现：根本就不存在彼岸，"彼世"、"来生"以及诸如此类的东西是有限理智的辩证性的狭隘。[1] 彼岸成了一个玩笑，一个如此不确定的要求，结果不仅无人尊重它，而且也无人追求它，人们只是饶有兴味地记起，曾经有那么一个时代，这个观念重塑了整个生存。从这个侧面，我们立刻就能看到我们所能期待的问题的答案：这问题本身就是一个辩证性的狭隘；因为在纯粹思维的天堂般的在永恒的视角之下，区分被取消了。但是请注意，这里的问题毕竟不是什么逻辑难题——逻辑思维与这个最具激情的问题（关于永恒福祉的问题）有何共同之处呢？而且这是一个生存问题，而生存不在永恒的视角之下。我们或许可以再次洞悉，进行这样的思辨活动之前采取审慎方法的正确性。首先，人们要把思辨思想与思辨者区分开来；然后，就像对待中了魔法、巫术和魔鬼附体那样，我们要运用一个强有力的咒语，以便使中了魔法的思辨者变形或者

## 第四章 《哲学片断》的问题：永恒福祉何以能建立在历史知识之上

变回其真实的形象，一个单个的生存着的人。

为了赢得一个喘息的空间，这本小册子并没有说它所试验的就是基督教，以免立刻卷入历史性的、历史的—教义的、导论的以及关于什么是、什么不是真正的基督教的教会议题。从来没有人像后世的基督教徒那样陷入困境。有时人们以思辨的方法解释基督教，而且得出了异教思想；有时人们甚至无法确切地知道，何谓基督教。我们只需浏览一下图书博览会的新书目录便能获悉，我们是在怎样的一个时代里生活。在日常生活中，当我们听到街上有人叫卖虾，我们所能想到的便是仲夏来了；听到叫卖香草花环，便知春天到了；听到叫卖贻贝，便知冬天到了。但是，就像去年冬天，有人在同一天当中听到了虾、香草花环和贻贝的叫卖声，那么人们就会受到诱惑而认定，生存乱了套，这世界持续不到复活节了。[2] 不过，倘若对新书目录发出的呼喊声稍加留意，人们便会获得一个更加令人困惑的印象。这呼喊声既有作者的，也有出版人的，后者在很高程度上成为了文学界的声音。总而言之，我们生活在一个动荡不安的时代——至少极其令人困惑。[3]

为了赢得一日的休息，这是生活中因争吵而精疲力尽的基督教术语在很高程度上所需要的，这些安静深沉、莫测高深的术语，很快就会变得喘不过气，变得空洞无物。[4] 为了尽可能地避免陷于困境，我选择对基督教这个名称保持缄默，我避开了那些在谈论中一再被混淆、被踢来踢去的术语。所有基督教术语都被思辨思想没收了，因为思辨思想自然就是基督教了。甚至报纸都把那些至上教义的表达方式当作非凡的养料加以使用，同时政客们焦急地期待着国家的破产，而在精神世界里，或许更大范围的破产正在临近，因为概念逐渐被取消，语词开始变得能够意味着一切，因此，有时意见不合就跟意见一致同样可笑。[5] 因空疏的字词争吵且就空疏的字词取得一致意见，这的确从来都是荒谬可笑的。不过，如果极其坚实的字词开始变得空疏的话，情况会怎样呢？就像牙齿已经脱落的老人靠牙根咀嚼，同样，现代基督教关于基督教的言论已经丧失了精力旺盛的术语的咬噬力量，所有这一切都成了没有牙齿的"胡说八道"。

基督教中发生混淆的原因对我来说是显而易见的，人们在生活中把基督教推迟了整整一个阶段。我们还是孩子的时候就已经成为基督徒，这一点给予了如下看法以契机：我们就是我们根据可能性所预期的样子。[6] 于是，婴儿洗礼式完全可以站得住脚并且受到赞美，它既可以作为教会的拥

311

有良好意图的利害关切,一种对于宗教狂热分子的防范;又可以作为虔诚父母的美好的操心——责任在于未来的个体自身。但是,看到仅凭一张受洗证书就成为基督徒的人在庄严的场合像基督徒那样行事,这一点从来都是荒谬可笑的,因为基督教所能成为的最荒谬可笑之处就在于,它成了人们在平常乏味的意义上所称之为的风俗和习惯。被迫害、被憎恨、被讥笑、被嘲弄,或者被祝福、被赞美,这些对于强力来说都是恰如其分的;但是,成为温和的风俗习惯、得体的风度以及诸如此类的东西则是其绝对的反面。[7]我们试着对此做一个形象的解说。一位国王被他的臣民所爱戴,其王权被尊重;或者,如果事情出了差错,那么,好吧,就让他在一次暴乱中被赶下王位,让他陷入一场战役,让他在一座监狱里受煎熬,这里绝不会令人联想到他的过去——这些都是恰当的。但是,把国王变成一个对自己的位置非常满意的爱管闲事的临时侍者,这可是一个比谋杀他更令人震惊的转变。相反的情况可能会荒谬可笑,比方说,基督徒们在葬礼上有时会被引向异教关于极乐世界的用语。不过这种情况也是荒谬可笑的:有一个人,基督教对他没有丝毫意义,甚至没意义到了他并不在意放弃基督教的地步。这人死了,然后牧师理所当然地在坟墓旁把他引入永恒福祉,正如其在基督教术语当中所理解的那样。不用提醒我,在可见的和不可见的教会之间从来都是有差别的,没有人可以越权去评判人心。远非如此,噢,远非如此。只有当人们在较成熟的年纪成为基督教徒并且接受洗礼,那样至少才有可能拥有某种确定性,即基督教对于接受洗礼的人来说是有意义的。那就让上帝保留评判人心的权利吧!但是,如果人们出生两周就接受洗礼,如果持续成为名义上的基督徒被视为是便利的话,如果拒绝基督教只会成为麻烦和不便,如果同时代人的评判跟以前的一样,几乎都是这样:这人在这事上如此无事生非,真是乏味;那么我们无法否认,隶属于可见的教会已经成为对一个人是否是真正的基督徒的值得怀疑的证据了。[8]可见的教会的自我扩张最终使情况发生了逆转,就像曾经成为一名基督教徒要求干劲和力量,如今则要求勇气和干劲放弃作一名基督教徒,尽管我们并不赞扬这种做法;如今做一名基督教徒只需轻率即可。[9]因此,婴儿洗礼能够得到充分的辩护,不需要引入任何新的风俗。但是,正如一切都在变化,教士本人也应该看到,如果他们的任务曾经是为基督教争取人民,那时只有很少的人是基督徒;那么,他们现在的任务就是,如果可能的话,用将人们吓跑的方式争取人民——因为不幸正在

## 第四章 《哲学片断》的问题：永恒福祉何以能建立在历史知识之上

于，大家都是不怎么样的基督徒。当基督教步入世界之时，人们还不是基督教徒，那时的困难在于成为基督教徒；如今，成为基督教徒的困难在于，人们应该以自我运作的方式把原初的基督教徒（因婴儿洗礼）转变成一种可能性，以便成为真正的基督教徒。(10)这困难非常艰巨，因为它将会、而且应该在个体自身之内静静地发生，不需要任何外在的决定性行动，结果它不会演化为再洗礼派那样的异端或者诸如此类的东西。(11)在外在世界中尽人皆知，从站立之处向空中跳跃，然后再落到起跳点上，这是所有跳跃当中最难的；当跳跃者站立之处与落地之处有一段距离的时候，跳跃就变得容易多了。同样，当决断者跟决断之间没有拉开距离的时候（就像一个非基督徒要决定他是否成为基督徒之时），好像决断已经做出，这时做出决断是最困难的。这也就是说，在这种情况下，决断拥有了双重的困难：首先，最初的决断是一种表面现象，一种可能性；然后才是决断本身。如果我不是基督徒，但我决心成为一名基督徒，则基督教将会帮助我意识到那个决断，我们之间的距离将会帮助我，就像助跑帮助跳跃者一样。但是，如果决断已经做出，如果我已经是一名基督徒（也就是说受过洗礼，但这仍然只是一种可能性），则没有什么能够帮助我意识到那个决断；相反（这就是增加了的困难），有某种东西妨碍我注意到它，也就是那个表面化的决断。简言之，如果我不是基督徒而要成为一名基督徒，这比我已经是基督教徒而要成为基督徒更容易；而且这个决断为婴儿时即受洗的人所保留。

那种没有据为己有的洗礼是什么呢？它是受洗婴儿能够成为一名基督徒的可能性，既不多也不少。与之平行的情况就会是这样：就像人们出生、成长以便成为人一样，因为一个婴儿尚算不得人；同样，人们接受洗礼是为了成为基督教徒。对于没有在婴儿时受洗的成年人来说，他通过洗礼成为基督教徒是有效的，因为他在洗礼当中把信仰据为己有。如果把据为己有这一点从基督教当中移开，那么，路德的长处何在？但是打开他的书，注意"据为己有"在字里行间的强劲脉搏，注意它在整体风格当中令人震颤的前进步伐，在它背后，那场杀死了艾莱克修斯、造就了路德的可怕风暴好像一直存在着。(12)罗马教廷所有的不就是客观性、客观规定性、客观事物、更多的客观事物以及丰富的客观事物吗？罗马教廷缺乏的是什么？——是据为己有，是内心性。"但是，我们那些吹毛求疵的诡辩论者根本没有论及圣事中的信仰，而是勤勉地叽里咕噜地说着圣事所拥有的真正的力量（客观表现），因为他们总是在学习，但却从未企及有关真理的知识。"（《论巴比伦的俘获》，格拉赫版，第 4 卷，第 195 页）。[13] 但是，如果客观性就是真理，沿着这条道路他们肯定可以通达真理。那么，就让这一点成十倍地为真——基督教并非建立在差别之上；就让这一点成为尘世间最幸福的慰藉——基督教能够为所有人所占有，这是基督教神圣的人性。但是，我们要并且应该这样来理解吗？——在两周大的时候接受洗礼的人理所当然就是基督教徒①？身为基督徒不是一件安逸的事，单纯者应该如智慧者那样在其中生存；因此，身为基督徒完全不同于在抽屉里放张受洗证书，当人们要上大学、要举行婚礼的时候出示它；不同于把受洗证书揣在西装口袋里度过人生。但是，作一名基督徒却渐渐变成了这样：人们理所当然就是基督徒了，就责任而言，父母的责任大于当事人本人——他们至少没有忽略为孩子受洗。由此产生了一个奇怪的现象，或许这现象在基督教世界并不罕见——有个人，就他本人而言，他想到他的父母对他的关爱，让他接受了洗礼，由此结了这事。当他本人成为父亲的时候，那种让自己的孩子受洗的关爱准确而及时地惊醒了，于是，成为基督徒的关爱也就从个体自身转移到了监护人的身上。从监护人的角度着想，父亲关爱孩子受洗，或许还考虑到跟警方打交道时会遇到的所有的不愉快，以及孩子如果不受洗可能面临的麻烦。彼岸的永恒以及审判的庄严肃穆（请注意，在那里要决定的是我是否是一名基督徒，而不是我作为监护人是否照管我的孩子受洗）被转变成一个街景或者通行证办公室里的一幕，逝者带着他们的证书跑来——这证书来自教堂司事。[14] 就让这一点成十倍地为真——洗礼是一张通往永恒的神圣的官方通行证。但是，如果轻浮和世俗化把它当成许可证使用，情况还是这样吗？洗礼当然不是教堂司事签发的一张纸——有时还会写错；洗礼当然不仅仅是外在的事实，说某人于 9 月 7 日上午 11 点受洗。在那个时刻，在时间中的生存将对永恒福祉具有决定性意义，这是异教根本不可能想到的悖论；而这一切要在一个人两周大的时候，在 9 月 7 日那天历时 5 分钟就要搞定，这看起来几乎有点太像一个悖论了。这里缺少的只是，人们在摇篮中就跟某某成婚，

---

① 在《哲学片断》中我曾这样表述过这个怀疑：人们尝试着自然化基督教，结果最终，做基督教徒与做人是同一的，人们生而为基督教徒，就像生而为人那样；或者，至少出生和再生以 14 天的间隔被拉在了一起。[15]

## 第四章 《哲学片断》的问题：永恒福祉何以能建立在历史知识之上

登记下某某职业，等等。于是，人们在两周大的时候就可以搞定一生——除非人们日后愿意重新做出决定，对于一桩被安排好的婚姻人们肯定认为值得费时费工，但或许不会针对基督教。看，这个世界曾经是这样的，对于一个人来说，当一切发生断裂之时，他仍有成为基督徒的希望；而现在，却有那么多种方式诱惑我们去忘记——成为一名基督徒。

在这种环境下，在基督教世界（思辨思想的可疑之处是一方面，人们理所当然就是基督徒是另一个方面）获得一个出发点变得越来越困难，如果人们想知道何谓基督教的话。换言之，思辨思想把异教作为基督教的结果清除了出去，而人们通过洗礼理所当然就是基督徒这一点又把基督教转变成为一种受洗的异教。因此，我才转而求助于异教，求助于作为理智的代表的希腊及其最伟大的英雄苏格拉底。在确保了异教之后，我才在其中寻找一个最可能的具有决定意义的区别。至于我所试验的是否就是基督教，这是另外一个问题。不过目前通过试验获知了一点：如果现代基督教的思辨思想在本质上拥有与异教相同的范畴，那么，现代思辨思想就不可能是基督教。

### §2 在有可能调和基督教与思辨思想之前，就何谓基督教保持初步的一致意见的重要性；这种一致意见的缺失对调和有利，尽管它的缺失使调和成为幻象；一致意见的介入阻止了调和的出现

永恒福祉通过与某种历史性的东西相关联而在时间中被决定，这曾是试验的内容，并且是我现在所称之为的基督教的内容。肯定无人否认，《新约》中关于基督教的教导在于说，个体的永恒福祉问题是在时间中被决定的，并且是在与作为某种历史性存在的基督教的关系之中被决定的。为了不因唤醒永劫思想而造成干扰，我将指出，我只谈论肯定的东西，也就是信仰者在时间中通过与某种历史性的东西的关联确定自身的永恒福祉。为了不造成干扰，我也不希望提出更多的基督教概念；所有的基督教概念都源自这一个，能够由之推出，就像这个概念构成了与异教最尖锐的对立一样。我只是重申：基督教是否正确，我不做决定。我在小册子中早已说过，我一直承认，我的《哲学片断》的优点——如果有的话——在于提出了问题。

但是，只要我提到基督教和《新约》，无限的反思就会轻松登场。对

于思辨者来说，没有什么比在《圣经》中找到一两处有利于他的经文更容易的事了。思辨思想甚至没有预先搞清，它将在何种意义上利用《新约》。有时它总结性地指出，《新约》位于观念领域，由此似乎可以得出结论，我们不能由之出发进行争论；有时它大吹大擂，说《圣经》的权威在自己这边，当思辨思想找到了可资引证的经文的时候。[16]

那种初步的一致意见——关于什么是什么，关于在做出解释之前基督教是什么的问题，除非人们不是去解释基督教，而是自己虚构了某种东西并将其解说为基督教；这种初步的一致意见是极其重要的，且具有决定性意义。思辨思想似乎并不关心当事双方在调解委员会碰面（除非调和本身既成为其中的一方，又身为双方要面对的委员会），它毋宁更愿从基督教当中获利。[17] 举个小例子，总会有一两个人对于理解黑格尔不怎么上心，但却对从超越黑格尔当中获取好处十分上心；同样，超越像基督教那样的伟大而意义非凡的东西也是有充分诱惑力的。人们可以与基督教同行，不是为基督教之故，而是为了能够更好地超越。——在另一方面，这里的关键是关于何谓基督教的反思不要变成一种学问式的反思，因为就在那一瞬，正如本书第一部分所揭示的，我们便步入一种永无终结的接近的进程。基督教与思辨思想之间的调和不可能出于其他的原因，因为反思不会终结。

于是，何谓基督教的问题必须提出，但却既非以学问的方式提出，亦非在"基督教是一种哲学理论"这样的前提下以偏袒的方式提出，因为那样的话，思辨思想就不仅仅是当事的一方，而是同时身为当事者和法官。因此，何谓基督教的问题必须面向生存提出，然后它才能得到解答，并且是简短的解答。换言之，尽管博学的神学家倾其一生探究《圣经》和教会教义是正常的；但是，如果一个面向生存探问何谓基督教的生存者倾其一生去反思基督教，这必定就是一个荒谬可笑的矛盾了——因为那样的话，他何时才能在其中生存呢？

因此，何谓基督教的问题不应与关于基督教真理的客观问题相混淆，后者我们在本书的第一部分讨论过。我们当然可以从客观的角度出发探问何谓基督教，如果发问者想以客观的方式向自己提出问题、并且到目前为止对于基督教是否是真理的问题（真理是主体性）仍然悬而未决的话。于是，发问者拒绝了教士们证明基督教真理的忙碌，也拒绝了思辨思想家超越它的前进步伐；他希求平静，既不想要推荐信，也不想要迅速快捷，

## 第四章 《哲学片断》的问题：永恒福祉何以能建立在历史知识之上

他只想知道，基督教是什么。

或者，一个人并不是基督教徒，他能否知道何谓基督教呢？所有的类比似乎都在说，人们是能够有所知的，而且基督教自身必定会把那些仅知何谓基督教的人视为假基督徒。事情再次因人们貌似基督徒而变得混乱起来，而这又是由于人们在婴儿时即接受洗礼。但是，当基督教步入这个世界的时候，或者当基督教被引入一个异教国家的时候，它并没有、也不会排除同时代的成年人并且控制小孩子们。那时的情况是正常的：那时，成为一名基督教徒是困难的，人们并没有忙于理解基督教。如今我们几乎达到了一种戏仿——成为基督教徒算不得什么，但是理解基督教却成为一桩困难而令人忙碌的任务。由此一切都被颠倒了，基督教被转化为一种哲学理论，其困难正在于理解，而不是说基督教在本质上应该与生存相关联，成为基督教徒才是困难之所在①。于是，与理解相比，信仰被降级了；如果成为基督徒是困难的话，那么信仰完全应该是至上的。——让我们以一位异教哲学家为例，有人向他宣讲基督教——当然不是作为一种他应该理解的哲学理论，而是提出了这样一个问题：他是否愿意成为基督徒。为了让他能够有所选择，人们难道没有告诉他何谓基督教吗？

一个人在不是基督徒的情况下能够对何谓基督教有所知，这是应该予以肯定回答的。一个人在不是基督徒的情况下能否对何谓身为基督徒有所知，这是另外一回事，对此应该予以否定的回答。从另一方面看，基督徒必应知道何谓基督教，而且也能够告诉我们何谓基督教——只要他本人成为了基督徒。我认为，对出生两周即成为基督徒的怀疑更强烈的表达是，人们被提示说，在洗礼的帮助下，我们可以从那些尚未成为基督徒的人们当中找到基督徒。向基督教的转换进行得太早了，结果这转换只不过是一种能够发生的可能性而已。换言之，一个真正成为基督徒的人应该拥有一

---

① 就理论而言，理解是至上的，而成为追随者则是一种狡猾的方法，那些并没有达至理解的人借此偷偷地假装自己已经理解了。就生存沟通而言，在其中生存是至上的，而想要理解才是逃避任务的狡猾躲闪。成为黑格尔主义者是令人怀疑的，理解黑格尔才是至上的；成为基督徒是至上的，想要理解基督教则是令人怀疑的。——这一点与我们在前一章中所展开的关于可能性和现实性的内容完全对应。就理论而言，可能性的关系是至上的；就对生存的沟通而言，现实性的关系才是至上的；想要理解对生存的沟通就是要把现实性的关系转变成一种可能性的关系。

段他尚不是基督徒的时光，还应该拥有一段他可以用来获知何谓基督教的时光；那么，相应地，如果他尚未完全丧失对成为基督徒之前的生活的记忆的话，通过比较他以前的生活和他的基督徒生活，他应该能够根据自身的情况道出何谓基督教。一旦这种转换情境与基督教步入世界或者基督教被引入异教国家的情境同时共在，则一切都将清晰起来。于是，成为基督教徒将成为一个人一生中所有决断当中最为可怕的那个，因为赢得信仰的关键在于要经过绝望和冒犯（两个把守成为基督徒之门的塞博鲁斯）。[18] 这个生命中最严峻的考验——永恒是其监察员，一个出生两周的婴儿肯定是通不过的，尽管教堂司事签发了多份受洗证书。但是对于已受洗的人来说，日后肯定会出现这么一个时刻，它在本质上与基督教步入世界时的转换情境相呼应；对于已受洗的人来说，应该有那么一瞬，尽管他已是基督徒，但他仍然发出了何谓基督教的探问——为了成为基督教徒。通过洗礼，基督教给了他一个名义，他是名义上的基督教徒；但是在决断中，他成为了基督教徒，并且把自己的名字给予了基督教（把名字给予某人）。[19] — 让我们以一位异教哲学家为例。他当然不会在出生两周就成为基督徒，当时他并不知道他在做什么（这真的是对最具决定意义的一步的最为奇怪的解释了——这一步迈出了，但当事人并不知道自己在做什么）；他清楚地知道自己做了什么，他下定决心与基督教建立关系，直到奇妙的事情降临——他成为了基督徒（如果我们愿意这样表述的话），或者说他选择成为基督徒。结果，他知道了何谓基督教，但就在他接受基督教的那一刻，他尚不是基督徒。

但是，当所有人忙于用博学的方式去规定、用思辨的方法去理解基督教的时候，人们永远都看不到何谓基督教的问题是这样提出的，即人们发现，发问者是面向生存并且关切生存的人。为什么无人为之呢？唉，自然了，因为我们所有人理所当然都是基督教徒。[20] 通过所有人理所当然都是基督徒这个精彩发明，我们在基督教世界走得太远了，结果我们无法确切地知道何谓基督教；或者由于与对基督教的博学的、思辨的解释相混淆，结果对何谓基督教这个问题的解释变成了一件冗长的事，人们到现在还没有完成，大家仍在期待着新书的问世。在与基督教步入世界的转换情境同时共在的前提下真正成为基督教徒的人，他毫无疑问知道何谓基督教；一个真正要成为基督教徒的人必会感觉到一种需求，一种我不认为哪怕最溺爱的母亲能够在她两周大的婴儿身上找到的

## 第四章 《哲学片断》的问题：永恒福祉何以能建立在历史知识之上

那种需求。不过我们所有人理所当然地都是基督徒。那些博学的基督徒争论着基督教在本质上是什么，但却从未想过另一面——他们本人就是基督徒，仿佛人们有可能肯定地知道自己是什么样的人、但又无法确切地知道那是什么似的。布道辞面向的是基督教的"会众"，但它却几乎一直都是冲着基督教而去的，它建议人们抓住信仰（也就是说，成为基督教徒），诱使人们接受基督教——而那些听讲的人呢，他们是基督教会众，因此也应该是基督教徒。如果有一个昨天才被牧师鼓吹基督教的演讲所俘获的人，他想，"我离成为一名基督徒只差一点了"。如果这听众第二天死了，那么后天，他就会像基督徒那样被安葬——因为他理所当然地是基督徒。

于是乎，一名基督教徒理所当然应该知道何谓基督教，并且是全神贯注地、决定性地有所知，仿佛迈出最具决定意义的一步既是前提又是条件，这一点看似显而易见，但如今却不再能直接地加以理解。我们理所当然地都是基督徒，一名思辨思想家同样也在两周大的时候接受了洗礼。如果现在有位思辨者说：我是基督徒（请注意，这一点意味着此人在两周大的时候接受了洗礼），一名基督徒理所当然应该知道何谓基督教，我认为真正的基督教就是对基督教的调和，我以我本人就是基督徒为此作证。那么我们应该如何做答呢？我们可以这样回答：如果有人说，我是基督徒，因此我当然应该知道何谓基督教，并且不再多说一个字，那么我们只能暂缓讨论了；我们反驳他实在是愚蠢的，因为他什么也没说。但是，如果他开始展开他对基督教的理解，那么，即使一个人不是基督徒，也应该能够知道他所说的是否是基督教，如果一个非基督徒也能对基督教有所了解的话。如果，比方说，他所解释的基督教在本质上与异教相同，那么我们就有权否认那是基督教。

在我们能够讨论调和之前，我们首先必须决定何谓基督教。思辨思想并未卷入其中，它不是这样运作的：即首先提出何谓思辨，然后是何谓基督教，以便考察对立双方能否被调和；在进行调和之前，对立的双方并未查明各自的身份。如果我们问思辨思想，何谓基督教，它会理所当然地回答说：对基督教的思辨性的把握，而并不考虑是否存在着把一个事物与对该事物的把握分开的差别，这一点对于思辨思想本身非常重要，因为假如基督教就是思辨思想对它的把握的话，那么这里根本不存在什么调和，因为这里肯定没有对立面，在具有同一性的事物之间进行调和当然是毫无意义的。于是，或许我们最好问思辨思想何谓思辨。只是人们会看到，思辨就是和解，是调和，——就是基督教。但是，如果基督教与思辨思想具有同一性，对它们进行调和有何意义呢？于是乎，基督教在本质上就是异教，因为思辨思想并未否认，异教当中包含有思辨思想。——我十分乐于承认，思辨思想的陈述在一定程度上是相当连贯的，但这种连贯一致同时也揭示出，在调解之前不存在什么初步的一致意见，这很可能是因为人们无法找到争斗双方能够相遇的第三地。

但是，即使思辨思想认定在基督教和思辨思想之间存在着差异，如果其原因不外乎是想拥有调和所带来的满足感的话，如果它没有确定性地、决定性地描述这个差异的话，那么我们就该问：调和难道不就是思辨的观念吗？于是，当对立面之间进行调和的时候，对立的双方（思辨思想—基督教）在仲裁人面前并不是平等的；但是，基督教是思辨思想内部的一个环节，思辨思想占了上风，因为思辨思想是有优势的，而且对立双方彼此制衡以达到平衡的那个瞬间并未出现。当对立双方进行调和之时，并且是在一种更高的统一性之上进行调和之时，它们或许能够做到势均力敌，因为它们当中没有一个是思辨思想的对立面。[21]但是，当对立面一方是思辨思想本身、另一方是思辨思想的对立面的时候，然后进行调和，而且调和就是思辨观念；那么，谈论与思辨思想的对立就是一个虚幻的举动，因为和解的力量就是思辨思想本身（也就是说，是它的观念，即调和）。在思辨思想的内部，要求为思辨思想指派相对的位置并且在对立面之间进行调和是可能的，也就是说，对立面之间拥有共同点——它们各个都是思辨的努力。举个例子，如果思辨思想在爱利亚学派和赫拉克利特理论之间进行调和，这是完全恰当的；因为爱利亚学派不是思辨思想的对立面，它自身就是思辨性的，赫拉克利特的理论亦然。[22]一般而言，如果对立是与思辨思想的对立的话，情况就不同了。如果调和在此发生的话（调和的确是思辨的观念），这就意味着，思辨思想将在自身和自身的对立面之间进行评判，结果它自己既是当事者，又是法官。或者这意味着，思辨思想事先就认定，对于思辨活动而言根本没有对立面，因此，所有对立面皆因其位于思辨思想的内部而只是相对的。可是，这正是初步的一致意见要加以处理的。或许思辨思想害怕清楚地道出何谓基督教的原因在于，或许它十万火急地让调和运作起来并且推荐它的原因在于，思辨思想唯恐最坏的事情发生，如果何谓

## 第四章 《哲学片断》的问题：永恒福祉何以能建立在历史知识之上

基督教这一点变得清晰起来的话。就像在一个国家里，内阁通过政变大权在握，国王被放逐，但内阁仍以国王的名义行事；思辨思想调和基督教的举动也是如此。

不过，基督教应该成为思辨思想内部的一个环节，这个说法的可疑之处很可能会促使思辨思想做出一点让步。思辨思想认定了"基督教的"这样的标题，想要通过加上这个形容词的办法来认可基督教，就像有时两个贵族家庭通婚会产生出一个带有双方姓氏的混合姓氏一样，或者像商行合并成一个带有双方名字的公司一样。如果情况真如人们轻易认定的那样，成为基督教徒算不得什么；那么，基督教应该高兴起来才是，它成了这么好的一个对手，获得的荣誉和价值几乎跟思辨思想的相等。反之，如果成为基督徒是所有任务当中最为困难的一个，那么，令人尊敬的思辨者看起来反而有利可图了，因为他是通过公司合并才赢得作基督教徒这一点的。但是，成为基督教徒真的是所有任务当中最困难的，因为尽管任务相同，它却因个体各自的能力不同而有所变化。就涉及差异的任务而言，情况并非如此。比如说在理解方面，聪明的头脑比迟钝的头脑就是有优势，但在信仰问题上却并非如此。换言之，当信仰要求人们放弃自己的理智之时，信仰对于聪明人和迟钝者同等困难，甚至对前者可能更困难。这里，我们再次看到把基督教转变成理论的可疑之处，理论的关键在于理解，成为基督徒由此可归因于差异。这里所缺失的是什么呢？——是那种初步的一致意见，在新公司成立之前，合并双方各自的地位要确定下来。——但是再进一步。基督教式的思辨活动是在基督教内部进行的。只是这种思辨活动不同于理性的工具性运用，不同于那种具有内在连贯性的思辨活动，因为它只是在基督教内部的思辨活动，它假定，在哲学上为真的在神学上则不然。(23)这样理解的话，在这个前提之下进行思辨活动就是正常的，即那种基督教式的思辨活动就是由"基督教的"这个限制词所暗示的。但是，如果这种始于某个前提的思辨活动如同思辨那样不停地进行，最后对前提展开思辨，也就是说，取消了前提，结果如何呢？好吧，其结果就是，那个前提是伪装。有一则关于莫尔人的故事，说他们看到一棵树弯曲着伸向水面，就认为这棵树想喝水了，于是他们决定帮助这棵树。(24)为了这个目的，第一个莫尔人抓住树，第二个人抓住前面的人的腿，以此他们形成了一个链条，大家的共同心愿是帮助这棵树———一切都在这样一个前提之下，即第一个人得抓牢了。因为第一个人就是前提。但是发生了什么呢？突然之间，这人松手了，为的是往手掌里吐些唾沫，以便能够抓得更牢。然后呢？当然了，这些莫尔人全掉进了水里，为什么呢？因为前提被放弃了。在前提之下进行思辨，结果最终对前提展开思辨，这完全是一个绝技，如同在假设性的"如果"之下，对某种显而易见的东西的思考会获得一种把假设转变成现实的力量，而且这干劲就来自假设的内部。——究竟在何种前提之下才有可能说所谓的基督教式的思辨呢？我们只能说，基督教恰是思辨的对立面，基督教是奇迹，是荒谬，它要求个体在其中生存，而不是浪费时间以思辨的方式去理解。如果要在此前提之下展开思辨，那么，思辨毋宁就会将其任务落在以思辨的方式理解基督教之不可能性之上，如前所述，这任务是单纯的智者的任务。

不过，或许一位思辨思想家会说："如果基督教恰好是思辨思想的对立面，绝对的对立面，那么我根本不可能对之进行思辨；因为所有的思辨都在于调和，而且只有相对的对立。"我会这样回答："或许如此吧。但是，你干嘛要这样讲话呢？你是为了吓唬我，让我害怕思辨及其在舆论中享有的显赫声名呢，还是为了争取我，让我视思辨活动为至善呢？"这里探问的不是基督教是否正确，而是何谓基督教。思辨思想忽略了那个初步的一致意见，因此它成功地进行了调和。在它进行调和之前，它已经调和过了，也就是说，已经把基督教转变成一种哲学理论。反之，一旦那种一致意见把基督教树立为思辨思想的对立面，那么正因为如此，调和就是不可能的，因为所有的调和都发生在思辨的内部。如果基督教是思辨思想的对立面，则它也是调和的对立面，因为调和是思辨的观念——那么，调和它的意义何在？调和的对立面是什么？是绝对的悖谬。

就让一个并不自我宣称为基督徒的人去探问何谓基督教吧。于是事情变得极其自然，人们避免了那种既可悲又可笑的混淆，即张三李四理所当然地都是基督徒，他们忙于以思辨的方式解释基督教从而制造新的混乱，而那几乎是在侮辱基督教。换言之，假如基督教是一种哲学理论，人们出于对它的尊重就会说，它很难加以把握（以思辨的方式）。但是，假如基督教自己认定，成为基督教徒和身为基督教徒才是困难的，那么理解它就

## 第四章 《哲学片断》的问题：永恒福祉何以能建立在历史知识之上

不应该是困难的，这个理解是说，人们能够以困难为开端——成为基督教并且做基督教徒。

基督教不是什么理论①，而是在表达一种生存矛盾，而且是一种生存沟通。假如基督教是一种理论，正因为如此，它便不能构成与思辨思想的对立，而只会成为其中的一个环节。基督教事关生存，事关活着，但是生存和活着恰恰与思辨思想相对立。举个例子，爱利亚派的理论与活着无关，但与思辨有关，因此它在思辨思想之内占有一席之地。正因为基督教不是理论，因此如前所述，就基督教而言，在知道何谓基督教与身为基督徒之间存在着巨大差别就成了关键。就一种理论而言，这种差别是不可思议的，因为理论与生存无关。我们这个时代颠倒了这种情况，它把基督教转变成一种要加以把握的哲学理论，而做基督徒则成为无意义之举，对此我无能为力。进一步来说，若说基督教不是什么理论意味着基督教是无内容的，这只不过是在耍花招。当信仰者在信仰之中生存的时候，他的生存已经拥有了丰富的内容，只是不是在段落生产的意义上罢了。

我努力以下述问题来表达基督教中的生存矛盾：永恒福祉在时间之中通过与某种历史性的东西的关联而被决定。如果我说基督教是一种关于道成肉身、关于和解等等的理论，那么误解立刻就变得容易了。思辨思想占据了这个理论，指出了异教和犹太教等等的不完美观念。基督教变成了一个环节，一个或许至上的环节，但本质上仍是思辨思想。

---

① 但愿某位脑子反应快的人不要立刻向读者群体解释，说我这本书有多愚蠢，人们完全能从中看到，我所传播的是"基督教不是某种理论"之类的东西。让我们彼此理解。一种要加以把握和以思辨的方式加以理解的哲学理论是一回事，而一种要在生存中实现的理论则是另一回事。如果就后一种理论而言理解是可能的话，那么这种理解就应该是这样：理解就是要在其中生存，就是理解在其中生存有多么困难，这是该理论交给学生的一项艰巨的生存任务。对于这样一种理论（一种生存沟通）而言，如果在一个特定时间之下人们普遍认为，按这理论的要求去做非常轻松，但以思辨的方式去理解它却十分困难；那么，人们就能与这种理论（生存沟通）和谐相处，如果他们努力去揭示，在生存中实现这种理论有多么困难。反之，想对这种理论进行思辨则是误解。基督教就是这样一种理论。欲对之进行思辨是一种误解，沿着这条道路走得越远，人们就越应对深刻的误解负责。当人们最终企及了一个节点，在此人们不仅想要进行思辨，而且还以思辨的方式理解了基督教，这时的误解达到了极致。这个点通过调和基督教和思辨思想而企及，因此，现代思辨思想就是对基督教的最大误解。如果这是实情，再进一步，如果19世纪是那么可怕地具有思辨性，我们会害怕"理论"这个词立刻被解说成一种将要和应该加以把握的哲学理论。为了避免这种错误，我选择称基督教为一种生存沟通，以便确切描述出它与思辨思想的差别。

### §3 《哲学片断》的问题作为导论性问题，不是针对基督教，而是针对成为基督教徒

我既未在《哲学片断》中解释问题，现在也没有要去解释，而只是提出了问题。[25] 既然如此，我的程序就是不断地企及之，引导之，但是请注意，这种导论具有独特的性质，因为从导论出发不存在向成为基督教徒的直接过渡，相反，那是一个质的跳跃。[26] 因此，这样一种导论（这恰恰因为，就做出质的跳跃的决断而论，通常意义上的导论是一个矛盾）就是推开，它使得进入它所引导的东西非但不轻松，反而是困难的。就身为基督教徒是至善之举而言，尽管帮助人们轻松地成为基督教徒是美好、且有着良好的意图，但是我却要根据自己贫乏的能力承担起这样的责任——我要让成为基督教徒变得困难起来，尽可能地困难，但却并不比它本身之所是更为困难，这个责任我自己承担。这一点人们肯定可以在试验中完成。我是这样想的：如果这是至善，那么我最好确切地知道我并未拥有之，我可以全力渴求之，而非在幻觉之中想象自己拥有之，结果我甚全都不考虑对它的渴求。如果这样理解的话，我并不否认，婴儿洗礼不仅跟正统教义一样站得住脚，跟父母的虔诚心一样应受赞美，父母们无法忍受至福与自己的孩子分离；而且它在一种人们或许尚未意识到的意义上是为了某种善举——因为它使得成为基督教徒变得更加困难。我已经在别处指出过这一点，这里我只想做点补充。我通过外在的决断成为了一名基督教徒，这是被期待的，这个事实使得决断——如果做出了的话——成为纯粹内在的，因此，其内心性也就比单纯外在决断的内心性更强烈。外在表现越少，内心性则越强烈。深刻而奇妙的是，一个人所做出的最具激情的决断——他曾是基督教徒、但却成为了基督教徒——根本不会令人对其外表有丝毫察觉。于是，假如一个婴儿时即受洗成为基督教徒的人真正成为了基督教徒，而且怀着与一个改宗为基督教徒的人同等强烈的内心性；那么，他在转换过程中表现出的内心性就是最强烈的，因为没有丝毫外在表现。但是从另一方面说，外在性的缺失肯定是一种诱惑，而且对于很多人而言很容易成为一种暂缓做出决断的诱惑，我们清楚地看到，有些人或许会被受洗意味着成为基督教徒更困难这一点吓一跳。但是事情就是这样，所有的类比都在强化这个命题的正确性：外在表现越少，内心性越强烈——假如它真存在的话。但是，另一种情况是，外在表现越少，则内心性

## 第四章 《哲学片断》的问题：永恒福祉何以能建立在历史知识之上

完全缺失的可能性也就越大。外在性是唤醒沉睡者的巡夜人，外在性是呼唤孩子的关怀备至的母亲，外在性是让士兵起床的点名，外在性是帮助一个人尽最大努力的集结号；外在性的缺失可以意味着内心性以向内的方式呼唤着一个人，但是，遗憾的是，它也能意味着内心性的缺失。

但是，我所称之为的成为基督教徒的导论不仅完全不同于一般意义上的导论，而且也完全不同于那种建立在"基督教是一种理论"的观点之上的基督教导论。那种导论不会引导人们成为基督教徒，至多会借助一种世界史观点看出基督教相对于异教、犹太教等等的优越性。[27]

因此，我承揽的引导就在于以推开的方式使成为基督教徒变得困难，它没有把基督教理解成理论，而是理解成生存矛盾和生存沟通。因此，这种引导以心理学的而非世界史的方式唤醒人们，要有多少人生经历、经历多少困难，人们才能真正意识到做出决断的困难。如我多次所说、但却重申不够的——既为我自己，因为此事关乎我的内心性，亦为他人，因为我不是制造混乱；我要在这里重申：这种引导不会使单纯的人更难成为基督教徒。我当然认为，成为基督教徒同样要求单纯者付出巨大的努力，而且使这一切变得轻松并不是在帮助他；在本质上，每一个生存任务平等地隶属于每一个人，因而其难度与个体的能力相匹配。例如，自我控制对于智者和单纯者同等困难，或许对于前者更难，因为他的精明能干会帮他想出很多狡猾的逃避方法。理解"一个人一无所能"（对人神关系的最美好而深刻的表达）对于一个才干出众的国王和一个贫穷可怜的人来说同等困难，对于前者或许更难，因为他极易受到诱惑认为自己能干好多事。在成为基督教徒和身为基督教徒的问题上也是如此。当文化教养和诸如此类的东西使得成为一名基督徒变得非常容易之时，个体根据其贫乏的才能努力使之变得困难就是完全正常的，只是不会比其所应是的更为困难。——但是，文化教养和知识越多，成为一名基督教徒就越困难。

如果我们把《大希庇阿斯》看成美的导论的话，那么我们就有了跟我所论及的那类导论相类比的东西了。也就是说，在多次尝试解释何谓美之后——所有这些尝试都被摧毁了，对话以苏格拉底的话结束。他说自己从对话中得到的益处就是，他已经知道，美是难的。[28]苏格拉底的这种程序是否正确——因为美是一个理念，它与生存无关，对此我不做决断。但是，在基督教世界，当人们看似动用了多种方式已经使、并且还要使人们忘记何谓基督教的时候，我认为最好是考虑一种恰当的导论（而不说它从来都是成为基督教徒的唯一正确的导论),它与一般意义上的导论不同,后者好比旅店打发到港口海关直接迎接游客并向其推荐旅店的临时侍者;而前者以使成为基督教徒变得困难而结束,尽管它同时也努力揭示出了何谓基督教。看吧,旅店需要游客;对于基督教,如果人们把握了是他们需要基督教就更恰当了。知道何谓基督教(最为轻松)与身为基督教徒(最为困难)之间的差别与美、以及关于美的理论无关。如果《大希庇阿斯》揭示出了何谓美,而使之变得困难起来的东西却丝毫没有留存下来,那篇对话与我们的事业的双重性就毫无对应之处——它既揭示出了何谓基督教,又使成为基督教徒变得困难。但是,如果成为基督教徒是困难的,是绝对的决断;那么,唯一可能的导论就是推开式的导论,它通过推开才唤醒人们意识到,这是绝对的决断。因此就决断而言,哪怕最长的导论也不会使人们靠近决断一步,因为果若如此,这决断也就不是绝对的决断,不是质的跳跃,人们没有得到帮助,反而受到了蒙蔽。这导论最多也不会向它所引导的东西靠近一步,而这一点反过来又表示,这导论只能是推开式的。哲学将直接导向基督教,历史的和修辞的导论亦然,而且它们成功了——因为它们导向的是一种理论,而不是成为一名基督教徒。

## 第二部分　问题本身

**个体的永恒福祉通过与某种历史性的东西相关联而在时间中被决定,这种历史性的构成包括了根据其本质不能成为历史、结果必须依靠荒谬才能成为历史的东西**

这问题是情致性的—辩证性的。情致位于前者,因为在与永恒福祉的情致关系当中,一个人的激情达至了顶峰。辩证性位于后者,而难点正在于问题是组合而成的。爱是直接的情致,与永恒福祉的关系是在反思领域中的直接的情致。这个问题的辩证性在于,个体注定要通过情致与之建立关系的永恒福祉本身,通过额外的规定性而成为辩证性的,而这种额外的规定性反过来又作为一种把激情推向极点的刺激而运作。当人们要在生存中表达或者已经表达出了他要放弃并且已经放弃了一切以便与绝对目的建立关系的时候,现有的条件就会获得一种极尽可能地拉抻激情的绝对影响

## 第四章 《哲学片断》的问题：永恒福祉何以能建立在历史知识之上

力。甚至是在与相对情致的关联之中，辩证性也如火上浇油，它扩大了内心性的范围，并且使激情猛烈地燃烧。但是，既然人们已经忘记了何谓更严格意义上的生存，既然人们通常把激情归诸幻想和情感，并且允许辩证性去终止之，而非在生存的同时性之中使二者统一；那么，在我们这个哲学的 19 世纪中，激情受到了贬抑，辩证性变得了无激情，正如对矛盾的思考变得非常容易和流利——因为激情恰恰是矛盾中的张力，当它被移开之时，矛盾就变成了一个玩笑，一种风趣言辞。[29] 相反，一个生存的问题是情致性的—辩证性的，这里提出的问题要求以生存的内心性去把握情致，以思想的激情去把握辩证困难，还要求强烈的激情——因为我们要在其中生存。

为了使问题明晰，我将首先处理情致，然后才是辩证性，但是我请求读者始终铭记，这里的困难最终在于把二者结合起来，即：在绝对激情之下通过其生存以情致表达出自己与永恒福祉的情致关系的生存者，现在必须与辩证的决断建立关系。他与永恒福祉的关系处于情致的张力之下，在这个问题上他必须像苏格拉底那样害怕犯错误。于是他的努力就是尽最大可能的努力，由于欺骗很容易且更甚，因为人们看不到任何外在表现。就爱情而言，个体要与其他人打交道，能够听到对方的"是"或"否"；每一桩激情的事业中，个体都会有某种外在表现；但就永恒福祉而言，个体只在内心性之中与自身打交道。他从母语中免费获得语词，很快就能学会东背诵一点、西背诵一点。外在地看，永恒福祉的观念对人毫无益处，因为只有当人们首先学会蔑视外部世界、并且忘记世俗心态对于"何谓有益"的理解之时，这个观念才会出现。外在地看，这个观念在一个人身上的缺失不会损害他，没有这个观念他照样可以成为"丈夫、父亲和打鸟冠军"；而倘若他所追求的就是这类东西，这个观念只会干扰他。事关永恒福祉的本质性的生存激情非常昂贵，结果在有限的意义上，人们直接会把这项购买视为是疯狂，正如人们常常用不同的方式所说的那样："永恒福祉是在思辨的 19 世纪没有任何价值的证券，牧师们充其量可以用这样一张勾销了的证券欺骗农夫。"欺骗太容易了，结果有限意义上的常识立刻就会为没有冒险踏上那条险途而骄傲。因此，意欲消除人们对其永恒福祉的疑虑是愚蠢的，除非此人的生活像使徒那样具有辩证性，因为个体只能与自身打交道，一个人能为其他人做的至多是令其感到不安。

## A. 情致

**§1 对生存情致的初始表达,在生存的转化过程中通过行动表现出的面向绝对目的的绝对方向(方面)——感性情致——调和的虚幻性——中世纪修道院运动——同时与绝对目的建立绝对的关系,与相对目的建立相对的关系**

就作为至善的永恒福祉而言,情致并非意味着言辞,而是意味着,这个观念将使生存者改变其整个生存。感性情致通过言辞表达,它真实描述的是,个体为沉浸于理念之中而放弃自身;相反,生存情致产生于理念对个体生存的改变。如果绝对目的没有绝对地改变个体的生存——通过与之建立关系的方式;那么,个体与绝对目的的关系就不是生存情致性的,而是感性情致性的。举例来说,个体拥有一个正确的观念,但是请注意,个体是在自身之外与正确的观念建立起一种可能的理想关系,而非在自身之内、在生存中与正确的观念建立现实的理想关系,个体自身没有转变成为观念的现实性。

对于生存者而言,本质上永恒福祉与生存、与现实的理想性建立关系,因此,情致必须与之相呼应。从审美的角度解读堕入爱河这件事,其关键就是,诗人对相爱这件事的把握高于现实性所提供的一切。诗人能够拥有一种理想性,与之相比,现实性只是一种虚弱的反射;对于诗人来说,现实性仅仅是一个促使他放弃现实性的契机,以便追寻可能的理想性。因此,诗性情致本质上就是幻想。反之,如果我们以伦理的方式与现实性建立一种诗化关系,那就是一场误会,一次倒退。同通常的情况一样,这里的关键是让那些具体的阶段彼此分立,我们尊重质的辩证法,那个改变一切的决定性的一拽,以使在其他阶段中最高的东西在这个阶段中被绝对地摒弃。以宗教为例,因为这里的实情是,它已经穿越了伦理阶段。于是宗教诗人陷入了尴尬境地。这也就是说,一位这样的诗人想在幻想的帮助之下与宗教建立关系,但是正因为如此,他其实是在以感性的方式与某种感性事物建立关系。歌颂一位信仰的英雄与歌颂一位战斗英雄是完全相同的审美任务。换言之,如果宗教是真正的宗教的话,如果它穿越了伦理并且将之包含在自身之内;那么不要忘记,在宗教的层面上,情致

## 第四章 《哲学片断》的问题：永恒福祉何以能建立在历史知识之上

不是去歌颂、赞美、谱写歌曲，而是去亲身生存。因此诗人的产出——如果它并未完全缺失，或者如果它像从前那样丰富，就会被诗人本人视为偶然，而这一点显示出诗人是用宗教的方式理解自身的，因为从感性的角度出发，诗人的产出才是重要的，而诗人则是偶然的。

于是乎，诗人的天性通过环境、教养以及诸如此类的东西获得了一个从戏院向教堂发展的方向，这一点可以引起巨大的混乱。人们因诗人身上的审美性而神魂颠倒，他们相信，诗人是一个宗教人士，唉，一个突出的宗教人士（这种"突出的个体"的说法本身就是感性的剩余者，因为从宗教的角度出发，除了使徒的悖谬性的—辩证性的权威之外，突出是根本不存在的；并且从宗教的角度出发，根据那个将各个阶段区分开来的质的辩证法，突出恰恰是倒退），尽管他或许根本不是什么宗教人士。他的情致是诗人的情致，可能性的情致，现实性是契机。就算他拥有世界史性的情致，那也是可能性的情致——从伦理的角度出发观之，就是不成熟的情致，因为伦理意义上的成熟就是把自身的伦理现实性视为无限地重要，比对整个世界史的把握更重要①。

与永恒福祉相呼应的充分的情致就是那种生存者在生存进程中把自己的生存转变为与那个至善②相关联的改造。就可能性而言，言辞是至上的

---

① 尽管我们在世上常常会看到专横的宗教人士，此人极端确信自己与神的关系，轻松愉快地锁定了自己的得救，自以为是地忙于怀疑他人的得救并且要提供帮助；但是我认为，下面将会是一个真正的宗教人士所说的话。他说：我并不怀疑其他人的得救，我唯一害怕的是我自己。尽管我看到有人沉沦，但我永远都不敢怀疑他的得救；但如果是我本人，则我肯定要被强迫着忍受这个可怕的想法。一个真正的宗教人士对他人从来都是宽大的，在构思谅解的理由方面是具有创造性的；只有在对待自身之时，他才会像大法官那样冷酷而严厉。(30)对待他人时，他就像一位善良的老者通常对待年轻人时那样；只有在对待自身的时候，他才是年迈的、不可妥协的。

② 个体自身在小事上（也）是这样行事的，如果他规划了自己的人生的话。他要为生存劳作，还是在这方面受特别优待；他是否愿意结婚，凡此等等，这些都会在选择和担当的瞬间改变他的生存。因为这个自我是可以改变的，他会突然坠入爱河，突然变穷等等，但是这些无法绝对地改造他的生存，除非是以非理性的方式。奇怪的是，那种东拉西扯的生活智慧在生活中并不罕见，这样的生存者也绝非罕见：他在生存中表现出了与某个相对目的的关系，他将自己的人生置于其上，排斥会在此方面阻挠他的东西，盼望在此方面将赢得的东西。相反，在生存中表现出自己与绝对之善的关系的生存者或许极为罕见，这个生存者会真诚地说：我就是这样生存的，我以顺从的方式改造我的生存，结果如果我只希冀这种人生的话，那么我就比众人更可怜，也就是说，我是可怕的受骗者，我因没有去行动而为我自己所欺骗。(31)——如果赢利突然终止了，银行家会惊慌失措；如果政府封锁港口，海员们会害怕。但是，假设，我假设，如果永恒福祉缺失，会有多少祈盼中的大人先生们（我们所有人理所当然都在祈盼永恒福祉）因此陷入困境呢?(32)

329

情致；就现实性而言，行动是至上的情致。举个例子，诗人不会让自身受自己诗作的影响，这在审美的层面上完全正常，或者说完全无关紧要，因为在审美的意义上，诗人的产出和可能性是至上的。但是在伦理的意义上，具有无限意义的东西正好相反，因为从伦理的角度出发，诗作是无限地无关紧要的东西，而诗人自己的生存才具有无限的重要性。因此，在审美的意义上，诗人至上的情致就是毁灭自身，道德败坏——如果有必要的话，为的是创作出一流的诗作。我用一个强烈的字眼来提醒大家注意审美层面上的正常现象——与魔鬼立约，但却创造出了杰作，这个实践可能比我们认为的更为频繁。在伦理的意义上，一言不发地拒绝那种光彩夺目的诗人的生存或许才是至上的情致。如果一个所谓的宗教人士怀着全部的幻想的魔力屈尊去描绘永恒福祉的图景，这意味着他是一个从审美领域逃走的诗人，他想获得宗教领域的公民权，但却从未理解它的话语。伦理的情致是行动。于是乎，比方说，如果有人说，他为了自身的永福忍受饥饿寒冷，被监禁，在海上遇险，遭人鄙视，被迫害，被鞭笞，等等，这些简单的话语就是对伦理情致的见证，因为它们恰恰指出了他在行动中遭受的苦难。[33]只要伦理到场，所有的关注点都将返诸个体自身和行动。因此，婚姻的情致是行动，而恋爱的情致是诗。

在伦理意义上，关切（其表现方式为：我在与关切对象的关系中以行动改造了我的全部生存）是至上的情致；在审美意义上，无利害性是至上的情致。当个体为了获得某种伟大的东西而抛弃自身之时，他是受感性所激发；当他为拯救自身而放弃一切之时，他是为伦理所激发。

我在这里所写的会被视为是 ABC，不是在思辨的意义上，而是在单纯的意义上。任何一个小孩子都知道这一点，尽管他们没有完全相同的经历；每个人都明白这一点，尽管并不带有完全相同的确定性；所有人都能够理解这一点，因为伦理一直都是容易理解的，或许这是为了不在理解方面浪费时间，而是要人们立刻开始行动。不过相应地，实现伦理是极其困难的——对于精明和单纯的人来说同样困难，因为困难不在于理解，否则，精明之辈就会拥有巨大的优势。

生存是由无限性与有限性组合而成，生存者既是无限的，又是有限的。倘若永恒福祉对于一个人就是至善，这将意味着，有限性的诸环节在他的行动中将一劳永逸地被缩减为必须为永恒福祉而放弃的东西。永恒福祉以情致性的方式与本质上的生存者建立关系，而不与演说家建立关系，

第四章 《哲学片断》的问题：永恒福祉何以能建立在历史知识之上

后者客气地把永恒福祉跟他所乞求的其他好东西一起纳入清单。人们通常厌恶否认这样一种善的存在，于是便将其收纳进来，但是，恰恰是这个收纳举动显示出，人们并未掌握它。听到这样一个清单时我不知道是该笑还是该哭：一份好差事，一位美丽的妻子，健康，官阶——然后是永福，就好像有人认为天国混迹于尘世的其他王国当中似的，人们可以从地理书上查找相关信息。很奇怪，一个人恰恰通过谈论某件事而显现出他没有在谈论那件事；因为人们会认为，只有停止谈论那件事才能将之揭示出来。果若如此，关于永恒福祉的确已经说了很多了；而如果人们这样谈论的话，那么关于永福就什么也没说出来，或者，更确切地说，人们根本就没有说到它。从感性的角度出发，人们很可以去祈愿财富、运气、美女，简言之，所有感性的—辩证的东西。但是，人们还要额外地祈愿永福，这就是双重的胡说八道了，一方面是因为人们是额外做的，由此，永恒福祉被转化为挂在圣诞树上的礼物；另一方面是因为人们要去祈愿，因为在本质上，永恒福祉与本质性的生存相关联，而非在感性的—辩证的层面上与富于想象的祈愿者相关联。(34) 与此同时，永恒福祉常常不得不满足于混迹糖果甜食之间，而某君至少将其纳入清单这一点则被视为是他身上极好之处，人们差不多是将其视为在此方面所能做的极限了。(35) 然后，人们继续向前。尽管对于其他的好东西来说人们并不认为，只要祈愿这些东西就会到手；但是，只要祈愿永福，它就会到来。换言之，有经验的人都知道，命运的礼物在分配时是存在着差异的（因为差异正是命运的辩证法），但是永恒福祉（请注意，它也被转化成一种命运的礼物）却会平等地分配给所有祈愿的先生们。这是双重的困惑：首先，永恒福祉变成了这样一种好东西（被视为是一种非同寻常的报酬丰厚的差事和诸如此类的东西）；其次，它是平等分配的，对于命运的礼物来说这就是矛盾。也就是说，人们把感性和伦理搅和成一种舒适的胡言乱语：人们从感性当中提取了属性范畴，从伦理当中提取了平等分配。

不过，祈愿的先生们当中的一位，"一个严肃的人"，他真心愿意为他的永福做点什么，他或许会说："人们不能确切地、简洁地、清晰地获知何谓永恒福祉吗？你就不能'在我修面的时候'为我描述一番吗，就像人们描述一位女子的可爱或者皇室的紫色或者遥远的地域那样？"(36) 还好，我做不到；还好，我不具备诗人的品性，也不是一个好心肠的牧师，因为那样的话我就会开始，或许还会成功呢——那样我就又把永恒福祉置

## 最后的、非科学性的附言

于感性规定性之下，结果情致的极致变成生花妙笔，尽管这是一个令人绝望的感性的任务——以感性的方式理解像永福这样的抽象的东西。在感性层面上，我作为观众被舞台布景和剧场月光迷住，在度过了一个极其愉快的夜晚之后回到家中，这是恰如其分的。但是伦理的关键在于，除了我自身的变化之外，不存在任何其他变化。在伦理层面上连贯一致的是，本质上的生存者的至上情致是与感性意义上最为贫乏的观念相呼应的，那就是永恒福祉。有人正确（在感性意义上理解）而风趣地说过，天使是所有存在物当中最乏味的，永恒是所有日子当中最漫长而无聊的，因为一个星期天就已经够无聊的了，永恒福祉则是永远不变的单调乏味，甚至不幸都会得到偏爱。[37] 不过，在伦理层面上正常的是，生存者不应受诱惑把时间浪费在表现和描绘之上，而应被驱策着去行动。

于是，如果一个生存者与永恒福祉建立情致性的关系，他的生存就是这种关系的表现。一旦人们知道一个个体是如何生存的，那么他也就会知道，他应该如何与永恒福祉建立关系，也就是说，他是否与永恒福祉建立了关系，没有第三条道路，因为绝对目的是不能被纳入的。[38] 但是，这一点除了个体自己心知肚明外无人知晓，因此，任何人无须听他人的演说，无须阅读他人的著作，或者到牧师那里，到剧场，或者到牧师演出的剧场——为了去看那彼岸的戏剧化的月光，听那流经永恒的草地的小溪的低语。他只须重视自己的生存，然后他就会知道。如果永恒福祉没有绝对地为他改变他的生存，他就没有与永恒福祉建立关系；如果有某些东西他因故不愿放弃，他就没有与永恒福祉建立关系。甚至相对的目的也能部分地改变一个人的生存。但是，当我们不幸在这个思辨的 19 世纪把生存转变成一种关于一切可能事物的思想的时候，甚至面向相对目的的充满活力的生存也极为罕见了。精力充沛地聚财的意愿都会改变一个人的人生，更别提绝对目的了，那是最高意义上的意愿。换言之，所有相对的意愿是以为了他物而意愿某种东西为标志，而至上的目的却必须是因这目的自身之故。这个至上的目的并不是某种东西，因为果若如此，它就会以相对的方式与他物相对应，因而就是有限的。但是，绝对地意愿某种有限之物是一个矛盾，因为有限之物必定有某个目标，结果肯定会出现人们不能去意愿那个目标的时间。绝对地意愿就是意愿无限之物，对永恒福祉的意愿就是绝对地意愿，因为永恒福祉必须在每个瞬间被意愿。这也就是为什么永恒福祉在抽象的和感性的意义上是最为贫乏的观念的原因，因为永恒福祉是意愿者要绝对地努力追求的绝对目的，而非轻率地想象已经完成了，不是愚蠢地任由自己讨价还价，那样他只会丧失绝对目的。这也就是为什么永恒福祉在有限的意义上是愚蠢的原因，恰恰因为它在无限的意义上是绝对目的。这也就是为什么意愿者甚至对这个目的一无所知，除了说它存在着之外，因为一旦他对之有所知，他就开始减速了。

但是，情致存在于生存者在生存中对它的表达；情致不在于对永恒福祉的见证，而在于改变自身的生存，使之成为对永恒福祉的见证。诗性的情致是一种有差异的情致，而生存的情致则是穷人的激情，是为每个人而在的激情，因为每个人自己就能行动，有时我们能够在女仆身上发现诗人在生存中徒劳寻找的情致。个体自己就能很容易地检查，他是怎样与永恒福祉建立关系的，或者他是否与永恒福祉建立了关系。他所需的只是让顺从以其全部欲望和诸如此类的东西拷问他的直接性生存。假如他找到了一个固定点，一个坚硬点，则他并没有与永恒福祉建立关系。没有比这更容易的了——也就是说，如果这样做是困难的，这恰恰因为直接性不愿让自己受到拷问；但是这一点自然地已经成为个体尚未与永恒福祉建立关系的充足证据。换言之，当顺从拜访直接性生存的时候，这表明个体不应该在直接性之中生活，而且顺从还表明能够在生活中发生的事。但是，如果个体在此退缩了，不管他现在幸福得都不敢知晓还有其他不同的东西，还是尽管他把自己想象成最不幸的人，他仍然感觉自己还会更不幸；不管他是精明的且算计着概率，还是虚弱的且指望着他人——简言之，如果个体在此退缩了，他就没有与永恒福祉建立关系。——相反，如果拷问性的顺从没有发现任何犹豫之处，这就表明，在拷问的瞬间个体与永恒福祉建立了关系。

不过有一人，他守着妻儿和一份美差，舒适地待在室内，他在司法部任职，"一个严肃的人"，他当然愿意为自己的永恒福祉做些事情，只要他的职责和妻儿允许的话。他有热情，丝毫不怕在永恒福祉方面花上十个金币。他或许会说："好吧，来审查吧，但是，当它尽可能快地结束之后，我们就该进行调和了，不是吗？我不得不说，调和是一项显赫的发明，它就像是出自我的内心，它不折不扣地隶属于19世纪，因此也隶属于我，我也是隶属于19世纪的呢。我十分崇拜那个伟大的发明者，而且每个人都应该崇拜他——每一个拥有世界史眼光的人，他们掌握了先前那些立场的相对的合法性以及它们走向调和的必然性。"没错儿，处在调和位置上的人，以此方式他甚至被司法部官员所认可，甚至被一位对世界史进行考察的司法部官员、也就是一位非同寻常的司法部官员所认可，的确如此。噢，不，我忘了我们身处的时代了，这个神学中心论的19世纪，我们是从上帝的立场出发考察世界历史的。不过，让我们忘记司法部官员和世界史、以及二者可能进行的交易吧。当政府高官或者国王本人亲自巡查国家财政状况的时候，不忠诚的官员有时会成功地让财务状况在检查日那天正常化。他想：只要我能通过这一天，一切都会恢复原样。但是，顺从并不是一位检查别人钱箱的国王，它掌握的是个体对自身的认识。顺从也不是旅行者；他自由地与当事人共处，为的是使每一天都成为检查日，除非顺从被消除，而那样一切都将丧失，但这肯定不是调和。当顺从持续存在并且从不睡觉的时候，当它伴随鲜有变化者且不离其左右的时候，不管他从事的是伟大的还是低贱的事业，并且与最为隐秘的思想为邻——然后呢？调和会在哪儿？我认为，在外面。

那么，当调和试图挤进伦理和伦理—宗教领域的时候，调和是什么？调和是一个对自身和顺从不忠的人的可悲发明；一个无动于衷但却横行霸道的赝品，它假装为顺从，这是所有伪装当中最为危险的，就像小偷装成警察那样。在小事情上也是这样。有人怀着热情在某个行业坚持工作一年半载而不问报酬，不问他是否有所成就，不问安全和保证，因为热情的不确定性高于所有这类东西。然后，他疲倦了，于是他想要确定性，至少想要某种补偿他的麻烦的东西。当人们对永恒感到疲倦之时，他们就会变得像犹太小贩那样精明，像软弱的牧师那样敏感，像愚拙的新娘那样嗜睡；当人们没有能力去把握生存（即：去生存）真理的时候——那真理是作为堕入爱河的时间以及热情的无定向的奔跑而在；这时，调和就会到来。[39] 两人相爱半年，大胆地甘冒一切风险，这的确值得一提；可是随后呢，此人真就拥有了那姑娘，并且在享有特权的婚床上伸展自己疲惫的四肢。就相对目的而言，调和是有其意义的，而且它必须忍受被调和的事实，因为与相对目的建立绝对的关系是不可理喻的。但是，绝对目的只有当个体绝对地与之建立关系的时候才会出场，就像永恒福祉与生存者之间的关系那样，不同于青年男女在时间中彼此拥有——因为他们都是生存者，二者不可能相互拥有，或者在生存中、即在尘世中宁静地彼此拥有。但是，说二者无法在时间中彼此拥有，这话是什么意思呢？任何一个堕入爱河的人都知道，这个意思是说，这个时间就是相爱的时间。就相对目的

第四章 《哲学片断》的问题：永恒福祉何以能建立在历史知识之上

而言，有一部分时间是相爱的时间，然后是确定性的时间。但是，既然永恒福祉的等级比一个可爱的姑娘、甚至比一位女王都要高，那么相爱的时间变得长久也就是正常的了。不，不是更长久，因为永恒福祉的等级并非比女王更高，永恒福祉就是绝对目的，于是乎，全部时间，生存都是相爱的时间，这的确是正常的。

绝对目的的每一种结果，甚至是能够涌现在祈愿者脑海里和创造性诗人的想象中的极为壮丽的东西，都是绝对的迷失，如果它想成为报偿的话；而奋斗者若道出"不，谢了，请允许我仅仅与绝对目的建立关系"则会更为明智。谁没有崇拜过拿破仑；谁没有怀着屈从的颤抖想到——就像孩子听童话故事那样，勉强地但却怀着更为强烈的崇拜的颤抖再一次去听童话故事，因为大人们总把童话归诸想象的领域——最神奇的故事在这里变成了现实！提尔斯承揽了讲述这方面历史的任务，请注意，他以超级的平静和政治家的经验讲述历史，仿佛一切都是恰如其分的，而当他怀着崇拜之心描述拿破仑的世界蓝图之时，他不止一次地说过：但是，跟通常情况一样，一切都取决于结果。[40] 我认为，任何一个在脑海中再现拿破仑的伟大，同时又想起提尔斯如此轻松、如此自然、如此流利地随口说出的那句话的人，都会对何谓人类荣耀的思想形成一种极其强烈的悲伤印象。事实上，如果拿破仑像无所顾忌的观念一样伟大，如果他的整个人生就是一个童话；那么，跟童话故事一样，还应有一个奇妙的人物形象存在。那会是一个皱巴巴的老巫婆，一个干瘪的家伙，一个小生物，一只触角上带着密码的蜘蛛——这就是结果。[41] 在童话故事中绝无人能与之抗衡的超人般的英雄，也处在这个小生物的力量之下；而倘若这个小生物不情愿，则整个童话都将付诸东流，或者变成有关一只触角上带有神奇符号的蜘蛛的故事。那些极低贱、极可怜的人为了与绝对目的建立关系而绝对地冒险，当然了，这一切真的不会变成童话，而且也不会变成一只触角带红点的小生物的童话。对于极其精明的人来说，胆大妄为地改造整个世界的计划是因结果而变得伟大的；反之，对一个可怜的人所做出的单纯的、天真无邪的决断来说，这个计划高于任何结果，其伟大性并不依赖于结果。我们所有人在上帝面前都是渺小的，我们一无所是，这一点要比做这个世界上最伟大的人、且受结果的奴役更为幸福，不管这结果是如愿以偿地出现，还是隐而不现。我们面对上帝时，结果是零，它比天国里最小的还要无限地微不足道；而在世界上，结果却是众主之主，万主之王。[42] 不曾崇拜拿破

335

仑的人，他可能是英雄、皇帝，并且视当一名诗人为他范围内次等之事，因为他口中吐出的话，他的对白——真没有哪一位满足于身为最伟大诗人的人能带给他更巧妙的对白了。但是我认为在他身上出现过这情况——他不知道他本人说了些什么。下面我讲一个真实的故事。拿破仑在前哨巡查的时候遇到了一个年轻军官，此人吸引了他的注意力。[43]他返回，给一些岗哨上的军官授予十字勋章，但那个军官却被解职，且代之以新人。无人能理解这个任命从何而来、为何而来。有正直之士注意到此事，他向拿破仑请愿，要求对此事重做处理。拿破仑回答说：不，那人我不能用，他在我这里运气不佳。果若如此，当死亡掠过他的坟墓的时候，一个人会有所察觉；果若如此，那就是在童话中，我们的确是在童话中，一个混迹于芸芸众生中的大活人被言辞击垮了，碾为尘土，像被风吹走似的。[44]于是在童话精神下，这事是会发生在拿破仑身上的，因为言辞对他来说要比对军官管用得多。

在前面的章节中，我试图揭示出调和的假想特征，其时是针对一个生存者在生存与思维之间的调和。也就是说，关于调和所说的一切都可能是真实的、荣耀的，但是从一个生存者口中说出就是谬误，因为生存者不允许在生存之外获得这样一个立足点，由此他可以对因在生成之中而将终结性排除在外的东西进行调和。此前还揭示出，关于和生存者相关的调和都是欺骗性的，因为抽象思维——更不用提纯粹思维了——恰恰忽略了生存，在伦理的意义上它的优点少到甚至要达到其反面的程度——它要受到谴责。一个生存者可以有两种在生存之外的方式，但是没有一种能够让他进行调和。一种方式就是从自身之中抽离，获得怀疑主义的无动于衷以及与世无争，一种抽象的平衡（适度影响），这一点在古希腊被视为是极度困难之事。[45]个体能够在生存之外的另一种方式就是处于激情之中，但是恰恰是在激情的瞬间，他获得了生存的动力。那种认为生存者能够成功地一步一步进行调和的想法，只不过是在童话般的时间消失和似是而非的量化手法的帮助下，以欺骗方法移开对质的辩证法的关注的一种惯常的尝试而已。

在哲学意义上关于调和就是这样展开的。但是我们在这里进行的是伦理的考察，则调和就应该是在生存各环节之间的调和——如果绝对目的也是混迹于众环节之中的一个环节的话。这正是误解之所在，它很容易就会揭示出，调和高于顺从这一点事实上就是倒退。顺从允许或者关照个体直

第四章 《哲学片断》的问题：永恒福祉何以能建立在历史知识之上

面作为绝对目的的永恒福祉。于是，这个目的不是混迹于众环节当中的一个环节。因此，调和的"既……又……"不是什么更好的东西，尽管它比不上我们之前描述过的那种包罗万象的开心的唠叨那么幼稚。[46]在顺从的瞬间，在敛神专注的瞬间，在选择的瞬间，人们会允许个体向绝对目的致敬——但是接下来呢，接下来调和出现了。一条狗也会在瞬息之间学会靠两条腿走路①，只是接下来呢，接下来就是调和了，那条狗还得靠四条腿走道——调和亦然。在精神的意义上，人的直立行走就是他对绝对目的的绝对尊敬；否则人要手脚并用。就相对环节而言，调和有其意义（所有的环节在调和面前都是平等的）；但对于绝对目的来说，被调和这一点正表明了绝对目的被降格为一个相对目的。说绝对目的在相对目的中具相化了，这话也不对，因为顺从所具有的绝对差异每时每刻都在保证绝对目的不会通敌。面向绝对目的的个体有其相对目的，此话不假，只是他拥有相对目的并不是说，那个绝对目的在这些相对目的之中被耗尽。在上帝和绝对目的面前，我们所有人都是平等的，此话不假；但是，对于我或者任何个体而言，说上帝或者绝对目的与其他东西是平等的，这话是错误的。

对于特定个体来说，这或许是非常值得称赞的：当一名司法部官员，优秀的办公室职员，社交协会的首位爱好者，技艺几乎超群的长笛演奏者，打鸟冠军，收容院院长，高贵而令人尊敬的父亲；简言之，一个能够做到"既……又……"、并且有时间做所有事情的了不起的人物。[47]但是，这位官员要小心，不要成为那么了不起的人物，继续既做上述的一切，又有时间使自己的人生朝向绝对目的。换言之，这个"既……又……"意味着，绝对目的与其他东西是处于同一等级的。不过，绝对目的具有一种显著的特性，它每时每刻都想成为绝对的目的。如果个体在顺从的瞬间、在敛神专注的瞬间、在选择的瞬间理解了这一点，那这肯定不会说，他在下一个瞬间会将之遗忘。因此，如我所言，顺从将保留在个体身内，个体的任务远非使绝对目的在各种各样的"既……又……"之中进行调和；相反，它渴望的是那种长时间地拥有伟大瞬间的情致的生存状态。

对调和在伦理领域出现和立足起到格外帮助作用的是中世纪修道院运

---

① 也不完全如此。因为一个曾经正确地面向绝对目的的人，他有可能堕落，沉沦，无限地沉沦，但他却永远不会完全遗忘那句话，此言说得极是：人们需要一种升华，以便更深地沉沦。但是调和的精明发明则显示，调和者甚至从未正确地面向绝对目的。

337

动,人们用它来发挥威慑作用。人们相信,生存者对于绝对目的的绝对尊重将会把人们引向修道院。这场运动本身就是一种巨大的抽象,修道院生活是持续的抽象活动,生命持续地被用于祈祷和唱赞美诗,而不是在俱乐部里打牌。如果人们可以理所当然地对其中的一方进行滑稽处理的话,那么,人们必定也可以把另一方表现成对自我的滑稽处理。于是,为了使修道院运动停下来,已经知道如何从这运动中获利的世俗智慧,甚至在现在还不时宣讲对所有宗教承诺的免除。的确,在一个新教已经统治了三百年的新教国家里,任何一个想进修道院的人都会比写下"我该把我儿子送到哪儿上学"的焦虑的父亲所遇到的困难更大。[48]在世俗主义大获全胜的19世纪,人们至今仍能不时听到牧师在布道时鼓励人们参与生活中纯洁的快乐,警惕进入修道院的行为。人们听到了,而且也看到了,注意啊,这个主题把牧师俘获了,牧师不停地流汗、擦汗。结果呢,为了使修道院运动停止,人们发明了关于调和的愚蠢论调。就像把上帝的名字混同于一般的日常闲谈是愚蠢的,同样,把绝对目的与打鸟冠军以及诸如此类的东西置于同一等级也是愚蠢的。就算中世纪犯下了怪僻的错误,但这绝非等于说,调和就是可赞美的。中世纪与古希腊有一定的相似之处,它拥有古希腊人所拥有的东西,那就是激情。因此,修道院运动是充满激情的决断,它与绝对目的的关系是恰如其分的,在某种程度上,其高贵远比调和所拥有的可怜的捐客智慧更可取。

  调和将会(但是请注意,是以欺骗的方式,否则它做不到)识别出顺从面向绝对目的的情致性的瞬间,只是它随后会把这个目的混同于其他目的之间,并且在有限的意义上从与绝对目的的关系之中获得好处。那么,就让我们这样发问:一个人从与绝对目的的关系之中所能获得的最大好处是什么呢?在有限的意义上,他将一无所获,但却丧失一切。在尘世,对永恒福祉的期待就是最高的报偿,因为永恒福祉就是绝对目的,人与绝对建立关系的标志就在于,不仅没有报偿可以期待,反而有痛苦要承受。一旦个体不再满足于此,这就意味着个体在倒退,向世俗智慧、向犹太式的对今生应许的眷恋、向千禧年主义以及诸如此类的东西倒退。[49]我们的任务的难点正在与绝对目的建立绝对的关系。人的一生当中会反复出现这种现象:人们寻求出路,看能否摆脱这种踮着脚尖走路的生活,摆脱——满足于与绝对的关系。[50]的确有牧师说:存在着两条道路,牧师或许会着重强调这一点当然是一个虔诚的愿望。于是乎存在着两条道路,牧师

## 第四章 《哲学片断》的问题：永恒福祉何以能建立在历史知识之上

如是说，而当他开始这个布道辞时，我们已经清楚地知道了他的意思，但是我们乐于再听一次，因为这根本不是什么只能听一遍的逸闻趣事或者俏皮话。存在着两条道路：一条路是微笑的、无忧无虑的，它容易踏上，富于吸引力，撒满鲜花，蜿蜒地穿过可爱的地方，走在上面就像在草地上曼舞一般轻盈；另一条路是狭窄的，布满碎石，初上时很艰难，但是逐渐地……这是条快乐和美德之路。当牧师这样说时，发生什么了呢？就像那条美德之路逐渐在发生变化一样①，牧师的布道也发生着变化，逐渐地，这两条道路变得极其相似了。为了引诱听众趋向美德，对美德之路的描绘变得几乎是诱惑性的。但是，引诱是一桩危险之事。演讲者放弃了伦理，在透视法的帮助下以感性意义上正确的方式行事。(51) 然后呢？于是实际上并不存在两条道路，或者说存在着两条快乐之路，其中的一条比另一条略明智，就好像为了欣赏美景而爬山时，不要过早地回头显得更为明智——为的是欣赏到更多的美景。然后呢？于是耽于感官享受的人（快乐主义者）不仅是错误的，因为他选择了快乐而非美德之路，而且他还是一个错误地追求感官享受的人，因为他没有选择快乐的美德之路。(52) 一旦这个"逐渐地"在美德之路上在牧师口中获得了一种感性色彩，这就是你喉咙里的谎言了，老爹！(53) 于是尊敬的牧师屈尊忘记了一点，他是在用一种无人敢为之的方法来处理生存。他在时间当中设定了一个目的，他关于美德的全部教导变成为一种精明理论。但是，如果有一位宗教人士听到这样的布道，他可能会对他的灵魂这样说："别让他干扰你！他本人或许都未意识到他是想骗你，他是想使你失去耐心，当这个'逐渐地'持续一年之久、或许持续整个一生的时候。不，我宁愿从一开始就知道，这条道路从始至终都是狭窄的，布满碎石和荆棘，我必须学会紧紧抓住那个绝对目的，在受苦受难的夜晚受它的光照引导，不受几率和暂时安慰的误导。"在德尔斐神庙里还有一则著名的题辞：别过度。(54) 这是一切有限性的人生智慧的总和；倘若这就是最高限度的智慧的话，那么基督教瞬间就会倒退成一种幼稚的、不成熟的怪念头。(55) 只要试着把这个"别过度"运用于让自己被钉上十字架的神的身上，人们立刻就会心生对宗教的嘲弄，这嘲弄是世间

---

① 我真的很想知道，在《新约》的哪个地方出现过牧师为其建设性演讲奠定基础的"逐渐地"。在《新约》中出现过这样的字句：有两条道路，通往永恒福祉的那条路是艰难的，是窄门，找到它的只是少数。但是却根本没有说过"逐渐地"。(56) 不过，就像哥本哈根有一个致力于美化城市的委员会一样，现代的教牧智慧似乎也在用感性的装饰物美化着美德之路。(57)

鲜闻的诙谐机智，因为通常而言，嘲弄宗教的人都头脑发热且愚钝不堪。带着一丝幽默，这嘲弄几乎就是最为诙谐机智的反对意见了，它回避了所有关于基督教的历史真理和永恒真理的争论，以下面的话免除了与基督教的关系："太过份了，尊敬的牧师，神竟然让自己被钉上十字架。"在很多生活关系中，那个"别过度"的原则是有其有效性的；但是，把它运用于与绝对目的的绝对的、充满激情的关系之上，它就是胡扯。反之，后者的关键在于，绝对地甘冒一切之风险，绝对地不惜赴汤蹈火，绝对地渴望至上的目的；只是这里又出现了一个关键点——即使拥有绝对的激情并且放弃一切其他东西，一个人也不会获得受到嘉奖、得到永恒福祉的迹象。与绝对目的建立关系的首个真正的表现就是——放弃一切；但是，除非倒退立刻出现，我们必须真正地理解，放弃一切其实算不得什么，如果它旨在赢得至善的话。异教的错误在于第一种立场：不情愿甘冒一切风险；中世纪的错误在于第二种立场：误解了甘冒一切风险的涵义；而我们这个时代的总和是调和。

修道院运动的可疑之处在于（除去所认定的值得嘉奖的错误之外），绝对的内在性有可能精力充沛地为了证明自己的存在，获得了在鲜明独特的外在世界当中的显而易见的表现，以之，不管人们朝向哪个方向，它都仅仅相对地区别于所有其他的外在表现。或者，调和令与绝对目的的关系在那些相对的目标之中被调和，它本身因之而成为相对的；或者，作为一个抽象名词在作为表语的相对目标之中耗尽自身，绝对关系所具有的威严由此变得空洞无物，变成一则漂亮的、但却在生活之外的生活导论，就像不被装订的书籍扉页那样。[58]但是，与绝对目的的关系是不会在那些相对目标之中耗尽自身的，因为绝对的关系会要求放弃所有这一切。而从另一方面说，与绝对目的建立关系的人可以自在地处于相对目标之中，以便在放弃之中演练那种绝对的关系。既然我们这个时代中几乎每个人都是纸上的强者，我们有时要处理一些毫无根据的忧虑。[59]在此方面的一个例子就是今人所处的一种危险：人们总是非常快地完成所有事情，结果他们陷入了找点什么填充时间的困境之中。有人在纸上写"怀疑一切"，于是他就怀疑了一切。如果某君刚满三十，他就陷入了要找点什么填充时间的困境，尤其是"如果一个人没有学会打牌，他就不能很好地照顾自己的晚年"。放弃一切也是如此——现在人们已经完成了。有人说，放弃一切太抽象了——因此，人们必须继续去抓住点什么。但是，如果我们的任务就

## 第四章 《哲学片断》的问题：永恒福祉何以能建立在历史知识之上

是放弃一切的话，要是我们从放弃某物开始会怎么样呢？就像教师必感乏味无聊那样，就像我们通常在学校里识别平庸学生的办法那样——他们在作业布置后不到十分钟就拿着卷子跑上前并且大喊着："我做完了"；同样，生活中的平庸之辈会立刻跑上前来，他们完成了，而且任务越重要，他们完成得越快；同样，与这样一代人打交道必使管理生存的权力机构感到疲惫。《圣经》说，上帝对罪人的忍耐之心令人无法理解，的确如此；但是，要与立刻就能完成任务的这类人打交道，这需要怎样的天使般的耐心啊。(60)

于是，个体在绝对地定位于绝对目的之后，他并不离开尘世（那么，外在性何用之有呢？但是我们不要忘记，没有外在表现的内在性是最为困难的内在性，自我欺骗在那里是极其容易的），然后呢？然后，他的任务就是以生存的方式表现，他一直是绝对地面向那个绝对目的，绝对的尊敬（留意）。(61)他要以生存的方式表现这一点，因为言辞表达的情致是感性的情致；他要以生存的方式表现这一点，但却不能通过直接的或者显著的外在性直接地加以表现，否则我们要么得到修道院运动，要么得到调和。因此他能够像其他人一样生活，但是顺从会常常出面审查，看他是否努力保持了他在生存中首次定位于绝对目的之时的那种庄严。他不知道什么"既……又……"，他也不想知道，他的厌恶就像厌恶妄称上帝的名字那样，像恋人厌恶移情别恋那样。(62)顺从——这个生存的指挥官——将会出面审查。但是，如果顺从发现个体的高尚丧失了，发现他渴望手脚并用地行走，发现他在与一个可疑的人物——调和——交往，而调和最终赢得了胜利；那么，顺从就处于个体身外，站在那里，像画中的死亡天使那样俯身向着一支熄灭的火炬，因为绝对目的从个体暗淡的目光之中消失了。(63)我们或许在外表上看不到任何变化，因为与绝对目的的关系并不意味着先步入修道院，然后当他感到厌倦之时，再重新穿上世俗的服装，以之我们能从外表上看出他的变化。与绝对目的的关系也不意味着，绝对目的在相对目的之中耗尽自身，因为那样的话，一个人身上发生的变化能从外表上看出来。在一定程度上，这样说一个人的内在世界多少有些阴森：它既存在又不存在，不会直接地在外在世界被感觉到；但是，这样说内在世界也是荣耀的——如果它存在的话，因为这就是对内在世界的内心性的表达。一旦内在世界下决心以相称的比例在外在世界表现出来，修道院运动就出现了。调和根本不了解与绝对目的之间的关系，因为调和在相对目的之中

*341*

耗尽自身。但是，内在世界将走向何方？其走向是这样的：练习与绝对目的建立绝对的关系就是任务，因此个体要努力达至极限——同时与绝对目的和相对目的建立关系，不是以调和它们的方式，而是与绝对目的建立绝对的关系，与相对目的建立相对的关系。后一种关系属于此世，前一种关系属于个体自身，这里的困难在于同时既与绝对目的建立绝对的关系，又在同一时刻像其他人一样参与到各种各样的事务当中。如果某君卷入一两个宏伟计划之中，他感到很难像其他人一样。他走神，不愿参与其他事情，备受四周所有骚动的干扰，他人的忙碌令他厌烦；他希望拥有一个属于自己的小空间，他可以坐在那里思索自己的宏伟计划。对于外交官和便衣警察来说，获得那种艺术和自控力就是一个相称的任务，他能同时继续他的宏伟计划，还能上舞场，与女士们交谈，玩撞柱游戏以及做他想做的任何事。但是，绝对目的是能够与一个人相关的最宏伟的计划，因此中世纪的人希望拥有一个小空间，以便能够全力应对绝对；但是，恰恰因为这一点，绝对丧失了，因为它变成了某种外在的东西。如果一对夫妇整整一周时间都忙于社交，他们有时会说，他们在过去的一周内根本没有时间在一起生活，尽管他们出现在同一个社交地点，彼此见过面。于是他们期待着有一天能够真正地为彼此生活，而这对于夫妻来说是美好的。对于一个想与绝对目的建立关系、但却因生存和生存的多样性而不断受阻的人来说，其情形看似与此类似。于是乎，他偶尔有那么一天会为其绝对目的而生活，这看起来是正常的。可是困难正在于此。这也就是说，夫妇之间的关系是相对的，因此他们期待着有一天真正地为彼此生活就是正常的。但是，偶尔与绝对目的建立关系等于与绝对目的建立了相对的关系，而与绝对目的的建立起相对的关系就是在与某个相对目的的建立关系，因为关系具有决定意义。于是，人们的任务就是练习与绝对目的建立关系，结果人们持续地在其身内拥有它，同时持续停留在生存的相对目标之中。——我们不要忘记，至少在学校里情形如此：我们识别平庸学生的办法就是，在任务下达十分钟后他就会拿着卷子跑上前说：我做完了。

于是调和留在了外面。我要把相爱设为目的，而且让个体将之误解成绝对目的。那么，此人不会离开尘世，他会像我们其他人一样，或许当司法部官员，或许当商人等等。但是，他一旦绝对地理解了，他的爱情对于他来说是绝对的，则他的绝对任务就是持续地以此方式去理解；就好像他一度担心，他的爱情并非绝对，而是被搅进了一种"既……又……"的

第四章 《哲学片断》的问题：永恒福祉何以能建立在历史知识之上

胡扯之中，结果他将竭尽全力努力使其永远不要发生。那么，调和变成什么了呢？这里的错误何在？这里的错误在于，他把相爱理解成了绝对目的。但是就绝对目的而论，个体这样行事就是恰当地行事。对于他从事的全部事业，不管他身在何处，他的状况如何，不管世界是向他招手还是发出威胁，不管他是诙谐的还是严肃的，顺从将首先出面审查，看他对绝对目的的绝对尊敬是否绝对地保持着。但这根本不是调和，就像说天堂和地狱之间有深渊限定一样地无法调和；在绝对目的和相对目的之间的也是这样的一个深渊限定。(64)

但是，果若如此，我们的任务就是练习建立绝对的关系；那么生存就会变得非常艰巨，因为双重运动要持续地进行。修道院运动是通过想成为内在世界的外在世界来表现内在世界。这里存在着一个矛盾，因为当一名修道士跟当司法部官员一样同为某种外在表现。调和清除了绝对目的。但是，一个真正地拥有情致的生存者将在每一瞬间为自己表达，绝对目的就是绝对目的。这里的深刻之处在于内在世界的安静、纯洁，而欺骗的可能性仍然存在，人们会受到诱惑说他已经做了什么并且正在做什么。现在，如果有人想在这方面撒谎，那是他的事情，我乐于相信他所说的一切。因为如果那是伟大的事业，或许我能在帮助之下做同样的事情，至于他是否真正做过，这与我完全不相干。我只想给他那个审慎原则，以使他不补充说他也在调和，因为那样的话他就是在检举自己。一个把其绝对方向定位于绝对目的的生存者，一个其任务就是练习这种关系的生存者，他或许是司法部官员，或许是众多司法部官员当中的一个，但他不同于其他的司法部官员，而当人们看着他的时候，他却跟那些人完全一样。他或许赢得了整个世界，但他却不同于渴求世界的人。他或许成了国王，但是，每当他把王冠戴在头上的时候，每当他伸出权杖的时候，顺从首先要出面审查，看他是否以生存的方式表现出了对绝对目的的绝对尊敬。王冠暗淡了，尽管他仍然以王者的威严戴着它；王冠暗淡了，就像在顺从的伟大瞬间那样，尽管他已戴着它步入统治的第三十个年头；王冠暗淡了，就像总有一天，在他临终之际，在观众的目光和自己弥留的目光里，王冠暗淡下去一样；但是王冠的暗淡就发生在他力量的顶峰时刻。然后呢，调和的情况如何？肯定没有人再进修道院了。

个体没有停止为人，没有为换上修道士的抽象道袍而脱去有限性的多样复合的服装，但他也没有在绝对目的与有限性之间进行调和。在直接性的层面，个体根植于有限性之中；当顺从确信，个体已经绝对地定位于绝对目的之上的时候，一切都改变了，根被割断了。他活在有限性之中，但是他的生活并不在其中。他的生活跟其他人的一样，具有人的生存的各式各样的谓语，但是他在其中就像穿着从陌生人那里借来的衣服一样。在有限性的世界中，他是一个局外人，但他并没有用异域服装来规定他与世俗性之间的差别（这是一个矛盾，因为他的确因此以世俗化的方式在规定自身）；他是一个乔装打扮者，只是他的假身份恰恰在于他看起来跟所有其他人一样。就像牙医松动牙龈、割断神经但仍让牙齿留在那里；同样，他在有限性当中的生活也是松动的，而他的任务不是让牙齿坚实地重新长出，那将会是调和。[65] 就像在顺从的伟大瞬间人们不是进行调和，而是进行选择一样；同样，他的任务是获得去重复充满激情的选择的技巧，并且以生存的方式将之表现出来。那么，个体必定生活在有限性之中（于是困难的确在于，在有限性之中保留绝对的选择），但是正如他在顺从的瞬间抽走了有限性生活的力量，他的任务也就是重复这一幕。假设这世界为他提供了一切，他或许会接受，但他会说："噢，好吧"——这个"噢，好吧"意味着对绝对目的的绝对尊重。假设这世界把他的一切都拿走了，他可能会皱眉蹙额，但是他会说："噢，好吧"——这个"噢，好吧"意味着对绝对目的的绝对尊重。因此，他并没有直接地在有限性之中生存。

对于永恒者、全知者、无所不在者而言，一个人错失永恒福祉或者一只麻雀掉在地上是否具有同等重要的意义；当一切被置于永恒当中的时候，这是否指示着，即使最无意义的情况也具有绝对的重要性——对此我不做评判。[66] 我只能真诚地说：时间不允许我这样做——就因为我在时间之中。在生存中，生存者不可能做到这一点，因为他处于生成进程之中；而且对于生存者来说，玩弄辞藻的调和（在古希腊的意义上，这一点甚至究其一生都很难实现，但在德国的意义上，它在纸上是合法的）只不过是骗人的把戏。有死者的眼睛既无法忍受、伦理又禁止他绝对地冒险去忍受那种眩晕，那种因看到最无意义的东西同绝对的决断具有同等重要意义而生的眩晕；而且一个生存者无法获得安宁，他也不敢从自己成为奇幻的生存者这件事当中获得安宁，因为只要他在生存之中，他就不会永生。人们在生存中总是说这样一个词——向前；只要有这个"向前"，问题的关键就落在了对绝对区分的练习之上，落在了获得逐渐轻松地做出区分的技巧以及良好的自我意识之上。但是，当受到良好训练的人信赖他的自我

## 第四章 《哲学片断》的问题：永恒福祉何以能建立在历史知识之上

意识的时候——他是轻松、快乐地做出那个绝对的区分的，当此之时，这仍然不是调和。或者，当年迈的主妇幸福地确信她的丈夫对自己绝对忠诚之时，她确信的究竟是什么呢？是他的调和以及在调和过程中被分解的心吗？或者，他一直都在悄悄地进行着爱的绝对区分，她只有在幸福的信赖之下才会确信，他那样做时是轻松的、可以信赖的，因此她并不需要任何外在的证据？我们不要忘记，婚姻不是绝对目的，因此，婚姻方面的实情比之于绝对地关于绝对的实情来说只能是不完美的。

如果上帝直接就是做人的理想，那么表现出直接的相似性的意愿就是正确的。如果，比方说，一个杰出之士对我是完美的人，那么我想要表现出那种直接的相似性就是完全正常的，因为我们两个都是人，身处同一个领域之内。但是，在上帝与人之间（就让思辨思想保留着人性去玩把戏吧）存在着绝对的差别，因而人与上帝之间的绝对关系必须表现出这种绝对的差别，直接的相似性就会成为大不敬、粗鲁、放肆①以及诸如此类的东西。假如令人赞叹的上帝对一个人说："你对我来说并不比一只麻雀更重要"，如果此人视表现与令人赞叹的神的直接相似性为己任；那么，他所赚得的就在这样的回答之中："你和你的生存对我来说并不比一只麻雀更重要"——不管对此该做肯定性的理解，因为对于地位显赫者而言，万物同等重要；还是该做否定性的理解，因为万物对他同等重要，结果对他而言没有什么是重要的。不过，这当然是对上帝的疯狂亵渎。正因为上帝与人之间有着绝对的差别，当人绝对地表现出这种差别的时候，人才最为完美地表现了自身。膜拜是人神关系的极致，由此也是人神相似性的最高表现，因为质才是绝对的差别。但是，膜拜意味的恰恰是，上帝对于膜拜者来说就是一切；而膜拜者反过来就是那个绝对的有所差别者。绝对的有所差别者与自己的绝对目的建立了关系，但正因为如此，他也与上帝建立了关系。绝对差别是为了清场，就像警察在游行队伍中的所为那样；它清除了挤在相对目标中的人群和暴民，以便使绝对有所差别者与绝对建立

---

① 另外，在一个极其天真的时代，上帝以纯洁的、幼稚的方式成为一个受人尊敬的老者或者类似的形象，他在与虔敬者的友善关系的基础之上生活。例如，我想起了我曾在魏尔出版的《穆斯林圣徒故事》一书当中读到，书中讲述了众多圣徒当中的一位，说上帝亲自随他加入葬礼队伍并且走在棺材前面，四名天使紧随其后。(67) 别的不说，这类纯洁、幼稚的东西揭示出了一点，即当我们现在读它的时候，它会产生出一种纯粹的、纯洁的幽默效果。这种天真无邪的虔诚自然是不愿冒犯上帝的，相反，它幸福地以自己所能想到的最好的东西来装点上帝。

345

关系。意欲靠近那种只有在永恒之中才有可能的平等对于生存者来说没有任何好处。对于生存者而言，充满激情的决断才是极致。生存就像走路。当万物存在着并且处于休息状态之时，万物很靠不住地看似具有同等的重要性，也就是说，如果我能够获得一种万物同等平静的视野的话。反之，一旦运动出现，一旦我在运动之中，行走本身就显现出持续的差别了。只是这种比较并不能显现出那种绝对的差别，因为行走只是一种有限的运动。

但是，我们不能从练习绝对区分的任务之中得出结论，认为生存者要对有限性漠不关心。这是中世纪的夸张，它对内心性缺乏完全的信心，除非内心性变身为外在表现。但是，外在表现越少，则内心性越多，通过对立面表现出来的内心性（不过这个对立面恰恰在于，个体跟其他人完全一样，从外在表现上什么都觉察不出来）才是最高的内心性——如果它存在的话。还要不停地加上这一点：外在表现越少，则欺骗性越少。一个成年人能够兴致勃勃地参与到孩子的游戏当中，他能够为这游戏带来生气，但却无法像孩子那样游戏；同样，一个把练习绝对区分视为己任的人也是这样对待有限性的。但是，他从不进行调和。中世纪的内心性是不可靠的，因此它要看到内心性的外在表现。在这个意义上，这是一种不幸的内心性，犹如狂热地要求爱情的外在表现的恋人；这种内心性认为，上帝同样狂热地要求外在表现。真正的内心性不要求任何外在的声音动作。在练习绝对区分的过程中有着无限的激情，这激情想成为内心性——不带嫉妒，不带羡慕，不带怀疑。这激情不想徒劳地如生存中抢眼的东西一样凸显出来，激情恰恰会因此丧失，一如当上帝不可见的形象变得可见之时的情形。这激情不想打扰有限性，但它也不想进行调和。在有限性以及有限性使生存者忘记那个绝对区分的多重契机之中，这激情愿意成为只为生存者的绝对的内心性；然后，顺便说一句，他也才能当他的司法部官员，等等。但是，任务的极限能够同时绝对地与绝对目的建立关系，相对地与相对目的建立关系，或者一直心怀绝对目的。

如果这一点不可能做到，或者如果人们不愿以之为己任，那么与修道院运动的类比就会变得无条件地具有吸引力，不管人们愿意与否，不管人们对那个思辨的19世纪的命题是该笑还是该哭。在修道院运动中至少还存在着激情以及对绝对目的的尊重。只是，修道院运动不应被当作某种值得嘉奖的东西；相反，它应在上帝面前表现出谦卑，且怀有一定程度的羞耻之心。一个生病的孩子并不把获准跟父母一起待在家里当成嘉奖；一个恋爱中的女子并不把每时每刻都能看见自己的恋人当成嘉奖，而且她在按部就班地做自己的事情的时候，不能从对他的思念当中获得力量；她不会把跟恋人一起待在他的工作室、一直陪伴他的许可当成嘉奖——同样，修道院的候选人也应这样看待他与上帝的关系。而如果他这样做，人们就不会进而反对他的选择，不管人们屈尊在19世纪说些什么。但是，生病的孩子很快就会发现困难，不是因为他的父母不够温柔和关爱，而是因为不间断的交往会引发很多小冲突；恋爱中的女子很快就会发现困难，不是因为她的爱人不够好，而是因为日复一日的和每时每刻的持续会面有时会引发一定的厌倦——同样，修道院的候选人必定也会注意到这一点。在这一点上牧师常常会欺骗我们。他在星期日说，教堂里是如此安静和庄严，如果我们能够一直待在那里的话，我们肯定能成为圣人，只是我们不得不来到尘世的纷扰之中。牧师可耻地想让我们觉得，错误在于尘世，而不在我们；牧师可耻地教导我们傲慢自大，就好像我们选择了最困难的任务似的，尤其是当我们在尘世中并未每时每刻心怀绝对目的的时候。我认为牧师应该教导我们谦卑，于是他会说："现在回家吧，每个人照管好上帝委派给他的事，并且感谢上帝，上帝了解人的弱点，上帝并不要求你们待在这里，整天除了唱赞美诗、膜拜和赞美上帝之外什么事都不做。那样的话，你们或许会发现那种内心冲突——上帝允许你们保持无知。"每周去一次教堂，其他时间人们在生活的多重样态之中打拼，这很容易在审美透视法的帮助之下引发幻觉。但是正因为如此，牧师应该知道如何小心行事，不要再三误用中世纪诱使会众步入巨大的幻想之中。

实际上，在我们这个时代并无充足的根据来警惕人们进入修道院，中世纪的根据或许绝非我们所能想到的。假如我生活在中世纪，我永远都不可能下决心选择修道院。理由何在？因为这样做的人在中世纪是非常认真地被视为圣人的。如此一来，当我走过街道的时候，一个贫穷的可怜人遇到我，他或许比我好很多①，可他会冲我鞠躬，满怀情致地、严肃地把我当成一名圣人。但是这一点在我看来是最可怕的，它是对神圣的亵渎，是对与绝对目的的绝对关系的背叛。在我们这个时代，人们会把步入修道院

---

① 这个"或许"并不真正地具有假设意义，尽管我是另外的一个人。因为一个严肃、真诚地把其他人视为圣人的人，他恰恰通过其谦卑显示出，他比另一个人好得多。

视为疯狂,如果建有一座修道院的话。如今,人们读到有医生提出修建一座疯人院的计划,这跟修建修道院有相似之处。<sup>(68)</sup>我认为这是一个非凡的奖赏。被视为疯狂——这不无道理,它鼓舞人心,保护了绝对关系的安宁的内心性。但是严肃地被视为圣人,这定会令人焦虑致死。<sup>(69)</sup>在我看来,把一座修道院变成疯人院最接近于那种跟所有人一样的外在表现。因此,外在世界并非直接地与内在世界相呼应,而中世纪的错误正在于此。至少我是这样想的:就让我在这个世界上随便成为什么,这样子几乎不会伟大,但不管它多低贱,我都会竭力忍受。只是让我免除一件事:严肃地被视为圣人。如果有人开玩笑地称我为圣人,那是另外一回事,它不无道理,它鼓舞人心。<sup>(70)</sup>

但是我们对中世纪修道院运动应表示出恰当的尊敬。可以肯定的是,的确有牧师说,步入修道院使我们避免了危险,于是在危险中生活就显得更加伟大——但是一定不要调和来帮助吗?我们必须努力相互理解,并且在何谓危险的问题上达成一致意见。修道院候选人把未能在每一瞬间都绝对地与绝对目的建立关系视为最大的危险。调和并不知道这个危险。在调和的帮助下,人们避免了绝对的危险和绝对的艰难,避免了与绝对的孤独和沉默的交往——在那里,最小的迷失都是绝对的迷失,最小的退步都是沉沦;那里没有任何娱乐,对哪怕最微不足道的退步的回忆都会像中暑一样使无路可逃的不幸者燃烧;在那里,每一回虚弱、每一种厌倦、每一次情绪低落都像是死罪,而每一个这样的时辰都像是永恒,因为时间并未前行。人们避免了这些,这正是牧师所呼吁的避免危险,因为人们处于相对的危险之中,处于多样性的危险之中,在那里,最简单的经验都可以教会我们,我们永远不会丧失一切(恰恰由于多样性),而会以一种方式丧失、以另一种方式赢得;在那里,危险来自谋生之道、经济困难、健康以及在报纸上挨骂等等。这一点的确令人伤心,中世纪的怪癖一再被误用于教导人们像极端的家伙那样挺胸抬头;而当人们今天这样说的时候,它有一种滑稽模仿的味道,就像某君在老年收容所里展开讨论,说最高程度的勇敢不是自取性命,而是不去这样做,因此收容所里的全体住户会把自己看成最勇敢的人——因为他们毕竟有勇气不去自取性命!<sup>(71)</sup>或者,这就像冲着一群硬心肠的人宣讲,要像个男人那样承担自己的悲伤但却忽略辩证的中间项,宣讲那种能够像个男人一样伤怀的伟大。让我们去戏院上当受骗吧,让演员和观众完美配合从而在幻象之中去魅惑和受魅惑吧——那是

第四章 《哲学片断》的问题：永恒福祉何以能建立在历史知识之上

辉煌的。<sup>(72)</sup>如果最坏的事情发生，我被取悦于我的仆人欺骗了，被想从我这里捞到好处的人欺骗了，被我的鞋匠欺骗，因为我是他最不情愿失去的最好的顾客。但是，如果我是一名好听众，我怎么会在教堂上当受骗，并且几乎害怕我自己呢？也就是说，如果我是一名好听众，那么我所听到的仿佛就是布道的牧师一直在说我似的；因为世间虚荣的或者相当一般的东西，在教堂里恰恰是受到赞美的，或许还十分罕见。但是，我为什么变得几乎要害怕自己呢？是因为牧师把我们人类（也就是我，如果我是一名认定他是在冲着我布道的好听众的话）描绘得如此堕落，以至于我对要做这样一个人而害怕发抖，以至于我面色惨白，颤抖着但却不情愿地说："不会吧，我没那么坏吧？"唉，不然。尊敬的牧师把我们人类（也就是我，如果我是一名认定他是在冲着我布道的好听众的话）描绘得如此荣耀，远比那些待在修道院里的安静的人们完美，结果我（最终我认定，他说的就是我）感到羞愧、尴尬、面红耳赤，在尴尬之中我不得不说："不，尊敬的牧师真的是过于客气了"，我会抬起头来，探问式地看看他，究竟是一位布道的牧师呢，还是一位新年祝福者①。<sup>(73)</sup>

我们对中世纪修道院运动应该表示出恰当的尊敬。相反，调和是相对目标对于绝对所显示出的威严的反抗，它将把万事万物拉到同一条水平线

---

① 我们将看到，牧师今天的布道辞与他上星期日的布道辞有所不同，他在上星期日鼓励基督教会众——那是他布道的对象，让他们接受基督教信仰并且成为基督教徒（参前面的章节）。这一点本无可厚非，如果婴儿洗礼式理所当然地通过婴儿受洗而使我们大家都成为基督教徒的话；其可疑之处只是在于，如前所述，人们同时还把婴儿洗礼式视为是成为基督教徒的决定性因素。如果牧师理所当然地把我们所有听众都变成大英雄，情况则有所不同。宗教演讲本质上是与个体打交道的，它作为个体和理想之间的中介发挥着本质性的作用，其极致就是帮助个体将这种理想表达出来。本质上宗教演讲认定，它面对的所有人都犯了错，它了解每一条错误的道路，了解其中的每一个藏身之处，了解错误道路上的每一种错误情况。但是，在我们这个客观的时代，我们很少听到这样的布道辞。人们宣讲信仰，宣讲信仰英勇无畏的行为，结果，或者我们在感性的意义上对于所有听众是否是信仰者漠不关心，或者在感性的意义上非常客气地认为，我们所有人都是信仰者。以此方式，信仰变成了某种寓言，牧师成了某种游吟诗人，关于信仰的布道辞堪与骑士乔治斗龙的故事相类比。<sup>(74)</sup>场景就在空中，信仰胜过一切困难。<sup>(75)</sup>希望和爱亦然。<sup>(76)</sup>教士们的演讲变成了中世纪在戏剧化方面的首次尝试（所谓的神秘剧）的对应物，因为人们是用戏剧化的方式处理宗教材料，而且奇怪的是，人们就在星期天、就在教堂里上演着喜剧。<sup>(77)</sup>就因为在教堂用一种严肃的语调（不管它多多少少是艺术性的，还是宗教复兴主义者不那么艺术的沙哑低音）谈论着信、望、爱，谈论着上帝和耶稣基督，我们并不能自然地推论说，这就是一则虔诚的演讲。<sup>(78)</sup>这个问题取决于演讲者和听众如何与讲演内容建立关联，或者他们应该与之建立关联。演讲者不能仅仅通过想象与其对象建立关系，而应作为其演讲内容的存（接下页注）

349

上；调和是对人的尊严的反抗，它将使人成为相对目标的仆人。就其想比绝对对立更高这一点而论，调和是一个奇幻的想法。

调和在纸上看起来相当不错。我们首先设立有限性，然后再设立无限性，然后在纸上写道：它们应该加以调和。生存者无可否认地在生存之外又找到了一个可靠的立足点，他可以在那个点上进行调和——在纸上。一个阿基米德支点被找到了，只是人们并未察觉到它成功地推动了整个世界。反之，如果场景不是发生在纸上，而是发生在生存之中，因为调和者就是一名生存者（由此他被阻止成为调和者）；那么，如果他意识到了生存的意义的话（也就是说，他生存着），则他将在同一时刻成为绝对的有所差别者，不是在有限性和无限性之间，而是在有限地生存和无限地生存之间的差别者。无限性和有限性在生存中结合，在生存者身上结合，生存者并不想费时耗力地去创造生存或者模仿生存，他就是要生存。借助调和，甚至生存都被再现在纸上。[79] 在生存中，生存者找到了自我，生存者的任务要简单些：他无论如何都乐于去生存。于是乎，作为生存者，他不用从有限性和无限性当中发展出生存；作为有限性和无限性的结合，他应该以生存的方式成为其中的一个部分，但他做不到同时成为两个部分，因为他作为生存者就是那样的。这正是存在和生成的差别，而调和的奇异技巧——如果它的确有所归属的话，就是一个表达方式——为了开始。现代哲学在

---

（接上页注）在者或者是努力面向他所演讲的内容，从而获得他亲身经验的过程以及持续不断的经验的过程；听众则应该受到演讲的启发，被激励着成为所宣讲的内容（不管演讲者和听众之间的关系是直接的还是间接的，其主旨都是相同的。如果视间接关系为真，这演讲就会成为独白，不过请注意，是关于演讲者个人亲历过程的独白，演讲者在这个过程中通过对自身的讲述，也在间接地讲述着听众）。当演讲者虔诚地讨论信仰的时候，其主旨是要向我们昭示出，你和我（也就是说，单一个体）是如何成为信仰者的，演讲者要帮助把我们从所有的幻觉当中拽出来，要了解那条漫长而艰辛的道路，了解倒退和反弹之类的东西。如果成为信仰者是件简单容易的事（例如，仅仅通过在婴儿时受洗的方式），如果演讲只说到信仰，则整个关系就只是感性的，而我们就是在一出喜剧当中——在教堂里。因为一桩小事，我们获得了观看牧师戏剧表演的入场券，我们坐在那里观看信仰的所能——不是作为信仰者，而是作为信仰的成就的观众，就像在当今时代我们看不到思辨思想者，只能看到思辨思想的成就的观众。但是，对于一个神学中心的、思辨的和客观的时代来说，当然了，这一点可能过少了——让自己卷入到最后的难题之中，这难题在最后一刻才变得尽其可能地尖锐、具有穿透力、令人不安和不可妥协，这难题就是：单一者，你和我，是否是信仰者，我们如何日复一日地与信仰建立关系。

## 第四章 《哲学片断》的问题：永恒福祉何以能建立在历史知识之上

很多方面都出现了这种情况，因为它的任务是与错误的反思进行斗争，当其完成之时，它把这项工作的完成与万事万物的完成混为一谈，并没有把这项工作的完成至多视为是真正任务的开端。

人们既可以为善又可以为恶，正如人们以单纯的方式所说，一个人拥有同时为善和为恶的自然倾向，但是人们不可能同时成为善的和恶的。在审美的意义上，人们要求诗人别去描绘那些抽象的道德楷模或者恶棍，而要像歌德那样，他笔下的人物既是善的又是恶的。为什么这个要求是合法的呢？因为人们希望诗人描绘出人们所是的样子，而每个人既是善的又是恶的；还因为诗人的媒介是想象的媒介，它是存在而非生成，至多是一种透视法之下的生成。但是，倘若把个体从这种想象的媒介之中抽出，从这种存在中抽出，将其置于生存之中，则伦理立刻就会以其要求面对他，看他现在是否乐意生成——不管是善的还是恶的。在自我省察的严肃时刻，在告解的神圣瞬间，个体从生成之中抽身，并且在存在之中察看自己身处何方。[80]唉，这结果更糟，他既是善的又是恶的；但是，一旦他重返生成，他或者生成为善，或者生成为恶。这个所有人同时为善和为恶的总结与伦理无涉，伦理所有的不是存在的媒介，而是生成的媒介，因此它拒斥对生成的全部解释，它们是在存在内部以欺骗的方式所做出，以此生成的绝对的决断在本质上成为倒退，而所有关于它的讨论在本质上只是虚惊一场。因此，伦理必须拒斥那种在我们这个时代所听到的对克服反思的欢呼。[81]要去克服反思，这是何许人？一个生存者。但是，生存本身就是反思的领域，一个生存者就在生存之中，也就是在反思之中；那么，他怎样做才能克服反思呢？不难看出，同一律在某种程度上更高，它就是矛盾律的基础。[82]但是，同一律只是界限，它像蓝山，像画家所称之为的基线——绘画才是主要的。[83]于是，同一律就是比矛盾低的观点，矛盾是具体的。同一性是出发点，但却不是趋向生存。[84]一个生存者通过从生存中抽身的办法最多能够达到、并且持续不断地达到同一性。但是，因为伦理视每一个生存者为其农奴，它在任何时候都绝对禁止生存者抽身。不是同一律取消了矛盾，而是矛盾取消了同一性，或者如黑格尔常说的，让同一性"毁灭"。[85]

调和取消了与绝对目的的绝对关系，使生存对于生存者来说变得容易了；对绝对区分的练习会使生活绝对艰难，尤其是在人们身处有限性的同时，还必须绝对地与绝对目的建立关系，相对地与相对目的建立关系。但是，在这种艰难之中有种慰藉和安宁，因为绝对地、也就是说倾其全力并且放弃一切他物而与绝对目的建立关系，这一点绝非矛盾，而是对等者之间绝对的互惠互利。换言之，世俗性激情令人烦恼的自我矛盾产生自个体绝对地与一个相对目的建立关系。因此，虚荣、贪婪、嫉妒等本质上就是疯狂，因为疯狂通常的表现就是——绝对地与相对目的建立关系，并且在审美意义上将之理解为滑稽，因为喜剧性总是存在于矛盾之中。倾向于永恒的存在者倾其全力抓住转瞬即逝的东西，紧抓变化多端的东西，当他们一无所获之时，却自认赢得了一切，这就是疯狂（从审美角度观之就是滑稽）；这样的存在者上当受骗了，当他们毫无损失之时，却自认丧失了一切——从此不再上当了。当转瞬即逝者逝去之时，它就是无，其本质在于已经过去，像感官享乐的瞬间一样快，后者与永恒相距最远——时间当中的一瞬，充盈着虚空。

但是或许有人会说——一个"严肃的人"："可是，难道不是肯定地、确定地有那样一种善吗？有一种永恒福祉即将到来，这不是肯定而又确定的吗？因为那样的话，我肯定会追求它，否则我为它冒险舍弃一切就是在发疯。"在牧师的布道中常常出现这种或者类似论调，它构成了向布道辞中这样的部分的过渡——为了安慰并且减轻会众的痛苦，牧师证明有一种永恒福祉即将到来，而会众会更加热切地去追求它。这样的证明犹如甘霖，犹如容易接受、容易理解的字句："实践性的练习同往常一样被推迟了。"[86]我并非严肃之人，这一点太好了，我非郑重断言的哲学家，亦非小心翼翼的牧师，否则我立马就会着手去证明。幸运的是，我的轻浮使我免于展开证明，并且敢于以我的轻浮品性指出，如果一个人出于对郑重断言的哲学家和小心谨慎的牧师的信任而下定决心去渴求永恒福祉的话，那么他其实并没有在渴求，他对所有哲学家的断言和全体教士的小心谨慎的信任恰恰阻止了他如是为之（当然了，牧师会认为这是缺乏信任），而且还促使他开心地同往，去从事一桩理智交易，一个有利可图的证券交易式的思辨活动，而不是进行一次冒险；这种信任帮他进行了一种虚假的运动，一个针对绝对的虚假的障眼法——尽管他完全滞留在相对事物之中；一个虚假的过渡，就像在享乐主义内部从享乐主义转向伦理那样。总而言之，人们在规避最终决断的时候不可思议地狡猾和诡计多端，任何一个见证过被派到水下的步兵的奇怪行为的人，都会在精神的世界里找到足够的类比。[87]我的论点是：个体首先要通过冒险而无限化；个体不再是同样的

## 第四章 《哲学片断》的问题：永恒福祉何以能建立在历史知识之上

个体，冒险行动也不是混同于众多事业当中的一个，不再是关于同一个体的又一个谓词。不然，通过冒险，他本人变成了另一个人。在他进行冒险活动之前，他只会将之理解为发疯（这一点远比一个没头脑的言语空洞的人幻想自己将之理解为智慧、但却拒绝去做更为可取，以此方式，他本人直接地表现为疯狂；而那个视其为发疯的人则通过放弃而彰显出自己的精明）；当他开始冒险活动之后，他不再是同一个人了。于是，过渡的界限赢得了相应的空间，这是一个横亘在二者之间的鸿沟，一个与无限性的激情相适应的场景，一个理智无法跨越的深渊，无论是向前还是后退。[88]

但是，因为我绝不会去证明永恒福祉的存在（一方面是因为这不关我事，至多事关宣讲此理的基督教；一方面是因为，它根本不存在——如果它能够被证明的话，因为绝对伦理之善的存在只能以个体本人的生存行动加以证明），我会在当下时刻更仔细地考察那个严肃的人所说的话——它们的确值得关注。于是乎，他要求，肯定地、确定地有这样一种善即将到来。但是实际上，要求某种即将到来的东西既肯定又确定，这太过分了，因为在未来和现在之间有那么一个短暂的瞬间，这个瞬间使人们能够对未来有所期待，但却使在当下时刻拥有肯定性和确定性成为不可能。[89] 现在的情形是肯定的和确定的，但是现在与未来的关系正因为如此而是非确定性的，因而也才是可期待的。从思辨的角度出发，我能够向后以回忆的方式企及永恒，永恒者能够直接地与永恒建立关系；但是，生存者却只能向前与永恒建立关系，就像与未来建立关系一样。——那个严肃的人继续说道：如果他能够确定，有那样一种善即将到来，那么他甘愿为之冒险，否则去冒险就真的是疯了。这个严肃的人讲话几乎像逗乐小丑，很清楚，他是想戏弄我们，就像为了跳跃而先助跑的步兵——结果他真的跑了起来，根本不理会跳跃。如果一切都确定无疑，他会甘冒一切风险。但是何谓冒险？冒险是不确定性的关联物；一旦确定性出现，冒险也就终止了。那么，如果他获得了肯定性和确定性，他就不可能去冒险；那样他就没有冒险，尽管他舍弃了一切；如果他没有获得确定性，果若如此，那个严肃之人就会郑重地说，他不愿冒险，那的确是疯狂。以此方式，那位严肃之人的冒险不过是一场虚惊。如果我通过冒险而拥有的东西是确定的，那么我就没有冒险，我是在交易。因此，我拿一只苹果去换一只梨并不是在冒险，如果交易时我把梨拿在手中的话。讼棍和骗子对此了如指掌，他们互不信任，所以就把交易的东西攥在手中。他们的确拥有一种关于冒险的狭隘观念，一方转过身去吐口水都会被视为是冒险，怕他耍花招。我散尽家财换得一颗珍珠，在交易的瞬间我把珍珠攥在手中，这不算冒险。<sup>(90)</sup>或许这是一颗假珠子，那么我上当受骗了，我做了一桩糟糕的交易，但是我并没有冒任何风险。反之，如果那颗珍珠隐身于遥远的非洲的某个难以到达的秘密地点，如果我从未把珍珠握于手中，然后我离开了家园，放弃了一切，踏上了那条漫长而艰辛的旅途，而并无我的事业能否成功的确定性，那么我就是在冒险①——于是人们晚上就会在俱乐部听到那位严肃的人说：这是疯狂。但是，无论那个冒险者在前往非洲的漫长而危险的旅途中能够遇到何种怪事，我都不相信他会遇到比那个严肃的人所说的话更为奇怪的东西，因为那人在其全部的严肃之中所保留的唯一真实的话就是：这是疯狂②。这的确是疯狂。冒险总是疯狂的，但是为了某种期待之中的永恒福祉而冒险，这是整体性的疯狂。相反，关于确定性和肯定性的问题是一种精明，因为它是避免行动和冒险的艰难以及把事情隐入知识和无谓言谈的遁辞。不然，如果我真的要冒险并且真的用行动去追求至善的话，不确定性必定会出现，而我必定要有活动的空间，

---

① 我很乐于用一个更高贵的例子来说明同一个问题。恋人是能够为了爱情、为了拥有其所爱而"冒险"的，但是已经拥有恋人的已婚男子则不会为她冒险，尽管他会跟她一起忍受一切，尽管他会因她之故舍弃一切；因此，如果已婚男子愿意使用表达恋人间最高程度的迷狂的言辞的话，他就是在侮辱自己的妻子。已婚男子已经拥有了他的恋人，如果永恒福祉也以这种方式呈现给某君，那么他根本不用去冒险了。不过不幸就在于，永恒福祉恰恰不能以这种方式呈现给已经冒险的生存者——只要他仍是生存者，于是还有一则小小的注意事项——他必须冒险，因为他无法事先从郑重做出断言的哲学家或者小心翼翼的牧师手中获得确定性。因为奇怪的是，尽管永恒福祉是至善，而且远比地产和王国更大，但它仍然绝对地是善，给出它的人根本不过问其他人的确定性，而接受它的人也根本没有从把所有人作为保证人这件事当中受益。这件事只在给予者和接受者之间被决定——几乎跟我就要说到的疯狂一样伟大，即那种不是为了更好地照看自己的利益和安全的给予者的疯狂，那种不因在孤独之中看不到一个保证人而疑虑重重且感受到伤害的接受者的疯狂。

② 所有的人生智慧都是抽象的，只有最为平庸的享乐主义没有丝毫的抽象，只有瞬间的享乐。与享乐主义的明智在程度上相当，人生智慧也有某种抽象；越是明智，越是抽象。由此，享乐主义获得了一种与伦理和伦理—宗教的短暂的相似性，有那么一瞬，它们看似能够齐头并进。只是情况并非如此，因为请注意，伦理的第一步若是无限的抽象，随后会发生什么呢？这一步对于享乐主义来说太大了，尽管某些抽象算得上是明智，但是无限的抽象在享乐主义看来就是疯狂。——或许有哲学家会说，我只在观念的领域之内行动。诚然，在纸上把事物组合起来的确要容易得多，人们冒了所有的风险，同时仍然拥有一切。只是，如果我要在生存之中冒险，这就已经是终其一生的任务了；如果我要怀着我的冒险事业出现在生存之中，我就不得不时刻去冒险。如同往常一样，令人尊敬的哲学家把场景从生存搬到了纸上。

## 第四章 《哲学片断》的问题：永恒福祉何以能建立在历史知识之上

如果我可以这样说的话。但是，我所能得到的最大的活动空间——无限的激情在那里做出最激烈的手势，就是在与永恒福祉的关系中的知识的不确定性，或者说对永恒福祉的选择在有限的意义上就是疯狂。看吧，这里有足够的空间，现在你可以冒险了！

于是乎，永恒福祉作为绝对的善就拥有了这样一种显著特性——它只能通过获取的方式被规定；而其他的善则可以由善本身规定，其原因恰恰在于其获取方式是偶然的或者是相对辩证的。比方说，钱既可以靠工作挣得，又可以不靠工作而获得，二者都有多种不同方式，只有钱是同样的好东西。再比方说，根据不同的才能和外部环境，知识的获取方式是不同的，因此它不由获取方式被规定。但是，关于永恒福祉所能说的只有一点，即它是通过绝对冒险的方式才能企及的善。任何对于这种善的荣耀的描绘都已经是在试图使这一点成为可能——存在着多种获取方式，比方说更容易的和更困难的方式，这种尝试揭示出，这不是在描绘绝对的善，而只是幻想自己如是为之，其本质一定是在谈论相对的善。之所以在一定意义上谈论这种善是容易的，就因为它是确定的——当一切变得不确定之时，因为谈话者永远不会陷入困境，就像相对的善的情形所揭示出的，对一个人有益的东西对另一个人未必有益。因此，关于这种善的演说非常简短，除了冒险外别无他言。培尔靠工作、保罗靠玩彩票、汉斯通过继承遗产、麦斯因币制改革、克里斯托夫靠从一位商人手中买了件家具而致富等等，关于这些根本没有逸闻趣事可讲。[91]但从另一种意义上看，这种演说又是漫长的，而且是所有演说中最长的，因为冒险要求意识具有透明度，后者的获得只能是极其缓慢的。宗教演说的任务就在于此。如果它只道出简短的一句话——冒险，则整个王国就只需要一名演说者；另一方面，最长的演说永远都不应忘记冒险。宗教演说可以涉及任何东西，只是它要不断地使之与宗教的绝对规定性相关联。它必须走上所有的道路，了解所有错误的栖身地，各种心情的藏身处，了解激情如何在孤独之中理解自身（每一个有激情的人都多少有些孤独，只有那些喋喋不休讲废话的人才会在聚会中露脸），错觉在何处诱惑，道路在何处发生分歧等等，为的是不断地使一切与宗教的绝对规定性相关联。如果在这个方面一个人能够为他人做点什么，他就不必费事地转移到波斯和中国去，因为就像宗教演说比所有其他演说更胜一等一样，所有真正的宗教演说对于绝对的善的另一面——永恒福祉——一无所知，因为它知道，任务不是从个体出发到族类，而是从个体出发、经过族类（普遍的东西）而企及个体。宗教演说是通往善的道路，可以说它是对道路的模仿①，它如同人生一样漫长，它模仿宗教人士所描绘的道路，其意义不同于行星的运行轨迹或者数学家所画的圆。但是，通往绝对之善是没有捷径的，而且既然它只能通过获取的方式被规定，其绝对的困难就成为人们与绝对的善建立关系时的唯一标记。用一种更容易的方式偶然发现它（通过出生于一个极其有利的年份的方式，比方说生于19世纪；有一个聪明的脑袋瓜；与某位伟人同乡，或者是某个使徒的姻亲），做个命运的宠儿，这只是人们上当受骗的证据，因为幸运先生并不隶属于宗教领域。(92)宗教演说的优点就是使道路困难起来，因为道路是决定性的东西，否则我们所有的只是感性。但是基督教使道路变得格外困难，说基督教使道路变得容易，这不过是使众多人落入陷阱的错觉而已，因为基督教对人的帮助始于这样的方式——它使一切都比先前更加困难。如果有个异教徒只对绝对的善有个大概的了解，那么基督教就会通过荒谬来帮助他。如果人们忽略这一点，事情真的会变得比在异教中还要容易；但是，如果坚持这一点，则一切都更为困难，因为凭借自身的力量维持一种微弱的希望要比借助荒谬的力量获得确定性更容易。当感性意义上的受难者痛苦呻吟的时候，他想从伦理中获得慰藉——它确能提供安慰，只是，伦理首先会使感性的受难者比先前更痛苦。如果人们忽略这一点，伦理就会使事情非常容易和舒适，但那是在妄称伦理。一位感性意义上的受难者尽管在受苦受难，但他还能再痛苦一些；如果他向伦理求助，那么，好吧，伦理首先会让他才出虎穴、又入狼口，于是他彻底获得了高声尖叫的事由——只有这样伦理才会帮助他。(93)基督教的情形亦然。基督教要求个体以生存的方式冒险（情致）；异教徒也能做到这一点，比方说在假设不朽的前提下冒险。不过基督教还要求个体拿他的思想冒险，冒险在与理智相反对的情

---

① 在此我们再次看到宗教演说不应采用透视法的原因。也就是说，在感性的意义上不存在什么道路，因为感性与直接性相关联，对这一点的表达就是透视法。在伦理和伦理—宗教的意义上，道路是要被考量的，因此，感性意义上的真理在伦理和伦理—宗教的意义上就是骗局。

## 第四章 《哲学片断》的问题：永恒福祉何以能建立在历史知识之上

况下信仰（辩证性）。那个严肃之人根本不会冒险，因为他想要的是确定性，于是有一点是确定的——存在着一种纯粹的确定性，也就是说，这是一桩绝对的冒险事业。生存者在不朽的假设下在人生中苦苦挣扎，这一点看起来已经相当艰巨了；取得一项关于复活的证明是极大的解脱，如果证明本身不是非常困难的话。与异教世界相比，在一个中间人的帮助下赢得一切看似相当容易，而在异教世界，智者尽自己最大的努力也鲜有成就。[94] 但是，假设万事中最困难的就是有个中间人！在一部福音书的帮助下赢得一切看似相当容易，如果福音书的存在不是万事中最为困难之事的话！通过上帝而无所不能看似相当容易，如果人自己一事无成不是最为困难之事的话，而极其困难的是，每一代人中只有少数人能够真正道出此言：日复一日，他们相当有把握地意识到，一个人一事无成。但是，如果跳过辩证性，结果会怎样呢？结果，所有这一切都会变成闺蜜间的闲谈和妇人的喋喋不休，因为人们挺了解犹太人和妇人，他们在一分钟内唠叨的话一个男人一辈子也说不完。如果跳过辩证性，对复活的证明就相当讽刺地成为了过度证明，而不朽的确定性还比不上在异教世界。于是，中间人变成了一个可疑的人物，一个头戴光环和许愿帽的感性的漂亮人物；福音书变成了谣言，有点坊间闲谈的味道。于是，通过上帝无所不能的人，现在变得凭借自身也能略有作为，他们客气地装做一切仿佛都是通过上帝而为之，远远地躲在那种以生存的方式合理地练习"自己一事无成"的艰难意识背后。[95] 如果跳过辩证性，整个基督教就会变成一个轻松的观念，变成迷信，而且是所有迷信当中最危险的一种，因为它是对真理的迷信，如果基督教就是真理的话。换言之，对于谬误的迷信拥有一种可能性——使真理出现并且唤醒真理，但是，当真理存在之时，迷信借助与真理的关系会将真理转化为谬误，于是拯救根本不可能。不然，基督教的轻松只以"困难"为标记。于是，它的轭是容易的，担子是轻省的——对于甩掉了所有担子的人来说，希望的、恐惧的、沮丧的和绝望的担子；只是这一点非常困难。[96] 反过来说，这困难是绝对的，不是比较的—辩证的（对一人比对另一人更容易），因为这困难绝对地与每一个具体的个体建立关系，并且绝对地要求他的绝对努力，但也没有更多的要求了，因为在宗教领域里没有被不公正对待的个体，就像没有命运的宠儿或者中彩一样。

§2 生存情致的本质性表现——痛苦；作为感性人生观的幸福和不幸，与作为宗教人生观的痛苦（在宗教演说中被揭示）之间的对立；痛苦的现实性（幽默）；在后一种情况下的痛苦的现实性之为生存者与永恒福祉的关系的标记；宗教幻象；内心冲突；在前一种情况下的痛苦的根源及意义——离弃直接性、但仍停留在有限性之中；一个建设性的娱乐；幽默作为宗教的伪装

从前节内容中我们应该回忆起，生存的情致是行动，或者是对生存的改造。这个任务被设定为同时绝对地与绝对目的建立关系，相对地与相对目的建立关系。但是这个任务还应在具体的困难之中进一步地加以理解，以免生存情致在感性情致之内被取消，仿佛生存情致怀着不曾改变的直接性的激情一劳永逸地或者每月一次地说出它似的。如果一切都将在纸上被决定，那么人们立刻就能开始理想的任务；但是在生存中，我们必须从训练与绝对目的建立关系并且削减直接性的力量开始。在纸上，个体是一个第三方，一个立刻就能为你效劳的快手。但是一个真正的个体毕竟处于直接性之中，就此而言他实际上是绝对地处于一些相对的目标之中。现在，个体开始行动了，请注意，不是同时绝对地与绝对目的、相对地与相对目的建立关系，因为他处于直接性之中，情况恰好相反；而是以通过"放弃"练习建立绝对的关系为开端。这个任务是理想性的，或许永远无人企及；只有在纸上人们才会自然而然地开始并且即刻结束。为了绝对地与绝对目的建立关系，个体必须训练放弃相对的目的，只有这样，才有提出理想性任务的可能，这任务就是同时绝对地与绝对目的、相对地与相对目的建立关系。在此之前不行，因为在此发生之前，个体总是多少有些直接性的，由此他是在绝对地与相对的目的建立关系。即便他战胜了直接性，他仍然与其胜利一起处于生存之中，由此再次被阻止绝对地表达与一个绝对目的的绝对关系。感性情致与生存是有距离的，或者靠幻觉身处其中；而生存情致则沉潜于生存之中，带着生存意识穿过所有的错觉，并且以行动去改造生存，从而变得越来越具体。

行动看似与受难截然对立，因此，说生存情致（它是行动的）的本质表现就是痛苦看起来就有些奇怪。但这只是看似如此，宗教境界的标志

## 第四章 《哲学片断》的问题：永恒福祉何以能建立在历史知识之上

再次在此显现——肯定性以否定性①（与直接性的直白②以及反思的相对性的直白有所区别）为标志，宗教行动以痛苦为标志。这里的两面性在于行动还可以意味着外在世界的行动，这一点的确是真的，只是它同时意味并且暗示着，此处所说的不在宗教境界，而在其他境界之内。外在世界的行动的确可以改造生存（像皇帝征服了全世界并且使人民成为奴隶），但却不能改造个体自身的生存；外在世界的行动的确可以改造个体的生存（像一个人从中尉变成皇帝、从犹太小贩变成百万富翁或者诸如此类会发生的情况），但却不能改造个体内在世界的生存。(97) 所有诸如此类的行动因而都只是感性的激情，其法则是适用于感性关系的法则：非辩证性的个体改变了世界，但却保持自身不变，因为感性的个体从未拥有辩证性，相反辩证性在其身外；或者说个体在外在世界得到改变，但内在世界却保持自身不变。于是场景发生在外在世界，因此，即使把基督教引入一个国家也只是一种感性关系，除非此为使徒所为，因为他的生存是悖谬的、辩证的；否则，如果个体没有在自身之内得到改变并且持续得到改变，则把基督教引入一个国家就跟征服其他国家一样都不是宗教行动。但是，本质性的生存情致是与本质性的生存相关联的；本质上说，生存就是内心性，内心性的行动就是受难，因为个体无力改造自身，可以说它是在佯装改造自身；于是，受难就是内在世界的最高行动。对直接性只有一点可怜的不耐烦的人去理解这个技艺是十分困难的，此人是向外的而非向内的；更别提那种几乎完全向外的人了——如果他不是以此方式对内心性的存在一无所知的话。

直接性是幸福，因为在直接性之中没有矛盾；从本质上看，直接性的人是幸福的，直接性的人生观就是幸福。如果有人就此追问，他从何处得到这种人生观的，这种与幸福的本质性关联，则他会如少女般地回答说：就连我自己也无法理解。矛盾来自外部，矛盾就是不幸。倘若它并非来自外部，则直接性的人就会保持对其存在的无知。当矛盾来临之际，他感觉

---

① 读者会记起：启示以神秘为标志，永福以痛苦为标志，信仰的确定性以非确定性为标志，容易以困难为标志，真理以荒谬为标志。如果这一点未被坚持，感性和宗教就会陷入共同的混乱之中。

② 异教的生存境界在本质上是感性的，因此，它把神的观念定于"不变者改变一切"就无可厚非。(98) 这是对外在世界的行动的表达。而我们这里所说的宗教性存在于向内心沉潜的辩证法之中，因此，此处的神的观念就是，上帝自身被感动了，被改变了。

到了不幸，但却没有理解痛苦。直接性的人与不幸从未有过默契，也就是说，他自身没有成为辩证性的。倘若他没有逃离不幸，则最终显示他缺乏自我控制力，也就是说，他绝望，因为他未能理解不幸。[99] 不幸犹如直接性道路上的瓶颈。现在，他处于不幸之中，但是本质上说，他的人生观会不断地想象着，不幸还会终止，因为不幸是异类。倘若不幸没有终止，他就会绝望，以此直接性终结了，转向对不幸的另一种理解的道路成为可能，也就是说，转向对痛苦的理解，一种不是对这桩或那桩不幸的理解，而是本质上对痛苦的理解。

幸福，不幸，命运，直接性的热情，绝望——这些都是感性人生观所要处置的。不幸是在与直接性的关联之中所发生的事情（命运）；从理想的角度观之（面向直接性的人生观），不幸是被清除了的，或者它必须被清除。诗人通过把直接性引入理想性的办法来表达这一点，理想性就是在有限性的世界中找不到的直接性的幸福。诗人在此利用幸福。但另一方面，诗人（诗人从来只在直接性的范围内操作）使个体屈从于不幸。这是对男女主人公之死的意义的通常理解。但是要想理解不幸，要与之达成默契，颠倒一切，使痛苦成为人生观的出发点，诗人对此无能为力，诗人也不该这么做，因为那样他只是浅尝辄止而已。

反之，内心性（伦理个体和伦理—宗教的个体）把痛苦理解成是本质性的东西。直接性的人无意识地忽略不幸，只要不幸不在外部，他就不知其存在；宗教人士则持续地心怀痛苦，要求痛苦①，其程度一如直接性的人要求幸福。即使不幸并未出现在外部，他也要求痛苦并且心怀痛苦；因为他要求的不是不幸，那样的话，其情形就仍然是感性的，他自身在本质上仍然是非辩证性的。

我们很少看到或听到一则正确的宗教演说，也就是清楚它应该使用何种范畴以及怎样使用这些范畴的演说，或许比一部完美的诗作还要罕见。

---

① 因此，当（例如，在魏尔出版的《穆斯林圣徒故事》中）宗教人士向上帝祈祷时说，他或许像亚伯拉罕或者其他被选中的人那样在巨大的痛苦折磨之中受到考验，这就是一个恰如其分的宗教冲突，但同时也是一个并非不引人关注的感性对于宗教的误解。这方面的祈祷是宗教泛起的泡沫，跟我们说阿拉丁的热情和年轻女郎的幸福是直接性泛起的泡沫意义相同；其误解在于，宗教人士仍然理解痛苦源自外部，因而是感性的。这些故事的结局通常是，宗教人士被证明过于虚弱以致于无法忍受痛苦。但是由此什么都没有得到澄清，而问题的出路再次落在感性和宗教之间并非不鲜明的分界线之上。

## 第四章 《哲学片断》的问题：永恒福祉何以能建立在历史知识之上

但是，我们有时会在一部诗作中发现，出自某个特定人物之口的话极具反思性，结果这个人物因之从整个诗作的范围中被反射出来；同样的，宗教演说辞更经常地成为一种从各个境界中抽取出来的少量东西的可悲聚合物。但是自然了，成为一名诗人是需要使命感的，而成为一名宗教演说者则只需通过三次考试，然后，他就可以获得一个职位了。<sup>(100)</sup>

宗教演说当然不必一直谈论痛苦；但是，无论它说什么，无论它怎样翻腾，无论它走上何种道路以得人，无论它如何在独白中见证自己的生存，它必须一直以其所呈现的整体范畴作为衡量标准，以便让那些行家里手立刻从演说展现的人生观当中看到整体的方向。<sup>(101)</sup> 于是，宗教演说可以谈论任何东西，只是它必须直接地或间接地在内部呈现出绝对标准。仅仅查看特定的国别图、但却从未在世界地图上查看不同国家之间的关系，用这种方法学习①地理是令人困惑的，也就是说，举个例子，当丹麦看起来跟德国几乎同样大小的时候，这是具有欺骗性的。同样，当整体范畴——哪怕是间接呈现的——没有从始至终指明方向的时候，宗教演说辞的细节都会起到干扰作用。宗教演说在本质上通过痛苦而升华。直接性的信念在于幸运，宗教的信念却在于，在痛苦中才有人生。因此，它必须坚定地、有力地走到深处。<sup>(102)</sup> 一旦宗教演说开始斜眼瞄着幸福，用几率安慰自己，临时性地获得力量，它就是虚假的教导，是向感性的倒退，因而就是浅尝辄止。对于直接性来说，诗是对生活的升华；而对于宗教来说，诗是一种美好的、可爱的玩笑，它所给予的安慰是宗教所要拒绝的，因为宗教恰恰在痛苦中呼吸。直接性在不幸之中吐气，宗教在痛苦中开始呼吸。这里的关键一直都是通过质的辩证法而使各境界之间严格地彼此分立，以免使所有东西成为一个。当诗人想从宗教当中撷取点东西的时候，他真的会变成一个笨手笨脚的家伙；而当宗教演说者想通过涉猎感性领域的方式去阻止他的听众的时候，他就是一个骗子。一旦宗教演说把人们分为幸福的和不幸的，正因为如此，这演说就是浅尝辄止，因为从宗教的角度观之，所有人都是受痛苦折磨的，问题的关键恰恰是进入痛苦之中（不是用掉进去的方式，而是用发现"人就在其中"的方式），而非从不

---

① 但是如果我们假设，就各种各样的宗教演说辞而言，我宁愿承认，当一名这类演说辞的听众比当一名演说者更为困难；那么，这宗教演说的确已经反讽地被弄得十分表面化，其作用就像炼狱，在那里，个体在神的家中严格要求自己，以便能够用尽一切进行建设。<sup>(103)</sup>

幸中逃脱。从宗教的角度观之，一个全世界都向他卑躬屈膝的幸运者，如果他具有宗教性，他就跟一个不幸从外部来袭的不幸者完全一样，都是受痛苦折磨的人。从宗教的角度观之，"幸福与不幸"的区分是可以使用的，但却只能以戏谑的和反讽的方式，以此鼓舞个体进入痛苦之中，并且由痛苦来规定宗教。

但是，人们如今听到的宗教演说辞罕有正确使用范畴的。高度令人尊敬的演说者忘记了，宗教即内心性，内心性是个体在上帝面前与自身的关系，是在自身之内对这种关系的反思，痛苦正由此出场，痛苦的本质所属物也根源于此，结果，痛苦的缺失就是宗教性的缺失。演说者把个体仅仅理解为与一个世界建立了关系，一个或大或小的周围世界。现在，他献上了关于"幸福与不幸"的菜肴——不幸者不应丧失勇气，因为还有很多更为不幸的人，而且，很可能的是，"在上帝的帮助下，一切都会好起来"①，人们历经磨难终有所成。是啊，若麦德森没有如何如何的话，他定会成为司法部官员！看，人们很乐于听这些玩意，因为这是在以宗教的方式宣扬对宗教的豁免——免除在痛苦之中的宗教热情。如果宗教演说者忘记了，他的场景是内心性以及个体与自身的关系，那么在本质上他的任务就与诗人的任务相同；果若如此，他最好保持沉默，因为诗人会比他做得更好。如果宗教演说者以前述方式宣讲不幸，那么这演说不仅在宗教看来是令人震惊的（也就是说，因为他装成宗教演说者），而且他还会为自己带来讽刺性的报复，即从这个演说中可以推出，有根本不受痛苦折磨的幸福的宠儿存在——这一点在宗教看来极为可疑。对宗教演说的邀约十分简单：到这里来，你们所有劳苦担重担的；这演说预设，所有人都是受难者，的确，他们应该成为受难者。(104)演说者不会走到听众中间，在那里指着一个人，如果存在着这样一个人的话，并且说道："不行，你过分幸运了，你不需要听我的演说。"如果从一个宗教演说者口中听到这样的话，它听起来就是最为刻薄的反讽。在幸福与不幸者之间的区分不过是个玩笑，因此演讲人应该说："我们所有人都是受难者，但是我们在痛苦中快乐着，这正是我们努力追求的。幸福的人就坐在那里，世间一切的一切

---

① 很多人理所当然地认为，如果上帝的名字被提起，这演说就是虔诚的。那样的话，如果有人用上帝的名字进行诅咒，那也是虔诚的话语了。不然。一种感性的人生观尽管为上帝和耶稣的名字所装点，它仍是感性的人生观；如果它在演说中被宣讲，这演说就是感性的，而非宗教的。

第四章 《哲学片断》的问题：永恒福祉何以能建立在历史知识之上

都像在童话中那样屈从于他，但是，假如他不受痛苦折磨的话，他就要有祸了。"但是很少有宗教演讲是这样设计的。至多，在演说的第三部分终于会出现那种真正的宗教性的观点，也就是说，在演说的前三分之二极尽所有逃离宗教的可能性之后，在让宗教性的听众感到疑惑之后——他们不知道自己是去诗人家参加舞会呢，还是来牧师这里受启发。如此一来，事情很容易看似如此：宗教不是平等地对待所有人，而且是通过平等的痛苦折磨而为之，这是宗教对关于幸福与不幸的玩笑的胜利；宗教只针对那些极其不幸的人——宗教成了感性事物的一个可怜分支，这是宗教的荣耀。无可否认，宗教是最后的慰藉，但是还有比在诗的层面上的最大不幸更大的悲哀，那就是：身处无与伦比的幸福之中，结果人们根本不理解作为宗教的生命元素而在的痛苦。

通常而言，牧师或许会认为那种无与伦比的幸福只会出现在童话中，而在生活里，不幸会降临到多数人身上，由此牧师再次接手安置他们。这是可能的，但是牧师应该对宗教充满信心，他不应该以这种方式哄骗百姓接受它。他应该无忧无虑地与"有人会变得像童话中的人物那样幸福"开玩笑，但同时又指出，痛苦隶属于真实的人生。他应该严厉敲打所有只对不幸感到痛心、并且只想听"不幸定会消失"之类的慰藉之言的人，因为这样的人实际上是想避开宗教。于是，拉芳苔涅哭泣着让其主人公的不幸贯穿三卷书（一个恰如其分的诗人的任务）；同样，一个宗教的演说者——如果我敢于这么说的话，应该有勇气让其主人公如其所愿地幸福，让他们成为国王和皇帝，成为获取芳心的幸福的恋人，成为百万富翁等等，但是，他同时还要留意让他们在内在世界中产生痛苦。[105]在外在世界越幸福、越受偏爱，但如果痛苦仍然存在，这痛苦隶属于内在世界这一点就越清晰——它就在内在世界当中。这样的宗教与牧师提供的混合物之间根本的质的差别也就越清晰。[106]

当宗教人生观按其范畴被坚持的时候，宗教演讲者应该令宗教性的崇高以喜剧的方式任意利用诗的整个范围。以一个祈愿的个体为例。如果他去找诗人，诗人立刻就能看出，此人在两个方向上可以利用，或者沿着幸福的方向，借助愿望的魔法；或者沿着不幸的方向，一直到绝望为止。从诗的角度出发，这任务就是想象的放大，不管此人是变得幸福还是不幸；重要的是，没有浅尝辄止。但是，如果让同一个人去找牧师，牧师会在宗教性的崇高之中为他把这一切变成玩笑。怀着宗教关于痛苦之于最高生活的意义的热情信念，牧师会教导他冲着所有由愿望引出的欲望微笑，并且教导他飞升于遭到拒绝的愿望的痛苦之上——通过宣讲更大的痛苦。在困境中，当马车卡在无法通行的路段或者陷入遍布车辙印的道路上的时候，车夫会使用鞭子，不是出于残忍，而是确信这会有所帮助，只有那些娘娘腔才不敢挥动鞭子。但是这里丝毫没有浅尝辄止。宗教演说执着于那种令人尊敬的自由，直接地对待身为人的意义，几乎就像死亡，死亡同样直接地对待身为人的意义，不管他们是皇帝、司法部官员还是小混混；不管他们是极其幸运并且幸运地被划入优等生之列，还是地位极其不幸并且被划入劣等生的队伍。[107]如果牧师无法使这位祈愿者变成一个宗教人士，或者更准确地说，这位牧师不愿如此，那么这牧师就只是个冒牌诗人，结果我们应该让诗人来统治，不管是变得幸福还是绝望。如果说诗人的话语魅力非凡，它会使少男少女因激动而脸红；那么，宗教话语的热情就应该使诗人因嫉妒竟然存在这样一种热情而面色苍白——人们不因幸福而激动，也不会在绝望的草率中自暴自弃；不，人们因痛苦而激动。但是世俗的见识认为，诗是少女的亢奋，宗教则是男人的癫狂。[108]因此，宗教演说者无需采用强劲有力的演讲，因为他恰恰是以那种使他坚守宗教坚不可摧的立场的战无不胜的品性，才确定无疑地显示出了他的崇高；因为宗教没有把感性事物当作平等对手与之进行斗争——宗教并不与感性事物进行斗争，而是把它当成玩笑征服了。

诗人的标记在于，他知道如何满怀情致地使针对无限性的幻想—激情落入幸福和绝望之中，同时还知道如何喜剧般地、快活地牵着所有有限性的激情和所有物质主义的鼻子走。同样，宗教演说者的标记在于，他知道如何满怀情致地处理由痛苦滋生的热情，并且戏谑地窥视针对无限性的幻想—激情。正如诗人应该拥有仁慈之心，他时刻准备服务于那些身处幻觉的魔幻王国中的幸福的人们；或者诗人应该拥有同情心，他时刻准备服务于那些不幸的人们，他仁慈地大声传达出绝望者的心声。同样，就对无限性的幻想—激情而言，宗教演说者或者会闷闷不乐、受挤压、迟缓，就像起居室里的日光，像病床边的夜晚，像整整一周为衣食发愁——这情形在教堂里并不比在家中的起居室看起来更容易。或者，他会比诗人还要迅速地使每个人如其所愿地幸运，只是我们反讽地注意到，他是为了揭示所有的幸福与不幸都与正题无关，只有痛苦在本质上隶属于最高的生活。——当朱丽叶无力地倒地而死，因为她失去了罗密欧；当她直抒胸臆，她以这

## 第四章 《哲学片断》的问题：永恒福祉何以能建立在历史知识之上

样的方式失去了罗密欧，结果甚至罗密欧都不再能够安慰她，因为拥有本身变成了每日的忧伤回忆。在最后一位朋友、所有不幸恋人的最后一位朋友——诗人——陷入沉默之时，宗教演说者仍然敢于打破沉默。或许是为了提供一点出色的安慰的理由？果若如此，被伤害的朱丽叶很可能会将目光转向诗人，诗人以感性的大获全胜的权威把尊敬的牧师置于悲剧中的闹剧部分①，他捍卫着亘古以来隶属于诗人的权利——那个可爱的、陷入绝望的朱丽叶。<sup>(109)</sup>不然，宗教演说者敢于宣讲新的痛苦，更加可怕的痛苦，这痛苦将使朱丽叶重新站起来。——或者，有个绝望的人，只要有人靠近他，从他高傲的目光中立刻就能判断出这是一个叛徒，也就是说，他是一个能够给予慰藉的人；当他脸上的愤怒判处敢于去安慰的人以死刑，结果所有的安慰者和安慰理由都在可怕的闹剧之中混合在一起，就像甜牛奶在风雨天凝结变酸那样。当此之时，宗教演说者应该知道如何使自己被听到——通过宣讲更可怕的痛苦和危险。

　　尤其重要的，宗教演讲永远不应采用透视法，后者与作为冒牌伦理运动的感性相呼应。从感性的角度出发，那个透视法就是幻觉的魔法，且是唯一正确的，因为诗与旁观者有关。但是宗教演讲应该与行动者有关，后者回家后要相应地行事。如果宗教演讲采用了那个透视法，不幸的混淆就会产生，我们的任务看起来在教堂就比在自家的起居室更为容易，于是去教堂只会产生危害。因此，演讲者应拒绝透视法，那是青春的幻景，以免被考验者在自家的起居室内被迫将演讲者的演说当作不成熟的东西加以拒绝。当诗人采用透视法的时候，旁观者静静地坐着，陷入沉思之中，这是壮丽的，令人着迷的；但是当宗教演讲者采用透视法的时候，听众却是行动者，在行动中，演讲者只会帮助他一头撞到起居室的大门上。宗教演讲

---

① 一旦牧师对宗教范畴感到犹豫不定，把自己与诗人的腔调一起绑在生活经验中，诗人自然就比他优越很多。凡是知道如何计算范畴之间的关系的人都会轻易看到，这样一位他人灵魂的探问者恰恰是趋向于成为悲剧中的喜剧人物的正常动机之一。一个同样胡说八道的普通人——这胡说八道的奥秘在于它甚至连贯性的要点都迷失了，比方说一个理发师学徒或者葬礼司仪，这样的人自然是滑稽的，但他们都不像他人灵魂的探问者那样彻底地滑稽，"他人灵魂的探问者"这个名字和黑色的长袍假扮着至上的情致。<sup>(110)</sup>满怀情致地把一个他人灵魂的探问者写进一出悲剧是一个误解，因为，倘若他在本质上代表着其本质之所是，则所有的悲剧都将终结；倘若他没有代表其本质之所是，则他正因为如此就要被理解为喜剧性的。我们在悲剧中常常看到虚伪的和满腹牢骚的修道士，我相信，这样一个穿着法衣的、担任圣职的、世俗化的言语空洞者跟我们这个时代的情形更为接近。

者以相反的方式行事，宗教演讲的目标缺失，毫无结论，这恰恰是因为痛苦在本质上隶属于宗教生活。因此，尽管人们常常愚蠢地忙于打探牧师是否真正做到了他所说的，我认为，任何就此方面所做的专横的批判都应被放弃，被限制，但是我们要敢于、并且应该向演讲者提出一个要求，即他的演讲应该是这个样子，人们能够据此行动，以免真正的听众被愚弄——正当他想根据牧师之言行动的时候。换言之，因为牧师之言皆为虚无飘渺的东西，无论牧师是忙于构建世界历史的宏大视野和无与伦比的鹰般的犀利目光，据此人们不可能行动；还是以感性的方式发表晦涩的言论，人们也无法据此行动；还是描绘想象中的灵魂状态，对此行动者在现实当中徒劳地寻找着；还是以行动者在现实当中无法找到的幻觉进行安慰；还是变出一些激情，它们至多只发生在那些不曾拥有这些激情的人们身上；还是战胜那些子虚乌有的危险，而让真正的危险留在那里，而且是以子虚乌有的戏剧化的力量战胜它们，让现实性的力量无用武之地。[111] 简言之，他打出的是感性的、思辨的、世界史的王牌，放弃的是宗教的牌。[112]

但是，痛苦是生存情致的本质性表现，这意味着人们会真正地受痛苦折磨，或者说痛苦的现实性就是生存情致，通过痛苦的现实性，痛苦的持续存在被理解为与永恒福祉的本质的、充满情致的关系，结果痛苦不会虚假地取消，个体也没有超越之——那是倒退，它通过不管用何种方式把场景从生存转移到想象的媒介之中而完成。正如顺从要照管个体把绝对的方向对准绝对目的，同样，痛苦的持续存在则确保个体各有其位并且安守其位。直接性的人无法理解不幸，他只能感觉到它；于是不幸就比他强大，这种与直接性的想象—激情的关系就是绝望。诗人借助透视法在想象的媒介之下恰如其分地将这种关系表现了出来，仿佛一切都已过去。在生存中情况有所不同，直接性的人在生存中常常因其转眼就会被遗忘的妇人般的言论而显得荒谬可笑。如果生存个体身上的直接性受了伤，一次小小的碰撞，那么出路就该被找到了，因为场景不在想象的媒介中。于是一群有经验和有常识的人出现了，缝补匠们和补铜匠们，他们在几率和安慰理由的帮助下把碎片或者破布粘合起来。生活在继续；人们向那些担任圣职的或者世俗职务的聪明人求教，一切变成了一锅粥：人们远离了诗，但也没有抓住宗教。

从宗教的角度出发，如前所述，问题的关键是理解痛苦并且以这样的方式持续居于其中，即对痛苦要有所反映，而非远离痛苦。尽管诗作位于

## 第四章 《哲学片断》的问题：永恒福祉何以能建立在历史知识之上

想象的媒介之下，但是诗人的生存有时会产生与宗教的临界线，尽管与宗教有质的差别。[113] 诗人常常在生存之中受痛苦折磨，诗作就是对它的反映。只是，在生存中受痛苦折磨的生存着的诗人并没有这样理解痛苦，没有沉浸其中；相反，他在痛苦之中寻求远离痛苦，在诗作中，在对更完美的（更幸福的）事之序的诗性期待中寻求解脱。同样，演员、尤其是喜剧演员有时也会在生存中受痛苦折磨，但他没有沉浸其中，他寻求远离痛苦，在他的艺术所鼓励的交换之中寻求解脱。不过，诗人和演员要从诗作的魔力和想象所祈愿的事之序当中，从与诗化人物性格的混淆之间，转回到现实所滋生的痛苦之上，对此他们无法理解，因为他们的生存建立在幸福与不幸的感性辩证法之上。诗人能够解释（转化）整个生存，但却无法对自身保持清醒认识，因为他不愿成为宗教性的人，没有把痛苦的奥秘理解为人生的最高形式，它比所有的幸福都高，并且不同于所有的不幸。这就是宗教的严苛性，使一切变得更为严苛就是它的开端，它不把诗当作一种新的稀奇古怪的愿望，也不把它当成全新的逃避手段——诗连做梦都没有想过；它把诗当作一种困难，这困难将造就一个人，就像战争造就英雄一样。

因此，痛苦的现实性并不等同于表达的真实性，尽管真正的受难者总会真实地表达自己。这里不是在讨论表达方式，因为话语本身从来都是浓缩的，因为词语是一种比生存更抽象的媒介。举个例子，如果让我想象诗人的生存，他在临终的极度痛苦中遭受着肉体和灵魂的折磨，而人们在他的遗稿中却发现了这样的迸发："就像患者渴望扔掉绷带，我的健康的精神也渴望着摆脱肉体的虚弱，那不透气的燕麦敷剂就是肉体以及肉体的虚弱。"[114] 就像打胜仗的将军在坐骑被射杀时会大喊：来匹新马；噢，我的大获全胜的精神健康也会大喊：来个新的躯体，因为只有肉体才会被耗尽。就像海上遇险的人，当另一个溺水者紧拽着他的时候，他会使尽因绝望而生的力量推开那人；同样，我的肉体像沉重的负担紧拽着我的精神，它成了死亡。就像暴风雨中的船，它的机器相对于船身构造来说过于巨大，同样，我正遭受着痛苦的折磨。"那么，人们无法否认这种表达的真实性，也无法否认痛苦的可怕性，但是却可以否认痛苦情致的现实性。有人会说，这何以就不是痛苦的现实性呢，这种恐怖？它不是，因为生存者只是偶然地理解了痛苦；正如他抽象地希望摆脱肉体一样，他也想把痛苦当成偶然的东西扔掉，问题是，痛苦的现实性对于宗教人士而言将会成为

## 最后的、非科学性的附言

一个沉重的教导。

痛苦的现实性意味着痛苦的本质性的持续存在,意味着与宗教生活的本质关系。在感性领域,痛苦是作为偶然的东西与生存建立关系的。因此,这种偶然的痛苦能够持续存在,只是偶然事物的持续存在绝非本质性的持续存在。于是,一旦宗教演说者采用了透视法,不管他是将所有的痛苦集于一瞬,还是开启了一个通往更好的时代的美好前景,他都是在返回到感性领域,他对痛苦的理解就成为冒牌的宗教运动。《圣经》说,神住在痛悔的人的心中,这句话所表达的不是偶然的、转瞬即逝的、临时的关系(果若如此,"住"这个字就很不合适了),而是痛苦之于人神关系的本质涵义。[115]反之,如果宗教演说者在宗教领域中感到不自在,也没经验,那么他就会这样来理解经文:不幸来自于外在世界,它使人的心碎了,于是人神关系开始了,然后呢,一点一点地,宗教人士会重新变得幸运起来——等等,他是因人神关系而幸运起来的吗?如果是,那他仍然在痛苦之中。或者,也许他是因为继承了一个富有的叔叔的遗产才幸福起来的?或者是找到了一位有钱的女友?或者是因为尊敬的牧师在《地址报》上友善地发布的捐款请求?[116]果若如此,这演说就是在倒退①,尽管有时在最后一部分,尊敬的牧师会变得极其雄辩,做出强有力的手势,很可能是因为宗教范畴不能正确地品味,而浅尝做诗人的味道会更容易。浅尝辄

---

① 如此一来,这样的宗教演说也是在倒退,例如,如果有人说:"在犯了很多错误之后,我终于学会了严肃地依附于上帝,从那时起,他再也没有离开我。我的生意兴隆,事业取得了进步,现在我幸福地结了婚,我的孩子们很健康,等等。"这个宗教人士再次返回到感性的辩证法,因为尽管他屈尊说他为所有这些祝福感谢上帝,但是问题仍然在于他是怎样感谢上帝的,是直接地感谢呢,还是首先开始了作为人神关系标志的非确定性的运动。也就是说,就像经历不幸的人无权直接对上帝说"这是不幸"一样,因为他要在非确定性的运动中悬搁他的理智;他也不敢直接利用那些好事,以之作为人神关系的标志。[117]直接的关系是感性的,它指示着那个感谢上帝的人并没有与上帝建立关系,而是与他自己关于幸福与不幸的观念建立了关系。换言之,如果一个人无法确定,不幸是否是一件坏事(人神关系的不确定性是作为一直要感谢上帝的形式的);那么他也无法确定,幸福是否就是一桩好事。人神关系只有一个见证者,那就是人神关系本身,所有其他的东西都是不可靠的;因为就外在事物的辩证法而言,在宗教的意义上,对于每个人来说问题的关键都是一样,哪怕他年事已高——我们出生于昨天,一无所知。[118]举个例子,当伟大的演员塞德曼(我在罗彻尔所著的传记中读到的)在一家歌剧院被授予桂冠的那个晚上,其时"欢呼声长达数分钟之久",当他返家后,他为此极其热烈地感谢上帝;可恰恰是他感谢的热烈程度证明他并没有感谢上帝。[119]他会以感谢上帝的同样强烈的热情去反抗上帝,如果他被观众叫了嘘声的话。如果他虔诚地致谢,并且是感谢上帝,那么柏林的观众、桂冠以及长达数分钟的欢呼声在宗教的辩证的不确定性之下都会变得可疑起来。

# 第四章 《哲学片断》的问题:永恒福祉何以能建立在历史知识之上

止——是的,浅尝辄止;因为这样的灵魂探问者加诸诗歌头上的世俗智慧对于诗来说恰恰是冒犯,它是一种令人厌恶的、诽谤性的把朱丽叶处理成假死的尝试。因为一个死后又醒转去过同样生活的人只是假死,而凯瑟琳(她不叫朱丽叶;正如大人对孩子们所说的,她是一个村姑,而不是诗的所爱)将会通过为自己找到一个新丈夫的方式证明这一点。[120] 相反,那个死后醒转到一个新境界里生活的人,他过去是、现在是、且一直都是真正地死了。不,朱丽叶之死是诗的壮丽,那种对于诗来说是冒犯的人生智慧,对于宗教来说则是厌恶。宗教演说尊重死去的朱丽叶,正因为这一点,它让朱丽叶醒转到一个新的境界开始新的生活,从而运作到奇迹的边缘。宗教是一种崭新的人生,而牧师的唠叨既无感性的宽宏大量以杀死朱丽叶①,又无痛苦的热情从而相信一种崭新的人生。

于是,痛苦的现实性意味着痛苦的本质性的持续存在,它本质性地为宗教生活而在。从感性角度出发,痛苦与生存的关系是偶然的,它可以存在,也可以结束;相反,从宗教的角度出发,痛苦的结束就是宗教生活的结束。一个生存的幽默家最接近于信仰宗教的人,所以他同样拥有关于痛苦的本质性的观念——他身处痛苦之中,他没有把生存理解成一件事,把幸福与不幸理解成发生在生存者身上的东西;相反,他是这样生存的——痛苦就在与生存的关系之中。只是随后,幽默家来了个欺骗性的转身,以玩笑的形式取消了痛苦。他在与生存的关系中把握痛苦的意义,但并没有理解痛苦的意义;他理解了痛苦与生存是相关联的,但却没有理解生存的意义,除了痛苦与之相关联之外。首先是幽默中的痛苦,其次是玩笑,这也就是为什么当他开口说话时,人们又哭又笑。他在痛苦中触及到了生存的奥秘,可是之后呢,他回家了。他的深刻之处在于,他与生存一起理解痛苦,因而所有的人,只要活着就会受痛苦折磨。幽默家没有借痛苦理解不幸,仿佛只要那些具体的不幸不存在,生存者就会幸福起来似的。幽默家对此理解得很好,因此有时他会举出一个完全偶然的、没有人会将之视为不幸的小小的困扰,然后说:如果这困扰不在了,他就会感到幸福。举个例子,如果有幽默家说:"假如我能够活到那一天,我的房东在我住的

---

① 如前所说,宗教演说是重击,而感性是饶恕;现在我们说,诗有勇气杀死朱丽叶。这一切击中了要害,而没有让我们卷入自相矛盾。让朱丽叶死去是感性的温和的同情,而宣讲一种新的痛苦、并且随后给予一击,这是宗教的严苛的同情。

院落里安装一种新型拉绳门铃,我能清楚而迅速地知道晚上是谁在叫门,我会认为自己太有福了。"那么,每一个理解了这话的人立刻就会明白,说话人在一种更高的疯狂之中取消了幸福与不幸的区分——因为所有人都受痛苦折磨。幽默家理解了这里的深刻性,但是与此同时,他又想到,这可能不值得他费力去澄清。这样的取消就是玩笑。因此,如果一个生存的幽默家与一个直接性的人交谈,比方说一个生活在幸福与不幸的区分之上的不幸的人,他会为这境况带来一种幽默的效果。幽默家任意使用的[①]痛苦的表达方式满足了不幸者,只是深刻性接踵而至,它带走了不幸者生活其间的那种区分,然后玩笑来了。假如,比方说吧,那个不幸的人说:"对我来说结束了,一切都丧失了";幽默家或许会继续说:"是啊,我们都是可怜人,生活在各种各样的艰难困苦中;我们所有人都受着痛苦折磨。只要我能够活到那一天,我的房东会安装一种新型拉绳门铃……那么我会认为自己太有福了。"幽默家说这话绝不是为了侮辱那个不幸的人。但是这里的误解在于,说一千道一万,不幸的人仍然相信幸福(因为直接性是无法理解痛苦的),这也就是为什么不幸对于他来说是某种确定的东西的原因,他把所有的注意力都集中在这个想法之上——假如不幸消失了,他就会幸福。相反,幽默家是这样理解痛苦的,他发现所有的文献都是肤浅的,他用说出第一时间内涌现的东西的办法表达出了这一点。

拉丁语中有这样的说法:考虑结果,这说法的使用是严肃的,但是它本身包含了一种矛盾,因为作为结局的"结果"尚未到来,它横亘在人的面前,而"考虑"是指向后看——幽默家对生存的解释事实上就是类似的矛盾。[(121)]幽默家认为,如果生存就像是走上一条道路,那么生存的奇特性就在于,它的目标是位于后面的,只是人们被迫持续前行,因为向前行进的确就是对生存的比喻。幽默家把痛苦的意义理解为与生存携手并进,但是随后他取消了这一切,因为解释落在后面。

因为幽默家生存着,所以他也以同样的方式表达自身。生活中人们有时会听到一个幽默家说话,而在书中他的回答常常是装腔作势的。如果让

---

① 与之相对,不表现痛苦是识别反讽的直接标记,反讽在抽象的辩证法的帮助下以玩笑的方式做出回应,这种辩证法坚称不幸者对痛苦做了太多的宣泄。而幽默家毋宁认为,那痛苦太少,幽默家对痛苦的间接表达比任何一种直接表达强烈得多。反讽者在抽象人性的基础上夷平一切,幽默家则在抽象的人神关系的基础上如是为之,因为他并没有建立起人神关系,这关系就在那里,他用玩笑将之挡开。

## 第四章 《哲学片断》的问题：永恒福祉何以能建立在历史知识之上

一个幽默家自我表达，比方说，他会这么说："生活的意义何在？是的，请你告诉我。我如何知道呢，我们出生在昨日，一无所知。但是我知道，最愉快之事就是不为人知地、艰难而缓慢地走过这个世界，不为国王陛下、王后殿下、已故国王的国后殿下以及费尔迪南王子殿下所知，因为这样的贵族式的结交只会使生活变得困难和痛苦，就好像一位生活在贫困乡村的王子必须被王室家族所知似的。(122)同样，我还认为，在时间中为上帝所知使得生活变得异常艰巨。无论他在何处，哪怕半个小时的光阴都有着无限的意义。但是，以此方式生活不可能撑过60岁，人们花三年时间为应对艰难的考试而学习都快撑不住了，何况它还比不上那半个钟头呢。一切都将在矛盾中得到解决。很快，我们就会听布道辞说，要怀着对无限的满腔激情生活，并且购买永恒。于是人们尽最大的努力，迈开大步前往无限，在激情的极速之下向前猛冲，在轰炸时都没有人跑得更快，从教堂廊台上跌倒的犹太人，也不会这样头朝下地倒地。(123)会发生什么呢？接着我们听到：拍卖会推迟了，今天不会拍板，但是或许会在60年之后。于是有人收拾东西准备走人，然后发生了什么呢？就在这同一时刻，演讲者冲过去追那人，并且说道：'可这仍然是可能的，也许就在这一秒，一切都被死亡的审判所决定。'这是什么意思呢？最终所有人都走得同样远。(124)生存的情形一如我跟我的医生打交道的情形。我抱怨身体不适，他回答说：'你肯定喝了太多咖啡，而且走路太少。'三周后我再次跟他说，我真的感觉不适，但这次肯定不是因为喝咖啡的缘故，因为我没喝咖啡；也不是因为缺乏运动，因为我每天都在走路。他回答说：'好吧，那么原因应该是你没喝咖啡，而且走得太多了。'情况就是这样：我的身体不适没有得到改善，但是如果我喝咖啡，原因就出在我喝了咖啡；如果不喝咖啡，原因就出在我没喝咖啡。对于我们人类来说情况同样如此。整个世俗的生存就是一种身体不适。如果有人问及根源，人们首先会问他是怎样生活的；一旦他回答了，人们就会告诉他：'就是这个，这就是根源了。'如果另一个人问及原因，人们照此办理，若他回答的是正好相反的东西，人们会告诉他：'就是这个，这就是根源了。'然后，此人带着仿佛解释了一切的高人一等的神态离去，直到拐角处，然后夹着尾巴逃跑了。即使有人给我十块钱，我也不会承担起解释生存之谜的重任。(125)我干嘛要这么做呢？如果生活是个谜，最终，很可能是出谜语的人自己揭开谜底。'时间性'可不是我发明的，但我注意到了，在《自由者》《魔弹射手》以及其他谜语报刊上，谜底都出现在下一期。[(126)] 现在，自然了，通常都是一位老姑娘或者拿退休金的公务员被祝贺猜中了谜底——也就提前一天知道了谜底，这差别不怎么大。"

在当今时代，人们常常把幽默与宗教、甚至是基督宗教混淆起来，因此我才四处寻求返诸幽默。这里还真没那么牵强，因为作为宗教的边界，幽默是包罗万象的，它尤其能以一种愁苦腔调与宽泛意义上的宗教构成虚假的相似，但这仅仅对于那些不习惯寻求整体范畴的人来说才有欺骗性。对此没有人比我更了解了，我本人本质上就是幽默家，我的生活在内在性之中，但我寻找的是基督宗教。[(127)]

为了揭示痛苦的现实性就是痛苦的本质性持存，我要再次强调取消痛苦的最后一次辩证尝试，它把痛苦转化成一个不断被取消的环节。在感性的意义上，不幸与生存的关联是偶然的；在感性的意义上，痛苦没有得到反映，人们是在远离痛苦。在感性的胡言乱语中，世俗智慧或者世俗精明会使痛苦的意义落在有限的目的论之中，一个人被艰难困苦磨炼成为有限性中的人物。幽默对痛苦的理解是与生存相关联的，但它取消了痛苦对于生存者的本质意义。现在让我们来看，在无限的目的论帮助下是否有可能取消痛苦。痛苦本身对于一个人的永福的确是有意义的——因此，我的确应该为痛苦感到欢喜。于是，生存者在其受痛苦折磨的同时，恰恰能够表达出他与作为绝对目的的永恒福祉之间的关系；在他知晓这种关系的同时能够超出痛苦之上；因为在这种情况下，生存者与永福的关系就不是痛苦，而是欢喜了。当然不是那种直接性的欢喜，那种宗教演说不时想诱使我们相信并且把我们带回其中的有点感性的、轻松自在的舞蹈旋律的欢喜——不然，这欢喜是对"痛苦意味着与永福的关系"的意识。我们别在纸上描绘这一切，去问"哪一个是最高的"，若我们把后者视为最高的，或许就终结了这个问题。相反，我们最好铭记这一点：我们不要抽象地探问，二者之中哪一个最高；而是要问，哪一个对生存者来说是可能的。因为在生存中总会有麻烦，问题是，这是否相应地是生存所滋生的压力之一，即生存者无法完成辩证的交易，从而使痛苦转化为欢喜。在永生中没有丝毫痛苦，但是，当生存者与永恒福祉建立关系之时，这种关系就会恰如其分地表现为痛苦。如果生存者能借助"痛苦意味着关系"的知识超出痛苦之上，那么，他也能把自己从生存者转变为永生者，只是他肯定不会这样做。但是，如果他没有能力那样做，他会再次处于受痛苦折磨

## 第四章 《哲学片断》的问题：永恒福祉何以能建立在历史知识之上

的状态，那种知识就会为生存的媒介所掌握。与此同时，欢喜的完美性不复存在，当它必须在不完美的形式中出现时，它总会如此；而由此所生的痛苦，反过来又成为对与永恒福祉的关系的本质性表达。

不过我们的确在《新约》中读到，使徒们被鞭笞，他们欢喜地离开，感谢上帝允许他们为基督受难。(128) 完全正确，而且我并不怀疑，甚至在肉体感到痛苦的瞬间，使徒们从信仰那里获得了力量，他们感到欢喜，他们感谢上帝，就好像我们在异教徒当中也能找到勇气和刚毅的例子一样，比如"左撇子"，他在肉体受到痛苦折磨的瞬间仍然是欢喜的。(129) 但是，那里所谈论的痛苦并不是宗教痛苦，总体而言《新约》里很少提及宗教痛苦，于是当所谓的宗教演说想诱使我们相信，使徒遭受的每一种痛苦都是宗教痛苦的时候，它仅仅显示，这种演说对于范畴的使用是多么含混，因为这是那种认为"凡提到上帝名字的演说都是虔诚的演说"的看法的对应物。不然，当个体安全地居于他与神的关系之中、并且只在外在世界遭受痛苦折磨的时候，这不是宗教痛苦。这种痛苦犹如不幸之于直接性的人，这是感性的—辩证的，它来去自如；但是，无人有权否认，一个生活中没有发生任何不幸的人会信教。相反，一个人在这种不幸之外，并不意味着他就没有痛苦——如果他真笃信宗教的话，因为痛苦正是人神关系的表现，也就是说，宗教的痛苦是人神关系的标志，是此人没有通过免除与绝对目的建立关系而变得幸福的标志。

于是，就在殉道者（我不想在此继续讨论使徒，因为使徒的生活是悖谬的、辩证的，他的情况与其他人的情况有着质的差别，他的生存有正当的理由，当没有其他人敢那样做的时候）殉难之刻，他能欢喜地超越于肉体的痛苦之上，只是与此同时，作为一个在宗教意义上受痛苦折磨的个体，他不能欢喜地超越于作为人神关系的标志的痛苦的意义之上；因为痛苦正与这一点相关——他与欢喜相分离，但痛苦又指示着人神关系，因此超越于痛苦之上意味着此人并不笃信宗教。直接性的人本质上不是生存者，因为作为直接性的人，他是有限性与无限性的幸运统一，如前所示，这与幸福与不幸源于外部这一点相呼应。宗教人士转向内心，他自己意识到，作为生存者他处于生成进程之中，但又与永恒福祉建立了关系。一旦痛苦终止，个体赢得了安全感，他就会像直接性的人那样仅仅与幸福与不幸建立关系，而这是一个误入宗教领域的感性个体的标志；混淆不同的领域从来都比将它们彼此分开更容易。这样一位误入歧途的感性的人可以是宗教复兴主义者,可以是思辨思想者。<sup>(130)</sup>宗教复兴主义者在其人神关系中感到绝对安全(可怜的家伙,这种安全感不幸正是生存者尚未与上帝建立关系的唯一识别标记),他只是忙于用宣扬宗教的小册子应对其余的世界;思辨思想者则纸上谈兵,还将之与生存混为一谈。<sup>(131)</sup>

使徒保罗在有个地方论及宗教的痛苦,人们还会发现,这痛苦成为了有福的标志。我指的自然是《哥林多后书》中论及"肉中刺"的地方。<sup>(132)</sup>他说,曾有一次,他不知道自己是否在肉体之中,他被捉到了第三层天上。<sup>(133)</sup>现在,就让我们一劳永逸地记起,说话的人是使徒,因此他说话的方式是直白的、简单的。这种情况曾经在他身上发生过一次,仅仅一次;很自然,它不可能每天都发生在生存者身上,它之所以被阻止恰恰是因为他生存着,其被阻止的程度高达这样,即只有超凡脱俗的使徒,才有过一次那样的经历。保罗不知道自己是否在肉体之内,但是这种情况不能每天都发生在生存者身上,恰恰因为他是一个单一的生存者。诚然,从使徒身上我们得知,这种情况极少发生,它仅只一次地发生在超凡脱俗的使徒身上。那又怎么样呢?此情况曾经发生在使徒身上的标志何在?肉中刺——也就是痛苦。

我们其他人只能满足于次一级的情况,但是我们的处境却是完全相同的。宗教人士没有被捉到第三层天上去,但他也没有把痛苦理解成肉中刺。宗教人士与永恒福祉建立了关系,这种关系以痛苦为标志,这痛苦就是对这种关系的本质性表达——对于生存者而言。

对于生存者来说,至高无上的思想原则只能以否定的方式加以证明,而想以肯定的方式证明立刻暴露出,证明者——就其确为生存者而言——正在变得富于想象性。<sup>(134)</sup>同样,对于生存者来说,其与绝对之善的生存关系只能以否定的方式加以规定——与永恒福祉的关系是由痛苦规定的,正如与永恒福祉建立关系的信仰的确定性是由非确定性加以规定的。倘若我将非确定性移走——为了获得某种更高的确定性,那么我得到的就不是谦卑的信仰者,不是恐惧与颤栗之中的信仰者;而是一个感性的无忧无虑的家伙,魔鬼般的人物,用比喻的说法,他想与上帝建立友谊,但是严格地说,他根本没有与上帝建立关系。<sup>(135)</sup>非确定性是标志,缺乏非确定性的确定性是一个人没有与上帝建立关系的标志。同样,在谈情说爱的瞬间绝对地确信一个人是被爱着的,这是此人并未堕入爱河的确定无疑

## 第四章 《哲学片断》的问题：永恒福祉何以能建立在历史知识之上

的标志。① 但是，尽管如此，没有人会使一个堕入爱河的人相信，恋爱不是幸福。信仰的非确定性也是如此；尽管如此，没有人能使一个信仰者去想象，信仰不是幸福。正如小姑娘与英雄相关联，同样，恋人也与信仰者相关联，何出此言？因为恋人是与女子建立关系，而信仰者则是与上帝建立关系，在此绝对地起作用的就是那句拉丁名言"这一个和另一个有所差别"(136)。因此之故，恋人仅有相对的理由拒绝倾听另一种确定性，而信仰者则有绝对的理由。相爱的确是美好的，令人着魔的。噢，如果我是能够高唱爱情的赞歌并且解说其荣耀的诗人；噢，如果诗人这样做的话，我至少配坐在学校的长凳上洗耳恭听。但是，这只是一个玩笑，我的意思并不是轻蔑的，仿佛爱情是一种转瞬即逝的感情。不然，甚至当最幸福的爱情在最幸福的婚姻当中找到了最为持久的表达之时，这仍然是一个玩笑。的确，步入婚姻的殿堂并且忠实于这种幸福的消遣是荣耀的，尽管其间充斥着困境和辛苦。噢，如果我是一个真正能够见证对婚姻的颂扬的演说家，结果那伤心地留在婚姻之外的不幸的人都不敢听我的演讲，而戏谑地待在婚姻之外的胆大妄为之徒则通过聆听在恐惧中发现了他所错失的东西——但这仍然是一个玩笑。这是当我把婚姻与绝对目的、与永恒福祉联系起来的时候想明白的，为了确信我所讨论的就是绝对目的，就让死亡作为仲裁人来评判吧，那样我才敢讲真话：无论人们结婚与否都无关紧要，就像无论是犹太人还是希腊人、自由人还是奴隶都无关紧要一样。(137) 婚姻只是一个玩笑，一个应该极其严肃地对待的玩笑，但这严肃并不因此就在婚姻本身，这严肃是对人神关系的严肃性的反映，是对丈夫与其绝对目的的绝对关系的反映，以及对妻子与其绝对目的的绝对关系的反映。

现在返回到作为永恒福祉的标志的痛苦之上。如果说，因为只有宗教复兴主义者能成功地忽略痛苦，思辨思想者成功地取消（取消）痛苦并且使幸福本身成为幸福的标志（正如所有内在性的思辨思想本质上都是对生存的取消，那正是永恒，只是思辨思想者必定不在永恒之中）；所以，就因为生存者没有成功地取消痛苦并且使幸福成为幸福的标志，后者意味着生存者已经死亡并且进入永生，于是有人就想把宗教称为幻觉。(138) 那么好吧，但是最好记住，这是那种出现在理智之后的幻觉。诗

---

① 既然爱情并不是绝对目的，我们必须对这种比较有所保留，更何况恋爱是在感性领域之内，恋爱是一种直接的幸福。(139)

是理智之前的幻觉，宗教是理智之后的幻觉。世俗性的人生智慧在诗与宗教之间上演着自己的闹剧。任何一个既非过着诗性生活、亦非过着宗教生活的人都是愚钝的。如何愚钝，那些对一切了如指掌的精明且阅历丰富的人，他们对诸事皆有应对办法，向所有人提出建议，他们是愚钝的吗？他们的愚钝所在何处？这愚钝在于，在丧失了诗性的幻觉之后，他们不再拥有充足的想象力和想象—激情来穿透几率上不可能实现的希望以及有限性的目的论的可靠性，只是一旦无限性行动起来，一切都将断裂。如果宗教是一种幻觉，那么就存在着三种幻觉：诗的幻觉，直接性之美的幻觉（幸福在幻觉之中，之后痛苦才带着现实性到来）；愚钝的滑稽幻觉；宗教的幸福幻觉（痛苦在幻觉之中，而幸福随后而至）。愚钝的幻觉自然就是唯一的自身具有滑稽性的幻觉。虽然在法国诗学中存在着一种完整的倾向，即积极地把感性的幻觉表现为滑稽，这是对感性的侮辱，在宗教的眼中也绝非优点（也就是说，一个诗人会这样做）；但是，如果诗更愿与世俗性的人生智慧打交道，它会更有用，而这一点恰恰是此种智慧的滑稽性的标志，不管它计算正确与否①，它都是滑稽的，因为整个世俗智慧的算计都是想象，是在假想观念中的忙碌，即：在有限性的世界中存在着某种确定的东西。(140)但是，难道苏格拉底不是关于人生的智者吗？当然是，但是正如我多次所说，他的首个命题在世俗的意义上就是一个疯子的言论，恰恰因为它开启的是无限性的运动。(141)诗是青春，世俗智慧是岁月，宗教是与永恒的关系。但是，岁月只会使一个人变得越来越愚钝，假如他丧失了青春、但却并未赢得与永恒的关系的话。前面提到过的那个严肃的人，他想知道永恒福祉的存在是肯定的、确定的，然后才去冒险，否则这一切就是疯狂。我真想知道他是否发现，冒险就是一种整体的疯狂，当痛苦折磨变成确定性之

---

① 或许当世俗智慧计算正确之时最为滑稽，因为当它算错的时候，人们对那可怜之人会有些许同情。因此，举例来说，如果某君算计着借助诸种关系以及他对世界的知识而做成一桩富有的联姻，而且愿望成真，他得到了那姑娘，她很有钱，于是滑稽地欢呼雀跃，因为现在他变得可怕地愚钝。假设他得到了那姑娘，但是请注意，她没钱，那么这里仍有同情的成分混杂其中。但是，绝大多数人通常是通过第三方、在不幸的结局（但这并不是滑稽，而是可怜）中认识滑稽的，就像通过第三方、在幸福的结局（但这并不是情致，而是偶然）中认识情致一样。因此，如果一个疯子怀着执念使自己和其他人陷入牵涉到损失和伤害的混淆之中，仿佛生存要按照他的执念加以调整似的，这没有那么滑稽。换言之，生存允许一个人发现一个疯子是疯狂的，这并不是真正的滑稽，而当生存要掩盖这一点的时候才是滑稽的。

## 第四章 《哲学片断》的问题：永恒福祉何以能建立在历史知识之上

时——那是对非确定性的正确表达。

在宗教的痛苦折磨之中存在着"内心冲突"这一规定性，只有在那里它才能被规定。(142)尽管我一般只在宗教演说是宗教生活观的喉舌的意义上才与宗教演说打交道，但我仍然会顺便考察宗教演说在当今时代的事实性特征，以便揭示当今时代的宗教性，它自认超越于中世纪之上。但是，当我试着指明"内心冲突"的位置之时，我碰巧想到，如今的人们几乎从未听人讲过"内心冲突"；或者，如果它被提到，它理所当然地是与"诱惑"一起打包，甚至是与逆境在一起的。一旦人们忽略了与绝对目的的关系，并且允许绝对目的在那些相对目的之中被消耗，内心冲突也就终止了。内心冲突存在于人神关系领域，而诱惑则在伦理关系的领域。当个体最高达到了他与现实性的伦理关系的时候，诱惑就是最大的危险。于是乎，人们忽略内心冲突是完全正常的，而将之与诱惑作为同一性的概念加以使用不过是更进一步的粗心大意。但是，内心冲突不仅以下面这种方式与诱惑有所区别，而且个体的处境也有所不同。在诱惑中，是低级的东西在诱惑；在内心冲突中则是高级的东西。在诱惑中，低级的东西想要引诱个体；在内心冲突中，高级的东西仿佛嫉妒个体似的想要将其吓退。因此，内心冲突首先开端于真正的宗教领域，并且首先在那里完成最后的旅程，它恰如其分地与宗教感成比例地增长，因为个体发现了界限，内心冲突所表达的是界限对于有限性个体的阻碍。于是诚如前述，当牧师在星期天说，在教堂里多么美好，如果我们敢于待在那里，我们定会成圣——这是一场虚惊。我们肯定还要离开教堂，到外面的世界去。换言之，如果有个人获准待在教堂，他将发现那种内心冲突，或许从这种活动中得到了很坏的结果，以致于他并不想为此感谢牧师。就在个体成功地放弃那些相对的目标以便训练绝对关系的那一瞬（在特定的时刻的确如此，尽管个体以后仍会再次卷入这种斗争之中），个体绝对地与绝对建立了关系，这时个体发现了界限，于是内心冲突就成了对界限的表达。个体在内心冲突之中当然是无辜的（但在诱惑中则不是无辜的），但其痛苦依然有可能是可怕的，我说"可能"是因为我对此一无所知；而如果有人寻求暧昧的安慰的话，我会很乐意传达这一点——那些不太具有宗教性的人士并不会暴露在内心冲突之下，因为内心冲突是对绝对关系的绝对表达的回应。诱惑在个体软弱的瞬间实施攻击，而内心冲突则是对绝对关系中强有力的瞬间的报复。因此，诱惑与个体的伦理构成相关联，而内心冲突则缺乏连续性，它是"绝对"自身所进行的抵抗。

内心冲突是存在的，这一点无论如何不可否认；但是正因为如此，我们这个时代才会涌现一个并非无趣的心理学案例。假设有一个人，他有着深刻的宗教需求，他常常只听到这样一种虔诚的演说，即通过在那些相对目的中消耗绝对目的的方式，所有的棱角都被抹平，结果呢？他会陷入深重的绝望之中，因为他在自身内体验到了某种其他的东西，但却从未听牧师讲过，那就是内在世界所遭受的痛苦，在人神关系中所遭受的痛苦折磨。或许出于对牧师及其职位的尊敬，他被引导着将这种痛苦理解成一种误解，或者是其他人肯定也会体验到的东西，只是人家发现它极易被克服，以致于都不用讨论它——直到他以与"内心冲突"首次出现时同等的可怕程度发现了这一范畴。那么，就让他突然撞上了那些古老的灵修书籍当中的一部，在那里正好遇见了对内心冲突的描写。[143] 诚然，他很可能会像鲁滨孙遇见星期五那样高兴，但是我想知道，他将怎样评判他惯常听到的基督宗教的演说呢？[144] 事实上，宗教演说应该是这个样子，我们通过演说，将得到对我们所处时代的宗教错误以及对隶属于时代的个体自身的准确洞见。但是我在说什么？人们获得这种洞见或许还通过听一则根本不曾触及内心冲突的宗教演说？当然了，人们获得了洞见，但却只是借助演说间接为之。

这就是痛苦的本质性的持续存在，它以其现实性持续存在于最具宗教感的人身内，尽管此人一定一直在与那种从直接性出离的痛苦做斗争。于是，只要个体一息尚在，痛苦就会存在，但为了不使我们马上返回到后一种痛苦之上，我们愿意让个体停留在第一种痛苦之中，因为它的斗争是那么长久，向它的倒退又是那么频繁，结果很少有个体会成功地穿越它，或者长久地战胜它。

这种痛苦的根源就在于，直接性中的个体实际上绝对地处于相对目标之中，这种痛苦的意义就是关系的倒置，是从直接性的出离；或者在生存中表现为个体一无所能，在上帝面前一无所是，因为人神关系在此再次以否定性为标志，而自我毁灭就是人神关系的本质形式。而且，这一点不能在外在世界加以表现，果若如此，修道院运动就出现了，人神关系也就被世俗化了。而且，个体不能想象此事只发生一次，因为那是感性。就算它只发生一次，他也将重复那种痛苦折磨，就因为他是生存者。在直接性

## 第四章 《哲学片断》的问题：永恒福祉何以能建立在历史知识之上

中，人们的愿望就是无所不能。从理想的角度出发，直接性所相信的是无所不能，其有所不能的根源则在于某种来自外部的障碍，因而从本质上它应该被忽略，其意义与不幸应该被忽略相同；而这是因为直接性自身是非辩证的。在宗教的意义上，我们的任务是掌握这一点：我们在上帝面前一无所是，或者要一无所是并且以此面貌面对上帝；个体持续要求自身一无所能，一无所能感的消失就是宗教感的消失。直接性的、青春年少的无所不能在第三方的眼中是滑稽可笑的；相反，宗教感的一无所能对于第三方来说却永远都不会显得滑稽，因为这里丝毫没有矛盾的痕迹。① 宗教人士不会以这种方式显得滑稽可笑，相反，滑稽性会在他面前显现出来，也就是说，当他从表面看能在外部世界大有作为的时候。但是，如果这个玩笑要成为神圣的玩笑并且持存下去，那么它就一刻都不应干扰他的严肃性，即：他在上帝面前一无所是、且一无所能，他坚持这一点所做的事，以及在以生存的方式表现这一点时所滋生的痛苦。比如说，如果拿破仑是一个真正的宗教人士，那么他罕有机会进行神圣的娱乐；因为表面上看起来无所不能，然后又在神圣的意义上将这种无所不能理解为幻象，千真万确，这是庄严的玩笑！总体观之，滑稽性到处都是，通过获知生存与滑稽性的关系，人们立刻就能对各种生存进行规定，并且将之提交给确定的领域。宗教人士是在最大范围内发现滑稽性的人，只是他并未将滑稽性视为至上，因为宗教感才是最为纯粹的情致。但是，倘若他把滑稽性奉为至上，那么正因为如此，他的滑稽感就是低级的，因为滑稽性从来都存在于矛盾之中，若滑稽性自身就是至上的，那么缺失的就是滑稽性跻身其间且有所表现的矛盾。因此，无一例外的关键问题就成为这样：一个人在生存中越

---

① 一个人在上帝面前一无所能，除了他对这一点有所意识之外，这没有任何矛盾；因为这只是对上帝的绝对性的另一种表达，而一个人甚至根据可能性也一无所能，这是对上帝根本不存在的表达。(145)这里不存在任何矛盾，相应也无滑稽性可言。相反，比方说，认为跪下祈祷会对上帝有所意味，这才是滑稽可笑的，就好像从整体上看，滑稽性在偶像崇拜、迷信以及诸如此类的东西之中表现最为鲜明一样。但是我们永远都忘了关注那种孩子气的表现，这孩子气会成为错误的根源，会比滑稽可笑更可悲。一个想使老人真正高兴起来的孩子能够想出各种稀奇古怪的主意，但是他做这一切有着使老人欢喜的虔诚意向；同样，宗教人士也能制造出一种可悲的印象，如果在虔诚的狂热之中他为了取悦上帝可以无所不为的话，结果他最终想出的就是完全非理性的东西。

是能干，他就会发现越多的滑稽性①。即使是已经拥有远大计划要在世间干出一番事业的人也会发现滑稽性。也就是说，他下定决心，只为那远大计划活着，如今他走出去，开始与人打交道，然后滑稽性涌现出来——如果他保持沉默的话。绝大多数人并无远大计划，他们常常在有限的常识或者完全的直接性的层面上说话。如果他现在保持沉默，那么，别人所说的几乎每一个字都会滑稽地触动他的远大决心。反之，如果他放弃自己的远大决心及其艰难的、强烈的生存关系，滑稽性就会消失。如果他不能对其远大计划保持沉默，而是幼稚地将之和盘托出，那么他本人就是滑稽可笑的。但是，宗教的决断是所有决断当中最高的决断，无限地比所有要改造世界、创造体系和艺术作品的计划更高，因此宗教人士应该比其他人更能发现滑稽性——如果他真正有宗教感的话；否则他本人就会变得滑稽可笑。（这一点以后再详加讨论。）

于是乎，从直接性出离的痛苦并不是鞭笞自己以及诸如此类的东西，这痛苦不是自我折磨。(146) 换言之，自我折磨者所表达的根本不是"人在上帝面前一无所能"，因为他认为自我折磨想来的确是重要的。但是痛苦仍然存在，并且能够持续终生；因为说"一个人在上帝面前一无所是"极其容易，而在生存中表现出来就困难了。但是，详细地描写、描绘更困难，因为演说是一种比生存更抽象的媒介，所有与伦理有关的演说多少都有些欺骗性，这是因为尽管采取了极其微妙、极其娴熟的预防措施，演说仍然具有透视法的外表。因此，尽管演说做出了极其热情、极其绝望的努力来显示它有多困难，或者在间接的方式上极尽努力，做总比说更难。但是，无论以生存的方式表现从直接性的出离是否被说到，这一点都必须做到；宗教感并非毫无思想性——人们偶尔道出最高的东西，然后以调和的方式任其发展。(147) 宗教宣讲的不是对罪的赦免，而是要宣扬：最大的艰巨努力是"无"，但还是要求它。否定性在此再次成为标志，因为最大的艰巨努力的标志就是，人们通过它变得一无所是；若人们成了人物，这努力正因为如此也就是小的。这一点看似极具反讽性，但在一种相对较弱的境遇中，在较低级的领域内确实如此。用一半的勤奋和一点点涉猎，一个

---

① 但是，至上的滑稽性跟至上的情致一样，它们极少成为人类关注的对象，甚至都不能为诗人所表现，因为如人们所说，它们不去表现；反之，以能为第三方识别为标志的低级的情致和低级的滑稽性则有所表现。至上者不去表现，因为它隶属于内心性的最后阶段，并且在神圣的意义上是自我满足的。

## 第四章 《哲学片断》的问题：永恒福祉何以能建立在历史知识之上

人就会想象着自己懂得了多种不同学科的知识，他能够在世间获得成功，其作品被广泛阅读；而用全部的勤奋和绝对的诚实，他却对理解所有人都明白的东西的一小部分感到困难，这样的人会被视为乏味的拖累。但是，在低级领域中相对有效的在宗教领域中绝对有效，于是我们从被考验的信教的人身上听到的作为最终内心冲突的话从来都是这样——最高程度的艰巨努力会以有所成就的重要性来欺骗我们。

既然我不得不可怜地承认，我没有能力去谈论中国、波斯、体系、占星术或者兽医学，但是为了在我尴尬的处境中至少能够拿出点东西，在与我固有的能力相匹配的情况下练练笔，我要尽可能具体地去模仿和再现日常生活，这生活往往不同于星期天的生活。如果有谁认为此类再现或者我的再现枯燥乏味，那就由他去吧。我可不是为了得奖章而写作，而且我很乐意承认，如果这是对我的期待的话，这活可要难得多，它涉及更大的悬念以及完全不同于小说的责任。在小说中，为了把金钱引入叙事，作者会把富有的叔叔杀死；或者跨过十年时间，让这段发生了极其重要事件的时光流逝，然后再从已经发生的事情开始。比起再现一个普通人在起居室里打发一整天，在半个小时之间描绘信仰的胜利需要一种完全不同的言简意赅。[148]用 30 页的篇幅写一个发生在一百年间的故事，或者写一出发生在三小时内的戏剧，这的确是需要速度的；但是，这么多事情发生，这些事件叠压在一起，类似的情况在一个人完整的一生中根本不会发生！描绘一个在日常生活中的人需要什么呢，如果人们没有陷入语言不够用的困境的话，因为语言与现实性意义上的生存相比是非常抽象的。但是，宗教演说者应该敢于说服自己这样做，因为他就是要和起居室打交道；而那个并不了解他的任务是要在日常生活和起居室里显现的宗教演说者呢，他最好保持沉默，因为星期日所展望的永恒只是空洞的想象。当然了，宗教演说者不应待在起居室里，他应该知道如何坚持其领域中的整体范畴，只是他还应知道如何从任何一个地方开始。战役就应该发生在起居室里，以免使宗教的冲突成为每周一次的换岗游行。战役就应该发生在起居室里，而不是在教堂里奇幻般地发生，牧师在那儿出拳打空气，听众在旁观。[149]战役就应该发生在起居室里，因为胜利恰恰应该是这样的——起居室变成了一个圣所。那么，就在教堂里直接活动吧，通过审查参加战役的双方——看在谁的旗帜下战斗，以谁的名义获胜；通过描绘敌方的位置；通过模仿进攻；通过赞美全能的盟军，并且在不信任被唤醒时加强信任——以对自身不信任的方式信任对方。⁽¹⁵⁰⁾ 就让这活动间接地进行，带着对隐秘关切的反讽的、但却因而极其温柔的同情！但是问题的主旨仍然是，个体从教堂回到家中，满怀愿意在起居室里战斗的愿望和热忱。如果说，牧师在教堂的工作只是试着每周一次拖着会众这艘货船向永恒前进一步；那么，所有这一切将成为虚无，因为一个人的生活不可能像货船那样停泊在同一个地方，一直到下个星期天。于是，困难恰恰应该在教堂里被展现出来，人们沮丧地从教堂出来，但却发现任务比人们所想的要轻松，这总比傲慢自大地从教堂出来、到起居室又变得万分沮丧要好。但是，为了避免欺骗自己和他人，宗教演说者甚至会小心提防把强烈的瞬间集中到一则演说之中，或者把最为强烈的瞬间放到一则演说中。他宁愿成为这样的人，即他当然能高调讲话，但却不敢这样做，以免信仰的奥秘因过度的公开化而被欺骗、被滥用；信仰的奥秘更应该以这样的方式"被固守着"（《提摩太前书》3：9），即它在此人身上比在他的演说中看起来更大、更强有力。⁽¹⁵¹⁾ 换言之，既然演说者的核心任务跟所有其他人一样，都是在生存中表达他所宣扬的东西，而不是每周一次去电击会众，用电流使其抽搐；那么，他就要小心别去亲身经历那种令人厌恶之事，即在辞藻华丽的演说中看似壮丽的东西在日常生活中却表现得完全两样。⁽¹⁵²⁾ 在这个世界上，他不会为任何事情让步、降价、讨价还价；哪怕他认为自己远离了宗教的绝对要求，这要求必定在场，并且规定着代价和评判；哪怕他本人卷入了日常生活中极其可悲的支离破碎，这个绝对的公分母必定一直存在着，尽管被掩盖，但它随时准备着设定那个绝对的要求。

　　这个任务在日常生活中看起来是怎样的呢？我所钟爱的主题一直在我脑海里：我们这个神学中心论的 19 世纪迫切地要求超越基督教，要求进行思辨，要求继续发展，要求开创一种新的宗教或者废除基督教，这是否真的是正确的。就我自己卑微的人格而言，恳请读者回忆，正是我才发现这个问题和任务的极度困难，这一点看起来就是在暗示，我并没有完成这个任务，我甚至并不假装自己是基督教徒，不过请注意，我的意思不是我通过超越基督教而停止为基督教徒。不过，发现这是困难的是有意义的，尽管这发现只能在一种建设性的娱乐活动中完成，本质上是靠一个密探的帮助实施的，我派他在工作日来到众人当中；还靠一些外行的帮助，他们在违背自己意愿的前提下参与了游戏。⁽¹⁵³⁾

　　看，上个星期天，牧师说："你们不应信赖这个世界，不应信赖人类，

## 第四章 《哲学片断》的问题：永恒福祉何以能建立在历史知识之上

不应信赖你自己，而只应信赖上帝；因为一个人自己一无所能。"我们所有的人都理解这话，包括我；因为伦理和伦理—宗教的事物是极其容易理解的，但是从另一方面说，它们又是十分困难的。连一个孩子都能明白，连头脑极简单的人都能明白，如其所说，我们一无所能，我们应该放弃一切，弃绝一切。在星期天，以抽象的方式理解这一点可怕地容易（的确是"可怕地"，因为这种轻松常常与良好的意图携手同行）。(154)到了星期一，这事就变得很难理解了，个体的日常生活就在这些有限的、具体的生存范围之内的特定的小东西之上，有权有势者在诱惑之下忘记了谦卑，卑微者则把面对上帝时的谦卑与面对高高在上者时相对的谦逊混为一谈；不过，这些小东西的确是具体的，与万事万物相比的纯粹的小事。是的，甚至当牧师抱怨无人按其训诫行事之时，理解这一点也是可怕地容易；但是一天以后，要理解人们靠具体的、琐碎的小事做出自己的贡献、犯下自己那份罪就非常困难了。——于是牧师补充说："这一点我们要时刻铭记在心。"(155)对此我们全都明白，因为"时刻"是一个壮丽的辞藻，它一次就能道出一切，理解起来可怕地容易；但是从另一方面说，"时刻做某事"又是诸事中最为困难的，星期一下午四点仅花约半个小时理解"时刻"就非常困难。甚至牧师的演讲中几乎需要某些东西能间接提请我们注意到那个困难了；因为一些比喻的描绘看起来像是在暗示，他并不是时刻在做事——的确，他很少在沉思自己的布道辞的某些时刻那样做，的确没有在演讲的短暂时间内的每一刻都那样做。

今天是星期一，密探有充足的时间与人们打交道。牧师在众人面前讲话，而密探是与众人交谈。于是他跟一个人搭上了话，对话最终导向了密探所希望的方向。密探说："这是真的，但是总有你无法做到的事吧，你就无法造出一座带有四翼和大理石地面的宫殿。"跟他谈话的那人回答说："你说得对。我怎么能做到这一点呢？我只能维持生活，或许每年有点积蓄，但肯定没有资金去造宫殿，何况我对建筑一无所知。"结果这一位无法做到。我们的密探离开了他，并且荣幸地遇到了一位万能先生。他恭维那人的虚荣心，谈话最终落到了建造宫殿之上。密探说："不过，一座带有四翼和大理石地面的宫殿或许会超过阁下的能力？"对方回答说："怎么，您忘了，我已经这样做了呀，我那座位于城堡广场的宏大宫殿就是您所描绘的建筑嘛。"结果这一位能够做到。于是密探躬身退出，向万能先生表示祝贺。他向前走，遇到了第三位先生，并且跟他讲了自己跟前二位的对话,第三位先生感叹道:"人类在世界上的命运的确很奇怪,人的能力有着天壤之别,一个人有那么多能耐,另一个人则很少,但不管怎么说,每个人都能做点什么,如果他出于经验和世俗智慧而学会待在其界限之内的话。"结果,三人的差别是显著的;但是更显著的难道不是三人关于差别所说的其实是同一个东西吗?他们不是都在说,所有的人都同样能干吗?第一个人无法做到这事、那事,因为他没有钱,也就是说,他本质上是能做到的。第二个人能做到,他在本质上能做到,而他能做到的事实是通过他有钱这一点偶然被揭示出来的。第三个人仗着精明甚至能在某些条件缺失的情况下能够做到;设若他有了那些条件,他会成为一个怎样的能人啊!——可是就在星期天,也就是昨天,牧师说人一无所能,我们所有人都明白。当牧师在教堂说这话的时候,我们所有人都明白;而当一个人努力想以生存的方式去表达、并且在一周六天时间中都显示出这一点的时候,我们所有人差不多都认为他疯了。即便最虔诚的人每天都会有很多机会陷入"他仍然有能力做点什么"的念头之中。可是当牧师说人一无所能的时候,我们所有人理解起来可怕地容易。一个思辨哲学家同样理解了这种轻松,他由此证明了超越的必然性,转移到更难理解的领域的必然性——中国、波斯、体系;因为哲学家从思辨的角度拒斥了关于起居室的贫乏的诙谐,因为他不是怀着星期天听到的关于人的抽象观念从教堂回到家中,返回自身,而是从教堂直接走向了中国、波斯和天文学——是的,天文学。(156)大师老苏格拉底所做的正相反:他放弃了天文学,选择了更高和更难的东西——在神面前认识自身。但是,思辨哲学家以这样一种必然性证明了超越的必要性,也就是说,甚至牧师都会失去平衡,他在讲坛上道出了教宗圣谕,即单一个体对自身的理解——他一无所能——只针对那些单纯的和卑微的人。牧师甚至正式告诫他们,我的意思是在讲坛上告诫他们,让他们满足于那可悲的任务,不要不耐烦,因为他们被拒绝提升到理解中国和波斯的层面。(157)牧师在这一点上是正确的,这任务是针对单纯者的,只是它的奥秘在于,对于智力超群的人来说它同样困难,因为这任务的确不是比较性的——不是在一个头脑简单的人与一个智力超群的人之间的比较,而是智力超群的人面对上帝时与自身的比较。哲学家在这个问题上是正确的,理解中国和波斯要大于在抽象的星期天对抽象的星期天的人的理解,换言之,中国和波斯要更具体些。但是,比别的理解都具体的,那种唯一的绝对具体的理解,就是单一个体在面对上帝与自身进行比较的时候对自身的理解,这也是最为困难的理解,因为困难在这里不敢成为借口。——于是事情向前了一步:在一周的六天时间中,我们所有人都能干点什么。国王比大臣能干。风趣机智的记者说:我会展示我能干的种种事情;换言之,他让自己显得荒谬可笑。警察对一身短打扮的劳工说,你肯定不知道我能干什么;也就是说,他要逮捕那人。[158]厨娘对周六来讨饭的穷苦女人说:你显然忘了我能干什么了;她是说,她能左右主家的意愿,不让那穷女人得到一周的残羹剩饭。我们所有人都能干点什么,国王嘲笑大臣的能耐,大臣嘲笑记者的能耐,记者嘲笑警察的能耐,警察嘲笑短打扮的劳工,劳工又嘲笑周六讨饭的女人。到了星期天,我们所有人都要去教堂(厨娘是个例外,她从来都没有时间,因为国王顾问家每个星期天都要举办晚餐招待会),我们听牧师说,人一无所能——假如我们非常幸运地没有去具有思辨思想的牧师所在的教堂的话。[159]但是请等一下。我们都进了教堂,在一位十分能干的教堂执事的帮助之下(因为教堂执事在星期天格外能干,他用一个沉默的眼神就能显示出他的能耐),每个人根据自己在社会上独特的能耐找到了自己的座位。[160]然后,牧师走上了讲坛。就是这最后一刻,一个非常能干的人物迟到了,这时教堂执事必须显示他的能耐。然后牧师开讲了,我们所有人从各自不同的座位和立场理解了牧师从其升高了的立场上所说的:人一无所能。[161]阿门。到了星期一,牧师成了一个很有能耐的人,我们所有人都体验到了其真实性,那些更有能耐的人除外——但是,这两者必有一个是玩笑。要么牧师所说的是个玩笑,一种偶尔玩的晚会游戏——铭记"人一无所能";要么牧师所说的一定是正确的,一个人应该时刻牢记这一点——而我们所有人,包括牧师、包括我,我们都错了,我们平庸地诠释了"时刻"这个词,尽管一个人被给予30、40或50年的时间来完善自身,尽管如此,每一天都是预备的日子,每一天也是考验的日子。

今天是星期二,我们的密探去拜访一个人,此君在郊外建了豪宅。我们的密探再次把谈话引向人的能耐,以及令人尊敬的主人的能耐。看吧,这位先生相当庄重地说:"人一无所能,正是在上帝的帮助下,我才能积累起这么巨大的财富,在上帝的帮助下,我才能……"这时,谈话庄严的寂静被打断了,因为此君听到了门外的声音。他道歉后冲了出去。他半掩着门,而我们的长着长耳朵的密探惊讶地听到了一连串这样的话:"我会向您显示我的能耐的。"密探情不自禁地笑了——密探毕竟也是一个凡人，他每时每刻都会受到"他能干点什么"的幻觉的诱惑，就好比现在，比方说，正是他逮住了那个能人的荒谬可笑之处。

但是，如果一个人在生存中每天都把牧师在星期天所讲的话铭记在心且牢牢坚持，将之理解为生活的严肃，由此又将一个人的能与不能理解为玩笑；那么，这意味着他什么都不用干了，因为一切都是虚荣和徒劳吗？<sup>(162)</sup>噢，不！果若如此，他肯定没有机会去理解那个玩笑，因为"在虚荣者眼中万事皆徒劳"这句话不存在任何矛盾，通过与生活的严肃性相结合也无矛盾存在。懒惰、无所作为、对有限性事物的优越感都是愚蠢的玩笑，或者更准确地说根本不是玩笑；反之，缩短夜晚的睡眠，延长白天的时间，从不宽宥自己，然后才把这一切视为玩笑，这才是真正的严肃。在宗教的意义上，肯定性是以否定性为标志的，严肃是以玩笑为标志的——这是宗教性的严肃，不是直接性的严肃，不是法官在办公室里表现出的愚蠢的自负；不是新闻记者对其同时代人表现出的愚蠢自大；不是宗教复兴主义者在上帝面前表现出的自负，仿佛上帝不会创造出成千上万的天才似的，假如上帝以某种方式陷入困境的话。将许多人的命运掌握在手中，去改造世界，然后，持续不断地理解，这是玩笑，这才是真正的严肃！但是为了能够做到这一点，所有有限性的激情必须被铲除，所有的自私必须被斩断，那种想拥有一切的自私，那种骄傲地远离一切的自私。可是纠结点恰恰在此处涌现：痛苦远离了自身，尽管伦理的鲜明标记是，在抽象术语之下理解起来很轻松，但是在具体的层面上理解却仍然十分困难。<sup>(163)</sup>

我们应该时刻铭记，人一无所能，牧师如是说。于是乎，如果一个人要去鹿苑，他就要铭记，比方说，他没有能力玩个痛快；还有，因为他有强烈的愿望，他很容易就在鹿苑里玩个痛快，这个幻觉是直接性的诱惑；还有，他很容易就能去那儿，因为他有足够的支付能力，这个幻觉是直接性的诱惑。<sup>(164)</sup>今天是星期三，一个鹿苑游园季的星期三，让我们再次派出我们的密探。<sup>(165)</sup>或许有一两位宗教人士认为，去鹿苑是不恰当的。果若如此，那就让我借助质的辩证法的力量请求人们对修道院表示尊重吧，因为浅尝辄止不会产生任何结果。如果那个宗教人士以某种方式拥有惹人注目的外表的话，则修道院因此就是唯一强有力的表达方式，任何其他的东西都是浅尝辄止。但是，当今时代在宗教感方面无疑已经超越了中世纪，现在用中世纪的宗教感要表达什么呢？即：在有限性当中存在着某种

## 第四章 《哲学片断》的问题：永恒福祉何以能建立在历史知识之上

东西，它无法与关于上帝的思想一起思考，或者说在生存中与之相处。因此，这种宗教性的充满激情的表现就是与有限性决裂。如果我们这个时代的宗教感超越了中世纪的宗教感的话，那么它在生存中就能够坚持把关于上帝的思想和有限性中最不堪一击的表现——例如，在鹿苑里寻欢作乐——结合起来；除非当今时代的宗教性的超越方式使它返回到了幼稚的宗教形式，与之相比，中世纪的青春的热情就是一种荣耀。幼稚的宗教性就是说，例如，可以说每周一次从上帝那里获得在接下来整整一周的时间内寻欢作乐的许可；然后，在紧接着的星期天，进教堂听牧师说，我们要时刻铭记，人一无所能，再为下一个星期请求许可。孩子是不反思的，因而也没有把不同的事物联系起来思考的迫切需求。对于孩子来说，向父母请求许可就是庄严的时刻。孩子想，一旦我获得了许可，我就能好好玩了。如果他在父亲的办公室里获得了许可，他会欢呼雀跃地出来，相信自己轻易就会得到母亲的许可。他已经预尝到了喜悦的滋味，他在办公室那个庄严的时刻这样想：感谢上帝，现在一切都结束了——我认为孩子是这样想的，因为孩子并没有真正地思考。如果同样的情况在成年人与上帝的关系中重复，这就是幼稚，它就像孩子所说的话，它们以对抽象表达方式的偏爱为标志，如"时刻""从不""只此一次"等等。中世纪努力尝试着在生存中同时思考上帝和有限性，但结果却是，这一点办不到，其结果就是进入修道院。当今时代的宗教感向前迈进了。但是，如果穷尽人神关系和有限性至最细节之处（困难在那里最大）、并且使二者在生存中结合起来的话，则二者的协调甚至应该在宗教领域中找到其表现，其情形表现为，个体无法从人神关系转换到其他范畴中完整地生存。比中世纪修道院运动更低的形式一眼就能通过这种分裂认出，人神关系因之是一回事，而生存的其他方面则是另一回事。于是产生了三种较低级的形式：(1) 个体从星期天的人神关系之中走出回到家中，纯粹地、直接地生存在愉快与不愉快的辩证法之中；(2) 个体从星期天的人神关系之中走出回到家中，生存在有限性的伦理之中，不去留意人神关系的紧迫性，而是去谋生、赚钱，等等；(3) 个体从星期天的人神关系之中走出回到家中，将其人生建立在一种思辨的—伦理的观点之上，后者理所当然地把人神关系消耗在那些相对的目标之中，这种人生观的公式就成为，称职地履行国王、细木工、走钢丝者等等的职责，这一点成为人神关系的最高程度的表现，于是人们真的不必上教堂了。[166] 换言之，通过每周一次的教堂之行，所有这类宗教行动使自己免于每天把人神关系贯彻到所有事务之中；它在星期天获得的不仅仅是像孩子那样的可以痛快玩上整整一周的许可，而是在整整一周的时间里都不用再去想上帝的许可。于是乎，超越了中世纪的宗教性应该在虔诚的沉思中找到表现，也就是说宗教人士在星期一应该生存在同样的沉思之中，而且在星期一应该生存在同样的范畴之中。中世纪的可敬之处在于，它严肃地关切这一点；只是它随后得出结论说，这只能在修道院中完成。当今时代的宗教性前进了。牧师在星期天说，我们应该时刻铭记，我们一无所能；在其余方面，我们跟其他人完全一样，我们不应该进修道院，但我们能去鹿苑——不过请注意，我们首先必须借助那个宗教的中间项将人神关系铭记在心，也就是说，人一无所能。正是这一点，才使得生活如此艰苦；正是这一点，才使其成为可能，即所有的人实际上或许是真正的宗教人士，因为隐秘的内心性才是真实的宗教性，宗教人士身上的隐秘的内心性，他甚至会用尽机巧只为不让任何人注意到他。真正的宗教性以不可见性为标志，就像上帝的无所不在以不可见性为标志一样，也就是说，它不是让人看的。人们能够用手指着的上帝是偶像，而人们能够用手指着的宗教性是一种不完美的宗教性。但这是何等地艰苦啊！一位女歌唱家不可能整首歌都用颤音，她会不时地来上几句花腔；而以隐秘的内心性为宗教性的宗教人士却一直——如果我可以这么说的话——在万事万物上都发出人神关系的颤音，最困难的是他甚至在特定时间中也能轻松地完成，其轻松程度就好像他没在时间中完成似的。然后，诙谐风趣来得恰到好处，尽管他自己首先温和地做出了向着上帝的运动；然后，他怀着称心如意的兴致受邀准点到来，尽管他首先做出了向着上帝的运动。唉，通常，一个人只要有一点外在的紧张，当他穿戴好去参加晚会而迟到这样的事都会干扰他，人们从他身上看得出来。但是，所有思想当中最为艰巨的，就是关于上帝的思想，相比之下关于死亡的最为严峻的思想都是轻松的，这思想能够使宗教人士像你、我、张三李四以及麦森法官那样轻松自在地活动——因为肯定没有人会注意到我们。

现在，我们的密探出去了。他或许会碰上一个人，他因为没有钱而不能去鹿苑，也就是说，他是一个能够上鹿苑的人。如果我们的密探给那人一些钱并且说："你仍然不能去那里"，此君很可能会以为密探疯了，或者认为这里必有蹊跷，或许那是假币，或许城门和海关关闭了。[167] 简言之，出于对密探的礼貌，此君不会立刻用宣称对方疯了的方式回报其慷

## 第四章 《哲学片断》的问题：永恒福祉何以能建立在历史知识之上

慨，他很可能会尝试一些敏锐的猜测，而当所有这一切都因密探的否认而失败之时，此君才会把密探当成疯子，他对自己得到的礼物道谢——然后上鹿苑去了。此君下星期天会很好地理解牧师在布道时所说的，人一无所能，对此我们要时刻铭记在心。可笑之处正在于此，他能够很好地理解牧师；因为假如有这么一个人，他头脑简单到无法理解牧师在本质上所设定的任务的话，那么，谁人能够忍受生活呢！——接着，密探遇到了另一个人，此人说："去鹿苑，如果人们有钱的话，如果他的营生许可的话，如果一个人携妻带子，对了，把仆人也带上，并且正点回家的话，这是一种纯洁的快乐。人们应该分享所有纯洁的快乐，人们不应怯懦地进入修道院，那是在回避危险。"密探回答说："但是，在我们谈论之初你不是说了吗，你在星期天听牧师说，人一无所能，我们必须时刻铭记这一点。你不是说过你明白了吗？""没错啊。""那你肯定忘记了演说讨论的是什么了。当你说这是一种纯洁的快乐的时候，它构成了有罪的快乐的对立面，只是这种对立隶属于道德或者伦理。反之，牧师所说的是你与上帝的关系。因为去鹿苑在伦理上是被允许的，这并不等于说它在宗教上也是被允许的，而且在任何情况下，根据牧师的意思，你就是要通过将之与关于上帝的思想联系起来的办法去证明它，不过请注意，不是泛泛而论，因为你不是牧师，你不用就此主题进行布道，尽管在日常生活中，你和其他很多人常常把自己与这样的人混淆起来，因此人们觉得当一个牧师并不是特别地困难。牧师会泛泛地谈论那些纯洁的快乐，但是你却要在生存中表现牧师所说的东西。于是，因为你今天去了趟鹿苑，你不必就人生的纯洁的快乐发表简短演说，那是演说家的事。但是，因为你在今天，星期三，7月4日，要携妻带子以及仆人到鹿苑去，你应该考虑牧师在星期天所说的话——人一无所能，并且要时刻铭记在心。我希望从你那里获得的就是在此方面你所采用的程序，因为如果我想要的是演说的话，我会求助于牧师的。""多么不合情理啊！"那人回答说，"你对我而不是对牧师有更多的期待。我认为牧师的布道方式完全恰当，因此他当然应该由国家付给工资，而且就我的灵魂探问者、米克尔森牧师而言，我一直都愿意证实，他所宣讲的是真正的福音，因此我才上他的教堂。[168] 我不是想要改变自己的信仰的异端。即使根据你的言论，在评判我在何等程度上是一名真正的信仰者的问题上有所疑虑，仍有一点是肯定的，我是憎恶洗礼派的正统信徒。但是在另一方面，我从未想过要把像'去鹿苑'这样的鸡毛蒜皮的小事与关于上帝的思想联系在一起。我的确认为去鹿苑是对上帝的侮辱，而且我知道，我所认识的人当中没有一个会那样做。""那么，你认为牧师所说的是恰当的，正如你认为牧师布道的方式是恰当的，他说没有人按照他所说的去做。""无稽之谈！"此人说道。"我当然认为，这样虔诚的教士在星期天、在葬礼上和婚礼上这样讲话是没有问题的。就在不足两周前，我还在《地址报》上为他那篇自发而做的、我永不会遗忘的壮丽的布道辞而感谢他呢。"[169] "你最好说你会时刻想起，因为这个词能让人更好地想起我们谈话的对象，即我们应该时刻铭记，人一无所能。不过就让我们中断我们的谈话吧，因为我们互不理解，而且我从你那里也没有得到我寻求的信息——看你如何依牧师所言行事；尽管我乐于承认，你拥有成为牧师的不容怀疑的才能。不过你可以帮我一个忙，如果你愿意的话：给我一张书面证词，如果可以的话，再从你的熟人那里获得类似的证词，说你和他们从未想过要把关于上帝的思想与'去鹿苑'之类的事情联系在一起。"

现在，我们要把密探打发走，不过，为了给他设下圈套，我们向他提出这样的问题：他要这些证词何用，他的真实意图何在。他这样回答："我为什么需要这些证词，这我当然会说。据我所闻，教士们要召开教士代表大会，那些令人尊敬的兄弟们会提出并且回答这个问题，我们这个时代要求什么——当然是在宗教的方面，否则，这样的大会无异于公民代表会议。"[170] 人们说，教士代表大会将得出结论，这一次，时代要求的是一部新的赞美诗集。[171] 说我们的时代要求一部新的赞美诗集，这是很可能的，但是由此并不能得出结论，认为我们的时代需要它。发生在其他有德之士身上的事为什么不会发生在时代身上呢？如同有德之士，他之所以有德并不是因为道德性；同样，时代所要求的并非它需要的，即使时代所要求的许多东西都已经得到，它们依然无法满足时代的迫切需求，因为这种需要就在于——提出要求，表达自己的渴望。[172] 或许时代很快就会要求牧师们穿上新款法衣，以便给予更多的启迪；我们的时代真的提出这个要求并非不可能，而我就这种要求而言并非不会倾向于认为，这个时代真的有此需求。[173] 看，这就是我收集全套书面证词的意图，这证词事关人们在星期一以及其他的工作日如何理解牧师在星期天的布道辞，而我可能会对'这个时代要求什么'这个问题的解答做出自己的贡献；或者，我宁愿这样来表述我的意思：这个时代需要什么。如此，这个问题听起来就不

## 第四章 《哲学片断》的问题：永恒福祉何以能建立在历史知识之上

会像'我们这个时代的宗教性缺乏什么'，因为把答案纳入问题之中总是错误的；而应该是，我们的时代缺乏什么——答曰：宗教性。所有人都为这个时代的要求而忙碌，看起来没有人关心个体的需要。或许根本就不需要什么新的赞美诗集。为什么没有人提出一个简便易行的建议呢？这建议比许多人认为的还要方便：人们可以临时性地试着用一种新方法装订旧的赞美诗集，看看这种改变了的装订是否有用，尤其是如果人们允许装订者在书脊上写下'新赞美诗集'的字样的话。肯定会有人提出反对，说鉴于以前的装订质量不错，这样做是可耻的，因为很奇怪，会众所拥有的旧版赞美诗集仍然保存完好——很可能是因为书很少被使用；更何况重新装订将会是一大笔开销呢。不过，必定会有一种低沉的声音回应这种反对意见，请注意，是低沉的声音——在我们这个严肃地操心烦神的时代中的每一个严肃的人都会洞察到，必须要做点什么；随后，所有的反对意见就会消失。一些私人性的小型会众团体和因教义被孤立的人们真的对新赞美诗集有迫切需求，以便使其口号从教堂穹顶的将人们唤醒的增音板上传出——这还真不算严肃的事。[174]但是，如果整个时代一口同声地和异口同声地要求一部新的赞美诗集问世，是的，甚至是多部新的赞美诗集问世，那么人们必须做点什么了；现在这个样子恐不能持久，它或将造成宗教感的彻底失败。究竟是何原因，上教堂的人数相对减少了，跟首都的情况一样？[175]唉，自然且显而易见是旧赞美诗集的错。究竟是何原因，人们混乱地只有在牧师走上讲坛之时或者之后才到达教堂？[176]唉，自然且显而易见是因为对旧赞美诗集的厌恶。是什么毁了亚述帝国？是分裂，夫人。[177]究竟是何原因，牧师刚刚说了"阿门"，人们立刻不合时宜地跑出教堂？唉，自然且显而易见是因为对旧赞美诗集的厌恶。是何原因导致家庭祷告极其罕见，尽管人们能够自由地选择其他的赞美诗集？唉，自然且显而易见是因为对旧赞美诗集厌恶到极点，以致于人们根本就不想要它，正是旧赞美诗集的存在才扑灭了所有的家庭祷告。是何原因，很遗憾会众绝少根据他们在星期天所吟唱的内容行事？唉，自然且显而易见是因为旧赞美诗集太糟了，它甚至阻止人们按照上面所说的行事。是何原因，在对新赞美诗集的迫切要求提出之前，很遗憾所有这一切都是真的？唉，自然且显而易见，这是会众的深层需求，这种深层需求本身至今尚未成形——因为还没召开教士代表大会呢。但是因此之故，我认为在废除旧赞美诗集之前应该三思，以免在新书推出之后人们仍要解释同样的现象从而陷入极度的尴尬。如果旧赞美诗集以前从未产生过任何益处的话,那么现在它有了。凭借它我们可以解释一切,一切在其他情况都不可解释的事物,如果我们铭记,当今时代严肃地操心劳神,教士们亦然,他们不仅为各自规模不大的会众团体及其个体操心,而且还为整个时代操心。从另一方面讲,假设在新赞美诗集完成之前出现了点情况;假设个体决心把罪责推到其他方面,并且可悲地寻求与赞美诗集以及他所想起的坚信礼日的和解;假设个体小心翼翼地走进教堂,准点到达,吟唱赞美诗,听牧师布道,表现得端庄得体,这个印象保持到星期一,继续前进,再保持到星期二,是的,甚至一直到星期六。这样一来,对新赞美诗集的迫切需求或许就会减弱。但是,由于这些个体逐渐学会了自助,教士们就有时间和闲暇全身心投入到教士代表大会之中,那些可敬的兄弟们在会上提出并且回答这个问题:我们的时代要求什么——当然是在宗教的方面;否则,这样的大会也就无异于公民代表会议。[178]

　　密探就说到这里,他现在必须去谋生了。于是我们返回到牧师所言,人一无所能,我们要时刻铭记在心——结果甚至是当我们去鹿苑的时候也要如此。很多人恐怕早已厌倦了这个具体的例子,它永无终结,而且与"我们一无所能,我们要时刻将之铭记在心"相比什么都没说。事情就是这样:抽象地泛泛而论伦理和伦理—宗教是非常迅速的,而且理解起来可怕地容易;但在日常生活的具体情境中,关于它的谈话就变得极其缓慢,实践起来也非常困难。如今,牧师很少敢于在教堂宣讲"去鹿苑"这件事,或者甚至都不敢提这个字眼——在一则虔诚的演说中仅仅把鹿苑与关于上帝的思想联系起来都是十分困难的。但是在另一方面,我们所有人都能做到。那么,困难的任务何在?在起居室里,在前往鹿苑的滨海大道上。如今的宗教演说尽管宣称反对修道院,但它所遵守的却是极其严苛的修道院规矩,同时使自身远离像修道院那样的现实性,由此充分而间接地暴露出了一点——日常生存实际上是在其他范畴之中的,或者说宗教并没有融入日常生活。人们以此方式超越了中世纪。但是在这种情况下,宗教人士应该在质的辩证法的力量之下对修道院有所向往。如果这一点没有得到宣扬,而宗教性仍要比中世纪向前迈进,那么最好让牧师去宣讲那些最简单的事情,摒弃抽象的永恒真理。当然没有人使我相信,把关于上帝的思想与最微不足道的事情联系起来是容易的。不过,这并不意味着牧师应该像鹿苑的滨水访客那样待在起居室里,谈论着森林漫步,因为那真的很

## 第四章 《哲学片断》的问题：永恒福祉何以能建立在历史知识之上

容易，除非是他自身的尊严使之变得困难。(179)不然，这里的意思是要虔诚地谈论这件事，并且以宗教的神圣权威把就此发表的言论转变成一则建设性演说。如果他做不到，如果他认为无法做到，他必须要警惕了——然后再恭敬地评判中世纪。反之，如果宗教演说间接地强化了这种错觉，即：宗教性存在于每周一次在一种想象性的、得体的观念之中理解自身，聆听一些用抽象方式宣讲的永恒真理，攻击那些从不上教堂的人，然后再到其他范畴中生活；那么，想要超越的混乱思想越来越占据上风就不足为奇了。一名称职的教士应该成为时代的领袖，倘若牧师的职责是去安慰，那么，若有必要，他还应该知道如何使宗教变得困难，以便使每一个反抗者屈服。(180)众神把大山压在反抗天庭的提坦身上以约束他们，同样，牧师也会把宗教任务的重量压在每一个反抗者身上（自然是通过将之放在自己身上的方式），以免使人认为，宗教是某种用来寻欢作乐的东西，或者是一个恶作剧，或者充其量是一种针对单纯而愚蠢之人的东西；以免使人认为，宗教在相对的和比较的意义上是辩证的，它与在有限性中的常规训练是同一的；或者认为宗教应该通过世界史的考察和体系化的结论而变得困难，但实际上这样做却只会使之变得更容易。(181)因此，当宗教演说者在解释人一无所能的时候联系了具体事例，他就是在促使听众洞视其内心深处，帮助他们遣散那些幻觉和错觉，至少在瞬间掀开了那种他原本在其中如鱼得水的公民性的—小城镇式的甜蜜外壳。(182)实际上，宗教演说者最终操作的是绝对的关系，即人一无所能，但是他是借助具体事例与之结合的方法才完成了这个转换。如果他仅仅将自身限于"无""时刻""永不""一切"这些词，那么很容易发生的就是——一切都将化为虚无。① 但是，如果他忘记了自身，忘记了存在于根基处的绝对的"无""时刻""永不""一切"，那么即便他没有把神殿变成贼窝，他至少也把它变成了证券交易所。(183)

如果没有人愿意尝试着把宗教的绝对性与具体事务相结合加以展开，这种结合在生存中是痛苦的根源和意义，那么我愿意这样做，我既非宗教演说者，亦非宗教人士，我只是一个幽默的试验性的心理学家。如果有人想笑，那就由他去好了，但是我仍然乐于见到一个感性的人或者辩证法

---

① 因此，宗教演说完全可以带点玩笑的味道，正如生存；因为玩笑的根源就在于，我们人类满脑子都是伟大观念，随后，生存到来，它为我们提供了日常生活。

家，他们能够从宗教的痛苦之中揭示出一丝滑稽。如果有什么是我彻底研究过的，那就是滑稽性。恰恰因为这个原因我还知道，宗教的痛苦把滑稽排除在外，宗教的痛苦不通向滑稽，因为痛苦正是对矛盾的意识，因此它才以情致的、悲剧的方式被吸收到宗教意识之中，滑稽性恰恰由此被排除在外。

关于上帝的或者自身的永恒福祉的观念在一个人身上是这样发生作用的，即他要据此改造自己的整个生存，这种改变就是从直接性出离。这个过程进展十分缓慢，但是最终①，他将感到自己绝对地为关于上帝的绝对观念所俘获，这是因为，关于上帝的绝对观念的意义不是说，顺便拥有这种绝对观念，而是要在每个瞬间都拥有这种绝对观念。(184)这是直接性的停顿，是毁灭的死亡判决书。就像一只鸟，在被捉后仍无忧无虑地抖动着翅膀；像一条鱼，在身处不相宜的岸上时仍然欢快地做出在水中穿行的动作，准确无误地穿行于浅滩上令人着迷的区域之间。同样，宗教人士也被俘获了，因为绝对性并非直接地就是有限性存在者的要素。(185)就像一个病人，因为周身疼痛而动弹不得；就像一个病人，只要活着，他就不会停止运动，尽管他周身疼痛。同样，宗教人士以其凡人的卑微，心怀关于上帝的绝对观念在有限性当中忙碌着。但是，笼中的鸟，岸上的鱼，病床上的病人，极其狭窄的牢房中的犯人，他们都不像为关于上帝的观念所俘获的人；因为同上帝一样，那个为上帝所俘获的观念同样无所不在，且存在于每个瞬间。对于一个被认为已死、但仍然活着的人来说，这无疑是可怕的——他有感觉能力，能听到在场的人说他的话，但却绝无办法表达出他仍然活着。同样，对于宗教人士来说，毁灭的痛苦也是如此——他在虚无之中拥有那个绝对观念，但却没有任何回报。如果这一切注定发生且成为诗化的真理，当一个伟大的、包罗万象的计划仅仅被植入人心且被坚持的时候，它就会把脆弱的器皿压碎。(186)如果一个女孩因被受人仰慕的男子所爱而在幸福的痛苦之中毁灭，如果这一切发生了，那么，犹太人所说的看见神的面就是死亡，以及异教徒所说的人神关系是疯狂的预兆又何奇之有呢！(187)尽管关于上帝的观念是一种绝对的帮助，它也是唯一绝对能够揭示出人类自身的无助的东西。宗教人士像无助的孩子那样身处有限性之

---

① 我使用了一种想象的形式来描绘时间的流逝："缓慢……但是最终"。既然我的任务所关切的东西尚未开始，这样做是恰当的。

## 第四章 《哲学片断》的问题：永恒福祉何以能建立在历史知识之上

中；他愿意绝对地坚持那个观念，而正是这一点将他毁灭；他愿意做任何事，与此同时，就在他这样意愿的时候，无力开始了，因为对于一个有限存在者来说，的确存在着这么一个"与此同时"；他愿意做任何事，愿意把这个关系绝对地表现出来，但他却无法使有限性与之相适应。(188)

有人想笑吗？如果天上的星星的位置曾经暗示着可怕的事情，那么，这里的范畴所在的位置暗示的并不是笑声和笑话。现在试着把"去鹿苑"这件事加上。你会发抖，你会寻求逃遁，你会认为还有你能够为之活下去的更高的目标。是的，当然了。然后呢，你会走开。但是，这里必定存在着一个"与此同时"——与此同时，无力再次出现。你会说："一点一点地。"不过，这正是可怕的事情的所在地，这个"一点一点地"首次开始之处所显现的正是向绝对地与之结合的过渡。在短篇小说中插入一年时间的做法在宗教的意义上自然只是在嘲弄我自己以及宗教人士。

宗教人士丧失了直接性的相对性，他为转移注意力而制造的假象，它为消磨时光而生的娱乐——就是他的娱乐。关于上帝的绝对观念像夏日烈阳那样吞噬着他，当太阳不肯落山的时候；像夏日烈阳那样灼烧，当太阳不肯停止的时候。但是那样的话，他生病了；一场令精神为之一爽的睡眠会使他强壮，睡眠是一种纯洁的娱乐。(189)的确，对于一个除了跟同床者之外从不跟任何人打交道的人来说，就让他在昏昏欲睡之中觉得"上床睡觉"是正常的吧。但是，对于只和宏伟蓝图打交道的人来说，巡夜员的叫声都将是可悲的提醒，对睡眠的提示比死亡的到来还要可悲，因为死亡的睡眠只是一瞬间，是刹那间的停滞，而睡眠却是持久的停滞。(190)然后呢，他就要开始做点什么了。或许做到手的第一件事？不然，就让一个在有限性中的巧手的杂货店店员总有可以倒腾的东西吧；就所爱的人而言，一个只知爱的观念的人还会知道其他的东西——当"愿意做任何事"看起来还不充分的时候，意愿任何事的努力就会产生虚弱无力，而他将再次立于开端之处。(191)但是就在那种情况下，他必须返求诸己，理解自身。或许会用言辞加以表达？如果认为开口说话就是滔滔不绝地说下去的人能够为自己感到自豪的话，他从未因寻找一种表达方式而为难，从未徒劳地遣词造句；那么，那个仅仅在赞叹人类的伟大的时候才会沉默的人定能认识到，至少在这一瞬，他不需任何提醒要管好自己的舌头。那个从未哭泣着上床睡觉的人哭了，不是因为他无法入睡，而是因为他不敢再醒着了；那个从未经历过开端时的软弱无力的人；那个从未沉默过的人——他至少从未忙着就宗教领域发表言论，他待在他所隶属的地方，在卧室，在商店，在街上的闲聊中。但是，让一个人经历这样的事情是多么有限，和宗教人士与绝对的绝对关系相比，这是多么地有限啊！

人一无所能，这一点要时刻铭记在心。宗教人士处于这种状态之下，结果他连鹿苑都不能去，这是为什么呢？是因为在他自己眼中，他比别人强吗？远非如此，这是修道院运动的虔诚。[192] 不，因为他是一个真正的宗教人士，不是宣讲"时刻"的奇幻牧师，也不是懂得"时刻"和"虚无"的涵义的奇幻听众；是因为他每时每刻都明白，他一无所能。在这种病态中，宗教人士无法把关于上帝的观念与"去鹿苑"这样的偶然的有限性事件结合起来。他把握住了痛苦，在与这样鸡毛蒜皮的事情而非与那个夸张的"虚无"相关联的情况下理解了痛苦——当"虚无"根本没有多说出什么的时候，它很容易变得毫无意义，而这无疑也是对其虚弱无力的一种深刻表达。困难不在于他不能做（从人类的角度来说），而在于首先要理解"他不能做"，并且消除错觉（因为他必定会时刻铭记，他一无所能）——他克服了这个困难，然后困难来了：在上帝面前他能够做到。一桩事业、一个决断、一个事件越是具有决定性意义，将其与上帝的观念相结合就越容易（恰恰因为它更为直接）；"越容易"的意思是说，这种容易的根源在于，人们极易为自身所欺骗，从而进入幻觉之中。人们在长篇和短篇小说中并非不常读到，在做出重大决定之际，要么短篇小说中的人物在图画般的人群当中跪着祈祷，要么是主人公独自一人跪着祈祷。同时，可敬的男女小说家们天真地借助祈祷的内容、形式以及祈祷者的态度间接地显现出，在此之前，他们的男女主人公在生活中没有做过几次祈祷，尽管故事的场景发生在1844年，在一个基督教国家，而这些人物都是基督教徒，何况长篇小说跟短篇小说一样，其任务都是按人物实际之所是的样子去描绘人物，甚至写得更好一点。短篇小说主人公怀着巨大的内心性把上帝的观念与最为重要的事件结合起来，但是，从宗教的角度出发，祈祷的内心性恰恰不在于它在瞬间的热烈程度，而在于它的持久性。反之，事情越微不足道，将之与上帝的观念联系在一起就越困难。但是，人神关系正是在这里被标识。在做出重大决定之际，在一部可能改变整个世界的著作出版之时，在地震、金婚纪念会、海上遇险以及孩子秘密出生之际，对上帝名字的使用或许就像在宗教意义上一样常常是感叹性的。因此，人们不应上当，牧师忽略了生活中的种种小事，而将其雄辩和

## 第四章 《哲学片断》的问题：永恒福祉何以能建立在历史知识之上

模仿技艺集中在伟大的情景之上，至多半含羞地为体面之故在结尾处补充一句，人们在日常生活中也应展现出同样的信，同样的望和同样的勇气（相反，一则宗教演说本应把目标定为讲小事，讲日常生活，至多加上一两句警惕那种很容易构成宗教感的基础的错觉的话，后者的结果是宗教感只在闰年中被识别）①，因为这是感性的，从感性的角度出发，对上帝的称呼不折不扣地就是高声的感叹；上帝在这些事件中的显现就是舞台剧的布景。(193)

我们让宗教人士处于病危之中；但这病不至于死。(194) 现在，我们要让曾毁了他的同一个观念使他坚强起来——关于上帝的观念。我将再次采用透视法，因为我的任务的关切点不在这里，我不想细数伦理（它与绝对的人神关系总有段距离）应该如何约束性地介入并且发号施令。不过，我想用几则评论使读者驻足。首先，每一代人当中都不可能有很多人经历过绝对的宗教关系的开端；其次，生存媒介中的开端恰恰不是一劳永逸地决定性的东西，因为人们只是在纸上完成了第一个环节，然后与它就没有任何关系了。生存媒介中的绝对的决断是、且一直只能是一种接近（但这一点不能在与其他人的孰多孰少进行比较的方式之下加以理解，果若如此，个体就已丧失理想性），因为来自上方的永恒以生存者为目标，生存者由于生存之故处于运动之中，因而就在永恒触及的那一瞬，他已经与永恒有了一段时间间隔。生存媒介中永恒决断的开端绝非一劳永逸，绝非某种成就，因为生存者不是抽象的 X——他成就某种东西，然后前进，走过人生之旅——如果我敢这样囫囵吞枣地说的话。反之，生存者活生生地持续存在于他所经历的事情之中，当他向前行进之时，他与永恒决断的开端

---

① 总体观之，没有什么像宗教感那样与喜剧性相伴，其报复也不似宗教领域中那样近在咫尺。如果人们在教堂里听到一则感性化的宗教演说，人们的责任自然是受熏陶，尽管尊敬的牧师在发疯似地胡说八道。但是，如果我们在其他时间里回顾这演说，那种喜剧性效果并非了无兴趣，其规则是，在演说者竭尽全力宣扬至上的东西之处，他是在不自知地冷嘲热讽。"祈祷者站了起来，变得坚强了，噢，他是如此坚强，非同寻常地坚强。"但是，从宗教的角度出发，真正的坚强就是为或许就在下一时刻重新开始的斗争做好准备。"个体通过一个誓言依附于上帝，一个神圣的誓言，说他永远和时刻如何如何，现在他自己感到踏实了，噢，如此地踏实。"但是，从宗教的角度出发，一个人许愿时要小心谨慎（参《传道书》），从宗教的角度出发，誓言的内心性恰恰是以固定术语的简洁和对自身的怀疑为标志的。(195) 不，从宗教的角度出发，整个灵魂的内心性以及心怀二意者净化了的和谐心灵为今天或者今天上午所许的愿，比那种感性化的与我主平起平坐的交往具有更多的内心性。(196) 一个是在暗示，在日常生活中许愿的人生活在宗教领域；另一个则讽刺性地显现出，祈祷者是一个由牧师介绍的客座会员。(197)

是在一起的，因而他随时都会丧失它。"他与之在一起"不像人们把某个东西放在口袋里，其意是说，通过它，这个特定的东西，他被更具体地规定着；丧失了它，他也就丧失了自身的具体的规定性。通过生存中的决断，生存者被具体规定着成为他之所是；如果对之置之不理，其结果不是说他丢失了某种东西，结果他没有自我并且丢失了什么，而是说他已经丧失了自我，他必须重新开始。

  接着，宗教人士战胜了疾病（或许明天会因为一个不小心而旧病复发），或许他会用那种建设性的沉思来使自己坚强，即：创造了人类的上帝必定最了解一切使人类不可能与关于上帝的思想相结合的东西——所有尘世的迫切需求，他会陷入其中的混乱思想、消遣娱乐、休憩和一夜安眠的必要性。显然，这里讨论的不是正在尘世宣讲着的免罪，人们在那里通过其他人安慰自己，人们彼此安慰而把上帝排除在外。每个人都是荣耀地构造的，而毁掉许多人的东西之一，比方说，就是在人与人之间所进行的不得要领的滔滔不绝——关于人所应遭受的痛苦，以及在沉默中的成熟；那种面对人而非上帝时的忏悔；那种跟张三李四就本应成为一桩秘密、并且秘密地直面上帝的事情所进行的真诚沟通；那种对临时性安慰的缺乏耐心的渴求。不然，宗教人士从毁灭的痛苦当中学到了一点——由人施行的免罪毫无益处，因此他从不听来自那方面的东西；他要面向上帝，经受作为一个人所要经受的痛苦，然后为上帝而在。因此，人群彼此都知道的东西是无法安慰他的，那些人就"何谓人"有种偏狭的小城观念，对"何谓面对上帝"有种流利的、滔滔不绝的、转了十七遍手的观念。[198] 他从上帝那里得到安慰，以免其全部宗教性沦为一则谣言。这里绝非说他将发现新的真理之类的东西，不然，他只要自己保持警觉，不要糊里糊涂地陷入那种健谈和布道的欲望之中，妨碍他在自身内去经历在他之前成千上万的人都曾经历过的东西。如果说，爱情的关键就在于，只有当爱情教会一个人对其情感保守秘密的时候，这爱情才会变得高贵；那么，宗教方面的情况将更胜一筹！

  让我们想一想异教对天神爱上凡间女子的故事的诗化表现。[199] 假如这女子对于他的天神身份一无所知，则这种关系将是最大可能的悲惨；因为在为二者设置的相同的标准的评判之下，她将会因自己要求步调一致而陷入绝望。相反，假如她知道对方是位天神，那么她首先几乎会在卑微之中彻底失败，结果她几乎不敢承认自己的卑微；她会接二连三地绝望地试

## 第四章 《哲学片断》的问题：永恒福祉何以能建立在历史知识之上

着将自身提升到跟他相同的高度；每当她的卑微使他们的分离成为必然的时候，她都会焦心；她始终在自己是缺乏意志力还是缺乏能力的折磨之中焦虑。[200] 让我们将之运用到宗教领域当中。对于一个在具体生存之中的单一个体来说，缺乏意志力和缺乏能力的界限何在？何谓懒惰，何谓尘世的自私，何谓有限性的范围？对于生存者来说，准备时间何时才会结束？这个问题在何处才不会以所有最初的操心和艰难重现？生存中何时不是准备时间？就算所有的辩证法家聚集一堂，他们也不能为在具体情境中的单一个体做出决定。因为辩证法实际上就是一种有着良好意图的、服务性的力量，它会发现并且帮助人们去发现，信仰和礼拜的绝对对象何在，绝对何在——换言之，在那里，有知与无知的差别在无知状态下的绝对崇拜中崩溃；客观不确定性在反抗，以便把信仰的充满激情的确定性逼出来；在绝对屈服的状态下，正义与非正义的斗争在绝对崇拜中崩溃。辩证法本身看不到绝对，但是在一定程度上，它却将个体引至那里，并且说：应该就是这里了，这点我保证；如果你在这里做礼拜，那你礼拜的就是上帝。但是礼拜本身并不是辩证法。从事调和的辩证法是一个失败的天才。——于是乎，那个为天神所爱的凡间女子首先会在其卑微之中彻底失败，但是反过来，她也可能因这种观念被提升，即天神必定比她更清楚地了解这一切。她因把对方想成神彻底失败，但反过来也会因天神把她想成人而被提升。的确，如果一个出身卑微的女子与异国国王联姻，那么，为了找到让女子面对所有令人想起她的低微出身、且会干扰他们的关系的事务时的那种坦然自信，为了找到在屈服于自身和过高要求自身的界限之争中的安宁，这女子将遭受怎样的痛苦折磨呢？

但是，人是时间性的，人无法承受在时间当中不间断地趋向永恒的生活，这也是人类卑微的一部分。如果一个人的生活在时间当中，那么正因为如此，这生活就是片断的。如果它是片断的，那么它肯定与消遣娱乐混在一起，在消遣娱乐之中他远离了自身与上帝的关系；或者说他仍然处于那种关系之中，但却不像在强烈的瞬间那样。如果人们说与恋人分离是困难的，那么，对于宗教人士来说，造成分离的是消遣娱乐，而非艰难困苦，消遣娱乐的必要性恰恰极其强烈地揭示出了他的卑微——这难道不困难，难道要容易一些吗？我们的宗教人士并非处于这样的境况下，即牧师敦促他要有寻找上帝的意愿；相反，他被这样的想法所俘获，即应该有所消遣，以免他会死。看，修道院运动的诱惑力就在这里。用超人的努力去

399

## 最后的、非科学性的附言

接近上帝，不间断地保持与上帝的关系，如果可能的话连觉都不睡，这难道不可能吗？人们通常说，爱情能使两个人平等。就两个人的关系而言的确如此，因为他们本质上是站在同一水平线上的，他们的差别是偶然的。但是，在上帝与人之间存在着绝对的差别，那种直接的平等是一种放肆的、令人眩晕的想法；但是即使这样，这也不能免除相对的人类的极端努力。但是，如果在上帝与人之间存在着绝对的差别，那么，爱的平等将如何表现自己呢？通过那种绝对的差别。这种绝对差别的形式是什么？是谦卑。哪种谦卑？那种完全承认人的卑微、同时心怀谦卑的坦然自信面对上帝的谦卑，即上帝肯定比人自身知道得更清楚。修道院运动是一种想要超出凡人之上的尝试，一种热情的、或许还是虔诚的愿意与上帝相像的尝试。不过，真正的宗教感的深层痛苦就在这里，那是我们所能想到的最为深切的痛苦：绝对决定性地与上帝建立关系，因而不能有任何外在具有决定意义的表现（幸福的爱情的确通过相爱的双方彼此拥有而有了外在表现），因为极具决定意义的外在表现只是相对的，它既太多、又太少，说太多是因为它包含了一种对于其他人而言的傲慢；说它太少则因为它仍然是一种世俗化的表现。

于是，有两条道路可供思考：谦卑的娱乐之路和绝望的努力之路；去鹿苑之路和去修道院之路。去鹿苑？噢，好吧，我们先这么说吧，我还能够列举出同一范畴之内的许多其他地方。愚人很可能会冲这个想法发笑，高贵的宗教人士则觉得自己受到了侮辱，二者都证明了问题的正确性。但是，干嘛要提出像"鹿苑"这样的字眼呢？星期天，人们用一种极不确定的、飘忽不定的但通常而言又是恰当的星期天的表达方式来谈论那些纯洁的快乐；然后，在一周的其他日子里用日常语言谈论它们——这要体面得多。的确，这样做肯定体面得多；在这个方面，我隐约感觉到了"鹿苑"这个词会在一位体面的先生身上激起的愤怒，因为它在此方面或许会间接地使人想起，我们这个时代的宗教性在何种意义上超越了中世纪；因为这个词令人不爽地把宗教与个人的生活拉近了，而不是通过说"无""一切""时刻""每日的警觉"的方式远观它。——我们的宗教人士选择了去鹿苑的道路，为什么？因为他不敢选择修道院之路。为什么不敢呢？因为那条道路过于高贵了。于是他去了鹿苑。"不过他玩得不开心"，或许有人会说。不对，他开心了。为什么会开心呢？因为承认自己的人性是对人神关系最为谦卑的表达，而感到开心就是人性的。如果一个女子仅

第四章 《哲学片断》的问题：永恒福祉何以能建立在历史知识之上

仅为取悦丈夫就能成功地改变自己，那么，宗教人士就人神关系而言为什么就不能成功地感到开心呢，如果感到开心是对人神关系最为谦卑的表达的话？

假如一个贫穷的普通劳工爱上了一位公主，而且相信自己也为公主所爱；那么，维持这种关系最为谦卑的方式是什么呢？我是不会感到奇怪的，如果他跟其他劳工完全一样，照常上工，与其他人打成一片，然后，在上工的时候沉浸于对这种关系的思索之中，他告诫自己：谦卑比任何东西都更能使公主愉悦，如果他在平静的心里持续地想她，而不是用更强烈的方式表达出来的话——前提是他敢那样做。因为谦卑的劳工从未有过这样的念头，即那位公主会愚蠢地、愚蠢得满脑子世俗化地从这件事当中获得快乐——全世界通过那劳工奇怪的手势觉察到，她被一个普通劳工所爱。但是，有一种类型的宗教感，或许因为最初的毁灭是不完全的，缺乏彻底的内在性，所以才会形成这样一种上帝观：上帝就是一个嫉妒的、有着有限理智的暴君，他心怀强烈的渴望，希望整个世界通过一个特定人物的奇怪手势而获知，上帝被一个特定的人所爱。就好像上帝渴望拥有某种出众品质似的，或者就好像这是对上帝而言适宜的出众品质似的，尽管每个人都会明白，即使对公主来说，为一个普通劳工所爱也算不得什么超凡出众！这种宗教感本身就是不健康的、病态的，因此它也会把上帝弄成病态。有权力欲望的人会心血来潮地要求全世界都清楚地知道，通过显著的屈从，他对其他人拥有何等的权力，但这一点对于上帝而言当然什么都不能证明。或者说，有宗教人士考虑着要做这一切，如果他心生一念这样去思考上帝的话，也就是说，上帝真的需要全世界的惊叹，需要宗教复兴主义者的吸引了全世界的惊叹的奇怪手势，由此将世界的最高关注点引向上帝的存在——可怜的上帝，他陷于尴尬境地：一方面他是不可见的，另一方面他又极想吸引公众的注意，他坐在那里，等待别人为他做这一切。

不过我把这一切弄得有点抽象了，现在我要让它仿佛就发生在今天，因为今天是鹿苑游园季的一个星期三，我们的宗教人士要去森林，而我要试验性地考察其心理状态。这些说起来容易，但是做起来就是另外一回事了。不过，或许谈论这些东西在某种意义上也不那么容易。我很清楚自己在冒何种风险，我是在拿自己那一点点作家的声望做赌注，因为所有人都会发现这一切极其无聊。现在是鹿苑游园季的同一个星期；所有这一切都关乎去鹿苑这件事，然而我已经用去太多的篇幅，小说家都准备好叙述十年间所发生的最有趣的事件了，包括伟大的场面和激动人心的情境，包括秘密会议和秘密出生的孩子。的确，我花去了太多篇幅，一位牧师用一半的篇幅就能讲完时间、永恒、死亡与复活，他用上了"一切""时刻""永不"和"无"这些辞藻，然后，他讲完了，结果人们从这则布道辞当中能得到够用一辈子的东西。

　　这是鹿苑游园季的一个星期三。我们的宗教人士认同普遍意义上必要的娱乐的意义，但是由此绝不能推断出，娱乐活动在今天是必要的。具体情境的困难之处正在于此，只要宗教人士在生存中，这困难就会持续存在，如果他要把这种观点与一个特定日子的特定时刻、与这样那样的特定心境、以及这样那样的特定环境相结合的话。当我们这样理解生活的时候，量的徒劳的差别消失了，因为具有决定意义的是内在性的"怎样"，而非量的"多少"。

　　我们的宗教人士是一个独立、富有的人，他本人拥有马匹和车辆，因此之故他既有时间又有条件每天都上鹿苑，如果他愿意的话。于是乎，事情看起来最好是这样的，如前所述，宗教演说应该具有充足的反讽性，以便使人们在外在世界里超级幸福，仅仅是为了使宗教性更清晰地显现出来。一个在鹿苑游园季仅有一个空闲的星期三的人，他或许对于出发去鹿苑这件事没有感到那么难；但是，那种轻松，以及他不能在其他日子去鹿苑的困难，又使这一点成为可能——宗教性没有成为决定性的因素。这就像是严肃。很多人自认自己是严肃的，因为他有妻子儿女，有负担沉重的事业。不过我们由此并不能推断出，他在宗教事务上是严肃的，他的严肃或许只是闷闷不乐和无可奈何。当宗教事务上的严肃显现之时，它最好是在有利的外在条件下显现，因为那样它就不容易与其他的东西相混淆了。

　　于是，他首先要确保，对他起决定作用的不是一时的欲望，不是直接的心血来潮；他想要确定，他需要娱乐，他相信上帝必定也知道这一点。这并不是一个宗教复兴主义者直面上帝时的那种粗鲁的自信，就好像通常所说的，一个感性化的没心没肺的家伙是能够从他一劳永逸地从上帝那里获得表扬信而被识别出来的。不过，尽管他知道，他不是怀着直接性的欲望去寻求娱乐，因为他宁可摒弃它，他的担忧仍然会唤醒他对自己的不信任，他想知道自己能否更长久地摒弃娱乐。不过，他还意识到，在前一个星期天，在并未屈服的情况下，他感到自己需要某种娱乐，为的是检验冲动来自何方；因为他确信，在怠惰与有限性的限制之间的界限很难划清，

## 第四章 《哲学片断》的问题：永恒福祉何以能建立在历史知识之上

上帝不会使他落入尴尬的境地，而是会帮助他找到正确的东西。但是看吧，就在他操心地看自己能否再坚持一天而不需要娱乐的那一刹那，几乎就在同一刹那，那种人性的烦躁苏醒了，它真的感觉到了依赖感所带来的刺痛，即人们应该时刻明白，人一无所能。这种烦躁是反抗性的、缺乏耐心的，它几乎要与操心在可疑的同谋之中联手，因为操心是出于热情而放弃娱乐，而反抗则是出于骄傲。这种烦躁是诡辩性的，它会使人幻想着，人神关系将会通过与这类鸡毛蒜皮的小事的结合而被曲解，实际上它只能通过伟大的决断而显现自身。这种烦躁是骄傲的，尽管宗教人士不止一次地确信，屈从于必要的娱乐是对人神关系的最为谦卑的表达；但是，当事情进展顺利之时，在强烈热情的瞬间，人们总是受到诱惑去理解或许不该在此刻所做的事，当某事要具体实施时，受到诱惑去与理解它相比较。但是，内心冲突再次消失，因为我们的宗教人士沉默了，在上帝面前沉默的人，他一定学会了放弃，但也学会了一点——这是有福的。[201] 如果我们的宗教人士有位滔滔不绝的朋友在身边，那么他很容易就上鹿苑去了，因为那不过是小事一桩，如果一个人有马有车还有钱的话，而且他也会喋喋不休——但是那样的话，他也就不再是我们的宗教人士了；我们的宗教人士也上了鹿苑。现在，他下决心寻求娱乐，可就在这一刹那，任务变了。如果再过一会儿，在这想法穿过他的灵魂之后——它不过是个错误，那么他只是采取了一种伦理性的考量去应对之，因为在面对由诚实的思量所做出的决断之时，那种稍纵即逝的想法是做不得主的。他以伦理的方式解除了该想法的武装，为的是不再企及至上的关系，以之，那种下决心去寻求娱乐的意义也将毁灭。结果，这里的方向并非如牧师布道时所说的冲着人神关系而去，而是说人神关系本身就在努力争取宗教人士暂离此处，仿佛这是上帝的牵挂与人的自我辩护之间达成的共识。伦理性的考量就是这个样子：最坏的结果就是唠叨抱怨，而不是下决心去施行已经做出决断的事情，哪怕后者或许考虑得尚不周全；因为唠叨抱怨是所有精神关系的绝对毁灭。——看，我们所有人当然都在等待伟大事件的到来，为的是使我们有机会以行动显示我们是怎样的人。当一位王位继承人接管欧洲最强大的王国的政务之时，他要对成千上万人的命运负责，他有机会做出决断并且在突出的意义上行动。[202] 毫无疑问！但是，这正是生存的深刻性、同时也是反讽性之所在——当行动者只是一个人，当其成就只是"上鹿苑"之时，他完全能够在最突出的意义上行动。因为国王陛下能够做到的不过是面对上帝做出决断。"面对上帝"是重心之所在，而成千上万的人不过是幻觉。即便最卑微的人也能在上帝面前做出决断，能够面对上帝做出"上鹿苑"这样的决断的真正的宗教人士，他是不会因与某位国王陛下并肩而感到羞愧的。

那种从直接性出离的宗教痛苦就讲到这里。我本人非常清楚，对这类日常事务的调查看上去是多么地贫乏，就连头脑简单的女仆和步兵对此都有所了解；承认其中的困难是多么地不严谨，由此或许暴露出了我没有能力略微超出底层的视野；而人们经年累月地耗时费工，但最终却并没有比极其愚蠢的人所知更多，这是多么地近乎讽刺啊——唉，花同样的时间、同样的勤奋可能已经在中国、波斯甚至天文学领域有所成就了。或许只有不到十个人能耐着性子把这个作品读下去，在我们国家里没有一个人会不嫌麻烦去写这样的东西，不过后一点以某种方式安慰了我，因为如果这是所有人都能做的事，如果这作品其实只是一个抄写员的活；那么，完成所有人肯定能完成的（这对于脆弱的人心来说是多么地令人沮丧）、但却无人愿意做的事情恰恰就成了我的功劳。那么，无人愿意去展示它，但却要在生存中表现它，实施它？是的，自然了，比之于展示，作为从来都是有优势的，需要花费很长时间去展示的东西可以很快完成——如果人们能够做到的话。但是，在人们行进到能为之前，在能够做到这一点之前会有怎样的麻烦呢？的确，我只是说我无法做到；但是，既然奥秘就在于宗教性的隐蔽的内心性，那么或许所有人都能够做到——至少人们没察觉它们有什么。——反之，若有人在这种生活方式的艰巨面前退缩的话，这到底有多艰巨，我是能够充分知晓的，我不过是坐在那里进行思想试验，因而本质上我置身事外，但我却感觉到了这工作的艰巨。好吧，我宁可不再多说什么了，尽管我崇拜宗教性的内在成就，将之作为最伟大的奇迹来崇拜，不过我也坦率地承认，我无法成功地根据并且心怀关于上帝及其永恒福祉的至上观念到鹿苑里玩个痛快。我看到这是奇妙的，如果轮到我说话，我所说的定不会让穷人的生活更加困难（噢，绝不！），因为他的生活已经够困难的了；或者，我也不会用让某人的生活更加艰难的办法（但愿不要这样！）来折磨他，因为他的生活已经足够艰难的了。相反，我希望服务于那些有教养的人士，或者通过赞美其宗教性的隐蔽的内心性（因为这里的奥秘在于：没有人应该察觉到任何东西，而且的确没有任何人察觉到任何东西）；或者，如果可能的话，把事情弄得如此艰难，以至于它能够满足有教养人士的要求,因为他们在其超越行为之中早已把众多难点遗留在了身后。⁽²⁰³⁾如果有谁在这种生活方式的艰巨面前退缩的话,那么我发现人们甚至要超越它更为可怕,尤其是通过转至思辨和世界史而超越,我发现这一点愈加可怕。不过我说的是,所有的超越的标志必定在于,它不仅仅是这个,它还是更多的东西;因此我发现这一点是可怕的,还有一点——它是可怕地愚蠢的。

宗教痛苦的意义在于从直接性出离;它的现实性就是其本质的持续存在;但是它隶属于内心性,不应该在外在世界中表现出来(修道院运动)。现在,我们以一个宗教人士为例,隐蔽内心性的骑士,我们将其置于生存媒介之中。结果,因为他与周围世界建立了关系,矛盾将会涌现,而他对此应该有所意识。这个矛盾并不在于他跟所有其他人不一样(因为这个自我矛盾恰恰就是喜剧性对修道院运动实施报复的规则),这个矛盾在于——怀着在其身内隐蔽起来的全部的内心性,怀着在心底孕育的痛苦和祝福,他看起来跟其他人完全一样——通过看起来跟其他人别无二致这一点,内心性的确被隐藏了起来①。这里存在着某种滑稽性,因为这是一个矛盾,而哪里有矛盾,滑稽就会在哪里到场。但这种滑稽性并非针对那些对此一无所知的人,而是针对宗教人士本人,当幽默是其伪装的时候,诚如"沉默的兄弟"所言(参《人生道路诸阶段》)。⁽²⁰⁴⁾这一点值得进一步领会;因为仅次于现代思辨思想中令人混淆的"信仰即直接性"的说法的,就是那个极其困扰人的"幽默是至上的"说法了,这么说是因为幽默尚不是宗教性,它只是宗教性的边界。⁽²⁰⁵⁾我必须提醒读者去回忆,在前面的展开中可以找到关于这一点的若干评论。

不过,幽默是宗教人士的伪装吗?他的伪装是否是这样,即我们察觉不出任何东西,没有任何东西能够唤醒对那种隐蔽的内心性的怀疑,甚至

---

① 另一位作家(在《非此即彼》中)正确地将"伦理"导向这样的规定性:变得公开透明是每个人的职责——也就是要公开化。⁽²⁰⁶⁾反之,宗教性是隐蔽的内心性,不过请注意,它不是直接性,直接性会变得公开透明;不是不会使人的面貌改观的内心性,而是那种内心性,其可使人的面貌改观的规定性就是要隐蔽起来。——顺便说一句,人们几乎不需要被提醒,当我说宗教人士的伪装就是看起来跟所有其他人完全一样的时候,我的意思不是说在他的伪装之下,他实际上是一个强盗、窃贼和杀人犯;因为这世界肯定尚未沉沦得如此深沉,以致于与法律的公开决裂可以被视为具有普遍的人性。不,"看起来跟其他人完全一样"的说法很自然地保证了其合法性,但它也可以意味着,它没有说某人身上就有宗教性。

比不过幽默？在极端的情况下，情况肯定如此①，如果它能够企及生存的话；不过，只要内心性当中的斗争和痛苦持续存在，他就不会成功地将内心性完全隐藏，只是他不会将之直接表达出来，而是会在幽默的帮助下消极地阻碍这一点的发生。因此，一个到人群当中寻找宗教人士的观察家将会遵循这样的原则：凡是能从其身上找到幽默的人都将成为他的观察对象。但是，如果他对那种内心性的关系十分清楚，他还会知道，自己是会上当受骗的，因为宗教人士不是幽默家，他只是外表上的幽默家。于是乎，一个寻找宗教人士且以幽默为标记的观察家会上当受骗，如果他遇上了我的话；他会找到幽默，但是，如果他从中得出什么结论的话，那他就会上当受骗，因为我不是宗教人士，只是幽默家。或许有人会认为，把"幽默家"的名称赋予我是一种可怕的自大；他还会认为，如果我真是幽默家，他会向我表示尊重和敬意——对此我既不会把自己当成例外，亦不会老想着这事，因为提出反对意见的人显然是把幽默视为至上的东西。相反，我要宣布，无限地高于幽默家的是严格字面意义上的宗教人士，他与幽默家有着质的差别。(207) 另外，考虑到他不愿把我视为幽默家，好吧，我乐于把我的观察家角色移交给提出反对意见的人，让观察家注意到他，而结果会是相同的——观察家上当了。

有三种生存境界：感性的，伦理的，宗教的。(208) 与它们相对应的是两条边界：反讽是感性和伦理境界的边界；幽默是伦理和宗教境界的边界。

让我们来看反讽。一旦观察家发现了一个反讽者，他就会小心留意，因为反讽者可能就是伦理家；但是他也会上当受骗，因为不能说反讽者就

---

① 《畏惧与颤栗》中就描绘了这样一位"信仰的骑士"。但是这种描绘只是一种大胆的期待，它不是在生存的媒介中，而是运用娴熟流畅的描写（因此是在错误的媒介中），结果错觉占了上风，其开端始于对矛盾的回避，即一个观察家究竟如何才能以这样的方式注意到他，即他甚至可以让自己令人羡慕地置身事外，并且惊叹，什么都没有、根本没有任何东西可以察觉；除非"沉默的约翰尼斯"说，那位信仰的骑士是他本人的诗化产物。(209) 但是那样一来，矛盾又出现了，它存在于那种两面性之中，即他同时作为诗人和观察家与相同的东西建立了关联，结果作为诗人，他在想象的媒介中（因为这就是诗人的媒介）描绘了一个人物；而作为观察家，他在生存的媒介中观察着同一位诗化人物。——"沉默的兄弟"看似已经注意到了这种辩证难点，因为他通过试验的形式避免了这种疑虑。(210) 他并没有与试验中的"无名氏"构成观察的关系，而是把自己的观察转化为心理学的—诗化的创作，然后尽可能地把它与现实性拉近，他采用的是现实性的比例和试验的形式，而没有采用透视法。

## 第四章 《哲学片断》的问题：永恒福祉何以能建立在历史知识之上

是伦理家。直接性的人一眼就能被认出，而一旦他被认出，那么理所当然他也就不是什么伦理家，因为他没有做出无限性的运动。反讽者的回答如果正确的话（观察家应该是一个试探者，他懂得欺骗和干扰说话人之道，为的是看那人所说的是背诵下来的东西，还是一个生存的反讽者一直想要拥有的具有丰富反讽价值的东西），它将暴露出，说话人已经做出了无限性的运动，但仅此而已。反讽出现在持续不断地把有限性的具体事物与伦理的无限要求结合起来、并且使矛盾生成的时候。能够熟练做到这一点、从而不为某种相对事物所俘获的人——在相对事物中其熟练技巧会变得羞答答的，此人必定已经做出了无限性的运动，而就此而言，他应该有可能成为伦理家。① 因此，观察家甚至不能在那人没有能力用反讽的态度理解自身的时候将其擒获，这是因为他还能够做到像一个第三方那样谈论自己，把正在消逝的具体的自己与绝对的要求结合起来，没错儿，将它们结合起来。(211) 多么奇怪的术语，它描绘了生存中最后的难点，那就是把绝对有差别的东西结合起来（就像上帝观与去鹿苑的结合），而这同一个术语在我们的语言中还指示着逗乐！但是，尽管这一点属实，我们还是不能确定他就是伦理者。一个在自身内与绝对的要求建立关系的人才是伦理者。这样的伦理者以反讽作为他的伪装。在这个意义上，苏格拉底是一个伦理者，不过请注意，他已行进到宗教的边界，这也就是为什么我们在前面（第二部、第二章）曾经指出在他的生存中存在着与信仰的类比的原因。那么，何谓反讽，如果人们愿意称苏格拉底为反讽者，而不像克尔凯郭尔博士那样有意或无意地只揭示出事物的一个方面？(212) 反讽是伦理激情与教养的统一，前者在内心性之中无限地强调自己的我与伦理要求之间的关系；后者在外在世界中无限地从自己的我抽身，作为有限存在混迹于

---

① 如果观察家能够在某种相对事物之中抓住他，某种他没有力量以反讽的方式加以把握的相对事物，那么实际上他就不是反讽者。换言之，如果我们不在决定性意义上考察反讽，则每个人在根本上都是反讽的。一旦一个生活在某种相对事物之中的人（这一点恰恰表明，他不是反讽的）被置于一种他认为更低级的相对事物之中（例如，一位贵族置身于一群农夫之中，教授混在一伙教区秘书当中，城市百万富翁与乞丐在一起、皇家车夫与泥炭工同处一室、大户人家的厨娘与刈草女工为伍，等等），他就是反讽的。(213) 这也就是说，当他的反讽只是相对事物所带来的虚幻的优越感，而其症候和回答带有一定的相似性的时候，他就不是反讽的。不过，所有这一切都只是在一定前提之内的游戏，其非人性以当事人无法反讽性地理解自身为标记，其不真实性以同一个当事人在更高的相对事物出现时所表现出的恭顺为标记。唉，这就是人们在世间所称之为的谦逊——反讽者，他是骄傲的！

所有其他的有限存在和具体存在之间。⁽²¹⁴⁾这种抽身使得无人察觉到前者，而这就是艺术的所在地，伦理激情的真正的无限化也正由此被决定！① 很多人是在反向地生活。当有人注视他们的时候，他们忙着要成为重要人物；一旦他者注视着他们，如果可能的话，他们在自己眼中就是重要人物；但是在内心深处，绝对的要求在那里注视着他们，他们却没有强调自己的我的嗜好。

反讽是生存的规定性，没有什么比将之视为一种话语方式或者某个作家因偶尔表现出反讽性而自视幸运更为可笑的了。本质上拥有反讽性的人会一直拥有它，他不会受制于某种形式，因为反讽是其身内的无限性。

反讽是精神的教养，因此它紧随直接性；然后才是伦理者、幽默家、宗教人士。

但是，伦理者何以要采用反讽作为伪装呢？那是因为他掌握了那个矛盾，即内心生存方式与他不能在外部将之表现出来之间的矛盾。伦理者要在事实性的现实性任务当中耗尽自身，所以他必定变得公开透明，不过直接性的人也能做到这一点，使伦理者成为伦理者的是那种运动②，以之他以向内的方式将自己的外在生活与伦理的无限要求结合起来，这一点并非直接可见。为了不受有限性的干扰，不受现世中所有相对事务的干扰，伦理者把滑稽置于自身与世界之间，由此确保他本人不会因对伦理激情的幼稚误解而变得滑稽可笑。一个直接性的狂热分子日夜不停地在世界上狂呼乱叫，总是浮夸地用他的热情去烦别人，压根没有意识到，这些东西没有激起人们的热情，除非在人们揍他的时候。毫无疑问，他学识渊博，他听

---

① 失败的黑格尔伦理学绝望地尝试使国家成为伦理的最后手段，这是一种使个体有限化的高度非伦理的尝试，是从个体范畴向族类范畴的非伦理的逃遁（此处可与第二部、第一章相比较）。⁽²¹⁵⁾《非此即彼》中的伦理者已经直接地和间接地对此提出了反对意见，间接的方式出现在《感性和伦理在人格中的平衡》一文的结尾处，他本人在那里不得不向宗教让步；还出现在论婚姻一文的结尾处（《人生道路诸阶段》），尽管从自己捍卫的、与黑格尔正相反对的伦理立场出发，他肯定尽可能地抬高了宗教的代价，但也为其留有空间。

② 当苏格拉底以否定的方式与国家的现实性建立关联之时，其原因一方面在于他恰好应该发现了伦理，另一方面是因其作为特例和不常见者的辩证立场，最终因为他是位于宗教界线之上的伦理者。⁽²¹⁶⁾正如在他身上我们找到了与信仰的类比，我们同样还会找到与隐蔽的内心性的类比，只是他是以否定的行动、通过禁绝在外部将之表现了出来，因此他的贡献在于使人们注意到了隐蔽的内心性。宗教的隐蔽内心性在幽默的伪装之下，以跟其他人一样的方式避免了人们的关注，只是，在其平庸的回答之中有着幽默的弦外之音，在日常生活方式中有着令人难忘的幽默，但是只有观察家才能注意到；所有人都应注意到的是苏格拉底的谨慎。

## 第四章 《哲学片断》的问题：永恒福祉何以能建立在历史知识之上

到的命令是一种完全的改造——改造整个世界。他肯定是听错了，因为命令要求的是对自身进行完全的改造。如果这样的狂热分子与反讽者同在，后者自然就会以喜剧性的方式利用他。反之，伦理者拥有足够的反讽性，他能够清楚地看到，绝对地占据他身心的东西并不会绝对地占据其他人的身心。他本人掌握了那种错位，将滑稽性置于其间，为的是能够以更加内心化的方式在自身之内坚持伦理。现在，喜剧开场了，因为人们对于这样的人的评判从来都会是这样——对于他来说，没有什么是重要的。为什么不呢？因为伦理对于他来说才是绝对重要的，就在这一点上，他才与普遍的人有所不同，对于那些人来说，有太多的东西都是重要的，的确几乎所有东西都是重要的——但是没有什么是绝对重要的。——不过，如前所述，观察家是会上当受骗的，如果他把反讽者视为伦理者的话，因为反讽只是一种可能性。

幽默家和宗教人士也是如此，因为根据前述，宗教自身的辩证法禁止直接的表现，禁止可识别的差别，反对外在的相称性，不过如果情况不妙，对修道院运动的敬重远在调和之上。幽默家持续不断地（不是牧师所说的"时刻"的意思，而是指一天当中的每个时刻，不管他在哪里，不管他思考什么或者在干什么）把上帝观与其他事务结合起来，并且使矛盾涌现；他本人并没有怀着宗教的激情（在严格的字面意义上）与上帝建立关系，他把自己转变为针对所有这些转换的戏谑但却深刻的转折点，他本人并没有与上帝建立关系。宗教人士所为相同，他把上帝观与一切结合起来，他看到了矛盾，但是在其内心深处，他与上帝建立了关系。直接性的宗教人士依赖虔诚的迷信，他直接从万事万物中看到了上帝。宗教复兴主义者厚颜无耻地把上帝用于他所在之处，结果人们只要看到宗教复兴主义者，就能够确定上帝与之同在，因为宗教复兴主义者把上帝放进了自己的口袋。(217) 因此，以幽默作伪装的宗教性就是说，它是绝对的（辩证性地向内心沉潜）宗教激情与精神成熟的统一，后者取消了所有外在事物当中的宗教性，将之置于内心性之中，相应的，那里的确才是绝对的宗教激情的所在地。宗教人士发现，绝对地占据他全身心的东西看似很少占据其他人的身心，但他并没有从中得出任何结论，一方面是因为没有时间，另一方面是因为他不能确定，所有这些人是否是隐蔽内心性的骑士。他让自己在受限于外部环境的情况下，做辩证的向内心沉潜的行动要求他做的事情，在自己与他人之间设置了一道屏障，为的是捍卫和保护痛苦以及人神关系的内心性。但这并不意味着，这样的宗教人士会变得无所事事；相反，他恰恰没有出世，而是留在世间，因为这才是他的伪装。但是，他面对上帝，将其外在行为转为内心行为，其方式就是承认自己一无所能，是切断与所有收益来自外部的有限性行为的目的论式的关系，尽管他竭尽所能地工作——这才是热情。一个宗教复兴主义者时刻把上帝的名字贴在外面①，其信仰的确定性是可以充分肯定的。但是，信仰的确定性实际是以非确定性为标记，而且正如信仰的确定性是最高程度的确定性，这同一种确定性因而也是所有确定性当中最具反讽性的，否则它就不是信仰的确定性了。可以肯定，凡令上帝愉悦之事，虔诚者都办得到；这是肯定的，噢，如此肯定，再没有什么像它一样肯定了。不过接下来的问题是，恳请您注意，我们的探究不是在纸上进行的，而是在生存中进行，而且信仰者是一个在生存的具体情境中的特定生存者。也就是说，凡令上帝愉悦之事，虔诚者都办得到；这是永远确定的。但是下一个问题是，令上帝愉悦之事，那是什么呢？它是这事或那事吗，是他将要选择的职业吗，是他要娶的姑娘吗，是他要开始从事的工作吗，是他要放弃的事业吗？或许是，或许不是。这难道不够反讽吗？但这是永远确定的，再没有比它更为确定的了，即凡令上帝愉悦之事，虔诚者都办得到。的确，但正因为如此，宗教人士才不应过于关切外部事物，而应追求至善，灵魂的安宁，灵魂的拯救——它们总会令上帝愉悦。这一点是确定的，噢，就像上帝存在那般确定，也就是说，凡令上帝愉悦之事，虔诚者都办得到。于是乎，他要去做，这会令上帝愉悦；但是他何时才会成功呢？是立刻，还是在一年当中，还是或许要等到尘世生命的尽头？斗争和考验能持续那么久吗？或许会，或许不会。这难道不够反讽吗？但是这是确定的，噢，如此确定，凡令上帝愉悦之事，虔诚者都办得到。如果确定性失败，那么信仰也失败；但是，如果非确定性终止——它是确定性的标记和形式，则我们的宗教性也没有前进，而是倒退回幼稚的形式。一旦非确定性不再是确定性的形式，一旦非确定性不再持续不断地使宗教人士保持悬搁状态，为的是使之持续不断地抓住确定性，一旦可以说确定性把宗教人士用铅封住，那么，好吧，他自然就成为大众的一分子了。——但是，从以幽默作为伪装

---

① 大家请回忆：使徒的人生是悖谬的—辩证性的，因此他转向外部；所有的非使徒但却这样做的人，都只是步入歧途的感性的人。

## 第四章 《哲学片断》的问题：永恒福祉何以能建立在历史知识之上

的隐蔽内心性中似乎可以推出，宗教人士肯定会防止自己成为殉道者，那是宗教复兴主义者乐意为之的。的确如此，隐蔽内心性的骑士是受到保护的，比之于勇敢地朝着殉道而去的宗教复兴主义者，他只是一个被宠坏了的孩子——除非殉道意味着从直接性出离的毁灭性激情；意味着与被阻止建立绝对关系的生存者的神圣对抗本身；最后意味着怀着内心性在尘世生活，但却没有一个表达方式。[218] 在心理学层面上有条简单有效的规律：一种力量在向外时能够做好多事情，而为了阻止它向外去发展，这种力量需要一种更强大的力量。因为当力量转向外部之时，对抗也来自外部，因此这对抗只能被评估为一半对抗，一半支持。隐蔽内心性的殉道就在自身之内。但是如此一来，是否所有其他人都可能是这样的隐蔽内心性的骑士呢？是的，为什么不呢？这能损害谁？或许某君确有某种宗教感，他发现这宗教感未获高度评价是不可原谅的；结果，一个人无法容忍这样的景象，即激情饱满的内心性的外在表现与其对立面令人迷惑地相似。但是，这样的宗教人士干嘛不选择进修道院呢？那里有的是推进和提升，一种对于宗教人士而言的级别。这一点是不会干扰真正的隐蔽内心性的骑士的，他独自一人作为宗教人士而在，看上去很少（因此，他必须努力以阻止其发生）、完全不考虑其他人是否会被当成宗教人士。

不过，让我们从这个想象的短暂体验当中返回到观察者之上：如果他理所当然地视一个幽默家为宗教人士，他就会上当受骗。在其内心深处，宗教人士完全不同于幽默家，相反，他绝对地投身于其人神关系之中。他也没有在自己与其他人之间设置滑稽的东西，以便使其显得荒谬可笑或者去笑话他们（这种向外的方向远离宗教性）。但是，当他在"真正的宗教性就是隐蔽的内心性"这一点的帮助下不敢在外在世界将之表达出来的时候，因为那样会使宗教性世俗化，他不得不持续不断地发现矛盾；正因为他尚未完全做到将内心性召回，幽默才成为他的伪装，并且成为一种标记。[219] 他将内心性隐藏起来不是为了把其他人看成滑稽之徒，恰恰相反，他是为了使身内的内心性真正地成为内心性——他将之隐蔽了起来，由此他发现了滑稽性，但却没有花时间去领会它。他并没有自视比别人强，因为这种比较式的宗教性恰恰是外在性，因而不是宗教性。他也不认为，对他来说至关重要的东西会被别人视为是愚蠢的行为，即便有人这样说，他也没时间听；但是他知道，相互理解的边界就是绝对的激情。绝对的激情不容第三方来理解，这一点对于他人与他的关系以及他与他人的关系都是有效的。在绝对的激情之中，激情主体通过反思从外在世界的相对性之中抽身，置身于具体的主体性的极点；而第三方就是一种相对性。一个绝对的恋人对此早有所知。一个绝对的恋人根本不知道他爱的程度与他人相比如何，因为知道这种事的人恰恰没有绝对地去爱；他也不知道，他是否是唯一真正陷于恋爱之中的人，因为若他知道，则他恰恰没有绝对地陷入恋爱。不过他知道，第三方是无法理解他的，因为第三方只会把他当成普遍意义上的激情对象来理解，而不会在激情的绝对性之中理解他。如果有人认为，恋爱对象因是特定的人而具有偶然因素，并且提出反对意见，说上帝毕竟不是某个特定的存在者，因而一个宗教人士在绝对的激情之中应该能够理解另一个宗教人士。对此我们应该这样回答：所有人与人之间的理解从来都应存在于第三方身上，某个二者皆非的更为抽象的存在者身上。但是，在绝对激情之中——那是主体所能达到的极致，在这种激情的强烈的"怎样"之中，个体恰恰与这个第三方相隔最远。不过，爱情与宗教性相比，其辩证性是不同的，因为爱情能够有外在表现，而宗教性则不能，也就是说，如果真正的宗教性就是隐蔽的内心性的话，如果修道院运动甚至都是错误的话。

如果有人说，以幽默作伪装的隐蔽的内心性是骄傲，那么这只是暴露出他本人并非宗教人士，因为不然的话，他就会与其他人一样处于相同的境况中，就会绝对地内倾。反对者以其反对意见真正意在把宗教人士拽进一种相对的争吵之中——看二者中哪一个更具宗教感，结果是，哪个都不行。总体观之，有很多反对意见只不过是在自我检举，一想到类似的事情，我总会想起关于中尉和犹太人在街上相遇的故事。中尉因为犹太人看他而发怒，他大喊："你盯着看什么呢，犹太人！"而那犹太人则以正点的反讽回答他："您是如何知道我在看您呢，中尉先生？"[220] 不然，如果骄傲和傲慢存在、但并不指向某人，更不是说他本人对此有所意识，那么，所有关于人神关系的直接的表达就是这个样子，宗教人士意欲借这种直接的表达使自己与众不同。如果人神关系是一个人至上的出众之处的话（尽管这种出众向所有人敞开），那么直接的表达就是傲慢；是的，即使如人们直接所说的作一个"被抛弃的人"，即使是把世间的嘲笑转化为对于他就是宗教人士的直接表达，那也是傲慢，因为直接的表达就是对所有不是宗教人士的他者的间接指控。[221] 人性存在于绝对激情下的隐蔽的内心性当中；这里再次暗示，所有其他人都应该能够平等地接近上帝，这

## 第四章 《哲学片断》的问题：永恒福祉何以能建立在历史知识之上

是因为，那个在绝对的内心性当中知道自己被选中的人，他的内心性正因为如此而缺失，因为他在比较他的人生。正是这种比较和相对性常常无意识地、欺骗性地以彼此真诚倾诉的形式寻求着某种安慰性的免罪。绝对的恋人绝不与第三方打交道，他愿意假定，所有其他人都在恋爱，他没发现任何一个恋人是可笑的；但是他却发现，一个恋人要与第三方建立关系是可笑的，反之亦然，如果他想成为第三方，其他的恋人也会认为他可笑。隐蔽内心性的宗教人士不认为自己比其他人更好，不认为自己因人神关系而比其他人突出。一个谦卑地面对理想的人很少会自认自己不错，更不会自认比其他人好；只是他还知道，如果有一个第三方的见证者（带着他的知识，否则就跟没人一样）见证到他谦卑地面对上帝，那么他就没有谦卑地面对上帝。不过，由此我们完全可以做出推论，他定会参加外在世界的礼拜上帝的活动，一方面是因为他到那里的迫切愿望与所有其他人相同；另一方面是因为禁绝是一种想使人们以否定性的方式关注自身的世俗化尝试；最后是因为那里没有第三方，至少宗教人士并不知晓，因为他很自然地认定，每个在场的人都有自己的原因，他不是为了去观察他人，这种情况甚至跟一个贵族地主所说的故事中的主人公不同，那人上教堂是为了给仆人树立一个良好的榜样——关于人们怎样不上教堂的榜样。[222]

滑稽性通过隐蔽的内心性与周围世界的关系涌现出来，因为宗教人士的确听到了、看到了周围世界发生的事情与其强烈的激情相结合所产生的喜剧效果。于是乎，即便两个宗教人士彼此交谈，其中一个也会为对方制造喜剧效果，因为他们俩当中的每一个都会持续不断地将内心性铭记在心，而现在，他听到了另一个人这样说，并且是带着喜剧效果听到的，因为他们两人都不敢直接表达隐蔽的内心性；他们充其量会因为幽默的回响而彼此怀疑。

至于目前是否真有或者曾经有过这样的宗教人士，是否所有人都是或者没有人是宗教人士，对此我不做决定，而且我也不可能做出决定。即便我真的是名观察家，我与这样的宗教人士的关系永远不会超出因幽默而生的怀疑之外——至于我本人，我当然清楚地知道，我不是宗教人士。不过，人们仍然可以轻易地给予我坐在这里进行思想试验的乐趣，看这样的宗教人士将如何在生存之中行事，而不用我依靠思辨智慧对从假设推出存在的错误论证负责，这个错误论证与"前提条件不能带来存在"的古老法则正相反对；更不用我为凭借"思维与存在的同一性"而从我的假设性思维当中推出"那就是我本人"的做法负责。⁽²²³⁾ 我的试验极其纯洁无辜，它尽可能地不去冒犯任何人，因为它没有走近任何人说他是宗教人士，也没有否认他是宗教人士从而冒犯他；它使这一点成为可能，即没有人是宗教人士，并且人人都是宗教人士——除了那些它无法冒犯的人之外，因为他们亲口说自己没有这样的宗教感，他们要么是像我这样直接道出，要么是通过"超越"间接为之。这里肯定要算上一两位宗教复兴主义者，如果人们说他就是这样的宗教人士，这是会冒犯他的——而我的试验不想冒犯任何人。它乐于承认，这样一位宗教复兴主义者不是隐蔽内心性的骑士；这一点显而易见，因为宗教复兴主义者是显而易见的。正如这里存在着一种使自己引人注目并且想使自己出名的渎神之心，这里也存在着一种类似的敬神之心，尽管人们应该留意，这种引人注目的根源在何种程度上在于说，被宗教淹没了的宗教复兴主义者是病态的，由此这种引人注目就是一种无能为力，而他本人正受其折磨，直到他身内的宗教感以更健康的方式向内集中为止。但是，凡是敬神之心在想要出名之处，情况有所不同。承认自己是罪人，这是对人神关系所做的虔诚的、严格意义上的敬神的表达；渎神想以那种大喊大叫着否认自己是罪人的反抗而出名。不过，这种引人注目还有另一面：如果在三个宗教复兴主义者之间展开一场荣耀之争，看哪位是最大的罪人，对这个等级展开激烈竞争；那么，这个敬神的表达对于他们来说自然也就成了一个世俗的头衔。

在上个世纪，沙福特伯里的一位贵族提出了命题——让笑声成为对真理的检验，它引发了几项关于该命题是否属实的小型探究活动。⁽²²⁴⁾ 在我们这个时代，黑格尔哲学曾经想给喜剧以主导地位，这对于黑格尔哲学来说尤其可能会显得奇特，黑格尔哲学在所有哲学当中最无力承受来自这方面的一击。⁽²²⁵⁾ 在日常生活中，如果有人做了什么可笑的事情，如果看到的人笑了，有时人们就会说："不过，把这样的事情弄得如此可笑是不可原谅的。"但是，如果事情真的很可笑，人们就忍不住要去传播这个故事——当然了，在笑过之后要加上那个建设性的结论：把这样的事情弄得如此可笑是不可原谅的。人们没有觉察到，矛盾存在于假装尝试用伦理方式加以处理，依靠一个建设性的结论，而不是放弃前提。⁽²²⁶⁾ 在目前的状况下，当文化和品味的进步与普遍化、当生活的优雅为幽默感的发展做出贡献之际，一种经过考量的对喜剧的偏爱成为了我们这个时代的特征，它看似同时在正确和

## 第四章 《哲学片断》的问题：永恒福祉何以能建立在历史知识之上

错误的意义上为亚里士多德的观点而高兴，后者把幽默感提升为人性的显著标志。(227) 于是，宗教演说早就该注意到幽默与宗教之间的关系了，因为那些占据人类生活主体的东西，那些不断再现于交谈、交往、著作以及对整个人生观进行修正的东西，宗教都是不敢忽视的，除非星期天在教堂的表演能够成为对罪的赦免，人们在教堂里用一小时闷闷不乐的虔诚买到了无拘无束地笑整整一星期的许可。关于喜剧的合法性，喜剧与宗教的关系，喜剧性本身是否在宗教演说中拥有合法性，这些问题对于当今时代的宗教生活具有本质意义，喜剧在这个时代大获全胜。冲着这种表现大喊"唉呀"只能证明，宗教捍卫者们对于他们所捍卫的宗教的尊重何其少也，因为要求把宗教的权利安置在日常生活之中、而非装腔作势地将之推迟至下个星期天，这是对宗教更大的尊重。

事情非常简单。喜剧性出现在每一个生活阶段之中（只是地位有所不同），因为哪里有生活，哪里就有矛盾；而哪里有矛盾，哪里就有喜剧性。就其同为矛盾而言，悲剧性和喜剧性是相同的，只不过悲剧性是遭受痛苦折磨的矛盾，而喜剧性则是没有痛苦的矛盾。① 喜剧性诠释为滑稽的东

---

① 亚里士多德的定义（《诗学》第五章）是："荒谬可笑的事物可以被定义为某种错误或丑陋，它不致于引起痛苦或伤害。"(228) 这个定义并非说，它允许整个喜剧家族安全地居于其荒谬可笑之处，而且它的确会引人怀疑，这个定义甚至就其与它所包含的喜剧性的关系而言，在何种程度上不会把我们带到与伦理的冲突之中。亚里士多德给出的例子是，人们嘲笑一张丑陋的、扭曲的脸，如果，请注意了，这样做不会引起拥有那张脸的人的痛苦的话；这个例子既非完全正确，选择也不恰当——恰当的例子是用所谓的"一击"就可以把喜剧的奥秘解释清楚。(229) 这个例子缺乏反思性，因为就算那张扭曲的脸不会引起所有者的痛苦，但是，只要露一下这张脸就会引人发笑，这样的命运的确是痛苦的。亚里士多德想从荒谬可笑之中把引发同情的东西剥离出来——可怜的、令人怜悯的东西，这是美好的、正确的。甚至在其他一流的喜剧诗人那里，我们也能找到一些没有采用纯粹可笑的东西、而是羼杂有怜悯的例子（比方说，托普在一些特定场景中更令人怜悯而不是引人发笑。相反，爱管闲事的人纯粹是可笑的，就因为他拥有幸福的、无忧无虑的生活所必需的一切条件）。(230) 在这个意义上，亚里士多德的例子缺少反思，因为他的定义把荒谬可笑诠释为某个东西，而没有把喜剧性理解成某种关系，矛盾的错位，只是没有痛苦。——我想随意举出一些例子，以揭示喜剧性遍在于矛盾所在之处，遍在于人们合法地忽略痛苦之处，因为痛苦是非本质性的。——哈姆雷特凭着火钳起誓；喜剧性存在于誓言的庄严与取消了这誓言的属性之间的矛盾，不管使什么起誓。(231) ——如果有人说：我愿拿我的生命打赌，装订这本书至少要花4毛钱，这就是喜剧性的。(232) 矛盾存在于至上的情致（拿自己的生命打赌）与其对象之间；这个矛盾通过"至少"这个词戏谑性地得以强化，它开启了花4毛半的可能性，好像这样能少些矛盾似的。——据说哈罗夫尼斯身高七丈又四分之一。(233) 矛盾存在于后者。（转下页注）

415

西会给喜剧人物带来想象的痛苦，但这没有任何影响。如果有的话，举个例子，把好管闲事者诠释为喜剧性的就是不正确的。讽刺也会产生痛苦，

---

(接上页注) 高七丈是奇幻的，而奇幻的事物通常不讲什么四分之一；作为测量标准的四分之一让人想起了现实性。因身高七丈发笑的人笑得不是地方，而笑"身高七丈又四分之一"的人才知道自己所笑为何。——当牧师在涉及低层次的范畴时做出极其强劲的手势，喜剧性出现了，就好像某君平静而又漠不关心地说："我愿为我的祖国奉献自己的生命"，然后怀着至上的情致，辅以手势和面部表情："真的，我愿为十块金币这样做。"但是，当这一幕在教堂发生的时候，我却笑不出来，因为我不是审美观众，而是宗教听众，不管牧师是何许人物。——当普瑞辛对托普以"他"相称的时候，那情景真正是喜剧性的，为什么？[234]因为普瑞辛想借自己资助人的相对性来宣称自己对托普的权利，这一点与整体的荒谬可笑构成矛盾，在整体的荒谬可笑之中，普瑞辛和托普原是平等基础上的平等之人。[235]——当一个四岁小孩转向一个三岁半的小孩并且温柔地说："来呀，我的小羔羊"，这是喜剧性的，尽管人们只是微笑而非出声地笑，因为两个孩子自身都没有荒谬可笑之处，而且这微笑并非不带某种情绪。不过，喜剧性存在于当一个小孩宣称对另一个小孩的权利时的相对性之中；而情绪则在于孩子气的行事方式。——如果某君从事酒店生意的申请许可被拒，这没什么喜剧性；但是如果他被拒是因为酒店店主太少，这就是喜剧性了，因为申请的理由被用于拒绝的理由。比方说，有故事说，一个面包师对一个穷人说："不行啊，妈妈，她什么也不会得到；这儿又新来了一位，她也什么都得不到，我们不能向所有人施舍。"滑稽之处在于他可谓用减法得出了"所有人"这个总数。——如果一个姑娘申请从事性服务的许可遭拒，喜剧性出现了。[236]人们正确地认为，从事某种伟大而有意义的职业是困难的（例如，如果某君申请成为"狩猎大师"被拒，这就没有喜剧性），但申请从事某种令人厌恶的职业被拒，这就是矛盾。[237]自然了，如果那姑娘获得了许可，这也是滑稽，只不过另有矛盾——司法部门在显示其权力的同时暴露出了它的软弱无力，它的权力是通过给予许可而显露的，无力则是通过不能给予许可而显露。——错误是喜剧性的，所有的错误都能用矛盾加以解说，不管它们的组合有多复杂。——当自身带有喜剧性的东西变成隶属于日常秩序的习以为常之事的时候，人们毫无例外地只有当其翻倍时才会发笑。如果我们知道某君爱走神，对此我们早已熟知，而且没有仔细去想其间的矛盾，直到这矛盾偶尔加倍——原本想去掩盖第一种走神的东西暴露出了一种更严重的分神。就好比一个走神的人伸手去抓侍者端上来的一盘菠菜，他发现自己在走神，为了掩盖这一点他说："噢，我还以为是鱼籽酱呢"——因为人们同样是不会伸手去抓鱼籽酱的。[238]——演说中的跳跃是可以拥有喜剧性效果的，因为矛盾存在于跳跃与演说的理性观念之间的内在关联。如果演讲者是一个疯子，则无人会因之发笑。——一个农夫敲一个德国人家的大门，农夫问房子里是否住着一个男人，名字他忘记了，但此人订购了一担泥煤。德国人因听不懂农夫的话不耐烦地大喊道："太奇怪了！"而农夫却极其高兴地说："对了，那人就叫 Wunderlich。"[239]这里的矛盾在于，农夫和德国人因为语言障碍无法交谈，尽管如此，农夫仍然靠着语言的帮助获得了他想要的信息。——因此，自身并不荒谬可笑的东西借助矛盾能够引人发笑。如果某君平时穿戴怪异，终于有一次他穿得漂亮得体，人们就会因之发笑，因为人们回想到的是其他的情况。——当一个步兵站在大街上死盯着奢侈品商店的华丽橱窗的时候，为了看得更清楚他向前一步。就在他满面红光、双眼死盯着橱窗的时候，他没有发现，地下室的门不合时宜地打开了，结果就在他一看究竟的时候，他消失在地下室里了。矛盾存在于动作：头和目光向上，身子向下冲着地下室。如果他没有向上看，这情形就没那么可笑。因此，某君边走边看星星，结果掉进洞里，这比发生在一个没有被拉到地面上的人的身上更滑稽。[240]——所以，一个醉汉能够制造很好的喜剧效果，因为他传达出来的是动作的矛盾。眼睛要求步履平衡；可他越有理由要求这样做，矛盾制造的喜剧效果也就越强。如果，打个（因此，一个烂醉如泥的人（转下页注）

第四章 《哲学片断》的问题：永恒福祉何以能建立在历史知识之上

但是这种痛苦在目的论的意义上辩证性地导向康复。悲剧性和喜剧性的差别在于矛盾与理念的关系。喜剧性的诠释产生矛盾，或者通过在心中形成

---

(接上页注) 制造的喜剧效果要少些) 比方，上司走过来，醉汉本人注意到了，他想振作起来稳稳当当地走路，这时喜剧效果更明显，因为矛盾更明显。他会成功地走上几步，直到矛盾再次将他带跑。如果他完全做到从上司身边经过，那么矛盾也就变成了其他的：我们知道他醉了，但这一点却未被大家看出。在第一种情况下，当他跌跌撞撞的时候我们笑他，因为他的眼睛要求步履平稳；在第二种情况下我们笑他，是因为在我们知道他醉了而想看他跌跌撞撞的时候，他却保持住了平衡。当我们看到一个清醒的人在和一个他本人并不知道、而旁观者都知道的醉汉进行真诚而亲密的交谈的时候，这同样具有喜剧效果。矛盾存在于交谈双方的交互性，也就是说，这种交互性并不存在，只是清醒者没有察觉。——在日常谈话中，如果一个人运用布道辞中的修辞性诘问句（它不要求回答，它只是在向自我回答过渡），这是滑稽的；而如果与他谈话的人误解了诘问句并且做出回答，这就是滑稽的。喜剧性存在于因同时想成为演说者和对话者、或者因想成为对话中的演说者所造成的矛盾之中；另一个人的错误使得一切显而易见，而且这是一种公正的报复；因为那个以此方式与他人谈话的人是在间接地说：我们俩不是在对话，说话的人是我。——肖像漫画是滑稽的，这是怎样造成的呢？通过在像与不像之间制造的矛盾。一幅肖像漫画应该像一个人，甚至是一个现实的、特定的人；如果它跟谁都不像，则它毫无喜剧性，而只是在无意义的幻想方面的直接尝试。——当我们坐着与一个人交谈的时候，他映在墙上的影子可以制造喜剧效果，因为这是和我们谈话的人的影子（矛盾：我们同时会看到，那不是他）。如果我们在墙上看到的是同一个影子，但却无人在场，或者我们看到了影子却看不到本人，那就没什么喜剧性。那个人的现实性存在越是被强化，影子所制造的喜剧性效果也就越强。例如，如果某君被一个人的面部表情、悦耳的声音和评论的到位所吸引，可与此同时看到的却是扭曲的影子，这时，喜剧效果最为强烈，如果它不刺痛人的话。如果我们是在跟一个言之无物的人谈话，那么影子所制造的喜剧效果就没那么强烈了，因为它毋宁使我们相信，这影子以某种方式跟他完美地相像。——对立是借助矛盾制造喜剧效果的，不管情况是下面的哪一种：自身并不可笑之事被用来使可笑之事变得可笑，还是可笑之事使自身并不可笑之事变得可笑，还是自身可笑之事与自身可笑之事使彼此变得可笑，还是自身并不可笑之事与自身并不可笑之事通过关联而使彼此变得可笑。——当一位德国籍—丹麦籍牧师在讲坛上说："道变成了猪肉（肉身）"，这是喜剧性的。(241) 这喜剧性不仅仅在于通常的矛盾，即一个人讲一种他并不会的外语，他的用词制造出了一种完全超出他本意的效果；这矛盾还被这样的事实强化了：即他是牧师，他正在布道，因为牧师布道辞中的话语只能在特殊的意义上加以使用，并且至少有一点应被视为是理所当然的，即他会讲那种语言。而且，这矛盾还触及到了伦理领域：人们可能无辜地使自身犯下渎神之罪。——我们在墓园看到一块墓碑，某君用三行文字表达失去幼子的悲痛，抒情文字的最后是："没关系，理性，他活着！"我们在这句抒情文字之下发现了这样的签名：希拉雷乌斯，刽子手；这肯定会为所有人带来喜剧性效果。(242) 首先是这名字本身（希拉雷乌斯）在此情境之下就会带来喜剧效果，我们会本能地想；的确，如果一个人叫希拉雷乌斯的话，那么他知道如何安慰自己也就不足为奇了。然后是他的职业——刽子手。每个人都可能有情感，但是有一些职业却不能被判定为与情感有密切关系。最终的感叹："没关系，理性！"换言之，一位哲学教授心血来潮地将自身与理性混淆，这是可以想见的，但是一个刽子手却极难成功。如果有人说，刽子手不是跟自己说话（没关系，你这理性的人！），而是跟理性说话，那么矛盾更有喜剧性了，因为尽管在当今时代人们关于理性想说什么就说什么，但是希拉雷乌斯因丧失幼子而走在通往绝望的道路上的想法还是有风险的。——这些例子够多的了，任何觉得这脚注起干扰作用的人都可以不读它们。我们很容易看到，这些例子不是小心谨慎地组合起来的，不过它们也不是审美家手中的（转下页注）

解决问题的出路的办法而使矛盾公开化，因此这矛盾没有痛苦。悲剧性的诠释看到了矛盾，并且对出路感到绝望。由此可以推出，我们应该这样来理解：悲喜剧性之间的细微差别相应地遵循境界之间的质的辩证法，这种辩证法谴责主体的独断。如果某君想通过虚无而使万事万物都露出滑稽样，我们立刻就会看出，他的喜剧性是无效的，因为它在境界中没有立足之地；而从伦理境界出发，发明者本人却会显得滑稽，因为作为生存者，他本人必定以某种方式立足于生存之中。如果有人说，悔悟是一个矛盾，因此它是喜剧性的，我们立刻就会明白这是胡说八道。[243] 悔悟的根源在于伦理—宗教境界，因此其规定性就在于，在最严格的意义上，悔悟只能拥有一个更高的境界，也就是宗教境界。但是，我们肯定不能利用这一点使悔悟成为可笑之事，因此人们会采用较低级的东西，这样一来喜剧性就是不合法的；或者采用某种奇异的更高级的东西（抽象），于是容易被逗笑的人本身就是滑稽的，正如我在前面经常试着用来指称那些思辨思想者那样，他们变成了奇幻的存在者，并且沿着那条道路达到了最高点，以此方式他们变得滑稽可笑。低级的东西永远都不会使高级的东西显得滑稽，这也就是说，它不能合法地把高级的东西诠释为滑稽，它没有力量使之显

---

（接上页注）残片。喜剧性遍于在任何地方、任何时代，只要人们有眼睛；我们应该能够按自己的心愿继续下去，只要我们知道何时该笑，何时不该笑。让我们只带上喜剧性吧，哭和笑同样不道德。但是，正如总是哭诉抱怨是不道德的；同样，当人们在不知是该笑还是该哭的时候，使自己屈从于那种暗示发笑的不确定性的刺激也是不道德的，其结果是人们从笑声中没有得到任何快乐，而若人们在不恰当的地方发笑，人们是不可能后悔的。因此，喜剧在当今时代成为了诱惑，因为它本身看似几乎是在为禁果的魅力渴求违法的表象，而禁果反过来又在暗示，笑声能吞噬一切。尽管我身为作家没有可以自豪的东西，但是我仍然以这种意识为荣：我绝不在喜剧方向上滥用我的笔；从未有片刻服务于它；在没有对范畴进行比较以察明喜剧性来自何种境界、察明喜剧性如何与同样的事物或者以激情加以诠释的同一个人建立关系之前，我从未将喜剧性的诠释运用于任何人或任何事之上。恰当地阐明喜剧性的根源也是令人满意的，或许有很多人因为理解了笑而丧失了笑声；但是，这样的人从未真正拥有喜剧感，而那些在喜剧领域里浅尝辄止的人实际上是仰仗这样的人的笑声。或许还有这样的人，他们在轻浮嬉戏和纵情狂欢时才在喜剧性方面是多产的；倘若有人对他们说："请记住，你对你的喜剧才能的运用是负有道德责任的"，如果他花时间去留意这个警告，他就会丧失其喜剧能力。[244] 但是就喜剧性而言，恰恰是其对立面才能赋之以精髓，并且阻止其失败。富有成效的轻浮和嬉戏所产生的是不确定性和感官刺激所带来的尖锐的笑声，它与那种伴随着喜剧性的平静的、透明性的笑声有着天壤之别。如果有人想接受良好的训练，那么他应该在一段时间内拒绝冲着那些引起反同情的东西发笑，其间晦暗的力量很容易将一个人卷走；他应该训练自己在他所关切的人和事当中看到喜剧性，其间同情和关切、甚至是偏袒，都构成了一种与轻率恣意的精良对抗。[245]

第四章 《哲学片断》的问题：永恒福祉何以能建立在历史知识之上

得滑稽。另外，低级的东西与高级的东西的结合，会使这种关系显得滑稽可笑。结果呢，一匹马也可以成为让一个人显得可笑的契机，但是这匹马并无力量使此人显得可笑。

不同生存阶段的高低是根据它们与喜剧性的关系、按照喜剧性在身内还是身外的比例加以排列的，但其意义并非说喜剧性应该是最高的阶段。直接性在其身外拥有喜剧性，因为哪里有生活，哪里就有矛盾，但在直接性当中并不存在矛盾，因此这矛盾来自外部。有限的常识会把直接性诠释为喜剧性，但是正因为此举，它自己却变得滑稽可笑，因为有可能使其喜剧性合法化的东西在于，它很容易找到出路，只是，它所知道的出路更为滑稽。这是一种不合法的喜剧效果。不管矛盾在何处，人若不知出路何在，不知矛盾在一种更高的境界中被取消和校正，这矛盾就是没有痛苦的①，而校正是一种奇异的更高的东西（才出虎穴，又入狼口），结果矛盾本身更滑稽可笑，因为它比先更大了。(246)直接性与有限的常识之间的关系就是如此。因此，绝望的喜剧性是不合法的，因为绝望根本不知道出路何在，不知道矛盾被取消，因而它才敢于以悲剧的方式把握矛盾，而这恰恰是通往它的康复之路。使幽默合法化的东西恰是幽默中悲剧性的一面，幽默与痛苦和解，而绝望想抽身远离痛苦，尽管绝望对于出路一无所知。反讽在与直接性的关联当中是合法的，因为作为生存艺术而非抽象存在的平衡是高于直接性的。因此，只有生存着的反讽者在与直接性的关联之中才是合法的；那种一劳永逸的整体性的反讽就好比纸上的便宜念头，它像所有的抽象，在与所有生存境界的关系中都不合法。换言之，反讽肯定是抽象的，是抽象的聚合体。但是，生存着的反讽者的合法性在于，他本人是在生存中表达反讽，在反讽中保持自己的生活；而不是一边与反讽的精彩调情，一边生活在庸俗之中，因为那样的话，他的喜剧性就是不合法的。

---

① 但这一点应该这样来理解：我们不要忘记，不明出路是可以作喜剧性诠释的。如此，好管闲事者就是喜剧性的，因为一个理性的人，一个富有的不知那种簿记式的胡说八道的出路的人是喜剧性的，解决的方法其实很简单——不是再去请教几位文书，而是把所有人都打发走。

419

直接性在其身外拥有喜剧性；而反讽则在其身内。① 以反讽为伪装的伦理家反过来能够看到反讽中的喜剧性，但是，他只有通过持续停留在伦理之中的方法才能合法地看出这一点，因而他只是看到它在不断地消失。

　　幽默在其身内即有喜剧性，喜剧性在生存的幽默家身上是合法的（因为，以抽象形式存在的、一劳永逸的幽默跟所有的抽象存在一样都是不合法的，幽默的合法性是由幽默家在幽默中生活而获得的）。除宗教外，幽默是合法的，但是在所有假装为宗教的事务那里也是合法的。以幽默作为伪装的宗教感反过来能够看到幽默的滑稽性，但是，它只有通过持续停留在朝向人神关系的宗教激情之中才能合法地看出这一点，因而它只是看到它在不断地消失。

　　现在，我们立于边界线上。作为隐蔽内心性的宗教感，正因为如此，对于喜剧性的诠释不闻不问。宗教感的喜剧性是不能在其身外的，恰恰因为它是隐蔽的内心性，因而它不会与任何东西发生矛盾。宗教感自己意识到了幽默所控制的矛盾，那是喜剧性的最高程度，并且在其身内将之视为低级的东西。以此方式，宗教感绝对地对喜剧性严阵以待，或者说它通过喜剧性严防着喜剧性。

　　当教会的和国家的宗教有时想借助立法和警察来严防喜剧性的时候，其意图可能是良好的，不过问题在于，最终的决定性因素在何种程度上是宗教性的；而且，把喜剧性看作宗教的敌人对它是不公正的。喜剧性与辩证法一样都非宗教的敌人，相反，一切都服务于并且服从于宗教。不过，那种在本质上自命对外在世界拥有权利的、本质上与外在世界相适应的宗教性应该小心了，比起喜剧性，它更害怕自身（别成为感性），而喜剧性则能合法地帮助宗教睁开双眼。对此我们能够从天主教中找到很多例子。拿个体的情况来说，希望所有人都是严肃的、甚至或许像他一样严肃的宗

---

① 亚里士多德评论道（《修辞学》第3卷、第18章）："反讽比打诨更适合于自由人的身份，因为反讽者是为了自己开心而取笑的，打诨者是为了别人开心而逗笑的。"(247)反讽者本人享受着滑稽性，这与插科打诨者形成对立，后者以搞笑而服务于他人。因此，一个需要亲朋好友和喝彩者才能享受滑稽的反讽者，正因为如此，只是一个平庸的反讽者，并且正在变成一个职业滑稽家。(248)但是在另一个意义上，反讽者在身内即拥有喜剧性，他对此有所意识，以此方式他保护自己不将之置于身外。一个生存的反讽者一旦滑出反讽之外，他就会变得滑稽可笑，就好像，比方说，苏格拉底在审判当天变得充满情致。当反讽不是一个粗鲁的念头而是一种生存艺术的时候，其合法性就在于此，因为果若如此，反讽者完成的任务就比悲剧英雄更伟大，而这一点恰恰是通过他反讽地控制自身而完成的。

## 第四章 《哲学片断》的问题：永恒福祉何以能建立在历史知识之上

教人士——因为他愚蠢地严肃，他陷入矛盾之中；一个不能容忍所有人笑话他全身心投入的事业的宗教人士，果真如此的话，他缺乏内心性，因此他会从幻觉之中、从众人拥有相同的主张之中获得慰藉，甚至众人拥有跟他一样的面孔，他把世界史的意义加到自己那一点点现实性之上，以此方式建设着自身，"因为现在，一种新生活的确开始四处躁动起来，有远见和事业心的先兆性的新年"[249]。

隐蔽内心性对于喜剧性不闻不问，对此我们还能从下面的情况中看出。假如这样的宗教人士突然受到刺激把它的宗教用于外在世界；假如他，比方说，忘记了自身而与一位相对性的宗教人士发生了冲突，并且再次忘记了自身以及内心性的绝对要求，想比那个人拥有更多的宗教感——那么，他就是滑稽的，这里的矛盾在于，他同时想成为可见的和不可见的。幽默合法地运用喜剧性来对付那些好斗的宗教形式，这恰恰是因为，宗教人士本人应该知道出路何在，只要他愿意。如果不敢这样设定，这样的诠释就是令人怀疑的，就好像把好管闲事者诠释为喜剧性那样令人怀疑——如果实情如此，他实际上有点精神错乱。

喜剧规则非常之简单：哪里有矛盾，哪里矛盾没有痛苦——因为矛盾被认为是取消了的，哪里就有喜剧性，因为喜剧性肯定取消不了矛盾（相反会使之公开透明），但是合法的喜剧性却能做到，否则它就是不合法的。人的才能在于能够具体地描绘出这一点。对喜剧性的检验就是去察明，在喜剧性的陈述当中包含的不同境界之间的关系是怎样的；如果这关系不正确，则喜剧性就不合法；一种没有归属的喜剧性正因为如此是不合法的。于是乎，诡辩与喜剧性的关系立足于无，立足于纯粹的抽象，这一点被高尔吉亚抽象地表达了出来：用喜剧摧毁严肃，用严肃摧毁喜剧（参亚里士多德《修辞学》第3卷、第18章）[250]。所有在这里终结的账务两清都是胡说八道，令人生疑之处很容易就会被发现——生存者将自身转变成一个奇幻的X；这是因为，肯定会有生存者采用那种方法，这方法只会使此人显得荒谬可笑，如果我们把针对前述的思辨思想者的驱魔法用到他身上的话——我可以荣幸地问一下吗，我荣幸地与之交谈的是何许人，他是否是一个人，等等。这也就是说，高尔吉亚连同其发现一起停在了纯粹存在的奇幻的边缘地带；因为如果他用一个东西摧毁了另一个东西，那么没有任何东西会留下来。不过高尔吉亚毫无疑问只是想描绘讼棍的狡猾，他们根据对手的武器改变自己的武器，并以此获胜，但是讼棍针对喜

421

剧性提不出任何合法的诉讼，他不得不白白指望着合法性，然后满足于获利，这一直是所有诡辩论者最喜欢的结局——钱，钱，钱，或者无论什么跟钱具有同等地位的东西。[251]

在宗教境界中，当宗教纯粹地保持在内心性之中的时候，喜剧性是有所裨益的。人们会说，例如，悔悟是一个矛盾，因此就是某种滑稽的东西，这当然不是针对感性或者有限的常识，它们更低级；也非针对伦理，其力量正在这种激情之中；亦非针对抽象，它是奇幻的、因而是较低级的（正是由此出发点，它才想把前面被拒斥为胡说八道的东西诠释成喜剧性）。相反，它针对宗教自身，宗教知道补救的办法，知道出路何在。只是实情并非如此，宗教不知道任何忽略悔悟的对悔悟的补救方法，相反，宗教持续不断地①把否定性当作本质的形式，因而有罪的意识必定隶属于恕罪的意识。否定性不是一劳永逸的，接着是肯定性；而是说肯定性一直都在否定性之中，而且否定性才是标记，因此那个规范性原则——别过度——在此并无用武之地。[252]当以感性方式诠释宗教的时候，当中世纪以四毛钱的价格宣讲赎罪的时候，人们认为问题可以由此结清，如果人们愿意坚持这种假想的话。[253]于是，悔悟被诠释为滑稽，在悔悟中伤心欲绝的人跟好管闲事者一样滑稽，假如他有四毛钱的话，因为出路极其容易，在假想中出路的确被认定了。所有这些胡说八道都是宗教变成闹剧的后果。但是，与人们在宗教领域中取缔否定性、或者允许它一劳永逸地存在因而是充足的程度相当，喜剧性在同等程度上意欲反对宗教，并且它有权这么做——因为宗教已经变成了感性，但它仍想作为宗教而在。

力主把情致和严肃宣称为在可笑的和迷信的意义上获得至福的万金油，关于这种错误的充足例证我们可以找到很多，就好像严肃本身就是善，或者某种无需处方就能接受的东西似的，于是乎只要人们一直保持严肃，一切都会好起来，哪怕人们的严肃奇怪地从未出现在正确的地方。[254]不，万物自有其辩证法，请注意，不是可以使一切变成诡辩性地相对的辩证法（那是调和），而是要借助辩证法使绝对作为绝对凸显出来。[255]因此，在错误的地方表现出情致和严肃就跟在错误的地方发笑一

---

① 由此可以推出，甚至当宗教带着某种滑稽性来诠释感性痛苦的时候，其行事方式也是温和的，因为它认可这种痛苦的时限性。但是，从宗教的角度出发，悔悟没有时限且不会结束；信仰的不确定性没有时限且不会结束，有罪的意识没有时限且不会结束——否则我们就会返回到感性层面。

第四章 《哲学片断》的问题：永恒福祉何以能建立在历史知识之上

样不可取，完全一样地不可取。人们片面地说，傻子总在笑，之所以片面是因为这说法是对的——一个人总在笑是愚蠢的；但是，我们仅仅给不合时宜的笑贴上愚蠢的标签是片面的，因为当人们以严肃的—迟钝的面貌示人的时候，其愚蠢同样强烈并且同样堕落。<sup>(256)</sup>

### §3 对生存情致的决定性表达就是罪过——我们的考察是向后退的而非向前进的——对罪过的永恒回忆是对罪过意识与永恒福祉的关系的最高表达——对罪过意识及其相应的补罪形式的低级表达——自惩——幽默——隐蔽内心性的宗教感<sup>(257)</sup>

有辩证头脑的读者将会轻易看到，我的考察是在向后退的而非向前进的。在第一节中，考察的任务被设定为，同时绝对地与绝对目的、相对地与相对目的建立关系。而就在开始之际显现的是，必须首先克服直接性，或者说让个体从直接性出离，然后才有讨论实现第一节中的任务的可能性。在第二节中，痛苦作为对生存情致的本质性表达，痛苦从直接性出离，它是生存者与绝对目的之间的关联的标记。在第三节中，罪过作为对生存情致的决定性表达，它与第一节中的任务相距更远，不过这并不是说任务被遗忘了，而是说我们的考察在紧盯任务并向生存沉潜的同时是在向后退。换言之，生存中的情况就是如此，我们的考察是在寻求复制它。事情以抽象的方式并且在纸上进行要容易得多。人们定下任务，而任务一旦被设定，个体就会变成一个全面效劳的抽象的存在物——然后，人们完成了任务。

生存中的个体是某种具体的存在，时间是具体的，甚至就在个体考量权衡之际，他对时间的使用也负有伦理责任。生存不是某种抽象的快捷之作，而是努力和持续不断的"与此同时"；甚至在任务被设定的刹那，就已经有东西被浪费了，因为若有"与此同时"存在，开端便不会立刻出现。向后退就是这个样子：任务被给予生存中的个体，就在他精神焕发地要勇往直前之际（这一点只能抽象地并且在纸上进行，因为抽象者的衣装与生存者的完全不同：前者大手大脚，后者则缩手缩脚），就在他要开始之际，他发现另一个开端是必要的——一个迂回曲折的出离直接性的开端。<sup>(258)</sup> 就在行将开始之际，他发现，因为时间同时在流逝，一个糟糕的开端出现了，这开端必须以罪过始，而从那一刻起，具有决定意义的整体

423

性的罪过就要用新的罪过来进行高利盘剥。我们的任务看似如此壮观，我们用跟这任务相似的方式进行思考，任务存在，必须有要去实现这任务的人。但是随后，生存带着一个又一个的"但是"袭来，于是痛苦就被作为一种更为明确的规定。[259]人们想：一个可怜的生存者的确必须忍受这一点，既然他在生存之中。但是随后，罪过就被作为具有决定意义的规定了——如今生存者处于煎熬之中，也就是说，他处于生存媒介之中。

但是，这个后退就是前进，就前进意味着使自身在某种东西之内沉潜而言。抽象的方式和在纸上的活动是骗局，个体会像伊卡洛斯那样出发，直奔理想的任务。[260]不过，这个奇幻的前进就是纯粹的后退，每一次生存者从这样的东西开始，生存的巡查员（伦理）都会注意到他犯下了罪过，尽管他本人并未察觉。相反，个体带着他的任务在生存之中沉潜得越深，他就越是向前进，尽管对它的表达却是后退——随人们的便。但是，正如所有深刻的思量都要回溯到根据，任务向具体事物的撤退就是在生存中沉潜。[261]与任务的整体性相比，实现任务只是一小部分，是后退；但是与全部任务以及根本没有实现相比，这又是在前进。我在一个地方读到一出印度戏剧的梗概，剧本没读过。两军对垒，战斗即将开始之际，指挥官陷入沉思。[262]这出戏就以他的思绪开始。我们的任务也是这样向生存者显现的：有那么一瞬它是骗局，仿佛这景象就是一切，仿佛他已经完成了（因为开端总与结尾有一定的相似性）；但是随后，生存介入了，他行动着，努力在生存中沉潜得更深（这就是生存媒介的本质性标记，而思想者或多或少在从生存中抽身），他在任务之中与任务距离更远。

但是，罪过意识如何才能成为生存者与永恒福祉之间的充满情致的关系的决定性表达，因此，凡是不具备这种意识的生存者，正因为如此就没有与永恒福祉建立关系呢？人们的确会认为，这种意识所表达的是人没有与永恒福祉建立关系，它是对永恒福祉的沦丧以及对放弃与永恒福祉的关系的决定性表达。答案并不难。恰恰因为生存者要与永恒福祉建立关系，而罪过是对生存最具体的表达，因而罪过意识就是对这种关系的表达。个体越抽象，其与永恒福祉的关系就越少，与罪过的距离就越远；因为抽象行为对生存漠不关心，而罪过却是对最为强烈的生存的自我主张的表达，毕竟与永恒福祉建立关联的是生存者。不过，难题肯定是另外一个。当罪过由生存得到解释之时，生存者可以看似无辜，他看似可以把罪过推卸给那个将他带入生存之中的人，或者推向生存本身。在这种情况下，罪过意

## 第四章 《哲学片断》的问题：永恒福祉何以能建立在历史知识之上

识就是对生存痛苦的一个新表达，而我们的考察没有超过第二节，因此第三节应该被舍弃或者被当成第二节的附录。

那么，生存者可以把罪过推给生存，或者推卸给那个将他带入生存之中的人，从而保持无辜。就让我们丝毫不带伦理的声威，单纯从辩证的层面出发来看这一点。前述程序当中包含了一个矛盾。本质上的无辜者永无可能推卸罪过，因为无辜者与罪过的规定性毫无瓜葛。因此，当一个人在具体案件中推卸罪过并且自认无罪之时，他同时也就承认了，从根本上说他是一个本质上的罪人，只不过他有可能在这个具体案件中无罪。但是，我们在这里当然不是要讨论具体案件，那里一个人通过证明其在本质上有罪而将罪过从自身推开；我们要讨论的是生存者在生存中的本质情况。但是，从本质上说，为了做到无辜而推卸罪过、即推卸罪过的整体规定性的意愿是一个矛盾，因为此种行为不折不扣就是自我检举。如果有任何规定性如此，"罪过"的规定性肯定是这样——人们对此无能为力。[263] 罪过的辩证法十分微妙：从整体上证明自己无罪的人恰恰是在检举自己；而不能完全证明自己无罪的人则在整体上检举了自己。这个意思跟那句老话"为自己辩护的人是在控告自己"的涵义并不相同。[264] 那句老话的意思是说，一个就某事为自己辩护或辩解的人，就是在因同一件事而控告自己，因此辩护和控告关乎同一件事。这并不是我们在这里要说的意思；非也，当一个人真的在具体案件中证明自己的清白的时候，他就是在整体上检举自己。所有不是仅仅用比较的方式生活的人都会轻易注意到这一点；在纷纭的人事之中，作为普遍设定的整体性罪过渐渐成为了理所当然之事，结果它被遗忘了。但是，正是这个罪过的整体性，才使最后的诉讼程序对于一个人在具体案件中是否有罪的裁决成为可能。在整体上或本质上无罪的人是不可能在具体案件中有罪的，但是整体上有罪的人却非常可能在具体案件中无罪。因此，不仅仅因一个人在具体案件中有罪而检举出他在本质上有罪（整体先于部分）；而且还会因具体案件中的无罪而为之（整体先于部分）。[265]

整体罪过的优先性不是经验的规定性，不是总和；因为数量永远都不会产生出整体规定性。[266] 对于个体来说，罪过的整体性是通过罪过与个体和永恒福祉的关系的结合才出现的，哪怕这罪过是唯一的，哪怕它是所有罪过中最微不足道的。这也就是我们从"罪过意识是对个体与永恒福祉的关系的具有决定意义的表达"为开端的原因。一个没有与永恒福建立关系的人永远都不会认为自身在整体上或本质上有罪。最轻微的罪过，哪怕个体其时曾是天使，当它与永恒福祉的关系相结合之时就是充分的；因为"结合"产生出质的规定性。而且，所有在生存中的沉潜均由"结合"所构成。对于人类法庭来说，在比较的和相对的意义上，在记忆中去理解（而非在永恒的回忆中去理解），一桩罪过（从总体的角度上理解）根本不够，罪过的总和也不够。[267]不过这里的纠结点在于，把自己的生活置于比较的、相对的、外在的世界之中，让警察法庭、调解委员会、报纸、哥本哈根的权贵人物或者首都的乌合之众成为自身关系的最高法庭恰恰是非伦理的。[268]

我们从古代正统神学家的著作中会读到他们在捍卫永罚时做出的规定性——罪的大小要求着这种惩罚，而罪的大小反过来又由反上帝之罪决定。[269]这种观点的天真幼稚和外在性在于，表面上看有一个法庭、一个审理团、一个第三方在处理和裁决上帝与人之间的事务。一旦第三方谈论起本质上只关乎个体单独面对上帝的事务，这事就会带有某种天真幼稚和外在性。只有当个体本人把上帝观与罪过观相结合的时候，这种天真幼稚和外在性才会完全消失，不管这罪如今有多微小——噢，不，等一下，个体对此一无所知，因为这归根结底就是使人误入歧途的比较。当上帝的观念被包括进来之时，罪过的规定性就转变成为质的规定性。如果与作为标准的比较相结合的话，罪过就成为一种量；罪过直接面对绝对的质，它作为质是辩证性的。①

天真幼稚和比较性的罪过意识的标记在于，它没有把握生存的要求——结合起来。就思维而言，天真幼稚的表现就是它只能偶然性地思考，以这个或那个东西为契机，之后又涉及其他的东西；这种幼稚表示在

---

① 我们有时会从宗教演说中找到与此策略相反的例子，宗教演说者冲着个体的脑袋斥责罪过，想迫使对方以比较的方式步入罪过意识的整体性之中。这一点恰恰是行不通的。宗教演说者呵斥得越厉害，他就会令个体感到比其他人更可恶，这一策略达到的效果也就越差。当他手势最为激烈之时，他与所要达到的效果相距最远，更别提这手势对尊敬的牧师的灵魂状态所做出的反讽性洞察了。用另一种方式会好得多，如果宗教演说者"谦卑地面对上帝，屈从于伦理王者般的威严"，在畏惧与颤栗中亲自把罪过与永恒福祉的观念结合起来，那么听众就不会被煽动起来，而是间接地受到影响，因为对听众来说牧师好像是在说他自己。[270]当卡特里那坐在讲坛下的时候，用手指着他对他进行控诉是一个绝妙的手势；但在讲经坛上最好捶胸顿足，尤其是讲到罪过的整体性的时候。[271]因为如果牧师捶胸顿足，他就是在阻止所有的比较；倘若他指向自己，我们看到的仍然是比较。

## 第四章 《哲学片断》的问题：永恒福祉何以能建立在历史知识之上

它其实不止有一种思想，而是有多种思想。就罪过意识而言，其幼稚表现在，比方说，今天他在这事、那事上有罪过，然后在接下来的八天之中他都是无辜的，但是到了第九天又出事了。比较性的罪过意识的标记在于，衡量标准在身外，并且当牧师在星期天采用了一种相当高的标准之时（但却没有采用永恒的标准），进行比较的人认为他所犯的罪过是可怕的。到了星期一，在认为自己与别人一样犯了错的情况下，他觉得这没那么糟糕，以此方式，外在因素决定性地做出了一种完全不同的解释，尽管变化多端，但它总是缺失了一点——永恒的本质规定性。

于是，关于罪过的本质意识就是最大可能地在生存中沉潜，这一点同时也是对于生存者与永恒福祉的关系的表达（那种天真幼稚的和比较性的罪过意识是在与自身、与可比较的事务建立关系），它通过错位来表达这种关系。① 即使罪过意识具有充分的决定性意义，但这种关系一直承载着一种错位，只是生存者无法抓住它而已，因为错位持续地作为对这种关系的表达而将自身置于二者之间。但是在另一方面，二者并没有彼此推开对方（永恒福祉和生存者）从而在严格的意义上制造断裂；相反，通过二者的结合，错位作为具有决定性意义的罪过意识重复着自身——在本质的意义上，而不是关于这桩或那桩罪过。

这也就是说，罪过意识在本质上仍然在内在性之内，它有别于罪的意识。② 在罪过意识中，同一个主体通过把罪过和与永恒福祉的关系相结合而在本质上成为有罪者，这种主体的同一性意味着，罪过并没有使主体成为其他的人——那是断裂的表现。但是，由对生存的悖谬性的突出所构成的断裂是不能介入到生存者与永恒的关系之中的，因为永恒无处不在地把生存者包括在内，因而错位就在内在性的范围之内。如果断裂要建构起来的话，则永恒自身必须自我规定为一种在时间之内的现世

---

① 这也就是说，我们是在整体规定性的范围内发现自己的真面目的。读者会记起（从第二部、第二章开始，因对《哲学片断》的讨论而起），对生存的悖谬性的强调就是以悖谬的方式在生存中沉潜。这一点为基督教所特有，它将再次在 B 中出现。不同境界之间的关系是这样的：直接性，有限性的常识；反讽，反讽作为伪装的伦理；幽默，幽默作为伪装的宗教感——然后，最后才是基督教，它以对生存的悖谬性的强调为标记，以悖谬、以与内在性的断裂、以荒谬为标记。因此，以幽默为伪装的宗教感尚不是基督教的宗教感。即使它也是隐蔽的内心性，也与悖谬相关联。换言之，幽默的确在与悖谬打交道，但它一直停留在内在性范围之中，而且似乎一直都知道某种其他的东西，于是玩笑出现了。

② 关于这一点可参 B 的附录。

## 最后的、非科学性的附言

性，规定为历史，以之，生存者和在时间之中的永恒才能在二者之间拥有永恒。这就是悖谬（关于这一点可参考之前的第二部、第二章，以及下面的 B）

在宗教领域中，肯定性以否定性为标记，与永恒福祉的关系以痛苦为标记（参§2）；如今，否定性的表达愈加强烈了：与永恒福祉的关系以罪过意识的整体性为标记。就作为标记的罪过意识而言，痛苦有可能被视为一种直接的关系（当然不是感性意义上的直接性——幸福以幸福为标记）。如果有人这样认为，则罪过意识就是一种疏远的关系。不过，更正确的说法是，痛苦是对疏远关系的直接回应；罪过意识是对疏远关系的疏远的回应，不过请注意，它一直囿于内在性之中，尽管生存者总是被阻止在内在性之中或者在永恒的视角之下生活，生存者只能在一种被取消的可能性之中生活，不是说人们为了寻找抽象而取消了具相，而是通过在具相中的方式取消了抽象。

罪过意识是对与永恒福祉相关联的生存情致的具有决定性意义的表达。一旦人们将永恒福祉移开，罪过意识就会在本质上被舍弃，它或者停留在天真幼稚的规定性之中，与学童评价手册上的评语处于同一等级；或者，它成为市民气的自我辩护。因此，对罪过意识的决定性表达反过来也就成为了这种意识的本质性的持续存在，或者是对罪过的永恒回忆，因为它持续不断地和与永恒福祉的关系相结合。于是，这里所讨论的就不是那种天真幼稚——重新开始，重做个好孩子；但也不是在讨论什么"所有人都如此"的普遍的免罪。正如我说过，仅仅一桩罪过，若生存者以之与永恒福祉建立了关系，这个关系的生存者就会被永远监禁，因为人类法律只有在第三次犯罪时才会被判处终生监禁，而永恒则在第一次就判决了。[272] 他永远被禁锢，被罪过套住，并且这束缚永不会解除，不像重轭不时会被卸掉的负重的牲口；不像偶尔会获得自由的日工；甚至在晚间，他在本质上都不得解脱。把这种对罪过的回忆称为锁链，说它永不会从被禁者身上解除，你只是描述了事情的一个方面；这是因为锁链只与被剥夺的自由的观念紧密相联，而对罪过的永恒回忆还是一个重担，它要在时间中被到处拖着走，这也就是我们宁可把这种对罪过的永恒回忆称为重轭、并且说被禁者永无解脱之日的原因。在决定性的意义上，他意识到自己发生了变化，但是同时他的主体同一性仍然存在，因为正是他本人通过把罪

## 第四章　《哲学片断》的问题：永恒福祉何以能建立在历史知识之上

过和与永恒福祉的关系相结合才意识到了罪过。① 不过他仍然与永恒福祉相关联，而且罪过意识是一个高于痛苦的表现。在罪过意识所生的痛苦折磨中，罪过既是缓解性的，又是折磨人的，说它是缓解性的是因为它是对自由的表达，因为它有可能存在于伦理—宗教领域，在那里肯定性以否定性为标记，自由以罪过为标记，但又不像"自由以自由为标记"那种感性直接性的标记。

于是乎，事情在后退；作为罪人遭受痛苦折磨相比于作为无辜者遭受痛苦折磨是一个低级的表达，但它又是一个高级的表达，因为否定性以一种更高的肯定性为标记。一个只在无辜情况下受痛苦折磨的生存者，正因为如此并未与永恒福祉建立关系，除非该生存者自身即是悖谬，由此规定性我们进入了另一个领域。对于所有单纯的生存者来说，如果他只在无辜的情况下受痛苦折磨（当然要在整体意义上理解，而不是说他在某个具体的事情上或者在很多事情上无辜），那么他就没有与永恒福祉建立关系，而且他通过抽象的生存忽略了罪过意识。这一点必须被坚持，以免不同领域之间彼此混淆，然后我们就突然滑向远远低于隐蔽内心性的宗教范畴之内。只有在悖谬性的宗教中，在基督宗教中，悖谬才是有效的，无辜而受痛苦折磨才是一个比有罪而受痛苦折磨更高的表达。为了给不同领域的整体性排序，我们用幽默来规定隐蔽内心性的宗教性的边界，并且用这种宗教性来规定基督宗教的边界。(273) 基督宗教还以其范畴作为标记，凡是这范畴不在场或者被胡乱使用之处，基督宗教都不在场，除非人们认为，提到基督的名字、甚至妄称基督的名字就是基督教。(274)

对罪过意识的永恒回忆就是对罪过意识的具有决定意义的表达；但是，绝望在瞬间的最为强烈的表现并不是生存情致。以生存的、充满情致的方式与永恒福祉建立关系永远都不会只是偶尔使用强硬言辞，而是这种关系的持续存在，是持续不断地以之与万事万物相结合；所有生存的艺术都在于此，或许精于此道的人数不多。(275) 在生命攸关的瞬间，一个人知道如何神圣地发誓；但是，当危险过去，这誓言很快就被完全遗忘，这是为什么？因为他不知道结合；当生命危险不是来自外部的时候，他就不会凭借自身之力将危险与其努力相结合。当大地因火山喷发

---

① 罪的意识就是悖谬，关于这一点悖谬是前后一致的，生存者不是靠自己发现罪，而是从外部获知。同一性由此断裂。

而颤抖之时,或者当瘟疫席卷全国之时,就连最愚钝、最昏昏欲睡的人都会迅速而彻底地理解万事万物的不确定性!但是,当事情过去之后,他就不懂得去结合了,但是他正应该在这里去运用自身的力量;因为如果生存为他完成了结合,如果自然力的愤怒带着比星期日更胜一筹的雄辩为他宣讲,则他的理解几乎接近于自动发生,这的确是很容易的,结果这里的任务毋宁说就是借助先前对相同的东西的理解而去阻止绝望的发生。

在对罪过意识的永恒回忆之中,生存者与永恒福祉建立了关系,但是这种关系的建立不是说他现在在直接性的意义上更靠近永恒福祉;相反,如今他尽可能地远离之,但却又保持着这种关系。这里的辩证性表现为,在内在性中产生出了一种强化情致的抵抗力。在作为错位基础的关系之中,在作为辩证分离的基础的可感觉的内在性之中,他与永福捆绑在了一起,用所谓的最细的线,借助于不断走向毁灭的可能性;正因为如此,情致——如果它存在的话——才更强烈。

罪过意识具有决定性的意义,而且一桩罪过和与永恒福祉的关系的结合就足够了,没有任何东西像罪过那样自己播种。但是,具有决定性意义的是整体性的罪过;与之相比,十四次犯罪不过是小儿科,这也就是为什么天真幼稚总以数量计的原因。不过,当对新犯下的罪过的意识指向关于罪过的绝对意识的时候,对罪过的永恒回忆因此得以保留,以防生存者濒于遗忘的边缘。

如果有人说,无人能够坚守这种对罪过的永恒回忆,它必定导致疯狂或者死亡;那么,我要请人们留心这是何人在讲话,因为有限性的常识常常这样说话,以便宣讲免罪。这种演说很少失效,如果人们只是三三两两地聚在一起的话,因为我怀疑独处的人是否会用这类演说欺骗自己。但是,当人们聚在一起、并且听到其他人如此这般行事的时候,人们就不会那么尴尬了;而且,想要比别人强,这多不人道啊!这又是一个面具,因为一个单独与理想相处的人绝不会知道,自己比其他人更好还是更糟。于是乎,这种对罪过的永恒回忆能够导致疯狂或者死亡是可能的。一个人不可能靠面包和白水支撑很久,不过医生能够判断应该怎样为这个单一者做出安排,结果他虽不会像富人那样生活,但却能精确计算出饥饿的限度,让他恰好活着。正因为生存的情致不是瞬间的、而是持久的情致,在情致中确实受到鼓舞的、且没有因习俗而堕落从而四

## 第四章 《哲学片断》的问题：永恒福祉何以能建立在历史知识之上

处寻求逃遁的生存者本人，要努力寻求坚守对罪过的永恒回忆所必需的最小限度的遗忘，因为他本人的确意识到了，瞬间是一个误解。但是，在这个辩证过程中不可能找到一种绝对的确定性，因此，尽管付出了所有的努力，他的罪过意识仍然在整体上被这样规定着——在与永恒福祉的关系中他永远都不敢说，为了坚持对罪过的回忆，他已经竭尽所能了。

作为整体规定性的罪过概念在本质上隶属于宗教领域。一旦感性事物介入其中，这个概念立刻就会变成如幸福与不幸那样的辩证性，由此一切被混为一谈。在感性意义上，罪过的辩证法是这样的：个体先是无辜的，然后罪过和无辜作为生活中变化着的规定性出现，个体时而在这事那事上有罪，时而无辜。如果具体的事件不存在，那么个体就不会有罪；在其他情况之下，现在被视为无辜的人会变得有罪。这种作为总和的支持与反对（即：不是在罪过的整体规定性之内的有罪和无辜的具体案例）是法庭关注的对象，小说家的兴趣点，城市闲谈的话题以及某些牧师的沉思对象。(276)感性诸范畴是很容易识别的，人们说话时尽可以使用上帝的名字、义务、罪过等等，但所论却非伦理和宗教的意义。感性的根基存在于，个体最终在自身之内是非辩证性的。某君活了60岁，三次被判刑并且被置于警察的特殊监管之下；某君活了60岁，从未遭到指控，但是关于他的各种恶行的谣言四起；某君活了60岁，他是一个罕见的大好人——那又如何呢？我们知道了些什么呢？没有。相反，我们所得到的只是一个又一个人生如何成为闲谈话题的景况，如果生存者在自身之内缺乏内心性的话，而内心性才是所有整体规定性的诞生地和家园。

宗教演说在本质上与整体规定性打交道。人们可以使用一桩罪行，可以使用一个弱点，可以使用一种忽略，简言之，可以使用任何具体事件；但是，使宗教演说成为其所是的东西是，它从这个具体事件转向了整体规定性，其方式就是把具体事件和与永恒福祉的关系结合起来。宗教演说一直都在与整体规定性打交道，不是以学术的方式（那样的话具体事件将会被忽略），而是以生存的方式，因此它才会把单一者置于整体性之下，无论以何种方式，直接地或间接地，不是为了在其中消失，而是为了将其与整体性结合起来。如果宗教演说只在具体事件中展开，时而赞扬，时而谴责，给有些人"公开赞扬"，给另一些人不及格；那么，它就把自身与针对成年人的庆典式的毕业考试混为一谈,只不过没有点名而已。(277) 如果宗教演说旨在呵斥那些逃过警察权力的犯罪行为从而对警察有所帮助的话,那么这里的关键再一次在于,假如宗教演说者不是借助整体规定性的力量去呵斥——这一点本身就是极其严肃的,结果它并不需要很多强烈的手势,那么尊敬的牧师就会把自己混同于警佐之流,其恰当的职责应该是拿着警棍四处走动,并且由市政府付给工资。在日常生活中,在人们的行动和社会交往中,有人在这件事上有罪,有人在那件事上有罪,事情就是这样。但是,一则宗教演说却是在与内心性打交道,在那里,整体规定性抓住了人心。整体规定性就是宗教,所有缺乏这一点的东西本质上都应被视为幻象,由此,甚至最大的罪犯在根本上也是无辜的,一个天性善良之人就是圣人。

回忆对于罪过的永远保存是对生存情致的表达,至上的表达,因而它甚至高于想要纠正罪过①的雄心勃勃的悔悟。这种对罪过的保存不能在外在世界当中表现出来,那样它将被有限化;因此,对罪过的保存隶属于隐蔽的内心性。这里跟其他地方一样,我所展开的内容不想故意侮辱任何人,不想通过说某君是宗教人士、通过揭露出他所掩盖的东西的方式而故意侮辱他;不想通过否定某君是宗教人士的方式故意侮辱任何人,因为问题的纠结点恰恰在于这是隐蔽性的——没有任何人会觉察到任何东西。

现在,我将要简要涉及关于罪过以及相应的赎罪的观点,后者比隐蔽的内心性对罪过的永恒回忆要低级。(278) 既然我在前面的章节中已有详细论述,这里我可以做简要处理;因为在前面章节中作为低级事物所显现出来的,在此必将再次显现。这里照例重视的只是范畴,因此我将举出那些尽管常常被称作"基督教的"、但若求诸范畴则并非如此的范畴。一位牧师,甚至是身着丝质法衣的牧师,一位上了官阶体系的、有头衔的受洗的基督徒拼凑了点东西,但他们却绝无可能把这点东西变成基督教,就像我们不会因为医生在处方单上写了点什么,就直接得出结论说那就是药——

---

① 请回想这一点:对罪的宽宥是借助荒谬而达成的悖谬性的赎罪。仅仅为了对罪的宽宥的悖谬性有所意识,作为至上表达形式的对罪过的永恒回忆必须介入,以免诸领域混为一谈,基督教的事物被说成是对罪的宽宥的幼稚规定,后者隶属于伦理并未出场之处,它不及宗教,更不及基督教。

## 第四章 《哲学片断》的问题：永恒福祉何以能建立在历史知识之上

它的确可能是泄水。<sup>(279)</sup>基督教中没有任何不曾在世界上出现过的新东西①，但是一切又都是新的。<sup>(280)</sup>现在，如果有人使用基督教的名称和基督的名字，但是其范畴（尽管术语是）却根本不是基督教的；那么，这是基督教吗？或者，假如有人（参第一部、第二章）指出，一个人不应拥有门徒，而另一个人则成为这个教导的追随者；那么，他们之间难道没有误解吗，尽管追随者对他所崇拜的东西以及他的占有方式——误解——做出了保证？基督教的标记是悖谬，绝对的悖谬。一旦所谓基督教的思辨活动取消了悖谬，并且将这个规定性转变为一个环节，则所有的领域都将混为一谈。

因此，任何关于罪过的看法都是低级的，如果它没有通过永恒回忆而把罪过和与永恒福祉的关系结合起来，但却通过记忆将之与某种低级的东西、某种相对的东西（他自身的或者其他人的偶然性）相结合，并且让遗忘步入罪过的个别细节之中。这一点使得生活变得简单轻松，一如孩子的生活，因为孩子拥有很多记忆（其方向是向外的），但却没有回忆，至多只有瞬间的内心性。究竟有多少人最终绝对地与精神的规定性相关联，这从来都是一个问题；这成为了一个问题，对此我不再多说什么了，因为我们每个人可能都会这样做，就隐蔽的内心性就是所隐蔽的东西而言。只有一点是确定的：这个问题跟能力、等级、奇思妙想、知识等等不是一回事。最卑微的人能够跟有天赋的人一样绝对地与精神的规定性相关联，因为天赋、知识、才能只是一个"什么"，而精神关系的绝对性对于一个人来说是一个"怎样"，不管此人是高大还是渺小。

任何关于罪过的看法都是低级的，如果它只想暂时把罪过与关于永恒

---

① 果若如此，基督教就会在感性的层面上成为直接可识别的——新事物层出不穷；一切都将再次混淆。直接性的新事物可以，比方说，以一项技术发明为标记，这种新事物是偶然地具有辩证性的，但它不会引起反感。就个体与本质存在的关系言，当有人要把个体在本质上相信自己已然拥有的东西变成新东西的时候，愤慨才会最终出场。一个根本没有宗教感的人必定不会对基督教感到震惊，这也就是为什么犹太人最愤慨的原因——因为他们与之站得最近。<sup>(281)</sup>如果基督教只是给旧东西添加了点新东西，那么它只能在相对的意义上激起愤慨；但是恰恰因为它愿意把所有的旧东西都变成新的，所以愤慨才近在咫尺。如果基督教之新从未在这种意义上出现在人心里——在此之前一个人从未在心里有过任何他视为至上的东西，那么基督教永无可能激起愤慨。<sup>(282)</sup>正因为基督教之新不是直接性的，我们才首要消除一个幻象，愤慨才成为可能。因此，基督教之新的背后是有着作为边界的隐蔽内心性的永恒宗教感的，因为就与永恒的关系而言，新事物恰恰是一个悖谬。如果基督教与其他的新事物混在一起，或者因确信它是所有新事物当中最为奇特的而被取消，那么基督教只不过是感性学。

福祉的观念、与礼拜日结合起来，比方说吧，在新年早晨空腹参加晨祷，然后，在整个一周或者整个一年的时间里都自由自在。

所有的调和都是关于罪过的低级看法，因为调和持续不断地免除了与绝对的绝对关系，并且让这种关系在分数形式中被掏空，其意义如同说"一张百元钞票不过由很多一元所组成"。但是，绝对关系之为绝对正因其为自身而拥有自身，因其与绝对的关系，绝对关系是一个只能完整拥有、且不能用来交换的珍宝。调和使人免于在整体规定性中沉潜，并且使其外向地忙碌，外向地犯罪，外向地忍受惩罚的痛苦；这是因为调和的口号和赦免令就是，外在的就是内在的，内在的就是外在的，个体与绝对的绝对关系由此被清除了。

与关于罪过的低级看法相呼应的是这样的赎罪，它低于那种因为存在着永恒回忆、所以不接受任何赎罪的至上观念，尽管根本的内在性——辩证法即囿于其中——暗示着一种可能性。

有一种低级的赎罪就是小市民关于惩罚的概念。[283] 这个概念与具体的罪过相呼应，因而它完全囿于整体规定性之外。

有一种低级的赎罪就是关于报应的感性的—形而上的概念。[284] 报应是外在的辩证性的，它是外在世界的后果或者自然的正义。感性是未敞开的内心性，因此存在的或者应该成为内心性的东西必须要在外部显现自身。就像在悲剧中，继往时代的主人公作为鬼魂向梦中人显现自身，观众必须看到鬼魂，尽管它显现的是梦中人的内心性。罪过意识也是如此：内心性变为外在事物。于是人们能够看到复仇女神，但恰恰是其可见性才使得内心性变得不那么可怕，恰恰是其可见性才为她们设立了一道界限——复仇女神是不敢进入神庙的。[285] 不过，如果人们把罪过意识仅仅视为对一桩具体罪过的悔恨的话，那么这种掩盖就是最可怕的；因为没有人能看到悔恨，而悔恨会走过每家每户的门槛。[286] 但是，复仇女神的可见性象征性地表现出了外在世界与内在世界之间的一致性，由此罪过意识被有限化了，赎罪存在于现世的惩罚之苦当中，和解存在于死亡当中，一切都将终结于由死亡带来的抚慰的可悲升华之中——现在一切都结束了，根本就没有永恒的罪过。

所有自我施行的自我惩罚都是低级的赎罪，不仅是因为自我惩罚是自我施行的，而且还因为，甚至最为雄心勃勃的自我惩罚也不过是用使内外一致的办法对罪过进行有限化；但它的优点是真诚地发现罪过，这罪过不

## 第四章 《哲学片断》的问题：永恒福祉何以能建立在历史知识之上

仅在躲避警察、甚至还在躲避报应的关注。<sup>(287)</sup> 前面所说的关于中世纪修道院运动的话在这里依然有效：尊重中世纪的自我惩罚。它仍然是对伟大事业的幼稚但热情洋溢的尝试，那些无法投身于中世纪观念并且切实地把遗忘、轻率和"去拜访我的邻居吧"视为更真实的人，他们必定已然丧失了所有的想象力，而且凭借丰富的常识，他们差不多已变得完全愚蠢了。<sup>(288)</sup> 如果中世纪的自我惩罚是谬误，那么它就是一种令人不安的和雄心勃勃的谬误。即便遗忘和轻率并不对那种错误的上帝观负责，即上帝会从一个人自我鞭笞的行为中感到满意；那么，让上帝不断地出局——假如我敢这样说的话——肯定是一种更可怕的谬误，并且还用没有人受到任何判决的想法来安慰自己，哪怕这人是俱乐部的舞会总监。<sup>(289)</sup> 相反，中世纪是让上帝参与游戏的，如果我可以这么说的话；自然了，这些观念相当幼稚，但是上帝绝对地被包括在内。我们尝试着做一个思想试验。某君将其罪过与关于永恒福祉的观念组合起来，结果他恰恰由此在与自身、与罪过以及与上帝的关系上（与鲱鱼季时相对的奔波忙碌和无忧无虑相比，真理就存在于此）完全依靠他自己。想象一下他令人绝望的冥思苦想，看他能否灵机一动想到什么赎罪的东西；想象一下那种别出心裁的痛苦，看是否可能灵机一动地想到能与上帝重归于好的办法。如果做得到，就去笑话灵机一动想出自我惩罚的受痛苦折磨的人吧，如果人们假设——在试验中人们总是敢于这样假设的，他的意图和愿望的真诚性就在于，上帝会被所有这些痛苦折磨所打动并且缓和下来。毫无疑问这里存在着某种滑稽的东西，因为这种诠释把上帝变成了一个童话形象，一个哈罗夫尼斯，一个拥有三只马尾的帕沙，这类人物是会令人愉悦的。<sup>(290)</sup> 但是，以下面的方式清除上帝岂不是更好？让他成为一个名义上的神，或者坐在天堂里的毫无影响力的书呆子，结果没有人会察觉到他，因为他所发挥的作用只会通过那些密集而庞大的中间原因才会触及到单一者，因此推开就成为一种不可察觉的接触。<sup>(291)</sup> 把上帝骗进自然律和内在性的必然发展进程之中，这样来清除上帝岂不是更好吗？不然，对中世纪自我惩罚以及对位于基督教之外的东西的尊重可以与下面这一点形成类比，真理从来都存在于此，即：个体不是通过一代人或者国家或者世纪或者他所生活城市的关于人的市场定价来与理想建立关系的，可以说这些方式是在阻止个体与理想建立关系；个体就与理想建立关系，哪怕他的理解有误。如果一个女子认为自己的恋人生气了，为了与之重归于好，她有什么是不能灵机一动想出来的呢？即便她想出些可笑的东西，她胸中的爱情难道不会把这可笑的东西神圣化吗？她身上所有的难道不是真理吗？她用理想化的方式、以充满爱意的原创观念与自己的爱情建立关系，因而不去寻求与飞短流长者为伴，后者能够告诉她，其他女子是如何摆布自己的恋人的？每一个对范畴有判断力的人都会轻易看到，第一个女子只是因一种更为纯粹的观念才显得滑稽，因而人们会同情地冲她微笑，以便帮助她达到更好的境界，但却一直尊重她的激情；相反，那个飞短流长的人，那个长舌妇，她总能通过第三方了解到些什么，但她在恋人的品质方面却无条件地滑稽可笑，这种对毫不相干的东西的探究是在情感方面浅尝辄止的标记，这比不忠更糟糕，证明她没有可忠于的东西。

在原创性方面误入歧途的宗教人士的情形也是如此。相比于从大街上、报纸上、俱乐部里获知人们如何对待上帝、其他的基督徒如何知道怎样对待上帝的宗教人士，原创性的激情为他投下一道仁慈的光芒。由于与国家的、社会的、教众的、社团的观念之间的纠缠，上帝不再能够抓住单一者了。[292]尽管上帝的义愤是巨大的，但是落在有罪者头上的惩罚却通过所有客观的权力机构来加以传递——以此方式，人们用最谦恭有礼的、最为人所熟知的哲学术语把上帝驱逐了出去。人们忙于获得一个越来越真实的上帝观，但是他们似乎忘记了那个根本原因：人应该畏惧神。[293]一个在客观的人群中的客观的宗教人士是不畏惧神的；从雷鸣声中他听不到神，因为这是自然规律，而他或许是对的；在诸种事件中他看不到神，因为那是原因与结果之间的内在必然性，他或许是对的。[294]但是，在面对上帝时孤独的内心性又当如何呢？好吧，这对于他来说太少了，他不了解这个，他忙着去实现客观性呢。

我们这个时代是否比其他时代更不道德，对此我不做决定。但是，如同退化的自我惩罚是中世纪独有的不道德，那种奇幻的—伦理的懦弱很容易就能成为我们这个时代的不道德，一种耽于感官享受的、软弱的对绝望的化解，个体如同在梦境中一般求索着关于上帝的观念，但却感觉不到任何可怕之处。相反，他会吹嘘那种优越感，他在思想的眩晕之中，以所谓非人格化的不确定性在不确定事物当中感觉到了上帝，与上帝奇幻地相遇，上帝的存在多少变得有些像海的女儿。[295]同样的情形很容易在个体与自身的关系之中重现，也就是说，伦理、责任、行动的力量以及由悔悟所滋生的勇气十足的产物都在绝妙的化解过程中蒸发了，个体在那里做着

# 第四章 《哲学片断》的问题：永恒福祉何以能建立在历史知识之上

关于自身的形而上的梦，或者让整个存在梦到它本身，将其与希腊、罗马、中国、世界史、当今时代以及世纪混为一谈。个体内在性地把握了自身发展的必然性，然后相应地以客观的方式在总体上让自己的"我"像尘埃一般腐烂，他忘记了，尽管死亡会把一个人的肉体变为尘土，并且与自然元素混合在一起，但是，活人的生活在无限的内在性发展进程中霉烂仍是件可怕的事情。(296)那么，我们宁可犯罪，纯粹地犯罪：引诱女人，杀人，拦路抢劫，这些至少是可以悔悟的，上帝能够抓住一个这样的罪犯。但是，那种高高在上的优越感，它很难悔悟；它有种具有欺骗性的深沉的表象。那么，我们宁可嘲弄上帝，就像曾经在世上发生过的那样纯粹：人们总是倾心于那种想证明上帝存在的懦弱的重要意义。证明一个存在者的存在是最无耻的谋杀企图，因为这个尝试使此人变得荒谬可笑；但不幸的是，人们甚至没有感觉到这一点，他们郑重其事地将之视为一桩神圣的事业。人们怎么会生出证明一个人存在的念头呢，除非是因为人们允许大家忽视他；而现在，人们愈加疯狂了，他们就在那人鼻子尖底下证明其存在。通常而言，一位国王的存在或者显现是以其自身的征服和归降去表现的。如果有人以其至尊至上的显现来证明他的存在，情况会是怎样的呢？人们能够证明这一点吗？答案是否定的，人们会让他出丑，因为用归降的表现方式来证明他的显现，这一点依各国风俗而有极大的不同。因此，人们通过崇敬证明上帝的存在——而非通过证明。一位可怜的作家，他被后世研究者从遗忘的昏暗之中拽了出来，他定会因研究者成功地证明了他的存在而欣喜若狂；但是，一个无处不在的存在者却只会因思想者虔诚的笨拙而被带入荒谬可笑的困境之中。

但是，假如这一切发生了，或者在某个时代情况如此，这是如何发生的呢，除非人们忽略罪过意识？正如纸币可以成为人际之间的重要交换方式，但它本身却是一个奇幻的物件，假如流通货币最终是不存在的话。同样，那种比较的、墨守成规的、外在的、市民气的伦理观念在日常交易中是足够用的，但是，如果人们忘记了伦理的流通货币应该在个体的内心性之中——如果它非得在某个地方的话，假如整整一代人都会忘记这一点；那么，尽管人们断定（顺便说一句，启蒙和文化不能无条件地导致这一点）这一代人当中一个罪犯都没有，有的只是纯粹的良民，这一代人从本质上说在伦理层面上就是赤贫的，在本质上是破产的。在人际交往中，人们把所有的第三方都当作第三方加以评判是无可厚非的。但是，假如交

437

际的圆熟技巧使得单一个体在内心性中面对上帝时也把自身当作第三方加以评判,也就是说,只是外在地评判;那么,伦理性丧失了,内心性死亡了,关于上帝的思想变得言之无物,理想消失,因为内心性不曾反映理想的人根本无理想可言。就与群众的关系而言(也就是说,当单一者看着其他人的时候,但这一点落入循环之中,因为其他人当中的每一个反过来也是单一者),使用比较的标准是正常的。但是,假如对这种比较标准的使用占了上风,以致于个体在内心深处面对自身时也采用这种标准;那么,伦理就已经出局了,被丢弃的伦理很可能会恰如其分地在商业报刊的标题下找到自己的位置——平均价格和平均质量。

中世纪自我惩罚的可敬之处在于,个体对于自身运用了绝对的标准。如果对高于比较的、公民的、狭隘守旧的、宗教复兴主义派的、调节性的标准一无所知的话,人们就不该嘲笑中世纪。[297]每个人都认可,庸俗市民气是滑稽的。[298]但何谓庸俗市民气?一个身处大城市的人就不会成为庸俗市民吗?何以见得呢?庸俗市民气从来都存在于把相对的东西当成绝对的东西用于本质关系之上。很多人并未察觉到这一点,当使用一种显而易见的相对性的时候,所显示的就是他位于与滑稽的边界之上。庸俗市民观念与反讽观念相同。每个人,直到最卑微的人,都会涉足反讽。可是反讽真正开始之处,呈递减之势的相对的反讽者人群散开了,他们充满怨愤地反对真正的反讽者。在哥本哈根,人们嘲笑要当科尔城中最好的人的想法,可是,要当哥本哈根最好的人的想法同样可笑,因为伦理和伦理—宗教与比较没有丝毫关系。所有比较的标准,不管它是科尔城的、哥本哈根的、当今时代的或者是世纪的,当其想要成为绝对的时候,它就是庸俗市民气。[299]

但是,一旦个体以绝对的要求面对自身,与自我施行的惩罚的类比就会产生,尽管它们表现得不那么天真,尤其是在内心性的掩盖之下,自我惩罚的明显的外在表现被阻止了,这种外在表现很容易招来对个体自身的损害和他人的误解。所有的比较都是延滞性的,这也就是为什么平庸如此喜爱比较的原因,而且如果可能的话,平庸将以其可悲的友谊令每个人陷入比较,不管其俘虏是作为混迹于平庸之辈的杰出人士而成为被崇拜的对象,还是被与之同等的人群温柔地簇拥。所有人,哪怕是最为出众之士,在作为第三方与另一个人发生关系的时候,他采用的标准都没有在自身内通过与理想的沉默关系所应该并且能够采用的标准严格,不管是出于同情

## 第四章 《哲学片断》的问题：永恒福祉何以能建立在历史知识之上

还是别的什么，这是完全正常的。于是乎，把自己的腐化怪罪他人是在胡说八道，他仅仅暴露出了自己曾经逃避过什么，而现在又想回到什么事之上。他为何不去阻止这一点，又为何继续下去，而不是——如果可能的话——通过在沉默之中寻找在其内心深处的标准的途径来弥补所浪费的东西呢？可以肯定，一个人是能够要求自身付出艰巨努力的，这种努力是一个有着良好意图的友人不建议做的，如果友人对此事有所知的话。但是，谁都不要指责这位友人，让他指责自己以讨价还价的方式寻求安慰吧。每一个真正拿生命冒险的人都以沉默为标准；一位友人永远都不能、也不会提出那种建议，其理由恰恰在于，如果那个要拿生命冒险的人需要一个知心人跟他一起对此进行权衡考量的话，那么他就不适合这么做。可是，如果事情开始升温，并且要求做出最终的艰巨努力——这时，这人跳开了，他在知心人那里寻求安慰，并且获得了善意的建议：宽恕你自己。然后，时光逝去，渴求消逝了。如果此人日后被回忆所造访，他就会怪罪他人——这是他丧失了自我并且将理想与丢失的财物混为一谈的新证据。但是，沉默的人除自身外不怪罪任何人，他的努力也不会冲撞任何人；因为他的胜利的信念就是，每个人身上都有、且能够有、而且应该有对理想的共识，这种共识要求一切，它只从面对上帝的毁灭当中获得慰藉。就让任何想成为平庸的代言人的人哼哼叽叽地或者大声地抱怨吧。如果反抗公路抢劫者是允许的，那么，面对平庸的迫害奋起自卫同样是允许的，尤其是这还是令上帝愉快的自卫行为——这自卫就是沉默。在沉默与理想的关系中有着对一个人的判决，而那个作为第三方却胆敢这样评判他人的人就会有祸了。这个判决不能向更高的机构提请申诉，因为它就是绝对至上的。但是这里有一个出路，人们会获得一种不可名状的较为宽大的判决。如果此人日后回顾自己的人生，他会感到憎恶，并且会怪罪别人——这是此人的情况持续搁置在平庸领地的新证据。在沉默与理想的关系中存在着一种甚至能把最艰巨的努力转化为无意义之举的标准，把年复一年的持续努力转化为向前迈出的一小步的标准；但是，在闲谈中，人们可以不费吹灰之力就迈出一大步。当沮丧在一个人身上占据上风之时，当他发现崇高目标的残忍之时——他为之付出的全部努力化为虚无，当他无法忍受理想的道路与标准的不可跨越性之时；于是他寻求安慰并且找到了它，或许是在一个真诚地拥有良好意图的人身上找到的，此人做到了我们能够、并且会向第三方所要求的一切，他因此感激那人，直到他最终愚蠢地怪罪别人，因为他本人在平庸的轻松道路上毫无进展。在沉默与理想的和谐中缺少了一个词,不过它并不渴望之,因为这个词所描述的东西根本不存在——它就是"借口"。在外界的喧嚣中,在邻里间窃窃私语的彼此赞同中,这个词成了词源并且有着无数的衍生词——让我们怀着对沉默的理想的敬意说出这话吧。一个这样活着的人当然是不会这样说的,因为他是沉默的。那么好吧,就让我说出来,因而我无需补充说,我不是冒充别人这么做。

于是,以绝对标准面对自身的人当然不可能生活在福气之中,如果他遵守诫命并且未获任何判决的话,如果他被宗教复兴主义派视为一个十分真诚的人的话——那么,他就是一个与众不同的人,如果他不会很快死去,不久他对于尘世就会变得过于完美了。相反,他会一再发现罪过,并且是在"罪过"的整体规定性之内发现罪过。但是,罪过要求惩罚,这是根植于人性之中的。于是,人们自然就会挖空心思地想出点东西,或许是桩艰巨的工作,甚至是辩证性的——它可能会造福他人,对有所需求者有好处,拒绝满足自己的一个愿望,凡此等等。这难道不可笑吗?我认为这一点既幼稚又美好。不过它确与自我惩罚形成类比,只是不管其意图有多美好,它都使罪过有限化了。在这种幼稚的希望和幼稚的愿望——一切都会好起来——当中,有着一种天真,与之相比,隐蔽内心性当中对罪过的永恒回忆就是可怕的严肃。是什么使得孩子活得如此轻松?就是常常被提到的"两清",然后事情往往会重新开始。自我惩罚的天真幼稚之处在于,个体仍然虔诚地想象着,惩罚比对罪过的回忆更严重。不然,最严厉的惩罚恰恰是回忆。对于孩子来说惩罚是最严厉的,因为孩子无可回忆,于是孩子会这样想:假如我能够逃脱惩罚,我就会高兴和满意。但是何谓内心性?内心性就是回忆。那些相互比较的、没有独立人格的人,他们就像这座城市当中的绝大多数人一样,像盒子里的锡兵一样彼此相似,他们的缺乏思想性就表现在,他们所进行的比较缺乏了一种真正的比较中的第三要素。[300] 成年人身上的天真的内心性表现为对自我的关注,其虚妄性则表现为一报还一报的想法。[301] 但是,永恒的回忆就是严肃,它恰恰不能与结婚、生子、患痛风、参加神学学位考试、当地方议会议员或者刽子手这些严肃之事混为一谈。

幽默作为隐蔽内心性之宗教感的边界,它把握的是罪过意识的整体性。于是乎,幽默家很少谈及具体哪一桩罪过,因为他把握的是罪的整体性;或者他偶然强调一桩具体的罪过,那是因为整体性就是这样间接地被

## 第四章 《哲学片断》的问题：永恒福祉何以能建立在历史知识之上

表现的。通过把幼稚的东西反射在整体意识中，幽默感出现了。精神在绝对关系中的培育与天真幼稚的结合产生了幽默。我们时常会碰到已成年的、定型的、"真诚的"人，尽管年纪不小，他们却像孩子般行事，甚至在 40 岁的时候仍然无可否认地被视为是有希望、有前途的孩子，假如人们通常能活到 250 岁的话。(302)但是，天真幼稚和粗鲁不恭与幽默天差地远。幽默家有天真幼稚的一面，但却不为之所控制，他不断地阻止着直接将之表现出来，幽默家只让它从一种绝对的教养中透射出来。因此，如果我们把一个以绝对方式培育的人和一个孩子并置，我们总会在双方身上发现幽默：孩子道出了幽默但并不知晓，而幽默家则知道他所说的是什么。反之，相对的教养与孩子并置时则什么都发现不了，因为这种教养忽视了孩子及其愚蠢。

我想起了一个在特定情境下的问答，现在我要讲述出来。那是在一个大的社交群体中临时形成的较小团体。一位年轻太太受到了正在讨论的一桩不幸事件的鼓动，并非不合时宜地表达了她对生活的痛苦感受，说生活很少信守诺言："唉，幸福的童年，或者更准确地说，孩子的幸福！"她沉默了，俯身面向一个天真地依偎着她的小孩，并且拍拍那孩子的脸颊。一位明显同情那位年轻太太的谈话者继续说道："是啊，尤其是童年的幸福就是挨揍。"① 说完，他转身离去，和刚好经过此地的女主人攀谈起来。

---

① 话音落定之时，人们都笑了。这是一个纯粹的误解。人们视这个回答为反讽，但根本不是那么回事。假如这回答是反讽，那么说话人就是一个平庸的反讽者，因为这话中有着痛苦的回响，这一点在反讽的意义上是完全错误的。这话是幽默，因而它通过误解使情境成为反讽性的。相应地，这一点是完全正常的，因为一个反讽性的回答是不会使情境成为反讽性的，它至多能使人意识到这一点，一个幽默的回答才能使情境成为反讽的。反讽者坚定自信，他阻止情境的发生；而幽默者隐蔽的痛苦之中包含有一种同情，以之他本人也参与了对情境的塑造，从而使反讽的情境成为可能。但是，人们常常把反讽地说出的话与使情境产生反讽效果的话相混淆。在这个例子中，反讽效果的出现是因为人们发笑、并且把问答视为玩笑，人们并未发现，就童年的幸福而言，这个回答中包含了比那位年轻太太的感叹更多的伤感。对童年的伤感的理解与生成渴望目标的对立成正比。但是，最大的对立就是对罪的永恒回忆，而最令人伤感的渴望则由渴望挨揍被表达出来。当那位年轻太太说话时，人们受到了些许感动；而那位幽默家的话几乎使人们跌倒，尽管人们笑了，可他的话还是大有深意。远离生活的喧嚣，远离劳神和极重的劳苦，远离为维持生计的郁闷的紧迫感，甚至是不幸婚姻每天带来的痛苦，远离它们而去渴望童年的幸福，这远远不及远离对罪过的永恒回忆更令人伤感——这就是幽默家忧郁的反思的内容，因为远离整体性的罪过意识而渴望想象中的儿童的纯洁无辜的观念着实是愚蠢的，尽管它经常被浅薄之辈以令人感动的方式所用。(303)这回答不是粗鲁的玩笑，而是充满同情的玩笑。——据苏格拉底说，曾有人向他抱怨，说人们在背后诽谤自己。苏格拉底回答说："这是要操心的事吗？我不在场时（转下页注）

正因为幽默中的玩笑存在于取消之中（取消的是早期的深刻性），它才自然地时常返诸童年。如果一个康德式的立于科学之巅的人物就上帝存在的证明说：好吧，我对此所知的还不如我父亲告诉我的多呢——这就是幽默，它实际上比整整一本关于这类证明的书说的还多，假如这书忘掉了证明的话。[304]但是，正因为幽默中一直存在着一种隐蔽的痛苦，所以那里还有同情。反讽中是没有同情的，反讽是坚定自信，因此反讽中的同情就是间接的感同身受，它不针对某个人，而是针对所有人都可能拥有的坚定自信的观念。于是乎人们常常在妇女身上发现幽默，但却从未发现反讽。任何这样的尝试对她来说都不合适，纯粹的女人天性将把反讽视为是一种残忍。

幽默整体性地反思罪过意识，因此它比一切衡量比较和拒绝都要真实。但是，深刻的东西在玩笑之中被取消了，就像之前对痛苦折磨的理解那样。幽默把握的是整体，但正当它要对之进行解说之时，幽默自身变得不耐烦起来，它召回了一切："这定会变得过于冗长和深刻了，因此我召回一切，把钱还回去。""我们都是有罪过之人"，一个幽默家说。[305]"我们跌倒无数次，摔成无数碎片，我们所有人都隶属于一种叫做'人'的物种，布丰对此有过如此这般的描述……"[306]随后就会对"人"做出一个纯粹自然历史性的定义。这里，对立达到了至高点：一边是在永恒回忆中拥有整体性的罪过意识的个体，一边是一个动物门类中的一员。因此我

---

(接上页注) 人们对我做的事对我来说无关紧要，他们甚至可以在我不在的时候打我呢。"[307]这个回答就是正确的反讽；它缺少了那种同情，以之苏格拉底可以与其他人塑造一种共同的情境（这种戏谑性的反讽法则是说，反讽者以其狡黠总是阻止对话成为对话，尽管它怎么看着都像是对话，甚至还是一场开诚布公的对话）；它是反讽地开玩笑，尽管它指向伦理，为的是唤醒人们去赢取坚定自信。因此，苏格拉底的确说得比那人少，因为诽谤真的是回事，但在一个人不在场的时候打他却毫无意义。反之，一个幽默的回答总会道出某种深意，尽管隐藏在玩笑之中，因此它必须说得更多。举例来说，如果某君在发誓沉默的情况下向一位反讽者倾诉一桩秘密，反讽者会回答说："您完全可以依赖我，人们可以无条件地把秘密委托给我，因为秘密刚一说出我就忘了。"于是，那种信任恰如其分地在抽象辩证法的帮助下被毁灭了。假如有人真向他倾诉了自己的秘密，他们二人的确在一起说过话，不过如果这要成为一场充满信任的对话，那就是误解了。但是，假如那个被诽谤迫害的人把他曾经对苏格拉底说过的话告诉了一个比方说年轻姑娘吧，他抱怨张三李四在他不在的时候说他坏话，那个年轻姑娘会说："那我该为自己感到幸运，因为他已全然把我忘掉了。"这个回答中就有着幽默的回响，尽管它并不是幽默，因为它没有反思任何整体规定性，只有整体规定性的特定对立才构成幽默。

## 第四章 《哲学片断》的问题：永恒福祉何以能建立在历史知识之上

们根本找不到可与个人的发展—变形相类比的东西，因为他经历了至上的东西——步入精神的绝对的规定性之中。在本质上，植物从种子开始会成为其所应发展的样子，动物亦然，但一个孩子却并非如此，这也就是为什么每一代人当中肯定有很多根本没有绝对地步入精神的规定性之中的原因。① 再者，幽默从个体向种类的摇摆是向感性规定性的倒退，幽默的深刻性绝对不在那里。单一者在面对上帝时，怀着整体性的罪过意识与永恒福祉相关联，这就是宗教感。幽默反映了这一点，但却又将之撤销。这也就是说，从宗教的角度出发，种类是一个比个体低级的范畴，将自身隐没于种类之中就是逃避。②

幽默把对罪过的永恒回忆与万事万物结合起来，但它自身却没有在回忆之中与永恒福祉建立关系。现在，我们立于隐蔽内心性之侧。对罪过的永恒回忆不能在外在世界中表现出来，故二者是不一致的，因为外在世界的每一种表现都是对罪过的有限化。不过，隐蔽内心性对罪过的永恒回忆尚不是绝望；因为绝望从来都是无限、永恒和整体性在瞬间的不耐烦，而且所有的绝望都是一种坏脾气。永恒的回忆以与永恒福祉的关系为标记，它尽可能地远离直接性的标记，不过它足以阻止绝望的跳出。

幽默把整体性的罪过与人与人之间所有的相对性相结合，从而发现了滑稽。滑稽在于以整体性的罪过作为基础，它支撑着所有的滑稽。换言之，如果相对性的基础是本质性的无辜或者善的话，这并不滑稽可笑，因为人们在肯定的规定性之内进行或多或少的量化规定并不滑稽可笑。但是，如果相对性依靠整体性的罪过，相应的或多或少的量化就依靠比无还少的东西，这就是滑稽所发现的矛盾了。因为钱是有意义的，所有在富人和穷人之间的相对性就不算滑稽可笑；但如果用的是代币，那么相对性的存在就是滑稽可笑的了。如果人们奔忙的原因是避免危险的可能，这种奔忙不可笑；但如果，比方说吧，奔忙发生在一艘正在沉没的船上，则这些奔忙之中就有滑稽可笑之处了，因为这里的矛盾在于，不管人们怎样行

---

① 请记住，这里所说的不是才智的差别，而是针对每个人的可能性；同时，变形是一种质的变化，它不能由那种逐步的直接性的发展所阐释，尽管永恒意识永远是自我预设的——因为它是被设定的。

② 只有在最后一种关于宗教的规定性中，即悖谬性的宗教中，族类的范畴才是更高的，但它只能借助于悖谬；而为了对悖谬有所意识，我们必须把"个体高于种类"的宗教规定性夹在中间，否则，所有阶段之间的差别将混为一谈，人们是在用感性的方式谈论悖谬性的宗教。

443

动，他们都无法逃离毁灭发生的地点。

隐蔽内心性也应该发现滑稽可笑的东西，不是因为宗教人士与其他人不同，而是因为尽管他因承载对罪过的永恒回忆而不堪重负，他与所有其他人是一样的。宗教人士发现了滑稽可笑的东西，但是，当他在永恒回忆之中持续不断地与永恒福祉建立关系之时，这滑稽也就在不断消失。

## 在 A 与 B 之间

这里提出的问题（参第二部、第四章）是一个生存问题，可以说它是情致的—辩证的。第一部分（A）处理的是情致——与永恒福祉的关系。现在我们要行进到辩证部分（B），它对问题具有决定意义。因为迄今为止我们所讨论的、今后为简便起见贯之以"宗教 A"的名称的宗教，并非特指基督宗教。从另一方面说，辩证性只有当其与情致结合成为一种新的情致之时，它才具有决定性的意义。

人们通常是不会同时注意到二者的。宗教演说要表现的是情致，它划掉了辩证性；因此不管宗教演说拥有怎样良好的意图，它有时就是各种各样波澜起伏的情致的混合体——感性，伦理，宗教 A 和基督教，因此它有时是自相矛盾的。"可是，那里是有些令人愉悦的段落的"，尤其针对那些要据此行动和生存的人来说是令人愉悦的。辩证性以隐蔽地和反讽性地嘲弄那些动作手势和大词汇的方式进行报复，尤其是通过对宗教演说做出反讽性评判的方式——人们满可以去听它，但却不可能照着做。科学想接管辩证性，为此目的，科学将其引向一种抽象媒介之中，由此问题再次错失，因为此处涉及的是一个生存问题，真正的辩证难点将随着忽视了生存的抽象媒介对它的诠释而消失。如果那种波澜起伏的宗教演说为多情而敏感之人而在——他们会很快出汗，很快遗忘；那么，思辨性的诠释就为纯粹思想家而在。[308] 但是，二者中任何一方都不为行动中的、且借助行动而生存的人们而在。

不过，情致与辩证性之间的区分需要做进一步的规定，因为宗教 A 绝不是非辩证性的，但它也不是悖谬式的辩证的。宗教 A 是向内心沉潜的辩证法；它是与永恒福祉的关系，这关系不受某个东西制约，它只是辩证地向内心沉潜，因此它只受辩证性的内心沉潜的制约。相反，我们未来要称之为的宗教 B、或者现在所称之为的悖谬性的宗教、或者那种把辩证性置于别处的宗教是有条件的，这些条件不是向内心沉潜的辩证性的深化

## 第四章 《哲学片断》的问题：永恒福祉何以能建立在历史知识之上

集中，而是某个确定的东西，它将对永恒福祉做具体的规定（不过在宗教 A 中，对内心沉潜的具体规定是唯一的具体规定），不是具体规定为对永恒福祉的占有，但也不是把永恒福祉规定为思维的任务，而是悖谬性地推开并且产生新的情致。

在人们可能对辩证性的宗教 B 有所意识之前，宗教 A 必须首先出现在个体身上。只有当个体在生存情致最具决定意义的表现中与永恒福祉建立关系之时，人们才有可能意识到，位于第二位（第二位）的辩证性是如何将他推向荒谬的情致当中的。[309] 于是我们将会看到，一个没有情致的人想与基督教建立关系是多么地愚蠢；因为从根本上说，在仅仅有可能谈及身处对基督教有所意识的情境之前，人们首先就要在宗教 A 之中生存。但这类错误经常发生，人们自然而然地在感性的胡言乱语中利用耶稣、基督教、荒谬、悖谬，简言之，所有有关基督教的东西，就好像基督教是愚人求之不得的东西似的，因为它是不可思议的；就好像那个不可思议的规定性不是万事万物当中最难坚持的东西似的，如果人们要在其中生存的话——它是最难坚持的，尤其对于那些好使的脑袋瓜而言。[310]

宗教 A 可能存在于异教当中，而在基督教中，它可能存在于任何一个尚未以决定性的方式成为基督教徒的人身上，不管此人是否受洗。舒适地做一个便宜版本的基督教徒当然要轻松得多，而且跟最好的一样好——毕竟，他受过洗礼，得到了一本《圣经》和《赞美诗集》作为礼物。[311] 难道他不是基督徒吗，一名路德宗的基督徒吗？可是这是当事人的事，我的意思是说，宗教 A（我的生存即处于其边界之内）对于一个人来说非常地严苛，那里的任务就够沉重的了。[312] 我的意图是要使成为一名基督教徒变得困难起来，但却并不比其所应是的更困难，不是说对蠢人难、对聪明人容易；而是在质的意义上变得困难，并且对每一个人而言在本质上同样困难。这是因为从本质上来说，放弃自己的理智和思想，用自己的灵魂牢牢抓住荒谬，这一点对于每个人来说是同样困难的，并且比较而言对于那些理智更发达的人来说最为困难，如果我们还记得，并不是每一个没有为基督教丧失理智的人都由此证明自己拥有理智。这就是我的意图，也就是说，做任何事都只是为了自身的试验者是可以拥有一个意图的。所有人——最智慧和最简单的，能够同样在质的意义上本质性地（比较是会引起误解的，当一个聪明人拿自己与一个头脑简单的人相比较、但却没有理解这一点的时候——同样的任务是针对所有人的，而非进行比较的双

445

方）在其所能理解和不能理解的事物之间做出区分（自然了，这将是其至上努力的成果，是那种艰巨努力的浓缩，在苏格拉底和哈曼之间横亘着两千年——他们是这种区分的倡导者）；他们能够发现，有与其理智和思维相抵触的东西存在。(313) 如果他拿自己的整个生命去赌这个荒谬，那么他的行动就是在荒谬的帮助之下，而如果他选择的荒谬被证明不是荒谬的话，他在本质上就被欺骗了。如果这个荒谬就是基督教，那么他就是有信仰的①基督教徒；但是，如果他认为这并不是荒谬，则正因为如此，他也就不再是有信仰的基督教徒了（不管他是否受洗，是否行坚信礼，是否拥有《圣经》和《赞美诗集》，甚至是那本期待中的新的《赞美诗集》），直到他重新把理解作为感官幻象和误解毁掉、并且与基督教的荒谬建立关系为止。换言之，如果宗教 A 不是作为悖谬性宗教的起点而介入，则宗教 A 就高于宗教 B，因为那样的话，对悖谬、荒谬等的理解就没有在最严格的意义上（它既不能绝对地为智者、也不能绝对地为愚人所理解），而是以感性的方式和很多其他东西一起运用在奇妙的东西之中，奇妙归奇妙，但人们仍然能够把握。(314) 相应地，思辨思想必须（就其并不想取消所有的宗教感以便把我们一起带入纯粹存在的乐土而言）持这种观点，即宗教 A 高于宗教 B，因为宗教 A 是内在性，可干嘛要称之为基督宗教呢？基督教不愿凑合着成为在人性整体规定性范围之内的一种进化，为上帝提供这样一种联系太渺小了；基督教甚至不愿成为信仰者的悖谬，然后，秘密地，逐步地，为信仰者提供理解，因为信仰的受难（把理智钉上十字架）不是瞬间的受难，而恰恰是持续的受难。(315)

我们能够在基督教之外以宗教生存的方式来表现与某种永恒福祉（不朽，永生）的关系，这一点肯定发生过；因为关于宗教 A 我们必须说，尽管它不曾出现在异教中，但它却可能出现在那里，因为它只以普遍人性为前提，而辩证性处于第二位的宗教则不可能出现在它自身之前，在它出现后也不能说它能出现在它不曾存在过的地方。基督教的特殊之处在于，其辩证性是第二位的，不过请注意，这个辩证性不是思维的任务

---

① 信仰的定义出现在第二部中的第二和第三章中，关于理想性和现实性的章节。如果论证是这样的：人们不能停留在对悖谬不加理解的地步，因为这任务太小、太轻松或者太舒服；那么，对此的回答就应该是：不然，恰恰相反，这是最为困难的任务——日复一日地与某种人们将其永恒福祉建基其上的东西建立关系，牢牢抓住那种用来理解"这是人所不能理解的东西"的激情，这尤其是因为，人们太容易陷入那种"我们已经理解了"的幻象之中了。

## 第四章 《哲学片断》的问题：永恒福祉何以能建立在历史知识之上

（仿佛基督教是一种理论、而非生存沟通似的，参第二部、第二章；参第二部、第四章、第一节，§2），而是作为一种新的情致的动力与情致建立关系。在宗教 A 中，永恒福祉是一个特定的东西，其情致性在向内心沉潜的辩证法的作用下变成为辩证性；在宗教 B 中，辩证性成为第二位的，因为沟通指向生存的方向，它在内心沉潜的过程中充满情致。

与个体在生存中对生存情致（顺从—痛苦折磨—整体性的罪过意识）的表达相一致，他与永恒福祉的充满情致的关系也在同等程度上增加着。于是，当作为绝对目的的永恒福祉绝对地成为个体唯一的安慰之时；当个体沉浸于生存中，他与永恒福祉的关系被缩减到最小化之时，因为罪过意识是在推开，它必定持续不断地远离他；但那种最小化和那种可能性对他而言又绝对地大于一切——这时，辩证性的开端才是适宜的。当个体处于这种状态之时，一种更高的情致就会产生。但是，人们关注基督教的准备工作不是通过读书或者考察世界史，而是通过沉浸于生存之中的方式。任何其他的预备性工作，正因为如此，必将以误解告终，因为基督教是对生存的沟通，它拒绝理解（参第二部、第二章）。理解何谓基督教并非难事，但要成为并且身为基督教徒则是困难的（参第二部、第四章、第一节，§2）。

**按**：如果建设性是所有宗教的一种本质性的修饰语的话，那么宗教 A 也有其建设性。凡是生存者在主体的内心性之中找到人神关系之处，皆有建设性，它隶属于主体性，但却因人们的客观化而遭放弃；虽然隶属于主体性，但它却跟爱情和恋爱一样任性随意，人们放弃它是因为变得客观化。整体性的罪过意识是宗教 A 当中最具建设性的因素。① 宗教 A 范围内的建设性就是内在性，是毁灭，个体在其中为了找到上帝而退居一旁，因为个体自身就是障碍。② 于是，这里的建设性恰如其分地以否定性为标记，以自我毁灭为标记，毁灭在自身内寻找人神关系，它痛苦地沉陷于人神关系之中，以人神关系为基础，因为只有当道路上所有的障碍被清除之后，上帝才是基础；而所有的有限性，尤其是在有限性中的个体，都在对上帝吹毛求疵。在感性的意义

---

① 读者请回忆，一种直接性的人神关系是感性的，它实际上根本不是人神关系，就像与绝对建立的直接关系不是绝对关系一样，因为绝对的分裂尚未出场。在宗教领域，肯定性是以否定性为标记的。幸福的直接性的最高安乐就是欢庆上帝和整个存在，这一点非常可爱，但却不是建设性的，在本质上也不是人神关系。

② 感性总是存在于，个体幻想他一直忙于企及上帝并且已经抓住了上帝，结果就在这种幻觉之中，非辩证性的个体的确相当聪明，如果他真能像抓住某种外在的东西那样抓住上帝。

上，建设性的神圣栖居地在个体身外，个体要寻找那个地方；在伦理—宗教的领域，个体自身就是那个处所，如果个体毁灭了自身的话。

这就是宗教 A 领域内的建设性。如果人们对此不加留意，不注意让这种关于建设性的规定性介入，则一切都会再次混淆，因为人们在规定悖谬—建设性的时候，会把它混同为一种外在的感性关系。在宗教 B 中，建设性是在个体身外的东西，个体不是通过在自身内部寻找人神关系的方式寻找建设性，而是与某种在其身外的东西建立关系，以便寻找到建设性。这里的悖谬性存在于，这种表面上的感性关系，即个体与其身外的某种东西建立关系，应该成为绝对的人神关系。在内在性之中，上帝不是某个东西，而是一切，而且是无限的一切；上帝也不在个体身外，因为建设性恰恰在于，上帝就在个体身内。因此，悖谬—建设性就与在时间当中的、作为个体的人的神的规定性相呼应，因为只有如此，个体才会与其身外的某个东西建立关系。这一点不可思议，此乃悖谬。至于个体是否会由此点被推回去，这是另外一回事了——那是他个人的事。但是，如果悖谬不是以此方式被坚持的话，则宗教 A 就高于宗教 B，整个基督教就会被推回到感性规定性之中，尽管基督教宣称，它所说的悖谬是不可思议的，因而有别于相对的悖谬，后者至多很难被思考。[316] 必须承认，思辨思想掌握了内在性，尽管它应该被理解为有别于黑格尔的纯粹思想，但是思辨思想不应自称为基督教的思想。这也就是我从未把宗教 A 称为基督教的思想或者基督宗教的原因之所在。

## B 辩证性

这就是《哲学片断》在本质上处理的内容；因此我必须不断提及它，而且我能够做到简明扼要。这里的难点在于坚持绝对悖谬的质的辩证法，并且反对感官幻象。能够、应该、并且愿意成为绝对悖谬、荒谬和不可思议者的关键是激情，以之人们坚持那个辩证的不可思议者的与众不同。因此，就某种可以理解的东西而言，如果听到关于它的不可思议性的迷信的、狂热的晦涩言谈是荒谬可笑的，而与之正相反的情况同样荒谬可笑：尝试着去理解本质上悖谬的东西，仿佛这才是任务，而非在质的意义上与之正相反——坚持"这是不可思议的"，否则理解也就是误解最终会使所有其他境界混为一谈。如果悖谬性宗教的演说对此未加留意，它就是在向一种合法的反讽性的诠释投降，不管它是以宗教复兴主义者的迷茫和精神性的迷醉向幔子后投以一瞥，解读晦涩的古北欧字母，眼睛瞄着解释，然后以歌唱般的音调布道，这音调是先知与奇妙事物之间超自然沟通的回响，因为绝对悖谬恰恰拒斥了所有的解释；还是说悖谬性宗教的演说谦卑地放弃了理解，但却又乐于承认，理解是某种更高的东西；还是说它做预备性的理解，然后才承认其不可理解性；还是把悖谬之不可理解性与其他东西并列，凡此等等。⁽³¹⁷⁾反讽要破解且公之于众的所有这一切的根源在于，人们没有重视领域之间的质的辩证法，即本质上可理解的不可思议者的可称道之处——也就是去理解它，与本质上不可思议者的可称道之处相去甚远。误解的根源在于，尽管人们使用基督的名字之类的东西，但却已经把基督教推回到感性之中（那是超正统派无意间非常成功地做到的事），在那里，不可思议者成为了相对的不可思议者（它是"相对的"，或者就其目前尚未被理解而言，或者就其需要一位有着鹰般的犀利目光的先知去理解它而言），它在时间当中寻求一种更高的解释。⁽³¹⁸⁾相反，基督教是对生存的沟通，它使"去生存"成为悖谬性的，因此只要生存着，基督教就是悖谬，唯有永恒才能做出解释。于是，人在时间中涉猎解释是不足称道的，也就是说，人们乐于幻想自己身处永恒之中；而这是因为，只要人们处于时间之中，质的辩证法就会控告所有这类尝试为不合法的涉猎。质的辩证法总是在下命令：人们不要抽象地与无论何种至上之物轻浮嬉戏，然后做出浅尝辄止的举动；而要具体地把握住自己的本质性任务，并且本质性地将之表现出来。⁽³¹⁹⁾

不过，有些东西进入不同的人的头脑要更难些，其中就包括对不可思议者的充满激情的规定性。或许演说的开端完全正确，但是，嘿，诱惑太强烈了，尊敬的牧师无法抵御那种幻想——短暂的领悟是某种更高的东西，于是喜剧开场了。⁽³²⁰⁾对于很多相对性的问题来说，人们常常把自己弄得很可笑——他们忙碌地指手画脚，以便用意味深长的暗示来做出解释。但是对于绝对的悖谬而言，那种迅速的一瞥，眯缝着的眼睛，宗教复兴派会众聆听时的静默，只有当宗教复兴派信徒接二连三地起身、并且以一种紧张的姿势迅速瞥一眼尊敬的牧师正快速扫视的东西的时候，只有当妇女摘下帽子以便捕捉先知的每一个字眼的时候，这静默才能被打破——所有因尊敬的牧师的短暂领悟而生的令人激动的悬念都太荒谬可笑了。⁽³²¹⁾最为荒谬可笑的是，这种短暂的领悟竟要高于信仰的激情。如果它是有意义的，它毋宁只能作为软弱的信仰者身上的软弱而被忍受，这软弱没有力量充满激情地去强调那种不可思议性，因而不得不去做短暂的领悟，因为所有的短暂领悟都是不耐烦。通常而言，迅速一瞥和指手画脚的欲望只对那类才智有限的和荒诞不经的人才有诱惑力。所有聪明和严肃之士都会努力识别哪个是哪个，如果哪个东西是能够、而且应该被理解的,那么他就不会浏览;或者,如果哪个东西不能、且不该被理解,他也不愿迅速地瞥一眼,或者在这种情况下,不愿去开玩笑。⁽³²²⁾这是因为,哪怕带有严肃的面部表情和扬起的眉毛,这种短暂的领悟也只不过是玩笑,尽管如是为之的克努特先生相信,这是彻头彻尾的严肃。⁽³²³⁾

所有的短暂领悟和与之相关的一切确实很少出现在我们的时代,不管其原因如何,它不折不扣地就是神圣的轻浮。一位基督教神职人员不知道如何谦卑地怀着艰难生存的激情,通过宣讲悖谬不能、且不该被理解的方式而控制自己和会众;他没有把任务设定为坚持这一点,并且忍受着把理智钉上十字架的事实。相反,他以思辨的方式理解了一切——这人是滑稽可笑的。但是,一个人越是强调不可思议者,却又以不透彻的理解而告终,他的轻浮就越具有破坏性,因为所有这一切都成为对他自身的恭维。当困难和不可思议性阻止了"精神性缺失者"时,他会机智地迅速向晦涩的演说瞥上一眼。⁽³²⁴⁾基督教是一种使生存成为悖谬的生存沟通,它使生存变得前所未有地困难,并且永远不会置身于基督教之外;不过,基督教绝非通往无与伦比的机智的捷径。这种现象或许会在宗教复兴派的学徒当中出现——当他们在科学的、知识的和思想的崎岖之路上无法前进之时,他们就跳到一旁,绝对地复苏了,而且无与伦比地机智。那样的话,我们宁要思辨思想的误解,除了这一点,思辨思想当中有着丰富的可供学习和崇拜的东西,它们存在于那些把天才的力量与钢铁般的坚忍结合在一起的人们身上;我们宁要思辨思想的误解——它能解释一切。信仰把理智钉上十字架的情况跟很多伦理规定性相同。一个人放弃了虚荣——但他却想被崇拜,因为他这样做了。一个人声明为信仰放弃了理智——但他随后又获得了一种更高级的理智,在这种更高级的理智的支撑下,他像无与伦比的机智的先知那样坚持行动,凡此等等。不过,意欲从其宗教中获利或者获得显而易见的利益总是令人怀疑的。就因为个体在信仰中放弃理智,并且在违反理智的情况下去信仰,他不会把理智想得那么糟,或者突然间错误地在理智的整体范围内做出一种光彩夺目的区分;更高级的理智肯定仍然是理智。宗教复兴主义者的傲慢就在于此。但是,正如我们应该以尊重的态度对待一名基督教徒,以宽容的态度对待体弱多病之人——他们有时会在过渡时期添乱并且起干扰作用;同样,我们应该从容地将一个傲慢的宗教复兴主义者交给反讽去处理。如果说,中世纪堕落时期的修道院里的人从其生活中获得了好处——像圣人一样被尊重；那么，想靠宗教的帮助变得无与伦比的机智同样应受指责，并且还有点荒谬可笑。如果说，人们没有变得越来越谦卑，而是想凭借美德和虔诚直接地如神一般是一种可悲的错误的话；那么，着眼于某人超凡脱俗的聪明而如此就更加荒谬可笑了，因为美德和纯洁尽管与上帝的本性有着本质的关联，但是第二种规定性却使上帝本身变得像"比较中的第三要素"那样荒谬可笑。[(325)]一个真正地放弃了自己的理智、并且在违反理智的情况下去信仰的人，他会一直保持对那种能力的共鸣式的尊重，对这种能力的力量他只有通过令其反对他自己的方式才能更好地认识；他还会在每日的艰苦努力中使自己永葆信仰的激情，这激情不顾理智反对艰难前行，就好像推重物上山，而他在这种艰苦努力中将会被阻止在宗教的账户上要弄聪明才干。傲慢的宗教复兴主义者身上的矛盾是：在他怀着与理智相反对的信仰步入内心性的最后避难所之后，他仍想走到大街上，想无与伦比地机智。闹剧或义演在进行过程中同样荒谬可笑，不管他在看似有利可图之时去利用世人的崇拜（一种新的出入出现了：一个拥有更高级理智的人想被世人崇拜，可世人毕竟只有低级的理智，因此世人的崇拜是无意义的），还是在世人不想崇拜他时去谴责并且冲着世人精神性的缺失而咆哮（一个奇怪的仪式，因为他本人确切地知道，世人只有低级的理智）；他抱怨自己被误解了，这自然是再正常不过的了，他的抱怨只不过是误解，它暴露出了此人与世俗世界之间的秘密联系。

　　误解持续地存在于那种幻觉之中，即悖谬之不可思议性应该与理智多少的差异有关，与人的聪明和愚笨有关。在本质上，悖谬与人有关，并且在质的意义上与每一个特定的人有关，不管此人理智的多少。因此，最明智的人是极乐于去相信的（与理智相反对），其充足的理智只会这样被阻止，即他拥有真正体验到了何谓在理智反对的情况下信仰的优势。前面提到过的苏格拉底的无知（参第二部、第二章）可以与信仰构成一种类比（但是，请时刻铭记，与整个悖谬性宗教相类比的东西根本不存在）。苏格拉底绝非蠢人，因为他不会与浏览轻浮嬉戏，他了解一些具体的东西；相反，他保持绝对的无知。但是在另一方面，苏格拉底从未生出这样的念头，即在他驳回了一般的人类知识之后，他想因某种更高级的理智而受人崇拜，或者想直接地和人们打交道，因为他在无知的状态下，已经本质性地销毁了与所有其他人的沟通。

宗教复兴主义者们常常忙于与不敬神的世界打交道，这世界嘲笑他们，在另一种意义上这也是他们自己希求的，为的是真正确保自己是宗教复兴主义者——既然他们被嘲弄了，他们反过来也就有了可以抱怨这世界不敬神的优势。但是，把世界对宗教复兴主义者的嘲笑当成世界亵渎神灵的证据从来都是可疑的，尤其是当宗教复兴主义者开始快速浏览的时候，其时他的确荒谬可笑。在我们这个非常宽容或者淡漠的时代，可以肯定的是，一个严格要求自己不去评判他人的真正的基督教徒能够获准安宁地生活并非完全不可能；不过当然了，他自身之内有一种殉道——在与理智相反对的情况下去信仰。但是，所有傲慢的事物，尤其当其自相矛盾之时，都是滑稽可笑的。让我们从较为轻松的生活情境中撷取几则例证，只是在应用时要时刻铭记那个绝对的差别，即与悖谬的宗教领域相类比的东西根本不存在，因此这里的应用只能理解为撤销。某君根据他对自身的了解、他的能力和所犯的错误等等，以独特的方式安排自己的生活，这生活于他既是最适合的，在一定程度上又是最愉快的。于是这种生活方式，尤其是相应的贯彻执行，一眼望去或许在很多从不同视角出发对生活有不同看法的人看来，很可能是可笑的。如果此君是个傲慢之人，那么他独特的生活方式自然就会作为某种更高级的理智之类的东西被叫卖。相反，如果他是个严肃之人，他就会平心静气地倾听他人的看法，而且会让自己加入就此展开的对话，由此显示出，他本人其实能够洞悉很可能在第三方看来的滑稽——然后，他会心平气和地回家，根据对自身的彻底了解继续执行他已制定好的人生计划。对于一个真正的基督教徒来说，情况亦然，如果我们记得类比根本上并不存在的话。他完全能够拥有理智（的确，他必须拥有理智以便在与理智相反对的情况下去信仰），可以在所有其他方面运用理智，在与他人的交往中运用理智（这又是一个出入：如果他本人想运用更高的理智，但却是与不具备更高理智的人进行对话，因为对话表现的是普遍事物，一个拥有更高理智的人和一个普通人的关系意欲成为与使徒或者绝对的教师之间的关系，而不是凡人之间的关系）；他能很好地洞悉每一种反对意见，甚至能比其他人更好地提出反对意见，因为在其他情况下，更高的理智会以一种可疑的方式成为对胡言乱语和谬论的含混不清的推进。从发展和强化自己的理智的艰巨任务上跳开是相当轻松的，然后，自己跳上一段高级华尔兹，并且用"这是一种更高级的理智"的评论为

## 第四章 《哲学片断》的问题：永恒福祉何以能建立在历史知识之上

自己面临的所有指控辩解。① 结果，有信仰的基督徒同时拥有并且使用自己的理智，他们尊重普遍的人性，并不把那些尚未成为基督徒的原因归为缺乏理智；他们在与理智相反对的情况下信仰基督教，而且还在此使用自己的理智——为的是小心留意，他要在与理智相反对的情况下信仰。因此，他不会在与理智相反对的情况下去相信谬论，对此有人或许会感到害怕，因为理智恰恰能够看透谬论并且阻止他去相信；相反，他使劲地运用理智，结果他因理智而意识到了不可思议者，并且在与理智相反对的情况下以信仰的方式与之建立了关联。——一个满腔热忱的伦理个体运用理智为的是发现能够让其避免做某些事的精明练达，因为我们通常所说的精明很少是高贵的。但是，即使是这种行为（它与信仰者形成某种类比，只不过要把这种运用理解为撤销）也很少被理解。当我们看到有人满腔热忱地牺牲自己，满腔热忱地选择了艰巨而非舒适的时候，是的，那是一种只以忘恩负义和损失为报偿的艰巨，而不是以崇拜和优势作为回报的舒适；很多人都会认为这是一种愚蠢，他们冲那人微笑，然后，或许走得很远了，突然善心大发，想去帮助那可怜的人，让他明白何为精明——尽管他只是在帮助那个可怜的单纯者向其顾问的灵魂投去反讽的一瞥。这样的建议是一种误解，其根源既非缺乏理智，亦非缺乏热情。于是，那位满腔热忱的伦理家根本不会对那些反对意见或者嘲弄提出异议。早在这些事发生在他身上之前，他已经感觉到它们有可能在他身上发生，他准备比其他人更好地把他的努力诠释为滑稽，然后平心静气地选择去运用理智，弄明白用何种精明才能让他避免做出那些事。这个类比不是直接性的，因为对于这样一位伦理家来说，他之反对理智是没有痛苦的；他热情的行动只是关于无限性的理智，他斩断的只是那种精明的贫乏性。在他身上，断裂以及由断裂所滋生的痛苦是不存在的。而一个在信仰之中的信徒，也就是说，在与理智相反对的情况下去信仰②，他郑重地对待信仰的奥秘，不与"理解"调情；相反他意识到，对短暂领悟的好奇是不忠，是对我们的任务的背叛。

---

① 因此前面才说，佯装为荒谬、不可思议者是件奇特的事情，对此有人能够加以解释，说它是很容易理解的。

② 在本质上，信仰隶属于悖谬性宗教的领域，正如它一直被强调的那样（散见第二部中第二和第三章）。所有其他的信仰只不过是一种根本不是类比的类比，一种能够引人注意的类比，但仅此而已，因此要把这种类比理解为撤销。

论题的辩证性要求思想—激情——不是想要理解它，而是想要理解，与理智、思维、内在性的决裂意味着什么，为了随后扔掉内在性最后的立足点——位于背后的永恒，然后凭借荒谬在生存的极端处活着。[326]

如前所述，这个辩证性是《哲学片断》着重处理的；我会简明扼要，在涉及那本书的时候，我将尽可能地试着对之进行更为清晰的总结。

### §1 辩证的矛盾，即断裂：通过与在时间中的其他东西建立关系的方式，而在时间中期待着永恒福祉

在这个矛盾中，生存以悖谬的方式被突出，此生与来世的区分则因生存被悖谬地突出而有了绝对的规定性，这是因为永恒自身成为了时间中的一个瞬间。[327]请大家时刻铭记，我并未承担对问题加以解说的任务，我只是提出问题。

对于任何一种生存沟通而言，对"此生和来世"的区分的诠释具有决定性意义。思辨思想把绝对（它表达的是矛盾原则）化解在纯粹存在之中；而这种化解反过来表明，思辨活动绝非生存沟通，就其意欲解释生存而言，思辨的可疑之处正在于此。宗教 A 不是思辨思想，但它仍是思辨性的，它通过反思生存的意义反思着那个区分；但是，即使罪过意识的决定性范畴仍然囿于内在性的范围之中。悖谬性的宗教通过悖谬地突出生存的方式对那个区分做了绝对的规定。换言之，因为永恒作为时间中的一个瞬间出现，在时间中的生存个体不需要与永恒建立关系，或者全神贯注于这种关系（这是宗教 A）；而要在时间中与时间中的永恒建立关系。结果，人神关系在时间之内，它与一切思维活动相反对，不管人们反思的是个体还是神。

从根本上说，对此生与来世的区分的理解就是对生存的理解，而差异在此再次聚集，如果我们注意到，基督教不是一种理论，而是一种生存沟通的话。思辨思想无视生存；对于它来说，"生存"成为了"已然生存"（过去），"生存"是永恒的纯粹存在中一个消失着的和被扬弃了的环节。作为抽象思想，思辨思想永远不会与生存同时共在，因此它不可能把生存作为生存加以把握，而只能在之后加以理解。正是这一点解释了思辨思想明智地远离伦理学的原因，解释了当其由此开始时显得荒谬可笑的原因。宗教 A 突出作为现实性的生存，虽然在内在性根基处的永恒仍然支撑着一切，但它却以这样的方式消失了——即肯定性以否定性为标记。对于思

## 第四章 《哲学片断》的问题：永恒福祉何以能建立在历史知识之上

辨思想而言，生存已然消失，只有纯有；对于宗教 A 来说，只有生存的现实性，永恒一直为其所遮蔽，且以隐蔽的方式在场。<sup>(328)</sup>悖谬性的宗教绝对地使生存与永恒相对立；这是因为，永恒在一个确定的时间点中的出现恰恰表明，生存被永恒中隐蔽的内在性所抛弃。在宗教 A 中，永恒无处不在又无所存在，但是它为生存的现实性所遮蔽；在悖谬性的宗教中，永恒存在于某个确定的点上，而这正是与内在性的断裂。<sup>(329)</sup>

在第二部第二章中曾经说过，我们这个时代已经忘记了何谓生存，何谓内心性，这一点就是思辨思想误解基督教的原因。宗教感是生存的内心性，这一点完全正确，宗教感将会随着对这种规定性的深化而得到提升，悖谬性的宗教将成为最后一站。

所有的生存之见将根据个体辩证地向内心沉潜的程度分级。这里，我将以本书已经展开的内容为前提，我再次提醒诸位，思辨思想自然而然地出局了，因为它客观地、抽象地漠视生存主体的规定性，至多只与纯粹的人性打交道。而生存沟通在面对"知其一便知全体"中的"一"的时候，它理解的是另外的东西；在面对"认识你自己"中的"你自己"的时候，它理解的是另外的东西，由此，它理解的是真正的人，并且由此暗示出，生存沟通并没有忙于与那种张三李四之间的趣闻性的差异打交道。<sup>(330)</sup>——如果个体自身缺乏辩证性，并且辩证性在其身外，那么我们面对的就是感性的观点。如果个体辩证性地向自身、向自我主张内倾，结果最终的根据本身并不是辩证性的，因为位于根基处的自我被用于掌控并维护自身，那么我们面对的就是伦理的观点。如果个体被规定为内倾地、辩证性地在面对上帝时自我毁灭，那么我们面对的就是宗教 A。如果个体是悖谬的—辩证的，所有原初的内在性的残余均被毁灭，所有的比较被斩断，个体处于生存的极端处，那么我们面对的就是悖谬性的宗教。这种悖谬的内心性是一种最大的可能性，因为哪怕是最具辩证性的规定性，只要它在内在性之中，可以说它就是一种逃遁的可能性，跳开的可能性，退回背后的永恒之中的可能性，就好像一切并未开始似的。但是断裂使内心性成为最大的可能。①

反过来，不同的生存沟通将根据生存的观点分级。（思辨思想抽象而

---

① 人们根据这个纲领才能为自身定位，且不会受他人在感性的演说中使用基督的名字以及所有基督教术语的情况的干扰，他们只要注意范畴就可以了。

客观，它完全无视生存和内心性；因为基督教的确以悖谬的方式突出了生存，思辨思想是最有可能误解基督教的）。直接性，感性在生存中没有发现任何矛盾；生存是一回事，而矛盾是来自外部的另一回事。伦理发现了矛盾，但却囿于自我维护。宗教A把矛盾理解为自我毁灭中的痛苦折磨，它仍囿于内在性，但是，对生存的伦理性的强调阻止了生存者抽象地停留在内在性之中，或者通过停留在内在性之中的意愿而变得抽象化。悖谬性的宗教与内在性决裂，它使生存成为绝对的矛盾，不是囿于内在性之中，而是与内在性相反对。现世和永恒之间没有内在性的根本关联，因为永恒本身将在时间中降临并且建立起一种关联。

**按**：请把上述内容与《哲学片断》前两章中关于真理的传授、瞬间、作为教师的时间中的神的内容加以比较。[331] 在感性的观点中，一方是教师，另一方是学生；然后，学生又去当教师，等等；简言之，这是相对的关系。从宗教的视角出发根本没有什么弟子，没有什么教师（参《哲学片断》"教师只是偶因"一节），每个个体在本质上永远平等，并且在本质上与永恒建立关联，人类的教师是一种消失着的转折点。在悖谬性的宗教中，教师就是时间中的神，弟子是新造的人（参《哲学片断》"神作为时间中的教师给予条件"一节）。[332] 在悖谬性的宗教之内，宗教A对于人际关系是有效的。因此，如果一名基督教徒（在悖谬性地作为新造的人的意义上，他是上帝的弟子）在基督教内部成为了某某人的弟子，这会激起我们间接地怀疑，此人全部的基督教观很像感性的谬论。

这里一直着手处理的问题是：一个历史性的出发点如何可能，等等。[333] 在宗教A中根本没有历史性的出发点。个体只有在时间中才会发现，他必须将自身设定为永恒的。于是，正因为如此，时间中的瞬间将被永恒吞噬。在时间中个体琢磨着，这是永恒的。这个矛盾只在内在性之内。所不同在于，当历史性位于外部并且停留在外部之时，不是永恒的个体如今成为永恒的，结果，个体不是去反思他现在之所是，而是成为他曾经所不是，而且请注意，个体成为了拥有这样的辩证法的存在者——即一旦存在，就非如此不可，因为这是永恒的辩证法。——所有思想都无法企及的是：人可以成为永恒的，尽管人并非如此。

在宗教A中，生存，我的生存是我的永恒意识范围内的一个环节（请注意，这个环节存在着，而不是已经过去，因为后面的情况是被思辨思想抹去的），因此它是一种微不足道的东西，它阻止我成为无限地更高级的人。在宗教B中情况相反，尽管生存因悖谬地被突出而显得贫乏，但它又更高级，我只有在生存中才成为永恒的，结果从生存本身当中引出了一种无限地高于生存的规定性。

第四章 《哲学片断》的问题：永恒福祉何以能建立在历史知识之上

## §2 辩证的矛盾：永恒福祉建基在与某种历史性的关联之上

对于思维来说有效的是，永恒高于所有的历史性，因为它是基础。因此，在内在性的宗教中，个体没有把他与永恒的关系建基于他在时间中的生存之上；相反，在内心沉潜的辩证法中，是个体与永恒的关系规定着，个体要依据这种关系改造自己的生存，通过改造表现这种关系。

跟在其他地方一样，思辨思想在此造成的混乱是，它迷失在纯有之中。不信神的和不道德的人生观视生存为虚无，为骗局。宗教 A 使生存尽可能地艰难（在悖谬性的宗教的领域之外），但却并未把与永恒福祉的关系建基于个体的生存之上，而是让这种关系成为改造生存的基础。从个体与永恒福祉的关系中引出的是"如何生存"而非相反，这也就是为什么在无限的意义上总是出来得多、进去得少的原因。

不过，此处的辩证矛盾在本质上就是，历史是第二位的。换言之，所有历史性的学问和知识的关键在于，哪怕达到了最高限度，它也不过是近似值。把个体的永恒福祉建基于近似值之上就是矛盾之所在，这一点只有当人们在身内没有永恒的规定性之时才能做到（相应地，这是不可思议的，就跟人们竟会生出如此念头一样地不可思议；因此，神必须给出条件），这也就是为什么这一点再次与对生存的悖谬性强调紧密结合的原因。

就历史而言，所有的学问或所有的知识在最高限度上只是近似值，甚至个体关于自身的历史性的外在表现也是如此。其原因一方面在于，绝对地将自身认同为客观性是不可能的；另一方面则在于，一切历史，当其能够被认识之时，正因为如此，它都已然过去，并且拥有回忆的理想性。在第二部、第三章中提出了这样的命题：个体自身的伦理现实性是唯一的现实性，但这种伦理现实性并非个体的历史性的外在表现。我绝对永远地知道我的意图，因为这就是对我身内的永恒性的一种表达，这就是我自己；但那种历史性的外在表现则在下一个瞬间就只能以接近法才能企及。[(334)]

历史学家试图企及最大可能的确定性，而且历史学家并未陷入任何矛盾之中，因为他没有陷入激情之中；他至多拥有研究者的客观激情，但却并未陷入主体性激情之中。作为研究者，他隶属于那种世代相传的巨大努力，尽可能地接近确定性对于他从来都具有客观的、科学的重要意义，但却没有主体性的意义。假如，打个比方，获得关于某个具体事件的绝对确定性突然间成为了一个研究者纯粹的个人荣耀——对于一名研究者来说这是一个缺陷；那么，他很可能会受到正义的报复，他会发现，所有的历史知识只不过是近似值。我们绝不轻视历史研究，我们只是在主体的极端的激情与某种历史事件相关联之时使矛盾得以开显，那种矛盾就是我们论题当中的辩证性矛盾，它所说的绝非不合法的激情，而是所有激情当中最为深沉的激情。——哲学家试图以思想贯穿历史的现实性，他以客观的方式从事此项工作，他越成功，历史的细节对于他就越不重要。矛盾再次不存在。

只有当主体在主体性激情的极致处（对永恒福祉的关切）要将这种激情建基于某种历史知识之上的时候——这种知识的最高限度的近似值，这时矛盾才会出现。研究者平静地生活着；他以客观和科学的方式所从事的事业对于他的主体性存在和生存没有丝毫影响。[335] 假设某君不知以何种方式处于主体性的激情之中，但随后他的任务要他放弃这种激情，矛盾就会随之消失。但是，要求主体性激情最大可能地达到恨自己的父母的程度，然后，将之与一种最高限度不过是近似值的历史知识结合起来，这就是矛盾。[336] 而且这个矛盾反过来又成为强调生存的悖谬性的新的表达方式，因为倘若生存者身上有任何内在性的残余，任何永恒的规定性的残留，这都是不可能完成的。生存者必须丢掉自身的连续性，必须变成另外一个人（不是在自身之内与自身有所不同），生存者通过从神手中接受条件而变成一个新造的人。这里的矛盾就在于：成为基督教徒始于创造的奇迹；这一点发生在每一个被造者身上；基督教宣讲的对象是那些在其看来必不存在的人们，因为正是奇迹才使他们存在；奇迹必须作为真实的或者作为与内在性和对立决裂的表达方式而介入，这一点绝对地使信仰的激情成为悖谬性的，只要人们活在信仰之中，也就是说，这是终其一生的；因为信仰者的确一直把自己的永恒福祉建基于某种历史性之上。

一个在最大可能的激情之下为自己的永恒福祉而痛苦的人，他对曾经存在过的东西会有且应该有兴趣，他必定对最微不足道的细节都有兴趣，但是他所企及的仅仅是近似值，这样的人绝对地处于矛盾之中。假设基督教的历史性是真实的，那么，如果世界上所有的历史抄写员联手进行调查研究并且树立起确定性，所树立的也不可能超出近似值。因此，从历史的角度出发，没有任何反对意见提出，但是困难却在别处。当主体性激情要与某种历史性相结合的时候，困难就会产生，而我们的任务是不要放弃这种主体性激情。假如一位恋爱中的女子，她从未听到她已故恋人的亲口表

## 第四章 《哲学片断》的问题：永恒福祉何以能建立在历史知识之上

白，但却转手获得了关于她的爱情的确定性——她的恋人是爱她的。就让证人和证人们是最可靠的人，让事情成为这个样子，即历史学家以及明察秋毫但疑心重重的辩护律师都说"这是确定的"，恋爱中的女子很快就会发现疑点；而我们也不会恭维那个没有这样做的恋人，因为客观性并不是恋人的荣誉之冠。假如某君想通过历史文件查找出他是否是合法的孩子的绝对确定性，他的全部激情都维系在个人荣誉之上，但实际情况却是，没有哪个法庭或者随便哪个法律权威机构能够最终裁决这桩他能够由之获得安宁的案子。那么我想知道，他是否能够找到与他的激情相匹配的确定性，即使明察秋毫的律师和客观论者感到满意的确定性已经找到？但是，那个恋爱中的女子和那个为其荣誉操心的人定会努力放弃那种激情，并在永恒之中寻求慰藉，永恒比合法的身世更幸福，永恒就是恋爱中的女子独享的幸福，不管她是否为人所爱。但是，对永恒福祉的关切却不容放弃，就其而言，他没有任何可以安慰自身的永恒的东西；但他仍要将自己的永恒福祉建基于某种历史性之上，我们关于它的知识在最高限度上是一种近似值。

**按**：请读者与散见于《哲学片断》第三、第四、第五章的内容相比较。[337]——关于基督教的客观观点要对下述错误和误导负责，也就是说，通过客观的方法获知何谓基督教（其方式如同研究者、有学识的人通过调查研究、知识和教导的途径而获知），人们会变成基督徒（将永福建立在与某种历史性的关联之上）。人们恰好忽略了困难，或者人们认定，圣经理论和教会理会在根本上认为，在一定意义上，我们所有人都是人们在一定意义上所称之为的基督教徒。[338] 然后（因为在我们成为基督教徒的时候，这并不必要），我们应该以客观的方法获知，基督教究竟是什么（很可能是为了停止身为基督教徒，我们成为基督教徒是那么容易，结果我们甚至都不需要知道何谓基督教；也就是说，为了停止身为基督教徒并且成为研究者）。这里的困难（请注意，在本质上对于任何一代人都是同等困难的；因此，今天还是1700年，成为基督教徒跟第一代人同等困难，跟基督教被引进一个国家时同等困难）在于从对永恒福祉的关切出发，以主体性的方式渴求历史的知识；没有至上的主体性激情的人就不是基督徒，因为诚如前面某处所说，一个客观的基督徒就是异教徒。

就宗教 A 而言，有效的一点是，世界长达六千年的历史无论真实与否，都对生存者的永恒福祉没有丝毫影响，因为他最终停靠在关于永恒的意识之上。

在客观的意义上，获知何谓基督教并不比获知何谓伊斯兰教以及任何其他的历史更难，除了说基督教不是单纯的历史之外。但是困难在于成为基督教徒，因为每个基督徒只有通过被钉在悖谬之上的方式才能成为基督教徒，即，把个人的永恒福祉建基于某种历史性之上。思辨的途径会把基督教转变成一种永恒的历史，把时间中的神转变成一种永恒的神的生成，凡此等等，它们不过是逃避手段和文字游戏。再说一遍：这里的困难是，我无法以这种方式知晓任何历史事件，（我当然能够在客观的意义上满足于知识)，即我可以在主体的意义上把永恒福祉建基其上——不是别人的而是我自己的永恒福祉，也就是说，我能够对之进行思考。如果我做到了，我就与所有的思想决裂了，我也就不会想愚蠢地事后对之加以理解，因为如果我想理解的话，不管之前还是之后，我所能理解的都是——它是与所有思想相反对的。

## §3 辩证的矛盾：这里所说的历史不是单纯的历史，而是从只有与自己的本性相反对时才能成为历史的东西当中演化而来，也就是借助荒谬产生的历史

历史性就是说，神，永恒，在一个确定的时间点作为一个单个的人出场。这个历史的特殊性质在于它并非单纯的历史，而是只有在与自己的本性相反对时才能成为的历史，这一点帮助思辨思想成为了快乐的幻象。这样一种历史，一种永恒的历史，如有人所说的，是很容易理解的，甚至永远地理解。(339)这要归功于那个顶点，它具有向后倒退的特性；因为永远地理解历史恰恰更为轻松，人们不会因其为误解而尴尬。如果把永恒福祉建基于某种历史之上是矛盾，那么这矛盾一定不能被取消，因为这里所说的历史是从矛盾中演化而来，如果我们要坚持这是历史的话。倘若这一点没有被坚持，则永恒必定不会变成历史。即使这一点没有被坚持，那个顶点仍然是荒谬可笑的，因为如果这顶点能够形成，它应该反向地为之。

一段永恒的历史是一个文字游戏，它把历史转变为神话，尽管人们在同一段落内与那种神话化的努力做着斗争。(340)人们没有注意到存在着双重的辩证矛盾：首先是把自己的永恒福祉建基于与某种历史的关联之上，其次这段历史的构成是与一切思想相反对的；相反，他们忽略了第一个，削弱了第二个。根据可能性，一个人是永恒的，并且在时间中对之有所意识，这是内在性范围内的矛盾。只是，本性上的永恒在时间中显现，出生，成长，死亡，这是与所有思想的决裂。只是，如果永恒在时间中的生成是一种永恒的生成的话，则宗教 B 就会被清除，"所有的神学都是人类学"，基督教就从一种生存沟通转变为一种与教授们有关的别出心裁的形而上理论，而宗教 A 也被感性的—形而上的饰品装点起来，它们在范畴

第四章 《哲学片断》的问题：永恒福祉何以能建立在历史知识之上

的意义上毫无用处。[341]

读者可以和《哲学片断》第四章和第五章的内容进行比较，那里强调的是悖谬性历史的独特的辩证法。因此，第一代弟子与第二代弟子之间的差别被取消了，因为我们所有人与悖谬和荒谬同样接近。请参考本书第二部之第二章。

**按**：这就是悖谬性的宗教，信仰的领域。它的一切都是可以相信的——与理智相反对。如果有谁想象自己理解了它，那么可以肯定的是，他就是在误解它。直接地进行理解的人（与理解"这是不可能被理解的"相反），他会把基督教混同于对某个具体的异教的类比（这种类比是对真实的现实性的欺骗）；或者混同于对所有在根本上可能的异教的虚幻类比（这些类比没有把上帝本质性的不可见性当作更高的辩证中间项，而是被感性直接性的标记所欺骗，参第二部第二章"附录"）。或者，他会把基督教混同于某种在人心中产生的、也就是在人类的心中产生的东西，混同于由人的本性而生的理念，并且忘记了那个质的差别，这差别强调绝对不同的出发点——来自神的和来自人的出发点。他没有运用类比并以之规定悖谬（基督教之新不是直接性的新，恰恰因为这一点它才是悖谬的，参前述）；相反，他错误地在类比的帮助下取消了悖谬，这类比仍然是欺骗性的类比，因此对其运用就是取消类比，而非取消悖谬。他会错误地把基督教理解为一种可能性，而忘记了在可能性的奇幻媒介之下，在幻觉或者在纯粹思维的奇幻媒介之下可能的东西（这是关于上帝的永恒生成的所有思辨性言论的基础，即情境转移到了可能性的媒介之中），在现实性的媒介之下必定会成为绝对的悖谬。他错误地忘记了，理解只在当可能性高于现实性的时候才有效，而这里情况恰恰相反，现实性是至上的，是悖谬；这是因为基督教作为计划和方案不难理解，其困难和悖谬之处在于，它是现实性的。于是，第二部第三章表明，信仰是一种完全独特的领域；感性和形而上悖谬性地强调现实性；伦理强调其他人的现实性，而非自己的。因此，就与悖谬性宗教的关系而言，宗教诗人就是一种可疑的规定性，因为从审美的角度出发，可能性高于现实性，而且诗性恰恰存在于奇幻性直觉的理想之中，这也就是为什么赞美诗并非罕见地在范畴的意义上不被视为是基督教的原因，尽管它们感人且天真无邪，因位于奇幻的边界线上的幻想色彩而富于诗意。从诗的范畴来看它们是可爱的：淡蓝色，叮咚鸣响的钟，它们远比有些自由思想家更好地提升了神话性，因为自由思想家宣称，基督教是神话。[342] 天真的正统诗人厌恶这一切，他们取消了基督教的历史现实性——以奇幻的诗句。[343] 理解了悖谬的人（在直接理解的意义上）会错误地忘记，他曾经在信仰的决定性的激情之下抓住的是绝对的悖谬（不是相对的悖谬，否则他所占有的就不是信仰），也就是说，绝对不会是他自己的思想，永远不会成为他的思想（在直接的意义上），除非把信仰转变成幻觉。如果他这样做

461

了，那么日后的某一天他会领悟出，他绝对地相信"那不是他自己的思想"是一种幻觉。相反，在信仰中，他能够很好地保持与绝对的悖谬性关系。只是在信仰的领域，认为他理解了悖谬（在直接的意义上）的瞬间永远都不能出现；因为如果这一瞬间出现了，整个信仰领域就会像误解一样出局。现实性，也就是说，某个具体的事情真地发生了，这是信仰的对象，绝非某个人或者人类自己的思想，因为那样的话，思想就是最高的可能性，而可能性作为理解恰恰就是使倒退出现的理解——信仰终结了。理解了悖谬的人会错误地忘记，基督教是绝对的悖谬（正如基督教之新是悖谬性的新），恰恰因为它把可能性（与异教的类比，永恒的神的生成）作为幻象摧毁，并且将之转变成现实性。这恰恰就是悖谬，不是陌生的东西，直接意义上非同寻常的东西（感性意义上），而是看似熟知的、却又绝对陌生的东西，正是它作为现实性把表面的显而易见变成欺骗。理解了悖谬的人会忘记，通过理解（可能性）他返回到传统之中，并且丧失了基督教。在可能性的奇幻媒介之下，上帝能够与人在想象中完美融合，但在现实性当中与一个单一者融合正是悖谬之所在。

不过，通过倒退、做出评判、咆哮着捍卫基督教而使世人困惑不解并且向前超越，其时有人喧闹地、自以为是地使用错误的范畴，这比坚持严格的辩证法要容易得多，而且通常会有更好的报偿，如果我们把拥有追随者视为一种报偿（而非令人惊慌的"请注意"）、把满足时代的要求视为一种报偿的话（而非令人惊慌的"请注意"）。(344)

## 对 B 的补充

### 辩证性对情致的反向作用增强了情致以及与之同时共在的诸要素

没有把辩证性置于别处的宗教，也就是宗教 A，是个体自身对生存的情致性改造（而非通过与某种历史的关系，以信仰对生存进行的悖谬性改造），它面对纯粹的人，也就是说，我们必须设定，每个人在本质上分有这种福祉，并且最终会有福。宗教人士与尚未以宗教的方式改造自己的生存的人的差别就成了幽默的差别：当宗教人士把自己的整个一生都用于对那种与永恒福祉的关系有所意识的事业之上的时候，另一方却不关心此事（请注意，宗教人士是自我满足的、内倾的，他没有忙于应对那种无谓的抱怨，说其他人很容易就得到了他艰难地、以最大努力所追寻的东西），从永恒的视角出发观之，二者走得同样远。这里存在着一种共感式的幽默，其郑重之处在于，宗教人士没有受到与其他人进行比较的干扰。以此方式，在宗教 A 中一直存在着使生存返回到背后的永恒之中的可能性。

## 第四章 《哲学片断》的问题：永恒福祉何以能建立在历史知识之上

宗教 B 是孤立的，有分别的，斗争性的——只有在这种条件下我才能有福，当我把自身绝对地与之捆绑在一起的时候，我也就排斥了所有其他的人。这就是通常情致之下的特殊主义的动力。(345) 每个基督徒身上都拥有宗教 A 的情致，然后才有这种分别的情致。这种分别使基督徒与被优待的幸运儿之间有了一定的相似性；而当一个基督徒自私地这样认为的时候，我们所面对的就是预定论令人绝望的傲慢了。(346) 幸运儿本质上不可能同情那些没有或者不能获得青睐的其他人。因此，这个幸运儿或者一直不知道还有其他人存在，或者他本人因这种意识而苦恼。将自身的永恒福祉建基于某段历史之上，这使得基督徒的幸福以痛苦为标记，正如身为上帝的特选子民的宗教规定性与尽可能地成为幸运儿的规定性是悖谬地对立的，因为被选中的人不是不幸者，但也不是直接意义上所理解的幸运儿。(347) 这一点非常地难于理解，结果除了被选中者之外，其他人都会为之绝望。于是，特选子民的观点是令人厌恶的，特选子民在感性的意义上想占据，比方说吧，使徒的位置。与一个历史条件相关联的福祉把所有在这个条件之外的人都排除在外，这些被排除的人们当中，有无数人并非因自身的罪过被排除，而是因偶然性——基督教尚未向他们宣讲。

被强化的情致被进一步规定如下：

(1) 罪的意识。① 该意识是对生存的悖谬性改变的表达。罪是新的生存媒介。一般而言，生存只是意味着，个体通过已然生成而存在、并且处于生成进程之中；而现在它则意味着，个体通过已然生成变成了罪人。一般而言，生存不是什么被进一步规定的谓语，而是所有那些被进一步规定的谓语的形式，人们并非通过生成而成为什么；现在，生成意味着成为罪人。在整体性的罪过意识当中，生存在内在性范围内尽其可能地维护自我，但是罪的意识却是一种断裂。通过生成，个体变成另一个人；或者说就在他即将生成的那一刻，他通过生成变成了另一个人，否则，罪的规定性就会被置于内在性范围内。个体并不永远是罪人。只有当通过出生而生成的以永恒为意向目标的存在者在出生时变成了一个罪人、或者说作为罪人而出生的时候；这时，生存以这样一种方式聚集在他身上，即每一个沿着回忆的道路退回到永恒之中的内在性的沟通方式都断裂了，谓语"罪

---

① 请与 A§3 对"罪过意识"所展开的内容相比较，同时参本书第二部中的第二章。

人"通过生成首次立刻涌现，生存获得了一种压倒一切的悖谬性力量，结果生成使他变成为另一个人。这是神步入时间当中的一个后果，神步入时间阻止了个体以后退的方式与永恒建立关系，因为他现在要向前，通过与时间中的神建立关系的方式而在时间当中成为永恒。

于是乎，个体无法依靠自身的力量获得罪的意识，但罪过意识是可以的。在罪过意识中，主体的自我认同被保留，罪过意识是在主体自身范围内主体所发生的变化。但是，罪的意识是主体本身的变化，这一点揭示出，在个体之外必定存在着一种力量，这力量向他昭示着，他通过生成已然变成了一个不同于以前的他的另一个人，他变成了罪人。这个力量就是在时间中的神。（请与《哲学片断》第一章中关于"瞬间"的部分相比较）。(348)

在罪的意识当中，个体意识到了自身与普遍的人之间的差别，后者只靠自身就能意识到，作为人类，生存意味着什么。既然与那个历史事件（神在时间之中）的关系在制约着罪的意识，罪的意识就不可能出现在那个历史事件尚未发生的全部时间之中。但是，因为信仰者在罪的意识当中还会对整个族类犯下的罪有所意识，第二种孤立就会涌现出来。信仰者会把罪的意识扩展至整个族群，他并不知道，整个族群是否会同时得救，因为单一者的得救的确取决于他是否被带入与那个历史事件的关系之中，正因为它是历史事件，它无法同时存在于任何地方，而是要花时间才能为人们所认识，而在这段时间中，一代又一代的人逝去了。在宗教 A 中，所有人身上都有同情，因为同情与永恒相关联，这种关系在本质上是所有人认为自己都能达到的；又因为永恒是遍在的，因此不用花时间等待，或者不用因历史事件不允许同时出现在各个地方而派出使者；无数代人以其无罪状态对这种关系的存在保持无知。

符合这种规定性的生存就是被强化的情致，这既是因为罪的意识是不容思考的，亦是因为它是孤立的。换言之，罪根本不是为思想家而在的理论或学说，果若如此一切皆空；罪是生存的规定性，它恰恰不允许自己被思考。

（2）冒犯的可能性。或者那种自我折磨的冲突。在宗教 A 中，冒犯绝无可能出现。因为即使是最具决定意义的规定性都在内在性的范围之内。但是，要求信仰与理智相反对的悖谬会立刻使冒犯开显，不管这冒犯是在进一步规定之下的受痛苦折磨的冒犯，还是嘲弄悖谬为愚蠢的冒犯。

拥有信仰的激情的人一旦失去了它，正因为如此，他犯罪了。

但是反过来，持续地拥有可能性就是被强化的情致，如果这可能性实现了，它就成为了一种深沉的堕落，就像信仰比所有内在性宗教更高一样深沉。

在我们这个时代，基督教已经有很高的自然化程度，它极其适应环境，结果人们想都没想过冒犯。好吧，这是完全正常的，因为人们不会因无聊小事而愤慨，这就是基督教正在变成的样子。否则，基督教肯定是唯一能够真正激起冒犯的力量，那条通往信仰的艰难之路的窄门就是冒犯，那种与信仰的开端的可怕对抗就是冒犯；如果成为基督徒进展顺利的话，那么，冒犯在每一代人身上所占的比例都应与第一代人相同。基督教是唯一能够真正激起冒犯的力量，因为那种对这事那事的歇斯底里的、多愁善感的突发性愤慨可以直接被拒绝并且解释为伦理严肃性的缺失，它卖弄风情地抱怨整个世界而不是它自身。对于信仰者而言，冒犯在开端处就出现了，冒犯的可能性就是生存中持续的畏惧与颤栗。

（3）因同情而滋生的痛楚。因为信仰者不会像宗教 A 中那样潜在地同情他人，而且他做不到同情每一个作为人的人，而只能在本质上同情基督教徒。一个人，他以全部灵魂的激情把永恒福祉建立在一个条件之上，这个条件是与某个历史事件相关联的，他自然不会同时把这个条件视为恶作剧。这样的事只有现代独断论者才做得出来，这样的人很容易做到后者，因为他缺乏了与前者相适应的情致。对于信仰者来说关键的一点是，没有这个条件，就没有永福，对他来说有效的或者能够有效的是，他必须恨自己的父母。如果他把自己的永福与一个条件相关联，而这个条件他知道父母是不会接受的，那么，这不就跟恨自己的父母是一回事吗？就与永恒福祉的关系而言，这难道不是对情致的可怕的强化吗？假设这位父亲或母亲或心上人已去世，但却不曾将其永福建基于这个条件之上！或者，假如他们还活着，但他却无法赢得他们！他会尽全力为他们做一切，以最大的热情去履行一个忠诚的儿子和忠诚的恋人的职责——在这种情况下，基督教不会下令去恨；但是，如果那个条件使他们分离，永远地分离，这不就是在恨他们吗？

这样的事情曾经在世界上发生过。如今这样的事不见了，因为我们理所当然地全都是基督徒。但是我想知道，就因为我们所有人理所当然地都是基督教徒，我们所有人都变成了什么，基督教因此变成了什么样子？

**注释：**

（1）"彼岸"（Hiinsides）、"彼世"（hisset）、"来生"（hiinsides）的意思接近，只是第一个"彼岸"对应的是丹麦语的名词形式，另两个是副词。黑格尔在《逻辑学》（*Wissenshaft der Logik*）中强调"有限物"之为"此岸"，而"无限物"则有一个不应该、也不能达到的"彼岸"的固定规定，但他强调了"有限物"与"无限物"之间的相互规定。（参杨一之译黑格尔《逻辑学》上卷，第140—141页）克尔凯郭尔在这里的讨论接近黑格尔对灵魂不朽的看法。

（2）"世界持续不到复活节"是对丹麦语谚语 at Verden ikke kan staaet til Paaske 的直译。该谚语曾为喜剧大师贺伯格多次采用。

（3）"总而言之"原文为拉丁文 summa summarum。

（4）"因争吵而精疲力尽的基督教术语"（trættede christelige Terminologie）中的 trætte 有两个意思：一是表示"争论""争吵"，另一个意思是"疲惫"，翻译时做双关语处理。

（5）研究者无法查证，到底是哪位政客"期待着国家的破产"，但是在克尔凯郭尔的时代的确有政治家担忧国家会破产。

（6）"根据可能性"原文写为希腊文 katà dynamin，此为亚里士多德的术语。

（7）"得体的风度"原文为法文 bon ton。

（8）"名义上的"原为拉丁文 de nomine。

（9）文中所说，过去成为一名基督教徒需要 Kraft og Styrke（干劲和力量），而如今放弃成为一名基督教徒需要 Mod og Energie（勇气和干劲），其中 Kraft 与 Energie 为近义词，意为"精力、干劲"，Kraft 还有"活力"的意思。英译本将上述词组统一译为 courage and energy，但前者并无"勇气"的意思。

（10）对于假名作者克利马克斯来说，"作基督教徒"（Væren-Christen，英 being-Christian）跟"成为基督教徒"（blive Christen，英 become a Christian）是不同的，后者才是基督教国家当中所有自动成为的基督教徒必须面临的选择和任务。

（11）"再洗礼派"（Anabaptism）是新教改革运动中出现在德国和奥地利的一个极端派别，主张成人洗礼式，被谴责为异端，受到天主教会和新教的迫害。

（12）"那场可怕的风暴"指路德放弃法律学习而成为修道士的逸事。1505年7月2日，路德在距离埃尔弗（Erfurt）不远的路上步行，被突如其来的电闪雷鸣所惊吓，当时他不由自主地许愿要成为一名修士。于是，他不顾父亲和朋友的反对，于圣亚力修日（St. Alexius）即7月16日进入修道院。参《路德传奇——马丁·路德的生平和思想》，见《马丁·路德文选》，中国社会科学出版社2003年版，第473—474页。

克尔凯郭尔的记述根据的是 C. F. G. Stang 的《路德传记》（*Martin Luther. Sein Leben und Wirken*，Leipzig & Stuttgart，1835）。书中记载，路德受到击中他身旁的闪电的

## 第四章 《哲学片断》的问题：永恒福祉何以能建立在历史知识之上

惊吓，决定成为修道士。后来他的朋友艾莱克斯在埃尔弗城中被人杀害。再以后，整件事情被混淆为一则传奇，说雷电击中了路德身旁的友人艾莱克斯。

（13）路德引文在本书中写为德文：Aber unsere spitzfindigen Sophisten sagen in diesen Sacramenten nichts von dem Glauben, sondern plappern nur fleißig von den wirklichen Kräften der Sacramente (det Objective), denn sie lernen immerdar, und kommen doch nimmer zu der Erkentniß der Wahrheit.

路德原作的完整标题应为：Büchlein von der babylonischen Gefängniss der Kirche (1520)。格拉赫（Otto von Gerlach）是10卷本《路德文集》的出版人，全集首版于1840—1841年。"doch nimmer"在文集中的实写为doch nimmermehr。括号为克尔凯郭尔所加。

（14）"审判的庄严肃穆"（Dommens høitidelige Alvor）指上帝正义的实施，在《新约》中多次出现，例如《马太福音》12：36—37中有言曰："我又告诉你，凡人所说的闲话，当审判的日子，必要句句供出来。因为要凭你的话定你为义；也要凭你的话定你有罪。"

（15）①"自然化基督教"（naturalisere Christendommen）指为基督教赋予跟人的本性相一致的属性。马腾森在《从受洗问题看基督教的洗礼》一文中即持有此观点。

②"再生"指接受基督教洗礼所获得的新生。

（16）"《新约》位于观念领域"（i Forestillingens Sphære）很可能指黑格尔主义的宗教观，即宗教在直接性的观念领域，而哲学则将把宗教的内容提升为概念性的知识。丹麦文Forestilling跟德文Vorstellung相似，有多重涵义，如"表象"、"概念"、"观念"。

（17）"调解委员会"（Forligelses-Commissionen）始建于1795年7月10日，进行法律和私人事务的调解。

（18）"塞博鲁斯"（Cerberus）是希腊神话当中看守地府大门的丑陋的多头怪物。

（19）括号内原文为拉丁文：nomen dare alicui。

（20）"我们所有人理所当然都是基督教徒"（Men vi ere jo Alle Christne）这句话很可能出自登载在《神学月刊》（*Theologisk Maanedsskrift*）1828年第12期一篇考察北美学术研究、宗教和教会发展状况的文章，作者写为Ch. Siddons。

（21）"势均力敌"原文为德文ebenbürtig。黑格尔并未使用过该词。

（22）爱利亚学派主张存在之外无物存在，因此也不存在运动；而赫拉克利特则认为万物都在进行持续不断的运动。黑格尔在《哲学史讲演录》第一卷当中并未提到对意见相反的双方进行直接调和，而是将其作为宏大的发展进程当中的相对环节。

（23）"工具性运用"原文为拉丁文usus instrumentalis。

（24）"莫尔人"（Molboer）指生活在靠近丹麦第二大城市奥尔胡斯（Aarhus）的莫尔半岛上的居民。19世纪初，他们作为蠢人成为丹麦谚语嘲弄的对象。这里的故事指《口渴的大树》（*Det tørstige Træe*）。

（25）"《哲学片断》中的问题"指出现在该书扉页上的问题：永恒意识能否拥有一个历史的出发点？这样的出发点如何能够超出历史的关切之外？一个人能否将永恒福祉建立在历史知识之上？

（26）"质的跳跃"（det qvalitative Spring）对立于"量变"（kvantitativ forandring）。

（27）"至多"原文为德文 höchstens。

（28）在《大希庇阿斯》的结尾苏格拉底这样说："至少是从我和你们俩的讨论中，希庇阿斯，我得到了一个益处，那就是更清楚地了解一句谚语：'美是难的。'"参《柏拉图文艺对话集》，朱光潜译，人民文学出版社1997年版，第210页。

（29）"流利"原文为德文 geläufigt，该词在本章中多次出现，不再一一注出；"风趣言辞"原文为法文 Bonmot。

（30）"大法官"（Stor-Inqvisitor）指罗马天主教的裁判官，其职责在于探查、审问和惩罚异端。

（31）"比众人更可怜"语出《哥林多前书》15：19。保罗写道："我们若靠基督只在今生有指望，就算比众人更可怜。"

（32）第一个"假设"原文为拉丁文 posito，它自身已经包含了主语，这里为了跟紧随其后的丹麦语用法有所区别，故译为"假设"。

（33）"为了自身的永福忍受饥饿寒冷……"典出《哥林多后书》11：23—29，保罗讲述自己曾遭受的苦难，以说明自己不同于那些假使徒。保罗说："你们是基督的仆人么？（我说句狂话）我更是。我比他们多受劳苦，多下监牢，受鞭打是过重的，冒死是屡次有的。被犹太人鞭打五次，每次四十减去一下；被棍打了三次；被石头打了一次；遇着船坏三次，一昼一夜在深海里；又屡次行远路。遭江河的危险、盗贼的危险、同族的危险、外邦人的危险、城里的危险、旷野的危险、海中的危险、假兄弟的危险。受劳碌、受困苦，多次不得睡；又饥又渴，多次不得食；受寒冷，赤身露体。除了这外面的事，还有为众教会挂心的事，天天压在我身上。有谁软弱，我不软弱呢？有谁跌倒，我不焦急呢？"

（34）在客厅摆放装饰好的圣诞树以庆祝圣诞节的习俗大约于1805年从德国传入丹麦，1820年后在丹麦广泛流行。通常人们把未包装的小礼物挂在圣诞树上。

（35）"糖果甜食"原文为法文 bon-bon；"极好的"原文为法文 tres bien。

（36）"在我修面的时候"改编自缪勒（Paul Martin Møller）的论文《论证明人类不朽的可能性》当中一段文学化的描写。文中一位务实的书店老板尤利乌斯，他利用跟自己的神学家朋友费尔南得会面的机会，要求对方用简洁的语言向他展示关于灵魂不朽的最佳证明。

（37）① "单调乏味"原文为德文 Einerlei。

## 第四章 《哲学片断》的问题：永恒福祉何以能建立在历史知识之上

② "天使是所有存在物当中最乏味的……"，此说查无出处。

（38）"没有第三条道路"原文为拉丁文 tertium non datur。

（39）① "犹太小贩"（Skakkejøde）是一个带有明显贬低犹太人意味的词汇，可能出自海伯格的闹剧《撒罗门王和制帽商约扬》（*Kong Salomon og Jørgen Hattemager*）。

② "软弱的牧师"（Kjellingepræst）本意指主要跟老年妇女打交道的牧师，引申为"软弱者"。

③ "像愚拙的新娘那样嗜睡"典出《马太福音》25：1—13 中"十个童女的比喻"。

④ "热情的无定向的奔跑"语出《哥林多前书》9：26，保罗说："我奔跑不像无定向的，我斗拳不像打空气的。"

（40）① 提尔斯（Louis Adolphe Thiers，1797—1877）是法国历史学家和朝中大臣，著有关于法国大革命史的著作。1845 年至 1862 年，他出版了 20 卷的巨著《法国执政府统治时期和帝国的历史》（*Historie du Consulat et de l'Empire*），对神化拿破仑起到了很大的作用。

② "一切取决于结果"不是提尔斯的原话，但提尔斯著作中常常使用"运气"、"幸运"这样的字眼，例如，他曾说过："运气总在战争中扮演角色。"

（41）此处所说的蜘蛛不明出处，可能源自某个童话故事。

（42）"天国里最小的"是对《马太福音》11：11 中耶稣所说的话的戏仿。耶稣说："我实在告诉你们：凡妇人所生的，没有一个兴起来大过施洗约翰的；然后，天国里最小的比他还大。"

（43）拿破仑逸事的出处不明。

（44）丹麦语谚语"当死亡掠过他的坟墓"（naar Døden gaaer over hans Grav）表示一个人在没有外因的情况下突然感觉到的颤栗。

（45）括号内"适度影响"原文为希腊文 metríōs patheín，语出塞克斯都·恩披里可。其意为"适度喜爱或影响"。

（46）"既……又……"对应于丹麦文 Baade-Og，英文写为 Both-And。

（47）"社交协会"在书中写为 det Bestandige，是 Det bestandige borgerlige Selskab 的简称。该协会始建于 1798 年，旨在娱乐和推动交往，活动项目包括舞会、午餐会以及戏剧表演。

（48）①1536 年，新教在丹麦正式确立。三百年后的 1836 年，哥本哈根曾举行纪念宗教改革的盛大庆典。

② "焦虑的父亲"指居住在丹麦西兰岛北部城市 Helsingør 的商人克努·盖德（Knud Gad）1833 年撰写的题为《我该把我儿子送到哪儿上学》的文章，批评当时的教育体制只有以教授文化而非技术课程为主的"文法学校"（den lærde skole）和"普

通学校"（almueskole），他希望学校能更多教授实用课程。这篇文章在随后的两年中引发热议，最终海伯格在自己的两部剧作中均涉及这场争论。

（49）①"世俗智慧"（verdslig Viisdom，德文写作 Weltweisheit）是启蒙哲学家沃尔夫（1679—1754）描述他的老师莱布尼兹哲学时的用语。

②"今生的应许"（Forjættelser i dette Liv）语出《提摩太前书》4：8，保罗这样写道："操练身体益处少少，惟独敬虔，凡事都有益处，因有今生和来生的应许。"

③"千禧年主义"（Chiliasme），音译为"锡利亚主义"，因其又名 Millenarianism 更为直观易懂，故采用后一种名称。"千禧年主义"指一种基督教派的信仰，认为基督在末日审判之前会直接为王统治世界一千年，主要依据出自《哥林多前书》15：20—28，以及《启示录》20：1—6。该教派在18、19世纪欧洲大陆虔敬派信徒中有众多追随者。

（50）"踮着脚尖走路"（gaae paa Tæerne）是丹麦语谚语，意为"费劲"。

（51）"透视法"（det forkortede Perspektiv）直译即"用透视方法缩小或缩短"，指绘画和摄影艺术中在二维平面上表现三维空间的方法，原有景物被缩小或缩短。

（52）"错误的"对应于丹麦文 gal，其意有"疯狂的""错误的"等多种涵义。英译本中选择 lunatic 与之对应，但说一个人成为耽于感官享受的快乐主义者是"疯狂的"，或者没有选择快乐的美德之路是"疯狂的"，似解释不通。

（53）"这就是你喉咙里的谎言了，老爹"（saa er det Løgn i Jer Hals, Fatter）语出贺伯格写于1731年的喜剧《亨利希和派尼尔》（Henrich og Pernille）第3幕、第7场，它是对谚语 det er løgn i jer hals 的改动，意为"你撒谎"。这里采用直译的方法以突出其形象感。

（54）"别过度"原文为拉丁文 ne quid nimis，英译为 nothing too much。德尔斐神庙题辞的拉丁对应语出自罗马诗人泰伦特（Terrent）的喜剧《来自安德罗斯的女孩》（Andria）第1幕、第61节。

（55）"总和"原文为拉丁文 Summa Summarum。

（56）"窄门说"出自《马太福音》7：13—14。耶稣说："你们要进窄门，因为引到灭亡，那门是宽的，路是大的，进去的人也多；引到永生，那门是窄的，路是小的，找着的人也少。"

（57）①1841年，哥本哈根大学神学系教授克劳森（Henrik Nicolai Clausen，1793—1877）在报纸上发表系列文章，呼吁成立一个旨在改善哥本哈根城市建设的委员会。同年，该委员会成立，由大学教授、艺术学院院长以及民众代表等组成。尽管委员会对哥本哈根的城市规划和建设提出了很多建议，但是它的工作基本上是无效的。委员会约于1845年解散。

②"教牧智慧"（Pastoral-Viisdom）指实践性的布道智慧。此种用法很可能是对 Pastoral 一词同时兼有"教牧的""田园风光的"涵义的戏弄。

第四章 《哲学片断》的问题：永恒福祉何以能建立在历史知识之上

（58）"不被装订的书籍扉页"可能指所谓的"脏扉页"（smudstitelblad），即为保护扉页不被弄脏或弄坏的扉页，正式装订之前将被撤下。

（59）"强者"写为 gewaltig Karl，其中 gewaltig 是德文，表示"强大的"、"强有力的"。

（60）"《圣经》中说，上帝对罪人的忍耐之心是不可理解的"在《圣经》中并无直接的对应，但是"忍耐之心"（Langmodighed）一词却多次出现，例如《马太福音》18：26—27（汉译为"慈心"），《罗马书》3：25（汉译为"忍耐的心"）。

（61）"绝对的尊敬（留意）"中括号内为拉丁文 respicere，有"留意""反观"的意思，而"尊敬 – Respekt"即源于该拉丁词。

（62）"妄称上帝的名字"（tage Guds Navn forfængeligt）意为"亵渎上帝的名字"，这是摩西十戒中的内容，参《出埃及记》20：7。

（63）在莱辛的论文《古代人怎样用绘画表现死亡》（*Wie die Alten den Tod gebildet*）（1769 年）中有这样一幅画。

**死亡天使（蚀版画）**

（64）"有深渊限定"语出《路加福音》16：26。亚伯拉罕说："不但这样，并且你我之间有深渊限定，以致人要从这边过到你们那边是不能的；要从那边过到我们这边也是不能的。"

（65）治疗牙疾的医术无从查考。

（66）①"永恒者、全知者、无所不在者"（den Evige，Alvidende，Allestedsnærende）中的"永恒的""全知的"和"无所不在的"是对上帝本质的描述。

②"一只麻雀掉在地上"典出《马太福音》10：29。耶稣说："两个麻雀不是卖一分银子么？若是你们的父不在，一个也不能掉在地上。"

（67）《穆斯林圣徒故事》（Biblische Legenden der Muselmänner）是德国东方学学者古斯塔夫·魏尔（Gustav Weil）出版于1845年的著作，文中书名书写为德文原标题。

（68）"医生提议修建疯人院"可能指一位名叫哈罗德·塞尔玛（Harald Selmer）的医生发表于1845年的关于精神病研究的著作。

（69）"焦虑致死"（ængste indtil Døden）语出《马太福音》26：38，耶稣同门徒在客西马尼，他被悲伤和焦虑缠绕，对门徒说："我心里甚是忧伤，几乎要死，你们在这里等候，和我一同警醒。"（Min Siel er bedrøvet indtil Døden；bliver her，og vaager med mig.）

（70）"另外一回事"原文为德文 was anders。

（71）"收容所"在原文中用的是一个地名 Vartou，今写为 Vartov，原指哥本哈根 Vartov Hospital，该机构专门收容年老、贫穷以及生病的人。从1839年起直到去逝，格伦德威（N. F. S. Grundtvig）担任该医院教堂的牧师，因此这里也是格伦德威主义的大本营。在丹麦语中，et Vartov 通常还指收容老年穷人的机构。

（72）"去戏院上当受骗"语出古希腊智者高尔几亚，他提出在戏院里上当受骗的观众比不这样做的人更智慧。参见《普鲁塔克道德论文》中的《论雅典的荣耀》（De gloria Atheniensium）一文。

（73）"新年祝福者"（Nytaarsgratulant）指旧时每逢新年来临之际，哥本哈根的警员及保安要到所管辖区域挨家挨户祝福新年，为此得到一些钱作为其收入的一部分。人们曾经长年讨论是否应该给这些新年祝福者以固定收入。

（74）"骑士乔治斗龙的故事"指骑士圣乔治（丹麦语写为 Skt. Jørgen）的传奇故事。他是 Kappadokisk 王子，公元306年因其基督教信仰历经折磨，后被册封为圣徒。他最伟大的英雄事迹是战胜了一条威胁要吃掉叙利亚国王女儿的龙（龙在古代教会中是邪恶的象征）。

（75）"信仰胜过一切困难"（Troen seirer over alle Vanskeligheder）语出《约翰壹书》5：4，其中这样说："因为凡从神生的就胜过世界；使我们胜了世界的就是我们的信心。"

（76）"希望和爱"（Haab og Kjerlighed）语出《哥林多前书》13：13，保罗说："如今常存的有信、有望、有爱；这三样，其中最大的是爱。"

（77）"中世纪在戏剧化方面的首次尝试"指所谓的"神秘剧"（Mysterier，英 mystery plays），兴起于中世纪中期（约1000—1300年）的戏剧形式之一（另一形式

第四章 《哲学片断》的问题：永恒福祉何以能建立在历史知识之上

是兴起于 12 世纪的音乐剧），演绎从创世到最后审判的基督教故事。参《欧洲中世纪简史》（英文影印版，原标题为 *Medieval Europe：A Short History*, by Judith M. Bennett & C. Warren Hollister），北京大学出版社 2009 年版，第 289 页。根据佛律格尔（C. F. Flögel）的《喜剧文学史》（*Geschichte der komischen Litteratur*），所谓"神秘剧"指于 14—16 世纪兴起于英格兰的小型宗教和道德喜剧。克尔凯郭尔的笔记中曾引佛律格尔。

（78）"宗教复兴主义者不那么艺术的沙哑低音"（en Opvakts mod al Kunst haanske Ølbas）即指格伦德威。Opvakt 的动词词义为"复活""复兴"，英译为 revivalist，此处亦译为"宗教复兴主义者"。根据克尔凯郭尔日记，他称格伦德威为"denne ølnordiske Kæmpe"，即"北欧斗士"，而 Ølbas 和 ølnordiske 的词缀 øl 意为"啤酒"，这是一种戏谑的说法。

（79）"甚至生存都被再现在纸上"指黑格尔《逻辑学》中的 Die Existenz 的章节，贺麟先生将之译为"实存"。

（80）新教的告解是在静默中完成的。在克尔凯郭尔的时代，牧师在布道结束后会四处巡视，行按手礼谅解那些寻求告解的人，随后这些参加晨祷的人就可以参加圣餐式了。

（81）"对反思的克服"指黑格尔哲学中，反思作为扬弃了直接性的环节而出现。为了使反思不陷于"坏的无限性"，反思必须被扬弃或上升到更高的统一性之中。

（82）针对形式逻辑中的同一律、矛盾律和排中律，黑格尔从辩证逻辑的角度指出，形式逻辑下的同一律是一种同语反复，因为排斥一切差别的同一只是抽象的同一。真正的同一包含与自身的绝对差别，辩证逻辑中的同一律是思维的最高规律。黑格尔在《小逻辑》中的"本质论"中指出："真正的同一，作为直接存在的理想性，无论对于我们的宗教意识，还是对于一切切的一般思想的意识，是一个很高的范畴。我们可以说，对于上帝的真正知识开始于我们知道他是同一——是绝对的同一的时候……再就同一作为自我意识来说，也是这样，它是区别人与自然，特别是区别人与禽兽的关键，后者即从未达到认识其自身为自我，亦即从未达到认识其自身为自己与自己的纯粹统一的境界。"参黑格尔：《小逻辑》，贺麟译，商务印书馆 1994 年版，第 249 页。

（83）①"蓝山"（de blaae Bjerge）是浪漫主义术语，意为"遥远的、不确定的、奇幻的"。

②"基线"（Grunden）指画家在绘画作品中利用透视法表现进深的线条。

（84）"出发点"原文为拉丁文 terminus a quo，直译为"由此出发的边界"；"趋向"原文为拉丁文 ad quem，即 terminus ad quem，直译为"到达某处的边界"。

（85）"毁灭"（gaae til Grunde）是黑格尔《逻辑学》中的术语 zugrunde gegangene 的丹麦对应词，同时具有"被毁灭"和"返回根据或者本质而得以圆满"的双重含义。

（86）①"甘霖"是对丹麦语短语 Mad for Mons 的意译。Mons 是猫的名字，短语直译为"猫食"，引伸意为"少而精的东西"。

②"容易接受、容易理解"是对丹麦语短语 gaaer som Guds Ord i studenten 的意译，英译本的直译法 goes down as God's Word with the student，意思不够明确。

（87）"步兵"原文为 Landsoldater，它其实有两个意思：一指1849年公民兵役制启动前从农民中招收的士兵，另一个意思就指步兵。英译 rural militiamen 取前一个意思，似不妥。

（88）①"界限"原文为拉丁文 discrimen。

②"深渊"（et Svælg）的比喻出自《路加福音》16:26。财主死后在阴间受苦，他乞求亚伯拉罕派拉撒路用指尖蘸点水凉凉他的舌头，因为他在火焰里痛苦难耐。亚伯拉罕拒绝了他的请求，并且说："……在你我之间有深渊限定，以致人要从这边到你们那边是不能的；要从那边过到我们这边也是不能的。"

（89）"当下时刻"原文为拉丁文 in præsenti。

（90）关于珍珠的寓言出自《马太福音》13:45—46。耶稣说："天国又好像买卖人寻找好珠子，遇见一颗重价的珠子，就去变卖他一切所有的，买了颗珠子。"

（91）"币制改革"指1813年丹麦因卷入拿破仑战争而银行破产、继而组建国家银行后所实施的币制改革。

（92）"命运的宠儿"对应于丹麦语短语 Lykkens Pamphilius，其中 Pamphilius 源于希腊词 pámphilos（宠儿）。

（93）"才出虎穴，又入狼口"对应于丹麦语谚语 af Dynen i Halmen，意为"每况愈下"。相应的英谚为 out of the frying-pan into the fire。

（94）"中间人"（Mellemmand）即"和解者"（forsoner），也就是耶稣基督。

（95）"愿望帽"（Ønskehat）出自童话故事，它能够使人隐身不见或者实现其愿望。

（96）"担子是轻省的"语出《马太福音》11:30。耶稣让劳苦担重担者到他那里得安息，"因为我的轭是容易的，我的担子是轻省的"。

（97）"从中尉变皇帝"指拿破仑。

（98）"不变者改变一切"指亚里士多德关于神的观念。

（99）这里的"理解"对应的是 fatter，有"理解""掌握"的意思；而"自我控制力"对应的是 fatning，指自我控制自己的沉着、镇静的态度。这是克尔凯郭尔利用词语的同源性而做的文字游戏。

（100）①"成为宗教演说者只需通过三次考试"指哥本哈根大学神学系学生为谋求圣职必须通过的考试，包括希伯来语、实践神学以及毕业考试。其中，实践神学考试包括一次尝试性的布道演说。

第四章 《哲学片断》的问题：永恒福祉何以能建立在历史知识之上

② "使命感"和"职位"对应的是同一个丹麦语词 Kald，它既有"使命感、神召"之意，也有因使命感而生的"职业"的意思在内。

（101）"得人"（fange efter Menneskene）语出《路加福音》5：10。耶稣在革尼撒勒湖边讲道完毕，上了渔夫西门的船，并且对他说："不要怕，从今以后，你要得人了。"

（102）"走到深处"（naae ud paa Dybet）语出《路加福音》5：4。耶稣在西门的船上对他说："把船开到水深之处，下网打鱼。"

（103）"神的家"（Guds Huus）指教会。在《提摩太前书》3：15，保罗有言曰："……这家就是永生神的教会，真理的柱石和根基。"

（104）"劳苦担重担的"语出《马太福音》11：28。耶稣说："凡劳苦担重担的，可以到我这里来，我就使你们得安息。"

（105）拉芳苔涅（August Heinrich Julius Lafontaine，1758—1831）是德国多产作家，从18世纪末起，他作为感伤文学的代表性人物之一被广泛阅读，共出版小说100余部，很大一部分被译成丹麦语。

（106）"根本"原文为拉丁文 prima；"混合物"原文为法文 Melange。

（107）"优等生"（udmærkede med Kryds og Slange）和"劣等生"（maadelig med Spørgsmaal）的说法是教育体系中对学生的评价等级。

（108）"宗教是男人的癫狂"（Religieusitet en Mands Rasen）很可能出自《使徒行传》26：24—25。保罗在亚基帕王面前为自己申辩后，非斯都大声说："保罗，你癫狂了吧！（du raser, Paulus！）你学问太大，反叫你癫狂了。"/保罗说："非斯都大人，我不是癫狂，我说的乃是真实明白的话。"

（109）"悲剧中的闹剧部分"（Tragediens lavcomiske Partier）指插入悲剧中的喜剧场景，通常以评论人的方式出现，这种方法始自莎士比亚。

（110）"他人灵魂的探问者"原文为 Sjælesørger，指牧师，这里根据语境将该词的两个涵义组合起来进行翻译。这个用法在本则脚注中多次出现，有讽刺意味。

（111）①"虚无飘渺的东西"原文为 blaae Dunster，直译为"蓝色烟雾"，意为"幻想"。

②格伦德威（N. F. S. Grundtvig）在多篇文章中用了如"预言家""先知""无与伦比"以及"鹰般的犀利目光"（Falke‐Blik）等字眼表示其世界历史的宏大视野。

（112）"王牌"借用牌戏术语。

（113）"临界线"原文为拉丁文 confinium。

（114）"燕麦敷剂"（Grød-Omslag）指用热的或冷的燕麦粥敷在患处，以减轻痛苦。

（115）"神住在痛悔的人的心中"（Gud boer i sønderknuset Hjerte）语出《旧约·以赛亚书》57：15。耶和华说："我住在至高至圣的所在，/也与心灵痛悔谦卑的人同

475

居；/要使谦卑的人的灵苏醒，/也使痛悔人的心苏醒。"丹麦词 sønderknuset 有"心碎""痛悔前非""悔恨不已"的意思，英译为 contrite。

（116）在《地址报》（*Adresseavisen*）上刊登很多用于慈善目的的捐款公告，所捐钱款一般由编辑负责管理，但有时也由牧师负责。

（117）"悬搁他的理智"（suspendere sin Forstand）英译为 suspend his judgment。

（118）"我们出生在昨日，一无所知"几乎是对《约伯记》8：9不加引号的引用。原句为："我们不过从昨日才有，一无所知，我们在世的日子好像影儿。"

（119）①罗彻尔（Heinrich Theodor Rötscher，1803—1871）是德国哲学教授和美学批判家，他撰写过《塞德曼的生平和活动》（*Seydelmann's Leben und Wirken*）。本书在"致谢莱辛"一章中提及罗彻尔撰写的关于阿里斯托芬的著作。

②塞德曼（Karl Seydelmann，1795—1845）是著名的德国演员。他在歌剧院被授予桂冠的事出现在塞德曼写给友人的信中，此事发生于1835年5月26日。

（120）"村姑凯瑟琳"的故事出处不明。

（121）"考虑结果"原文为拉丁文 respicere finem。后面加引号的"结果"和"考虑"分别为拉丁文 finis 和 respicere，其中 respicere 既有"回顾、回首"的意思，还有比喻性的"重视、注视、审察"的意思。该短语是对伊索寓言中的名言的缩写：Quidquid agis, prudenter agas, et respice finem（无论做任何事，都要审慎明智地去做，并且考虑结果）。

（122）这里的国王指克里斯汀八世（Christian VIII，1786—1848），从1839年起任国王；他的王后是卡罗琳·艾美丽（Caroline Amalie，1796—1881）；前任国王的王后指国王弗里德里克六世的遗孀玛丽·索菲·弗里德里克（Marie Sophie Frederikke，1767—1852），她自国王1839年去世后孀居；费尔迪南王子（Frederik Ferdinand，1792—1863）是克里斯汀八世的继任者。

（123）①"轰炸"很可能指1807年9月哥本哈根遭遇到的英国军队的轰炸。

②"犹太人从阳台摔下"可能指《使徒行传》20：9中的故事。保罗在特罗亚讲道，"有一个少年人，名叫犹推古，坐在窗台上，困倦沉睡。保罗讲了多时，少年人睡熟了，就从三层楼上掉下去，扶起他来，已经死了"。但从经文中无法得知此人是否为犹太人。

（124）"最终"原文为德文 Am Ende。

（125）"即使有人给我十块钱"出自诗人欧伦施莱格尔（Adam Oehlenschläger）的歌唱剧《摧眠饮品》（*Sovedrikken*），该剧自1809年4月21日在哥本哈根"皇家剧院"首演以来，至1843年4月21日共上演66场。剧本改编自德国作家布莱茨纳（C. F. Bretzners）的作品，由怀斯（C. E. F. Weyse）谱曲。剧中，外科医生布劳斯的女儿夏洛特堕入爱河，她对父亲说，如果他将她的爱情视为"命运之力"的话，他就不应生气。布劳斯回答说："我不愿成为命运，即使有人给我十块钱。这个可怜的魔

## 第四章 《哲学片断》的问题：永恒福祉何以能建立在历史知识之上

鬼为所有发生在时间中的愚蠢伎俩承担罪责。"

（126）《自由者》（*Den Frisinded*）有 11 年发行历史，1845 年每周出版三期，以谜语娱乐读者。谜底出现在下期，但实际上不曾公布猜中者名单。《魔弹射手》（*Der Freischütz*）是一份在德国汉堡出版的杂志，一周三期，常常出谜语，谜底出现在下期，常常伴有猜中者名单。"魔弹射手"是传说中百发百中的神射手。

（127）"内在性"（Immanentsen）指在人类的观念和经验的界限之内。

（128）"使徒们被鞭笞"典出《使徒行传》5：40—41。使徒们被抓到，挨了打，在告诫他们不可奉耶稣的名讲道之后被释放。"他们离开公会，心里欢喜，因被算是配为这名受辱。"

（129）"左撇子"（Scævola）的典故出自利维（Livius，英 Livy）所著的《罗马城市史》（*Aburbe condita libri*）第 2 卷、第 12 章。书中记载，公元前 500 年，罗马青年盖依斯·穆修斯（Gaius Mucius）计划刺杀围困罗马城的埃特鲁斯坎斯（Etruscans）国王拉斯·波斯那（Porsena）而失败，波斯那威胁说要把他活活烧死。盖依斯说："你知道，对于那些尊崇不朽荣誉的人来说，他们多么不看重自己的肉体，所以看这！"说着，他把自己的右手放入火中烧，仿佛毫无知觉。盖依斯由此获得了 Scaevola 的昵称，意为"左撇子"。

（130）"宗教复兴主义者"和"思辨思想者"分别指"格伦德威主义者"和"黑格尔主义者"。

（131）这里的"应对"原文为 tractere，"宗教内容的小册子"原文为 Tractater，这显然是利用词形相似性构造的文字游戏。

（132）"肉中刺"典出《哥林多后书》12：7。保罗写道："又恐怕因我所得的启示甚大就过于自高，所以有一根刺加在我肉体上，就是撒旦的差役攻击我，免得我过于自高。"克尔凯郭尔文中"肉中刺"写为 en Pæl i Kiødet，这是自 1550 年宗教改革后的《圣经》用法。在 1819 年的新版《圣经》中，"肉中刺"写为 en Torn i Kiødet。

（133）"第三层天"的典故出自《哥林多后书》12：2。保罗写道："我认得一个在基督里的人，他前十四年被提到第三层天上去。或在身内，我不知道；或在身外，我也不知道；只有神知道。"尽管保罗看似谈论他人，但通常的理解是他在谈论自己。

（134）"至高无上的思想原则只能以否定的方式加以证明"的认识出自德国逻辑学家灿德伦堡（F. A. Trendelenburg），可参本书第二册、第二章注（59）。

（135）①这里的"谦卑的信仰者，畏惧与颤栗中的信仰者"对应于 en Troende i Ydmyghed, i Frygt og Bæven，跟 1819 年丹麦文版《圣经》中《哥林多前书》2：3 的用词是一致的：jeg var hos Eder med Ydmyghed, og med Frygt, og med megen Bæven。在英文版和中文版《圣经》中，都没有"谦卑"的意思，用的是 weak "软弱"。此处根据丹麦文版直译出来。

② "无忧无虑的家伙"原文为 Frisk-Fyr，有"无忧无虑""精力充沛"等意，作

477

为贬义时指那种健壮的、过于喧闹而开心的人。英译本用古词 coxcomb 与之对应，其意为"自命不凡的蠢家伙，尤其指过分注意衣着的人"，有些不明所以。

（136）"这一个和另一个有所差别"原文为拉丁文 interest inter et inter。

（137）① "结婚与否都无关紧要"可能指《马太福音》22：30。撒都该人问耶稣，跟同一个妇人结婚的 7 个兄弟哪一个会复活，耶稣回答说："当复活的时候，人也不娶，也不嫁，乃像天上的使者一样。"

② "无论犹太人还是希腊人，自由人还是奴隶"语出《哥林多前书》12：13。保罗写道："我们不拘是犹太人，是希利尼人，是为奴的，是自主的，都从一位圣灵受洗，成了一个身体，饮于一位圣灵。"在《加拉太书》3：28 中有类似的话："并不分犹太人、希利尼人；自主的、为奴的；或男或女；因为你们在基督耶稣里都成为一了。"

（138）括号内的"取消"原文为拉丁文 revocare。

（139）"有所保留"原文为拉丁文 cum grano salis，直译为"加一粒盐"，意为"谨慎对待或有所保留"。语出罗马政治家、作家老普利尼乌斯（Plinius，23—79）在《自然史》（*Historia naturalis*）23 卷、77 章中所讲述的一种解毒药的配方。

（140）"法国诗学中的完整倾向"指在丹麦皇家剧院大获成功的一批法国剧作家，如 J. Ancelot, A. de Comberousse, C. Delavigne, G. Delavigne, P. F. P. Dumanoir, P. Dupont 等，他们的作品属于闹剧类型的轻喜剧。这些剧作家当中，《非此即彼》上卷"初恋"中讨论过的斯克里布（A. E. Scribe）格外受重视。海伯格是这类喜剧的代言人，他认为其生活时代的戏剧类型就是喜剧。

（141）"苏格拉底的首个命题"可能指苏格拉底所说的，他唯一知道的就是他的无知。

（142）"内心冲突"（Anfægtelse）不是《新约》概念，它诞生于宗教改革时期，尤其受路德影响。"内心冲突"指示着个体在以信仰为前提的情况下所经历的艰巨的对于诱惑（Fristelse）的屈从，这种诱惑是怀疑对于信仰的确定性的冲击。但是，在战胜了这种可怕的诱惑之后，个体的信仰将得到强化。

（143）"古老的灵修书籍"原文为 de gamle Opbyggelseskrifter，英译为 devotional books。这类作品自 17 世纪末开始至整个 18 世纪占据宗教文学的主导地位，在克尔凯郭尔的时代继续流传。这里很可能专指德国神学家约翰·阿恩特（Johan Arndt）的著作《基督教信仰四书》（*Vier Bücher vom wahren Christenthum*，1605—1610），该书于 1690 年被译成丹麦语。该书经常与阿恩特的其他著作一起以《基督教信仰六书》为名出版。

（144）"鲁滨孙遇见星期五"指英国作家笛福的小说《鲁滨孙漂流记》（*The Life and Strange, Surprising Adventures of Robinson Crusoe*，1719）中的情节，该书于 1744—1745 年及 1814 年被译为丹麦语。书名汉译遵从徐霞村译法，该书收入"外国文学名

第四章 《哲学片断》的问题：永恒福祉何以能建立在历史知识之上

著丛书"，人民文学出版社 1982 年。

（145）"根据可能性"原文写为希腊文 katà dynamin。"上帝根本不存在"原文为 han slet ikke var til。

（146）"鞭笞"（Flagellationer）是基督教隐士和修道士的一种宗教实践。13 世纪的时候，这种自我折磨被视为是比教会圣事和仪式更为有效的赎罪手段。

（147）"以调和的方式任其发展"（lader medierende fem være lige）是对丹麦语谚语 lade fem være lige 的改写，意为"任其发展""听任自然"。

（148）"信仰的胜利"（Troens Seier）可能是对《约翰一书》5：4 的文字游戏。原书写道："胜过世界的是谁呢？不是那信耶稣是神儿子的么？"（For alt, hvad der er født af Gud, overvinder verden; og den sejr, som har overvundet verden, er vor tro.）

（149）"出拳打空气"（fægter i Luften）意为"徒劳的抗争"，语出《哥林多前书》9：26。保罗说："所以，我奔跑不像无定向的，我斗拳不像打空气的。"

（150）"以谁的名义获胜"语出拉丁名言 in hoc signo vinves（你将以此名义获胜），语出君士坦丁大帝，据说是公元 312 年远征马克森提乌斯（Maxentius）时听到的来自上天的声音。

（151）"信仰的奥秘"（Troens Hemmelighed）语出《提摩太前书》3：9，"要存清洁的良心，固守真道的奥秘"。

（152）"电击"（electrisere）、"电流"（galvanisk）指意大利医生伽伐尼（Luigi Galvani）在 1789 年所做的科学实验。他研究死青蛙的神经时，发现蛙腿在金属物体上会抽搐，认为青蛙的肌肉带电，顺着金属可以形成电流。伽伐尼的朋友、意大利物理学家伏打（Alessandro Volta）通过实验得出了相反的结论。伏打认为，青蛙腿的抽搐完全是因为实验所用金属块产生的电流所致。最终，伏打的结论是正确的。不过，由伽伐尼的实验引申出了 galvanic 一词（丹麦语 galvanisk），字面意为"由化学作用产生电流"，比喻意义上为"似被电击的抽搐和痉挛"；其动词形式 galvanize 还有"激发能量"的意思。

（153）"外行"的原文为 Dilletant，该词有两个意思："业余爱好者，外行"（英文对应词为 amateur）；另一个是贬义的"肤浅的涉猎者"（英文词为 dilettante）。英译本选择了后一个意思，译者认为"外行"与上下文意思更相符。

（154）① "以抽象的方式"原文为拉丁文 in abstracto。

② "轻松常常与良好的意图携手同行"出自丹麦谚语 vejen til helvede er brolagt med god forsætter，即"通往地狱之路是由良好的意图铺成的"。

（155）"时刻"原文为 altid（英译为 always）。

（156）"诙谐"原文为德文 Witz。

（157）"正式地"原文为拉丁文 ex cathedra，字面意思为"在讲坛上"（fra lærestolen），引申为"官方地""正式地"。该短语指教皇在罗马教廷发布教宗训谕。

479

克尔凯郭尔同时使用 ex cathedra 与 fra Prædikestolen,有文字游戏的意味。

(158)"一身短打扮的劳工"原文为 den Trøieklædte,指穿着破旧的农民。联想到 20 世纪初汉语写作中常用"穿长衫的"指代绅士阶层,而"短打扮"指代劳工阶层,故译为"短打扮的劳工"。英译本译为 blue collar worker,即"蓝领工人"。

(159)"国王顾问"(Conferentsraaad)专指在重要事务上为国王出谋划策的顾问;或者泛指高官。

(160)教堂执事在星期天的任务就是根据人们的社会地位和职业为他们安排座位。

(161)"牧师从其升高了的立场说"是对原文 fra sit ophøiede Standpunkt 的直译(英译为 from his elevated standpoint)。Standpunkt 应该指"立场"、"观点",此处一语双关,既指牧师布道所站的讲坛略高,同时也暗讽牧师自以为自己高出会众之上。

(162)"一切都是虚荣和徒劳"(Alt er Forfængelighed og Tant)语出《传道书》1:2。"传道者说:'虚空的虚空!/虚空的虚空!/凡事都是虚空!'"

(163)"在具体的层面上"原文为拉丁文 in concreto。

(164)"鹿苑"(Dyrehaven)是一座位于哥本哈根北部的皇家园林,在克尔凯郭尔的时代始向公众开放,成为当时哥本哈根市民休闲娱乐的地方。"鹿苑"当中有一处名为 Bakken 的林间空地,夏季会搭起帐篷、摆上桌子,有杂耍、杂技和小丑表演等市民喜闻乐见的娱乐活动。英译本除首次出现时以 Deer Park 与之对应外,后直接将其译为 amusement park 即"游乐场"。

(165)"鹿苑游园季"(Dyrehavs – Tiden)指鹿苑游乐场 Bakken 开放的季节,从每年 6 月 24 日的"圣汉斯日"(Skt. Hans Dag)开始,持续一个月。

(166)"有限性的伦理"(endelig Ethik)指其视域局限在日常生活中的相对目标的伦理学,它缺乏理想性;而"思辨的—伦理的观点"则指黑格尔的思辨哲学观。

(167)哥本哈根城周围筑有防御土墙,人们进出城要经过四个城门;若坐船则需通过海关。西门(Vesterport)、东门(Østerport)和阿玛门(Amagerport)每晚要关闭数小时,其时人们只能付费后由北门(Nørreport)进出。每年鹿苑游园季中有六天时间里,所有城门整晚开放。

(168)"米克尔森牧师"(Pastor Mikkelsen)是虚构的名字。

(169)"虔诚的教士"原文为 Gudsmand,指"虔诚者""教士",此处合并翻译。英译为 the man of God。

(170)① "教士代表大会"(Convent,英 convention)兴起于 19 世纪初,尤其指始于 1842 年的"罗斯基尔教士代表大会"(Roskilde præstekonvent),以及始于 1843 年的"哥本哈根教士代表大会"(Kjøbenhavns geistlige Convent)。这些会议以当代教会事宜为议题,曾讨论是否需要编纂新的赞美诗集。

② "公民代表会议"(Borger – Repræsentanternes Møder),其政治内涵就是英译本

第四章 《哲学片断》的问题：永恒福祉何以能建立在历史知识之上

所用的 city council，即"市议会"。自1659年起，哥本哈根就拥有被称为"32人"的社区议会，成员由市政府任命，终身任职。1840年1月1日，"32人"议会被一个由36位公民代表所组成的议会所取代，这些人中间绝大多数都是自由主义者。他们每周在市政厅和法院碰面一次，会议的决议常常见诸《祖国报》（*Fædrelandet*）。

（171）丹麦教会自1798年起一直采用《教堂和家庭祝祷用福音派基督教赞美诗集》（*Evangelisk-kristelig Psalmebog, til Brug ved Kirke og Huus-Andagt*）。后来认为这本赞美诗集与时代不相称，故格伦德威（N. F. S. Grundtvig）于1837年出版了赞美诗集《丹麦教堂赞美诗》（*Sang-Værk til den Danske Kirke*）。1843年，主教明斯特（J. P. Mynster）试出版了对1798年赞美诗集的补充，但被同年组建的新一轮哥本哈根教士代表大会否决，后者要求编纂一本全新的赞美诗集。1844年，在罗斯基尔教士代表大会上提议组建一个编委会，负责编纂一部新的赞美诗集，五位编委会成员中包括克尔凯郭尔著作中经常提及的格伦德威和马腾森。新版赞美诗集最终于1855年首获批准。

（172）"要求"原文为 fordre，"需要"为 behøve。"表达自己的渴望"对应的是 kræve sig，在口语中一般指小孩对其像饥渴之类的生理欲求的表达。

（173）在克尔凯郭尔生活的时代没有要求教士穿着新款法衣。

（174）① "一些私人性的小型会众团体和因教义被孤立的人们真的对新赞美诗集有迫切的需求"可能指在丹麦国教会范围内的独立的会众团体（如德伦格威主持的教堂）和自由会众团体，这些团体采用格伦德威创作的《丹麦教堂赞美诗》（*Sang-Værk til den Danske Kirke*）。

② "增音板"（Sangbund），英译为 sounding-board，指装在讲台、舞台等上方增加音响洪亮效果的板或顶篷。

（175）教堂人数稀少是克尔凯郭尔时代饱受争议的话题。这里尤指明斯特（署名 Kts）曾撰文说，首都的一些教堂人满为患，结果遭到德国神学家贝克（Andreas Frederik Beck，1816—1861）匿名文章《拙劣的谎言》的反驳。

（176）关于人们不准时去教堂的描写未查明实证材料。

（177）"是什么毁了亚述帝国？是分裂，夫人"（Hvad var det der ødelagde det assyriske Rige? Splid, Madam）引自贺伯格喜剧《巫术或者虚惊一场》（*Hexerie eller Blind Allarm*）第4幕、第4场，引文与原句略有出处，原句为：Hvad ruinerede det Assyriske Monarchie? Spliid, Madame!

（178）"闲暇"原文为拉丁文 Otium。

（179）"鹿苑的滨水访客"原文为 Kildehans，指到鹿苑中一处名为 Kirsten Piils 的喷泉做客的人。

（180）"领袖"原文为拉丁文 Moderatores。除有"调解人、调停者、仲裁人"的意思，该词还有"领袖""导师"的意思。英译本采用的是 moderator 一词。

*481*

(181) 在古希腊神话中，提坦（Titan）袭击奥林匹亚山上的诸神，被宙斯打败后关押在阿特拉斯山（Atlas）山下，阿特拉斯山被判将天穹扛在肩上。与此同时，巨人们也发生暴动，被诸神打败后被投到火山下，在那里不断发出喊叫。参尼什（P. E. A. Nitsch）《新神话词典》（*Neues mythologisches Wörterbuch*）。

(182) "公民性的—小城镇式的甜蜜外壳" 是对原文 den statsborgerlig - kjøbstadsagtige Candisering 的直译，英译本为 bourgeois - citified sugar coating，但译者认为，bourgeois 的主要汉语对应词 "资产阶级" "资本家" 因其特定历史语境内涵而与克尔凯郭尔的原意不符，故依丹麦文将之译为 "公民性的"。

(183) "贼窝"（Røverkule）语出《马太福音》21∶12—13。"耶稣进了神的殿，赶出殿里一切作买卖的人，推倒兑换银钱之人的桌子和卖鸽子之人的凳子，对他们说：经上记着说 '我的殿必称为祷告的殿'，你们倒使他成为 '贼窝子'。"

(184) "顺便" 原文为法文 en passant。

(185) "绝对性并非直接地就是有限性存在者的要素"（Absolutheden er ikke ligefremt et endeligt Væsens Element），Væsen 作为 Being 或 being 的对应词，故译为 "有限性存在者"，英译本是 a finite existence。

(186) "脆弱的器皿"（det skrøbelige Kar）的用法很可能出自《哥林多后书》4∶7 中的 "瓦器"（lerkar; jar of clay）。保罗写道："我们有这宝贝放在瓦器里，要显明这莫大的能力是出于神，不是出于我们。"

(187) ① "看见神的面就是死亡" 语出《出埃及记》33∶20，耶和华对摩西说："你不能看见我的面，因为人见我的面不能存活。"

② "异教徒所说的人神关系是疯狂的预兆" 很可能指柏拉图《斐多篇》里对 "神圣的疯狂" 概念的不同表现形式的展开（244a—245b；256b—d；265b），其中有在神灵感召之下的预言术、宗教的迷狂、诗的迷狂即诗的灵感、爱情的迷狂。参《柏拉图文艺对话录》，朱光潜译，人民文学出版社 1997 年版，第 117—125 页。

(188) "与此同时" 原文为 Imedens，这是对副词所做的名词化处理（加双引号以示区别）。作为副词，imedens 有 "一直" "同时" 的意思。

(189) "睡眠是纯洁的娱乐"（sove, det er en uskyldig Tidsfordriv）出自丹麦语谚语 Den, som sover, synder ikke，即 "睡觉的人不犯罪"。

(190) "提示" 原文为拉丁文 Memento，它出自短语 memento mori，意为 "想着死亡" "记住你是要死的"。

(191) "杂货店员"（Kræmmersvend）中表示 "杂货" "零碎东西" 的词 Kram 还有 "无意义的" "无价值的" 意思。

(192) "远非如此" 原文为拉丁文 Absit。

(193) "在闰年中才被识别" 意思是每四年显现一次，此语可能暗指当时对天文学的热情。

## 第四章 《哲学片断》的问题：永恒福祉何以能建立在历史知识之上

（194）"这病不于死"语出《约翰福音》11:4。耶稣听说拉撒路病了，就说："这病不至于死，乃是为神的荣耀，叫神的儿子因此得荣耀。"

（195）"许愿时要小心谨慎"语出《传道书》4:5："你许愿不还，不如不许。"

（196）① "从心怀二意者净化了的心"（det fra Tvesindethed luttrede Hjertes）语出《雅各书》4:8："有罪的人哪！要洁净你们的手；心怀二意的人哪！要清洁你们的心。"

② "平起平坐的交往"原文为 Klinken，直译为"碰杯"。英译本译为 hobnob，意为"过从甚密"。

（197）"客座会员"原文为 reisende Medlem，指当时的社交团体，如本书中提到过的"社交协会"（Det bestandige borgerlige Selskab）、"友谊协会"（Det Venskabelige Selskab），它们在城外吸收普通的会员作为"客座会员"，偶而参加像冬季大型舞会之类的活动。

（198）"流利的"原文为德文 geläufig；"偏狭的小城观念"原文为 en kjøbstadsagtig Forestilling，英译为 a market-town idea，似过于拘泥于字面，该词对应于 a provincial idea 更佳。

（199）"天神与凡间女子的恋爱"可能指希腊神话中的宙斯背着妻子赫拉与凡间女子所行的风流韵事。

（200）"焦心""焦虑"原文为 ængestes，该词既有使惊恐、又有使焦虑的意思，英译为 alarmed。

（201）"在上帝面前沉默"可能暗指《传道书》5:2："你在神面前/不可冒失开口，/也不可心急发言；/因为神在天上，/你在地下，/所以你的言语要寡少。"

（202）"在突出的意义上"原文为拉丁文 sensu eminenti。

（203）"有教养的人士"（de Dannede）及其"超越"（Gaaenvidere）指丹麦的黑格尔主义者的主张。海伯格于1833年发表一篇有影响的文章《论哲学对于当今时代的意义》（Om Philosophiens Betydning for den nuværende Tid），文中把"有教养的人士"分为两种：一种能够体察时代的要求，一种则不能。文章指出，当今时代的宗教在大多数情况下只关乎没有教养的人。明斯特则以 Kts 为笔名撰文，为教会做辩护。19世纪40年代，丹麦年轻一代受黑格尔影响的神学家攻击教会与有教养的人士无关，而明斯特则一直为教会做辩护。

（204）"当幽默是其伪装的时候"指《人生道路诸阶段》中《致读者》一节，"沉默的兄弟"即该书假名作者 Frater Taciturnus。但实际上"沉默的兄弟"并未使用"幽默"一词，而只用了"伪装"。

（205）① "信仰即直接性"的说法参本书第二部、第二册、第三章注（93）。

② "幽默"在本书第二部、第二册、"附录：当代丹麦文学之努力一瞥"中得到充分的讨论，尤其是注（55）和（104）。

(206)"变得公开透明"的观点出自《非此即彼》下卷威廉法官的信《感性与伦理在人格修养中的平衡》。

(207)"在严格的字面意义上"原文为拉丁文 stricte sic dictus。

(208)《人生道路诸阶段》中《致读者》一文中即提到三种生存境界之说。

(209)"沉默的约翰尼斯"(Johannes de silentio)是克尔凯郭尔假名著作《畏惧与颤栗》的假名作者。

(210)"沉默的兄弟"(Frater Taciturnus)是克尔凯郭尔假名著作《人生道路诸阶段》中的日记体文稿《有罪?无罪》的作者。

(211)"结合起来"(sætte dem sammen)在逻辑意义上指二者同时进行。

(212)克尔凯郭尔借假名作者之口评论自己的学位论文《论反讽概念》(Om Begrebet Ironi)。克尔凯郭尔视苏格拉底的立场为反讽,即无限的、绝对的否定性,它排除了所有肯定性的伦理学。

(213)"泥炭工"原文为Tørvegnidere,其中Tørve意为"泥炭""泥煤",gnide意为"行驶十分缓慢"。因此该词既表示"泥炭工"(Tørvebønder,英 peatman),亦是对驾驶极其缓慢的车夫的带贬义的称呼,这也就解释了为什么皇室马车夫与之同处一室的原因。此处译为"泥炭工"仅为汉语表达的方便。

(214)"自己的我"原文为 det egne Jeg。

(215)"失败的黑格尔伦理学"指黑格尔的《法哲学原理》(Philosophie des Rechts)。克尔凯郭尔多次指出,黑格尔并未提出独立的伦理学。

(216)"不常见者"原文为拉丁文 Extraordinarius。

(217)"放进口袋"对应于丹麦短语 har ham i Lommen,该短语指某人有控制权。

(218)"被宠坏了的孩子"原文为 Dæggerbarn,即"宠儿"的意思,有贬义,英译的 foster child(养子)意思不准确。

(219)"标记"原文为拉丁文 indicium。

(220)"中尉与犹太人"的故事出处不明。

(221)"被抛弃的人"(en Forskudt)语出《哥林多前书》9:27,保罗写道:"我是攻克己身,叫身服我;恐怕我传福音给别人,自己反被弃绝了。"

(222)"为仆人上教堂"的故事出处不明。

(223)① "错误论证"原文为 Paralogisme,指逻辑上的错误论证。

② "前提条件不能带来存在"原文为拉丁文 conditio non ponit in esse,意思是说,设定了某个命题作为条件,并不代表它的现实性存在。

(224)"沙福特伯里的一位贵族"(Lord Scheftesbury)指英国沙福特伯里的伯爵安东尼·艾什里·库伯(Anthony Ashely Cooper),他也是作家和哲学家,于1701—1712年间写作大量文章,这些作品于1711—1713年结集成三卷本著作《关于男性、

### 第四章 《哲学片断》的问题：永恒福祉何以能建立在历史知识之上

风度、意见、时代等的特征》(*Characterisitcs of Men, Manners, Opinions, Times etc.*)。这里所说的命题"笑声是对真理的检验"出自收入第一卷的《通感：论风趣和幽默的自由》(*Sensus Communis. An Essay on the Freedom of Wit and Humour*) 一文，对该命题的讨论主要指弗律格尔（C. F. Flögel）的著作《喜剧文学史》(*Geschichte der komischen Litteratur*) 中题为"笑是对真理的检验吗？"（Ob das Lächerliche der Probierstein der Wahrheit sey?）的章节。

（225）"喜剧性"在黑格尔哲学中占主导地位之说源自黑格尔的《美学史演讲录》(*Vorlesungen über die Aesthetik*)。以主体性的发展为核心，黑格尔认为在悲剧中，永恒的实体性因素较之主体更占主导地位；而在喜剧中，主体自己能够成为完全的主宰。在喜剧中，主体本身使自己的动作发生矛盾，然后自己又解决矛盾，从而感到安慰，树立了自信心。因此悲剧的终点正是喜剧的起点。参黑格尔《美学》，朱光潜译，第三卷下册，商务印书馆1991年版，第283—335页。

（226）"前提"和"结论"分别对应于 Forsætning 和 Eftersætning，作为语法词它们分别表示"先行语"和"从句"，这里取其在哲学和逻辑学上的涵义。

（227）"时代对喜剧的偏爱"可参本书第一部第二章注（33）。"亚里士多德的观点"指亚里士多德在《论动物的组成部分》(*De partibus animalium*) 中提出的"人是唯一被定义为会笑的动物"的观点。

（228）亚里士多德的定义出自《诗学》第5章（1149a 34f.），在罗念生译本中，这句话被译为："滑稽的事物是某种错误或丑陋，不致引起痛苦或伤害。"见亚里士多德《诗学》，罗念生译，人民文学出版社1962年，1997年重印，第16页。这里之所以没有遵从罗念生译法，主要是因为希腊词 tò géloion 在丹麦文中被译为 det latterlige，对应于英文 ridiculous, ludicrous, laughable；译者认为汉语的"滑稽"只强调了"可笑"，但似乎没有强调"因荒谬而可笑"的意思，故译为"荒谬可笑"，而 det Comisk 则根据上下文译为"喜剧性"或"滑稽"。

（229）亚里士多德在《诗学》第五章中用这样的例子紧跟他的定义："现成的例子如滑稽面具，它又丑又怪，但不使人感到痛苦。"参《诗学》，罗念生译，人民文学出版社1962年版，1997年重印，第16页。希腊词 prósōpon 既指"脸"，在戏剧场景中还指"角色"或者"面具"。克尔凯郭尔之所以写成"脸"是因为他所生活时代通行的《诗学》德译本 (*Aristoteles Dichtkunst*, 译者 M. C. Curtius, 汉诺威 1753 年) 以及弗律格尔的《喜剧文学史》中，该词均被译为 ein Gesicht（克尔凯郭尔用丹麦文写为 Ansigt），即"脸"。

（230）① "托普"（Trop）是海伯格闹剧《批评家和动物》(*Recensenten og Dyret*, 1826) 中的角色，他是一位老童生，60 岁了还没有结束法学学习，但他说他可以随时拿出证明，说他几乎已经接近能参加用拉丁语进行的法学考试了。

② "爱管闲事的人"是贺伯格喜剧《爱管闲事的人》(*Den Stundesløse*) 的主人

485

公,他总忙碌于一些无用的事情。

(231)"哈姆雷特凭着火钳发誓"应指莎士比亚的悲剧《哈姆雷特》第3幕、第2场的情景,其时哈姆雷特发誓说,他仍然喜欢罗森克朗兹。英文原文是:

Rosencrantz: My lord, you once did love me.

Hamlet: And do still, by these pickers and stealers.

在克尔凯郭尔所拥有的史莱格尔(A. W. Schlegel)的德译本中,"by these pickers and stealers"被正确地译为"bei diesen beiden Diebeszangen",指哈姆雷特发誓时伸在空中的两根手指。在 Peter Foersom 的丹麦文译本中,此句被误译为"ved denne Tyvekloe"(即"凭着这贼爪子")。克尔凯郭尔文本中何以成为"凭着火钳发誓",注释者无从查考,但克尔凯郭尔的论点得以强化,即不管誓言是什么,只要它与誓言的庄严形成矛盾,喜剧性就出现了。

(232)"4毛钱"原文写为4ß,即4个 skilling,是丹麦语中"零钱、小钱"的固定说法。此处说的书籍装订可能指克尔凯郭尔日记中提及的海伯格主持出版的天文学年鉴《天文女神》(*Urania*)的装订费用,它花了3块钱(rigsdaler)用于纸板装订,又花了48毛钱用于烫金布面。当时1块钱=96毛。英译本把4ß错译成"four and a half skilling",因而真正说到"4个半毛钱"的可能性的时候,错失了克尔凯郭尔文本所传达的喜剧性。

(233)"哈罗夫尼斯(Holophernes)"出自贺伯格喜剧《伊塔刻岛的尤利西斯》(*Ulysses Von Ithacia*,1725年)第2幕、第5场。剧中讲到,尤利西斯的使者吉利安在围困特洛伊前对海伦说,尤利西斯的将军哈罗夫尼斯身高"七丈又四分之一"。此处的"丈"对应的是丹麦在1916年前使用的长度单位 Alen,此处按中国古代章回小说中描写人物身高时惯用的"丈"来加以对应。每个 Alen 等于0.6277米,照此计算,哈罗夫尼斯的身高是4.4米。

(234)"普瑞辛与托普以'他'相称"典出海伯格闹剧《批评家与动物》,普瑞辛是书籍装订商,他是老童生托普的经济资助人,用"他"来称呼对方是为了显示他们之间的距离和地位的差距。

(235)"资助人"(Mæcenas)一词源出于古罗马时代的艺术收藏家 Gaius Cilnius Mæcenas(约公元前73年—前8年),他从经济上援助同时代作家,其中包括维吉尔和贺拉斯。

(236)根据1683年《丹麦法律》,性服务为非法,但因在实际操作中无法避免而被容忍。后来为防止性病的传播,要求性工作者在警察部门登记,便可享受匿名的免费治疗。

(237)"狩猎大师"(Jægermester)是丹麦官阶体系当中的一员。

(238)"走神者的故事"出自《愚人言行录》(*Dumriana eller Indfald, Anecdoter og Characteertrk af Claus Dumrians Levnet*,1829年)。故事说有位 D 先生(对"愚人-

## 第四章 《哲学片断》的问题：永恒福祉何以能建立在历史知识之上

Dumrian"的隐讳称谓）在聚会上因走神而伸手去拿鱼籽酱，旁边的人发现他举止不妥，为了掩盖他的失态他说："噢，请您原谅，向上帝发誓我还以为是菠菜呢！"本书第二部、第一册、第二章中出现过该书中"以布伞换绸伞的故事"，参注（101）。

（239）"太奇怪了"原文为德文 Das ist doch wunderlich。Wunderlich 同时也是姓氏。

（240）"望天者"的典故一直与最早的哲学家泰利斯（约公元前6世纪）相关联。

（241）《约翰福音》1∶14 中有言："道成了肉身"（The Word became flesh；丹麦语 Og ordet blev Kød）。马丁·路德的《圣经》德译本中此句为 Und das Wort ward Fleisch。但是文中语言不通的牧师把 Fleisch 说成了 Flæsk，后者意为"猪肉"（Svinekød）。

（242）"关于墓园"的逸事出处不明。"希拉雷乌斯"原文写为 Hilarius，源自希腊语 hilarós，意为"快活的""兴高采烈的"。

（243）"悔悟是喜剧性的"可能指马腾森评论海伯格《新诗》时的观点。他把喜剧性的视角（新教原则）描述成，当生活中的凡夫俗子死后回顾自己充满错误的人生的时候，他们会冲着已被抛在身后的愚蠢纵情发笑。

（244）"喜剧能力"原文为拉丁文 vis comica，指制造喜剧性的能力。

（245）"反同情"原文为 antipathetisk Lidenskab，指与"同情"（sympatetisk）相对立的情感。克尔凯郭尔的老师西伯恩（F. C. Sibbern）曾在《人的精神本性和本质》（Menneskets aandelige Natur og Væsen）一书中这样定义"反同情"（antipati）："反同情……表达的是厌恶和某种被禁止的欲望：除掉，推开，是的，将对象毁灭。"

（246）"其校正是一种奇异的更高的东西"中的"校正"一词对应于 berigtigelse，英译为 legitimacy（合法性），显然是把 berigtigelse（校正）误识为 berettigelse（合法性）。

（247）亚里士多德引文在这里原为希腊文，译文采用罗念生译本，只是根据丹麦文译文和本书译名将"嘲弄"和"嘲弄者"改译为"反讽"和"反讽者"。参亚里士多德《修辞学》，罗念生译，生活·读书·新知三联书店1991年版，第215页。

（248）"职业滑稽家"原文为拉丁文 Scurra，也就是以开玩笑逗人发笑为职业的人，不同于前文中的"插科打诨者"（Spasmager）。Scurra 是传统的喜剧类型之一，佛律格尔（C. F. Flögel）曾在《弄臣史》（Geschichter der Hofnarren，1789）一书中有专章论述。

（249）①"面孔"原文为 Ansigt。在本书草稿中，该词后有加括号的德文词 An-sicht，意为"观点""看法"。

②"关于新年"的引文出处不明，从风格上判断很可能出自格伦德威或其追随者。

（250）"用喜剧摧毁严肃，用严肃摧毁喜剧"（at tilintetgjøre Alvor ved Comik og Comik ved Alvor），这不是对亚里士多德《修辞学》的逐字引用。在《修辞学》相应段落的丹麦文译本中没有出现 Comik 这一概念，而是用 spøg og morsomheder。根据《修辞学》丹麦文译本，这段话是这样的："关于玩笑和戏谑，它们在论战中是能起一定作用的。高尔吉亚说得对：应当用玩笑摧毁对手的严肃，用严肃摧毁其玩笑。"

罗念生译本中主要用词有所不同："现在讲讥笑。讥笑在论战中似乎有一些用处。高尔期亚说得对：应当用戏谑扰乱对方的正经，用正经压住对方的戏谑。"参《修辞学》，生活·读书·新知三联书店 1991 年版，第 215 页。"正经"在汉语中除了有"严肃认真"的涵义外，还有"端庄正派"、"正式"的意思在内，故译者更倾向于"严肃"一词。

（251）"诡辩论者最喜欢的结局——钱，钱，钱"，这是关于诡辩论者的经典论述，即他们从授课中收取费用，这一点与苏格拉底截然不同。

（252）"别过度"原文为拉丁文 ne quid nimis。

（253）"以四毛钱的价格宣讲赎罪"指中世纪天主教会出售赎罪券的行径。

（254）"万金油"原文是 Universalbalsom，由 universal（普遍的）和 balsom（现写为 balsam，英 balm，意为"芳香油""香脂"）组成。

（255）"一切皆相对"是诡辩论者的观点。

（256）"傻子总在笑"（en Daare leer altid）出自丹麦谚语 Paa megen Latter kiender man en Nar，收录在格伦德威编纂的《丹麦语字典和谚语》之中。

（257）①"罪过"原文为 Skyld，对应于德文的 Skuld，英文的 guilt。

②"补罪"原文为 Fyldestgjørelse，原指履行义务或者服刑，在神学意义上则指上帝要求人悔罪并做充足的善功以弥补罪过。英文为 Satisfaction。

③"自惩"原文为 Den selvgjorte Poenitentse，其中 pønitense（现代拼法）对应于英文的 penance。"自惩"源于公元三世纪，教士要求悔罪的人自己进行惩罚，以此作为恕罪的条件。宗教改革时期这一传统被废止。

（258）"衣装"原文为 Habit，它同时也是针对拉丁语 habitus（有"内在本性"、"品格"之意）所进行的文字游戏，后面的"大手大脚"和"缩手缩脚"的两个比喻的丹麦原文都跟衣装有关。"大手大脚"原文为 Spendeer-Buxerne，其中 Buxerne 意为"裤子"，但整个短语表示"花钱大方"；"缩手缩脚"原文为 Tvangstrøie，指一种束缚精神病患者手臂的上衣，比喻涵义有"限制发展""捉襟见肘"。

（259）"但是"原文为德文 aber。

（260）"像伊卡洛斯那样出发"典出希腊神话。伊卡洛斯和他的父亲代达罗斯被困克里特岛。为了逃离，代达罗斯收集羽毛做成翅膀，用封蜡固定在肩上，想像鸟一样飞离克里特岛。临行前父亲嘱咐儿子，飞行时不可靠近太阳。但是伊卡洛斯由于兴奋忘乎所以，操纵着羽翼向高空飞去，结果封蜡被太阳融化，伊卡洛斯随之葬身海

# 第四章 《哲学片断》的问题：永恒福祉何以能建立在历史知识之上

底。

（261）"回溯到根据"（Tilbagegaaen til det Tilgrundliggende）是黑格尔逻辑学中的基本思想。黑格尔说："必须承认以下这一点是很重要的观察，——它在逻辑本身以内将更明确地显出来，——即：前进就是**回溯到根据**，回溯到**原始的**和**真正的东西**；被用作开端的东西就依靠这种根据，并且实际上将是由根据产生的。"参黑格尔《逻辑学》上卷，杨一之译，商务印书馆1991年版，第55页。黑体为原译文所有。

（262）"印度戏剧的梗概"指《薄伽梵歌》（*Bagavad-Gita*）的故事梗概，但《薄伽梵歌》并不是戏剧，而是并入印度史诗《摩诃婆罗多》（*Mahabharata*）（与《罗摩衍那》并称为印度两大史诗中）中的哲理诗。对于这部哲理诗的介绍和部分翻译曾出现在弗里德里希·史莱格尔的著作《印度语言和智慧：论古代知识的建立》（*Ueber die Sprache und Weisheit der Indier. Ein Beitrag zur Begründung der Alterthumskunde*，1808），以及黑格尔对威廉·洪堡著作的评论之中，即《论〈摩诃婆罗多〉中的片段〈薄伽梵歌〉》（*Ueber die unter dem Namen Bhagavad-Gita bekannte Episode des Mahabharata*，1826）。

（263）"人们对此无能为力"原文为 den fanger。此为牌戏术语，意思是牌出手后无可更改，引申为"无计可施""无能为力"。英译为 it traps，有"落入陷阱"之意。

（264）"为自己辩护的人是在控告自己"原文写为 qui s'excuse accuse，此为法文，正确形式应为 qui s'excuse, s'accuse，语出莫瑞尔（Gabriel Meurier）编纂的《妙语大全》（*Trésor des Sentences*，1577）。

（265）两个括号内的"整体先于部分"原文均为拉丁文 totum est partibus suis prius。这是传统的解释学原则。

（266）"总和"原文为拉丁文 summa summarum。

（267）"记忆"原文为 Hukommelse，英译为 memeory；"回忆"为 Erindring，英译为 recollection。在《人生道路诸阶段》中，克尔凯郭尔曾对两个概念进行了区分，"回忆"指柏拉图的知识回忆说和黑格尔关于认识的回忆特性。

（268）"警察法庭"（Politieretten）指哥本哈根的警察法庭，它可以判决一些小案件，当事人有权向高级法院上诉。

（269）"永罚"原文为 Helvedesstraffen，英译为 eternal punishment。这是基督教神学末世论的用语，指犯大罪者死后灵魂下地狱受各种极刑，永不得赦。克尔凯郭尔在其克劳森（H. N. Clausen）课堂笔记中标注出了这种思想。

（270）"谦卑地面对上帝，屈从于伦理王者般的威严"出自《人生道路诸阶段》，但略有改动。在《人生道路诸阶段》中，不是"屈从于伦理王者般的威严"（underdanig under det Ethiskes kongelige Majestæt），而是"屈从于爱情的神圣威严"（Forelskelsens guddommelige Majestæt）。

（271）①罗马政客卡特里那（Lucius Sergius Catilina，约公元前106—公元前62

年)想通过兵变攫取政权。这一图谋被西塞罗发现,他在元老院做了著名的演说,演说开始时,西塞罗多次直接提到在场的卡特里那,称其为无赖。

② "捶胸顿足"是对固定短语 slaae sig selv for Brystet 的翻译,表示焦急、懊丧、极度痛苦。

(272) 1789 年 2 月 20 日的丹麦法案规定,犯有扒窃罪的人如果第三次被抓到,将被判处终生监禁。1840 年 4 月 11 日颁布的法案略有改动,一个人第三次犯有入室盗窃罪或第五次犯扒窃罪时才被判处终生监禁。

(273) "边界"原文为拉丁文 Terminus。

(274) "妄称耶稣的名字"(tage Christi Navn forfængeligt)是对《出埃及记》20：7 的戏仿。《出埃及记》中说:"不可妄称耶和华你神的名,因为妄称耶和华名的,耶和华必不以他为无罪。"

(275) "使用强硬言辞"原文为 tage stærkt paa,根据集释卷的解释 bruge stærke udtryk 译出,英译则为 make a huge effort。

(276) "总和"原文为拉丁文 summa summarum;"支持和反对"原文为拉丁文 pro et contra。

(277) "公开赞扬"原文为拉丁文 encomio publico ornatos,指考试中获得"出色"成绩的评定,然后予以公开的赞扬。

(278) "赎罪"原文为 Fyldestgjørelse,英文为 Satisfaction,词根意为"修复""补偿""赎罪"的意思。

(279) ① "穿着丝质法衣的牧师"原文为 Silke-Præst,是对穿丝质或饰有丝绸的法衣的牧师的带贬义的称谓。

② "泔水"原文为 Pøit,现拼写为 Pøjt,意为劣质葡萄酒,引申为"泔水",该词源出法国的地名 Poitou(普瓦图)。

(280) "一切都是新的"(dog er Alt Nyt)语出《哥林多后书》。保罗说:"若有人在基督里,他就是新造的人;旧事已过,都变成新的了(Alt er blevet nyt)。"

(281) "犹太人最愤慨"(Forargelse laae Jøderne allernærmest)语出《哥林多前书》1：23。保罗说:"我们却是传钉十字架的基督。在犹太人为绊脚石,在外邦人是愚拙。"中译本《圣经》依希腊文意将 forargelse(对应于英文的 offense)译作"绊脚石",此处译作"愤慨"以保文句通顺,但其意不变。所谓"愤慨"或"绊脚石"均指犹太人期待的是一位在政治上获胜的救世主,因此基督教宣扬的"钉在十字架上的弥赛亚"就是他们的"绊脚石",它引起犹太人的"愤慨""冒犯"甚至是"震惊"(forargelse-offense)。

(282) "从未出现在人心里"语出《哥林多前书》2：9。保罗引经上所记的话说:"神为爱他的人所预备的,/是眼睛未曾看见,/耳朵未曾听见,/人心也未曾想到的。"

(283) "小市民的"原文为 det borgelige,表示其在宗教信仰方面掺杂有世俗利益

## 第四章 《哲学片断》的问题：永恒福祉何以能建立在历史知识之上

算计的不纯粹观念。该词既表示"公民的""公权的"（civil，civic），在与军界和宗教界相比时还表示"平民的"（civil）。作为一般性描述，它指示着"中产阶级"（middle-class）；同时还表示带有一定贬义的 bourgeois，以示其保守。

（284）关于"报应"参海伯格的文章《报应：一个通俗哲学的尝试》（Nemesis. Et populair-philosophiske Forsøg），连载于《哥本哈根邮报》1827 年 5 月 21 日、5 月 28 日及 6 月 4 日。

（285）"复仇女神"（Furierne，拉丁文为 furier）是希腊神话中的形象，希腊人因畏惧她们而称之为"欧墨尼得斯"，即希腊语"对我们仁慈"的意思。复仇女神是黑夜的女儿，漆黑一团，身材高大，长着血红的眼睛，发间蠕动着条条毒蛇，一手举火把，一手操着由长蛇交织而成的鞭子。参古斯塔夫·施瓦布《希腊古典神话》，曹乃云译，凤凰出版集团、译林出版社 1995 年版，第 530—531 页。文中说的"看到复仇女神"指的是埃斯库罗斯悲剧《俄瑞斯忒斯》三部曲中的第二部，俄瑞斯忒斯听从阿波罗的神谕，为父王阿伽门农报仇，杀死了生母克吕泰涅斯特拉，但却被复仇女神逼迫和驱逐，良心受到折磨。俄瑞斯忒斯来到德尔斐地界，避居在阿波罗的神庙中。复仇女神在神庙前疯狂叫嚣，企图冲进去，但阿波罗命令她们"离开这座门槛"，把她们统统赶走。

（286）这里的"门槛"可能指俄瑞斯忒斯故事中阿波罗命令复仇女神"离开这座门槛"的情节。

（287）"自我惩罚"原文为 Poenitentse，对应于英文 penance，它有两个意思：一"表示忏悔的自我惩罚"，二指天主教和东正教中的"告解圣事"。此处因为强调其"自我施行"（selvgjort），故应理解为"自我惩罚"。

（288）"去拜访我的邻居吧"（see til min Nabo）可能是对丹麦谚语的戏仿：Det nytter ikke, naar Døden banker paa, at sige: gaae til min Nabo，意为"当死神敲门时，说'到我邻居家去吧'是无济于事的"。

（289）"俱乐部的舞会总监"指"友谊协会"（Det Venskabelige Selskab）在 19 世纪 40 年代冬季举办的舞会的总监。

（290）"拥有三只马尾的帕沙"指奥斯曼土耳其帝国中，最高级别的军事和政府官员的称谓是"帕沙"，其级差用一至三根马尾表示。

（291）"书呆子"原文为 Peernittengryn，指重视无意义和无足轻重事物的人；或指学究。

（292）"国家的、社会的、教众的、社团的观念"中的前三个分别对应于黑格尔主义者、自由主义者和格伦德威主义者的观念；"社团"指市民日益强烈的参政愿望。

（293）"人应该畏惧神"在《圣经》中多处出现。

（294）"雷鸣声"在《旧约》中多次出现。例如《出埃及记》20:18，"从百姓见雷轰、闪电、角声、山上冒烟，就都发颤，远远的站立，对摩西说：'求你和我们说话，我们必听；不要神和我们说话，恐怕我们死亡。'"

《约伯记》37：4—5，"随后人听见有雷声轰轰，／大发威严；雷声接连不断。／神发出奇妙的雷声；／他行大事，我们不能测透。"

《启示录》14：2 中亦有此意象："我听见从天上有声音，像众水的声音和大雷的声音……"

（295）"海的女儿"（Bølgepigerne）指北欧神话中海神 Æger 和他的妻子 Ran 所生的九个女儿。她们披着白色的面纱，围绕着她们的母亲出没于波涛汹涌的海浪中，时而温柔可人，时而庞大可怕。英译本用 mermaid 一词（"美人鱼"）来对应，不甚贴切。

（296）"尘土"（Støv）典出《创世记》3：19，耶和华诅咒亚当说："你本是尘土，仍要归于尘土。"现代丹麦文《圣经》中采用 Jord 一词。

（297）① "公民的"对应于 Statsborgerlig；"狭隘守旧的"对应于 købstadsagtig，原意为"城镇"（区别于乡村）、"小城镇"（区别于大都市），引申意为"心胸狭隘""陈腐守旧"。

② "宗教复兴主义派"（sekerisk-opvakte）指 19 世纪初丹麦兴起的宗教复兴运动，虔敬派、老路德宗等、格伦德威主义者都被归诸此派别。

（298）"庸俗市民气"对应于 Spidsborgerlighed，英译为 bourgeois-philistinism。

（299）"科尔城"（Kjøge）是位于哥本哈根南部的城市，行政区划属于哥本哈根。1845 年的人口普查显示，该城仅有居民 2249 人，而当时哥本哈根的居民人数已达 126787 人。

（300）"比较中的第三要素"原文为拉丁文 tertium comparationis，意指比较双方共同拥有的性质或维度，以使比较成为可能。

（301）"一报还一报"对应于 Qvitteringen，指应得的惩罚或赔偿；报应。

（302）"一个已成年的、真诚的人但却像孩子般行事"，根据克尔凯郭尔的日记，指的是牧师兼格伦德威主义者 Peter Rørdam（1806—1883）。

（303）"劳神和极重的劳苦"原文为 Aandsfortærelsen og den onde Møie，语出《旧约·传道书》1：13—14："我专心用智慧寻求、查究天下所作的一切事，乃知神叫世人所经练的是极重的劳苦！我见日光下所作的一切事，都是虚空，都是捕风。"在丹麦文圣经中，Aands Fortærelsen 在 1992 年的版本中被 jagen efter vind（"捕风"）所替代。

（304）"康德式的站在科学之巅的人物"指康德在《纯粹理性批判》中对关于上帝存在的证明的批判。"科学"原文为 Videnskaben，该词兼有"科学"和"学术研究"之意，英译本将之译为 scientific scholarship。译为"科学"是取黑格尔所说的"哲学之为科学"的涵义，此乃 19 世纪思辨哲学的目标。

（305）"我们都是有罪过之人"原文为 Vi ere alle Skyldnere，是对谚语 Vi er alle

## 第四章 《哲学片断》的问题：永恒福祉何以能建立在历史知识之上

snydere（我们都是罪人）的戏仿，把 synd（罪—原罪）替换成了 skyld（罪过，过错）。谚语源自《罗马书》3∶23，"因为世人都犯了罪，亏缺了神的荣耀"。

（306）布丰（Georges - Louis Lelerc de Buffon，1707—1788），法国博物学家，以其百科全书式的 44 卷本巨著《自然史》（Historie naturelle：générale et particulière，1749—1804）闻名，书中把人视为是一个物种。

（307）苏格拉底的逸事典出不明，但在狄欧根尼·拉尔修的《古代贤哲言行录》卷5、第1章、第18小节中，记载了一则类似的亚里士多德的逸事。

（308）"出汗"原文为 svede，"遗忘"原文为 svede ud，这显然是一个有意思的文字游戏。

（309）"位于第二位"在正文中写为 på andet Sted，随后的括号内附有拉丁文 secundo loco，二者的意思完全一样。

（310）"求之不得的东西"原文为德文 gefundenes Fressen，有"幸运的发现"之意。语出歌德的剧本《葛兹·冯·伯利欣根》（Götz von Berlichingen，1772）第一幕。剧中一个农民告诉葛茨的两个骑手，想交换他们在城堡附近偷猎的东西，其中一个骑手说：Peter! Das ist ein gefunden Fressen.

（311）"便宜版本"（en wohlfeil Udgave）中的"便宜"一词是德文 wohlfeil。

（312）"边界"原文为拉丁文 Confinium。

（313）在柏拉图对话《申辩篇》（21d）中，苏格拉底说："智慧的一个小小的开端，即我并不想象着我自己拥有一种我实际上并没有的智慧。"德国哲学家哈曼在 1759 年的论著《苏格拉底的回忆》（Sokratische Denkwürdigkeiten）中曾转述此言。

（314）① "起点"原文为拉丁文 terminus a qvo，直译为"由之而起的边界"。
② "最严格的意义上"原文为拉丁文 sensu eminenti。

（315）"把理智钉上十字架"（at korsfæste sin Forstand）与《加拉太书》5∶24 中保罗的话相对立。保罗说："凡属基督耶稣的人是已经把肉体、连肉体的邪情私欲同钉在十字架上了。"这句话常被德国哲学所用，例如恩格斯在批判谢林的匿名小册子《谢林：基督教哲学家》（Schelling, der Philosoph in Christo oder die Verklärung der Weltweisheit zur Gottesweisheit）中曾这样写道："把理性钉上十字架比把肉体钉上十字架更难、因而更重要。"（Die Vernunft zu kreuzugen, ist schwerer und deßhalb mehr, denn das Fleisch zu kreuzigen.）

（316）"至多"原文为德文 höchstens。

（317）① "向幔子后投去一瞥"中的"幔子"（Forhænget）在《圣经》传统中指生与死之间的界限。例如《马太福音》27∶51："忽然殿里的幔子，从上到下裂为两半，地也震动，磐石崩裂，坟墓也开了，已睡圣徒的身体，多有起来的。"再如《希伯来书》10∶20："是藉着他给我们开了一条又新又活的路，从幔子经过；这幔子就是他的身体。"文中所言可能是格伦德威式的术语。

493

② "解读晦涩的古北欧字母"中的"古北欧字母"指 Runer（英 rune），即刻划在木石上的古代北欧的文字体系，引申意为"神秘记号、有魔力的记号"。这里指解读那些涵义晦涩的字句，这是典型的格伦德威式的术语。

（318）"超正统派"（Hyper-Orthodoxe）指格伦德威及其追随者，尤其是林伯格（J. C. Lindberg）和鲁德尔巴赫（A. G. Rudelbach），他们自称"正统派""古代基督徒"（de gammeldags kristne）、"信奉古老信仰的人"（de gammeltroende）。"有着鹰般的犀利目光的先知"此前在本书中出现过，指格伦德威。

（319）"抽象地"原文为拉丁文 in abstracto，"具体地"原文为拉丁文 in concreto。

（320）"诱惑太强烈了"对应的是丹麦语谚语 gaaer Naturen over Optugtelsen，逐字直译为"本性超出了学识教养之上"。

（321）"女人摘下帽子"指《哥林多前书》11:5—15，保罗重申他对妇女在公共场所不得脱去头巾的规矩时说："凡女人祷告或讲道，若不蒙着头，就羞辱自己的头，因为这就如同剃了头发一样。"这里可能还指格伦德威信徒中有大量妇女的事实。

（322）"玩笑"所对应的 skjemte 显然是为了与这里频繁出现的 skimte（意为："迅速一瞥""浏览""短暂的领悟""不透彻的理解"）构成文字游戏。

（323）"克努特先生"（Hr. Knud）典出英格兰的丹麦籍国王，英文写为 Canute。据说他曾临海而立，向民众显示他并无能力让冲向陆地的海水回头。这个故事常被改编，表示克努特认为自己有能力让海水回头。"克努特式的人"在英语中用来指"妄想阻止某事的人"。参第 7 版《牛津高级英汉双解词典》（大字版），商务印书馆及牛津大学出版社 2009 年版，第 283 页。

（324）"精神性缺失者"（de Aandløse）是丹麦黑格尔主义者海伯格和马腾森常用的词，格伦德威主义者亦然。Aandløse 在字典中指"乏味的""愚钝的"，英译本即据此译为"the dull"。从该词的构成来看，它相当于"Aaand – 精神" + "løse – 缺失"，下文中出现多次的"aandrig（机智）"则可分解为"aand – 精神" + "rig – 丰富"，二者正相比照。考虑到这是黑格尔主义者和格伦德威主义者的用语，故将之译为"精神性缺失者"。

（325）① "如神一样"（at ville være Gud lig）语出《创世记》3:5，蛇诱惑夏娃说："因为神知道，你们吃的日子眼睛就明亮了，你们便如神能知道善恶。"

② "比较中的第三要素"原为拉丁文 tertium comparationis。

（326）"在生存的极端处活着"原文写为 existere bestedet i Existentsens Yderste。从 existere 的原意和汉语可读性考虑，我把此处动词 existere 译为"活着"。

（327）这里的"一个瞬间"对应于 et Moment。这是克尔凯郭尔在本书中首次采用 moment 作为"瞬间"的涵义，在其他情况下，他采用丹麦语语源的 Øjetblikke 一词，而 Moment 更多情况下是取其"因素""环节"之意。

## 第四章 《哲学片断》的问题：永恒福祉何以能建立在历史知识之上

（328）"纯有"原文为 den rene Væren，在本书中一般直译为"纯粹存在"，此处为上下文的方便依从黑格尔《小逻辑》中的译法。

（329）"无处不在又无所存在"原文为拉丁文 ubique et nusquam。

（330）"知其一便知全体"原文为拉丁文 unum noris omnes，其中的"一"即写为 unum。

（331）参《哲学片断》，王齐译，中国社会科学出版社 2013 年版，第 8—43 页。

（332）"弟子是新造的人"语出《哥林多后书》5:17，保罗写道："若有人在基督里，他就是新造的人；旧事已过，都变成新的了。"

（333）"历史出发点何以可能"是《哲学片断》一书扉页题辞中的问题之一，扉页上的问题是："永恒意识能否拥有一个历史的出发点？这样的出发点如何能够超出历史的关切之外？一个人能否将永恒福祉建立在历史知识之上？"

（334）"以接近法"原文为拉丁文 approximando。

（335）"存在和生存"对应于 Væren og Existeren。

（336）"直到恨自己的父母"语出《路加福音》14:26。耶稣说："人到我这里来，若不爱我胜过爱自己的父母、妻子、儿女、弟兄、姊妹和自己的性命，就不能作我的门徒。"

（337）"散见于"原文为拉丁文 passim。

（338）关于"圣经理论"（Bibel-Theorien）可参本书第一部第一章§1；关于"教会理论"（Kirke-Theorien）可参本书第一部、第一章§2。

（339）"有人说"指黑格尔的观点，即绝对精神（上帝）在历史进程中显现。

（340）"将历史神话化"指大卫·施特劳斯（D. F. Strauß）在《耶稣传》中的观点，他把耶稣的形象视为神话，但克尔凯郭尔注释者未找到文中所说的"与这种神话化努力做斗争"的文献。

（341）"所有的神学都是人类学"（Al Theologie Antropologie）语出费尔巴哈《基督教的本质》（*Das Wessen des Christenthums*），该书通过两部分内容，以直接和间接的方式证明"神学就是人类学"。书中这样写道：Der erste Theil ist demnach der *directe*, der zweite der *indirecte* Beweis, daß die Theologie Anthropologie ist.

（342）① "淡蓝色"（Lyseblaae）可能指格伦德威所作的赞美诗，其中 dejlig（可爱）、blå（蓝色）、himmelblå（天蓝色）、Lyseblå（淡蓝色）等字眼经常跃然纸上。

② "自由思想家"（Fritænker）指施特劳斯，还可能指发展了施特劳斯思想并且更加极端的神学家、哲学家布鲁诺·鲍尔（Bruno Bauer）以及费尔巴哈。丹麦语中 Fritænker 一词既对应于 free thinker，同时还可译为 atheist（无神论者）。英译本选择的是后者，但这里更多按照字面直译的方法译为"自由思想家"，以保持对这个词的更为开放的理解。

（343）"天真的正统诗人"（den naiv-orthodoxe Digter）可能指格伦德威及其追

随者。

（344）"做出评判并且咆哮着捍卫基督教"指格伦德威及其追随者。

（345）"特殊主义"（Particularismens）是基督教神学教条，强调上帝特定的恩宠，只有被上帝选中的人才能得救。

（346）"预定论"（Prædestinationen）在基督教教会史上有不同的表现形式，其核心在于，上帝会预先决定每个人是获得至福还是受到永罚。

（347）"上帝的特选子民"（Guds Udvalgte）语出《创世记》，耶和华选中亚伯拉罕，让他成为民众的领袖。《路加福音》23：35中记载当耶稣被钉上十字架的时候，有官府嘲笑说："他救了别人；他若是基督，神所拣选的，可以救自己吧！"

（348）参《哲学片断》，王齐译，中国社会科学出版社2013年，第12—19页。

# 第五章 结 论

目前这部著作使得成为一名基督教徒困难了起来，如此困难，以至于在基督教世界有教养的人群中，基督徒的数量或许没有那么巨大；或许吧，因为对此我不可能详知。[1]这个行为是否符合基督教徒的品行，我不做决定。但是，想要超越基督教并且随后在异教徒所了解的范畴当中摸索，超越基督教并且随后在生存能力方面远远不能与异教徒相提并论——这一点至少不符合基督教徒的品行。困难的提出（以试验的方式，因为这本书没什么目的）并非为使门外汉难以成为基督教徒。首先，每个人当然都能成为基督教徒；其次我认为，每一个说自己是基督徒、并且已经尽最大努力的人，他就是一个基督教徒并且尽了最大努力，如果他没有自负地使自己凸显，以便使他人有机会做更仔细的纯粹心理学的观察且为己所用的话。想要评判人心的人有祸了。但是，当整整一代人，尽管以不同的方式，看似要联合起来一起超越的时候；当整整一代人，尽管怀着不同的理解，觊觎着至上的客观性之时，人们因此停止为基督教徒，如果他们曾经是的话——这定会给个体以意识到困难的机会。但是，它不该给个体引发新的困惑的机会——通过难题的提出而获得相对于其他人的自负，更别提相对于一代人了；因为那样的话，他也开始变得客观起来。

在一个人成年后，或许他经历了生活的激荡和严峻考验，或许怀着那种因切断与父母、家族和心上人的温柔关系所滋生的痛楚，他下定决心要成为基督教徒，这时他几乎没有丝毫超越的欲望，因为他明白，每一天都让自己保持这种激情需要怎样的艰巨努力；他明白，他的生活是何等的可怕。但是，在我们这个时代，当人们看似在出生八天后就已经是真正的基督教徒的时候，以此，人们把基督从冒犯的标记转变成一个受孩子们喜爱的弗朗兹叔叔、大好人或者孤儿院的教师；于是，人们就会想，身为男人必须要做点什么，于是人们必须超越。[2]唯一的麻烦是，人们并没有通过真正成为基督徒的方式进行超越，而是通过思辨思想和世界历史后退到更低级的、且有些奇幻性的生存观之上而超越。因为我们已习惯于理所当然地成为基督徒并且被称为基督徒，可疑之处出现了——那种远比基督教低级的人生观在基督教的内部涌现了出来，它们很自然地使人们（基督教徒们）更加愉快，因为基督教是最难的；然后，它们被誉为是超越单纯的基督教的更高级的发明。

毫无疑问，成为一种生活的标记要比对名的漠然的维持更好，即如果在我们这个时代中有相当一部分人直接地坦白，他们希望基督教根本没有步入这个世界，或者他们本人根本没有成为基督教徒。不过，让这坦白不带轻蔑、不带嘲讽和怨气，为何目的呢？人们完全可以对他们不强迫自己做的事表示出极大的尊重。基督本人就说过，他喜欢那个未能下决心把自己的全部财产捐给穷人的年轻人。[3] 年轻人并没有成为基督徒，但基督仍然欢喜他。也就是说，宁要真诚，也不要半心半意。这是因为，基督教是一种可以在其中死的荣耀观点，是唯一真实的慰藉，基督教的处境就是死亡的瞬间。或许就因为如此，甚至对基督教漠不关心的人都不愿放弃它，不过，这就好像在丧葬协会储蓄以便将来在适当的时候能够支付丧葬费，人们同样把基督教储存到最后一刻——此人是基督教徒，并且在死亡的瞬间才成为基督教徒。[4]

或许有这样的人，如果他真诚地理解了自身，他宁愿承认他希望自己从未受基督教教育，也不会漠然对待基督教。宁要真诚，也不要半心半意。但是这坦白不带愤怒，不带反抗，而是带有对那种他认为或许已经干扰了他的生活的力量的平静的尊敬，带有对那种应该能帮助他走上正途、但却尚未帮助他的力量的尊敬。假如有这样的事情发生，有位父亲，甚至是位最可亲、最细心的父亲，就在他想为他的孩子做最好的事的那一刻，他搞砸了，糟得或许干扰了孩子的整个人生。那么，如果孩子还记得那情境的话，他会因此把孝心淹没在漠然的遗忘之中，或者转化为愤怒吗？[5] 让那些只在诸事顺心的时候才会爱上帝和人类的可悲的家伙们，让他们气急败坏地去憎恨和反抗吧——一个忠诚的儿子的爱不会改变。平庸之辈的标记从来都是说，如果他可以确定，使他不幸的人的初衷是为了最大限度地为他好，而他却在愤怒和怨恨之中与那人分离。因此，严苛的基督教教育或许会使一个人的生活变得艰难而没有相应地帮助他；他或许会在隐秘的内心里祈愿，就像那些祈求基督离开他们的土地的居民一样，因为基督令他们害怕。<sup>(6)</sup>但是那个儿子——他的父亲使他不幸,如果他宽宏大量的话,会继续爱他的父亲。当他受后果的痛苦折磨的时候,他或许偶尔会沮丧地叹气:"真希望这一切从未发生在我头上!"但他不会向绝望投降,他会穿过绝望,用劳作来直击绝望。他劳作之时,他的忧缓和了。很快,比起他自己,他更为他的父亲感到遗憾,如果他理解了,这一切对他父亲有多么沉重,他就会在深沉的、共鸣的忧之中忘却自身的痛楚。于是,他将愈加积极地努力,他因自身之故的得救是重要的,如今因他父亲之故几乎更加宝贵——于是他劳作,并且肯定会成功。如果他成功了,可以说他会在热情的喜悦之中丧失理智;什么样的父亲会为儿子做这么多,什么样的儿子又会把这么多都归功于他的父亲呢!基督教的情况也是如此。尽管基督教使一个人不幸,他并不会因此放弃基督教,因为他从未有过这样的念头,即基督教来到世间是为了损害人类;他一直保持着对基督教的敬畏。他不会放弃基督教,即使他沮丧地叹气说"真希望我从未在这种教导中成长",他也不放弃。沮丧变成了忧伤,这样的事竟会发生,这对于基督教来说几乎是忧郁的,但是他并不放弃。最终,基督教会对他有好处。最终,的确,不是逐步地,而是更少地但却又无限地更多。但是,只有下等人才会放弃曾经给他们留下绝对印象的东西;只有卑鄙之流才会令人鄙视地盘剥自身遭遇的痛苦,他们从如下行径中获取可悲的利润——能够干扰他人,因少得可怜的自负而自高自大;禁止他人寻求慰藉,因为他自己没有找到。如果在我们这个时代,有谁受到了基督教的干扰,我不会怀疑,而且事实上也能证实;那么,我们可以向其要求一件事——请他沉默。从伦理角度出发,他所说的就是劫匪的袭击,且其后果更加严重,因为最终的结果是劫匪和受害人双方均一无所获。

基督教虽在人类的童年期、但又是在时候满足之时步入世界,而具有决定形态的基督教并不适合每一个年龄段。在生命中有些时刻是会要求某种东西的,某种可以说基督教偏会忽略的东西,某种人们在特定年龄认为是绝对的、尽管此人在将来会看穿其虚荣的东西。基督教不能被灌输到一个孩子的心里,因为每个人只能理解他有所需求的东西,而一个孩子对于基督教根本没有决定性的需求。基督教是根据之前的情况步入世界的,其法则一直指示着:没有人一开始就是基督教徒,所有人都在时候满足时成为基督教徒——如果他成为了基督教徒的话。<sup>(7)</sup>用基督教的决定性范畴进行严苛的基督教教育，这是一桩极具冒险性的事业；因为基督教使力量虚弱的人成为了男人，但是，如果有人恐吓孩子接受基督教完整的严肃形象，则基督教通常至多只会造就出不幸的年轻人。罕见的例外都是幸运的手笔。

诵读给孩子听的基督教，或者更准确地说，孩子自己拼凑起来的基督教，如果人们没有使用武力驱使生存者进入具有决定意义的基督教范畴的话——这都不是真正的基督教，而是田园牧歌般的神话。这是幼稚理念的二次幂，而情况有时会转变为这样：更多是父母向孩子学习，而非孩子向父母学习。孩子对基督教的可爱误解把父母之爱解读为一种虔诚，只是这不是真正的基督教。我们不缺这样的例子，有些人自己早些时候不曾为宗教所触动，如今却因孩子而为之。但是，这种虔诚不是本质上应隶属于成年人的宗教感，正如母亲自身不会受大自然为孩子准备的乳汁所滋养一样，父母亲的宗教感也不应在这种虔诚中找到具有决定意义的表达。父亲和母亲的爱牢固地与孩子相依，温柔地环绕着孩子，结果虔诚本身可谓发现了被教导的东西——必须有一个收养小孩子的上帝。但是，如果这种情绪就是父母宗教感的全部，那么他们缺乏的是真正的宗教感，并且只能在那种间接地对孩子表示同情的悲伤之中恢复身心。父母的虔诚、孩子的乖顺以及理解永福时的轻松是可亲可爱的，但是，这真的不是基督教，这是在想象力的媒介下的基督教，是人们将可怕的东西移开了的基督教；人们把无辜的孩子引向上帝或者基督。这不就是基督教吗，其要点正在于罪人才在悖谬那里寻求避难？一位老人在看到一个孩子的时候感觉到了自己的罪过，他以悲伤之心去体会孩子的无辜——这是美丽而感人的，而且也应该如此，但是，这种情绪不是具有决定意义的基督教的情绪。因为这种对孩子的纯洁无辜的多愁善感的理解忘记了一点，即基督教从不认可堕落的人类身上的这类东西；基督教质的辩证法对罪的意识的规定比对所有无辜的规定要清楚详细得多。严苛的基督教观点把孩子视为罪人，这并不能给予童年以任何优势，因为孩子不具备罪的意识，结果孩子就是没有罪的意识的罪人。[8]

不过，我们的确有一段《圣经》文字可引用，有时我们或许会在没有明确意识的情况下去理解它，结果这种理解包含了对整个基督教的最为深刻的讽刺，它使基督教成为最缺乏慰藉感的人生观，因为它让小孩子进入天国变得不可言说地容易，而让成年人进入天国成为不可能，其后果就是，最佳的和唯一正确的愿望就是希望孩子死掉，越早越好。

这个段落在《马太福音》第 19 章，耶稣说："让小孩子到我这里来，不要禁止他们，因为在天国的，正是这样的人。"[9] 全章讨论的是进入天国之难，其表达方式极尽严厉之能事。第 12 句说："有为天国的缘故自阉的。"[10] 第 24 句说："骆驼穿过针的眼，比财主进神的国还容易呢！"[11] 门徒们听后非常震惊，于是他们说（第 25 句）："这样谁能得救呢？"[12] 在耶稣就此做出回答之后，又在第 29 句讨论了门徒们的报偿，他们为基督之名离开家和兄弟姐妹、父亲母亲、妻子儿女的报偿——所有这些可怕的冲突都是一个基督教徒可能受到的严峻考验。[13] 结果，进入天国非常困难，难到其至连伦理的目的论悬置都被提到了。[14] 在同一章中简要地提及了一桩小小的事件，即小孩子被带到耶稣面前，而耶稣说出了那些字句——不过，请注意，这里还有一个小小的过渡句和穿插其间的事件：门徒责备小孩子，或者更准确地说是责备那些带孩子来的人（参《马可福音》10：13）。[15] 如果耶稣在此处所说的当个小孩子要从字面理解的话，则混淆就会出现：当进入天国对于成年人来说极尽可能地困难之时，对于一个小孩子的困难只不过是孩子的母亲把他带到耶稣面前，而且小孩子被带到了那里。然后呢，我们很快就会到达绝望的顶点——最好在是小孩子的时候死去。不过《马太福音》所传达的意思并不难解。耶稣是冲着责备小孩子的门徒说话的，而这些门徒当然不是小孩子了。在《马太福音》第 18 章第 2 节中，耶稣把一个小孩子叫到跟前，让他站在门徒当中，然后说："我实在告诉你们，你们若不回转，变成小孩子的样式，断不得进天国。"他不是在与小孩子打交道，而是在利用孩子反对门徒。不过，如果这里的意思是直接性地认为当个小孩有多美好，一个小天使（基督教看似并不格外偏爱天使，因为基督教与罪人有关），那么，当着使徒的面说出这样的话就太残忍了，他们在这种情况下作为成年人是可悲的。于是乎，这样一个解释把整个基督教给解释没了。我真想知道，耶稣为何要收那些成年人为门徒；他为什么不说，到外面去给小孩子洗礼呢？——如果看到一种想要理解一切的傲慢自大的思辨思想是可悲的，那么，有人想在正统教义的伪装之下把基督教弄成舒适的幻想和慈善学校的多愁善感则同样可悲。但是，当那些成年人粗鲁地对待耶稣并且想就其亲近关系要求有限性的报偿的时候，或者以世俗的眼光强调亲近关系的时候，说这样的人①（也就是小孩子们）是隶属于天国的，这是在悖谬的帮助下略微拉开了自己与门徒的距离——这的确是晦涩的言论，因为从人性的角度出发，自阉、离开父亲母亲和妻子儿女是可能的，但一个已然成年的人要变回小孩子，这是在悖谬的疏离性的帮助下保护自己不受所有粗鲁行为的伤害。使徒们责备那些小孩子，但是耶稣却没有反过来责备、甚至都没有申斥使徒；他转向那些小孩子，但却对着使徒说话。就像耶稣那样看着彼得一样，这个转向小孩子的举动被理解为是冲着使徒讲话，是对他们的评判，《马太福音》第19章在其他方面讨论的也是进入天国的困难，是对这种困难的最强有力的表达。[16]这里的悖谬在于让一个小孩成为模范，这一方面是因为，从人性的角度出发，一个小孩根本不可能做到，因为小孩是直接性的并且什么都解释不了（因此一个天才也不能成为模范——这是天才超凡脱俗的可悲之处），甚至对其他小孩子都不行，因为所有小孩自身只是直接性的；另一方面是因为这模范是为成年人树立的，而成年人应该在罪过意识的谦卑之下变得酷似纯真的谦卑。[17]

　　这一点到此为止；如是关于基督教的幼稚观点只会使基督教变得滑稽可笑。如果当个孩子要做字面理解的话，那么向成年人宣讲基督教就是无意义的。不过，这正是正统的击剑手捍卫基督教的方式。不过，自然了，如果有人想找点笑料，那么几乎不可能找到比在当今时代捍卫和攻击基督教的方式更为丰富的材料了。一个正统派咆哮着指责自由思想家身上的自私，说"他们不是想作为小孩进入天国，而是想变成什么"[18]。这里使用的范畴是正确的，但是现在，他要强调自己的演说，引用了《圣经》中的那个段落，并且对要当个小孩子做直接的理解（在字面上理解）。我们由此会谴责自由思想家吗，因为他们认为尊敬的牧师做字面理解是发狂？正统派发起的困难的演说变成了胡说八道，因为对于一个小孩子来说这毫无困难，但对成年人来说则是不可能的。作什么人以及想作什么人，在一定程度上就是作为小孩子进入天国的条件（否定性的条件）——如果此

---

　　① 这样的人。[19]正是这个词充分揭示出，耶稣不是在谈论小孩子，也不是直接对小孩子说话，而是在对门徒说话。从字面上理解，一个小孩不是一个"这样的人"；一个"这样的人"包含了一种预设着差别的比较。因此，它没有直接地就小孩说出任何东西，没说一个小孩（在字面意义上）拥有免费入场券；而是说，只有像小孩子一样的人才能进入天国。但是，一个成年人变成小孩子（在字面意义上）是最不可能之事，同样，对于一个小孩（在字面意义上），像一个小孩也是最不可能之事，因为他就是一个小孩。

事是困难的话；否则，一个人年满四十仍被排除在外就是不足为奇的。因此，自由思想家或许会嘲弄基督教，但却从未像正统派那样使基督教变得如此滑稽可笑。在心理学的层面上，这里的误解契合了人们把身为基督教徒与身为人相等同的舒适的安全感，契合了对决断的轻率而忧郁的厌恶，这种厌恶不断地把决断从自己身边推开，结果成为基督教徒被推得远在人们知道它之前就已经被决定下来了。人们以极端正统的态度强调洗礼式，结果在重生教义方面人们成为异端，忘记了尼哥底母的反驳以及对他的回答，因为人们超正统地让小孩子通过洗礼真正地成为了基督教徒。[20]

孩子般的基督教在孩子那里是可爱的，在成年人那里就成了在幻想中得福的幼稚的正统，它竭力把基督的名字安置在那里。[21]这种正统思想混淆了一切。如果有人注意到，信仰的定义开始掉价，所有人都想着去超越，而让信仰成为对笨人有用的东西——那么，现在应该把价格抬高了。会发生什么呢？信仰变成了某种超凡脱俗的和罕见的东西，"并非每个人的事"，简言之，信仰成了天赋上的差别。[22]果若如此，整个基督教就被这样一种定义取消了——被正统派。正统派无可厚非地想把价码抬高，但是价值的差异混淆了一切，因为天赋的差别对于天才并不困难，但对其他人则不可能。信仰正确地成为诸事中最难之事，但却是在质的—辩证法的意义上，也就是说，它对所有人同等困难。信仰中的伦理规定性在这里发挥了作用，因为正是这一点阻止了一个信徒的好奇之心和比较之心，它禁止在人际之间进行一切比较，因此信仰对于所有人同等困难——这样一种幼稚的正统信条具有决定意义地注意到了如下事实，即：耶稣出生时被裹在布里放在马槽中，简言之，他的身份被贬低了，他以仆从的卑微形象出场。[23]这种信条相信，这是与耶稣在荣耀之中出场相对立的悖谬之所在。混乱。悖谬主要在于，上帝，永恒存在者，在时间之中作为一个特定的人出场。至于这个特定的人是仆从还是皇帝都无关紧要；对于上帝来说，他身为国王而非乞丐并不充分，而他身为乞丐而非皇帝也不是对其身份的更大的贬低。人们立刻就能认出这里孩子气的成分，而这恰恰因为小孩子根本没有关于上帝的成熟的或者真实的观念（而只有想象力—内心性），因而小孩子不可能注意到那个绝对的悖谬，但却对幽默有着令人感动的体会：那个万物中最强有力者，那个全能者（但却没有任何决定性的思想范畴，因此它只是童话般地与当国王和皇帝的主线有所不同）出生时被裹在布里放在了马槽中。[24]但是，如果幼稚的正统派坚持把这种对身份的贬低视为悖谬,那么,正因为如此,它显示出此人并未注意到悖谬。所有对他的辩护何用之有呢!如果这一点被假定,即上帝变成一个特定的人是容易理解的,那么困难就只能存在于下面这一点,即他变成为一个卑微的和被鄙视的人;于是基督教在总体上成了幽默。幽默把注意力从对上帝的第一种定义中略微移开了一点,现在它所强调的是,那个比所有国王和皇帝都伟大的最伟大、最强有力的存在者,变成了卑微的人。不过,"比所有国王和皇帝都伟大的最伟大、最强有力的存在者"是个极其不确定的规定性,是幻想,它绝非上帝的质的定义。总的说来,正统派在困境中如何使用想象力且造成伟大效果,这值得留意。不过如前所述,"比所有国王和皇帝都伟大的最伟大、最强有力的存在者"因此也就不是上帝。如果人们要谈论上帝,那就说"上帝"。这就是质。如果牧师要说永远,那就说"永远",但有时当他真的想说点什么的时候,他会说"永永远远"[25]。但是,如果基督教是幽默,则一切都被搅乱了,结果呢,我变成了最好的基督教徒之一;因为作为幽默家我看起来不算糟,但极尽幽默之能事地把这一点与作基督教徒相比就太糟了——我并不是基督徒——幼稚的正统教义对耶稣受难的强调是误导性的。受难的可怕性,基督完好的躯体受到巨大的痛苦折磨,这些被极具幻想的观念所强调,它们根本不适合让人类理智沉默,相反,却很容易让人看穿它的一派胡言;或者,这教义以量化的和比较的方式强调,基督是如此神圣,是所有人当中最纯洁、最无辜的,但他却必须受难。悖谬就在于,基督来到世间就是为了受难。如果把这一点移开,用类比组建而成的国民卫队就会轻松攻下悖谬坚不可摧的堡垒。无辜者有可能在人世间受苦受难(智识和艺术世界中的英雄,真理的殉道者,女性默默无闻的牺牲,等等)绝非绝对的悖谬,这是幽默。但是,当殉道者步入世间的时候,他们的命运并不是去受难;他们的命运都是具体的,为了实现它们,殉道者必须受难,承受痛苦折磨,面对死亡。只是受难并不是目的。宗教把握住了受难,以目的论的方式为受难者做出规定,但是受难并不是目的。因此,一般意义上的殉道者所受的苦难根本不能与基督的苦难相类比,信仰者所经历的苦难也不行;何况,绝对悖谬的标记在于,所有的类比都是欺骗。于是,下面这种情况看似类比,如果某君根据一种奇幻的人生观(灵魂转世)认为,一个曾经存在的人,他再次来到世间是为了受难。不过,既然这个类比属于奇幻人生观,则正因为如此它就是一种欺骗;而且除此之外,受苦受难的"为了"

正在于其反面：罪人再次来到世间是为了受惩罚的折磨。看来命运正笼罩着那种幼稚的正统信条。这信条常常拥有良好的意图，但当其定位不准的时候，它往往趋向于夸大其词。

因此，如果我们听到一个正统派持续不断地谈论着孩童的信仰、童年的学识以及女性之心等，那么可能他只是一个有点幽默气质的人（不过作为幽默家，我抗议与此人有任何共同之处，因为他强调的不是地方），他竭力把基督教与孩子般的东西（从字面上理解）混在一起；如今他渴望回到童年，这种渴望因此尤其以对虔诚母亲的充满爱意的温柔渴望为标识。他还可能是个骗子，力图逃避那些恐怖，如果一个成年人要真正成为孩子被严肃对待的话，而非幽默地把孩子的东西与成年人的东西结合起来。可以完全肯定的是，如果一个小孩子（从字面上理解）为何谓基督教给出定义，这种定义不会有丝毫恐怖之处，它不会是那个事实，那个在犹太人看来是绊脚石、在希腊人看来是愚拙的事实。[26]

当一个孩子听讲基督教的时候，这个孩子并没有在比喻的意义上被粗暴虐待，他所吸收的都是温和的、孩子式的、可爱的、天堂般的东西。他与婴儿耶稣、与天使一起生活，与三圣王一起；他看到了漆黑夜空中的星星，走了漫长的路，现在立于马槽，奇迹接踵而至，他总是看到天开了，他怀着幻想的内心性憧憬着这些图景。[27]现在，我们别忘了那些小圆圣诞蛋糕和所有其他在那个场合出现的好东西。[28]尤其是别当无赖，他们说起童年时代谎话连篇，添加了夸张的色彩，掩盖了现实性。他真应该成为一个无用之人，他并未发现孩子式的东西的感人、可爱和幸福。或许人们不该怀疑一个幽默家对童年的现实性的错误认识，幽默家是回忆的不幸抑或幸福的恋人。不过，这样的人肯定是个盲目的领路人，他不管以何种方式都会宣称，这就是基督教的决定性的观念，它在犹太人是绊脚石、在希腊人是愚拙。基督成为神之子，或者稍大一些的孩子的朋友，他有着友善的面容（与神话相称）；他没有成为无人能够看透（直接地理解）的悖谬，甚至连施洗者约翰都不行（参《约翰福音》第1章第31、33节），众门徒在注意到以赛亚在第53章第2至4节、尤其是第4节当中所预言的东西之前也不行（《约翰福音》第1章第36、42节）。[29]孩子关于基督的观念本质上是幻想的观念，而幻想的观念是相称，相称本质上就是异教思想，不管它是力量、荣耀、美，还是囿于一种有点幽默的矛盾之内的东西，它不是真正的遮蔽，而是一种能够轻松看穿的伪装。相称可直接识别。于是仆从的形象就是伪装,而友善的面容则可直接认出。跟任何其他地方一样,这里也有某种正统信条,当其在盛大的节庆和决定性的场合想要引起轰动的时候,它会诚心诚意地稍稍借助异教思想——然后,它非常成功。[30] 一个牧师或许每天都会恪守严格而正确的正统定义,但在星期天他则使尽浑身解数。为了更好地呈现基督是如何活生生地立于他面前的,他会让我们看到他的灵魂。这是恰如其分的。基督是信仰的对象,但是信仰绝非幻想,而且幻想也不比信仰更高。那么,现在我们开始吧:友善的面容,友好的形象,眼中的忧,凡此等等。一个人传授异教而非基督教,这丝毫不滑稽;但是,当一个正统派在盛大的节庆场合打开管风琴的音拴时,却错误地拉开了异教的抽屉而毫不自知,这就有点滑稽了。如果一位管风琴师经常演奏华尔兹舞曲,他肯定要被解雇。[31] 但是,如果管风琴师准确地演奏赞美诗旋律,而在庄严盛大的场合,因为有小号的伴奏,他奏上一曲华尔兹——只为增添节庆气氛,这肯定是滑稽的。不过我们总能从正统派身上找出一点这样的多愁善感的和感伤的异教成分,不是每天,而是在重大的节庆场合,当他们真的打开心扉之时,尤其能从布道辞的结尾部分找到它们。直接认出是异教;所有庄严的保证,说这就是基督,他是真正的上帝,一旦这些以直接认出而告终,它们就毫无用处。一个神话人物是可以直接认出的。如果我们向一个正统派提出这样的反对意见,他会暴跳如雷:"是的,但是基督就是真正的上帝,因此他肯定不是什么神话人物⋯⋯人们可以从他温和的面容中看出。"但是,如果人们在他身上看出了这一点,那么正因为如此他就是一个神话人物。人们很容易就会看到,信仰的空间留出来了;把那种直接的识别拿开,信仰就位于正确的地点了。把理智和幻想钉上十字架,它们不应直接被认出——这就是标记。但是,从恐怖身边逃跑并且向异教靠拢要容易得多,它通过一种奇怪的组合让人无法认出,这种组合在一则或许以完全正统的定义为开端的演说中起着最后的、也是最高的阐释作用。如果有位正统派在隐秘的瞬间向他人透露内心的秘密,说他其实并无信仰——这丝毫不可笑。但是,如果一个正统派在幸福的迷狂中,他本人几乎都惊叹自己演说中的高尚修辞,他毫无保留地向他人敞开心扉,但却不幸走错了方向,从高处爬向了低处;那么,要想不笑都是困难的。

就成为基督教徒而言,童年(从字面上理解)并不是真正的年龄。相反,成年,成熟的年龄才是要决定一个人是否愿望成为基督教徒的时

## 第五章 结　论

间。童年的宗教感是普遍的、抽象的，但却是日后全部宗教感的想象力—内心性的基础。成为基督徒是一个决断，它要求年龄更大些。孩子的接受性完全没有决断，难怪人们会说，可以让一个孩子相信任何东西。成年人自然要对他让孩子相信的东西负责，说那是确定而真实的。一个孩子接受了洗礼，这既不能使其在理智上更成熟，也不能使其在做决断方面更成熟。犹太孩子、异教孩子如果从一开始就接受温柔的基督徒养父母的教养，他们对待这些孩子犹如对待自己亲生的孩子一样充满爱意，则这些孩子会像受过洗礼的孩子一样汲取到同样的基督教教义。

相反，如果一个孩子没有如其所应该的那样获得与最为神圣的事物纯洁嬉戏的许可，如果决定性的基督教诸范畴被严厉地硬塞进他的生存之中；这样的孩子就会遭受极大的痛苦折磨。这样的教养方式或者会使直接性堕入沮丧和忧惧，或者会激起欲望以及由欲望引发的忧惧达到一种连异教都不知晓的程度。

就像要在其他方面照顾自己的孩子一样，身为基督教徒的父母同样也要用孩子式的宗教观念去喂养他们，这是美好而可爱的，相反的表现则不可原谅。如前面常说的，作为对可能性的期待，作为对那种可怕的分裂的阻止——父母将其永福与某种东西联系在一起，但他们的孩子却没有跟同样的东西相关联，婴儿洗礼式无论如何都是合乎情理的。但是，愚蠢的、多愁善感的和粗鲁的误解应受到谴责，与其说作为童年一部分的婴儿洗礼式应受谴责，不如说是那种宗教派性的外在表现应受谴责，因为决断最好隶属于内心性。把一个孩子的生存强行塞入那些决定性的基督教范畴之中，就算此举有着良好的意图，它也是强奸。但是更愚蠢的说法是，童年（从字面上理解）是对一个人成为基督教徒的真正具有决定意义的时间。正如人们想通过精明练达直接从享乐主义过渡到伦理层面是欺骗性的，同样欺骗性的发现是，人们尽其可能地想把成为基督教徒与成为一个人等同起来，并且使人相信，人们是在童年时代做出决定的。就把成为基督教徒推向童年时代的需求和倾向变得普遍这一点而言，它恰恰成为基督教正在衰亡的一个证据；因为人们会做的是试图把作一名基督教徒转化为美好的回忆，而不是说成为基督徒是一个人所能做出的最具决定意义的决断。人们会用一种进一步的规定性奇幻地装扮童年可爱的纯真，这种纯真就是身为基督教徒；然后，人们令悲伤替代了决断。换言之，合法的幽默当中的悲伤在于，它诚实地、不带欺骗性地从纯粹人性的角度出发反思身为一个

## 最后的、非科学性的附言

孩子（从字面上理解）的事实；然后，一切永远地确定下来且是真实的，这是不可逆转的——童年一旦逝去，就只能成为回忆。但是幽默（真正的）与成为基督徒的具有决定意义的基督教范畴无关，它没有把成为基督徒与字面意义上的孩子等同起来；果若如此，成为基督教徒就与回忆意义完全相同。这里很清楚地表明，把幽默作为基督教内部至上的东西是多么地错误，因为无论幽默还是幽默家，如果他在基督教内部，就都与成为基督教徒的具有决定意义的基督教范畴无关。幽默永远是取消（生存通过向后的回忆步入永恒；从成年到童年等，参前述），是向后的视角；而基督教的方向则是向前成为基督教徒，并且通过持续不断地作基督教徒而成为基督教徒。无停滞则无幽默。幽默家总有充足的时间，因为他身后是永恒的充足时间。基督教里没有悲伤的位置；拯救或者沉沦，拯救位于前方，沉沦则落在后面，它为每一个转过头张望的人而在，不管他看见的是什么。当罗得的妻子回头张望时，她变成了石头，因为她看到的是"那行毁坏可憎的"。[32] 但是，从基督教的角度出发，转过头向后看就是沉沦，哪怕他看到的是童年可爱的、充满魔力的景象。——如果人们就"始于纯粹存在"而与思辨思想达成唯一的妥协，则一切都将沉沦，混乱不可能停止，因为它必须在纯粹存在的范围内停止。如果人们就在童年时代成为基督徒的独特优势而与幼稚的正统教条达成唯一的妥协，则一切都将混淆。

但是现在我们又回到《圣经》中的那个地方，它的确存在于《圣经》之中！之前，我与那种胆小怯懦的《圣经》诠释打交道，这已让我尽显可笑，我不想再做进一步的尝试了。如果幼稚的正统信条会给基督教投来一道滑稽之光的话，那么，这样一种对《圣经》的诠释也会在胆怯的屈从之下不自知地将关系颠倒过来，它甚至不关心像被《圣经》所理解的那样去理解《圣经》，也不关心像要引用《圣经》段落那样去理解《圣经》中的段落——这是一个矛盾，就好像一个要采取行动的人向他人征询意见（这当然是一种依靠关系），但他咨询的方式却是要求对方给出如此这般的答案，并且想尽一切办法让对方据此回答。对顾问权威的屈从变成了一种狡猾地从权威当中获取好处的方式。但这是在征询意见吗？这是遵从人们所说的《圣经》的神圣权威吗？[33] 人们以从不独自行动的办法把所有责任从自己身边推开，这归根到底是一种胆怯的尝试，就好像人们对让《圣经》段落为己所用不负任何责任似的。有些人在博学多识的调查

第五章　结　论

研究中只是为了找到一段可引用的《圣经》，就能变得那么地别出心裁，那么地富于创意，那么地微妙，那么地坚忍，这在心理学的层面上非常值得关注。但是，看起来他们完全没有注意到，这种做法恰恰是对上帝的嘲弄，他们把上帝当成了一个可怜的家伙，那人曾经愚蠢地写下了点东西，但现在却只能忍受着律师对它们的利用。[34]一个狡猾的孩子会这样对待他严厉的父亲，那位父亲并不知如何赢得孩子的爱。这孩子会这样想：只要我取得他的许可就好了，哪怕我用上一点诡计。但是，这种父子关系根本不是温柔的、真挚的。同样，如果上帝和人之间彼此疏远到有空间去使用那些为顺从而生的操心且沮丧的狡猾手段和思量的话，他们之间的关系也不是真挚的。我们很快就能在那些其热情与智力不成比例的真正有天赋的人当中找到有此行为的例子。当才智平平、忙忙碌碌的人们幻想着自己不断行动的时候，他们知道如何避免采取行动的高超技艺就是某种智力水平的显著标记。克伦威尔令人震惊，他肯定精研过《圣经》，掌握了充分的微妙技巧让《圣经》段落为己所用，或者至少是让人民的声音之中有了上帝的声音，这声音说他成为英国的保护者是一个事件，是天意，而根本不是他的行动，因为的确是人民选择了他。[35]正如人们很少会碰见真正的伪君子，人们也很少碰见真正毫无良知的人，但是狡猾的良知却并不罕见，不管它目前正处于痛苦的自我矛盾之中——在推卸责任的同时又在不自知的情况下履行该职责；还是成为一个或许有着良好意图的人身上的病态表现，这种病态与更大的痛苦紧密相联，它使不幸者的呼吸更加沉重、更加痛苦，甚至比受困扰的良心得以在真诚中呼吸时的情况更糟。

　　幼稚的正统信条，怯懦的《圣经》诠释，愚蠢的、非基督教的对基督教的辩护，辩护者在涉及切身情况时表现出来的坏良心，所有这些与其他东西一起，为我们这个时代对基督教的充满激情的、疯狂的攻击做出了自己的贡献。我们不应讨价还价，不应试图改变基督教，也不应过度地去抵抗错误。我们只应注意，让基督教成为其所是，犹太人眼中的绊脚石，希腊人眼中的愚拙，而不是什么既令犹太人、又令希腊人感到愤慨的愚蠢的东西；相反，我们冲其微笑，并且只因对基督教的辩护而受到鼓舞。

　　不过，关于成为且持续地成为基督教徒的内心性的工作我们很少听到。只是，当基督教被引入一个国家之后，当基督教国家中的单个的教徒不用像传教士那样到世界各地传播基督教的时候，这一点尤其需要经历，并且通过经历寻求发展。在基督教早期情况是不同的。使徒是在较成熟的年纪成为基督教徒的,因此他们曾经在其他范畴中生活过一段时间(其结果是,《圣经》中压根没有包含那些因从小就受基督教培育而可能涌现的冲突);他们成为基督教徒是因为奇迹①(这里不存在与普通人的类比),或者发生得太快,结果没有给出任何详细的解释。由此,他们将其注意力转向了外部,他们去转化其他人;但这里再次缺少了与一个可怜的单一者的类比,后者的任务只是像基督徒一样生存。如果一个人的注意力没有集中在内心性的工作之上,则他想要超越的迫切愿望就很容易得到解释。我们生活在基督教世界中;我们是基督教徒,至少跟所有其他人一样;既然基督教已经存在了这么多世纪并且经历了各种情况,成为基督教徒就是非常容易的事;我们不承担传教士的任务——那么,好吧,我们的任务就是超越和反思基督教。但是,反思基督教并不是内心性的工作;结果人们拒绝从事日复一日地训练信仰的任务,这任务就是要使自身保持在悖谬性的激情之中,以战胜所有的错觉。人们把事情颠倒过来,忘记了因为理智、文化和教养的增进,保持信仰的激情变得越来越困难。的确,如果基督教是一种微妙的理论信条(直接地理解),那么教养就会直接地有所裨益;但是因为基督教是一种悖谬性地突出生存的生存沟通,教养的好处则只在于使事情变得更困难。因此,在成为且持续地成为基督教徒方面,有教养的人比单纯的人只有一种反讽性的优势;这优势就是更困难。人们在此又一次忘记了那种质的辩证法,而想以比较的、量化的方法完成从教养向基督教的直接过渡。于是,内心性的工作会随着岁月增长,它会给予不是传教士的基督教徒以充分的事情可做——不是去反思,而是持续地身为基督教徒。在19世纪成为基督教徒并不比在基督教早期更容易;相反,成为基督教徒对于那些有教养的人士将变得更困难,而且难度将会

---

① 前面经常提到,使徒的生存是悖谬的—辩证性的,而现在我要揭示出何以如此。使徒与上帝的直接的关系是悖谬的—辩证性的,因为这种直接的关系(中间项就是内在性的宗教,宗教A)比教众与上帝的间接关系更低,因为间接的关系是精神之间的关系,而直接的关系则是感性——但这种直接的关系却要更高。结果,使徒与上帝的关系并不是直接地高于教众与上帝的关系,就像一个滔滔不绝的牧师诱使一群昏昏欲睡的教众所相信的那样,以此整个事情将会退回到感性之上。——使徒与其他人的直接的关系是悖谬的—辩证性的。使徒的生活是向外的,他们从事在各个王国和国家传播基督教的事业,这种关系比教众与其他人的间接关系低级,因为后者本质上是与自己打交道。直接的关系是一种感性的关系(外向的),因此它更低级,但是对于使徒它又破例地更高——这就是悖谬的—辩证性的。这种关系不是在直接的意义上更高级,果若如此,我们所面对的就是所有人在世界历史上的奔波忙碌。悖谬之处恰恰在于,直接的关系只对使徒而言更高级,对其他人则不然。

随着岁月流逝而增加。压在有教养人士身上的理智的重负，客观性的目标，这些都会使有教养的人士不断抗拒着去成为基督教徒，这种抗拒就是理智之罪——半心半意。如果基督教曾经战胜了直接性的原始激情，使国家变得高贵，从而改变了世界的形象；那么它将在教养中发现同样危险的抗拒。如果要在这里展开斗争，那么很自然地，它必须在反思最为敏锐的规定性之内展开。绝对悖谬应该坚守自己的阵地，因为就与绝对的关系言，较多的理智并不比较少的理智走得更远；相反，它们走得同样远，拥有非凡天赋的走得慢，单纯的人走得快。——那么，就让其他人直接地赞颂教养吧，现在就让它被颂扬吧，可我宁愿赞颂它是因为它使成为基督教徒更加困难。我是困难之友，尤其是那些有着幽默性质的困难，结果最有教养的人在经历了巨大的艰难困苦之后在本质上并不比最单纯的人走得更远。

极其单纯的人定能成为基督教徒并且持续地作基督教徒。但是，一方面因为他们没有针对更高目标的理智，一方面因为单纯者的生活条件会使其注意力外转，结果他们免于遭受有教养人士为保持信仰所付出的艰辛，随着教养的增加，斗争会变得愈加艰巨。换言之，如果成为基督教徒且持续地作基督教徒就是至上的目标，那么，我们的任务就不是反思基督教，而只是通过反思，增强那种人们以之持续地身为基督教徒的情致。

这就是全书所涉及的东西；第一部处理的是成为或者身为基督教徒的客观观点，第二部分是主体性的观点。

**成为或者作基督教徒以客观的方式被规定如下：**

1）一个基督教徒就是接受了基督教信条的人。但是，如果这个信条的"什么"将最终决定一个人是否是基督教徒，那么注意力立刻就会外转，去获知基督教的信条是什么，直到细枝末节，因为这个"什么"当然无法决定何谓基督教，它只能决定一个人是否是基督教徒。——与此同时，那种博学的、忧虑的、谨小慎微的近似值所蕴含的矛盾出现了。近似值可以如其所愿地一直持续下去，直到最终将个体得以成为基督教徒的决断完全遗忘。

人们用一个前提来弥补这种可疑的处境，即每一个在基督教世界中的人都是基督教徒，我们都是所谓的基督教徒。在这个前提下，客观理论十分成功。我们都是基督教徒。现在，《圣经》理论必须正确地以客观的方式去考察，看到底何谓基督教（不过我们当然都是基督教徒，人们认为是客观情况使我们成为基督教徒，我们现在首先应该好好认识的客观情况就是，我们都是基督教徒；因为如果我们不是基督教徒，那么我们现在所走的道路就永远不会引领我们成为基督教徒）。教会理论认为我们都是基督教徒，不过现在我们要以纯粹客观的方式确切地知道基督教的主旨是什么，以便能够抵御土耳其人、俄国人和罗马人的奴役，让我们这个时代成为一座通往隐约可见的所谓无与伦比的未来的桥梁，勇敢地为基督教杀出一条路。[36]这是纯粹的感性。基督教是一种生存沟通，我们的任务是成为基督教徒或者持续地身为基督教徒，最危险的错觉就是对应该捍卫基督教不受土耳其人的进攻这一点确信无疑，而不是说在自身之内保卫信仰不受关于土耳其人的错觉的进攻。

2）有人说，并不是对基督教信条的每一次接受都会使一个人成为基督教徒。这一切尤将取决于占有，即人们占有并且以完全不同于他物的方式坚持这个信条——人们愿活在其中，死在其中，为之付出生命，凡此等等。

这一点看似不无道理。不过，"完全不同于他物"是个相当平庸的范畴，那种试图更多地从主体角度去规定基督教徒的方案不伦不类，在某种方式上它以近似值带来的分神和欺骗性忽视了问题的困难，它缺乏了范畴的规定性。这里所说的占有的情致就是直接性的情致。我们完全可以说，一个热情的恋人以完全不同于他物的方式紧紧依附并占有自己的恋情——他愿活在其中，死在其中，为之甘冒一切风险。因此，就内心性言，一个恋人和一个基督教徒之间并无本质的差别，人们再次被迫返回到作为信条的"什么"之上，于是我们再次返诸第一种情况。

换言之，这里的关键在于，要把信仰者身上的占有的情致定义为不能与任何其他情致相混淆。也就是说，那种主体性更强的观点的正确在于把占有作为起决定作用的因素，其错误在于占有的定义与所有其他的直接性情致没有特定的差别。

这一切并不会发生，如果我们把占有定义为信仰的话，但它却立刻给信仰注入通往理解的动力和方向，结果信仰成为了一种临时功能，以之，人们现在就能紧紧抓住那个应成为理解对象的东西；一种穷人和蠢人会感到满足、而大学编外讲师和聪明人会超越的临时功能。作基督教徒（信仰）的标志是占有，但却以这样的方式：它与其他的智识性的占有没有特定之别,那里当下的接受发挥着当下的理解功能。信仰在与基督教的关系方面不是什么特殊的东西,人们所相信的"什么"将再次成为决定一个人是否是基督徒的关键。可是如此一来,事情又返诸第一种情况。

换言之,一个基督徒之所以是基督徒的"占有"应该是特定的,它不能与任何其他东西相混淆。

3) 成为且作基督教徒既非客观地以信条的"什么"加以规定,亦非主体性地以"占有"加以规定;它不用在个体身上所发生的东西来规定,而用与个体一起发生的东西来规定——那就是洗礼。就人们把对宗教信条的接受加在洗礼式之上而言,它没有赢得任何决定性的东西,而这个定义却将在强调"什么"(近似之路)与不确定地谈论"接受"和"占有"之间摇摆不定,它没有任何特定的规定性。

如果这里的定义是受洗,人们的注意力立刻就会向外转向这种思量——我是否真的受过洗礼。于是与一个历史事实的接近过程开始了。

但是如果有人说,他在洗礼中的确接受了灵魂,在灵魂的见证之下与灵魂一起知道自己受了洗礼;那么,他的结论是反向做出的——他从在其身内的灵魂的见证出发,得出了他肯定受过洗礼的事实,而非从受洗礼出发得出他拥有灵魂。[37] 但是,如果结论应该这样得出,那么,成为且作基督徒的标记就不是洗礼,而是内心性。随后,对内心性和占有做出特定规定性的要求就会再次被提出,以此,基督徒身上的灵魂的见证就有别于一个人身上所有其他的(一种更为普遍的规定)精神活动。

顺便说一句,值得关注的是,尤其是那些把洗礼作为决定性因素的正统派不断地抱怨,在受过洗礼的人们当中只有极少的基督教徒,除了少数不朽者群体外,几乎所有的都是没有灵魂但却受过洗礼的异教徒。这一点看起来是在暗示,洗礼不是成为基督教徒的决定性因素,甚至根据那些首先坚持把洗礼作为成为基督教徒的决定性因素的人们的后续观点也不行。

**身为基督教徒以主体的方式被规定如下:**

决断存在于主体身上,占有是悖谬性的内心性,它与所有其他的内心性有着特定的区别。作基督教徒不由基督教的"什么"来规定,而由基督教徒的"怎样"来规定。这个"怎样"只能适合一个东西,适合绝对的悖谬。因此,在作基督教徒的问题上根本不存在那种含糊言论,说什么接受具体的东西,以完全不同的方式去接受,去占有,去相信,以完全不同的方式在信仰中占用（纯粹的修辞和虚假的定义）。相反，信仰与所有其他的占有和内心性有着特定的范畴性差别。信仰是牢牢抓住内心性的激情的客观不确定性，它怀有对荒谬的排斥，它就是被推向至高点的内心性。这个方案只适于信仰者，而不适于任何他人；它不适于恋人、或者热心的人、或者思想家，而只适于与绝对悖谬建立关系的信仰者。

信仰因此也不能作为某种临时性的功能。处于某种更高的知识范围之内的人想把他的信仰作为一个被扬弃的环节加以认知，他正因为如此停止了信仰。信仰不应该满足于不可思议性，因为与不可思议者、与荒谬的关联或者排斥，恰恰是对信仰的激情的表达。

对基督教徒的上述定义阻止了近似以其博学的或者操心的思量诱惑个体误入歧途，那会使个体成为博学之士而非基督教徒，而且在绝大多数情况下，会成为半瓶子醋而非基督教徒，这一切皆因决断在于主体之中。不过，内心性再次找到了自己特定的标记，以之它有别于所有其他的内心性，而且没有被那个喋喋不休的范畴"完全不同"打发到一边，因为后者适于在激情迸发的瞬间的每一种激情。

一个人想以客观的方式对待激情的对象之时，他就开始放弃这激情了，这在心理学的意义上通常是一个确定的标记。在通常情况下，激情与反思相互排斥。以此方式，成为客观的就是在退步，因为一个人的沉沦是在激情之中的，他的升华也是如此。如果辩证法和反思没有用于强化激情，那么成为客观的就是倒退；甚至迷失在激情之中的人，他都不如丧失激情的人损失巨大，因为前者还有可能性。[38]

在我们这个时代中，人们愿意与基督教维持客观的关系；那种使每个人成为基督教徒的激情对于人们已经变得过于淡薄了，而且通过变成客观的这一点，我们所有人都拥有了成为大学编外讲师的前景。

反过来，这种事之序使得基督教世界中的斗争变得十分滑稽，因为在很多方面，这斗争不过是交换武器而已，还因为关于基督教的斗争是在由基督教徒构成的基督教世界之中进行的，或者是在基督教徒之间进行的，所有人都想通过变成客观的和向前超越的方式准备放弃身为基督教徒。当丹麦政府把英国威尔森金融集团发行的利息为百分之三的债券转给罗特希尔德集团时，报纸上曾掀起轩然大波。[39]其时召开了民众集会，参会者并不是债券所有人，但为了能够作为债券所有人参会，他们去借了一张债券。会上经讨论决定，大家应该拒绝接受新债券，以此抗议政府的决定。

集会由非债券持有人组成，他们因此几乎不可能落入政府建议他们接受新债券的可疑境地。身为基督教徒正在失去对激情的关切，但是支持与反对的战斗仍在进行中，人们从自身出发进行辩论：如果这不是基督教，那我就不是基督教徒，但我的确又是一名基督教徒。[40] 而且人们把事情转变为这个样子：人们对成为基督教徒感兴趣只是为了能够就何谓基督教做出决定，而不是用何谓基督教来决定能否作基督教徒。可以说，人们对基督的名字的使用就像那些借债券的人们一样——只是为了参加民众集会，基督教徒的命运将由那些并非因自身之故想成为基督教徒的基督教徒所决定。——这一切因何人而为之？

正因为在我们这个时代和我们时代的基督教世界当中，人们看起来并未对向内心沉潜的辩证法给予充分的关注，或者没有意识到，个体的"怎样"才是对个体所拥有的而非高喊出来的东西的同样精准且更具决定性的表达；所以，那些极其怪诞的事情，倘若人们有情绪且有时间去考察的话，极其荒谬可笑的混乱才会在我们这个时代出现，我们很容易就能证明甚至异教中的混乱都不及它们可笑，因为异教并没有押上一切，对立也没有被抬得太高。但是善有善报，我们应该持续作一个乐观主义者。[41] 那个在激情的范围内以试验的方式把自己排除在成为大学编外讲师以及它所带来的所有光明的、微笑的前景之外的人，他至少应该获得一点幽默的回报，因为他把其他心怀高远目标的人视为无足轻重的小玩意放在了心上——这个小小的幽默的回报就是，他的激情强化了他的喜剧感。一个尽管爱人类、但却表现得像自我中心主义者一样遭人嫌弃的人——他没有为了他人客观地对基督教表示关切，作为笑声之友，他应该获得一点补偿。说作自我中心主义者有百害而无一利，这其实是不对的，果若如此，那人其实就不是自我中心主义者。

有正统派怀着最为可怕的激情捍卫基督教。他汗流满面，以极其操心的手势坚持认为，他完全无保留地接受基督教，他愿在其中生，在其中死——他忘记了，对于与基督教的关系而言，这种接受方式是过于一般化的表达。[42] 他做任何事都奉基督之名，在每个场合都使用基督的名字，以此作为他是一名基督徒、且受召捍卫我们这个时代的基督教世界的确切无疑的标记。他没有察觉到一个反讽性的小秘密，即一个人只要将其内心性的"怎样"描绘出来，他就是在间接地显现他是一名基督教徒，而不用

515

提基督的名字。① ——某君在新年下午六点整被宗教情绪唤醒；现在他准备好了——他用那个被唤醒的事实奇幻地装点自身，而现在，他要去四处游荡并且宣讲基督教——在一个基督教国家。当然了，尽管我们都受过洗礼，但是所有人都极其需要在另一种意义上成为基督教徒。不过差别在于下面这一点。在一个基督教国家知识并不匮乏，这里匮乏的是另外的东西，而这个东西是一个人不能直接传授给另一个人的。一个宗教复兴主义者想用那些极其奇幻的范畴为基督教工作，但是，他越是忙于四处传播基督教，越是证明了他本人并不是基督教徒。这是因为，作基督教徒是某种需要彻底反思的事，它不允许感性辩证法以目的论的方式使一个人为其他人成为某种他不是为自身而在的东西——另外，有嘲弄者攻击基督教，同时又恰当地解读基督教，结果读他的书是一种乐趣，那些为了更好地确切展现基督教但却陷入困境的人几乎不得不求助于他。(43)

所有反讽性的观察从来都存在于对"怎样"的关注，而反讽者有幸与之打交道的受人尊敬的人士则只关注"什么"。某君声音洪亮地、庄严地坚持说：这就是我的观点；与此同时，他并没有局限于用文字表达出简洁的方案，而是做出了详细的解释，他冒险对那些表达方式进行改变。的确，就同一件事说来道去并非如人们所想的那样容易，会有不止一个学生的作文获得"头等"，如果他没有做那些改变的话；还有很多人都拥有苏格拉底在波罗斯身上所发现的那种令人羡慕的变换的天分——他们就同一件事从来不说相同的话。(44)于是反讽者小心行事。他自然不会太过于关心那种大写字母写就的东西，或者说话者的发音方式暴露出来的方案（令人尊敬之士的"什么"）；相反，他关注的是一个小从句，它被令人尊敬之士宏大的注意力所忽略，一个暗示性的谓语，凡此等等。然后，他满怀惊异，因变化而高兴（乐在变化多端中），明白了那个令人尊敬之士并没有拥有那个观点，不是因为他是个伪君子，但愿这事不要发生，这对一个反讽者来说过于严肃了；而是因为那个善人

---

① 对于恋爱而言情况并非如此，这是为了再次阐明同样的观点，一个人通过规定其"怎样"并不能说出他所爱的是什么或是谁。所有恋人有着共同的恋爱的"怎样"，具体的人只需要为其所爱添上名字就行了。但就信仰而言（在最严格的意义上），关键却在于，这个"怎样"只适于一个对象。如果有人说，不错，但是果若如此，人们就会把信仰的"怎样"记在心里并且背诵出来。对此应该这样回答：这是行不通的，因为直接将之道出的人是自相矛盾，因为陈述的内容会在形式中不断被复制，孤立的定义也定会在形式中复制自身。

竭尽全力要把那个观点喊出去，而不是留在身内。[45]那个令人尊敬之士真能为那个观点这样做的——他竭尽全力想象着自己拥有那个观点，他会像女商贩那样为之做一切，他会为之甘冒生命风险，在乱世中甚至会走到为那个观点献出自己生命的地步①。[46]现在我十分肯定，此人必定拥有那个观点。不过，与此同时，可能还有一个反讽者活在世上，他甚至就在那个令人尊敬之士不幸被处死的时刻也忍不住大笑，因为他通过种种迹象得知，此人从未清楚地了解自己。这是荒谬可笑的，这类事情的发生并不会使一个人对生活灰心，因为一个在静谧的内省中真诚面对上帝的人关切自身，上帝会将其从妄想之中拯救出来，尽管他只是一个单纯的人，上帝将会引领他在内心性的痛苦之中走向真理。但是，发号施令和吵吵闹闹是谬见的标记，一种非正常状态的标记，就好像胃胀气，而且一个人碰巧在动荡中被处死所遭受的痛苦并不是那种本质上为内心性的痛苦。

　　这事应该发生在英国吧，一个男人在公路上遭到了强盗的袭击，那强盗用一顶巨大的假发使自己不可辨认。强盗冲向旅行者，一把揪住那人的胸口，大喊"拿出钱包"。他拿了钱包，把钱包留下，但却扔掉了假发。一个穷人打此路经过，他发现了假发，戴上了它，到了下一个城镇，旅行者已经在那里报了警；穷人被认出，被逮捕，被旅行者指认，发誓就是此人打劫了他。那个强盗碰巧出现在法庭上，他看到了这个错误，于是找到法官说："看来旅行者主要看的是假发而不是人。"他要求做一个测试。他把假发戴在头上，一把揪住旅行者的胸口，大喊"你的钱包"。旅行者认出了强盗并且要求指认，但麻烦的是他曾经发过誓了。每一个拥有"什么"但却没有留意"怎样"的人无论如何都会这样行事——他发誓，宣誓，跑腿，拿生活和鲜血冒险，被处死——只为一顶假发。

　　如果我没记错，之前我已经在本书中讲过这个故事，但是我希望用它结束这本书。[47]我不相信有谁会真正地用反讽的态度指控我改编了这个故事，结果它不再是同一个故事了。

---

① 在动荡的年代，当一个政权必须用死刑来捍卫其生死存亡之时，有人会因一个潜在的观点被处死就绝非不可想象，这观点更多是法律和民事的，而非智识的。

**注释：**

（1）"基督教世界有教养的人群中的基督徒"可能指丹麦社会展开的关于受良好教育者与教会的关系的争论。在第四章开首处假名作者就指出，教养越好，成为基督教徒的就越少。这里还可能指施莱尔马赫（Friedrich Schleiermacher）的名作《论宗教：告有教养的宗教蔑视者书》（Über die Religion. Reden an die Gebildeten unter ihren Verächtern）。

（2）"弗朗兹叔叔，大好人"是两本德文儿童和青少年读物中的主人公，该书有多个丹麦文译本，其中有1827年哥本哈根出版的《弗朗兹叔叔漫游五大洲——写给青少年的教育性和娱乐性读物》（J. C. Grote, Frants's Reise giennem alle fem Verdensdele. En lærerig og underholdende Læsebog for Ungdommen），以及1789年出版的《大好人：丹麦孩子的朋友》（K. T. Thieme, Godman eller den danske Børneven）。

（3）"未能下决心把自己的全部财产捐给穷人的年轻人"可能指《马太福音》19:16—22"富有的少年人"一节。耶稣行路时，有人跑来跪在他面前，问如何才能永生。耶稣重申了诫命，那人说自己都遵守了。"耶稣看着他，就爱他，对他说：'你还缺少一件，去变卖你所有的分给穷人，就必有财宝在天上；你还要来跟从我。'他听见这话，脸上就变了色，忧忧愁愁的走了，因为他的产业很多。"在《马可福音》10:17—22中记有相似的故事。但是，"福音书"最终传达出来的意思与本书不同。"福音书"虽然提到耶稣喜欢那少年，但他随后告诉门徒："骆驼穿过针的眼，比财主进神的国还容易呢"（19:24），显然有批判的意味。

（4）19世纪40年代，由于哥本哈根丧葬费用高昂，有些人组建私人协会，随时储蓄，以确保将来有足够的资金支付体面的葬礼费用。

（5）"孝心"原文为Pieteten，因在此特指对父母的敬重，故用汉语的"孝"加以诠释。

（6）"祈求基督离开他们的土地"典出《马可福音》5:1—17"医治鬼附之人"一节。耶稣来到海边，制伏了一些被污鬼附着的人和猪群，当地人害怕，"众人就央求耶稣离开他们的境界"。

（7）"时候满足"（Tidens Fylde）语出《加拉太书》4:4，保罗说："及至时候满足，神就差遣他的儿子，为女子所生，且生在律法以下，要把律法以下的人赎出来，叫我们得着儿子的名分。"此语同样出现在《哲学片断》第1章。

（8）"视孩子为罪人的严苛的基督教观点"语出《旧约·诗篇》51:5："我是在罪孽里生的，/在我母亲怀胎的时候就有了罪。"

（9）文中所引《圣经》词句出自《马太福音》19:14，其背景是有人带小孩子来见耶稣，要求耶稣给他们祷告，而门徒责备那些人。

（10）《马太福音》19:12的全句是："因为有生来是阉人，也有被人阉的，并有为天国的缘故自阉的，这话谁能领受，就可以领受。"

（11）《马太福音》19∶24 的全句为："我又告诉你们，骆驼穿过针的眼，比财主进神的国还容易呢！"

（12）在《新国际版研读本圣经》中，此处为"门徒听见这话，就希奇得很"。文中的"震惊"对应的是丹麦词 forfærdede，有被吓住的意思。

（13）《马太福音》19∶29 全句是："凡为我的名撇下房屋、或是弟兄、姊妹、父亲、母亲（有古卷添'妻子'）、儿女、田地的，必要得着百倍，并且承受永生。"

（14）"伦理的目的论悬置"（teleologiske Suspensioner af det Ethiske）是克尔凯郭尔假名著作《畏惧与颤栗》中"问题一"中提出的命题。中译本参《克尔凯郭尔文集》第 6 卷，京不特译，第 51—68 页，中国社会科学出版社 2013 年。

（15）《马可福音》10∶13 全句是："有人带着小孩子来见耶稣，要耶稣摸他们，门徒便责备那些人。耶稣看见就恼怒，对门徒说：'让小孩子到我这里来，不要禁止他们，因为在神国的，正是这样的人。'"

（16）"那样看着"（hiin Blik）语出《路加福音》22∶61。"主转过身来看彼得。彼得便想起主对他所说的话：'今日鸡叫以先，你要三次不认我。'"

（17）"模范"原文为拉丁文 Paradigma。

（18）"正统派针对自由思想家的咆哮"可能指格伦德威及其追随者，但此言出处未查明。

（19）"这样的人"原文为希腊文 τοιουτοι，对应于正文中的丹麦语词 Saadanne。语出《马太福音》19∶14，"因为在天国的，正是这样的人"。

（20）① "极端正统地强调洗礼式"可能指丹麦神学界就"洗礼"圣事展开的讨论，尤其指马腾森关于洗礼的理论。

② 《约翰福音》3∶1—21 中，记载有法利赛人尼哥底母夜见耶稣的事。耶稣告诉尼哥底母："人若不重生，就不能见神的国。"这时，"尼哥底母说：'人已经老了，如何能重生呢？岂能再进母腹生出来么？'耶稣说：'我实实在在的告诉你，人若不是从水和圣灵生的，就不能进神的国。从肉身生的就是肉身；从灵生的就是灵。我说："你们必须重生"，你不要以为希奇。风随着意思吹，你听见风的响声，却不晓得从哪里来，往哪里去；凡从圣灵生的，也是如此。'"（3∶4—8）

（21）"孩子般的"对应于 barnlig（childlike），取其"像孩子一样"的中性词义；而"幼稚的"对应于 barnagtig（childish），取其贬义。

（22）"信仰'并非每个人的事'"（ikke just Hvermands Sag），引文并无确切出处。但是在克尔凯郭尔拥有的《雅各比著作》（*Jacobi's Werke*）第四卷的"序言"中，他划出了这样的句子：Der Glaube ist nicht, wie die Wissenschaft, Jedermanns Ding, das heißt, nicht Jedwedem, der sich nur gehörig anstrengen will, mittheilbar. 显然，"ikke just Hvermands Sag"跟"nicht Jedermanns Ding"相仿。

（23）① "幼稚的正统信条"可能指格伦德威的观点，他创作的赞美诗常常描绘婴儿耶稣被裹在布里放在马槽中的形象。

②参《路加福音》2∶7，其中讲到马利亚"生了头胎的儿子，用布包起来放在马槽里，因为客店里没有地方。"

③"仆从的形象"出自《腓立比书》2∶5—7，保罗说："你们当以基督耶稣的心为心；/他本有神的形象，不以自己与神同等为强夺的，/反倒虚己，取了奴仆的形象，成为人的样式。"在《哲学片断》里，"仆从的形象"多次出现。

(24) "全能者"（den Almægtige；英 the Almighty）是对上帝的固定称谓语。

(25) "永永远远"（i alle Evigheders Evigheders Evighed），出处不明，但是 Evighedernes Evighed 在《圣经》中多次出现。例如，《旧约·但以理书》7∶18 中有言曰："然而至高者的圣民必要得国享受，直到永永远远。"《新约·加拉太书》1∶5，保罗说："但愿荣耀归于神，直到永永远远。"类似的用法可参《提摩太前书》1∶17，以及《启示录》中多处地方。

(26) "绊脚石和愚拙"语出《哥林多前书》1∶23，保罗说："我们却是传钉十字架的基督。在犹太人为绊脚石，在外邦人为愚拙。"此语在《哲学片断》和《附言》中多次出现。

(27) ①"婴儿耶稣"一段是对《福音书》所载耶稣诞生一节的戏仿。《马太福音》2∶1—12 中记载，耶稣诞生在伯利恒。有几个博士从东方来到耶路撒冷，称在东方看到了他的星，特来拜会他。希律王听后很不安，在咨询了祭司长和文士之后，差博士到伯利恒去探访。"他们听见王的话就去了。在东方所看见的那星忽然在他们前头行，直行到小孩子的地方，就在上头停住了。他们看见那星，就大大的欢喜。进了房子，看见小孩子和他母亲马利亚，就俯伏拜那孩子，揭开宝盒，拿黄金、乳香、没药为礼物献给他。"（9—11 节）在《路加福音》2∶8—14 中，还记载了看到耶稣出生后，"一大队天兵同那天使赞美神说：'在至高之处荣耀归于神！在地上平安归于与他所喜悦的人！'《福音书》中所用的"博士"一词 Magi，原意是"智者"，可能是星相家。克尔凯郭尔在这里用的是 de hellige Tre-Konger。

②"天开了"语出《约翰福音》1∶51，耶稣对门徒们说："我实实在在的告诉你们，你们将要看见天开了，神的使者上去下来在人子身上。"另见《使徒行传》10∶11；《启示录》4∶1。

(28) "小圆圣诞蛋糕"原文为 Pebernødderne，英译本中的 peppernuts 有些不明所以。

(29) ①"神之子"（Gudsbarnet）是固定用法，指拥有神的天性和美感的孩子。

②《约翰福音》1∶31 的全句为："我先前不认识他，如今我来用水施洗，为要叫他显明给以色列人。"1∶33 的全句是："我先前不认识他，只是那差我来用水施洗的，对我说：'你看见圣灵降下来住在谁的身上，谁就是用圣灵施洗的。'"

③《旧约·以赛亚书》53∶1—4 的全句为："我们所传的有谁信呢？/耶和华的膀

## 第五章 结 论

臂向谁显露呢？/他在耶和华面前生长如嫩芽，/像根出于干地。他无佳形美容，/我们看见他的时候，也无美貌使我们羡慕他。/他被藐视，被人厌弃；/多受痛苦，常经忧患。/他被藐视，好像被人掩面不看的一样，/我们也不尊重他。他诚然担当我们的忧患，/背负我们的痛苦；/我们却以为他受责罚、被神击苦待了。"

④《约翰福音》1∶35 的全句为："他看见耶稣行走，就说：'看哪！这是神的羔羊。'" 1∶42 的全句为："于是领他去见耶稣。/耶稣看着他，说：'你是约翰的儿子西门，你要称矶法。'"（矶法翻出来就是彼得）

(30) "诚心诚意地"原文为拉丁文 bona fide。

(31) 19 世纪上半叶，华尔兹是非常流行的音乐形式，一般在舞会和招待会上演奏。

(32) "罗得妻子的故事"典出《创世纪》19∶15—26。所多玛和蛾摩拉被毁灭之前，耶和华因怜恤罗得，遣天使让他带家人逃走。"罗得到了琐珥，日头已经出来了。当时，耶和华将硫磺与火从天上耶和华那里，降与所多玛和蛾摩拉，把那些城，和全平原，并城里所有的居民，连地上生长的，都毁灭了。罗得的妻子在后边回头一看，就变成了一根盐柱。"（23—26）

文中出现的 Ødelæggelsens Vederstyggelighed（"那行毁坏可憎的"）却并非出自罗得的典故，而是指耶路撒冷神庙中所设的异教祭坛，它被视为是亵渎圣地的不洁之物。此说出现在《旧约·但以理书》9∶27，11∶31；后来在《马太福音》24∶15 及《马可福音》13∶14 中提及。例如《马太福音》24∶15 中耶稣说："你们看见先知但以理所说的'那行毁坏可憎的'站在圣地（读这经的人须要会意）。"

(33) "《圣经》的神圣权威"指新教路德宗视《圣经》为所有信仰问题的最终、最具决定意义的权威的传统。

(34) "可怜的家伙"（et sølle Skrog）指安徒生小说《小提琴手》（*Kun en Spillemand*）中的主人公克里斯蒂安（Christian）。克尔凯郭尔最早发表的作品《一个活人的作品》（*Af en endnu levende Papirer*）就是对该小说所做的评论。

(35) ①奥利佛·克伦威尔（Oliver Cromvell, 1599—1658），英国清教徒、军事家、政治家。他青年时代沉湎于酒色，后来在宗教热情的引领下创立了一个有武装的宗教性政党"独立派"。1649 年，他迫于民众压力处决国王查理一世，成立共和国。1653 年实施军事独裁统治，自任"护国王"。每次政治行动他都委以天意和上帝的旨意。参博蒂格（H. Böttiger）所著《传记中的世界史》（*Verdenhistorien i Levnetsbeskrivelser*, 1845）。

②"人民的声音"原文为拉丁文 vox populi；"上帝的声音"原文为拉丁文 vox dei。

(36) "反抗土耳其人、俄国人、罗马人的奴役"指格伦德威在《北欧神话》（*Nordens Mythologie*）以及演讲《论北欧的历史》（*Om Nordens Historiske Forhold*）中的

521

观点，他很典型地把基督教和教会的历史描绘成是与土耳其人、俄国人、罗马人以及其他异教徒斗争而最终获胜的历史。

（37）"接受了灵魂，在其灵魂的见证之下知道……"语出《罗马书》8：15—16，保罗写道："你们所受的不是奴仆的心，仍旧害怕；所受的乃是儿子的心，因此我们呼叫'阿爸、父'。圣灵与我们的心同证我们是神的儿女。"中文《圣经》中的"心"对应于丹麦文的 Aand，英文的 spirit，为语句通顺故译者改译为"灵魂"。

（38）这里的"迷失"（fortabe）和"丧失""损失"（tabe）在文字上构成了一种对应。

（39）1825年，丹麦政府从英国威尔森金融集团（Th. Wilson & Co.）购买了一笔利息为3%的债券，但该集团于1837年倒闭，债券被转移给了另一家英国金融公司罗特希尔德（Rothschild），此举引起了民众的担忧。直到政府官员发表书面声明，说债券条款不会改变，民众的情绪才得以平抚。克尔凯郭尔著作的注释者们未能找到文中所说的"民众集会"的具体所指。

（40）"支持和反对"原文为拉丁文 pro og contra，og 为丹麦文，意为"和"。

（41）"善有善报"对应的是丹麦语谚语 Lige for Lige naar Venskab skal holdes。

（42）"汗流满面"（i sit Ansigts Sved）是对《创世记》3：19的戏仿。耶和华对亚当实施的惩罚中有这样的句子："你必汗流满面（I dit ansigts sved），/才得糊口，/直到你归了土，/因为你是从土而出的；/你本是尘土，/仍要归于尘土。"

（43）这里的"嘲弄者"（en Spotter）指路德维希·费尔巴哈。据克尔凯郭尔的远亲、哲学教授 Hans Brøchner 的回忆，克尔凯郭尔在与他的谈话中经常提及费尔巴哈，称赞费尔巴哈对基督教的理解清晰、透彻。克尔凯郭尔感受到了费尔巴哈的感性和激情，但同时也注意到了感性所带来的软弱。参 *Encounters with Kierkegaard：A Life as Seen by His Contemporaries*, collected, edited and annotated by Bruce H. Kirmmse, translated by Bruce H. Kirmmse and Virginia R. Laursen, Princeton University Press 1996, p. 233.

（44）"头等"原文为拉丁文 Laudabilis，直译为"值得称赞的"。

（45）"乐在变化多端中"原文为拉丁文 in variatione voluptas，其实应为 in varietate voluptas。

（46）"女商贩"（Rendekjærling）指走街串巷贩卖商品或替人跑腿的老年妇女；还指长舌妇。在英译本中，这个词被译为 an errand boy。

（47）参本书第二部，第一册第一章《致谢莱辛》。

# 附录　与读者达成的共识

本书的署名人约翰尼斯·克利马克斯，他撰写了这本书，并不自称为基督教徒，他全身心从事的是揭示作一个基督教徒有多困难；他更不是那种曾经是基督教徒、但却因向前超越而停止为之的人。他是一个幽默家，满足现状，期待着某种更高的东西降临到他的身上；他感到格外幸福，如果最坏的情况发生，他恰好诞生在一个思辨的、神学中心的世纪。的确，我们这个时代是一个为思辨思想家和有着无与伦比的发现的伟人们而在的时代，但是我仍然认为，这些令人尊敬之士当中没有哪一个能够像一个秘密的幽默家那样在私下里健康快活，不管他是在与世隔绝中捶着胸，还是开怀大笑。[1]因此他完全可以成为一名作家，只要他小心，他所做的都是为自身的乐趣——他处在与世隔绝的状态，没有挤进人群，没有迷失在时代的意义当中，像失火现场好奇的旁观者那样被派去打开消防栓，或者仅仅因可能挡住各种各样的杰出之士的想法而尴尬，那些人有、应该有、必须有而且愿意有其重要地位。[2]

整本书都在以试验的距离感讨论我自己，只关乎我自己。"我，约翰尼斯·克利马克斯，现年30岁，哥本哈根出生，一个跟绝大多数人一样的普通人，我听说有一种叫做永恒福祉的至善在等着我们，基督教将会通过与之建立关联的方式对我们产生重大影响。现在我要问，我怎样才能成为一名基督教徒。"（参"导论"）[3]我发问只是为我个人之故，我的确正在这样做，或者毋宁说，我已经就此发问了，因为那正是本书的内容。因此，任何人都别费事了，说这本书完全是肤浅的，与时代毫无关联，除非他最终有话要说，因为果若如此，这正是本书作者早已宣布过的他想要的评判。在我们这个时代写这样一本书多么令人难堪，如果有人注意到这本书的话，对此他是十分了解的。因此，但凡有一个人——不过我说什么呢，你怎么使我失去自制力了呢，虚荣的心，不，不，被诱惑不是件好事。不过我要说，但凡有一个人能够告诉我，可以在何处、向谁请求许可，许可我敢于以单个的人的名义写作，或者打着人类、世纪、我们的时代、公众、众人、多数人的旗号自诩为作家；或者得到那种应该被视为更为罕见的好处，即单个的人敢于在与"打着众人的旗号"的公众相对立的情况下写作，就同一桩事情以另一种多数派的名义与多数派相对立，敢于在自认隶属于少数派的情况下以多数派的名义写作。[4] 结果，作为单个的人，他同时通过作少数派拥有了斗争的张力，又通过作多数派而为世界所喜闻乐见。如果有谁能告诉我，这种请求得到批准的代价几何，因为即使这代价不以金钱支付，它们肯定也十分巨大；然后，在这代价不超出我的能力的前提下，我或许无法抵御尽早写出一本极端重要的书的诱惑，这书以不计其数的人的名义而写。直到那时，根据他的观点和我的"责备是另外一回事"的观点，没有人会责备这本书肤浅，如果他无法解答被问及的问题的话。

那么，这本书是肤浅的，因此就别费劲去参考它吧；因为参考这本书的人正因为如此是误读了它。对于幽默家来说，成为权威是一种负担沉重的生存，幽默家恰恰把下述情况视为生活中的一种舒适享受，即有一些伟人，他们能够并且愿意成为权威，人们可以从他们身上获得不假思索就接受其观点的好处，如果人们不想愚蠢地把那些伟人推翻的话，因为这是无人能够从中获利的事。尤其是，上天保佑这本书，保佑我免遭一切赏识的暴力——一个咆哮的党棍以赏识的态度引用这本书并且把我纳入人口普查数据之中。如果他忽略了这一点，即任何党派都无法从一个试验性的幽默家那里获得服务；那么，幽默家也就能更好地理解自己对于千方百计试图逃避的东西的无能为力。我不具备做党派路线执行者的素质，因为我除了认为"成为一名基督教徒应该是最困难的"的观点之外没有任何观点，而这个观点根本不算什么观点，它也不具备一种"观点"通常所有的特质。它不会让我自命不凡，因为我并不自诩为基督教徒；它没有冒犯基督教徒，因为他们肯定丝毫不会反对我把他们已经做的和正在做着的视为是最困难之事；它没有冒犯攻击基督教的人，因为此人越是比"这是万事之中最难之事"向前一步，其战果越是巨大。结果，我不需要任何来自现实的证据以证明我真的拥有一个观点（一个追随者，一声欢呼，被处死，等等），因为我没有任何观点而且也不希望拥有任何观点，我满足于此且自得其乐。正如人们在天主教的书籍中、尤其是早期书籍的封底会找到一条声明，告知读者应该在与普世圣公教会的教导相一致的情况下去理解全书；同样，我所写的书中也包含一则信息：应按它将被取消的方式去理解全书。[5]这本书不仅没有结论，而且它是一种取消。人们不能再期待更多的东西了，无论是之前还是之后。

  写作并出版书籍的确是一个无辜的消遣和享乐——如果一个人甚至连出版商都没有，他有可能陷入书卖不出去的困境；这是一个在秩序良好的、能够容忍奢华的国度中合法的私人事业，在这个国家中，每个人都可以随心所欲地支配自己的时间和金钱，不管是用来盖房子、买马匹、上戏院还是写作肤浅的书籍并且把它们印刷出来。[6]但是，如果写书这事是这样的话，即想象自己有一位时不时出现在书中的读者，请注意，当人们丝毫不想尝试去约束一个单个的、真正存在的人成为读者的时候；写书相应地就不该被视为生活中无辜且合法的隐秘快乐之———它既没有违反礼拜日法规，也没有违反其他责任和行为规范。[7]"只有肯定的东西才能干预另一个人的个人自由。"（参本书"序言"），否定的东西是礼貌，在此我们甚至都不能说它需要花钱，因为只有出版才需要钱，而且即使人们粗鲁地把书硬塞给民众，也不能说有人花钱买了书。[8]在一个秩序良好的国度，秘密恋爱当然是允许的，而且恋爱的秘密越深，就越被允许。反之，一个男子贸然与所有女孩搭讪，向每个女孩保证，她才是真正被爱着的人，这是不允许的。对于一个已有真正恋人的男子来说，忠诚和行为规范将禁止他沉浸于想象的爱情之中，尽管他做得非常隐秘。但是对于没有恋人的男子来说，他的确可以获准这样做；而那个并无真正读者的作家，他可以获准想象一位读者，甚至还获准承认这一点，因为他当然没有冒犯任何人。赞美秩序良好的国度！让懂得如何珍视它的人拥有令人艳羡的福气！怎么会有人忙着要改良这个国家，并且改变政体呢！[9]所有政体中君主制是最好的，它比任何其他政体都更鼓励和保护私人的隐秘幻想和纯洁的疯狂举动。只有民主制，最专制的政体，才会制约每个人都积极参与，对此当今时代的各种协会和公众集会已经充分地提醒我们那都是些什么了。一个人愿意统治，从而让我们其他人自由自在，这是专制制度吗？不是。但是，所有人都愿意统治，而且制约着所有人都参与统治，甚至是制约那些非常迫切地想使自己免于参与统治的人，这才是专制。

  对于一位作家来说，一名想象中的读者就像秘密的虚构和完全个人化的享乐一样与任何第三者无关。就让这一点成为民事性的谢罪和对根本不需要辩护的东西所做的辩护吧，因为通过秘密它免遭攻击——拥有想象的读者，这是纯洁的、被允许的但却又可能是令人蔑视和遭人误解的享乐，一种无限性的欲望，这是最纯粹的思想自由的表现，恰恰因为它拒绝了言论自由。(10) 我认为我没有资格对这样的读者表达尊敬和赞美；每一个与他打过交道的人肯定都不会否认，他绝对是所有读者当中最令人愉快的。他立刻就能理解一个人，并且还能一点一点地理解；他有耐心不跳过那些从句，不从片段的纬线快速跳跃到目录的经线；他能像作家一样持久忍耐。他能够理解，理解就是取消，与作为唯一的读者的他达成共识其实就是取消一本书。他能够理解，撰写一本书并且取消它与压根没有把书写出来是两回事，写一本并不要求对别人具有重大意义的书与根本没有动笔写作是两回事。尽管他一直随和，从不反对他人，但人们对他会比对读者沙龙中吵吵闹闹的矛盾更尊敬；之后，人们还能在完全的信任之中与他交谈。

亲爱的读者！我本人要说，我只是一个哲学门内的冒失鬼，受召开辟一个新的方向；我是一个可怜的单个的生存者，拥有合理的、自然的能力，甚至不乏一定的辩证能力，也并非完全缺少学习。不过，我在生活的各种形式中经受考验，我信任并且求助于我的痛苦，不是在使徒的意义上将这痛苦视为个人荣誉，因为它们过于经常地成为自伤性的惩罚；我诉诸他们是把他们当成我的导师，有比斯蒂戈蒂乌斯诉诸所有他求过学的和参加过辩论的大学更多的情致。(11) 我的求助带有一定程度的真诚，这真诚禁止我模仿我不懂的事物，并且就与黑格尔的关系而言——他早就给我的孤独带来了痛楚，除了在特殊情况下，我拒绝诉诸于他，正如人们必须放弃通过亲和力而获得的认识那样，我则持续地作我自己认可的无限渺小的人，一个正在消失的、不为人知的原子，就像所有单个的人一样。这种真诚反过来安慰我，并且以一种超乎寻常的喜剧感和使荒谬可笑之事显得可笑的能力来武装我；因为奇怪的是，我并不能把不可笑的事弄得荒谬可笑，这可能要求其他的能力。我这样看待我自己：我是通过自主思考才发展到今天的，通过阅读受到了文化的教养，通过生存自我定位为做好一名学徒、一个学生的准备，这其实已经是一项任务了。我并不假装自己有在一种更高意义上开始学习的更高的能耐。但愿能够在我们中间发现导师！我所说的不是关于古代学问的导师，因为我们有那样的导师，假如那就是我要学习的内容的话，则一旦我获得了能够开始学习的必要的准备性知识，我就已经得到了帮助。我所说的不是关于哲学史的导师，我肯定是缺乏那方面知识的——但愿我们有位导师。我所说的不是关于宗教演说中的困难的艺术的导师，因为我们有那样的杰出之士，而且我知道，我曾经尽全力想利用其严肃的指导。[12] 我知道，我不应狡猾地谎称某种东西是我自己的，或者用我的偶然性存在来衡量他的重要性，对此我即便不是因占有所带来的益处、也是出于我对尊敬的牧师的敬畏而知道的。我所说的不是关于诗歌之美的艺术及其语言和趣味的奥秘的导师，因为我们有这类人，这我是知道的，我希望我永远都不会忘记他，也不会忘记我欠他的东西。[13] 不，我所说的、且用另一种方式——两面性的、令人怀疑的方式——所说的导师，是思考生存和"去生存"的两面性艺术的导师。[14] 假如这样的导师被发现了，如果他想通过出版物来照管我的教育，而且为此目的缓慢而逐步地进行——允许我提问，就像一切优质教育所允许的那样，并且在我完全理解之前延缓向前；那么我敢保证，这定会有良好的效果。换言之，我不能接受的是，这样的导师意味着他只会做一个平庸的宗教教师在初等公立学校所做的事：每天给我布置一个段落，第二天要能把它背下来。[15]

但是，既然直到目前为止还没有一位恰好提供我所寻求的指导的导师现身（不管这是令人高兴的还是悲伤的标记），那么，我的追求正因为如此就是无意义的，且只为我个人的乐趣，如其所应是，当一个学生在生存中并不愿意去教导其他人的时候（让当这样的导师的空虚的、虚荣的想法远离我吧），他提出了我们对学生的期待，在本质上并不比每个人大概所知的更多或更少，只是他所知的更为确定；在另一方面，就所有人都知道的或者认为自己知道的很多东西而言，他确切地知道一点——他并不知道。在这一方面，如果我不是对您——我亲爱的读者、而是对别人说出这话，或许没有人会相信我。因为在我们这个时代如果有人说，我知道一切，那么人们会相信他；但是那个说"有很多东西我都不知道"的人，他会被怀疑是在撒谎。请回忆一下斯柯里布的一出戏，其中有个经历了一场轻浮爱情的男人说，当他对一个女孩感到厌倦的时候，他就采用这种方法，他给那女孩写信，说"我知道一切"……然后，他补充说，这一招从未失灵。[16] 在我们这个时代，我不相信任何一个说"我知道一切"的思辨思想者会失败。噢，但是那些不敬神的人，说谎的人，他们说有很多东西并不知道，他们在这个最好的世界中得到了应得之物——对于所有通过知道一切或者什么都不知道而与世界开玩笑的人们而言的最好的世界。[17]

约翰尼斯·克利马克斯

最后的、非科学性的附言

**注释：**

（1）"捶着胸"（slaaer sig for sit Bryst）语出《路加福音》18：9—14，耶稣拿同去圣殿中祷告的法利赛人和税吏打比方。"法利赛人站着自言自语的祷告说：'神啊，我感谢你，我不像别人，勒索、不义、奸淫，也不像这个税吏。我一个礼拜禁食两次，凡我所得的都捐上十分之一。'那税吏远远的站着，连举目望天也不敢，只捶着胸说：'神啊，开恩可怜我这个罪人。'我告诉你们，这人回家去比那人倒算为义了。因为凡自高的必降为卑；自卑的必升为高。"

（2）根据1818年5月1日颁布的哥本哈根消防条例第49条，平时所有人禁止打开消防栓，但如果火警信号发出，每个在失火现场自愿提供帮助的人，可在消防队员的指挥下，在确保能够胜任的情况下打开消防栓。

（3）参本书"导论"，但措辞略有不同。

（4）这一段出现多次的"单个的人"对应的是 eenligt Menneske，英译为 solitary person，不同于此前出现的"单一个体"或"单一者"（det enkelte Individ 或者 den Enkelte）。enlig 有"单个的""独自的""孤零零的""未婚单身的"等涵义，这里为了与公众、大众、多数派对立而译为"单个的人"。

（5）自15世纪中叶印刷术发明后，这种在封底印制声明的做法在天主教国家相当普遍，此举跟严格的新闻检查制度有关。

（6）本书原版是由 C. A. Reitzel 出版并发行的。

（7）"礼拜日法规"（Helligdags-Anordningen）指1845年3月26日颁布的新条例，涉及礼拜日和其他宗教节日的欢度方式，其中规定了商店的关门时间，白天禁止大声喧哗，尤其是在礼拜时间。

（8）"序言"中的措辞略有不同："在辩证的理解之下，干扰并不是否定性的东西，而是肯定性的东西。"

（9）"改良国家、改变政体"指兴起于19世纪40年代的丹麦自由派和共和派的活动，前者希望建立君主立宪制，后者则希望彻底废除帝制。这场运动最终以1849年6月5日国王弗里德里希八世签署宪法而告终，丹麦完成了由君主专制国家向君主立宪制国家的和平转换。

（10）1851年1月3日，丹麦通过立法确立公民享有"言论自由"（Yttringsfriheden）。

（11）①这里所说的使徒可能指保罗。在《哥林多后书》11：23—29中，保罗讲述自己作为基督的仆人，下监牢、受鞭打、冒死、受劳碌、受困苦、受饥寒等，最后说："除了这外面的事，还有为众教会挂心的事，天天压在我身上。有谁软弱，我不软弱呢？有谁跌倒，我不焦急呢？"

②斯蒂戈蒂乌斯（Stygotius）是贺伯格发表于1724年的喜剧《雅各布·冯·曲堡或夸夸其谈的士兵》（*Jacob von Tyboe Eller Den stortalende Soldat*）中的一个文学博士。

《哲学片断》的"前言"中即引用过此典。

（12）这里所说的在宗教演说艺术方面的"杰出之士"指大主教明斯特（J. P. Mynster），他除了撰写布道辞外，还于1812年出版论著《布道艺术论》（*Bemærkninger om den Kunst at prædike*）。

（13）这里所说的不能忘怀的诗歌艺术的导师可能指海伯格（J. L. Heiberg）和奥伦施莱格尔（Adam Oehlenschläger）。

（14）"两面性艺术"（den tvetydige Kunst）的说法曾在克尔凯郭尔日记（JJ: 411a）中有这样的议论："其意思是说，人们或者能够通过成为见证人而学习，因为成为见证人不是什么直接的沟通；或者把这一点澄清，即根本没有这方面的导师。"参 *SKS*, vol. 18, p. 277.

（15）"初等公立学校"（Almueskole）相当于小学至初中的公立教育，这个概念最早于1899年立法通过。其时宗教教育所占比重较大，一般采用巴雷（N. E. Balle）和巴斯特霍尔姆（C. B. Bastholm）专为学校编写的宗教课本，简称《巴雷教理问答》（*Balles Lærebog*），首版于1791年，其中的教理和解说要求学生能够背诵。

（16）斯柯里布（Augustin Eugène Scribe, 1791—1861）是法国戏剧家，以多达350出各类闹剧、喜剧、歌剧脚本统领巴黎戏剧界40年。在1824年至1874年间，斯柯里布和海伯格是丹麦皇家剧院的上座剧作家，他有大约一百部戏被演出。克尔凯郭尔假名作品《非此即彼》上卷中《初恋》曾讨论斯柯里布的喜剧。此处所说的是斯柯里布的喜剧《锁链》（*Une Chaîne*）第4幕、第1场。该剧1842年5月27日在皇家剧院首演，最后一次演出是1844年5月11日，共演出9场。

（17）① "这个最好的世界"（denne den bedste Verden）是莱布尼兹在《神正论》中提出的命题，即如果世界不是最好的、可思议的，则上帝就不会创造世界。这个命题在法国启蒙哲学家伏尔泰的哲理小说《老实人》（*Candide*, 1759）里被反讽性地转变成："在可能的诸世界中最好的世界里，一切都是好的。"

② "开玩笑"对应的是 have den til Bedste，这显然与前述 den bedste Verden 构成文字游戏。

# 最初和最后的说明

　　为形式和秩序之故，我要在此承认一件事，此事实际上几乎没有人有兴趣知道，如人们所说的，我是下述作品的作者：《非此即彼》（维克多·艾莱弥塔），哥本哈根1843年2月；《畏惧与颤栗》（约翰尼斯·德·希兰提欧），1843年；《重复》（康斯坦丁·康斯坦蒂乌斯），1843年；《恐惧的概念》（维吉利乌斯·豪夫尼恩西斯），1844年；《前言》（尼古拉斯·诺特宾尼），1844年；《哲学片断》（约翰尼斯·克利马克斯），1844年；《人生道路诸阶段》（书籍装订人希拉瑞乌斯，威廉·阿夫海姆，法官，佛拉塔·塔西图诺斯），1845年；《对〈哲学片断〉所做的最后的、非科学性的附言》（约翰尼斯·克利马克斯），1846年；《祖国报》1843年第1168期上的一篇文章（维克多·艾莱弥塔）；《祖国报》1846年1月的两篇文章（佛拉塔·塔西图诺斯）。[1]

　　我的假名或者多重假名在我的人格中并无偶然根据（这当然不是因为害怕法律的惩罚，在这方面我不觉得自己触犯了哪一条法律，在著作出版的同时，印刷商和作为政府官员的新闻检查官总是要被正式告知作者是何许人氏）。[2] 相反，这根据本质上就在创作本身，它因对白和心理学层面上形形色色的个性差异之故，诗性地要求不在善与恶、伤心欲绝与欢天喜地、绝望与自大、痛苦与欢愉等等之间做出区分，这些只是从心理学的后果出发以理想的方式做出的界限划分，实际上没有真正的人敢于或者愿意涉足现实中的道德界限。所写的东西当然是我的，但只是在这个意义上才是：我用使对白可听的办法，把创作出来的诗性意义上的真实个体的人生观塞到他的口中。这是因为我与我创作的人物之间的关系比诗人的距离更远，诗人创造人物，但他本人仍然是前言中的作者。换言之，我是非人格的或者说以第三者出现的人格化的提词人，我以诗化的方式创造出了作者，他们的前言相应的就是他们的作品，他们的名字也是如此。[3] 因此，这些假名著作中没有一个字出自我本人；除了作为第三者，我对它们没有任何见解；除了作为读者，我对其重要性一无所知，甚至与它们没有一丝一毫的私人关系，因为与双重反思的沟通有这样的关系是绝无可能的。出自我的人格的、用我自己的名字的哪怕一个字势必都会带来傲慢的自我遗忘，从辩证的角度出发，哪怕一个字都将在本质上毁了假名作者。在《非此即彼》中，我既非诱惑者，亦非法官，同样也完全不是出版人维克多·艾莱弥塔；他是一个诗性层面上的真实的主体性思想家,人们会在《酒中有真言》一文中再次找到他。(4) 在《畏惧与颤栗》中,我既不是"沉默的约翰尼斯",也完全不是他所创造的"信仰的骑士",同样也完全不是该书前言的作者,那是在诗性层面上的真实的主体性思想家的个性独白。在受难故事中("有罪?还是无罪"),我既不是试验中的"无名氏",也完全不是试验的实施者,因为试验实施者是一个诗性层面上的真实的主体性思想家,他用试验构建起来的是他根据心理学后果创作出来的作品。于是乎我是无关紧要的,也就是说,我是谁、我怎么样都无关紧要,而这一点反过来又是因为下述问题与作品绝对无关,即在我的内心里,我是谁、我怎么样是否对我本人也是无关紧要的。因此,很多没有辩证重复的事业可以幸运地与杰出之士的事业达成完美的和谐,并带来重要意义,但对于一个其作品或许并非没有引起关注的、完全无关紧要的养父来说,它只会造成干扰。我的字迹,我的肖像,凡此等等,这些将跟我是戴平底礼帽还是软帽出门的问题一样,只会成为那些把无关紧要之事看得意义非凡的人们关注的对象——或许这是对他们把意义非凡之事看得无关紧要的一种补偿。在法律和文学的意义上责任在我①,而在辩证的意义上不难理解,正是我促成了作品在现实世界中成形,这个世界自然是不会与诗性层面上的真实作家打交道的,于是结果就是,它以法律和文学意义上的绝对权利与我相关。说在法律的和文学的意义上,是因为如果所有的诗性作品的对白都是出品人(字面意义上理解)自己说出的话,那么,正因为如此,这些作品就不可能完成,或者是无意义的、令人无法忍受的。因此,我的愿望,我的祈祷就是,如果有谁心血来潮地想从这些书中引用一段文字,那就行行好,请引用假名作者的名字,而不要用我的名字;也就是说,把我们分开:文字在女性的意义上隶属于假名作者,而责任在民事的意义上是我的。从一开始我就已经清楚地领悟到了并且还在领悟,我个人的现实性是一种麻烦,对此假名作者充满情致地、任性地应该希望尽早摆脱,或者尽可能地使之无意义,但却又在反讽意识下希望将之作为疏离性的对立面与之同在。这是因为,我集秘书和对一位作家或者作家们的辩证重复的作家为一身,后者颇具反讽性。因此,尽管所有那些最终对此事有所关心的人很可能在这份声明出台之前就已经理所当然地把我当成这些假名著作的作者,这份声明或许仍会在第一时刻产生一种奇怪的效果,即我本人的确应该知道得更清楚,我才是唯一只能以怀疑的、模棱两可的方式把自己视为作者的人,因为我是比喻意义上的作者;而在另一方面,我就是,比方说,那些建设性演说以及它们当中的每个字的真正的和字面意义上的作者。诗性的作家拥有确定的人生观,这样理解之下的对白有可能意义非凡、机智风趣、发人深省,但在一个确定的真实存在的单一个体的口中,它们或许会听起来奇怪、可笑、令人厌

---

① 由于这个原因,我的名字曾作为出版人首先出现在《哲学片断》的书名页上(1844年),因为这个主题的绝对意义要求在现实中有对责任意识的表达,即由一个有名有姓的责任人来承担现实性所提供的东西。(5)

恶。如果有谁以这种方式，即在不了解与遥远的理想的教化关系的情况下，通过对我的真实人格的错误纠缠，歪曲了对这些假名作品的印象，那么他就是欺骗自己，他把我个人的现实性塞进去，没有与诗性层面上真实存在的作家的双重反思的轻松理想共舞，以此方式他实实在在地欺骗了自己。如果有谁做出了错误的推论，粗暴地、毫无意义地把我隐秘的独一无二性从质的对立面闪烁其词的辩证双重性当中拽出来从而欺骗了自己的话，这事可真不能怪我，我恰如其分地为这种关系的纯粹性考虑，曾竭尽所能去阻止读者世界当中的好事之徒从一开始就费尽心机想要企及的东西——上帝才知道他们是为何人的利益。

看起来机遇对这份声明发出了邀约，的确，它几乎是在向不情愿的人提出要求；于是，我将利用这个机会做出一份公开而直接的声明，不是作为作者，因为我并不是通常意义上的作者，而是作为一个曾为使假名作者出现而工作的人。首先我要感谢政府，它以多种方式支持我的奋斗，在 4 年零 3 个月的时间中其努力或许一天都不曾中断，它所给予我的超出了我一直以来的期待，尽管我本人敢于作证，我尽了最大所能在拿生命冒险；它至少超出了我现有的期待，尽管呈现在这里的对其他人来说不过是冗长而无足轻重的东西。[6]因此，怀着对政府的真诚感谢，我发现自己并未感到不安，我无法说我做出了某种成就，或者更无关紧要的，说我在外在世界中有所成就。我发现在反讽的意义上这是恰如其分的，至少，我的作品和我模棱两可的作者身份所获得的酬劳完全是苏格拉底式的。[7]——其次，我之前已经恰当地请求过原谅和宽恕，如果有人对我的说话方式感到不妥，尽管他本人或许以不恰当的方式对我所说的表示忽略。现在，我想怀着回忆的感谢怀念我已逝的父亲，我欠他最多，包括我的工作。[8]——以此，我怀着对我的假名作者们未来命运的充满疑虑的良好祈愿与之告别，如果命运对他们有所青睐的话，那就应该按他们所意愿的那样。我的确是通过亲密信任的关系才认识他们的；我知道，很多读者都是他们不期待或者不希望拥有的——但愿他们可以幸运地找到几个他们所希望的读者。——我的读者，如果我敢谈论这样一位读者的话，我想请求一种遗忘性的记忆，一个标记，说他所想起的是我，因为他记起我与那些书无关，这是此处的情况所要求的。正如感谢是在告别的瞬间真诚呈现的，我顺便诚恳地向每一位保持沉默的人表达谢意，并且对讲过话的 Kts 表达我深刻的敬畏。[9]

如果这些假名作者不知以何种方式冒犯了任何一位令人尊敬之士，甚至是我本人崇拜的人物，如果假名作者们不知以何种方式干扰了或者使现存秩序中某种真实存在的善变得模棱两可；那么没有人比我更愿意道歉了，我毕竟承担着控制笔杆的责任。我对假名作者的了解自然不能赋予我任何见解，但是对于他们的认可也没有任何疑虑，因为他们的意义（不管它目前实际上变成了什么）不是无条件地提出某种新建议，做出前所未闻的发现，或者成立一个新的政党并且向前超越；他们的意义恰恰在于反面，在于不愿拥有任何意义，在一定距离之外，以双重反思的疏离感独自阅读那些个体的人的生存状况的原始著作，父辈传下来的古老的、耳熟能详的著作，如果可能的话，以一种更真诚的方式去阅读。

但愿没有哪个新手将其辩证的手伸到这部著作上，就让它保留现在的样子吧。(10)

哥本哈根 1846 年 2 月
S·克尔凯郭尔

**注释**：

（1）①克尔凯郭尔在此之前从未正式承认自己的假名作品，尽管很多人已经知道他就是那些作品的作者。这些假名作者的名字大多是有寓意的，为给读者的阅读留下空间，此处采用音译法。下面是文本中出现的假名作品的详细信息。

《非此即彼》（*Enten – Eller*），作者 Victor Eremita，意为"胜利的隐士"。

《畏惧与颤栗》（*Frygt og Bæven*），作者 Johannes de silentio，意为"沉默的约翰尼斯"。

《重复》（*Gjentagelsen*），作者 Constantin Constantius，出自拉丁文 constantia，意为"恒久不变"。

《忧惧的概念》（*Om Begrebet Angest*），作者 Vigilius Hafniensis，意为"哥本哈根的守望者"。

《前言》（*Forord*），作者 Nicolaus Notabene，Notabene 意为"批判性的注解"，而简写形式 N.N 可做"无名氏"解。

《哲学片断》（*Philosophiske Smuler*）及《对〈哲学片断〉所做的最后的、非科学性的附言》（*Afsluttende Efterskrift til de philosophiske Smuler*），作者均为 Johannes Climacus，意为"爬天梯的约翰尼斯"。文本中克尔凯郭尔漏掉了《附言》长标题中的 *uvidenskabelig*（"非科学性的"）。

《人生道路诸阶段》（*Stadier paa Livets Vei*），作者分别为 Hilarius Bogbinder，意为"快乐的书籍装订人"；William Afham，Assessoren，意为"法官"；Frater Taciturnus，意为"沉默的兄弟"。

②《祖国报》（*Fædrelandet*）上署名 Victor Eremita（即"胜利的隐士"）的文章题为《致谢海伯格教授》（Taksigelse til Hr. Professor Heiberg），该文是对海伯格撰写的《非此即彼》的评论的反讽性回应。

③《祖国报》上署名为 Frater Taciturnus（"沉默的兄弟"）的两篇文章一篇发表在 1845 年 12 月 27 日第 2078 期，第二篇发表在 1846 年 1 月 10 日第 9 期，两篇均与其时哥本哈根闹得沸沸扬扬的《海盗报》有关。

④除了文中承认的《祖国报》文章两篇外，克尔凯郭尔在 1842 年 6 月至 1845 年 5 月期间还在该报上发表了另外 5 篇文章，它们是：

《公开的写作目标》（*Aabenbart Skriftemaal*），1842 年 6 月 12 日第 904 期，署名 S. Kierkegaard。

《谁是〈非此即彼〉的作者》（*Hvo er Forfatteren til Enten–Eller*），1843 年 2 月 27 日第 1162 期，署名为 A. F……。

《简短声明》（*En lille Forklaring*），1843 年 5 月 16 日第 1236 期，署名 S. Kierkegaard。

《声明及补充》（*En Forklaring og Lidt til*），1845 年 5 月 9 日第 1883 期，署名 S. Kierkegaard。

《略论唐璜中的一个细节》（*En flygtig Bemærkning betræffende en Enkelthed i Don Juan*），1845 年 5 月 19 日至 20 日第 1890—1891 期，署名 A。

（2）根据 1799 年 9 月 27 日颁布的出版自由法案，丹麦并不全面进行新闻检查，但对于批评宪法、政府、国王以及宗教的撰稿人则有一系列相应的惩罚举措。一旦撰稿人被判违反上述法规，其作品将终生受到警察的检查。法案规定，公开出版物不允许匿名，须署全名和真名，防止掩盖不良的写作意图。但这项规定随着时间的推移并未坚持下去，到克尔凯郭尔的时代，无名出版或假名出版著作已相当普遍。

（3）"提词人"原文为法文 Souffleur。

（4）《酒中有真言》（*in vino veritas*）是《人生道路诸阶段》中的开篇作品。

（5）克尔凯郭尔将《哲学片断》的誊清稿送交出版商时署的是自己的名字（写为 S. Kierkegaard），但在最后一刻决定以约翰尼斯·克利马克斯作为作者，自己的名字则作为出版人出现在标题页上。

（6）"4 年零 3 个月"的起算时间始于 1841 年 10 月 25 日，当时克尔凯郭尔前往柏林，并在柏林停留期间埋头写作《非此即彼》。

（7）"苏格拉底式的报偿"指苏格拉底不向跟自己谈话的人或者自己的追随者收费任何费用。

（8）克尔凯郭尔将其 1843 年至 1845 年间发表的真名著作全部题献给了他的父亲迈克·彼得森·克尔凯郭尔（Michael Pederson Kierkegaard，1756—1838）。

（9）"Firmaet Kts"直译应为"署名为 Kts 的作者"，指雅各布·彼得·明斯特，Kts 是明斯特发表作品时的署名（Ja*k*cob Peter Mynster）。

（10）"新手"原文为 Halvbefaren，原指仅航行过 18 个月、其中包括两次较长行程的水手，故英译为 ordinary seaman；泛指缺乏训练和经验的人。

# 丹麦文—中文概念对照表

## A

| | |
|---|---|
| Absoluthed | 绝对性 |
| Abstraktion | 抽象（活动）；den Abstraherende 抽象者 |
| Afgudsdyrkelse | 偶像崇拜 |
| Afgøjrelse | 决断 |
| Afholdenhed | 禁绝 |
| Aflad | 免罪，赦免 |
| Afsindighed | 疯狂 |
| Allestedsnærværelse | 无所不在，遍在 |
| det Almene | 普遍（性）；共相 |
| Andægtighed | 虔诚 |
| Anfægtelse | 内心冲突 |
| Anstrængelse | 艰巨，努力 |
| Ansvar | 责任 |
| Approximation | 近似，接近 |
| Ataraxie | 平静，与世无争 |
| det Absurde | 荒谬 |
| autopathisk | 自情的 |

## B

| | |
|---|---|
| Barnlighed | 童稚；天真 |
| Bekymring | 关切；担忧；操心 |
| Berettigelse | 合法性 |

| | |
|---|---|
| Berigtigelse | 纠正 |
| Besindelse | 镇静，沉着 |
| Beskaffenhed | 性质 |
| Beskedenhed | 谦逊 |
| Bestemmelse | 规定性；范畴 |
| Betragtning | 旁观，观察，静观；沉思，默想；Selvbetragtning 自我省察 |
| Bevis | 证明 |
| Bevægelse | 运动；Dobbeltbevægelse 双重运动 |
| Bevægethed | 情绪 |
| Blendværk | 海市蜃楼；不可能实现的希望 |
| Blind Allarm | 虚惊 |

## C

| | |
|---|---|
| Concession | 让步，妥协 |
| Concretion | 具相（化），显现/具体 |
| det Comiske | 喜剧（性），滑稽；comisk 喜剧的，滑稽的 |
| Continueerlighed | 连续性 |

## D

| | |
|---|---|
| Dannelse | 教养，培育 |
| Deeltagelse | 同情 |
| Differents | 殊异者 |
| Differentserne | 差异 |
| Disposition | 倾向；性情 |
| Distraction | 走神 |
| Distraite | 走神者，心不在焉的人 |
| Dødelig | 有死者 |

## E

| | |
|---|---|
| Eensomhed | 孤独 |
| Egoist | 个人主义者 |
| Ende | 目标（区别于希腊语 *telos*） |
| Endelighed | 有限性；en Endelig 有限性存在者 |
| den Enfoldige | 单纯者 |
| det Enfoldige | 简单事物 |
| Enhed | 统一性，统一体 |
| en Enkelt | 具体的人 |
| det Enkelte | 具相；具体的事物 |
| det enkelte Subjekt/Individ | 单个的个体；单一者 |
| Eensidighed | 片面性；den Eensidige 片面的人 |
| Epigram | 格言；（诙谐）警句 |
| Erindren | 回忆 |
| Erkjenden | 认知；Erkjendelsen 知识 |
| Evighed | 永恒 |
| evig Salighed | 永恒福祉，永福 |
| evig Usalighed | 永劫 |
| Examen | 考验 |
| Existentz | 生存；at existere 去生存，活着；en Existerende 生存者 |
| existerende Aand | 生灵；生存者 |
| Existentser | 存在者 |
| Existentz – Mulighed | 生存之可能性 |
| Tanke – Existents | 思想性存在 |
| Idee – Existents | 理念性存在 |

## F

| | |
|---|---|
| Factum | 事实 |

| | |
|---|---|
| Frastød | 排斥 |
| Friskfyrerie | 玩世不恭 |
| Forandre | 转变，改变 |
| Forargelse | 冒犯，绊脚石 |
| Fordoblelse | 重复 |
| Forestilling | 观念；表演 |
| Forflygtigelse | 无常性 |
| Forfængelighed | 虚荣；徒劳 |
| Forfærdelse | 震惊 |
| Det Forgængelige | 转瞬即逝者 |
| Formaaen | 无所不能；Ikke – Formaaen 一无所能 |
| Formaal | 目标（区别于希腊语 *telos*） |
| Forsagelse | 放弃 |
| Forskjellighed | 差异（性） |
| Forstand | 理智 |
| Forstandighed | 见识 |
| Forsøg | 尝试；den Forsøgte 被考验者 |
| Frastød | 疏远，推开 |
| Fremmed | 局外人，陌生人 |
| Fristelse | 诱惑 |
| Fuldkommenhed | 完美性 |
| Fuskerie | （非专业的）涉猎，浅尝辄止 |
| Fyldestgjørelse | 赎罪 |

## G

| | |
|---|---|
| Galskabe | 发疯，疯狂 |
| Gjenstridighed | 本性难移 |
| Gjenstand | 对象；Troens Gjenstand 信仰对象 |
| Gjentagelse | 重复 |
| Gjøren | 行动 |
| det Gode | 善 |

Guds – Forhold        人神关系

## H

| | |
|---|---|
| handle | 行动 |
| Halvhed | 折中（政策），半途而废 |
| Helvedesstraffen | 永罚 |
| Hensigt | 意图 |
| Hiinsides | 彼岸，来世 |
| historiske Aktstykke | 历史文献；historiske Sandhed 历史真相；historisk Vished 历史确定性 |
| Huus – Andagt | 家庭祈祷，家庭灵修 |
| hæve | 取消；ophæve 扬弃 |
| Høitidelighed | 郑重，庄严 |

## I

| | |
|---|---|
| Iagttagelse | 观察 |
| Idealitet | 理想；观念性 |
| Ideal | 理想的标准；完美的人 |
| Idealistisk | 理念论的 |
| Identitet | 同一性 |
| Imedens | 与此同时 |
| Immanentsen | 内在性 |
| Incognito | 伪装；乔装打扮者 |
| Inderlighed | 内心性 |
| Inderliggjørelse | 向内心性沉潜 |
| Indblik | 洞见 |
| Indvorteshed | 内在（世界） |
| Intellectuelle Anskuelse | 理智直观 |
| Interesse | 关切；利害；interesseløs 无利害的 |
| Intet | 无，虚无 |

## K

| | |
|---|---|
| Kald | 神召，神的感召 |
| Kloster | 修道院；Klosterbevægelse 修道院运动 |

## L

| | |
|---|---|
| Det Latterlige | 荒谬可笑 |
| Leveviisdom | 世俗智慧 |
| Leve – Klogskab | 世俗精明 |
| Lidenskab | 激情 |
| Lidelse | 痛苦（折磨）；苦难 |
| Lidende | 受难者；lidende：受痛苦折磨的 |
| Lighed | 相似（性）；平等；一致 |
| Livs – Anskuelse | 人生观 |
| Livslede | 倦怠；厌倦 |
| Lykke | 幸运；幸福 |
| Lære | 理论，学说，教义，信条 |
| Læresætning | 教条 |

## M

| | |
|---|---|
| Magt | 能力，权力 |
| Martyrium | 殉道 |
| Mediation | 调和 |
| Menighed | 会众；教众 |
| Meddelelse | 沟通（及其内容）；间接沟通 indirecte Meddelelse |
| Medlidenhed | 同情 |
| Medviden | 共知 |
| Menneske | 人，凡人 |

| | |
|---|---|
| Menneskehed | 人性 |
| Misforhold | 错位 |
| Misforstaaelse | 误解 |
| Modbydelighed | 厌恶 |
| Modstand | 对抗 |
| Modsætning | 对立（面）；对照 |
| Modsigelse | 矛盾 |
| Moment | 环节 |
| Maal | 目标 |

# N

| | |
|---|---|
| Nødvendighed | 必然（性） |
| Nødværge | 自我辩护 |

# O

| | |
|---|---|
| Objektiv | 客观地，客体地 |
| Objektive Gyldighed | 客观有效性 |
| Omdannelse | 改造；脱胎换骨 |
| Omskabning | 改造 |
| Omsorg | 牵挂 |
| Opbygge | 建设；opbyggelig 建设性的 |
| Ophæve, ophævelse | 取消，扬弃 |
| Opringdelighed | 原初性 |
| Originalitet | 原创性 |
| Overensstemmelse | 统一；同一 |
| Overgang | 过渡；转折 |
| Overveielse | 考量，思虑 |

## P

| | |
|---|---|
| Paradigme | 范式（拉丁文写为 Paradigma） |
| Paradox | 悖谬；det absolute Paradox 绝对的悖谬 |
| Pathos | 情致；悲情 |
| Pathetiske | 情致的；悲情的 |
| Philisteri | 庸俗 |
| Postulat | 悬设 |
| Prøvelse | 严峻考验；苦难经历 |

## R

| | |
|---|---|
| Realitet | 真实性 |
| Reduplikation | 重复 |
| Reflexion | 反思；Self – Reflexion 自我反思，自身反思 |
| Resigneret | 顺从的；无可奈何的 |
| Resignation | 顺从 |
| Rettighed | 权利 |
| Ringhed | 渺小；卑微低下 |

## S

| | |
|---|---|
| Samtidighed | 同时共在 |
| Sandhed | 真理 |
| Sandsynlighed | 概率；Usandsynlighed 不可能性 |
| Sandsebedrage | 错觉，幻觉 |
| Sandselighed | 感官享受 |
| Selfangivelse | 自我检举 |
| Selvhævdelse | 自我主张 |
| Selfvirksom | 生机勃勃；selfvirksomhed 自我行动 |
| Selvisk | 自我地 |

| | |
|---|---|
| Selvplagerie | 自我折磨 |
| Sikkerhed | 安全保证 |
| Sindsbevægelse | 情绪波动 |
| Sjelesørger | 他人灵魂的探问者（即牧师） |
| Skabning | 天地万物 |
| Skimte | 短暂领悟；迅速的一瞥 |
| Skrifte | 忏悔 |
| Skuld | 罪过 |
| Slægten | 人类 |
| Smerten | 痛楚；痛苦 |
| Sorgløshed | 无忧无虑 |
| Speculation | 思辨（思想）；Speculant 思辨者 |
| Sphære | 境界；阶段 |
| Spring | 跳跃 |
| Stadier | 阶段；Livsstadium 人生阶段 |
| Stemning | 心情 |
| Stræben | （努力）奋斗 |
| Styrelsen | 天命，天道 |
| Subjektiviteten | 主体，主体性；Subjektiv 主体的，主观的 |
| Suspension | 悬搁 |
| Svimlen | 眩晕 |
| Skyld | 罪过 |
| Synd | 罪；Synder 罪人 |
| Arvesynd | 世代相传的罪 |
| Syndsbevidsthed | 罪的意识 |
| Syndsforladelse | 恕罪 |
| Saaledes | 如此这般 |

## T

| | |
|---|---|
| Tab | 迷失 |
| Tankebestemmelse | 思想范畴 |

| | |
|---|---|
| Tant | 徒劳 |
| Teleologie | 目的论 |
| Tid | 时间 |
| Tilbagegang | 倒退；dialektisk Tilbagegang 辩证性的倒退 |
| Tilbageholdenhed | 矜持 |
| Tilbedelse | 膜拜；崇敬 |
| Tilblivelse | 生成；blive til 生成；出现；存在 |
| Tilegnelse | 占有；据为己有 |
| Tilforladelighed | 可靠性 |
| Tilhold | 立足点 |
| Tilkommelse, det Tilkommende | 未来 |
| Tilnærmelse | 接近 |
| Tilstædeværelse | 在场 |
| Tilvær, Tilværelse | 生存 |
| Tilværende | 存在物 |
| Det Timelige, Timelighed | 现世性 |
| Tomhed | 虚空 |
| Total – Bestemmelse | 整体规定性 |
| det Tragiske | 悲剧（性） |
| Tro | 信仰；信念（Vantro 非信仰） |
| Tungsind | 忧郁 |
| Tænkning | 思维，思想 |

## U

| | |
|---|---|
| Uafviselig | 迫切的 |
| Ubesindighed | 轻率恣意 |
| Ubestemthed | 非确定性 |
| Uddeling | 分配 |
| Udebliven | 缺席 |
| Udvorteshed | 外在（世界） |

| | |
|---|---|
| Undersøgelse | 拷问，盘查 |
| Udødelighed | 不朽 |
| Ueensartethed | 异质性 |
| Uendelighed | 无限（性）；Uendeligheds Lidenskab 对无限的激情 |
| umiddelbar | 直接（性）的；Umiddelbarhed 直接性，直接性生存 |
| Uro | 不安 |
| Usandhed | 谬误；虚假 |

## V

| | |
|---|---|
| Vedvaren | 持存 |
| Vellystening | 耽于感官享受的人 |
| Vending | 拐点 |
| Verdenhistorien, det Verdenhistoriske | 世界史 |
| Verdslighed | 世俗主义 |
| den verdslige Viisdom | 世俗智慧 |
| Viden | 知识；Uvidenhed 无知 |
| det Vilkaarlige | 武断，任性；guddommelig Vilkar 神的任性 |
| Villen | 意愿 |
| Virkelighed | 现实性 |
| Virkning | 结果 |
| Vished | 确定性；Uvished 非确定性 |
| Visitere, Visitation | 拷问 |
| Vorden | 生成 |
| Væren | 存在 |
| Væsen | 类；作为类的存在者；det Høieste Væsen 至上的存在者 |
| Vaande | 煎熬 |

## Y

Ydmyghed    谦卑

## Æ

æsthetisk    感性的；审美的

## Å

Aabenbar        坦白公开，敞开
Aabenbarelse    启示
Aarsag          原因